QUANZHOU YEARBOOK

泉州年鉴 2022

2021 年泉州每一天

泉州日记

中共泉州市委党史和地方志研究室 编

方志出版社
Publishing House of Local Records

图书在版编目（CIP）数据

泉州年鉴. 2022. 泉州日记 / 中共泉州市委党史和地方志研究室编. —北京 : 方志出版社, 2022.10
ISBN 978-7-5144-5349-2

Ⅰ. ①泉… Ⅱ. ①中… Ⅲ. ①泉州－2022－年鉴
Ⅳ. ①Z525.73

中国版本图书馆CIP数据核字(2022)第227613号

责任编辑：刘方圆
责任校对：刘玉霞
责任印制：梅中英
出 版 者：方志出版社
地　　址：北京市朝阳区潘家园东里 9 号（国家方志馆4层）
邮　　编：100021
网　　址：http://www.zgfzcb.cn
发　　行：方志出版社图书营销中心（010-67110500）
印　　刷：福州报业鸿升印刷有限责任公司
开　　本：889毫米×1194毫米　1/16
印　　张：23.25
字　　数：970千字
版　　次：2022年10月第1版
印　　次：2022年10月第1次印刷
定　　价：280.00元

《泉州年鉴》编辑委员会

《泉州日记》总编室

协编单位

『目录』

CONTENTS

2021年

每日记事

1月1日

农历庚子年十一月十八
星期五
温度：6℃ ~ 12℃
晴

●市委书记康涛到一线看望慰问坚守岗位的干部职工，检查节日值班值守、疫情防控、安全稳定等各项工作。

●中央电视台体育频道播出年终特别节目《体育的复苏》，以“世中运‘重回’中国‘牵手’福建晋江”为题，回顾晋江获得第18届世界中学生夏季运动会举办权的画面，并介绍赛事筹备情况。

●《泉州市市容和环境卫生管理条例》是日起施行。

●由泉州海外交通史博物馆与泉州广播电视台904交通广播主办的2021年第二届“泉州宝藏”新年艺术展在泉州海外交通史博物馆开幕。

康涛检查节日值班值守和疫情防控等工作

市委书记康涛到一线看望慰问坚守岗位的干部职工，检查节日值班值守、疫情防控、安全稳定等各项工作。康涛到市公安局指挥中心、部分景点街区、市委市政府总值班室，察看人流车流、安全管理、应急保障等情况，并通过值班电话随机抽查部分县（市、区）、乡镇等，了解值班值守情况和应急指挥预案安排。康涛强调，要盯紧景区公园、交通场站、酒店商超、医疗机构等重点场所，落实健康监测、环境通风消毒、流量控制等措施，全面堵塞漏洞；要绷紧安全生产这根弦，针对海洋渔业安全生产、森林防火、道路交通等重点领域，强化人防物防技防，防范化解安全风险隐患。

世中运亮相中央电视台年终特别节目

中央电视台体育频道播出年终特别节目《体育的复苏》，以“世中运‘重回’中国‘牵手’福建晋江”为题，回顾晋江获得第18届世界中学生夏季运动会（以下简称“世中运”）举办权的画面，并介绍赛事筹备情况。国际中体联主席劳伦特表示，疫情危机凸显中学生体育的重要性，及其对孩子健康幸福的保障作用。受疫情影响，该届世中运延期一年举行。尽管面临组织和后勤的重大挑战，国际中体联、中国中学生体育协会和执委会将全力以赴，打造安全环境，迎接世界各地中学生参加这场独特的国际综合性体育赛事。世中运执委会秘书长表示，第18届世界中学生运动会执委会按照申办承诺，坚持“以赛兴城、以赛促产、以赛惠民”的办赛理念，已经基本就绪。

《泉州市市容和环境卫生管理条例》施行

《泉州市市容和环境卫生管理条例》（以下简称“条例”）是日起施行。针对城市管理的短板、弱项，泉州市制定出台《贯彻〈泉州市市容和环境卫生管理条例〉工作方案》，明确从是日起至3月底，开展市容环境卫生整治、噪声污染整治、占道经营整治、生活垃圾分类整治、农贸市场专项整治、养犬管理整治、户外广告整治七大专项整治行动。

作为“门前三包”的升级版，从“包卫生、包绿化、包秩序”到“包卫生、包设施、包秩序”，责任区制度不仅范围更广，同时明确责任人及相应罚则。条例明确，禁止在城市建成区饲养烈性犬，违法者将受到处罚。对饲养烈性犬以外的犬只，携带犬只外出应束牵引带，对未束牵引带的，处100元以上500元以下罚款。自条例明确共享单车（电动车）主管部门以来，市城市管理局开展专项整治行动，清退中心市区共享单车5万余辆，暂扣近200辆。同时，条例也强调“使用人应当文明规范使用、停放共享单车（电动车）”。条例对影响人们生产生活的噪声做出规定，包括禁止店面（摊点）经营者使用广播喇叭招揽顾客影响周边居民正常生产生活等。制造噪声对人们生产生活造成影响的，将承担相应处罚。条例明确，随地吐痰和乱扔果皮核、纸屑、烟头、饮料瓶、包装袋（盒）等废弃物，随地便溺，乱倒垃圾、污水、粪便等影响城市环境卫生的行为，将受到相应处罚。

第二届“泉州宝藏”艺术展开幕

由泉州海外交通史博物馆与泉州广播电视台904交通广播主办的2021年第二届“泉州宝藏”新年艺术展在泉州海外交通史博物馆开幕。展览持续至20日，以“船”为主题，用百余件展品展现泉州海洋文化的特色。图为艺术展现场。（图/杨诗琪）

康涛、王永礼会见马来西亚卓越集团创始人和旅美艺术家

市委书记康涛、市长王永礼会见到泉州考察的马来西亚卓越集团创始人林致华、旅美艺术家蔡国强，市领导林万明参加会见。市领导指出，侨胞爱拼敢赢、情系桑梓，为家乡发展做出重要贡献。希望发挥桥梁纽带作用，投身家乡经济社会各项事业建设。泉州将坚持“以人为本、为侨服务”，真心真情暖侨护侨，为投资兴业发展营造良好氛围。

全市建成5G基站超万个

全市建成5G基站超万个，数量居全省第二位。泉州市不仅在全省率先完成2020年5G建设任务，而且已实现泉州市中心城区、各县城主城区及部分重点乡镇的5G信号连续覆盖。5G基站建设“加速度”，是泉州市大力发展数字经济的一个缩影。为加速5G为产业服务，泉州市已培育具有前瞻性和代表性的5G典型应用案例53个，并编印《泉州市5G应用典型案例汇编》。同时，推动基础电信运营商与龙头企业、高校以及华为、中兴等电信装备头部制造商合作，组织建立5G联合创新中心和重点实验室等创新平台，举办泉州市5G产业招商暨应用推介会，策划并组织11个5G项目签约，搭建全国第一个地市级主导的5G消息平台，初步形成“产学研用”一体化生态圈。随着产业数字化和数字产业化的不断深入，数字技术已经成为泉州市推动经济发展的重要力量及转型升级的中坚力量。为推动企业在数字经济时代中得到更好地生存与发展，泉州市加大力度引导企业进行数字化改造，应用人工智能、区块链、5G等新技术，加速企业业务数据集成共享，大幅提升企业运营效率。

泉州市再添一处国家工业遗产

工业和信息化部公布第四批国家工业遗产名单，“安溪茶厂”位列其中。至此，泉州市共有2处国家工业遗产，数量居全省首位。工业遗产是工业文化的重要载体，记录中国工业发展不同阶段的重要信息，见证国家和工业发展的历史进程，具有重要的历史价值、科技价值、社会文化价值和艺术价值。如今为民营企业的安溪茶厂，前身是1952年创建的国营福建安溪茶厂，也是中国乌龙茶行业历史最悠久、规模最大的茶叶生产企业。在近70年的发展中，安溪茶厂创造多个业界第一，是乌龙茶精制加工业中最早实现机械化生产、最早建立乌龙茶标准、最早拥有自营出口权、唯一产品获国家金质奖的企业，同时也是茶叶界老牌重点出口创汇企业、首批农业产业化国家重点龙头企业，为中国现代化工业发展做出贡献。

2021年度泉州市职工医疗互助活动启动

2021年度泉州市职工医疗互助活动启动，互助金缴纳标准和补助标准和2020年一致。机关事业（国有企业）类互助金为每人每年100元。参加对象在医保定点医院住院产生治疗费用，在扣除基本医疗保险的商业保险和统筹支付后的自付部分，扣除按政策规定全自费后，按60%计算支付补助金。每期每人的医疗补助金最高限额8万元。非公有制企业类互助金为每人每年48元，参加对象患病的医疗补助金由住院医疗补助和住院津贴组成，每期每人的医疗补助金最高限额5万元。市职工医疗互动活动设有重大疾病补助金制度，参加职工在活动期内因首次确诊罹患重大疾病且当年住院费用总额扣除统筹部分达到10万元的，一次性给付补助金1万元。市职工医疗互助活动已开展14年，截至2020年年底，全市有750.6万人次参加，总补助14.7万人次，总补助金额近3亿元。其中，2020年度参加单位5221个，参加职工59万余人，补助13466人次，补助款近3000万元；减半收取生产经营困难的非公小微企业职工年度互助金，减免1174个单位、131457人，金额300多万元。从1日起，全市职工医疗互助活动实行全流程线上受理、办理。

1月2日

农历庚子年十一月十九
星期六
温度：9℃～13℃
晴转多云

●市委书记康涛、市长王永礼会见到泉州考察的马来西亚卓越集团创始人林致华、旅美艺术家蔡国强。

●全市建成5G基站超万个，数量居全省第二位。

●工业和信息化部公布第四批国家工业遗产名单，“安溪茶厂”位列其中。

●2021年度泉州市职工医疗互助活动启动，互助金缴纳标准和补助标准与2020年一致。

1月3日

农历庚子年十一月二十
星期日
温度：9℃～18℃
多云

●市委书记康涛到南安市水头镇调研推动乡村振兴、基层党建、人才工作等。

●省委台港澳办新批复9家机构为台湾青年体验式交流中心、10个村（社区）设立福建省基层对台交流示范点。泉州市新增3个台湾青年体验式交流中心、2个福建省基层对台交流示范点，新增数量全省居首。

●全市组建院士工作站67家、专家工作站98家。

康涛到南安调研乡村振兴和基层党建等工作

市委书记康涛到南安市水头镇调研推动乡村振兴、基层党建、人才工作等。在朴一村，康涛与当地干部就农村房屋安全整治、生活垃圾和污水治理、传统民居修缮保护等工作存在的困难问题，探讨解决之策。康涛叮嘱，要建强基层党组织战斗堡垒，发挥“当家人”的主观能动性，团结带领群众因地制宜打造宜居宜业的美好家园；要发挥典型示范带动作用，推动先进经验交流互鉴，走出具有泉州特色的乡村振兴之路。在中国石材城党群（人才）服务中心，康涛了解该服务中心的日常运作情况，并就党建引领社区管理、疫情防控、安全生产等工作与社区干部交流。康涛强调，要针对党员、群众、人才的实际需求，探索鲜活特色的服务项目，策划组织有吸引力的活动载体，让服务中心活跃起来；要统筹各级各类特色党群服务平台，深化体制机制协同，促进平台资源共享，更好地赋能基层治理。

康涛（左三）在南安市水头镇朴一村调研（图/陈晓东）

泉州市新增3个台湾青年体验式交流中心

省委台港澳办新批复9家机构为台湾青年体验式交流中心、10个村（社区）设立福建省基层对台交流示范点。泉州市新增3个台湾青年体验式交流中心、2个福建省基层对台交流示范点，新增数量全省居首。为创新两岸青年交流形式，让台湾青年在体验式交流互动中，共同弘扬中华文化，更加了解大陆在经济社会文化各方面的发展成就，2017年，福建省推动设立台湾青年体验式交流中心。交流中心在全省范围内评选，入选机构要在开展台湾青年体验式交流方面成效显著、特色明显。此次泉州市新增的台湾青年体验式交流中心包括迪特工业设计中心、南少林国际学校、华光职业学院。福建省基层对台交流示范点的设立，为的是推进基层深度交流融合，促进闽台融合发展。历年入选省基层对台交流示范点的对象均是省内开展对台基层交流较为密切、互动良好，成效显著的村（社区）。泉州市新增的基层对台交流示范点为泉州台商投资区百崎回族乡白奇村、丰泽区泉秀街道华丰社区。此前，泉州市有中国闽台缘博物馆、泉州市传统文化促进会2个台湾青年体验式交流中心，以及1个省基层对台交流示范点，即晋江市金井镇围头村。

泉州市建成67家院士工作站

在实施人才“港湾计划”过程中，市科协把院士专家工作站等创新平台建设作为服务科技创新和经济建设的主抓手，全市组建院士工作站67家、专家工作站98家。其中，2家被评为“全国示范院士专家工作站”；2家院士工作站被评为福建省“十佳院士专家工作站”，9家被评为“福建省示范院士专家工作站”。市科协遵循市场经济规律和人才成长规律，激发用人主体活力，引导建站单位以市场化为导向，以合作项目为抓手，围绕技术创新，依托院士（专家）工作站开展科技项目合作，院士专家团队驻站培养企业创新型人才，企业选派优秀科研人员到院士专家所在单位学习进修，既“输血”又“造血”，打造创新型人才培养和训练基地，搭建企业与高校科研院所人才交流合作平台。工作站柔性引进院士专家及其团队成员1000多名。

1月4日

农历庚子年十一月廿一
星期一
温度：12℃～19℃
多云转晴

●泉州市召开工作视频会，对全市开展高风险地带房屋安全隐患核查整治工作作出部署。根据安排，即日起至31日，开展高风险地带房屋安全隐患核查工作，并建立管理清单。

●泉州市开展为期3个月的网约车专项整治行动。

●市医保局出台调整新冠病毒核酸检测价格的通知，全市相关公立医院新冠病毒核酸检测1人1检测项目价格由原来的每人次95元降低至每人次80元。

●淘宝公布2020年度十大产业带，泉州男士精品产业带入选，系福建省唯一一个上榜的产业带。

●安溪重点项目集中开（竣）工活动举行，25个项目集中开（竣）工，分布在全县13个乡镇，总投资42.81亿元。

泉州市启动高风险地带房屋安全隐患核查

泉州市召开工作视频会，对全市开展高风险地带房屋安全隐患核查整治工作作出部署。即日起至31日，开展高风险地带房屋安全隐患核查工作，并建立管理清单。对核查发现存在重大安全隐患的，立即采取撤人封房等应急措施，确保人员安全。核查整治对象包括四类：一是处于高陡边坡周边等地质条件较差的房屋；二是处于易发生地面塌陷、山体滑坡、泥石流等地质灾害隐患点范围内的房屋；三是处于临江临河邻水、城镇易涝点等易受洪涝威胁的房屋；四是其他易发生自然灾害或次生灾害隐患点的房屋。对以上类型的房屋属于经营性用房的，列为重点核查整治对象。对房屋市政工程、交通工程、环保工程、水利工程、农业工程等项目建设砌筑的高陡边坡周边的房屋，排查高陡边坡是否有隐患、房屋地基是否安全，重点核查现有高陡边坡隐患点的排水和防护系统，发现可能因排水不畅导致边坡受损的，及时清理和修复，确保排水畅通。发现削坡建房未采取有效防护措施、存在安全隐患的，由属地政府和行业主管部门督促业主单位进行工程治理或针对性地排危除险，消除隐患威胁。对核查出的高陡边坡隐患，明确监测人、责任人，加快推进分类处置。

对地质灾害隐患点房屋，按照各地资源规划部门排查的地质灾害隐患点，检查易受地质灾害影响的房前屋后滑坡、地面塌陷、泥石流、山体崩塌等安全隐患，对已登记造册的地质灾害隐患点和房前屋后高陡边坡进行核查，重点排查房屋是否受到地质灾害侵袭，建筑主体结构是否受损，是否属于鉴定为D级的危房，是否属于违章建筑，是否存在较高的安全隐患等，逐一排查核实，做到“一房一档”，并建立地质灾害隐患点周边房屋安全隐患清单。对核查出的安全隐患，综合各个隐患点的隐患类型、风险程度等方面，逐一提出工程治理、避让搬迁、专业检测等处理办法，落细落实整治措施。对于洪涝灾害隐患点房屋，开展水库山塘边、江边、河边、城镇易涝点等周边房屋安全隐患核查，重点排查房屋是否易受洪涝威胁，临江临河的房屋是否属于河道管理范围内，是否属于违章建筑，是否存在较高安全隐患等，逐一排查核实，做到“一房一档”，并建立临江、临河、临水隐患房屋清单、城镇易涝点隐患房屋清单。逐点分析安全隐患形成原因，提出治理措施，做到“一房一策”。短时间难以完成整治的，组织制定应急预案，提出应急措施。

安溪重点项目集中开（竣）工

安溪重点项目集中开（竣）工活动举行，25个项目集中开（竣）工，分布在全县13个乡镇，总投资42.81亿元。此次开工项目有16个，既有蓝宝石加工基地、龙门未来亚特智能应用生产项目、德斯特精密制造生产项目、华胜沥青混凝土项目等一批实体经济项目，也有泉州白濑水利枢纽工程参内安置区C地块、南北大道参山段、“兴泉铁路魁斗镇蓬庭村、大岭村、鲁藤村安置区”等若干民生事业项目。竣工项目9个，多为教育、交通等方面的民生项目，包括“崇德中学学生宿舍楼、食堂、运动场”、桃舟乡中心幼儿园、虎邱第二中心幼儿园、“镇镇有干线”安溪县虎邱林东至大坪公路项目等。此外5个乡镇的片区改造项目启动。

安溪县参洋片区南北大道（参山段）市政工程开工仪式
（图/刘伯怡）

1月5日

农历庚子年十一月廿二
星期二
温度：10℃～16℃
多云转晴

●市委书记康涛到丰泽调研推动近邻党建工作。

●市人大常委会党组扩大会议召开，传达学习中央、省委全面深化改革委员会会议精神，省委主要领导到泉州调研讲话精神，以及市委有关会议精神。

●市城建办与泉州晚报社新媒体中心发起的“共享美好 城意建言”互动活动启动，面向大众征集城市更新、片区改造、交通提升等城市建设的期望、建议、感想等。

●《辛丑年》特种邮票首发仪式暨中国邮政·柒牌生肖联名服饰发布会在国家博物馆举行。中国邮政发布《辛丑年》特种邮票，并首次将“牛年生肖邮票图”授权泉州民营企业柒牌公司开展跨界合作。

●中国戏曲像音像工程梨园戏《吕蒙正》录制在市区梨园古典剧院启动。

康涛到丰泽调研推动近邻党建工作

市委书记康涛到丰泽调研推动近邻党建工作。康涛强调，要因地制宜探索推广更多近邻党建模式，健全体制机制，提升党建引领基层治理效能，为加快推进泉州治理体系和治理能力现代化建设提供坚强组织保证。要发挥好党组织在基层的号召力和凝聚力，成为居民的“主心骨”。要围绕人民美好生活新需要，结合“强基促稳”专项行动，解决好群众身边的操心事烦心事揪心事，营造“邻里一家亲”的氛围。

市人大常委会党组扩大会议召开

市人大常委会党组扩大会议召开，传达学习中央、省委全面深化改革委员会会议精神，省委主要领导到泉州调研讲话精神，以及市委有关会议精神。会议指出，要在“发展现代产业体系、深化改革开放、推动区域协调发展、促进共同富裕等方面当好主力军”中找准定位，依法履行宪法和法律赋予的职权，为“十四五”规划开好局、起好步做出规划贡献。

中国邮政首次授权泉州民营企业开展跨界合作

《辛丑年》特种邮票首发仪式暨中国邮政·柒牌生肖联名服饰发布会在国家博物馆举行。中国邮政发布《辛丑年》特种邮票，并首次将“牛年生肖邮票图”授权泉州民营企业柒牌公司开展跨界合作。2021年是农历辛丑牛年，中国邮政发行的《辛丑年》特种邮票一套共2枚，由著名画家姚钟华创作，延续第四轮生肖邮票的“家国”理念，以奔牛的“奋发图强”、舐犊情深的“牛年大吉”，在动与静、力量与温情之间，诠释与展现传统生肖文化，寄托对国家的期许、对家庭的企盼。首发式后，中国邮政·中国柒牌生肖联名服饰发布会随之登场。以邮票及牛图案元素为设计创意的一系列服装一一亮相。邮品文化设计元素与印花、绣花织唛、提花等制造工艺融会贯通，在精心挑选的优良面料上创造服装的视觉美感，同时传递出文化与艺术的内涵，就连吊牌也选用中国邮政专有的单枚版个性化不干胶邮票作为防伪标签，无论整体还是细节都彰显新款服饰的品质和特色。

相关链接：生肖邮票作为“国家名片”，是特殊的文化传播媒介，也是中华民族社会政治、经济、文化、历史等方面的生动缩影。中国自1980年发行中国第一枚生肖邮票“庚申猴票”以来，十二生肖邮票陆续登场，这些生肖邮票或采用名家画作，或再现民间传统艺术，以独特的艺术价值和文化内涵，成为中国文化的重要标志。

《辛丑年》特种邮票首发仪式（图/温文清）

中国戏曲像音像工程梨园戏《吕蒙正》录制启动

中国戏曲像音像工程梨园戏《吕蒙正》录制在市区梨园古典剧院启动。梨园戏《吕蒙正》系全省第一个入选该工程的剧目，由中国戏剧梅花奖“二度梅”获得者、国家一级演员曾静萍领衔主演。中国戏曲像音像工程是中宣部、文旅部启动的一项保护传统戏曲的工程。《吕蒙正》是梨园戏小梨园流派传统“十八棚头”之一，为宋元南戏剧目。《永乐大典》有题作《吕蒙正风雪破窑记》，《南词叙录》题作《吕蒙正破窑记》，元杂剧有《吕蒙正风雪破窑记》，明代则有富春堂刊本。故事讲述北宋年间，宰相刘文茂为爱女刘月娥搭彩楼选亲，绣球抛中落魄书生吕蒙正。宰相嫌贫悔婚，刘月娥爱慕吕蒙正才华，与父亲断绝关系，随夫入破窑居住，艰苦度日。后来，吕蒙正金榜高中，才子佳人苦尽甘来。

闽西南协同发展区联席会议第三次会议在泉州召开

闽西南协同发展区联席会议第三次会议在泉州召开。厦门、漳州、泉州、三明、龙岩五市党政主要领导与会，学习贯彻习近平总书记关于区域协调发展的重要论述，落实中共十九届五中全会精神和省委十届十一次全会精神，总结第二次联席会议以来闽西南协同发展区建设成效，共同谋划拓展协同发展的深度广度。省委副书记、厦门市委书记胡昌升主持会议并讲话，漳州市委书记邵玉龙、市长刘远，泉州市委书记康涛、市长王永礼，三明市市长余红胜，龙岩市委书记李建成出席会议。

胡昌升强调，要促进区域规划协同，注重五市“十四五”规划及2035年等中远期战略规划与闽西南协同发展区各项规划紧密对接，谋划更多具有前瞻性创新性的工作举措，为实现高质量协同发展把准“航标”。要促进产业发展协同，立足产业分工基础，加强区域资源要素整合集聚，推动产业数字化和数字产业化，打造一批具有区域影响力的产业合作园区，加快构建协同发展程度更高的现代化产业体系。要促进基础设施协同，畅通区域联通主干路网和高快速通道，提前谋划布局新型基础设施建设，密切城市间联系。要促进扩大开放协同，利用现有外向型经济基础，发挥对台优势，探索区域外贸协同机制，共同培育对外开放新优势。要促进公共服务协同，推动教育、医疗、社会保障、文化旅游、环境保护等民生社会事业资源的合理布局和均衡发展。在推进区域协同发展过程中，要坚持问题导向，注重统筹推动，注重创新驱动，注重项目带动，注重市场联动，以更高水平完善协同发展机制，共同推动五地市合作迈向更加紧密的新阶段。

康涛表示，“十四五”期间，泉州将推进跨市域融合发展，以空间集聚带动各类要素整合，为全方位推动高质量发展超越注入持续动力。具体着力“三个共建”：共建区域重要增长极，在产业链协作、服务制造互动、人才技术共享等方面加强联合，建设海峡两岸集成电路产业合作试验区等载体，提升石油化工、纺织鞋服、建材家居等产业集群的规模经济效益，一起打造具有全国影响力的工商业中心；共建双循环战略支点，一体推进机场、铁路、港口规划建设，整合航运中心、民营经济、海丝元素、闽南文化、侨台资源等，构建更高水平的开放大平台；共建宜居宜业幸福家园，建设两岸融合发展示范区，探索市际毗邻区协同发展机制，推动优质资源共建共享，让人口人才、台胞台商安居乐业。

李转生到晋江开展视察帮扶活动

泉州市政协主席李转生带领部分市政协委员、宗教界人士、市直及晋江有关单位负责人到晋江市内坑镇霞美畲族村，开展视察调研和帮扶活动。视察组视察霞美畲族村经济社会发展和帮扶项目建设情况，随后召开座谈会并举行帮扶捐资仪式。李转生要求，霞美畲族村要在新起点上，主动融入晋江城乡一体化发展格局，立足区位优势，科学谋划好新一轮发展规划；多措并举发展壮大村集体经济，确保村民收入可持续增长；改善农村人居环境，做好乡村文化建设，提升村民生活品质，走好乡村振兴之路，谋好城乡融合发展新篇。

李转生（右五）在晋江市内坑镇霞美畲族村开展视察帮扶活动（图/市政协）

1月6日

农历庚子年十一月廿三
星期三
温度：9℃～15℃
多云转阴

●闽西南协同发展区联席会议第三次会议在泉州召开，学习贯彻习近平总书记关于区域协调发展的重要论述，落实中共十九届五中全会精神和省委十届十一次全会精神，总结第二次联席会议以来闽西南协同发展区建设成效。

●市政府党组（扩大）会议召开，听取市政府党组成员2020年度述责述廉报告，并进行点评和评议。

●市政府党组理论学习中心组学习会召开，学习贯彻中共十九届五中全会精神，以及《习近平谈治国理政》第三卷、《习近平在福建》系列采访实录，围绕“优良作风”主题开展专题交流研讨。

●泉州市政协主席李转生带领部分市政协委员、宗教界人士、市直及晋江有关单位负责人到晋江市内坑镇霞美畲族村，开展视察调研和帮扶活动。

●市纪委监委工作务虚会召开，总结2020年工作情况，科学谋划2021年工作思路，推动全市纪检监察工作高质量发展。

●由泉州市反恐怖工作领导小组办公室、泉州清源山名胜区管理委员会、中国邮政集团有限公司泉州市分公司主办的“全民反恐 共筑平安”《中华人民共和国反恐怖主义法》实施五周年系列宣传活动在清源山景区天湖邮局举行。

1月7日

农历庚子年十一月廿四
星期四
温度：5℃～9℃
阴

●7—8日，省人大常委会党组成员、副主任潘征到南安走访全国人大代表、南安市省新镇省身村党委书记吴金笔和省人大代表、南安市霞美镇鼎呱呱幼儿园园长黄云云，了解代表工作生活情况，听取代表意见建议。

●市委常委会召开会议，传达学习习近平总书记在中央政治局民主生活会、全国政协新年茶话会上的重要讲话、2021年新年贺词精神，研究部署有关工作。

●由市总工会主办的“2021我在泉州过大年”企业职工欢乐新春暨“两节”送温暖关爱活动启动。

潘征到南安走访联系全国和省人大代表

7—8日，省人大常委会党组成员、副主任潘征到南安走访全国人大代表、南安市省新镇省身村党委书记吴金笔和省人大代表、南安市霞美镇鼎呱呱幼儿园园长黄云云，了解代表工作生活情况，听取代表意见建议。在吴金笔工作的省身村，潘征察看村容村貌、乡村治理、产业发展等情况，听取相关汇报。在鼎呱呱幼儿园，潘征了解幼儿园的建设规划、生源规模、师资配备等情况。潘征强调，乡村振兴要系统推进。乡村振兴是个综合性工程，在特定阶段，既要抓好重点工作，又要统筹多方工作。乡村振兴要靠改革创新。通过“资源变资产、资金变股金、农民变股民”等办法，激活农村各类资源，打通城乡生产要素的交流通道，使农民富裕富足，村财不断壮大。

市委常委会学习习近平总书记重要讲话精神

市委常委会召开会议，传达学习习近平总书记在中央政治局民主生活会、全国政协新年茶话会上的重要讲话、2021年新年贺词精神，研究部署有关工作。会议指出，要贯彻落实新形势下党的政治生活若干准则，坚持高标准、严要求，筹备开好民主生活会，做到动真格、有“辣味”，确保开出高质量、开出好效果。习近平总书记在全国政协新年茶话会上的重要讲话和2021年新年贺词，回顾过去一年极不平凡的奋进历程，总结经济社会发展取得的重大成果，激励无数中华儿女昂首阔步走向更加美好的未来。要学习贯彻落实，更加紧密地团结在以习近平同志为核心的党中央周围，学习贯彻习近平新时代中国特色社会主义思想，确保各项工作始终沿着正确方向前进。要传承弘扬“晋江经验”，勇当全方位推动高质量发展超越主力军，抓牢战略支撑和重点任务，一件件做细做实做成，打造“海丝”（“海上丝绸之路”）名城、制造强市，建设现代化中心城市。要汇聚团结奋进的强大力量，调动方方面面智慧力量，大干“十四五”规划开局之年。

“2021我在泉州过大年”企业职工欢乐新春活动启动

由市总工会主办的“2021我在泉州过大年”企业职工欢乐新春暨“两节”送温暖关爱活动启动。鉴于冬春季疫情防控形势，市总工会第一时间向全市职工发出倡议书，送上新年祝福和美好期盼的同时，倡导职工继续支持、配合、参与疫情防控工作，尽量留在泉州过年，尽量不去中高风险地区，非必要不返乡，非必要不离开泉州。各级工会要结合实际，以职工需求为导向，准备各具特色的“新春大礼包”，让留在泉州过年的职工能过上丰富多彩、富有意义的新春佳节；全市企业要发挥用人单位主体作用，做好保障工作，为节日加班的职工依法支付加班工资，合理安排调休，尽心尽力关爱职工，让不回家过年的职工一样能感受到家的温暖。同时，1月1日至2月28日，市、县两级总工会安排资金6000万元，向留在泉州过年的非泉州籍企业职工发放包括“一封关爱信”“娘家发红包”“同享年货节”“一日游泉州”“共聚团圆宴”“暖心年夜饭”“包场看电影”“文娱闹新春”在内的“八大礼包”。启动仪式结束后，晋江市总工会开展“关爱环卫工·点亮微心愿”活动，为500名环卫工实现“微心愿”，发放电磁炉、电饭煲等小家电。

泉州市启动“2021我在泉州过大年”企业职工欢乐新春暨“两节”送温暖关爱活动（图/陈小阳 李永江）

副省长李德金到泉州征求省政府工作报告意见建议

副省长李德金到泉州召开座谈会，就省政府工作报告、“十四五”规划纲要（征求意见稿）征求泉州市社会各界的意见建议，并调研泉州市教育、卫健等相关工作。市领导康涛、王永礼、游宇飞、吴汉宗、周真平、刘志平、廖国文，部分在泉州省人大代表、省政协委员和有关市直部门、县（市、区）负责人参加座谈会或调研活动。

座谈会上，与会人员立足泉州实际建言献策。大家表示，省政府工作报告、“十四五”规划纲要以习近平新时代中国特色社会主义思想为指导，贯彻中共十九届五中全会和省委十届十一次全会精神，立意深远、措施扎实，为福建省全方位推动高质量发展超越，建设“机制活、产业优、百姓富、生态美”的新福建指明方向。大家围绕创新发展“晋江经验”、支持民营经济发展、推动新能源产业、探索两岸融合发展、完善养老保障体系、提高对外开放水平、实施乡村振兴战略、加快产学研融合等方面建言献策，为完善报告和纲要提供参考。李德金感谢大家长期以来对省政府工作的关心和支持。李德金表示，大家的建议结合实际，针对性强、建设性高，有益于拓宽思路、创新举措。起草小组要认真梳理、分类研究，将意见建议吸收到报告和纲要中，落实到具体工作上。2020年以来，在省委、省政府坚强领导下，泉州市委、市政府带领干部群众，在统筹疫情防控和经济社会发展上做了大量工作，取得显著成效，展现良好的精气神。希望泉州再接再厉，继续保持良好发展势头，勇当全方位推动高质量发展超越主力军。

全市疫情防控工作视频会议召开

市防控疫情应急指挥部召开全市疫情防控工作视频会议，分析研判疫情发展态势和泉州市防控工作情况，对科学精准做好冬春季疫情防控工作再研究再部署。

会议强调，要学习贯彻习近平总书记关于统筹疫情防控和经济社会发展重要论述精神，落实中央及省里部署要求，认识到做好疫情防控是经济社会发展的前提，绷紧疫情防控这根弦，严起来紧起来，查隐患、防风险、补漏洞，把各项防控工作抓细抓实抓到位。要贯彻“坚定信心、同舟共济、科学防治、精准施策”总要求，抓好“外防输入、内防反弹”工作，加强人、物、环境同防，坚持常态化精准防控和局部应急处置有机结合，“快、准、实”织密织牢防护网。要网格化兜住底，抓好境外进入人员、国内部分地区进入人员信息摸排、健康管理等工作，引导务工人员尽量留在泉州过年，确保不出现规模性输入和反弹。要削峰控流减量，盯紧景区公园、交通场站、酒店商超、休闲娱乐等重点场所，采取严格环境监测和卫生措施，严控各类聚集性活动，加强农村疫情防控，倡导婚丧嫁娶等全面从简，减少人员集聚风险。要落实“应检尽检”“应种尽种”，对应检人群按照频次定期核酸检测，对进口冷链食品等做到批批检测、件件消毒，有序推进疫苗接种工作，提前备好备齐防疫、生活等各项物资，组织开展实战化应急演练，确保第一时间快速响应、处置。要压紧压实属地、部门、单位、个人“四方责任”，各级各部门要带头做好疫情防控工作，“一把手”要直接抓、具体抓、持续抓，完善指挥部运作机制，开展督导检查，以临战状态确保各项工作落地见效。要加强信息发布、健康教育等，普及防疫知识，引导群众提高防控意识、科学做好防护。

“寒冬送温暖”专项救助行动举行

市救助站、海西社工同华光学院志愿者组成队伍，开展“寒冬送温暖”专项救助行动。队员劝导流浪人员到救助站接受救助。遵照“自愿受助、无偿救助”的工作原则，队员为不愿到救助站接受救助的流浪人员送上御寒的棉被、大衣和口罩等防疫物资，同时叮嘱他们注意安全，若是出现不适或者危险要及时向救助站或者公安求助。

1月8日

农历庚子年十一月廿五
星期五
温度：4℃～10℃
阴转晴

●副省长李德金到泉州召开座谈会，就省政府工作报告、“十四五”规划纲要（征求意见稿）征求泉州市社会各界的意见建议，并调研泉州市教育、卫健等相关工作。

●市防控疫情应急指挥部召开全市疫情防控工作视频会议，分析研判疫情发展态势和泉州市防控工作情况，对科学精准做好冬春季疫情防控工作再研究再部署。

●市救助站、海西社工同华光学院志愿者组成队伍，开展“寒冬送温暖”专项救助行动。

1月9日

农历庚子年十一月廿六
星期六
温度：5℃～9℃
晴

●市长王永礼到南安调研近邻党建和疫情防控工作。

●市防控新型冠状病毒感染的肺炎疫情应急指挥部办公室印发冬春季节和春节期间商超、集贸市场新冠疫情防控导则和加强疫情防控工作的通告。

●市防控新型冠状病毒感染的肺炎疫情应急指挥部办公室发布《关于进一步加强党政机关、国有企事业单位春节期间疫情防控工作的通知》。

●市防控新型冠状病毒感染的肺炎疫情应急指挥部办公室发布《关于做好返乡人员、入泉人员疫情防控工作通告》。

●市委文明办、市志愿者协会下发《关于近期疫情防控志愿服务工作的通知》，号召全市志愿者参与商场、超市疫情防控志愿督导工作。

王永礼到南安调研近邻党建和疫情防控工作

市长王永礼到南安调研近邻党建和疫情防控工作。在柳城街道四季家园小区，王永礼查看小区室内健身场所、老年人服务站、人大代表联系群众活动室等，了解小区党群组织架构、日常管理模式。王永礼指出，要建立健全体制机制，发挥好党组织在基层治理中的“主心骨”作用，推进党建与城市基层治理深度融合。要加强组织领导，创新“近邻”形式，探索构建街道、社区、小区党支部、业委会、物业各司其职的管理模式，确保基层治理创新开展、取得实效；要搭起沟通桥梁，用好线上、线下管理平台，听民意、解民忧，让群众有更多获得感、幸福感、安全感。

泉州市强化冬春和春节期间疫情防控措施

市防控新型冠状病毒感染的肺炎疫情应急指挥部办公室印发冬春季节和春节期间商超、集贸市场新冠疫情防控导则和加强疫情防控工作的通告。

导则和通告要求，商场、超市、集贸市场等应在入口处张贴健康码图识，设置体温测量设备，所有人员持有健康码和体温检测正常、佩戴口罩方可进入。对于不使用或不会操作智能手机的老年人等群体，其健康码可采取凭有效身份证登记、亲友代办、出示“通信行程卡”等替代措施。顾客不佩戴口罩的，应及时劝导；拒不佩戴的，应拒绝其进入商场、超市、集贸市场；乘电梯时应全程佩戴口罩。提倡顾客优先采用扫码付费方式结账，尽量减少人员接触和排队时间。商超应设置“一米线”，提醒顾客排队付款结账时保持安全距离。倡导线上线下结合的方式进行消费，防范人群聚集。商场中的剧院、娱乐场所等公共场所继续执行上座率不超过75%等规定，采取有效措施保持人员距离。导则要求，相关经营场所负责人是疫情防控第一责任人，必须做好员工信息采集工作。要完善疫情防控制度，做好适量口罩、手套、消毒剂、测温仪等防疫物资储备，设置应急区域。建立员工健康监测制度，每日对员工健康状况进行登记，身体不适时应及时报告并就医。从业人员要按相关规定定期进行核酸筛查，实施新冠肺炎疫苗接种。加强培训和应急演练，保证员工熟悉责任分工、环境卫生、个人防护、异常情况处置、人员疏散等工作要求，做到有条不紊、井然有序。

市防控新型冠状病毒感染的肺炎疫情应急指挥部办公室发布《关于进一步加强党政机关、国有企事业单位春节期间疫情防控工作的通知》。通知要求，全市各级党政机关、国有企事业单位要压紧压实疫情防控属地、部门、单位、个人“四方责任”。各县（市、区）党委、政府对属地疫情防控工作负总责，健全常态化疫情防控机制。各行业主管部门按照“谁主管谁负责”“管行业管防控”的要求，加强本行业、本领域疫情防控工作监管，制定完善冬春季节和春节假期防控应急预案和各项配套工作方案，做好常态化防控措施。在泉州所有机关、国有企事业单位、社会团体和其他组织要落实单位疫情防控主体责任，按照防控工作方案和技术指南，落实工作人员出入管理、个人防护、测温扫码、通风消毒等防控措施。全体党员、干部职工要带头落实个人及家庭自我管理责任，做到科学佩戴口罩，勤洗手、常通风、保持一米线；不扎堆、不聚会，保持良好的卫生习惯和健康生活方式。

市委文明办、市志愿者协会下发《关于近期疫情防控志愿服务工作的通知》，号召全市志愿者参与商场、超市疫情防控志愿督导工作。通知发出后，全市5000多名志愿者纷纷行动起来，到中心城区的商场、超市、农贸市场、酒店等人员密集场所，引导业主单位落实入口管控、人员疏导、体温检测、卫生消杀等各项防控措施，劝导顾客服从要求，佩戴口罩；引导“五小行业”（小超市、小食品、小餐饮、小药店、小理发）按照防疫要求规范经营；开展疫情预防知识宣传，劝导密集场所的市民落实疫情预防措施，做到戴口罩、不聚集；对周围路段进行环境清理，捡拾垃圾，整齐摆放好共享单车、电动车等。

王永礼到惠安丰泽调研疫情防控工作

市长王永礼到惠安、丰泽调研疫情防控和内沟河整治工作，并到泉州火车站慰问执勤的人民警察。王永礼到惠安县山霞镇政府和丰泽区北峰街道群石社区，与基层干部交谈，了解大数据核查和村居、社区摸排工作开展情况。王永礼指出，村居、社区是疫情防控的第一道防线，要完善属地疫情防控“大数据+网格化”机制，加强大数据筛查线索与村居社区摸排结果的比对和衔接，做到摸排精准、底数清、工作实；要发动企业主，在做好疫情防控工作的同时，为留在泉州过年的员工提供更多便利和周到服务，让他们过个暖心的春节。是日恰逢首个“中国人民警察节”，王永礼到泉州火车站公安武警联勤备勤室，看望慰问当班的公安民警，并了解火车站疫情防控情况。王永礼勉励他们以实际行动践行对党忠诚、服务人民、执法公正、纪律严明，为保障人民幸福、国家安全、社会稳定做出新的更大贡献。调研中，王永礼还察看城市内沟河治理情况。王永礼沿丰泽区北峰街道排洪渠一路步行，沿途察看排洪渠两侧排污口整治和水体情况。王永礼强调，要落实“河长制”，加强市区内沟河管理，维护内沟河环境卫生，发挥内沟河的防洪、排涝、景观等综合效益，提升泉州城市形象。

全市各地开展活动庆祝首个“中国人民警察节”

全市各地开展形式多样的活动，庆祝首个“中国人民警察节”。市公安局“您好110 庆祝首个中国人民警察节”系列活动之一的“反诈防骗 你我同行”宣传，在中心市区西街肃清门广场举行。反诈骗中心和鲤中派出所民警向市民和游客，讲解各类电信诈骗犯罪的手段、特点和案例。2020年公安机关部署的“断卡”行动，其中银行卡、账户和手机卡只限本人使用，不得出售、出租、转借，活动中，民警重点进行介绍。活动中，不少市民通过扫描二维码参与反诈防骗知识问答，获得警方送出的小礼品。活动现场，高颜值的警察和警花，还在短视频平台上直播，实时解答网友提出的问题。

鲤城公安分局民警在市区天后宫广场开展以“一心为民110，砥砺奋进新征程”为主题的宣传活动。通过设置咨询台、展板展示、发放宣传资料等方式，与群众零距离互动。鲤城公安分局举行“警属进警营 共度警察节”主题活动，邀请警察家属到警营零距离、全方位了解警察的工作、训练和生活。鲤城公安分局还举行首个人民警察节民警荣誉仪式。仪式上，该局负责人为获福建省公安民警“金质荣誉章”和“银质荣誉章”的民警颁发奖章。同时，为警衔跨级晋升的民警代表和首次授衔的新民警代表颁发警衔。晋江市公安局推出歌曲《1月10日这一天》等一批原创作品。《1月10日这一天》由晋江市公安局与泉州市公安局文联策划创作，歌曲采用流畅舒缓的节奏，谱写激扬坚定、引人共鸣的歌词，展现人民警察的忠诚与担当，表达公安民警喜迎首个属于自己节日的热盼和自豪。除推出原创歌曲，晋江市公安局还以弘扬新时代“背包”精神为主题，创作歌曲《背包情》，拍摄宣传短片《不负荣光不负你》、诗朗诵《奋进中的背包》等。南安市公安局举行民警荣誉仪式，为7个立功集体代表、7位立功民警代表、7位“福建省公安民警荣誉”受颁民警代表、7位首次被授予三级警司警衔的新民警代表授奖授衔。

安溪县公安局开展“学训词 践行动”主题征文、“您好，警察节”海报征集、“今天我当班”警营开放日、“厝边警察”慰问困难群众、评选全县“最美警察”等活动，营造节日氛围。由市公安局主办，泉州台商投资区公安分局承办的市公安局第35个“110”宣传日现场活动在泉州台商投资区公安分局大院举行。活动现场为泉州华光职业学院国防教育基地颁授“法制教育基地”牌匾，并为法治宣传服务队、反诈宣传服务队、海上救援服务队、青年志愿者服务队、交通劝导服务队、村居治安巡防队6支服务队授旗。

1月10日

农历庚子年十一月廿七
星期日
温度：5℃～12℃
多云

●市长王永礼到惠安、丰泽调研疫情防控和内沟河整治工作，并到泉州火车站慰问执勤的人民警察。

●全市各地开展形式多样的活动，庆祝首个“中国人民警察节”。

1月11日

农历庚子年十一月廿八
星期一
温度：5℃～9℃
阴

●市十六届人大常委会第六十三次主任会议召开，讨论有关人事免职事项，市人大常委会代表资格审查委员会关于个别代表的代表资格的审查报告稿；确定市十六届人大常委会第三十五次会议的召开时间和建议议程。

●市十六届人大常委会第三十五次会议召开，审议通过有关人事免职事项，听取和审议市人大常委会代表资格审查委员会关于个别代表的代表资格的审查报告。

●市人大常委会党组扩大会议召开，听取党组班子成员2020年度述责述廉报告。

●是日起至2月25日，泉州市在全市范围内开展烟花爆竹旺季安全检查，对存在违法违规行为的，从严进行处罚。

●2020年度全国十大考古新发现评选初评启动，泉州安溪青洋下草埔冶铁遗址进入初评候选名单，系福建省唯一入选项目。

●由市民政局、永春县政府主办的泉州市“阳光1+1+1（社会组织+老区村+企业）牵手计划”暨革命老区农副产品直播带货公益活动在永春县外山乡文化广场举行。

市人大常委会党组扩大会议召开

市人大常委会党组扩大会议召开，听取党组班子成员2020年度述责述廉报告。党组班子成员逐一在会上述责述廉。市人大常委会党组书记、主任陈灿辉带头述责述廉，并对市人大常委会党组班子成员述责述廉进行点评。市人大常委会党组班子成员、各工委（室）主任、专职委员、副秘书长、派驻人大常委会机关纪检组组长和常务副组长参加会议，并对党组班子成员述责述廉情况进行评议。陈灿辉指出，要学习贯彻习近平总书记在中央政治局民主生活会上的重要讲话精神，贯彻落实中共十九届五中全会和省委十届十一次全会精神、市委十二届十三次全会精神，把“严”和“实”的要求落实到管党治党的全过程，推进全面从严治党向纵深发展。要自觉把党的领导贯穿于人大工作各方面全过程，确保人大工作正确的政治方向；要增强使命担当，主动融入大局，找准人大工作服务改革发展大局的切入点，履职尽责，确保“十四五”规划开好局、起好步。要自觉加强廉政教育，增强政治定力、纪律定力、道德定力、抵腐定力；要勇于自我革命，以刀刃向内的精神抓好整改，提升完善自我，以饱满的政治热情投入干事创业中。

泉州市开展烟花爆竹旺季安全检查

是日起至2月25日，泉州市在全市范围内开展烟花爆竹旺季安全检查。检查期间，各县（市、区）督促烟花爆竹经营企业（单位）开展安全隐患排查治理，健全安全隐患排查治理台账，建立并落实安全生产承诺制度，做到不安全不承诺、不承诺不经营，根据销量合理安排进货量，库存达到饱和时，批发企业应停止进货。应急部门加强烟花爆竹信息化管理，督促批发企业及时更新有关信息，对信息进行核实确认，并会同公安等部门，采取线上线下协同监管方式，通过烟花爆竹流向管理信息系统、福建省危险物品一体化安全监管信息平台等，发现查处问题隐患和违法违规行为。

对检查中发现的企业隐患问题，责令整改，构成重大隐患的，立即责令停产停业整改。检查发现企业存在违法违规行为的，依法予以处罚直至吊销相关许可证。发现不具备安全条件的烟花爆竹经营企业（单位）取得相关许可证的，立即吊销、撤销相关许可，并依法依纪对相关责任单位和人员问责。鲤城区、丰泽区全境和泉州开发区所辖区域禁止燃放烟花爆竹。对于没有明确禁止燃放烟花爆竹的区域，公安部门建议群众尽量不要燃放或者少燃放烟花爆竹，如果一定要燃放，需要提醒的是烟花爆竹必须是从正规销售点购买的，同时要做到文明、安全燃放。市民燃放烟花爆竹前应先了解本地是否实行“禁放”或“限放”政策。实行“限放”的地方，还应了解“限放”的时间和区域，并严格遵守，切莫违规燃放烟花爆竹。

革命老区农副产品直播带货公益活动在永春举行

由市民政局、永春县政府主办的泉州市“阳光1+1+1（社会组织+老区村+企业）牵手计划”暨革命老区农副产品直播带货公益活动在永春县外山乡文化广场举行。活动通过“互联网+”模式打通优势农产品销售渠道，为助力革命老区乡村振兴增创新动能。自2020年5月福建省启动“阳光1+1”（社会组织+老区村）牵手计划以来，泉州市积极组织实施、搭建平台，全年有148家社会组织与11个县（市、区）的139个革命老区村签约实施共建开展项目，取得良好的社会效益。在“阳光1+1”的基础上，2021年泉州市拓展深化再加“1”，实现“阳光1+1+1”，即社会组织、老区村、企业共同为革命老区村提供更为充足的“造血”进而实现“三赢”。主办方精选绿色优质农产品，以“金牌主持+流量网红”的网络直播强大组合走进革命老区村，为农副产品代言，拓宽农产品销售渠道，推动革命老区村产业发展。全市11个县（市、区）的社会组织和革命老区村、企业代表参加现场签约，牵手结对项目。活动现场，线上线下销售额达12万余元。

康涛到泉州台商投资区和安溪调研重点项目建设情况

11—12日，市委书记康涛到泉州台商投资区、安溪调研重点项目建设和疫情防控工作。在泉州台商投资区金百利包装产业园生产车间，康涛询问生产工艺、产品性能、市场前景等，鼓励企业继续加大研发设计力度，抓紧产业创新生态布局，提升核心竞争力。在安溪，康涛叮嘱加快项目推进、市场拓展、产能提升，盯牢疫情防控、节日人员流动等，确保项目建设和疫情防控“两不误”。康涛到部分酒店、商场、超市检查防控措施落实情况，与基层干部一同查摆薄弱环节，研究针对性举措。康涛强调，要落实中央及省里部署，绷紧疫情防控这根弦，压紧压实属地、部门、单位、个人“四方责任”，抓好各项防控工作。

康涛（左二）在安溪检查防疫措施落实情况（图/陈英杰）

市政府与澳门知名企业签署战略合作协议

市政府与中华（澳门）金融资产交易股份有限公司、恒和企业集团有限公司签署战略合作协议。恒和企业集团董事局主席颜延龄、中华（澳门）金融资产交易股份有限公司执行委员会主席兼总裁张维春，市领导王永礼、洪自强等参加。中华（澳门）金融资产交易股份有限公司是澳门首家提供债券登记、托管、交易及结算等业务的金融机构，填补澳门直接融资渠道的空白；恒和企业集团是一家具有影响力的国际性集团公司，涉足行业广泛、业务多元。此次三方签署战略合作协议，契合市委、市政府推动本地企业“走出去”，实现国际化发展战略，提升城市国际影响力和竞争力的愿景。澳门的国际化优势，将为泉州新兴产业发展和产业转型升级导入境外金融和人才资源。顺应国家金融业对外开放发展趋势，合作三方将整合资源、优势互补，推动两地金融领域合作向着更深层次、更高质量、更富实效发展。随后，市地方金融监督管理局举办企业境外债券发行专题培训会，邀请中华（澳门）金融资产交易股份有限公司专家，通过“线上+线下”方式为各县（市、区）财政、金融部门负责人及国有企业负责人，介绍债券发行上市、境外资产交易等内容。

“十大科学闽南谚语”出炉

由鲤城区科协、泉州历史文化中心、泉州西湖文化促进会主办的海上丝绸之路泉州·十大科学闽南谚语推介活动座谈会在鲤城区档案馆举行。从2019年5月开始，经过4个月的推介投票，推选出最受欢迎的“十大科学闽南谚语”。活动邀请12名专家为现场嘉宾讲解科学闽南谚语的释义及内涵，向群众特别是青少年讲解闽南谚语蕴含的历史和科学文化内涵，传播闽南谚语的科学性、趣味性。每场活动投票选出4条谚语参与最终推介，并邀请书法家现场将谚语写成书法作品。“闽南谚语书法作品”赠送仪式同时举行。仪式后，与会人员还举行座谈会，探讨《海丝泉州·十大科学闽南谚语》书籍的修订等内容。

相关链接：海上丝绸之路泉州·十大科学闽南谚语：1.百般起头难；2.平平一块（埰）涂，有的做观音，有的做夜壶；3.好天着积雨来粮；4.未食五月节粽，破裘毋甘放；5.细空毋补，大空叫苦；6.鸭仔落水身就浮；7.有风毋通驶尽帆；8.恿狗上灶，恿囝不孝；9.高山出好茶，大海出龙虾；10.雨沃上元灯，日曝清明种。

1月12日

农历庚子年十一月廿九
星期二
温度：4℃～13℃
晴

●市委常委会召开会议，学习贯彻习近平总书记在中央农村工作会议上的重要讲话精神，学习中央、省委农村工作会议精神，研究《关于全面推进乡村振兴加快农业农村现代化的实施意见》等。

●市委理论学习中心组学习会召开，传达学习习近平总书记在中央政治局审议《中国共产党统一战线工作条例》《中国共产党党员权利保障条例》《中国共产党地方组织选举工作条例》时的重要讲话精神，学习三份条例文件。

●11—12日，市委书记康涛到泉州台商投资区、安溪调研重点项目建设和疫情防控工作。

●康涛、王永礼会见澳门恒和企业集团董事局主席颜延龄。

●市政府与中华（澳门）金融资产交易股份有限公司、恒和企业集团有限公司签署战略合作协议。

●平安泉州建设工作电视电话会议召开，学习贯彻习近平总书记关于平安中国建设重要指示和平安中国建设工作会议、平安福建建设工作会议精神，研究部署建设更高水平平安泉州。

●以“拓新奋进·高质发展”为主题的泉州税务2020年度综述展示活动通过线上直播方式举行。

●由鲤城区科协、泉州历史文化中心、泉州西湖文化促进会主办的海上丝绸之路泉州·十大科学闽南谚语推介活动座谈会在鲤城区档案馆举行。

1月13日

农历庚子年十二月初一
星期三
温度：7℃～16℃
晴

●康涛到市信访局接访群众。

●泉州军分区党委八届六次全体（扩大）会议召开，学习贯彻习近平新时代中国特色社会主义思想和习近平强军思想，传达学习军委国防动员部、省军区党委（扩大）会议精神，表彰先进，总结2020年工作，部署新年度任务。

●继全省安全生产工作视频会议后，泉州市召开安全生产工作暨第一季度防范重特大生产安全事故视频会，总结2020年全市安全生产工作，分析安全生产情况和面临的形势任务，部署下阶段工作。

●一艘采用国家级非物质文化遗产水密隔舱技艺建造的仿古福船在泉港峰尾国家一级渔港下海试航。

泉州军分区党委八届六次全体（扩大）会议召开

泉州军分区党委八届六次全体（扩大）会议召开，学习贯彻习近平新时代中国特色社会主义思想和习近平强军思想，传达学习军委国防动员部、省军区党委（扩大）会议精神，表彰先进，总结2020年工作，部署新年度任务。

会议指出，2020年，泉州市贯彻落实习近平总书记重要讲话重要指示重要批示精神，按照中央、省委部署要求，统筹疫情防控和经济社会发展，各项工作取得新成绩。泉州军分区坚持以习近平强军思想为指导，贯彻党中央、中央军委决策部署，狠抓各项工作落实，部队政治方向把得牢、练兵备战抓得实、军地双拥走前列、服务地方有成效。特别是疫情防控期间，各级官兵和民兵预备役人员闻令而动、依令防控、全程参与，为全市夺取双胜利做出贡献。2021年是中国共产党百年华诞，是实施“十四五”规划、开启全面建设社会主义现代化国家新征程的开局之年，也是部队改革发展攻坚奋进之年。要学习贯彻习近平新时代中国特色社会主义思想和习近平强军思想，贯彻习近平总书记重要决策重要指示，贯彻中共十九届五中全会精神，以更加奋发有为的精神状态推进各项工作，开创国防和军队现代化建设新局面。要坚持政治建军不动摇，夯实强军兴军思想根基，落实党管武装政治责任，加强军队党的建设，提高政治判断力、政治领悟力、政治执行力。要突出动员备战主责主业，树牢底线思维，增强忧患意识，统筹抓好民兵队伍建设和兵员征集工作，提升国防动员能力。各级各相关部门要弘扬习近平总书记在福建工作时关于支持国防和军队建设的创新理念和重大实践，提高政治站位，压紧压实党管武装责任。要以争创双拥模范城“十连冠”为抓手，加强国防教育，深化军地协同发展，对照标准高线落实好各项拥军优属政策，解决好官兵“后路后院后代”问题，在全社会营造尊崇军人军属的环境。

泉州市部署安全生产工作

继全省安全生产工作视频会议后，泉州市召开安全生产工作暨第一季度防范重特大生产安全事故视频会，总结2020年全市安全生产工作，分析安全生产情况和面临的形势任务，部署下阶段工作。会议要求，要树牢安全发展理念，绷紧安全生产这根弦，组织拉网式、全覆盖的查漏洞、追责任、抓整改，举一反三抓提升，逐一落实整改提升措施，改进监管工作水平。要推进安全生产专项整治三年行动，统筹推进安全隐患排查，倒逼企业落实主体责任，多措并举抓安全隐患整改整治，提升安全生产本质水平，将事故隐患消除在萌芽阶段，推动全市安全生产形势持续稳定向好。要规范应急管理工作，健全完善应急处置机制，备足应急物资力量，加强应急值班值守，做好宣传舆论引导，提升应急处置能力，确保省、市“两会”期间安定稳定，确保全市人民度过一个安乐祥和的春节。

仿古福船在泉港下海试航

一艘古香古色的仿古福船在泉港峰尾国家一级渔港下海试航。这艘福船长30米，采用国家级非物质文化遗产水密隔舱技艺，由泉港峰尾造船厂工匠用7个月时间建造完成。此次下海试航，有效检验仿古福船的技艺性和实用性。福船是中国“四大古船”之一，是福建一带沿海尖底海船的通称，对中国造船史和海洋史研究具有重大意义。

仿古福船在泉港峰尾国家一级渔港下海试航（图/陈小阳）

市委农村工作会议召开

市委农村工作会议召开，学习贯彻习近平总书记在中央农村工作会议上的重要讲话精神，贯彻落实中央、省委农村工作会议部署，谋划推进2021年及“十四五”时期泉州市“三农”工作。

会议指出，要抓好2021年“三农”重点工作，确保“十四五”规划开好局、起好步。要巩固拓展脱贫攻坚成果，保持现有帮扶政策总体稳定，健全防止返贫动态监测和帮扶机制，帮助脱贫群众逐步走上共同富裕道路。要绷紧粮食安全这根弦，落实“米袋子”党政同责，抓好粮食和重要农副产品供给，落实最严格的耕地保护制度。要做优做强特色现代农业，构筑产业平台，促进产业融合，强化科技赋能，推动农业全产业链发展，提高质量效益和竞争力。要实施乡村建设行动，加强村庄规划建设，实施农村人居环境整治提升、基础设施提档升级等专项行动，保存好乡村风貌和乡土味道。要构建城乡融合发展体制机制，深化农村集体产权制度改革，健全现代农业经营体系，探索城乡融合发展路径，激活乡村振兴的内生动力。要提升农村善治水平，实施“强基促稳”行动，创新乡村治理方式，推进平安乡村建设，培树文明乡风。要加强党对“三农”工作的全面领导，健全党领导农村工作的组织体系、制度体系、工作机制，建强基层组织，强化要素保障，开创“三农”工作新局面，走出具有泉州特色的乡村振兴之路。要统筹好年终岁首工作，抓实抓细农村疫情防控、粮食生产、春耕农资储备、农村人居环境整治提升、农村房屋建设管理、春节期间主要农产品供给保障、困难群众生活安排、安全生产和维稳等各项重点任务，确保农村社会和谐稳定。

《泉商在中国》首发

由市工商联、泉州晚报社编撰的《泉商在中国》首发式举行。《泉商在中国》于2020年12月由海峡文艺出版社出版，该书是第一部全面、深入、系统地展示国内优秀异地泉州籍商会的书籍，从党建引领、抱团发展、慈善公益等方面展现70家优秀异地泉州籍商会的建设成果。主办方表示，《泉商在中国》是一本内容翔实、具有较强权威性的文集作品，对于认识异地泉籍商会的过去，服务现在，开创未来具有重要的意义，也为异地泉州籍商会互通信息、交流家乡情谊、相互借鉴提供交流的平台。市工商联、泉州晚报社将挖掘泉州企业家心无旁骛做实业，传承弘扬“晋江经验”的生动案例，展示异地泉州籍商会着眼于新时代加快建设现代商会组织、打造商会改革“泉州样本”的全新面貌。现场还举行赠书仪式，主办方向异地泉州籍商会会长代表、市图书馆代表赠书。

相关链接：《泉商在中国》的出版是2019年举行的“泉商中国行”巡回采风活动成果的集结之作。为庆祝中华人民共和国成立70周年，巡礼遍布全国的258家异地泉州籍商会取得的成就，2019年8月，在市委统战部指导下，市工商联和泉州晚报社主办的“心无旁骛做实业 推动高质量发展”异地泉州籍商会献礼中华人民共和国70华诞系列活动启动，子项目“泉商中国行”巡回采风活动同期举行。泉州晚报社旗下《泉州商报》记者组成采风团，兵分多路，历时4个月走访全国18个省（市）的70家优秀异地泉州籍商会，采访200多家泉州籍企业，与超过500位企业家座谈。活动走访行程之长，涉及地域之广，采访异地泉州籍商会数量之多，在泉州尚属首次。主编单位表示，《泉商在中国》一书总结、推介各地异地泉州籍商会的发展经验，通过翔实的图文介绍，泉州企业家故事的书写，以期弘扬“泉商精神”，传承发扬“晋江经验”，激励泉州企业家在新时代展现新作为。

1月14日

农历庚子年十二月初二
星期四
温度：8℃～19℃
晴

●市委农村工作会议召开，学习贯彻习近平总书记在中央农村工作会议上的重要讲话精神，贯彻落实中央、省委农村工作会议部署，谋划推进2021年及“十四五”时期泉州市“三农”工作。

●市政协十二届三十次主席会议和二十五次常委会会议召开。市政协十二届三十次主席会议协商有关人事事项，协商市政协十二届五次会议相关事宜。市政协十二届二十五次常委会会议协商通过有关人事事项，协商通过市政协十二届五次会议相关事宜。

●由市工商联、泉州晚报社编撰的《泉商在中国》首发式举行。

1月15日

农历庚子年十二月初三
星期五
温度：10℃～22℃
晴

●市十六届人大六次会议召集人会议召开，通报大会筹备工作情况及有关安排。

●市十六届人大六次会议预备会召开，选举产生大会主席团和秘书长，表决通过大会议程和议案审查委员会组成人员名单。

●市政协十二届五次会议在泉州人民会堂开幕，李转生作十二届市政协常委会工作报告。

●市政协十二届三十一次主席会议和二十六次常委会会议召开。市政协十二届三十一次主席会议协商有关人事事项及候选人名单（草案），协商市政协十二届五次会议选举办法（草案）和大会选举总监票人、监票人名单（草案）。

●市政协十二届三十二次主席会议和二十七次常委会会议召开。市政协十二届三十二次主席会议听取市政协十二届五次会议各组召集人汇报酝酿协商市政协十二届五次会议选举办法（草案）等。市政协十二届二十七次常委会会议审议通过市政协十二届五次会议选举办法（草案）等。

●泉州市企业与企业家联合会和19家企业发出倡议书，倡议异地员工就地过年。

市政协十二届五次会议开幕

市政协十二届五次会议在泉州人民会堂开幕。大会执行主席李转生、骆沙鸣、王祖耀、陈益、洪川夫、林志建、刘志平、王春金、蔡萌芽、戴仲川、陈伟平、黄碧煌在主席台前排就座。到会祝贺并在主席台就座的有：市委书记康涛，市长王永礼，市人大常委会主任陈灿辉，省人大常委会委员陈万里，市委领导张永宁、孔繁军、游宇飞、林万明、林锦明、刘建军、刘文儒、季翔峰、洪自强，市人大常委会领导张建生、许文贵、蔡思红、吴汉宗、黄阳春，市政府领导周真平、李伙金、吕刚、肖汉辉、朱启平，市中级人民法院院长陈明，市人民检察院检察长傅建飞。

受十二届市政协常委会委托，市政协主席李转生向大会做工作报告。报告从六个方面阐述市政协十二届四次会议以来的工作特色和显著成效：加强政治建设，把牢正确履职方向；强化责任担当，积极抗击新冠疫情；紧扣中心工作，服务高质量发展超越；坚持履职为民，致力增进民生福祉；坚持双向发力，广泛凝聚智慧共识；注重固本强基，持续推进自身建设。2021年，市政协常委会工作的总体要求是：以习近平新时代中国特色社会主义思想为指导，全面贯彻中共十九大和十九届二中、三中、四中、五中全会精神，全面落实中央和省委、市委政协工作会议精神，按照市委工作部署，围绕立足新发展阶段、贯彻新发展理念、构建新发展格局，紧扣全方位推动高质量发展超越主题，坚持发扬民主和增进团结相互贯通、建言资政和凝聚共识双向发力，充分发挥专门协商机构作用，为谱写全面建设社会主义现代化国家的泉州篇章做出新贡献。市政协将提高政治站位，在加强党的建设中履行新使命；扎实履职尽责，在服务发展大局中再创新业绩；聚焦主责主业，在积极协商议政中展现新作为；坚持团结民主，在凝聚思想共识中汇聚新合力；践行守正创新，在强化自身建设中树立新形象。报告要求全体政协委员更加紧密地团结在以习近平同志为核心的党中央周围，在中共泉州市委领导下，凝心聚力、攻坚克难、奋发进取，为泉州市打造具有全国影响力的"海丝"名城、制造强市，加快建设现代化中心城市做出新的更大贡献。

李转生做十二届市政协常委会工作报告（图/陈起拓）

泉州市企联和19家企业倡议异地员工就地过年

泉州市企业与企业家联合会（简称"泉州市企联"）和19家企业发出倡议书，倡议异地员工就地过年。19家企业包括（企业排名不分先后）：南益集团（福建）有限公司、中闽百汇零售集团有限公司、泉州农村商业银行股份有限公司、福建省顺景科技集团有限公司、福建省闽发铝业股份有限公司、福建卓越鸿昌环保智能装备股份有限公司、泉州海天科技材料股份公司、泉州恒泰兴工贸发展有限公司、泉州市闽运兴物流有限责任公司、泉州市凯鹰电源电器有限公司、厦门闽侨投资管理有限公司泉州分公司、川大（福建）集团有限公司、福建福山轴承有限公司、福建省万维区块链科技有限公司、福建利豪电子科技股份有限公司、福建集泰塑胶有限公司、福建天衡（泉州）律师事务所、福建新时颖电子商务有限公司、泉州台商投资区中投贸易股份有限公司。

市十六届人大六次会议开幕

市十六届人大六次会议在泉州人民会堂开幕。全体会议执行主席康涛、陈灿辉、张建生、许文贵、蔡思红、吴汉宗、黄阳春、欧阳秋虹在主席台前排就座。主席团其他成员，市长王永礼，市政协主席李转生，省人大常委会委员陈万里，市委副书记张永宁，市委领导孔繁军、游宇飞、林万明、林锦明、刘建军、刘文儒、季翔峰、洪自强，市政府领导周真平、李伙金、吕刚、肖汉辉、朱启平，市政协领导王祖耀、陈益、洪川夫、林志建、刘志平、王春金，市政协副主席候选人蔡萌芽、戴仲川，市政协原副主席骆沙鸣，市中级人民法院院长陈明，市人民检察院检察长傅建飞，福建炼化有限公司董事长顾越峰，中化泉州石化有限公司总经理钱立新，华侨大学校长吴剑平，泉州师范学院党委书记朱世泽，华侨大学原党委书记关一凡，老领导施永康、朱明、李建国、尤垂镇、陈海基、林文麟、林荣取、杨俊峰、吴汉民、洪辉煌、王文泰、宋长青、沈耀钦、孙增福、洪泽生、潘燕燕、陈全顺、吕竞、王远东、朱团能、曾巍，部分港澳全国政协委员等在主席台就座。

市长王永礼代表市政府向大会做工作报告。报告分为四个部分：一是2020年和“十三五”时期经济社会发展回顾；二是“十四五”时期主要目标任务；三是2021年工作目标任务；四是加强政府自身建设。回顾“十三五”，王永礼表示，全市战胜诸多困难和风险，经受住严峻考验，各项工作取得扎实成效，“十三五”规划顺利收官。过去五年，全市坚持发展为先、实业为本，地区生产总值预计突破万亿元大关；坚持深化改革、扩大开放，发展活力竞相进发；坚持古城提质、新城集聚，城乡面貌明显提升；坚持保护历史、传承文脉，文化自信深入人心；坚持以人为本、保障民生，群众生活更加殷实。展望“十四五”，王永礼指出，“十四五”时期是中国“两个一百年”目标的历史交汇期，是开启全面建设社会主义现代化国家新征程的第一个五年，也是泉州在新的起点上全方位推动高质量发展超越的关键五年。“十四五”时期泉州市经济社会发展的总体要求是：高举习近平新时代中国特色社会主义思想伟大旗帜，全面贯彻中共十九大和十九届二中、三中、四中、五中全会精神，坚持稳中求进工作总基调，立足新发展阶段，贯彻新发展理念，积极服务并深度融入新发展格局，常学常新“晋江经验”，在全方位推动高质量发展超越过程中，勇当发展现代产业体系、深化改革开放、区域协调发展、促进共同富裕“四个主力军”，努力打造具有全国影响力的海丝名城、制造强市，加快建设现代化中心城市。“十四五”时期泉州市经济社会发展的主要目标是：力争到2025年，地区生产总值达1.5万亿元左右，经济总量继续保持全省领先，产业集群竞争力走在全国前列，环湾中心城市聚核成型，高水平开放格局基本形成，人民生活品质稳步提高。

会议还审查泉州市国民经济和社会发展第十四个五年规划和2035年远景目标纲要草案；审查泉州市2020年国民经济和社会发展计划执行情况及2021年国民经济和社会发展计划草案的报告；审查泉州市2020年预算执行情况及2021年预算草案的报告。

王永礼做市政府工作报告（图/陈晓东）

1月16日

农历庚子年十二月初四
星期六
温度：8℃～18℃
多云

●市委、市政府召开市政协港澳委员、异地商会委员、特邀嘉宾座谈会，市领导和市政协港澳委员、异地商会委员、特邀嘉宾以及部分泉州籍省政协港澳委员共话发展。

●市十六届人大六次会议在泉州人民会堂开幕，王永礼做市政府工作报告。

●市政协十二届五次会议第二次全体会议召开，补选政协第十二届泉州市委员会副主席2名、秘书长1名、常务委员4名。蔡萌芽、戴仲川当选政协第十二届泉州市委员会副主席，黄碧煌当选政协第十二届泉州市委员会秘书长。

1月17日

农历庚子年十二月初五
星期日
温度：6℃～13℃
晴

●市十六届人大六次会议第二次全体会议召开，陈灿辉做市人大常委会工作报告。

●市十六届人大六次会议主席团第二次会议召开，听取各代表团汇报审议政府工作报告、“十四五”规划和2035年远景目标纲要及计划、预算两个报告情况等。

●市政协十二届五次会议第三次全体会议召开，12名市政协委员围绕泉州城市规划建设、金融创新、旅游景区培育、产业数字化数字产业化、中医药事业发展、建设文化强市等主题作大会发言。

市十六届人大六次会议第二次全体会议召开

市十六届人大六次会议第二次全体会议召开，市人大常委会主任陈灿辉做市人大常委会工作报告，市中级人民法院院长陈明做市中级人民法院工作报告，市人民检察院检察长傅建飞做市人民检察院工作报告。

陈灿辉在报告中指出，一年来，市人大常委会的工作成效主要体现在六个方面：一、坚持党的领导，践行习近平总书记关于坚持和完善人民代表大会制度的重要思想，学习习近平法治思想和中共十九届四中、五中全会精神，把全方位推动高质量发展超越作为新时代泉州市人大工作的鲜明主线和最大特色，贯彻落实中央、省委、市委决策部署，确保人大工作正确政治方向；二、发挥人大主导作用，提高地方立法的质量和效率，加强民生领域立法，健全完善立法工作机制，推动法规有效实施；三、围绕中心、服务大局，督促打好三大攻坚战、聚力“十四五”规划编制、推动发展提质增效、关注城乡协调发展、加强经济运行监督，以实实在在的成效助力全方位推动高质量发展超越；四、聚焦社会关切，推动民生问题解决，维护群众健康安全，督促加强社会建设，促进社会公平正义；五、强化服务保障，发挥代表主体作用，推动履职平台建设，加大建议督办力度，做好代表服务保障；六、加强自身建设，提高依法履职能力，推进党建工作，加强机关建设，拓展人大宣传研究。2021年，市人大常委会要以习近平新时代中国特色社会主义思想为指导，贯彻落实中共十九大和十九届二中、三中、四中、五中全会精神，在市委领导下，立足新发展阶段，贯彻新发展理念，融入新发展格局，弘扬“晋江经验”，紧扣“打造海丝名城、制造强市，加快建设现代化中心城市”的目标定位，紧扣推进市域治理体系和治理能力现代化，紧扣人民群众的新期盼，突出“稳全局、开新局”，肩负起宪法和法律赋予的职责，以更高站位强化政治建设、以更好成效展现担当作为、以更优服务保障代表履职、以更严要求加强自身建设，发挥人民代表大会制度的优势，为谱写全面建设社会主义现代化国家的泉州篇章做出新的更大贡献。

会议表决通过有关领导人员辞职的决定，表决通过大会选举办法，以及市十六届人大有关专门委员会主任委员的人选表决办法。大会选举任务为：补选市十六届人大常委会委员4名；选举市十六届人大财政经济委员会主任委员1名、社会建设委员会主任委员1名、法制委员会主任委员1名。

陈灿辉做市人大常委会工作报告（图/陈意鸣）

市政协十二届五次会议第三次全体会议召开

市政协十二届五次会议第三次全体会议召开，12名市政协委员围绕泉州城市规划建设、金融创新、旅游景区培育、产业数字化数字产业化、中医药事业发展、建设文化强市等主题做大会发言。市委书记康涛强调，要主动担当助力全方位高质量发展超越，围绕建设“海丝”名城、制造强市，开展专题协商、对口协商、界别协商，更好帮助党委、政府理方向、划重点、找抓手。要加强同市各民主党派、工商联和无党派人士的合作共事，加强同港澳台同胞和海外华人华侨社团的团结联谊，创新做好界别群众工作的渠道载体，凝心聚力画好最大同心圆。

市政协十二届五次会议闭幕

市政协十二届五次会议在泉州人民会堂闭幕。会议听取市政协十二届五次会议提案初审情况的报告；审议通过《中国人民政治协商会议第十二届泉州市委员会第五次会议决议（草案）》。市政协主席李转生在致辞时指出，新一年，要恪尽政治责任，在坚持党的全面领导中履行新使命；扎实履职尽责，在全力服务发展大局中展现新作为；坚持团结民主，在广泛凝聚思想共识中汇聚新合力；践行守正创新，在深化履职能力建设中树立新形象。全市各级政协组织、政协各参加单位和政协委员要更加紧密地团结在以习近平同志为核心的党中央周围，在中共泉州市委领导下，不忘初心、不负韶华，凝心聚力、奋勇前进，以更加优异的成绩，为助力泉州市“十四五”开好局、起好步，献礼中国共产党100周年华诞而奋斗。

相关链接：截至17日中午12时，大会收到提案572件。其中，集体提案149件，占26%；委员提案423件，占74%。经过大会提案审查委员会初审后，立案536件，立案率93.71%。

市政协十二届五次会议现场（图/陈小阳）

泉州市经济总量首次突破万亿元

市统计局发布2020年全市主要经济指标完成情况：经初步核算，2020年全市完成地区生产总值10158.66亿元，增长2.9%。在“十三五”收官之年，泉州市经济总量首次突破万亿元，连续22年位居福建省首位。2020年尽管受到新冠肺炎疫情影响，泉州市在做好疫情防控基础上推动经济逐步恢复常态，社会各项事业取得新成效。三次产业方面，2020年，全市第一产业增加值226.60亿元，增长1.8%；第二产业增加值5808.15亿元，增长2.8%，第三产业增加值4123.91亿元，增长3.2%。三次产业比重为2.2∶57.2∶40.6。其他主要经济指标方面，规模以上工业增加值增长3.0%；农林牧渔业总产值411.42亿元，增长1.8%；实际利用外资（验资口径）46.39亿元，增长5.1%。改革开放以来，泉州秉持爱拼敢赢精神，抓住机遇、心无旁骛做实业，经济总量连上新台阶，综合实力不断提升，从一方水土难养一方人到小康富裕，从工业基础一穷二白到制造业大市，实现历史性的进步和变化。习近平同志在福建工作期间，6年内7次到晋江调研，2002年亲自总结“晋江经验”，成为泉州的制胜法宝。市统计局数据显示，1978年，泉州生产总值仅为7.79亿元。从1978年到2002年突破千亿元大关，泉州用了25年；从千亿元到2013年突破五千亿元，用了11年；从五千亿元到2020年突破万亿元，仅用7年。

《安溪清水岩》邮资图面向全国发行

《安溪清水岩》邮资图（资料图片）

《安溪清水岩》邮资图面向全国发行，此系首次以“安溪清水岩”为题材发行的专用邮资图，也是全国首枚弘扬清水祖师文化的邮资图。为弘扬清水祖师文化、展示安溪县域形象，2015年，安溪县委、县政府启动申报《安溪清水岩》普通邮资明信片专用邮资图工作，并于2020年申报成功。《安溪清水岩》是福建省时隔五年再次正式发行的专用邮资图。

1月18日

农历庚子年十二月初六
星期一
温度：7℃～16℃
晴

●市十六届人大六次会议主席团第四次会议召开，听取各代表团汇报审议市人大常委会和市中级人民法院、市人民检察院三个工作报告情况等。

●市政协十二届五次会议在泉州人民会堂闭幕。会议听取市政协十二届五次会议提案初审情况的报告；审议通过《中国人民政治协商会议第十二届泉州市委员会第五次会议决议（草案）》。

●市政协十二届五次会议第四次全体会议召开，听取市中级人民法院、市人民检察院工作情况通报。

●市政协十二届二十八次常委会会议召开，听取市政协十二届五次会议各组召集人汇报各小组讨论市政协十二届五次会议决议（草案）情况等。

●市统计局发布2020年全市主要经济指标完成情况：经初步核算，2020年全市完成地区生产总值10158.66亿元，增长2.9%。在“十三五”收官之年，泉州市经济总量首次突破万亿元，连续22年位居福建省首位。

●由中宣部和公安部主办的“闪亮的名字——2020最美基层民警”发布仪式在中央电视台播出，2020年全国“最美基层民警”宣传推选结果揭晓，泉州市公安局刑侦支队四大队副大队长苏海福当选，是福建公安获此荣誉的唯一一名民警。

●《安溪清水岩》邮资图面向全国发行。

1月19日

农历庚子年十二月初七
星期二
温度：11℃～17℃
多云转晴

●市十六届人大六次会议在泉州人民会堂闭幕。

●市十六届人大六次会议第三次全体会议召开，补选泉州市第十六届人民代表大会常务委员会委员，表决泉州市第十六届人民代表大会财政经济委员会、社会建设委员会、法制委员会主任委员人选名单。

●市十六届人大六次会议主席团第五次会议召开，听取各代表团汇报审议有关决议草案情况等。

●市十六届人大常委会第六十四次主任会议召开，讨论市人大常委会代表资格审查委员会关于个别代表的代表资格的审查报告稿，讨论接受个别省十三届人大代表的辞职事项等。

●市十六届人大常委会第三十六次会议召开，听取和审议市人大常委会代表资格审查委员会关于个别代表的代表资格的审查报告，审议接受个别省十三届人大代表的辞职事项。

●2021年市政府第一次全体会议召开，动员全市在市委统一领导下，对照市“两会”审议通过的各项目标任务，挂图作战，攻坚推进。

●市疫情应急指挥部发布《今冬明春和春节期间泉州市餐饮服务单位新冠疫情防控导则》，适用于冬春和春节期间正常运营的实体餐饮经营单位、网络订餐经营者、农村集体聚餐承办者、集体用餐配送等单位。

市十六届人大六次会议闭幕

市十六届人大六次会议在泉州人民会堂闭幕。会议逐一表决通过关于市政府工作报告的决议、关于泉州市国民经济和社会发展第十四个五年规划和2035年远景目标纲要的决议、关于泉州市2020年国民经济和社会发展计划执行情况及2021年国民经济和社会发展计划的决议、关于泉州市2020年预算执行情况及2021年预算的决议、关于泉州市人大常委会工作报告的决议、关于泉州市中级人民法院工作报告的决议、关于泉州市人民检察院工作报告的决议。

市委书记康涛在闭幕式上讲话。康涛指出，要稳全局开新局，全方位推动高质量发展超越。按照省委要求，在发展现代产业体系、深化改革开放、区域协调发展、促进共同富裕等方面发挥主力军作用，抓牢产业转型、城乡建设、科技创新、营商环境等方面战略支撑和重点任务，一件件做实做细做成，加快建设“海丝”名城、制造强市。要统筹好发展和安全两件大事，守牢疫情防控这个前提和基础，确保完成2021年发展主要目标任务。要在事关“十四五”发展的关键点上发力，按照路线图思维、项目化管理、清单式收账，加快跨江发展、跨域融合，大抓新经济拓展、老产业链提升，点线面展开山水田园城市建设，迈好第一步、见到新气象。要坚持以人民为中心，补短板提品质兜底线。着眼群众“急难愁盼”，实现幼有善育、学有优教、病有良医、老有颐养、住有宜居。巩固拓展脱贫攻坚成果，衔接乡村全面振兴，步步升级推进人居环境整治，提升农村善治水平。深化拓展“强基促稳”专项行动，延伸开展扫黑除恶六个专项整治行动，织密织牢安全生产责任网、防护网、监管网。

市人大常委会主任陈灿辉在主持中强调，各级人大及其常委会、全体人大代表作为人大制度最直接的维护者、推动者、捍卫者，要坚持正确政治方向，服从市委领导，扛起责任担当，履行好宪法和法律赋予的职权。立法要回应社会关切，力求彰显特色、务实管用；监督要扭住关键、务求实效，在推动产业转型升级、做大做强中心城市、激发民营经济活力、打造海上丝绸之路先行区、打造双循环战略支点城市、实施乡村振兴战略等方面聚焦聚力、善作善成；坚持人民至上，把造福泉州人民作为最大政绩，让群众获得感成色更足、幸福感更可持续、安全感更有保障。

相关链接：截至大会闭幕，收到代表提出的建议、批评、意见365件（含议案转建议1件），内容涉及城市建设与管理、社会事业与民生、经济发展、城乡一体化建设等。

市十六届人大六次会议现场（图/吴嘉晓）

2021年市政府第一次全体会议召开

2021年市政府第一次全体会议召开，动员全市在市委统一领导下，对照市“两会”审议通过的各项目标任务，挂图作战，攻坚推进。会议强调，要落实落细疫情防控各项措施，夯实属地、部门、行业、单位“四方责任”，加强人、物、环境“同防”，保持指挥部体制高效运行。确保经济良好开局，实施科技创新倍增行动、第二产业增产增效行动、第三产业提质扩量行动，保障粮食安全和春耕生产。推进项目攻坚，组织一季度重大项目集中开工，开展新基建新经济基地建设比拼考评，加强融资用工用地等各类要素保障。提升城乡品质，加快城市更新和乡村建设。启动实施优化营商环境三年行动，推动行政审批透明化规范化、政务服务便民化高效化。

世茂海上丝绸之路博物馆开馆

“丝路启航·文化筑梦”福建省世茂海上丝绸之路博物馆开馆仪式在石狮举行。该项目旨在成为中国国有博物馆与非国有博物馆合作的典范。文旅部党组成员、故宫博物院院长王旭东出席并致辞。省委常委、宣传部部长邢善萍，省人大常委会副主任雷春美，市委书记康涛、市长王永礼出席活动。王旭东指出，泉州是海上丝绸之路的重要起点，是多元文化的交融之地。世茂海上丝绸之路博物馆的设立，对于传播丝路文化、弘扬中华优秀传统文化，增强文化自信，加强与世界各国间的民心相通都将发挥独特的重要作用。“博物馆与海上丝绸之路”主题论坛、圆桌讨论等配套活动同期举行，邀请中国国家博物馆、上海博物馆、中国丝绸博物馆、福建博物院等多个博物馆（院）馆（院）长，以及文博界相关专家学者参加。福建省世茂海上丝绸之路博物馆建筑面积30718平方米，常年举办各种类型的展览、教育和文化交流活动，提供开放服务，力求打造成为传承中华文化的新地标、国际展示交流的新窗口、弘扬海上丝绸之路文明的新高地。

世茂海上丝绸之路博物馆外观（图/王柏峰）

市委常委会学习习近平总书记重要讲话精神

市委常委会召开会议，传达学习习近平总书记在省部级主要领导干部学习贯彻中共十九届五中全会精神专题研讨班开班式上的重要讲话、致首届全国职业技能大赛的贺信精神以及省委常委会会议精神，研究《泉州市巩固深化“不忘初心、牢记使命”主题教育成果的若干措施》。会议强调，要把握新发展阶段，保持战略定力，办好泉州的事，稳全局、开新局。要贯彻落实新发展理念，全方位推动高质量发展超越，建设“海丝”名城、制造强市，加快跨江发展、跨域融合，大抓新经济拓展、老产业链提升。要加快融入新发展格局，紧抓全球集采中心和双循环战略支点城市建设，大抓民营经济发展年、营商环境提升年，构建有利于创新创业创造的发展环境。要围绕全方位推动高质量发展超越，组织实施技能泉州行动，推动产业工人队伍在民营经济主战场发挥更大作用。要弘扬劳模精神、劳动精神、工匠精神，激励更多青年一代走技能成才、技能报国之路，为技能人才脱颖而出创造更好条件。要完善多元化技能人才培养、评价、使用机制，将职业教育办出特色、办出质量，健全职业技能竞赛体系，实施知识更新工程，培养更多高技能人才和“泉州工匠”。

金融支持城市和农村建设项目对接会举行

泉州市举行金融支持城市和农村建设高质量发展宣讲培训及项目对接会。会议要求，各级各有关部门要利用这次难得的学习机会，学会利用金融政策和产品的“窍门”，对金融心中有底、脑中有策、手上有招；解放思想、更新观念，发挥泉州金改优势，在推进城市和农村建设中创造性地用好金融工具，依靠金融手段，解决建设资金问题；通过好的项目、好的运营主体、好的体制机制，把经营城市、发展农村的理念运作起来，争取更多政策、资金落到泉州、留在泉州。会上，省金融监管局、住建厅、农业农村厅、生态环境厅、财政厅和各省级金融机构对有关金融政策、具体业务进行宣讲解读，泉州市还举行金融机构项目对接。

1月20日

农历庚子年十二月初八
星期三
温度：14℃～22℃
多云

●“丝路启航·文化筑梦”福建省世茂海上丝绸之路博物馆开馆仪式在石狮举行，文旅部党组成员、故宫博物院院长王旭东出席并致辞。

●市委常委会召开会议，传达学习习近平总书记在省部级主要领导干部学习贯彻中共十九届五中全会精神专题研讨班开班式上的重要讲话、致首届全国职业技能大赛的贺信精神以及省委常委会会议精神等。

●市委理论学习中心组学习会召开，围绕学习贯彻习近平总书记《论党的宣传思想工作》开展交流研讨。

●市委召开在泉州原任地厅级老干部及部分市党代表、人大代表征求意见座谈会，征求对市委常委班子和成员的意见建议。

●泉州市召开党外人士、政协委员征求意见座谈会，听取对中共泉州市委常委班子和成员的意见建议。

●市政协党组理论学习中心组学习会议召开，传达学习习近平总书记在中央政治局民主生活会、全国政协新年茶话会上的重要讲话、2021年新年贺词精神等。

●市政协党组扩大会议召开，听取党组成员2020年度述责述廉报告，并进行点评和评议。

●泉州市举行金融支持城市和农村建设高质量发展宣讲培训及项目对接会。

1月21日

农历庚子年十二月初九
星期四
温度：15℃～26℃
多云

●市委、市政府召开工作通报会，向老干部通报2020年工作情况。

●市政府党组会议召开，学习贯彻习近平总书记在省部级主要领导干部学习贯彻中共十九届五中全会精神专题研讨班开班式上的重要讲话以及省委常委会（扩大）会议、市委常委会（扩大）会议精神。

●市政府第一百零八次常务会议召开，听取保障农民工工资支付工作情况汇报等。

●福建省首批“光明中心”创建仪式在福建医科大学附属第二医院东海院区举行。

2020年市委和市政府工作通报会召开

市委、市政府召开工作通报会，向老干部通报2020年工作情况。

市委书记康涛指出，2020年，泉州市贯彻习近平总书记重要讲重要话指示重要批示精神，落实中央和省委决策部署，统筹推进疫情防控和经济社会发展，经济增长回稳向好，地区生产总值突破万亿大关，城市功能品质不断提升，民生保障持续加强，社会大局保持稳定，“十三五”规划顺利收官。2021年，将坚持以习近平新时代中国特色社会主义思想为指导，贯彻落实中共十九届五中全会和省委十届十一次全会精神，传承弘扬“晋江经验”，加快跨江发展、跨域融合，大抓新经济拓展、老产业链提升，多措并举打好新“侨”牌，优化营商环境，打造具有全国影响力的海丝名城、制造强市，加快建设现代化中心城市，当好全方位推动高质量发展超越主力军。市委、市政府将贯彻落实习近平总书记关于老干部工作的重要指示精神，用心用情做好老干部工作，为大家愉快生活、发挥余热创造条件。希望老干部继续关心支持泉州发展，积极建言献策、献智出力。市长王永礼希望老领导、老干部继续发挥示范、智囊、桥梁、监督等作用，为泉州全方位推动高质量发展超越贡献更多智慧和正能量。市政府将落实好老干部政治、生活各项待遇，常怀敬老之心，善谋为老之策，多做助老之事，让老干部在政治上有荣誉感、组织上有归属感、生活上有幸福感。

市政府党组会议学习习近平总书记重要讲话精神

市政府党组会议召开，学习贯彻习近平总书记在省部级主要领导干部学习贯彻中共十九届五中全会精神专题研讨班开班式上的重要讲话以及省委常委会（扩大）会议、市委常委会（扩大）会议精神。

会议强调，市政府各位党组成员、政府各部门党组（党委）要学习贯彻习近平总书记重要讲话精神和中共十九届五中全会精神，提高政治判断力、政治领悟力、政治执行力，推动中央、省委、市委关于“十四五”时期发展的各项决策部署落地落实。要贯彻落实省委即将开展的“再学习、再调研、再落实”活动，推动学习贯彻习近平新时代中国特色社会主义思想在政府系统走深走实。要把学习贯彻习近平总书记重要讲话重要指示重要批示精神，同学习贯彻习近平总书记在福建工作期间的重要理念、重大实践结合起来，提高把握新发展阶段、贯彻新发展理念、服务并融入新发展格局的政治能力、战略眼光、专业水平，汲取抓好政府工作的政治力量、思想力量、行动力量。要对照党中央国务院、省委省政府和市委既定的各项工作部署，以及市十六届人大六次会议审议通过的法定作业，开展调查研究，力求把措施定得更细、抓手落得更实，确保完成全年目标任务。年关将至，要做实做细做成统筹疫情防控和经济社会发展各项工作，重点抓好项目攻坚、安全生产、民生保障、市场保供和社会稳定等工作，确保“迈出第一步，见到新气象”。

福建省首批“光明中心”创建仪式在泉州举行

福建省首批“光明中心”创建仪式在福建医科大学附属第二医院（以下简称“福医二院”）东海院区举行，包括福医二院在内的全省6家医院获“光明中心”项目授牌。眼底病是不可逆盲的首位病因，中国现阶段眼底疾病的发病率不断上升，这类患者占到全部致盲眼病患者的50%以上。国家眼部疾病临床研究中心主任许迅教授表示，此次授牌的“光明中心”项目，是国家眼部疾病临床医学研究中心携手北京白求恩公益基金会共同创立的，旨在打造中国创新性的眼底病诊疗管理模式和中心网络，建立规范标准化的眼底病诊疗流程，建立可行的眼底病慢病管理模式，提升机构诊疗及科研水平。同时，搭建完善的患者关爱和随访系统平台，建立规范的患者随访标准，并配置专业的患者随访团队，提升患者体验和依从性。福建省眼科学会主委朱益华教授表示，福医二院眼科在眼底病的规范化管理方面走在全省前列，并带动周边区域医院眼科的发展，起到很好的区域引领带动作用。

1月22日

农历庚子年十二月初十
星期五
温度：15℃～26℃
多云转阴

●泉州市社会足球场地建设数量位居全省第一。

●市统计局发布2020年泉州市经济运行情况。

●2021年中国石狮跨境电商发展（线上）峰会在石狮国际商贸城东南亚采集中心举行。

●德化县防震减灾科普馆开馆，馆内的地震体验屋是全市首个全屋震动地震体验屋。

泉州市社会足球场地建设数量位居全省第一

19—22日，省体育局调研组到泉州调研全民健身场地设施建设情况。调研表明，泉州市社会足球场地建设数量位居全省第一。2020年，泉州市推进全民健身场地设施补短板工程，推进省级2座智慧体育公园和7座笼式足球场设施建设。其中，石狮市峡谷路智慧体育公园完成验收并对群众开放，公园按智慧体育标准配置，建有十一人制足球场1个、篮球场5个、排球场1个、门球场2个，配备健身器械、轮滑区、攀爬网、儿童乐园、自行车道等设施；南安智慧体育公园主体南安城西湿地公园完成建设，智慧体育设施设计基本完成。7座笼式足球场于2020年11月验收安装完成。

2020年泉州市经济运行情况发布

市统计局发布2020年泉州市经济运行情况。2020年，泉州市顺利迈入地区生产总值万亿城市行列，经济总量连续22年居全省首位。根据地区生产总值统一核算结果，2020年，全市实现地区生产总值10158.66亿元，按可比价格计算，比上年增长2.9%。分产业看，第一产业增加值226.60亿元，比上年增长1.8%；第二产业增加值5808.15亿元，增长2.8%；第三产业增加值4123.91亿元，增长3.2%。2020年，泉州市第三产业增加值占地区生产总值比重为40.6%，占比创下历史新高。分行业看，交通运输仓储和邮政业、金融业增加值分别增长9.2%、6.6%，增速分别快于第三产业6.0个、3.4个百分点。全年全市公路货物周转量增长7.1%，水路货运周转量增长8.5%，分别比1—3季度加快1.2个、0.7个百分点。2020年1—11月，全市规模以上服务业企业营业收入同比增长4.0%，其中软件和信息技术服务业增长14.8%。

2020年，全市社会消费品零售总额5228.87亿元，比上年下降2.3%，降幅比1—3季度收窄1.3个百分点。其中，限额以上单位消费品零售额1494.15亿元，下降4.2%。升级类商品销售增长较快，全市限额以上体育娱乐用品类商品零售额增长36.3%，计算机及其配套产品、能效等级为1级和2级的商品、智能家用电器和音像器材、智能手机等绿色智能产品分别增长46.8%、42.2%、19.8%和19.5%。全年限额以上批发和零售企业实现网上零售额242.55亿元，比上年增长10.9%，增幅比1—3季度提高2.5个百分点。其他主要经济指标方面，出口商品总值1503.6亿元，比上年增长3.4%。进口467.2亿元，下降29.0%。一般公共预算总收入813.32亿元，其中地方一般公共预算收入454.04亿元。一般公共预算支出711.33亿元，增长8.1%。教育、科技、社会保障就业、医疗卫生、节能环保支出分别比上年增长7.8%、11.1%、13.2%、15.8%和15.9%。2020年末，全市金融机构本外币存款余额8820.78亿元，同比增长14.1%，比年初新增存款1092.17亿元；本外币贷款余额8077.21亿元，同比增长13.1%，比年初新增贷款936.98亿元。

2021年中国石狮跨境电商发展（线上）峰会举行

2021年中国石狮跨境电商发展（线上）峰会在石狮国际商贸城东南亚采集中心举行，石狮"跨境电商发展年"系列活动启动。图为石狮国际商贸城东南亚采集中心外观。

（图/石狮市融媒体中心）

全市首个全屋震动地震体验屋在德化开放

德化县防震减灾科普馆开馆，馆内的地震体验屋是全市首个全屋震动地震体验屋，运用影音、特效和电子喷雾技术，通过灯光、音响、影像多媒体等系统，为体验者模拟地震发生时的真实场景。约10平方米的屋内有沙发、桌子和电视等，模拟普通家庭客厅场景。

1月23日

农历庚子年十二月十一
星期六
温度：12℃~22℃
小雨转多云

●参加省十三届人大五次会议的泉州代表团举行全体会议，推选康涛为泉州代表团团长，王永礼、陈灿辉为副团长。

●为推动和践行移风易俗、弘扬时代新风，泉州市命名“百个移风易俗典型乡镇（街道）、村（社区）”“百名移风易俗带头人”“百佳移风易俗村（居）规民约”三类典型名单。

●由全国铸造机械标准化技术委员会（SAC/TC 186）主办的全国铸造3D打印设备标准研讨会在泉州召开。

●泉州市设立7个线下防疫服务站，为全市所有网约车、巡游出租汽车免费提供车辆消杀、体温检测、发放口罩及消毒液等服务。

泉州市命名“三个100”典型

为推动和践行移风易俗、弘扬时代新风，泉州市命名“百个移风易俗典型乡镇（街道）、村（社区）”“百名移风易俗带头人”“百佳移风易俗村（居）规民约”三类典型名单。鲤城区江南街道、鲤城区浮桥街道延陵社区等100个乡镇（街道）和村（社区）被命名为“泉州市移风易俗典型乡镇（街道）、村（社区）”；鲤城区鲤中街道清正社区老年人协会会长杨银河等100名个人被命名为“泉州市移风易俗带头人”；鲤城区鲤中街道促进社区移风易俗居规民约等100篇移风易俗村（居）规民约被命名为“泉州市百佳移风易俗村（居）规民约”。泉州市是中宣部、中央文明办确定的全国农村移风易俗工作试点市。市委、市政府将移风易俗作为群众性精神文明建设和实施乡村振兴战略的重大任务，通过政府引导、群众主导、社会团体跟进“三方合力”和自治、法治、德治“三治齐抓”予以推进，全市社风民风日益向上向善，社会文明程度进一步提升，群众获得感、幸福感明显增强。

全国铸造3D打印设备标准研讨会在泉州召开

由全国铸造机械标准化技术委员会（SAC/TC 186）主办的全国铸造3D打印设备标准研讨会在泉州召开。全国铸造机械标准化技术委员会秘书长卢军等相关人员出席会议。会议采用线上线下相结合的方式，齐聚全国各地铸造3D打印设备的生产商、科研院校、使用方等相关代表专家。会上，南安市相关负责人向与会专家介绍南安市经济及产业相关情况，其中包含正在规划的高端铸造产业园发展项目具体情况。南安市未来将重点发展高端、绿色、智能、可循环铸造行业集群，助推产业提档升级，打造省级高端装备制造示范园区。讲话中，该负责人向各地的专家发出邀请，希望通过产业抱团联盟、渠道整合拓展、模式创新提升、线上线下结合等方式，整合关联产业资源，引领中国铸造产业高质量发展。

卢军在讲话中表示，标准化是技术积累的平台，希望与会专家以本次会议为契机，围绕国家战略，做好3D打印设备标准体系的顶层设计工作，完善标准化体系，以高标准引领行业向高质量发展。同时，要着眼于国际，把铸造3D打印设备打造成结构合理、重点突出、科学实用、特色鲜明，具有综合性和国际化特点的标准体系，为铸造3D打印设备国际标准提案打下基础。与会专家根据国内外铸造3D打印设备的发展趋势，以现行铸造机械标准体系为基础，围绕铸造3D打印设备标准体系顶层设计（包括标准体系框架、当前及未来可制定标准、标准规范化命名方式）和已列入国家标准和行业标准计划的1项国家标准草案和3项行业标准草案展开研究与讨论，并最终达成统一规划与意见。铸造3D打印设备是一项新兴的先进铸造技术，此次会议的召开，为铸造3D打印设备融入铸造机械行业迈向数字化绿色化规范化发展打下基础。对于填补产业标准空白，规范行业发展也具有积极意义。

全市设立7个线下防疫服务站

为精准做好冬春季新冠肺炎疫情防控工作，泉州市设立7个线下防疫服务站，为全市所有网约车、巡游出租汽车（简称“出租车”）免费提供车辆消杀、体温检测、发放口罩及消毒液等服务。7个防疫服务站覆盖鲤城、丰泽、晋江、石狮等地。网约车司机经过服务站附近时，将会收到相关提醒，方便司机最快找到服务站。此外，根据交通运输部门要求，网约车出车时，要做好记录，须上传佩戴口罩的照片、如实上报体温、上传车辆消毒照片等。为更好进行监督，相关网约车平台完成线上识别技术的升级，全流程检查司机是否佩戴口罩。行程中以及行程结束后，平台还分别通过车载桔视设备、人脸识别系统等反复抽查司机佩戴口罩行为。一旦发现司机未规范佩戴口罩，依照规则暂停服务，并安排到线下防疫点学习。

省领导参加省十三届人大五次会议泉州代表团审议

省长王宁到省十三届人大五次会议泉州代表团，与代表一起审议省政府工作报告，审查福建省国民经济和社会发展第十四个五年规划和2035年远景目标纲要草案，听取大家意见建议。省委常委、宣传部部长邢善萍，省委常委、组织部部长杨贤金，省人大常委会副主任雷春美，副省长郭宁宁参加审议。

王宁指出，2020年，全省拼搏奋斗，克服疫情影响，夺取疫情防控和经济社会发展“双胜利”。这离不开全省的共同努力，离不开泉州做出的贡献。2021年是“十四五”规划开局之年，希望泉州市坚持以习近平新时代中国特色社会主义思想为指导，贯彻落实中共十九届五中全会和中央经济工作会议精神，按照省委、省政府的工作要求，勇当全方位推动高质量发展超越主力军。要传承弘扬“晋江经验”，引导民营企业加快数字化转型，挖掘潜力、激发活力，推动民营经济健康发展；强化科技引领，加大科技投入，深化校企合作，推动科技创新，培育更多高新企业；发挥海洋资源优势，推动泉州湾重点港区整体连片开发，建设“海上牧场”，发展临港产业，做大做强海洋经济；实施城乡建设十大行动，注重文化保护传承，建设具有闽南特色的现代化城市；深化“放管服”改革，简政放权、便民惠企，创造一流营商环境。各级政府和政府工作人员要学金融、懂金融、会金融，把金融政策和金融工具用好用活，更好服务实体经济高质量发展。

同日，省委常委、宣传部部长邢善萍，省委常委、组织部部长杨贤金，省委常委、秘书长郑新聪，省人大常委会副主任雷春美，市委书记康涛，市长王永礼，市人大常委会主任陈灿辉，省人大常委会委员陈万里等以代表身份参加泉州代表团审议。

邢善萍指出，省政府工作报告贯穿全方位推动高质量发展超越主题、深化供给侧结构性改革主线，以及立足新发展阶段、贯彻新发展理念、积极服务并深度融入新发展格局这一重大原则要求。建议福建省要围绕学习宣传贯彻习近平新时代中国特色社会主义思想，凝聚同心同德谋发展、沉心静气促超越的磅礴力量。围绕开启新征程、开创新局面，抓创新、抓项目、抓新增长点、抓产业升级。围绕探索海峡两岸融合发展新路，深化闽台在各领域的合作交流。围绕建设文化强省，谋划“十四五”规划文化改革发展，加快建设国家公共文化服务体系示范区，加大全媒体大平台宣传力度，讲好中国故事、福建故事。

杨贤金指出，全省各级组织部门要贯彻新时代党的组织路线，围绕实施“十四五”规划、全方位推动高质量发展超越，选优配强各级领导班子，完善上下贯通、执行有力的组织体系，汇聚各方面优秀人才，提高组织工作质量。

郑新聪指出，希望泉州在“稳”上多出实招，经济和社会运行都要稳定在合理区间，力争为全省多作贡献；在“进”上持续发力，促进民营经济、产业发展包括新经济领域发展、城市发展科学布局，积极引育人才，推动高质量发展；在“融”上发挥优势，做好“侨”和“海外泉州”的文章，积极服务并深度融入新发展格局。

雷春美指出，希望泉州发挥福厦泉国家自创区的先行优势，强化创新支撑，激发创新活力，做强时空科创基地等高能级创新平台，常学常新“晋江经验”，勇当全方位推动高质量发展超越主力军，为加快新时代新福建建设做出更大贡献。

省领导参加省十三届人大五次会议泉州代表团审（图/陈意鸣）

1月24日

农历庚子年十二月十二
星期日
温度：10℃～18℃
阴转多云

●省领导到省十三届人大五次会议泉州代表团，与代表一起审议省政府工作报告，审查福建省国民经济和社会发展第十四个五年规划和2035年远景目标纲要草案。

1月25日

农历庚子年十二月十三
星期一
温度：11℃～20℃
多云转晴

●全市发展和改革工作视频会议召开，回顾总结2020年发展改革工作，研究部署2021年主要任务和重点工作。

●2020年全省快递服务企业完成34.32亿件业务量（指发件量），其中泉州市完成17.18亿件，同比增长41%，占全省比例首超50%。泉州市快递业务量排名稳居全国第10位。

●中华全国工商业联合会办公厅印发《全国工商联办公厅关于认定2019—2020年度全国“四好”商会的通报》，认定1478家全国“四好”商会。其中，共有39家泉州籍商会获评全国“四好”商会。

全市发展和改革工作视频会议召开

全市发展和改革工作视频会议召开，回顾总结2020年发展改革工作，研究部署2021年主要任务和重点工作。会议指出，2021年，重点抓好五个方面：抓规划、推项目、促投资，实施好“十四五”规划纲要，夯实全方位高质量发展超越基础；延链条、壮集群、优平台，组织实施产业转型升级路线图，构建现代化产业体系；聚要素、破瓶颈、添活力，致力打造一流营商环境，实施区域发展战略，构建具有全国影响力的中心城市；兜底线、强弱项、惠民生，提升公共服务能力，推进群众生活品质再上新台阶；转作风、提效能、抓落实，强化政治机关建设，凝聚全方位高质量发展超越合力。

泉州市快递业务量稳居全国第十

2020年全省快递服务企业完成34.32亿件业务量（指发件量），其中泉州市完成17.18亿件，同比增长41%，占全省比例首超50%。泉州市快递业务量排名稳居全国第10位。为推动快递业与先进制造业、电子商务、现代农业等深度融合、协同发展，促进经济社会高质量发展，泉州市2020年出台《泉州市快递集聚发展规划（2020—2025）》《泉州市新一轮创建中国快递示范城市实施方案》，提出一系列扶持快递产业链集聚和“快递出海”“快递进厂”“快递进村”的优惠政策，为快递行业发展注入强大动能。

泉州顺丰公司智能分拣机器人（图/市邮政管理局）

39家泉州籍商会获全国“四好”商会称号

为推进工商联所属商会改革发展，深化“四好”（班子建设好、团结教育好、服务发展好、自律规范好）商会建设，全国工商联组织开展2019—2020年度全国“四好”商会认定工作，经过推荐、初审以及专家评审组评审等环节，中华全国工商业联合会办公厅印发《全国工商联办公厅关于认定2019—2020年度全国“四好”商会的通报》，认定1478家全国“四好”商会。其中，共有39家泉州籍商会获评全国“四好”商会。

39家泉籍商会包括：贵州省泉州商会、南通泉州商会、合肥泉州商会、张家口市泉州商会、芜湖泉州商会、福州市泉州商会、厦门市泉州商会、南平市泉州商会、宁德市泉州商会、宜昌市泉州商会、柳州泉州商会、武夷山市泉州商会、清流县泉州商会、石家庄市南安商会、太原市南安商会、南京市晋江商会、厦门市南安商会、厦门市永春商会、三明市南安商会、龙岩市南安商会、龙岩市惠安泉港商会、南宁南安商会、百色南安商会、贵州省南安商会、西安市福建南安商会、乌鲁木齐安溪商会、湖北省闽南商会27家异地泉州籍商会；泉州市泉永企业商会、泉州泉德商会、泉州江西商会、泉州市湖北商会、泉州市福州商会、泉州市莆田商会、泉州市南靖商会7家驻泉州商会；南安市霞美镇商会、晋江市安海商会、晋江市磁灶商会、永春湖洋商会4家镇级商会；泉州市汽车配件用品商贸协会1家同业公会。此系全国工商联第二次组织开展全国“四好”商会认定工作。2019年以来，各级工商联按照全国工商联关于2019—2020年度“四好”商会建设工作部署，以“政治引领好、队伍建设好、服务发展好、自律规范好”为主要内容，加强对商会的指导引导服务，强化商会政治属性和统战功能，推进商会规范化建设，发挥商会职能作用，赋予“四好”商会建设新内涵。

泉州市统筹做好群众出行服务保障和疫情防控工作

泉州市统筹做好群众出行服务保障和疫情防控工作，坚持交通运输“三同防两畅通一保障”工作，即坚持“人、物、环境”同防，人畅其行、物畅其流，保障春运。市春运办同时提醒，市民出行时务必要做好个人防护，配合落实疫情防控措施。2021年春运从1月28日开始至3月8日结束，共计40天。市春运办研判，2021年春运期间泉州市客运总量低于常年，营业性客运压力减轻，但短途自驾出行持续增多，保障道路安全畅通的任务依然繁重。主要特点包括客流存在不确定性，疫情防控任务繁重，城市公共交通集疏运要求高，高速公路保畅压力大。市春运办统计，全市可投入春运的客运班车2899辆、巡游出租汽车2691辆、网约出租汽车11000辆、公交车3275辆。泉州晋江国际机场计划起降航班7410架次，铁路运输计划开行经停泉州市旅客列车日均228趟。此外，还调度客车245辆、货车105辆作为道路运输紧急疏运运力保障。春运期间，泉州市公路、铁路、水运、民航等各领域客运场站和交通工具都按照国家和有关部门规定，执行分区分级疫情防控措施要求，增加通风和消毒频次，落实旅客各项防控工作。交通运输部门提醒，出行旅客务必提前做好准备，配合做好实名购票、对号入座、体温快速检测、全程佩戴口罩、“健康码”查验等防控举措，确保个人及他人的安全出行。拒不配合防疫措施的旅客，不得搭乘公共交通工具出行。

春节假期，各地倡导职工群众就地过节，大量群众留在泉州过节，对此，交通运输部门加强公交、出租等公共交通服务保障，确保城市公共交通运力和从业人员充足，最大限度满足群众城区出行需求。对此，交通运输部门也倡议，市民出行前做好路线规划，合理安排时间，错时错峰出行，建议市民灵活选择多种交通工具，短距离优先使用公共自行车等绿色出行方式，避免人员扎堆聚集。交通运输部门统筹考虑疫情防控要求，指导督促运输企业配合教育、人社、工会等部门，与学校、用工单位沟通对接离校返校、息工返岗时间，提供点对点包车等服务，做到输出有组织、健康有检测、承运有防护、到达有交接、全程可追溯。春运期间，各运输场站、交通工具依托“互联网+交通运输”，鼓励使用移动支付、刷脸支付等方式，推广电子客票、刷脸核验等“无接触”售检票服务，提供更便捷的智慧出行服务，同时增配自动检票机、安检仪，畅通电子客票绿色通道，提升进站安检效率。此外，为有需要的老年人提供“健康码”代办代查、人工售检票、咨询指引等服务，保障老年人等群体在智能化条件下的出行服务。

泉州市开展安全生产大排查大整治

市安全生产委员会办公室（以下简称“市安办”）要求开展全方位、全过程、全链条安全生产大排查大整治，对重大事故隐患“零容忍”，对存在事故隐患不整改的行为“零容忍”。岁末年初，各类企业进入生产高峰期，易出现赶工期、抢进度和突击生产、超负荷运转等问题，人流物流车流急剧增加，用火用电需求旺盛，群众出行和聚会集会活动增多，安全生产面临较大挑战。市安办要求，各级各部门各单位要深挖细掘本地区、本行业领域的安全生产风险隐患和薄弱环节，有针对性地制定严密的防范管控工作方案，开展隐患排查治理，严防各类事故发生。各级各部门各单位结合岁末年初安全生产工作特点，开展全方位、全过程、全链条安全生产大排查大整治，春节前和春节后复产复工期间组织对本辖区、本行业领域开展一次全覆盖检查，重点加强春运交通运输安全监管，深化冬春火灾防控工作，开展安全专项整治百日行动，强化危险化学品、烟花爆竹、建筑施工、煤矿、非煤矿山、工贸企业、粉尘涉爆、涉氨制冷、有限空间作业、特种设备等重点领域隐患治理，力求解决一批久拖未改的隐患，推动隐患“清零”，提升全市本质安全水平。

1月26日

农历庚子年十二月十四
星期二
温度：12℃～23℃
晴转多云

●泉州市统筹做好群众出行服务保障和疫情防控工作。

●市安全生产委员会办公室要求开展全方位、全过程、全链条安全生产大排查大整治，对重大事故隐患“零容忍”，对存在事故隐患不整改的行为“零容忍”。

●市退役军人事务局、市司法局、市行政服务中心管委会举行“退役军人保障法学习月”活动。

●中国书法家协会第八次全国代表大会在北京召开，祖籍南安的首都师范大学中国书法文化研究院博士生导师叶培贵教授当选中国书法家协会副主席，泉州书法家协会副主席曾锦溪当选理事。

1月27日

农历庚子年十二月十五
星期三
温度：11℃～18℃
阴转晴

●省十三届人大五次会议在福州闭幕。截至是日，泉州代表团提交建议124件。

●市委政法委员会全体（扩大）会议召开，传达学习习近平总书记对政法工作做出的重要指示和中央、省委政法工作会议精神，总结2020年政法工作成效，谋划2021年政法工作。

●省科技厅公布2020年入库备案省级高新技术企业名单，共有1695家企业入选，其中，泉州市有429家上榜，数量居全省第二位。

●省工信厅、省文旅厅公布7家第二批福建省省级工业旅游示范基地名单，其中，泉州市2家企业入选，同时公布的还有3条第一批福建省工业旅游精品线路，泉州市2条路线入选。

省十三届人大五次会议泉州代表团提交建议124件

省十三届人大五次会议在福州闭幕。截至是日，泉州代表团提交建议124件。与会的泉州代表认真履职，围绕把握新发展阶段、贯彻新发展理念、积极服务并深度融入新发展格局，就发展现代产业体系、加强科技创新力度、推动行政区划调整、提升城市能级、推进乡村振兴、加大基础设施互联互通、凝聚侨心侨智侨力、传承保护历史文化遗产、解决群众“急难愁盼”问题、推进治理体系和治理能力现代化等方面，提出许多建设性意见。其中，涉及推动经济高质量发展的有40余件，涉及民生补短板的有40余件，涉及完善社会治理的有30余件。这些建议由省人大常委会分别交省政府、省高级人民法院、省人民检察院及其他机关和组织研究办理，并在法定期限内答复代表。

市委政法委员会全体（扩大）会议召开

市委政法委员会全体（扩大）会议召开，传达学习习近平总书记对政法工作做出的重要指示和中央、省委政法工作会议精神，总结2020年政法工作成效，谋划2021年政法工作。会议要求，要坚持党委统领、政治引领、思想提领，围绕贯彻落实《中国共产党政法工作条例》，完善制度机制、创造过硬业绩，推动新时代政法工作迈入“新”的境界。要坚持守土有责、守土担责、守土尽责，加强法律保障、升级法律服务、改善治安环境，推动政法工作服务经济社会发展导入“实”的效能。要坚持科技领先、效率创先、服务优先，主动融入数字福建建设，实施智慧政法基础支撑工程、跨部门业务协同信息化工程、智慧政法便民创新工程，推动智慧政法工作跨入“快”的节奏。要坚持整顿铸魂、整顿补钙、整顿强身，抓思想政治建设、职业素养教育、先进典型培育、正向赋能激励、执纪问责问效，推动新时代政法铁军进入“超”的状态。

泉州市690家省级高企出库成为国家高企

省科技厅公布2020年入库备案省级高新技术企业名单，共有1695家企业入选，其中，泉州市有429家上榜，数量居全省第二位。省高新技术企业是国家高新技术企业的种子库。泉州市以开展高新技术企业“增量扩面”专项行动为抓手，加大高新技术企业培育工作力度，通过组建高新技术企业培育工作专班、完善“微成长、小升高、高变强”的梯次培育机制、实施高新技术企业培训计划等“硬核”创新措施，推动高新技术企业培育工作跑出“加速度”、驶入“快车道”，为全市科技创新夯实“底盘”。泉州市入库备案省级高新技术企业906家，其中出库成为国家高新技术企业的有690家，省高新技术企业出库转化率76%。2020年，全市国家高新技术企业数量达1037家，比2019年度净增352家，增长51.4%，增速提升16个百分点，超额完成目标任务。

泉州市2家企业入选第二批省级工业旅游示范基地名单

省工信厅、省文旅厅公布7家第二批福建省省级工业旅游示范基地名单，其中，泉州市2家企业入选，同时公布的还有3条第一批福建省工业旅游精品线路，泉州市2条路线入选。入选第二批福建省省级工业旅游示范基地名单的是福建泉州顺美集团有限责任公司和泉州英良石材有限公司。入选第一批福建省工业旅游精品线路的是“‘海丝古韵最乡愁，闻香品醋源和堂’乡愁之旅”（核心组织运营方：泉州源和创意产业园运营有限责任公司、永春县达埔彬达制香厂有限公司、福建永春老醋醋业有限责任公司等）和“英雄故里、时尚之都”（核心组织运营方：福建七匹狼实业股份有限公司、福建泉州南星大理石有限公司、泉州英良石材有限公司等）。

市委常委会（扩大）会议召开

市委常委会（扩大）会议召开，传达省十三届人大五次会议、省政协十二届四次会议精神，研究贯彻落实措施，部署春节期间疫情防控和生产生活保障等工作。会议强调，要按照省委开展“再学习、再调研、再落实”活动要求，贯彻省“两会”精神，把握省“十四五”发展目标、省委省政府部署要求，拎出一批势在当下、决定长远的工作，一项一项盯落实，确保完成各项发展任务。要分口研究推动，市人大、市政府、市政协、市“两院”要对照省两会各项报告和“十四五”规划纲要，按照路线图思维、项目化管理、清单式收账，细化实化具体措施和抓手，把各项工作做实做细做成。要围绕民营经济健康发展、科技创新引领、海洋经济、建设现代化城市、创造一流营商环境、用好用活金融政策工具等方面，组织专班研究推动，当好全方位推动高质量发展超越主力军。

市委常委会传达省委会议精神

市委常委会召开会议，传达省委学习贯彻落实习近平总书记重要讲话重要指示重要批示精神和党中央各项决策部署工作小组会议精神，听取“回头看”情况汇报；传达学习全国、全省文明办主任会议精神；传达学习中央、省委政法工作会议精神，研究部署泉州市政法工作；传达贯彻省委常委会会议精神，听取泉州市贯彻执行中央八项规定精神和为基层减负工作情况汇报，研究下一步工作；听取市委常委班子2020年度民主生活会准备情况汇报；研究《泉州市“再学习、再调研、再落实”活动实施方案》。会议强调，要学习贯彻习近平总书记重要讲话重要指示重要批示精神和党中央各项决策部署，秉承弘扬习近平总书记在福建工作期间的创新理念、重大实践和优良作风，按照省委部署要求，严格对标对表，突出学深悟透，把学习成果体现在具体工作和实际成效中。要勇当全方位推动高质量发展超越主力军，加快建设“海丝名城、制造强市”，把“十四五”规划开新局各个专项落实下去，确保做实做细做成。要做好“回头看”工作，完善体制机制，推动贯彻落实常态化长效化。要贯彻落实习近平总书记关于精神文明建设的重要论述，按照全国、全省文明办主任会议部署，抓好“十四五”时期精神文明建设工作。要深化群众性精神文明创建活动，推进全国文明城市创建常态化，更加注重质量标准，抓紧抓实抓细各项任务。要加强和改进未成年人思想道德建设，完善政府、社会、学校、家庭“四位一体”工作格局。

县（市、区）党委书记抓基层党建述职评议会召开

市委召开县（市、区）党委书记抓基层党建述职评议会。各县（市、区）委书记和泉州开发区、泉州台商投资区党工委书记，泉州师范学院党委书记，市直机关工委、教育工委、非公有制企业和社会组织工委、离退休工委、国资委党委负责人，就抓基层党建工作情况逐一述职。市委书记康涛代表市委逐一点评，肯定各地各有关单位工作成效，并指出问题不足，提出改进意见。康涛强调，要教育引导党员干部全面系统、对标对表学习贯彻习近平新时代中国特色社会主义思想，深化初心使命常态化落实机制，提高政治判断力、政治领悟力、政治执行力。要抓好县乡村换届，突出政治标准，周密谋划安排、精心组织实施、严明纪律规矩，选优配强班子，确保工作接续、干劲高昂。要树牢大抓基层的鲜明导向，增强基层党组织政治功能，落实农村、城市基层、非公企业和社会组织、国企、机关事业单位、学校等各领域基层党建重点任务，确保党中央决策部署有效落实。要紧扣全方位推动高质量发展超越抓基层党建，以党建引领基层治理，深化“强基促稳”行动，增强基层党组织组织力，激励干部担当作为，在打硬仗中磨炼干部队伍。要层层压实基层党建工作责任，盯紧问题整改，推动资源、服务下沉，推动全面从严治党工作延伸到基层、责任落实在基层。

1月28日

农历庚子年十二月十六
星期四
温度：8℃～20℃
多云转晴

●市委常委会（扩大）会议召开，传达省十三届人大五次会议、省政协十二届四次会议精神，研究贯彻落实措施，部署春节期间疫情防控和生产生活保障等工作。

●市委常委会召开会议，传达省委学习贯彻落实习近平总书记重要讲话重要指示重要批示精神和党中央各项决策部署工作小组会议精神，听取“回头看”情况汇报等。

●市委召开县（市、区）党委书记抓基层党建述职评议会。

●由工信部财务司、深圳证券交易所指导，省工信厅、工信部工业文化发展中心主办的国家产融合作试点城市投融资路演首场活动在泉州举行。

1月29日

农历庚子年十二月十七
星期五
温度：8℃～15℃
晴

●市人大常委会党组扩大会议召开，传达学习省十三届人大五次会议精神，研究市人大常委会党组贯彻意见。

●市政府党组（扩大）会议召开，传达贯彻省十三届人大五次会议、省政协十二届四次会议、2021年省政府第一次全体会议及市委常委会会议有关精神。

●在收听收看全省征兵工作电视电话会议后，泉州市召开征兵工作电视电话会议，总结2020年征兵工作，部署2021年征兵任务。

市人大常委会党组扩大会议召开

市人大常委会党组扩大会议召开，传达学习省十三届人大五次会议精神，研究市人大常委会党组贯彻意见。会议指出，要学习、领会省十三届人大五次会议的精神实质，把思想和行动统一到省委、市委的部署要求上来，扛起责任担当，用法治力量推动“十四五”规划开好局、起好步。按照省委开展“再学习、再调研、再落实”活动要求，开展“改善人民生活品质、在促进共同富裕中发挥主力军作用”重点课题调研。要分析“十四五”规划发展对地方立法的需要，抓紧编制立法规划，急用先行、管用先立，以高质量的立法服务高质量发展。要增强监督的刚性和实效，聚焦民营经济高质量发展、加快科技创新平台和新型研发机构培育、促进产业数字化转型、整合资源提升城市能级、创造一流营商环境、发展海洋经济、用好用活金融政策和金融工具等重点，发挥人大职能作用，为打造“海丝”名城、制造强市，加快建设现代化中心城市提供法治保障。要统筹抓好年终岁首各项工作，以实干实效、担当作为确保开局之年人大各项工作顺利推进、创新发展。会议还听取2020年度党组成员述责述廉评议结果和整改情况报告。

市政府党组（扩大）会议召开

市政府党组（扩大）会议召开，传达贯彻省十三届人大五次会议、省政协十二届四次会议、2021年省政府第一次全体会议及市委常委会会议有关精神。

会议要求，市政府党组、政府各部门党组（党委）要按照省委、市委开展“再学习、再调研、再落实”活动要求，学习贯彻省“两会”精神，把握省“十四五”规划发展目标，以及省政府工作报告、省政府全体会部署要求，坚持任务项目化、项目清单化、清单具体化，抓部署、抓落实、抓反馈，确保各项工作取得实实在在成效。要落实省长王宁参加泉州代表团讨论审议时的讲话要求，组织专班推进民营经济健康发展、强化科技引领、做大做强海洋经济、建设现代化城市、创造一流营商环境等工作，做到马上就办、真抓实干、干就干成。要围绕全方位推动高质量发展超越指标体系，对标先进城市找差距、谋思路、补短板，确保“十四五”规划开好局、起好步。要强化政府自身建设，推进“放管服”改革，勇于动真碰硬，善于攻坚克难，提高效率、优化服务、转变作风，打造担当、服务、创新、实干、廉洁的政府。要统筹做好春节期间疫情防控和生产生活保障工作，坚持疫情防控不放松，抓紧抓实保供应、保民生、保安全、保稳定等各项任务，细化落实平安建设、生态环保等各项责任，确保人民群众度过一个平安祥和的新春佳节。要抓好项目建设和招商引资工作，做到重大项目不停工、招商引资不停步，力争一季度实现“开门红”。

全市征兵工作电视电话会议召开

在收听收看全省征兵工作电视电话会议后，泉州市召开征兵工作电视电话会议，总结2020年征兵工作，部署2021年征兵任务。会议指出，各级政府各职能部门要学习领会习近平强军思想，根据征兵新特点、新要求和疫情防控新情况，强化政治意识、使命意识、责任意识，做好2021年征兵工作。要做好宣传动员，把参军报国的法定义务、入伍的优惠政策及时全面地告知适龄青年，鼓励更多高校毕业生应征入伍；要按照征兵标准和程序，把好体格检查、政治考核、役前教育训练、走访调查、审批定兵、疫情防控等关键环节，确保兵源质量；要做好优抚安置，加大扶持就业、复学升学等方面保障力度，确保政策兑现、取信于民；要做好执法监管，加大体格检查环节监督，维护好兵役法规的严肃性、权威性。要强化组织领导，确保精力投向到位、政策支撑到位、经费保障到位；要加强分工协作，调度各方力量参与征兵工作；要强化检查督导，建立市、县、镇、村四级征兵工作目标考核责任制。

王永礼调研泉州市中药产业发展情况

市长王永礼到药企，调研泉州市中药产业发展情况。副市长周真平参加调研。在泉州中侨药业有限公司，王永礼察看药品生产流程，并与有关医疗机构和药企代表座谈交流。市中医院、市文旅集团、中侨药业、太平洋药业、亚泰制药、灵源药业、国药控股泉州有限公司等负责人结合自身实际，就中药行业发展趋势、队伍建设、市场营销等方面提出诸多建议。王永礼希望大家要提高思想认识，学习贯彻习近平总书记关于中医药工作的重要论述，按照省委、省政府和市委对中医药工作的部署要求，发挥泉州中医药特色，传承精华、守正创新，坚定信心开拓未来发展空间。要拿出务实举措，聚焦中药人才培养、工艺升级、产品研发、市场拓展、链条延伸等关键环节，制定行动方案，出台利好政策。要扛起使命担当，发挥国企在融资保障、平台搭建、项目建设等方面的引领作用，带动民企深度参与，促进中药企业集聚发展。要携手开拓市场，找准泉州中药在国内外的市场定位，依托华人华侨资源，用好各项政策红利，加大商业模式创新、营销策略优化，打响特色品牌，形成规模效应。

泉州市新增4家省级企业技术中心

第三十批省级企业技术中心名单（工业和信息化企业）公布，全省34家工业和信息化企业技术中心获评第三十批省级企业技术中心及分中心，其中泉州市有4家。至此，泉州市共有省级企业技术中心111家，数量位居全省第二位。泉州市此次入选的省级企业技术中心分别为，361°（中国）有限公司技术中心、西人马联合测控（泉州）科技有限公司技术中心、福建艺达电驱动股份有限公司技术中心、福建立亚新材有限公司技术中心。根据新修订的《福建省企业技术中心认定管理办法》（以下简称“办法”），企业技术中心是指企业根据市场竞争需要设立的技术研发与创新机构，负责制定企业技术创新规划、开展产业技术研发、创造运用知识产权、建立技术标准体系、凝聚培养创新人才、构建协同创新网络、推进技术创新全过程实施。

办法明确，省企业技术中心实行优胜劣汰，动态调整的考核评价机制。省企业技术中心所在企业每年按要求报送省企业技术中心评价表。省工信厅原则上三年组织一次考核评价。考核评价优秀的省企业技术中心，优先推荐申报国家企业技术中心、国家技术创新示范企业。省企业技术中心所在企业向有关部门申报的项目经专家评审确认，可按规定列入省工信厅、省科技厅、省财政厅、省住建厅等有关部门扶持的技术创新项目。办法明确，省工信厅按照职能，对工业和信息化类省企业技术中心予以政策支持，引导和扶持企业技术中心建设，鼓励企业加大技术创新投入，促进福建省企业技术中心创新能力的提高。同时，支持省企业技术中心承担国家、省级相关研发任务，享受国家优惠政策。与此同时，泉州市对获评省级企业技术中心的企业也将给予“真金白银”奖励。泉州市支持创建企业技术中心，对企业与高等院校、科研院所共建各级各类研发中心，经认定为国家级、省级和市级企业技术中心的，分别给予150万元、80万元、30万元奖励。

泉州市编制手册指引农村防疫

为做好农村疫情防控，让农村医疗卫生机构随时随地了解掌握疫情防控技术要求，市防控疫情应急指挥部农村疫情防控专班组织人员编制农村防疫工作指引（手册）（以下简称“手册”），旨在方便农村地区乡、村两级开展疫情防控工作。手册结合村卫生所、基层医疗卫生机构等不同主体的疫情防控要求，将农村防疫接诊须知、发热门诊设置、防控技术方案等专业化内容，用言简意赅的通俗语言表述，防控工作人员可以根据工作手册“下单”。

1月30日

农历庚子年十二月十八
星期六
温度：11℃～18℃
晴

●王永礼到药企调研泉州市中药产业发展情况。

●第三十批省级企业技术中心名单（工业和信息化企业）公布，全省34家工业和信息化企业技术中心获评第三十批省级企业技术中心及分中心，其中泉州市有4家。

●市防控疫情应急指挥部农村疫情防控专班组织人员编制农村防疫工作指引（手册），旨在方便农村地区乡、村两级开展疫情防控工作。

1月31日

农历庚子年十二月十九
星期日
温度：9℃～22℃
晴

●《泉州市天然林保护修复行动方案》（以下简称“方案”）出台，明确全市23万公顷天然乔木林和8000公顷天然灌木林地、未成林封育地、疏林地将得到有效管护，全面停止天然林商业性采伐。

●2021年福建省中学生“英才计划”入选学生名单公布，共有70名学生入选，其中，泉州市入选16名。

●2020年度福建省“老年人健身康乐家园”名单公布，泉州市20家单位榜上有名,数量居全省第一。

●由市委市直机关工委、泉州市直书法家协会、泉州市青年书法家协会等主办的“泉州市文化下乡暨助农慰问活动”在南安市丰州镇燕山小筑举行。

泉州市出台天然林保护修复行动方案

《泉州市天然林保护修复行动方案》（以下简称“方案”）出台，明确全市23万公顷天然乔木林和8000公顷天然灌木林地、未成林封育地、疏林地将得到有效管护，全面停止天然林商业性采伐。根据方案，2021年起至2025年，泉州市重点开展以天然林退化修复、培育天然林后备资源、建立防灾减灾体系、完善科技支撑体系、合理利用天然林等为主要任务的18项具体工作项目。方案明确，严格天然林用途管制。对全市所有天然林实行保护，全面停止天然林商业性采伐。禁止毁林开垦、将天然林改造为人工林以及其他破坏天然林及其生态环境的行为。严格控制天然林地转为其他用途，除国防建设、国家重大工程项目建设特殊需要外，禁止占用保护重点区域的天然林地。严格天然林使用审核审批管理。

方案融入泉州元素，彰显泉州特色。在培育天然林后备资源方面，泉州市探索开展天然林赎买等试点，通过赎买、置换、改造提升等方式，优先将生态红线、饮用水源保护区、自然保护地等重点生态区位天然商品乔木林逐步调整为生态公益林，逐步推进天然林管护与生态公益林管理并轨。同时，鼓励在废弃矿山、裸露山体、荒山荒地、退化人工林地上采取封山育林、人工促进天然更新等措施逐步恢复天然植被。在完善支撑保障体系建设方面，开展天然林分改造、修复、提升技术研究，推广“森林近自然经营技术”，在国有林场建立天然林修复示范基地130公顷，并逐步在全市辐射推广应用。同时，加强天然林管护基础设施建设，完善天然林保护重点区域视频监控系统，强化森林管护、森林防火、有害生物防治等方面现代化装备建设，提升天然林综合管理水平。方案提出，要推动天然林合理利用。利用优质天然阔叶树种林分资源，在不破坏地表植被、不影响生物多样性保护前提下，适度培植壮大森林公园、森林人家、森林康养基地，开展古驿道保护修复和活化利用，发展生态旅游、休闲康养等新兴产业。

泉州市16名学生入选省中学生“英才计划”

2021年福建省中学生“英才计划”入选学生名单公布，共有70名学生入选，其中，泉州市入选16名。入选的学生在24位导师指导下进行为期一年的培养。入选的16名学生分别是泉州一中的王培凌、张汉唐、林圣依，泉州五中的杨以诺、谢恩典，泉州七中的袁士容、陈璟焕，王旭林，晋江一中的杨锟、杨佳骏、蔡一鸣、王珀琰、张皓杰、尹新祥，惠安一中的张博洋、庄嘉瀚。“英才计划”贯彻落实《国家中长期教育改革和发展规划纲要(2010—2020)》有关要求，促进高校优质科技教育资源开发开放，建立高校与中学联合发现和培养青少年科技创新人才的有效方式，中国科协和教育部自2013年开始共同组织实施中学生科技创新后备人才培养计划。“英才计划”的开展，旨在选拔一批品学兼优、学有余力的中学生到大学，在自然科学基础学科领域的著名科学家指导下参加科学研究、学术研讨和科研实践，使中学生感受名师魅力，体验科研过程，激发科学兴趣，提高创新能力，树立科学志向，进而发现一批具有学科特长、创新潜质的优秀中学生，为“基础学科拔尖学生培养计划”输送后备力量，并以此促进中学教育与大学教育相衔接，建立高校与中学联合发现和培养青少年科技创新人才的有效模式。

泉州市“老年人健身康乐家园”授牌总数位居全省第一

2020年度福建省“老年人健身康乐家园”名单公布，泉州市20家单位榜上有名，数量居全省第一。20家单位包括永春县9个、南安市5个、晋江市3个、鲤城区2个、丰泽区1个。2020年，市体育局推动落实市委、市政府为民办实事项目，新建10座村级老年体育活动中心，建筑面积11794平方米，配套“三场”（足球场、篮球场、运动场）面积10610平方米，投入建设资金2430万元，引导社会资金投入近2000万元。

泉州市开展“迎新春 稳岗留工送培训”专项行动

市人社局、市财政局开展“迎新春 稳岗留工送培训”专项行动。从1月1日至3月31日开展的职业技能培训，培训补贴均提高至原标准的两倍，补贴标准全省最高。

对于企业培训补贴，企业参加不少于4课时的简易岗前技能培训，将补贴标准每人200元提高到400元给予企业补贴。参加不少于30课时的岗前、岗位技能培训，将补贴标准每人800元提高到1600元、紧缺工种从每人1000元提高到2000元。对于个人培训补贴，城乡劳动者参加不少于20课时的技能培训，并取得培训结业证，将补贴标准每人500元提高到1000元。城乡劳动者通过鉴定取得专项能力证书（以发证日期为准），将补贴标准每人500元提高到1000元。其中，紧缺工种从每人650元提高到1300元。对于学校培训补贴，就业重点群体参加不少于20课时的免费技能培训，标准从每课时25元提高到50元，封顶2000元给予承担项目的学校补贴。其中，对参训的贫困劳动力、就业困难人员、零就业家庭成员、“两后生”中的农村学员和城市低保家庭学员，由当地人社部门通过就业补助资金给予生活费（含交通费）补贴，并将补贴标准每人500元提高到1000元。此次专项行动以开班时间为准，原则上培训班线下开班人数不超过50人，培训采取线下或“线上+线下”方式开展培训。对已办班结束并申请补助的，可按规定补发相应补贴。

泉州籍知名摄影家张美寅逝世

泉州籍知名摄影家、集邮家、收藏家张美寅在新加坡逝世，享年71岁。张美寅1950年出生于泉州，曾任新加坡摄影艺术研究会会长，新加坡国家文化奖获得者，多次被美国摄影协会评为“世界摄影十杰”，并在国际集邮大赛中获得过金奖。2008年新加坡邮政发行的“国庆日”邮票当中，有3幅邮票图样选用张美寅的摄影作品。摄影界认为，张美寅作品之所以吸引人，是因为其对自然之美与生命之真的深层理解。张美寅1995年开始学习摄影，最初喜欢拍摄美景，成为祖国名山秀水的常客，并出版《九寨情缘》等影集，还在北京举办过“水墨黄山——张美寅摄影作品展”。后来，他喜欢上纪实摄影，为了一组好照片有时甚至付出10年的守候。张美寅生前表示，镜头是人类心灵的眼睛。它反映生活的本质，帮助探寻世界的真实面目。作家用笔描绘世界，摄影家用镜头记录生活，单张照片的表现力可能有限，但可以通过一组照片，讲述一个个感人的故事。

张美寅与泉州摄影界交流也十分频繁，是泉州市摄影家协会永远名誉会长。张美寅还是泉州市集邮协会顾问，其编组的《日治昭南岛邮政史》邮集获中国1999世界集邮展览金奖，主持的“艺林堂集邮丛书”致力于国际华邮研究和邮史保存，先后出版15辑，多次获世界邮展最高奖，并在泉州举办10次首发式。此外，他还出版《闽南侨批史话》《艺林邮文选萃》《艺术邮林掇英》等一批具有较高价值的书籍。张美寅十分热爱家乡的南音和梨园戏等传统文化，曾带几十碟闽南方言喜剧小品专辑到新加坡的华人社团与大家分享。

张美寅（图/万冬青）

2月1日

农历庚子年十二月二十
星期一
温度：13℃～23℃
阴转晴

●市人社局、市财政局开展“迎新春 稳岗留工送培训”专项行动。

●泉州籍知名摄影家、集邮家、收藏家张美寅在新加坡逝世，享年71岁。

2月2日

农历庚子年十二月廿一
星期二
温度：11℃~17℃
阴转晴

●由市林业局、泉州湾河口湿地自然保护区发展中心等主办的第25届“世界湿地日”暨《泉州湾百鸟》明信片全国首发仪式在市区大坪山成功邮局门口举行。

●全市各地人才、人社部门纷纷出台政策文件，通过发放节日补贴、新年红包和加强人才服务等，鼓励高层次人才留在泉州过年。

●由市工商联、丰泽区委文明办、区城管局、泉州市宁德商会等主办的“留在泉州过大年”丰泽区环卫工人爱心年货发放公益活动在中骏世界城广场举行。

《泉州湾百鸟》明信片全国首发

由市林业局、泉州湾河口湿地自然保护区发展中心等主办的第25届“世界湿地日”暨《泉州湾百鸟》明信片全国首发仪式在市区大坪山成功邮局门口举行。泉州湾河口湿地自然保护区位于晋江和洛阳江口，总面积7065公顷，主要保护对象有湿地、红树林、珍稀鸟类、中华白海豚等，被列入“亚洲重要湿地”“中国重要湿地”等名录。泉州湾河口湿地主要保护鸟类有黑脸琵鹭、小天鹅、黄嘴白鹭、黑嘴鸥等国家重点保护鸟类和中日、中澳候鸟保护协定的鸟类。据近年观测记录，保护区有鸟类194种以上。泉州湾河口湿地对于保护候鸟、维持生物多样性具有难以替代的生态价值。活动旨在提高民众保护湿地、保护鸟类、保护生物多样性的意识。

省野生动植物保护协会志愿者委员会主任委员、泉州市观鸟学会会长吴轲朝介绍，此次以常见鸟普通翠鸟、冬候鸟黑脸琵鹭、留鸟白鹭、旅鸟黄嘴白鹭、迷鸟白鹤、夏候鸟栗喉蜂虎六大代表性鸟类的照片作为明信片的内容。活动中，主办方向参与首发仪式的中小学生、“新泉州人”代表等赠送《泉州湾百鸟》明信片。泉州市第一中学的陈嘉榕表示，通过此次活动，他更深刻地体会到自然资源的宝贵，以后会更加爱护湿地，让飞经泉州的鸟儿安全迁徙。“新泉州人”代表郑晓凡表示，要把明信片寄给在外地过年的亲人，寄托思念之情，他们就像候鸟一样，在外地暂时停留，相信不久之后，疫情就会过去，很快就能团聚。

全市各地鼓励高层次人才留在泉州过年

全市各地人才、人社部门纷纷出台政策文件，通过发放节日补贴、新年红包和加强人才服务等，鼓励高层次人才留在泉州过年。

为鼓励市高层次人才留在本地过年，石狮开展“情系人才 温暖新春”人才“暖春”服务系列活动，向“新石狮人”发出邀请，欢迎人才留在石狮一起过大年，感受石狮精心营造的节日氛围，体验地道的泉州“年味”。春节期间，只要是留在石狮过年的高层次人才，即可享受到新春慰问礼包、畅游景点礼包、年货免费邮寄回乡和人才积分加分等八大“春节礼包”。例如畅游景点礼包，全市所有景点面向高层次人才免费开放，每人还可携带2名家属免费到民办网红景点游玩；新春慰问礼包，春节期间留在石狮过年的高层次人才，最高可获3500元春节红包。晋江经济开发区同样为辖区高层次人才送出过节“大礼包”，包含慰问金、年货礼包、儿童口罩、健身优惠、畅游晋江等8种。晋江许多企业纷纷响应，为人才定制福利“红包”、预订“年夜饭”等，留他们在晋江过年。

在纵深推进人才“港湾计划”过程中，泉州厚植尊才重才的氛围环境，建成综合型、行业型、专业型、服务型四类市级“人才之家”41家、省级示范站3家。为响应疫情防控要求，泉州市发挥这些“人才之家”联系服务人才的阵地功能，倡导人才春节期间尽量减少出行、原地过年，过一个喜庆祥和的春节。南安发出“春节不打烊——南安市人才之家邀您一起就地过年”倡议书，号召全市人才留在当地过年，并开展线上线下系列活动，丰富留下来过年的高层次人才的假期生活。“我在南安过大年——人才之家送春联、拍全家福”活动在南安市机械装备制造业及光电信息产业人才之家、芯人才之家、南安市人才之家和南安市高层次人才服务专区等7个人才服务阵地举行，112组人才家庭分批次到场参加活动。

丰泽区环卫工人爱心年货发放公益活动举行

由市工商联、丰泽区委文明办、区城管局、泉州市宁德商会等主办的“留在泉州过大年”丰泽区环卫工人爱心年货发放公益活动在中骏世界城广场举行。城东街道180名环卫工分批陆续到场领取爱心年货。这些环卫工大多数来自外省。往年大多会回老家过春节，2021年春节决定留在泉州。活动现场，泉州市宁德商会的志愿者还开展疫情防控宣传志愿服务活动，提醒市民做好个人防护。

2月3日

农历庚子年十二月廿二
星期三
温度：12℃～20℃
晴

●市委、市政府向驻福建（泉州）解放军指战员、武警官兵发出慰问信，致以节日的问候和新春的祝福。

●市政府党组会议召开，学习贯彻习近平总书记在中央政治局民主生活会上的重要讲话精神以及省委常委会会议、市委常委会会议精神。

●泉州石湖港保税物流中心（B型）通过验收。

市委市政府向驻泉州部队官兵发出慰问信

春节来临之际，市委、市政府向驻福建（泉州）解放军指战员、武警官兵发出慰问信，致以节日的问候和新春的祝福。

慰问信表示，2020年，驻泉州部队以习近平强军思想为指引，围绕强军目标，以舍我其谁的担当、时不我待的精神，推进政治建军、改革强军、科技强军、人才强军、依法治军。在高质量完成战备训练任务的同时，践行宗旨使命，助力民生福祉，支持驻地经济社会发展。在疫情最为严重之际，驻泉州910医院闻令而动，第一时间投入防疫工作，16名医护人员主动请缨、驰援遭疫情突袭的武汉；驻泉州部队、军分区捐赠防疫物资1.5万余件，出动民兵参加驻地防疫巡查，军民同心筑牢疫情防控之墙。每当遇到急难险重任务时，部队官兵总是冲锋在前、战斗在前、吃苦在前，驻泉州部队指战员、武警官兵的英勇行为，泉州人民永远铭记于心。

慰问信指出，2020年，泉州双拥工作与经济社会发展齐头并进，在迈入万亿元GDP城市行列的同时，获全国双拥模范城“九连冠”，晋江市、石狮市、南安市分别蝉联“七连冠”“六连冠”“四连冠”，命名表彰数量居全国设区市第一位。成绩来之不易，这是军地合力、军民同心结出的丰硕成果。2021年是中国共产党百年华诞，是“十四五”规划开局之年，也是新一届省级双拥模范城（县）命名表彰年。泉州市各级党委、政府和全市人民将一如既往地支持国防和军队建设，弘扬习近平总书记在福建工作期间探索总结的双拥工作和国防动员好传统好经验好做法，围绕争创全国双拥模范城“十连冠”目标，把部队改革强军、练兵备战的任务保障好，把部队官兵、退役军人和其他优抚对象服务好，把军人军属的切身权益维护好，谱写更加辉煌的双拥工作新篇章。

市政府党组会议学习习近平总书记重要讲话精神

市政府党组会议召开，学习贯彻习近平总书记在中央政治局民主生活会上的重要讲话精神以及省委常委会会议、市委常委会会议精神。会议强调，要精心筹备，认真准备，高质量开好市政府党组民主生活会；要组织开展“再学习、再调研、再落实”活动，提高政治判断力、政治领悟力、政治执行力，争做勇于担当、狠抓落实的“实干家”，把发展实绩书写在工作岗位上、体现在城乡大地上。

泉州石湖港保税物流中心通过验收

泉州石湖港保税物流中心（B型）通过验收。由厦门海关牵头，财政部福建监管局、国家税务总局福建省税务局和国家外汇管理局福建省分局组成的验收组对照《泉州石湖港保税物流中心（B型）基础和监管设施验收项目评审表》，通过听取汇报、实地勘察等形式对基础设施、隔离设施、专用通道、监管设施和配套设施五个方面34个项目进行综合评审后，形成评审意见，同意泉州石湖港保税物流中心（B型）通过验收。相关验收结果报海关总署，经海关总署批复后，泉州石湖港保税物流中心（B型）即可封关运作。

保税物流中心（B型）（俗称“B保”）简称物流中心，是指经海关批准，由中国境内一家企业法人经营，多家企业进入并从事保税仓储物流业务的保税监管场所。该中心可开展包括保税仓储、流通性简单加工和增值服务、全球采购和国际分拨配送、转口贸易和国际中转等业务，对地方国际物流发展具有十分重要的意义。从某种意义上说，保税物流中心就是一个小型的“自由贸易区”。石湖港保税物流中心（B型）于2019年12月26日获国家四部委联合批准设立，系全市首个B型保税物流中心。石湖港保税物流中心（B型）位于泉州港中心港区石湖港后物流园区，总用地0.17平方千米，总投资估算7.27亿元，总建筑面积10.6万平方米，主要规划建设9栋仓库、堆场以及综合楼，其中先行建设1～5号仓库、综合楼、堆场，仓储面积5.2万平方米。建设过程中同步开展招商工作，已有安踏、通达、兴业皮革、九牧卫浴、建新轮胎、美佳爽等40多家企业意向入驻。

2月4日

农历庚子年十二月廿三
星期四
温度：13℃~22℃
晴

●市委常委会召开会议，传达学习习近平总书记在中央政治局会议、中央政治局第二十七次集体学习以及在北京河北考察并主持召开北京2022年冬奥会和冬残奥会筹办工作汇报会时的重要讲话精神等。

●市委书记康涛、市长王永礼代表市委、市政府，与11个县（市、区）和泉州开发区、泉州台商投资区党政负责人签订2021年平安建设责任书和生态环境保护目标责任书。

●市十六届人大常委会第三十七次会议召开，审议决定任命傅藏荣为市监察委员会副主任，并代理市监察委员会主任职务，接受游宇飞辞去市监察委员会主任职务的请求，报本级人民代表大会备案。

●市十六届人大常委会第六十五次主任会议召开，讨论有关人事任免事项和关于2020年度规范性文件备案审查情况的报告稿。

市委常委学习习近平总书记重要讲话精神

市委常委会召开会议，传达学习习近平总书记在中央政治局会议、中央政治局第二十七次集体学习以及在北京河北考察并主持召开北京2022年冬奥会和冬残奥会筹办工作汇报会时的重要讲话精神，研究部署有关工作；传达学习十九届中央纪委五次全会、省纪委十届六次全会精神，听取市纪委监委工作汇报，研究部署全面从严治党、党风廉政建设和反腐败工作。

会议指出，要加强党的政治建设，层层传导全面从严治党主体责任压力，推进政治监督具体化常态化。要深化巡视巡察结果运用，常态长效推进巡视整改，高质量推进巡察全覆盖。要推进基层治理现代化，深化“强基促稳”专项行动，总结提升近邻党建、“大数据+网格化”、村级议事协商等善治做法，提高基层治理效能。要学习习近平总书记在中央政治局第二十七次集体学习时的重要讲话精神，完整、准确、全面贯彻新发展理念，贯穿于经济社会发展全过程和各领域。要拿出主力军的担当和作为，找准着力点支撑点，抓好产业转型、城乡建设、科技创新、融入双循环、营商环境等重要专项，毫不放松做好冬春疫情防控，攻坚一季度确保“开门红”，推动“十四五”规划开好局起好步。要学习习近平总书记在十九届中央纪委五次全会上的重要讲话，把严的主基调长期坚持下去，一刻不停推进党风廉政建设和反腐败斗争，做到态度不能变、决心不能减、尺度不能松。要按照中央纪委、省纪委全会部署，紧密结合实际，全面具体深入研究细化举措，聚焦中心工作靶向监督，推动各项任务做实做细做成。各级党委要加强对纪检监察工作的领导，选优配强纪检监察干部队伍；各级纪检监察机关要带头加强党的政治建设，知责于心、担责于身、履责于行，建设一支纪检监察铁军。要高标准高水平办好世界中学生运动会，对照“简约、安全、精彩”的要求，精益求精做好各项筹备工作。要加强赛前测试、安全保卫、疫情防控、应急处置等全方位实战演练，做好赛会综合服务保障。要坚持“在办赛事中办城市”理念，加快推进城乡面貌品质提升，更好地展示泉州整体形象。

康涛、王永礼与各地党政负责人签订平安建设责任书

市委书记康涛、市长王永礼代表市委、市政府，与11个县（市、区）和泉州开发区、泉州台商投资区党政负责人签订2021年平安建设责任书和生态环境保护目标责任书。康涛指出，要落实总体国家安全观，推进市域社会治理现代化，更加注重系统观念、法治思维、强基导向，建设更高水平的平安泉州、法治泉州。要打好防范化解风险主动仗，常态长效推进扫黑除恶治乱，消除各类公共安全隐患。要深化“强基促稳”专项行动，提升法治化水平，建强基层治理队伍，巩固完善基层治理体系。要自觉担负起促一方发展、保一方平安的政治责任，抓好年终岁首社会稳定工作。要扛起生态文明建设政治责任，落细落实生态环保各项任务，守护好绿水青山。要科学谋划推进“十四五”时期生态环境保护工作，创新生态文明体制机制，推出一批创新举措和制度成果。

市十六届人大常委会第三十七次会议召开

市十六届人大常委会第三十七次会议召开，审议决定任命傅藏荣为市监察委员会副主任，并代理市监察委员会主任职务，接受游宇飞辞去市监察委员会主任职务的请求，报本级人民代表大会备案。图为会议现场。　（图/王虎文）

市纪委十二届六次全会召开

市纪委十二届六次全会召开。市委书记康涛参加会议并讲话。市领导王永礼、张永宁、陈灿辉、李转生等出席会议。市委常委、市纪委书记、市监委代理主任傅藏荣作工作报告。

康涛指出，2020年，全市各级党委（党组）和纪委监委学习贯彻习近平总书记重要讲话重要指示重要批示精神，落实中央、省委部署要求，推进全面从严治党向纵深发展、向基层延伸。同时也要清醒认识到，泉州市党风廉政建设和反腐败斗争形势依然严峻复杂，全面从严治党一刻也不能放松。要保持政治上的清醒，以系统施治、标本兼治的理念正风肃纪反腐，做到态度不能变、决心不能减、尺度不能松，保持泉州政治生态风清气正。要发挥全面从严治党引领保障作用，确保泉州市“十四五”时期目标任务落到实处。要旗帜鲜明讲政治，持续学懂弄通做实习近平新时代中国特色社会主义思想，秉承习近平总书记在福建工作时关于全面从严治党的创新理念和重大实践，提高政治判断力、政治领悟力、政治执行力。要突出政治监督，落实党中央决策部署和省委工作要求，立足新发展阶段，贯彻新发展理念，积极服务并深度融入新发展格局，聚焦全方位推动高质量发展超越、建设“海丝名城、制造强市”等目标，创新监督机制，加强监督检查，推动各项工作做实做细做成。要围绕实现不敢腐、不能腐、不想腐一体推进战略目标，保持惩治腐败高压态势，完善权力运行制约机制，弘扬优秀廉政文化、红色文化，营造良好政治生态和发展环境。要一以贯之落实中央八项规定精神，对享乐主义、奢靡之风露头就打、反复敲打，力戒形式主义、官僚主义，健全基层减负常态化机制。各地各部门要结合开展“再学习、再调研、再落实”活动，以发展实绩论英雄，激发以想干事、能干事、干成事的优良作风抓落实。要整治群众身边腐败和不正之风，保障脱贫攻坚成果巩固拓展，突出整治政法战线违纪违法问题，完善损害群众利益问题治理机制，让人民群众在反腐“拍蝇”中增强获得感。要完善全覆盖的责任制度和监督体系，增强监督治理效能。

傅藏荣在报告中强调，全市纪检监察机关要学习贯彻中央纪委五次全会、省纪委六次全会和市委十二届十二次、十三次全会精神，把握大局、判明大势、聚焦大事，在新征程中坚定政治方向、坚守职责定位、主动担当作为。强化政治引领，保障“十四五”规划开好局起好步。坚定不移推进反腐败斗争，整治群众身边腐败问题和不正之风。深化政治巡察，做好经验总结和创新发展。抓牢监督首责，加强对权力运行的制约和监督。推进纪检监察体制改革，增强市域监督治理全覆盖有效性。狠抓自身建设，锻造纪检监察铁军。

市管干部学习中共十九届五中全会精神第二期研讨班开班

市管干部学习贯彻中共十九届五中全会精神第二期研讨班在泉州人民会堂开班。研讨班为期3天，采取全员集中和分单位集中、线下与线上相结合的方式进行，旨在通过研讨培训，帮助学员理解、把握中共十九届五中全会的新思想、新观点、新要求，提高政治判断力、政治领悟力、政治执行力，推动党中央关于“十四五”时期发展的重大决策部署在泉州落到实处。开班式邀请省政府发展研究中心产业处处长、一级调研员朱四海作“贯彻五中全会精神 推进福建产业高质量发展”专题讲座。朱四海紧扣中共九届五中全会主题，从如何贯彻五中全会精神、如何贯彻省委全会精神、如何推进福建省产业高质量发展三个方面进行讲解，对福建省把握新发展阶段的新特征新要求、贯彻新发展理念、推动高质量发展、着力构建新发展格局、推动产业发展等问题进行系统解读，对学员学深悟透中共十九届五中全会精神，开展“再学习、再调研、再落实”活动，弘扬和传承“晋江经验”，以创新引领加快提升泉州产业转型升级，推动高质量发展具有指导意义。

2月5日

农历庚子年十二月廿四
星期五
温度：13℃～25℃
晴

●省委常委、政法委书记罗东川到泉港调研督导疫情防控反偷私渡措施落实情况。

●市委常委班子2020年度民主生活会召开，联系市委常委会工作实际，进行自我检查和党性分析，开展批评和自我批评。

●市纪委十二届六次全会召开，康涛参加会议并讲话，王永礼、张永宁、陈灿辉、李转生等出席会议，傅藏荣作工作报告。

●市政府党组2020年度民主生活会召开，联系市政府党组工作实际，进行自我检查和党性分析，开展批评和自我批评。

●市管干部学习贯彻中共十九届五中全会精神第二期研讨班在泉州人民会堂开班。

●丰泽区2021年第一季度重点招商项目集中“云签约”举行，科技创新、数字平台、现代服务等领域的11个项目通过视频连线签约，总投资72.65亿元。

2月6日

农历庚子年十二月廿五
星期六
温度：14℃～25℃
晴转多云

●国务院批准2020年享受国务院政府特殊津贴人员名单，泉州市有8位专家入选。

●由市委人才办主办、丰泽区委人才办承办的泉州市高层次人才新春沙龙活动在“雀幸联合·上东区”人才社区举行。

●省级“5G+工业互联网”应用试点示范项目名单公布，全省9个项目入选，其中泉州市占据5个。

●中心市区城东至北峰快速通道项目7.17千米长的主线（城东山海路至北峰普贤路）双向试通车。

泉州市新增8位享受国务院政府特殊津贴的专家

国务院批准2020年享受国务院政府特殊津贴人员名单，福建省64位高级专业技术人才、10位高技能人才入选。泉州市有8位专家入选。至此，全市有享受国务院政府特殊津贴专家95位。8位入选者分别是：福建医科大学附属第二医院林建清、泉州市第一医院苏智军、泉州大唐石刻有限公司蒋惠民、福建中美友拓科技发展有限公司汪远昊、泉州师范学院许月云、日春股份公司林阳顺、福建丰盈园林古建工程有限公司吴德强、福建省德化县泰峰瓷坊许瑞峰。对经批准享受国务院政府特殊津贴的人员，根据党中央和国务院关于继续实行政府特殊津贴制度的有关规定，对新享受国务院政府特殊津贴人员每人一次性发放2万元津贴，免征个人所得税。从2009年起，市政府配套奖励2万元，并对1995年以前享受按月发放津贴的人员按1∶1配套发放。

泉州市高层次人才新春沙龙活动举行

由市委人才办主办、丰泽区委人才办承办的泉州市高层次人才新春沙龙活动在“雀幸联合·上东区”人才社区举行。活动中，各行业各领域的15名高层次人才代表围绕“愿景·融入”沙龙主题共话发展。大家一致表示，将发挥各自专业领域、资源人脉优势，放开视野举才荐才，争取更多科研成果来泉转化，让更多人才与企业共发展、与泉州共成长，为泉州转型升级、城市集聚注入源源不断的动力和活力。市委人才办负责人表示，泉州市将继续用心用情为各位人才做好贴心服务，打造好“人才港湾”。一方面，整合资源，聚焦人才价值实现，系统构建从“人才引进”到“产业对接、成果转化、基金引导、激励保障”的全链条服务体系，消除人才后顾之忧。另一方面，创新机制，赋予更多自主权，发挥好人才创新创业基金、人才企业自主评价、专家直接举荐、编制周转池、人才职称直聘等改革举措作用，让人才更专注于科研。用稳定政策及发展环境给人才稳定发展预期，营造高配套、低成本创业环境，让各类人才都能在泉州安居乐业。

泉州市5项目入选省级“5G+工业互联网”应用试点

省级“5G+工业互联网”应用试点示范项目名单公布，全省9个项目入选，其中泉州市占据5个。泉州市入选的项目为信泰（福建）科技有限公司的基于5G+MEC组网的厂区应用、福建省晋江市华宇织造有限公司的基于5G切片专线的经编工业视觉在线监测技术、福建柒牌时装科技股份有限公司的柒牌5G服装智能仓储系统应用示范、福建良瓷科技有限公司的5G智慧制造示范园项目、福建省华昂体育用品有限公司的基于5G+MEC智能化休闲鞋生产应用新模式。

中心市区城东至北峰快速通道主线试通车

中心市区城东至北峰快速通道项目7.17千米长的主线（城东山海路至北峰普贤路）双向试通车，从市行政中心到泉州动车站开车只需约20分钟。快速通道的通车，将极大缓解丰泽街、大坪山隧道、东湖街、少林路的交通压力，也大大缩短中心市区与城东组团、东海组团、北峰组团及台商投资区的时空距离。试通车路段为东西向双向六车道，设计时速60千米。城东至北峰快速通道是中心城区“田”字形快速路网的重要环节，东起城东山海路桃花山公园，设置高架连续上跨安吉路、福厦高速，在国道324线设置互通；设隧道贯穿古塔山，在刺桐北路设置互通；从泉州市监狱东北侧经过，设隧道贯穿五台尾山，至城北路设置互通后高架上跨泉山路，顺接北峰普贤路延伸段。全线包括2条隧道、2座高架桥、3个节点互通及4组出入口。

康涛、王永礼走访慰问困难群众

市委书记康涛、市长王永礼分别到晋江、丰泽、鲤城、南安，走访慰问困难群众。康涛到晋江困难群众家中慰问。在青阳街道特困人员许荣华家中，康涛询问其身体和生活情况，赞赏其侄儿主动照顾叔父的好家风，叮嘱街道、社区干部“平时要多帮忙张罗、经常上门看望”。在梅岭街道低保户庄玉蜓家中，康涛询问其母治疗情况，鼓励庄玉蜓要“好好培养孩子，只要孩子好好学习，未来就充满希望”。在梅岭街道病故军人遗属庄淑连家中，康涛叮嘱其子平常要多陪伴母亲，街道、社区也要主动上门帮助解决实际困难，并祝老人家身体越来越好、日子越过越红火。在国网泉州供电公司职工杨毓勇工作单位，康涛鼓励其保持乐观精神、保重身体，嘱咐工会等相关部门要多关心其家庭，及时排忧解难。王永礼到鲤城、南安看望慰问困难职工、困难党员、困难残疾人和低保户。在泉州市环境卫生管理处职工李文峰家中，王永礼鼓励他们积极面对生活，保持希望。在退伍军人陈新敬家中，王永礼叮嘱其好好培养孩子，争取考个好大学，“党和政府会帮你想办法解决学费和生活费问题，与你们共渡难关。”在86岁独居老人吕爱莲家中，王永礼询问老人日常生活起居情况，嘱咐其注意用电用火安全，并要求当地工作人员要时常上门关心看望，主动为老人解决困难问题。在吴再从家中，王永礼交代其照顾好孙子的生活学习，嘱咐孩子要勤阅读、多练笔，成长为国家栋梁之才。

康涛（右三）在困难群众家中慰问（图/陈英杰）

王永礼（左二）在困难群众家中慰问（图/陈晓东）

全市组织部长会议召开

全市组织部长会议以视频会议形式召开，部署2021年全市组织工作。会前，市委书记康涛做出批示。康涛指出，要紧扣发展大局选好干部、建强组织、集聚人才，集中精力做好市县乡换届工作，激励引导干部勇担当善作为，更好地把组织优势转化为发展优势，为打造“海丝名城、制造强市”提供组织保证。会议强调，要开展乡村“导师帮带制”试点，全面推行民营企业党建工作机制，健全完善上下贯通、执行有力的组织体系。要集中精力做好市县乡换届工作，坚持用人导向，严明换届纪律，激励各级干部勇担当善作为。要构建年轻干部梯次培养责任落实机制，健全以岗位职责为导向的公务员选育管理机制，建立考准考实岗位实绩的公务员平时考核办法，加强领导班子和干部队伍建设。

全市宣传部长会议召开

全市宣传部长会议以视频会议形式召开，部署2021年全市宣传工作。会前，市委书记康涛做出批示。康涛指出，要加快文化强市建设，聚焦重大活动持续发力，守牢守好意识形态阵地。会议强调，全市宣传思想战线要贯彻落实全国、全省宣传部长会议精神和市委的要求，推动新思想走深走实，组织庆祝中国共产党成立100周年系列活动，巩固壮大主流思想舆论强势，加强社会主义精神文明建设，提升泉州文化软实力，深化对外对台宣传和文化交流，筑牢意识形态安全屏障。

2月7日

农历庚子年十二月廿六
星期日
温度：15℃～25℃
多云

●市委书记康涛、市长王永礼分别到晋江、丰泽、鲤城、南安，走访慰问困难群众。

●全市组织部长会议以视频会议形式召开，部署2021年全市组织工作。会前，康涛做出批示。

●全市宣传部长会议以视频会议形式召开，部署2021年全市宣传工作。会前，康涛做出批示。

●全市文明办主任会议以视频会议形式召开，部署2021年全市精神文明建设工作。

2月8日

农历庚子年十二月廿七
星期一
温度：11℃~21℃
多云转小雨

●市委常委会召开会议，传达学习习近平总书记在贵州考察、同党外人士共迎新春时的重要讲话以及省委专题会议精神，研究部署有关工作等。

●7—8日，市委书记康涛检查春运、疫情防控、安全生产以及电力保障等工作。

●厦漳泉地区政务服务省内通办“异地代收代办”试点启动。

市委常委会学习习近平总书记重要讲话精神

市委常委会召开会议，传达学习习近平总书记在贵州考察、同党外人士共迎新春时的重要讲话以及省委专题会议精神，研究部署有关工作；传达贯彻省委主要领导到泉州与民营企业家座谈精神；传达全国、全省统战部长会议精神，传达全国、全省组织部长会议精神；学习防止干预司法相关规定有关精神。会议指出，要引导各民主党派、工商联和无党派人士同心同德、团结奋斗，在服务大局中履职尽责，为打造“海丝名城、制造强市”贡献智慧力量。要统筹做好疫情防控和就地过年服务保障工作，落实常态化疫情防控措施，做好市场保供稳价、关爱困难群众、交通出行等工作，满足就地过年群众生产生活需要。各级党委和政府要守土有责、守土负责、守土尽责，做好春节期间值班值守、应急处置工作，抓好安全稳定工作。要学习贯彻省委主要领导到泉州调研座谈精神，结合开展“再学习、再调研、再落实”活动，着力查找问题短板、找准工作发力点，抓好重点专项任务。要围绕加大科研创新力度、打响城市品牌、打造重要通道、培育百年老店、吸引创新人才聚集等专题，组织专班研究，拿出务实举措，全方位提升发展环境。要调动企业家和干部两支队伍，把蓝图转化为行动，把课题转化为项目，实施“民营经济发展年”“营商环境提升年”“城乡品质提升年”活动。

康涛检查春运疫情防控和安全生产等工作

7—8日，市委书记康涛检查春运、疫情防控、安全生产以及电力保障等工作，市领导刘文儒、季翔峰等参加检查。在泉州晋江国际机场，康涛到候机楼、运行控制中心，了解机场疫情防控、运输保障、安全生产、应急准备等举措。在泉州火车站，康涛检查疫情防控、旅客转运等情况，与工作人员、志愿者交谈，了解旅客咨询、应急处置等相关流程。康涛强调，要紧盯关键环节，落实疫情防控相关规定，强化公共区域通风消毒和冷链仓储等常态化采样检测，做好健康码查验、体温检测等工作，引导旅客做好个人防护。在泉州商城广场新华都百货，康涛重点查看电梯、消防通道和消防设施使用维护情况。康涛还到国网泉州供电公司，听取春节用电负荷预测分析和春节保供电准备情况，感谢电力部门干部职工的坚守，希望大家继续恪尽职守，以良好的精神状态保障节日期间社会有序运转。

康涛（右二）在泉州晋江国际机场检查疫情防控和安全生产等工作（图/陈起拓）

厦漳泉政务服务省内通办“异地代收代办”试点启动

厦漳泉地区政务服务省内通办“异地代收代办”试点启动，通过“收受分离”模式，事项办理属地化管理限制打破，一批政务服务事项在三地间试点异地通办。此次试点由省发改委（省审改办）牵头，省直部门和泉州、厦门、漳州3个市，研究制定“异地代收代办”试点工作方案，围绕医保、社保、公安、商事登记、公积金等重点领域，首批梳理18项高频个人和企业事项。随着试点启动，泉州市各级行政服务中心和乡镇便民服务中心均设立“异地代收”专窗，群众可到“厦漳泉省内通办窗口”办理相关业务。窗口收件后，工作人员根据办事群众的实际情况，灵活运用“现场指导+全程电子化”“在线即时办理+现场反馈结果”和“异地收件初审+寄递服务”等办理方式，为异地办事群众提供精准的服务。

全省燃气安全管理工作现场会在泉州召开

全省燃气安全管理工作现场会在泉州召开，就强化燃气安全生产管控、提升城市品质进行具体部署。会议要求，各地要加强春节期间用气服务保障工作，做好各环节的设备设施维护保养，做好疫情防控，加强燃气管网巡查巡检，抓住用户终端安全管控。对于不具备安全供气条件的用户，特别是综合体、餐饮场所用户，必须坚决停止供气。

王永礼检查市场供应和食品安全等工作

市长王永礼到晋江、丰泽等地农贸市场、商超等检查春节市场供应、食品安全、安全生产及疫情防控工作，副市长肖汉辉参加检查。在禾富农贸城，王永礼了解市场经营情况，嘱咐经营者、市场监管部门落实从业人员、货品、市场环境等重点人员和部位的核酸检测工作，加强食品安全抽检检测，指导商户提高自律意识，共同维护群众“舌尖上”的安全；探索净菜加工、半成品净菜宅配等新领域新模式，为市场转型升级做好准备。在浦西万达广场，王永礼到消防控制中心，查看探头分布、实时监控情况、商场报警记录，了解商场消防应急预案设置及落实情况等。随后，王永礼到永辉超市，与商场负责人、营业员交谈，叮嘱他们做好疫情防控工作，紧盯餐饮服装商铺用火用电、消防通道畅通等关键环节，拧紧消防安全和食品安全“双阀门”，统筹做好春节安全生产、物资保障等工作，让市民群众过个平安健康祥和的新春佳节。

泉州市组织参与新春网络健身大联欢活动

市体育局推出措施保障春节体育服务，并要求全市各级体育部门组织参与“新春大联欢 运动过大年”新春网络健身大联欢活动，为居家过年的群众和就地过年的农民工，提供丰富多彩的体育文化生活。国家体育总局群众体育司主办的2021年“新春大联欢 运动过大年”新春网络健身大联欢活动，以及由国家体育总局青少司指导的“云亲子 动起来”线上亲子运动会之2021春节童趣跑，于4日开启报名。其中，新春网络健身大联欢活动设置太极拳、龙狮、广场舞、跆拳道、广播体操、健身气功6个项目，覆盖老、中、青，团体、个人兼顾。活动期间，参与者通过关注“全民健身”微信公众号的“新春健身”栏目报名，并按照活动要求，通过上传视频、互动点赞等方式参与。最终，根据各项目投票点赞情况，于26日公布最终成绩排名，并向获奖人员颁发证书。“云亲子 动起来”线上亲子运动会之2021春节童趣跑活动面向全国18岁以下儿童、青少年及其家庭，以线上亲子跑的形式，通过上传运动视频、运动图片、运动轨迹图等方式参与活动，让家长和孩子形成崇尚科学健身、积极参与健身的氛围，做到“让孩子们跑起来”。

泉州市向泉州籍世界冠军等发出新春慰问信

市体育局向泉州籍在外教练员、运动员发出新春慰问信，向他们以及他们的家人致以新春慰问。2020年以来，泉州体育人拿出竞技场上爱拼敢赢的智慧和勇气，战疫情、稳生产、促健身、保健康，竞技体育捷报频传，泉州籍教练员、运动员在各类大赛中屡创佳绩。泉州籍运动员在北京国家集训队的有举重选手李发彬、体操选手林超攀、羽毛球选手黄东萍3名世界冠军等。慰问信指出，2021年对体育人来说注定是一个不平凡的年份,奥运会和全运会同年叠加，是每位运动员毕生难得的机会。慰问信希望全体泉州籍在外教练员、运动员能学习习近平总书记在视察2022年冬奥会和冬残奥会筹办情况时的重要讲话精神，发扬泉州人的拼搏精神，克服一切困难，积极备战参赛，以顽强的意志，不断超越自我，以优异的成绩和良好的精神风貌交上一份满意的答卷。

2月9日

农历庚子年十二月廿八
星期二
温度：13℃～17℃
阴转中雨

●全省燃气安全管理工作现场会在泉州召开，就强化燃气安全生产管控、提升城市品质进行具体部署。

●市长王永礼到晋江、丰泽等地农贸市场、商超等检查春节市场供应、食品安全、安全生产及疫情防控工作。

●市体育局推出措施保障春节体育服务，并要求全市各级体育部门组织参与“新春大联欢 运动过大年”新春网络健身大联欢活动，为居家过年的群众和就地过年的农民工，提供丰富多彩的体育文化生活。

●市体育局向泉州籍在外教练员、运动员发出新春慰问信，向他们以及他们的家人致以新春慰问。

2月10日

农历庚子年十二月廿九
星期三
温度：14℃～16℃
小雨转大雨

●市领导分别看望、慰问部分老干部，向他们送去新春的问候和祝福。

●市委书记康涛、市长王永礼走访慰问坚守岗位的部分干部职工。

●市应急局对全市危险化学品和烟花爆竹领域安全生产工作进行再次部署，节日期间危化品企业负责人擅自离岗、重大风险不及时处置的，一律停产整顿。

市领导走访慰问老干部

市领导分别看望、慰问部分老干部，向他们送去新春的问候和祝福。

在晋江，市委书记康涛与市委常委、晋江市委书记刘文儒看望施永康，与他一起研学“晋江经验”。随后，康涛到胡美金、林大穆、朱明等老干部家中走访慰问，并听取老干部的意见建议。康涛表示，泉州正站在万亿城市新起点，要学习贯彻习近平总书记重要讲话重要指示重要批示精神，落实省委“再学习、再调研、再落实”活动要求，传承弘扬“晋江经验”再出发，向老干部学习，接续奋斗、不懈努力，推进各项事业取得更大进步。希望各位老干部保重身体，倾情倾智倾力关心支持泉州发展，为建设“海丝名城、制造强市”贡献更大力量。市长王永礼看望慰问薛祖亮、王继超、尤垂镇、李建国等老干部。每到一处，王永礼都与老干部话家常、议发展，询问大家的身体和生活情况，感谢老干部长期以来对泉州经济社会发展做出的贡献和对党委、政府工作的关心支持。王永礼表示，新一年，各级政府各部门将落实市委部署要求，统筹疫情防控和经济社会发展，提振“比、学、赶、超”精气神，加快城市更新，优化营商环境，办好民生实事，全方位推动高质量发展超越。希望大家保重身体，一如既往地关心支持泉州发展，多提意见和建议。

市领导陈灿辉、李转生、张永宁、孔繁军、林万明、林锦明、刘建军、刘文儒、季翔峰、洪自强等也分别看望慰问部分原任地厅级老干部、军休老干部。

康涛、王永礼慰问坚守岗位干部职工

市委书记康涛、市长王永礼走访慰问坚守岗位的部分干部职工。市委书记康涛到市公安局指挥中心及东街南俊路十字路口岗亭、国网泉州供电公司、丰泽区东海街道社区卫生服务中心、市环卫中心泉秀垃圾转运站等看望慰问仍在岗位上辛勤工作的基层民警、电力人员、医护人员、环卫工人，并通过他们向春节期间仍奋战在一线的干部职工及其家属致以节日问候。每到一处，康涛都了解过去一年各单位所取得的成效、存在的困难问题及节日期间服务保障工作安排。康涛指出，越是节日越需要大家值好班站好岗，用责任守护万家灯火。希望干部职工提振精气神，坚定打硬仗的信心决心，结合开展“再学习、再调研、再落实”活动，统筹抓好疫情防控、安全生产、电力保供、森林防火、社会稳定、城市环境卫生管理等各项工作，紧盯重点领域、关键环节，做好应急处置预案，加强值班值守，让全市老百姓过上一个安心、舒心、放心、暖心的春节。

市长王永礼到晋江华侨职校、中交二航局新建福厦铁路6标项目部、市防控疫情应急指挥部办公室，看望慰问留校过年的西藏班师生、坚守岗位的一线员工和值班人员。在晋江华侨职校，王永礼了解学生学习生活情况，勉励大家刻苦学习、早日成才，叮嘱学校要精准对接学生需求、提供完善服务，让学生们在泉州度过一个愉快、充实、平安的春节。在中交二航局新建福厦铁路6标项目部，王永礼到食堂后厨，了解员工年夜饭准备情况，并向坚守岗位的一线员工拜年问好，鼓励他们继续发扬艰苦奋斗精神，一如既往地为泉州的经济社会发展贡献力量。在市防控疫情应急指挥部办公室，王永礼慰问坚守岗位的值班人员，希望大家以高度负责的态度履行好各自职责，强化值班值守和应急处突，为全市疫情防控大局做出更大贡献。

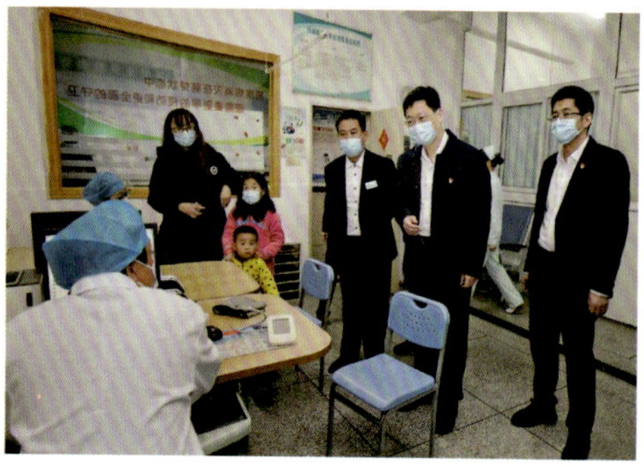

康涛（右二）在市区东海街道社区卫生服务中心看望一线医护人员（图/陈起拓）

市四套班子向全市人民致春节贺词

中共泉州市委、泉州市人大常委会、泉州市人民政府、泉州市政协向全市人民致春节贺词：

玉鼠辞旧岁，金牛迎新春。值此新春佳节来临之际，泉州市委、市人大常委会、市政府、市政协向全市广大干部群众，向所有关心支持泉州发展的海内外乡亲、各界人士，向在泉州过年的朋友们，致以美好的祝福和诚挚的问候！

2020年是极不平凡的一年，面对国际国内形势的深刻变化特别是突如其来的新冠肺炎疫情，在以习近平同志为核心的党中央坚强领导下，全市融入新时代新福建建设，统筹推进疫情防控和经济社会发展，扎实做好“六稳”工作，全面落实“六保”任务，GDP突破万亿大关，“十三五”规划主要目标任务顺利完成。这一年，我们同心“战”疫共克时艰。全市各级党组织和党员干部冲锋在前，医务人员白衣执甲、逆行出征，公安干警、基层干部、志愿者坚守一线，海内外乡亲、企业家守望相助、捐款捐物，广大泉州儿女心手相连守护千家万户的安宁。这一年，我们爱拼敢赢危中抢机。开展追赶行动、季度攻坚、年终冲刺，经济逐步恢复常态。聚焦高质量发展，实施“四新八老”投资盘子，开展13个新基建新经济基地建设比拼，8大千亿产业集群加快扩能生根、科技赋能、入园升级，集成电路、化合物半导体等百亿龙头落地投建，经济发展新动能加快集聚。这一年，我们加速城市功能品质提升。做大做强环湾中心城市，20个组团片区建设滚动推进，152个老旧小区改造顺利完工，兴泉铁路、福厦客专等梯次展开，“世界的古城、活着的古城”聚来人气流量，生态连绵带串联山水田园城市，跨江发展、跨域融合进一步拉开。这一年，我们用心用情增进民生福祉。决胜全面小康，巩固拓展脱贫攻坚成果，完成乡村振兴19个专项行动，深化实施“四心”工程、民生“XIN”行动，主要民生指标取得好成绩，公立医院暖心服务公众评议满意度全省第一。这些成绩的取得，是党中央、国务院和省委、省政府正确领导的结果，也是全市人民苦干实干的结果，在此，表示衷心的感谢并致以崇高的敬意！

征途漫漫，惟有奋斗。2021年是中国共产党百年华诞，是“十四五”开局之年。我们将以习近平新时代中国特色社会主义思想为指导，创新发展“晋江经验”，大力发扬孺子牛、拓荒牛、老黄牛精神，扎实开展“再学习、再调研、再落实”活动，全力稳全局开新局，加快建设海丝名城、制造强市，勇当全方位推动高质量发展超越主力军，以优异成绩庆祝中国共产党成立100周年。

衷心祝愿全市人民新春快乐、阖家幸福、牛年大吉！

泉州市30名舞蹈演员参演央视春晚

2021年中央广播电视总台春节联欢晚会播出，泉州市30名舞蹈演员相继参与开场舞《万事如意》、创意表演《牛起来》、歌曲《唱支山歌给党听》和《瑞雪平安图》、尾声歌舞《难忘今宵》的表演。作为一台综合性的大型文艺晚会，晚会融合歌曲、舞蹈、语言等多个类型的节目，还首次采用8K超高清视频和AI（人工智能）+VR（虚拟现实）裸眼3D演播室技术，使用“云”视频架起观众和演员之间的桥梁。泉州市10名男演员参与了科技创意表演节目《牛起来》的舞蹈表演，该节目加入很多科技元素，让机器牛写毛笔字、跳舞，通过“云技术”让身在外地的歌手刘德华“隔空”演唱，呈现一场高科技的视觉盛宴。2020年12月，泉州市30名舞蹈演员在泉州歌舞剧团副团长王小春带领下到北京排练。从排练到最终登上晚会直播，前后经历50多天的高强度排练，时间短、强度大。参演演员表示，这不仅仅是一次难得的参演，更是一段珍贵的学习经历。过去都是在福建表演，鲜少走出去，此次接触到的都是国内非常优秀的编导、顶级的舞美团队，虽然训练是从未有过的辛苦，但对他们来说是一次很大的提升、很好的学习经历。希望疫情快结束，全国人民都能恢复正常的生产生活，希望家国平安。

2月11日

农历庚子年十二月三十
星期四
温度：12℃～19℃
阴转多云

●中共泉州市委、泉州市人大常委会、泉州市人民政府、泉州市政协向全市人民致春节贺词。

●2021年中央广播电视总台春节联欢晚会播出，泉州市30名舞蹈演员相继参与开场舞《万事如意》、创意表演《牛起来》、歌曲《唱支山歌给党听》和《瑞雪平安图》、尾声歌舞《难忘今宵》的表演。

2月12日

农历辛丑年正月初一
星期五
温度：14℃～21℃
阴转小雨

●9—12日，市委书记康涛到恒安、安踏、利郎、361°等企业走访企业家，看望部分在泉州的客商及高层次人才，听取大家的意见建议。

●中央广播电视总台2021年春节戏曲晚会播出，泉州市人偶同台表演节目《金牛送福》参演。

●12—21日，由泉州文旅集团权属企业福建清源山旅游投资有限公司、清源山管委会、泉州晚报社、泉州青年联合会主办的以“若得一日闲·山中品千年”为主题的“发现清源山之美”摄影大赛获奖作品展在清源山老君岩景区举行。

●中国共产党党员，市政协原副主席、离休干部齐世和逝世，享年九十二岁。

康涛走访看望企业家

9—12日，市委书记康涛到恒安、安踏、利郎、361°等企业走访企业家，看望部分在泉州的客商及高层次人才，听取大家的意见建议。泉州市委常委、晋江市委书记刘文儒参加活动。走访中，许连捷、丁世忠、王冬星、王良星、丁伍号、苏国川、王文琪、施能狮、罗梅芳等企业家分享各自领域发展所取得的成就。康涛对大家长期以来坚守实业，为泉州民营经济蓬勃发展做出的贡献表示感谢。

康涛强调，要学习贯彻习近平总书记重要讲话重要指示重要批示和中共十九届五中全会精神，把握新发展阶段新机遇新挑战，贯彻新发展理念，积极服务并深度融入新发展格局，传承弘扬“晋江经验”，保持实业情怀，坚定发展信心。要专注练好“内功”，提升科技创新、管理创新，做强做优企业，把企业的“祖厝”留在泉州，培育“百年老店”。要讲好品牌故事，推动企业文化与城市文化相互补充、相互促进、融合发展。要正确引导“创二代”“创三代”更好地扎根泉州，激发创新创业创造热情。希望企业家、客商、人才继续关心支持市委、市政府工作，立足实际，多为泉州产业转型升级出谋划策，为打造“海丝名城、制造强市”做出新贡献。各级党委、政府要学习贯彻习近平总书记关于支持企业发展的重要论述，开展“再学习、再调研、再落实”活动，多措并举优化营商环境，用心用情帮助企业协调解决发展中遇到的实际困难问题，营造亲商（才）、重商（才）、敬商（才）的氛围，推动泉州民营经济高质量发展。

泉州戏曲参演央视2021年春节戏曲晚会

中央广播电视总台2021年春节戏曲晚会播出，泉州市人偶同台表演节目《金牛送福》参演，展示泉州提线木偶戏和高甲戏独特的艺术魅力。央视2021春节戏曲晚会围绕“助力脱贫攻坚，喜庆建成小康”“讴歌丰功伟绩，喜迎建党百年”两大主题，开掘戏曲艺术宝库，创新艺术表现形式，营造一场丰富多彩的中华戏曲大联欢。晚会荟萃全国东西南北众多剧种艺术精华，不仅有京剧、豫剧、商洛花鼓戏、提线木偶戏、高甲戏等剧种，还有相声、戏曲情景剧等艺术形态表现。《金牛送福》由泉州市木偶剧团与泉州市高甲戏剧团创排，国家一级导演张天鹏执导，张天鹏为泉州戏剧界知名导演，曾导演过一批高甲戏作品，也执导过提线木偶戏剧目。《金牛送福》将提线木偶戏、高甲戏的艺术特色彰显出来，通过人偶同台表演，迎接牛年到来。泉州市木偶剧团根据戏曲晚会节目组的要求，特地制作一头“木偶金牛”。提线木偶戏演员操纵金牛从高台后跃起，金牛悬空迈步，而后稳稳降落。随即，管弦乐队迅速涌聚，围绕金牛乐曲高奏，金牛昂首阔步，舞步铿锵，八面威风。

“发现清源山之美”摄影大赛获奖作品展举行

12—21日，由泉州文旅集团权属企业福建清源山旅游投资有限公司、清源山管委会、泉州晚报社、泉州青年联合会主办的以“若得一日闲·山中品千年”为主题的“发现清源山之美”摄影大赛获奖作品展在清源山老君岩景区举行。大赛启动以来，得到全国各地摄影爱好者积极投稿，其中照片类作品2300多件。经评委评选，60多幅摄影作品脱颖而出。此外，展览还展出部分清源山珍贵的老照片和特邀摄影以及漫画作品。

“发现清源山之美”摄影大赛获奖作品展现场（图/高泽漳）

王永礼到南安看望在泉州客商及高级人才

市长王永礼到南安九牧卫浴、三安集团等走访企业家，看望部分在泉州客商及高级人才，聆听意见建议。每到一处，王永礼都与大家拉家常、谈发展。林孝发、林秀成、侯昌财、陈清洲、李勇、廖启程等企业家围绕自身实际，分享创业创新、企业转型发展过程中的体会与感悟，展现出泉州企业家、客商和人才积极向上、爱拼敢赢的精神面貌。王永礼感谢大家为泉州经济社会发展贡献的汗水和智慧，鼓励大家继续扎根泉州，在各自的行业和岗位深耕细作，在新一年取得更大成就。王永礼希望大家再接再厉，加大创新力度，提升技术水平、产品品质，拓展优化产业布局，带动地方特色产业向中高端迈进；主动融入家乡建设，对接产业链条，寻找合作共赢机会，尽可能把“根”扎在泉州；宣传泉州留才惠才政策，现身说法带动更多人才一起到泉州，为泉州全方位推动高质量发展超越添砖加瓦。王永礼要求，各级政府各部门要学习贯彻习近平总书记关于民营经济发展的重要论述精神，传承发展“晋江经验”，开展“再学习、再调研、再落实”活动，完善教育、医疗、交通等资源配套，落实落细各项惠企惠才政策，用心用情帮助企业、客商、人才解决困难问题，优化营商环境，厚植民营经济发展沃土。

王永礼（右三）在南安海能达通信公司、三叶集团公司看望在泉州客商及高级人才（图/张九强）

泉州市做好重要物资和能源保供稳价工作

全市各地各相关部门做好重要物资和能源保供稳价工作，确保群众“米袋子”“菜篮子”供应无忧，在泉州过年“食”有保障。粮油肉蛋菜等重要民生商品市场供应不断档、不脱销、不单一。市发改委等有关职能部门督促做好全市48.2万吨储备粮、4000吨储备油的任务落实；同时增加外调数量，确保全市每日生猪供应量、蔬菜上市量、蛋品可售量满足市场需求。此外，煤电油气调度投放力度加大，春节期间天然气使用大户最高可享100万元价格优惠；防疫救灾物资备足备全，随时可调可用。

泉州台商投资区2021年重大招商项目集中签约活动举行

泉州台商投资区2021年重大招商项目集中签约（云签约）活动举行，23个重点招商项目签约落地，总投资118亿元。

此次活动包括现场签约、线上签约、联东U谷分会场集体签约。23个项目涵盖现代服务、新材料、智能制造、电子信息、高端装备、大健康等领域。此次签约的项目中，台资项目有6个，总投资47.5亿元。其中，台资项目高端光镜生产与研发基地项目总投资39亿元，项目将研发生产可应用于摄像、影像、传感等高精密光学镜头产品，一期投资5亿元，主要建设研发、设计、生产AR（增强现实）眼镜双眼3D镜头。从产业类别上看，装备制造项目8个，数量最多，包括万安华科电子研发生产基地项目、鸿锠机械项目、康博工贸项目、精锐自动化科技项目、立克传动科技项目、铠锋制鞋机械项目、裕盛制鞋机械项目、5G无线通信设备产业化项目等。可签订投资协议的项目中，浩博新材料项目和悦海行馆国际精品度假酒店项目总投资均超10亿元。其中，浩博新材料项目选址张坂镇，将建设PMI泡沫半成品配料固化生产线、大型构件生产线、新型构件生产线等。悦海行馆国际精品度假酒店项目将开发国际精品度假酒店、公寓式酒店及配套商业、特色酒店。

2月13日

农历辛丑年正月初二
星期六
温度：14℃～20℃
阴转多云

●市长王永礼到南安九牧卫浴、三安集团等走访企业家，看望部分在泉州客商及高级人才，聆听意见建议。

●全市各地各相关部门做好重要物资和能源保供稳价工作。

●泉州台商投资区2021年重大招商项目集中签约（云签约）活动举行，23个重点招商项目签约落地，总投资118亿元。

2月14日

农历辛丑年正月初三
星期日
温度：12℃～24℃
多云转晴

●由泉州古城办、泉州文旅集团主办的“2021年润物无声·溯愿新春展”在市区西街肃清门广场及两侧店铺开幕。

●惠安县春节招商引资“惠客厅”“云签约”活动举行。活动现场签约招商项目26个，总投资128.89亿元，其中采取“云签约”形式签约项目20个。

“2021年润物无声·溯愿新春展”开幕

由泉州古城办、泉州文旅集团主办的“2021年润物无声·溯愿新春展”在市区西街肃清门广场及两侧店铺开幕。此次展览以“铺境文化”为切入口，分为“铺·寻境”“好·意头”“忆·变景”三个展厅，除聚焦铺境本身的内容与含义，还将触角延伸至生活里的回忆杂货和泉州的历史变迁，从不同角度去呈现泉州文化的内核、温度与精神。泉州铺境文化历史悠久，从古至今，已演化成为一种文化符号。“铺·寻境”展厅展览内容包含“信封上的水仙铺”“声像线索馆”“榕树下的古城寻迹”等多个部分。通过梳理旧时泉州古城行政管理制度演变的历程，借助影像、音频、模型、实物等装置，唤醒人们对昔日地理范围和传统文化的记忆。“好·意头”展厅里陈列着儿时的小零食和老家具，如麦芽糖、AD钙、真知棒、铁皮罐、老饭勺、行李箱、黑白电视机等，勾起老泉州人的点滴过往。另外，几位年轻创客展示他们的本地风物和定制好礼。“忆·变景”展厅展示泉州不同时期的老照片，还有不同人珍藏的旧物件。此外，肃清门广场上还有市集入驻，十几家摊位涉及非物质文化遗产元素类、原创手作类、艺术创作类、原创DIY（自己动手制作）类、闽南美食等，为市民与游客提供别样的春节休闲体验。

除“2021年润物无声·溯愿新春展”，还有以下空间一起参与春节系列活动联动。泉山门3D塑像：结合城门展策划的“城门歪脖子”系列，泉州文旅集团在泉山门打造2尊1.5米高的3D塑像，于12日落成，成为春节期间打卡的好去处。西街游客服务中心“把泉州寄回家”：为契合2021年提倡在本地过年的政策，西街游客服务中心推出“把泉州寄回家”活动。外地在泉州就业企业职工，凭借个人身份证，到西街游客服务中心，可免费领取一张泉州美景明信片，寄语家乡。时间为正月初三到初六，每天限量100份。正音书院百年名校校史展：选取3所百年老校，旨在通过展览的艺术表现形式，记录鲤城区百年名校的发展史，并启发市民关注鲤城区近代以来的教育发展进程，回顾过去，展望未来，在社会前进的滚滚洪流中，勇立潮头。古城游免费WiFi：由泉州文旅集团开发的“泉州文旅古城游免费WiFi”项目启用，市民和游客只要在古城街区（中山路片区，天后宫—中山公园段），即可享受免费WiFi。

“2021年润物无声·溯愿新春展”现场（图/洪荣堆）

惠安县春节招商引资“惠客厅”“云签约”活动举行

惠安县春节招商引资“惠客厅”“云签约”活动举行。活动现场签约招商项目26个，总投资128.89亿元，其中采取“云签约”形式签约项目20个。活动还包括在外乡贤视频连线环节，知名企业家乡贤代表和海外侨领通过视频连线共话家乡发展。2021年以来，惠安县创新新冠疫情防控期间“小范围、分散式”会面招商洽谈、“网谈网签”不见面招商引资等方式，并在春节期间举办“惠客厅”“云签约”活动，通过“线上+线下”形式，多渠道多形式向乡贤、企业家进行招商推介宣传，实施“回归工程”。“线上”即通过设置招商“云屏幕”小程序，并结合网络直播、视频连线、网上推介等形式开展招商；“线下”即设置“惠客厅”展馆，集中展示惠安投资环境和招商项目。此次活动签约的26个项目中，投资总额超20亿元项目3个、超10亿元项目2个、超5亿元项目4个、超1亿元项目17个，项目类型涵盖新材料、智能制造、总部经济、现代物流、文创旅游等行业领域。

泉州市环境空气质量保持优良并持续向好

市生态环境部门通报显示，2020年，泉州市环境空气质量保持优良并持续向好，中心市区（鲤城区、丰泽区、洛江区）环境空气质量达标天数比例为97.5%，同比上升1.1个百分点。根据环境空气质量相关评价标准，2020年，泉州各地环境空气质量综合指数范围为2.13～2.81，首要污染物主要为臭氧或可吸入颗粒物或细颗粒物。空气质量达标天数比例平均为98.4%，同比上升1.1个百分点。空气质量降序排名，依次为：德化、永春、安溪、泉港、石狮、惠安、晋江、泉州台商投资区、南安、鲤城（并列第10）、洛江（并列第10）、泉州开发区（并列第10）、丰泽。

2020年，泉州市抓好源头管控，提升大气减排精准治理。以大气污染专项整治为重点，推进涉挥发性有机物、建筑施工扬尘污染、道路扬尘污染、禁止燃放烟花爆竹、油品质量升级、船舶用燃油、露天烧烤污染、露天焚烧垃圾污染8个专项整治行动，完成199个省、市大气精准减排治理重点项目。推进12台65蒸吨以上燃煤锅炉超低排放改造和闽光钢铁超低排放改造，完成16个重点工业炉窑治理项目。建陶行业污染综合整治方面，建立分类评级制度，优化建陶企业错峰生产方案，降低建陶行业对环境空气质量的影响。以臭氧污染突出的春末夏初、夏末秋初以及颗粒物污染突出的冬春季等时段为重点，泉州市集中力量开展强化监督攻坚行动，推动解决区域突出大气环境问题。泉港、晋江、南安、惠安等地分别制定行业整治方案，针对性开展行业整治。移动源污染治理方面，加强机动车排放检验机构监督管理，采取随机现场抽检、排放检测比对、远程监控排查等方式，实现监管全覆盖。同时，组织24家新申请检验机构环保检测线现场验收，并开展部门联动路查。加快建设完善机动车排放监控系统，全年遥感监测机动车761万余辆，发现超标车辆11450辆。为强化区域联防联控和污染天气应对，泉州市还建立健全空气质量联合会商制度，生态环境部门会同气象部门每月加强会商，强化污染天气预测预警，并按照污染天气清单化调度机制，对重点涉气工业企业实行污染天气应急减排分类管控。

泉州山线绿道（图/李芸生）

泉州市公共文化服务体系日趋完善

春节期间，全市文旅系统在落实疫情防控措施的前提下，积极丰富文化旅游产品、公共服务供给，各类公共文化场馆如常开放，推出各类线上展览展示展播，线下文博展览、文艺演出、主题活动等120余项，以及诸多文旅优惠措施等，满足群众文旅消费需求。市图书馆少儿分馆和百姓书房均有开放，街区图书馆24小时开放，为市民提供便捷的服务。泉州南音、提线木偶戏、梨园戏、高甲戏、闽南歌舞等好戏连台，共有数十场演出陪伴市民欢度佳节。市文旅部门通过泉州文化云、泉州艺术馆和各地文化馆等平台，推出非物质文化遗产小课堂、线上“乞龟”文化民俗、好戏连台戏曲展播、文物文博展、解密刺桐城等40余项在线主题活动，丰富群众假日“云生活”。近三年来，泉州市围绕“共建共享”主题，探索国家公共文化服务体系示范区创建经验，公共服务体系日趋完善，在实现公共文化服务标准化、均等化、公益化上屡有奇效，培育了一批富有泉州特色的典型，打造公共文化服务共建共享新亮点，提高公共文化服务质量。

2月15日

农历辛丑年正月初四
星期一
温度：12℃～22℃
晴

●市生态环境部门通报显示，2020年，泉州市环境空气质量保持优良并持续向好，中心市区（鲤城区、丰泽区、洛江区）环境空气质量达标天数比例为97.5%，同比上升1.1个百分点。

●泉州市公共文化服务体系日趋完善。

●中国共产党党员，市委原农工办主任，市政府原农办主任、党组书记，享受副厅级待遇退休干部林亚德逝世，享年八十五。

2月16日

农历辛丑年正月初五
星期二
温度：14℃～22℃
晴转多云

●市委、市政府召开民营经济发展动员会，省长王宁出席并讲话。

●泉港区2021年第一批招商“云签约”活动举行，“云签约”项目20个，总投资154.6亿元。

泉州市民营经济发展动员会召开

市委、市政府召开民营经济发展动员会，省长王宁出席并讲话。副省长崔永辉出席会议，市领导康涛、王永礼、陈灿辉、李转生、张永宁、孔繁军、林万明、林锦明、刘文儒、季翔峰、洪自强、傅藏荣等参加会议。

王宁强调，企业家要敢为人先，坚持把科技自立自强作为战略支撑，持续加大研发投入，加快关键核心技术攻关，勇当技术创新的主力军；要坚守实业，利用数字技术，加快推动产业数字化转型，重塑产业链、供应链、价值链，提高产品和服务竞争力，勇当产业升级的主力军；要学金融、用金融，熟练运用金融工具和手段，把基金、证券、担保、信托等金融力量用活用好，勇当上市融资的主力军；要爱拼会赢，主动顺应新发展格局，优化国内国际市场布局，加大海外并购、国际品牌创建等，勇当开拓新市场的主力军；要爱国爱乡，把更多的资金、项目、人才引回家乡、落在家乡，在乡村振兴、改善民生等领域积极作为，勇当建设家乡的主力军。

康涛指出，要发扬政企互动好传统，引导企业家心无旁骛做实业，推进传统产业数字化改造，布局抢占新兴产业、未来产业空间，发展与制造业升级相配套的生产性服务业，共同打造“新制造”产业格局；引进大院大所大平台，突出奖补高新企业、鼓励关键技术攻关、加大人才招引等，推动企业成为强大的创新主体；积极服务并深度融入新发展格局，打造全球消费品集采中心，拓展国内外大市场；培育明星梯队企业和新生代企业家，打造一批行业领跑者和后备军。要开展营商环境提升年，推动审批、监管等环节更加规范化法治化；强化全方位要素保障，推出更多简明易行、精准有感的惠企政策；实施城乡品质提升年，加快打造环湾城市中心，集聚更多高端要素。

大会授予恒安、安踏、达利、九牧、百宏5家企业为“2016—2020年度泉州市功勋民营企业”，并发布50家“2016—2020年度泉州市民营企业纳税大户”。丁世忠、林孝发、蔡劲军作为企业家代表分别围绕创建有国际格局的企业、产业生态圈建设、发展科技创新型企业发表演讲。会上发布市委、市政府《关于创新发展“晋江经验” 加快创建全国民营经济示范城市的决定》，出台泉州市科技创新、转型升级、营商环境等配套政策，决定开展N个专项行动，即“1+N+N”组合拳；签约晋江市高新产业发展投资基金、火炬电子泉州智慧总部基地等10个总投资427.4亿元的民企重大项目。“1+N+N”组合拳的“1”，即制定《关于创新发展“晋江经验” 加快创建全国民营经济示范城市的决定》总指导性文件；第一个“N”，即推出关于优化营商环境、支持制造业高质量发展、支持企业科技创新等配套政策文件；第二个“N”，即开展民营企业招商对接、加速高新技术企业培育、全面激活消费等专项行动。“1+N+N”组合拳概括起来为“987”政策礼包，即“九奖”“八补”“七服务”，让企业有感、得实惠。

泉州市民营经济发展动员会现场（图/陈晓东）

泉港区2021年第一批招商“云签约”活动举行

泉港区2021年第一批招商“云签约”活动举行，区、镇两级分设会场，通过网络视频方式进行项目“云签约”。“云签约”项目20个，总投资154.6亿元，分别在主会场和各镇（街道）分会场进行。主会场签约福建泉港地下水封洞库、石化园区原料药、石化园区高吸水性树脂3个项目。同时通过视频连线7个镇（街道）分会场，签约17个项目。

春节假期全市实现旅游收入超7亿元

春节假期，全市文旅市场好戏连台，文旅活动异彩纷呈，市民游客出游热情高涨，呈现出年俗文化游红火兴旺，古城游、工业游、近郊游、生态游全面开花的态势，假日市场繁荣有序。据测算，春节假期全市接待游客171.66万人次，实现旅游收入7.10亿元。

受新冠疫情影响，就地过年、文化过年成为新风尚、新年俗。春节假期，全市文旅系统在做好疫情防控的前提下，统筹各地旅游资源开展“原真闽南”泉州新春休闲文旅季系列活动，策划包括非物质文化遗产小课堂、线上“乞龟”文化民俗、好戏连台戏曲展播等线上活动在内的120余项文旅活动，满足市民游客多样文旅消费需求。其中，晋江梧林推出“侨村赶圩”梧林过大年活动，通过打造沉浸式体验活化传统艺术，用高甲戏、木偶戏、五祖拳、舞龙舞狮等闽南特色民俗营造春节气氛；泉州提线木偶戏传承保护中心、高甲戏传承中心等多家戏剧团以线下演出+线上播放的形式，让市民游客在传统文化的熏陶中欢度佳节。刚刚获评省级旅游度假区的泉州古城文化生态旅游度假区更是装扮一新，各主干道两旁的行道树悬挂上红火灯笼，新门街、涂门街道路两侧红旗飘扬，格外喜庆。加之2021新春展“润物无声·溯愿”“城门歪脖子”系列展览的点缀，吸引许多游客漫游古城。据统计，假期期间，开元寺和泉州府文庙分别接待游客3.89万人次、2.94万人次，德济门和天后宫接待游客4400人次。

在“就地过年”的号召下，本地短周期、近距离、慢节奏的乡村游、生态休闲游备受推崇，各地纷纷推出系列优惠活动，吸引市民游客。其中，洛江区乡韵农场、紫楹山庄、九品莲花生态园、田格里拉生态园等乡村旅游点推出门票及套票5折优惠；永春县东山村举行七彩灯光秀展览，带动夜间气氛；泉港区南浦村举办线上线下“体育惠民·欢乐过年”活动，满足群众节日体育消费和健身需求等。许多人选择到户外呼吸新鲜空气、享受生态福利，生态休闲游明显升温，泉州清源山、森林公园、西湖公园和永春牛姆林、德化石牛山等吸引不少游客，据统计，春节假期，德化石牛山、九仙山分别接待游客4.07万人次、2.78万人次；永春牛姆林接待游客1.04万人次。值得一提的是，随着全市持续推进“制造业+文旅”融合创新，文旅赋能工业逐步显现，观光工厂、工业旅游示范基地、工业博物馆成为春节假期新兴旅游热点，市民游客到东星耆石文创园、七匹狼中国男装博物馆、泉州源和创意产业园等工业园区体验美学之旅、感受工匠精神。

数据分析显示，春节假期大批游客以家庭、亲友组团出游，从游客抽样调查结果看，全市接待个人或与亲友结伴出游的游客占比超过95%，自驾出游（含租车出行）的游客占比为86.5%，举家旅游过节渐成新风尚，老少共赏、长幼皆宜的旅游产品、旅游活动成为刚需。全市各地推出亲子游主题产品，让市民游客在亲子互动中，共享假日欢乐。其中，刺桐时代村推出回村过大年系列活动，迎财神好财气、非物质文化遗产闹新春等沉浸式活动接连不断；聚龙松鼠部落在春节期间开园，将小镇的自然景观地貌与无动力装置相互结合，打造亲子互动乐园；石狮茂险王主题乐园实行免费入园，推出新春亲子灯光展、新春欢乐互动趴等多项主题活动，吸引众多亲子家庭参与其中。

春节期间的石狮黄金海岸景区游人如织（图/李荣鑫）

2月17日

农历辛丑年正月初六
星期三
温度：10℃～17℃
阴转晴

●康涛到匹克、中化、西人马等企业走访看望企业家，听取大家的意见建议。

●春节假期全市接待游客171.66万人次，实现旅游收入7.10亿元。

2月18日

农历辛丑年正月初七
星期四
温度：9℃～16℃
晴

●市委“再学习、再调研、再落实”交流视频会召开，各地及相关部门逐一亮思路、比措施。

●市人大常委会党组扩大会议召开，传达泉州市民营经济发展动员会精神，研究市人大常委会党组贯彻意见。

●市政府党组会议召开，传达贯彻习近平总书记在十九届中央纪委五次全会上的重要讲话和省纪委十届六次全会、市纪委十二届六次全会精神；研究市政府党组开展“再学习、再调研、再落实”活动有关重点工作安排。

●市政府第一百一十一次常务会议召开，研究并通过《闽南文化（泉州）生态保护区行动方案（2021—2025）》。

●市公安局《关于全面推行落户便利化若干措施的通知》施行，各类创业就业人员、各类人才到泉州落户的门槛进一步降低。

市委“再学习、再调研、再落实”交流视频会召开

市委“再学习、再调研、再落实”交流视频会召开，各地及相关部门逐一亮思路、比措施。会议指出，要把握“格局”和“势”，提升工作站位，把各项工作放在全国、全省大局中来审视分析，落到全市“海丝名城、制造强市”战略中谋划。要聚焦推动民营经济转型升级、打好新“侨”牌等17个重点工作专项，结合各地自身特色找准切入点、抓紧对接启动，确保一项项做实做细做成。要组织专班推进，市领导要带着市直部门和典型县域一起做，抓好“找问题找短板、帮助协调解决问题、逐件盯紧落实解决”三个环节，按照任务项目化、项目清单化、清单具体化要求，边谋划、边推进、边落实。要营造大干比拼载体，主动融入民营经济发展年、营商环境提升年、城乡品质提升年“三个年”活动，上下联动营造比学赶超氛围，在载体比拼中发现干部、用好干部。要稳全局开新局一起抓，紧抓疫情防控、稳增长、安全稳定等工作，组织好建党百年庆祝活动，大干“十四五”规划开局之年，确保经济“开门红”、社会和谐安定，迈好第一步，见到新气象。

市人大常委会党组研究贯彻民营经济发展动员会精神意见

市人大常委会党组扩大会议召开，传达泉州市民营经济发展动员会精神，研究市人大常委会党组贯彻意见。会议指出，要创新发展“晋江经验”，把市委、市政府服务民营企业发展、振兴实体经济、推动新一轮创新创业的决心，带到基层，带给代表和群众，汇聚全市力量再出发、创辉煌。要聚焦民营经济发展年、营商环境提升年、城市品质提升年“三个年”活动，积极作为，依法行使立法、监督等职权，跟踪督促政策礼包落地落实，高质高效开展加快提升科技创新平台、推进新基建新经济建设、培育高新技术企业、优化营商环境等监督工作，为泉州市创建全国民营经济示范城市提供有力法治保障。要按照市委决策部署，组织好领导干部“进千企、走千商、访千才”活动，紧锣密鼓、扎实有序地开展新一年常委会工作，确保各项工作落到实处。

市政府党组会议传达习近平总书记重要讲话精神

市政府党组会议召开，传达贯彻习近平总书记在十九届中央纪委五次全会上的重要讲话和省纪委十届六次全会、市纪委十二届六次全会精神；研究市政府党组开展“再学习、再调研、再落实”活动有关重点工作安排。

会议要求，要从政治上领会党中央坚定不移正风肃纪的决心意志，提高抓好政府工作的政治判断力、政治领悟力、政治执行力。要加强制度建设，加快转变政府职能，强化对行政权力运行的监督管理，确保管好关键人、管到关键处、管住关键事、管在关键时。要持续整治群众身边腐败和不正之风，加大对文山会海、层层加码、一刀切、过度留痕等问题的整治力度，巩固基层减负成果。政府系统党员领导干部要发挥“关键少数”作用，扛起全面从严治党政治责任、主体责任，形成一级抓一级、层层抓落实的良好局面。要按照省委、市委部署要求，把“再学习、再调研、再落实”活动作为推动全年工作的总抓手，对照省委书记尹力、省长王宁到泉州调研时提出的要求；对照王宁参加省“两会”泉州团审议和泉州民营经济发展动员会时的讲话要求；对照省委常委会2021年工作要点；对照市委确定的17个重点专项任务；对照市《政府工作报告》各项任务分解，解放思想、厘清思路，找准支撑、破解梗阻，担当作为、狠抓落实，确保取得实实在在的成效。要紧密结合政府工作实际，重点抓好一季度“开门红”、民营经济高质量发展、科技创新、城乡建设、“申遗”和世中运、海艺节和海丝司法国际论坛、内外循环攻坚、项目攻坚和项目招商、民生保障和安全稳定等各项工作，确保“十四五”规划开好局、起好步。

全市统战部长会议召开

全市统战部长会议召开，部署2021年全市统战工作。会前，市委书记康涛作出批示，市委常委、统战部部长林万明出席会议并讲话。康涛指出，2020年，全市统战系统贯彻落实中央和省委、市委关于统一战线一系列重大决策部署，把握新任务，扛起新担当，“同心同行”的思想政治基础更加巩固，“同心抗疫”助力疫情防控成效显著，“同心系列工程”助力民生改善实效持续显现，各领域统战工作实现提质增效，成绩值得肯定。新一年，全市统战系统要学习贯彻习近平总书记关于加强和改进统一战线工作的重要思想，抓好《中国共产党统一战线工作条例》的学习宣传和贯彻落实，深化构建大统战工作格局，强化民营经济统战工作，推进民族宗教工作创新发展，凝聚侨心、汇聚侨智、发挥侨力，为全方位推动高质量发展超越、打造“海丝名城、制造强市”贡献统战力量。

会议强调，全市统一战线要以庆祝中国共产党成立100周年为契机，讲好奋斗故事，加强政治思想引领，凝聚共识与力量。要学习宣传《中国共产党统一战线工作条例》，坚决贯彻落实，严格督促检查，推动新时代统战事业不断巩固发展。要助力“十四五”规划实施，引导创新创造、积极建言献策，共促社会和谐，服务全方位推动高质量发展超越大局。要深化新型政党制度的泉州实践，支持民主党派履职尽责、提高参政议政水平。要促进民族团结进步，推动少数民族乡村振兴发展。要提升宗教工作法治化水平，引导宗教与社会主义社会相适应。要加强民营经济统战工作，创新发展“晋江经验”。要激发创新创造活力，引导党外知识分子和新的社会阶层人士发挥更大作用。要发展壮大爱国力量，深化拓展港澳台侨工作，凝心聚力同圆共享中国梦。

市中级人民法院助推民营经济发展

市中级人民法院印发《关于进一步优化司法服务推动民营经济发展的通知》（以下简称“通知”），支持民营企业等市场主体平等竞争、蓬勃发展，为民营经济发展提供更加优质便捷的司法服务。针对民营企业反映较为强烈的异地办理诉讼事务难、咨询诉讼信息不畅通、失信名单管理不及时等问题，通知有针对性地提出涉企诉讼服务“跨域办”“一号办”“分级办”“掌上办”“网上办”五条对应措施，更加突出司法服务的便捷性。为确保司法“五办”措施落地、服务到位，市中级人民法院对每项举措逐一配套相应的运行机构、制度机制、硬件平台。加强对跨域服务中心、“12368”诉讼服务平台、诉讼服务中心以及执行局、破产审判团队相关人员的能力培训，推动各项工作规范化、标准化，以实际行动落实“司法为民”宗旨，更好地服务涉企诉讼。此外，为提高民营企业依法经营、依法维权的水平和应对风险挑战的能力，市中级人民法院还开展“宣讲民法典，创优营商环境促发展”系列普法宣传活动。组建成立“送法进企业”宣讲团，通过挂钩结对普法、线上线下宣讲等方式，加强民营企业对《民法典》的认知。全市法院还开展涉民营企业专项执行活动，用足用好罚款、拘留、追究拒执罪等强制措施，打击抗拒执行、妨碍执行、规避执行行为，保障民营企业胜诉债权利益及时兑现。

灯谜群众展猜活动举行

19—21日，由市总工会、泉州市工人文化宫与泉州市职工灯谜协会主办的灯谜群众展猜活动在泉州市工人文化宫乡音广场举行，再现宋元时期刺桐城春节猜谜盛况。泉州市职工灯谜协会会长张非介绍，这些灯谜作品均为泉州谜家原创，不仅融合疫情防控知识、“我在泉州过大年”及泉州民俗等主题，还结合最新时事新闻，需要有一定的知识量才能猜出。泉州灯谜拥有千余年的传承历史，北宋时泉州人吕惠卿就曾创作过一条字谜，给王安石猜。因为猜灯谜就像用弓箭去射中老虎一样不容易，所以古人又将猜灯谜称为“射虎”。

2月19日

农历辛丑年正月初八
星期五
温度：9℃～18℃
晴

●全市统战部长会议召开，部署2021年全市统战工作。会前，康涛作出批示。

●市中级人民法院印发《关于进一步优化司法服务推动民营经济发展的通知》，支持民营企业等市场主体平等竞争、蓬勃发展，为民营经济发展提供更加优质便捷的司法服务。

●19—21日，由市总工会、泉州市工人文化宫与泉州市职工灯谜协会主办的灯谜群众展猜活动在泉州市工人文化宫乡音广场举行。

2月22日

农历辛丑年正月十一
星期一
温度：15℃～26℃
晴

●市长王永礼到丰泽、鲤城察看片区更新改造推进工作，并召开点评推进会，部署有关工作。

●市长王永礼到市信访局接访，协调群众反映的排污、商品房交付等问题。

●市委副书记、市长王永礼参加所在市政府办第一党支部第一党小组组织生活会，与党员干部面对面交流思想体会，开展批评与自我批评。

●全市2021年春季学期开学疫情防控工作视频会议召开，部署春季开学工作。市防控新型冠状病毒感染的肺炎疫情应急指挥部疫情防控和学校组下发《关于做好全市2021年春季学期开学工作的通知》，科学安排春季开学和校园疫情防控工作，确保“全面开学、正常开学、安全开学”。

●全市消防安全和森林防火专题会议召开，通报全市火灾形势、近期火情及自建房消防评查工作情况，研究部署消防安全和森林防火有关工作。

●22—26日，由市人社局、市退役军人局，泉州军分区政治工作处主办的2021年泉州市退役军人和现役军人家属新春公益性网络招聘周活动举行。

王永礼检查部署片区更新改造推进工作

市长王永礼到丰泽、鲤城察看片区更新改造推进工作，并召开点评推进会，部署有关工作。副市长朱启平参加检查及会议。2020年7月，泉州市启动新片区更新改造比拼工作，13个县（市、区）片区参与比拼。其中，丰泽区后埔片区改造项目打通经八路、东滨路，加快完善公共基础设施，塑造滨水城市展示面，打造滨江商务居住综合区，项目自2020年12月启动签约以来，完成签约近八成。鲤城区繁荣片区改造项目拟与站前西片区共同打造为泉州现代商贸中心区、鲤城CBD，征迁范围涉及2个街道10个社区，采用处级干部挂钩负责、街道分片包干的工作模式，三个月完成一期全部签约，获评“2020年度全省和谐征收示范项目”。古城29条街巷综合提升工程总长约7.14千米，采用低冲击、微干扰的“绣花”功夫，从建筑风貌、文化展示、街道环境、市政设施等多方面系统提升，提高群众幸福感，展现古城历史底蕴和人文魅力。

王永礼对各片区更新改造推进成效给予肯定，嘱咐要同步推进城市设计和业态布局提升，保护文脉、留住乡愁。在随后召开的点评推进会上，王永礼指出，要提高站位，把片区更新改造作为贯彻落实全省城市和农村建设工作会议精神、市委“城乡品质提升年”部署的重要抓手，作为开展“再学习、再调研、再落实”的重要内容，持续深化、比拼推进，把这股气和势保持下去，让泉州的城市面貌实现一年一变化、三年大变化。要总结经验，巩固、提升、固化片区运作开发、投融资、要素保障、奖惩兑现等机制，滚动开展片区更新改造。要营造氛围，调动各县（市、区）、各片区的积极性，落实“一线考核干部”工作机制，“以实绩论英雄”，在比拼中锻炼干部队伍、展示干事创业精气神。会上，市城建办通报2020年全市新片区更新改造比拼考核情况，丰泽后埔片区、晋江科创新区、德化国际陶瓷艺术城、南安北山片区位列考核前四名。

市长王永礼（右二）在丰泽区后埔片区察看更新改造推进工作（图/陈晓东）

王永礼参加市政府办第一党支部第一党小组组织生活会

市委副书记、市长王永礼参加所在市政府办第一党支部第一党小组组织生活会，与党员干部面对面交流思想体会，开展批评与自我批评。大家结合个人学习和工作实际畅所欲言，对照合格党员标准、对照入党誓词、对照身边先进典型，深查细照、直面问题、剖析根源，自我批评不掩饰，相互批评有辣味，见人见事见思想，达到增进团结、增强党性的目的。

泉州市部署春季开学工作

全市2021年春季学期开学疫情防控工作视频会议召开，部署春季开学工作。市防控新型冠状病毒感染的肺炎疫情应急指挥部疫情防控和学校组下发《关于做好全市2021年春季学期开学工作的通知》，科学安排春季开学和校园疫情防控工作。根据安排，2021年春季学期小学、幼儿园3月2日开学，中学3月1日开学；中职学校从3月9—14日分2批次错时错峰返校：第一批3月9—10日，共24所职校；第二批3月11—14日，共8所职校；高校从3月9—20日，分3批次错时错峰返校：第一批3月9—11日共7所高校；第二批3月12—13日共9所高校；第三批3月14—20日共4所高校。

康涛参加市委办机关党支部第一党小组组织生活会

市委书记康涛参加所在市委办机关党支部第一党小组组织生活会，与党员干部面对面交流思想体会，开展批评与自我批评。党小组的干部对照合格党员标准、对照入党誓词、对照身边先进典型，联系个人思想和工作实际，深入查摆问题，深刻剖析原因，开展批评严肃认真，整改措施务实具体，达到增进团结、促进工作、增强党性的目的。

市政府党组（扩大）会议传达习近平总书记重要讲话精神

市政府党组（扩大）会议召开，传达贯彻习近平总书记在中央政治局第二十七次集体学习时的重要讲话精神，以及省委常委会会议、市委常委会会议精神；听取市政府党组贯彻执行中央八项规定精神和为基层减负工作情况汇报，开展集体廉政谈话，研究部署下一步工作。

会议强调，要坚持把满足人民对美好生活的新期待作为发展的出发点和落脚点，更加注重共同富裕问题，让发展成果更多更公平惠及全市人民。要坚持以新发展理念引领政府治理体系和治理能力现代化建设，抓好2021年政府各项重点工作任务，在全方位推动高质量发展超越中体现担当、展现作为。市政府党组成员、政府各部门党组（党委）要学习贯彻习近平总书记关于加强党的作风建设、力戒形式主义官僚主义的重要论述，贯彻执行中央八项规定精神，抓好政府系统作风建设，为推动“十四五”规划发展开好局、起好步提供作风保证。要突出问题导向，分析研判各自领域党风廉政风险点，做到明制度、知边界、抓日常、建机制，以“钉钉子”精神推动政府系统作风转变。政府机关党员领导干部要坚持以上率下，发挥“头雁效应”，带头廉洁自律、建设优良家风、践行亲清政商关系，共同打造“担当、服务、创新、实干、廉洁”政府。会议还对确保一季度“开门红”，落实市委“民营经济发展年”“营商环境提升年”“城乡品质提升年”活动，积极服务并深度融入新发展格局，抓好“申遗”、世中运、海艺节和配合海上丝绸之路司法国际论坛等大事要事，强化民生保障和安全稳定等工作进行部署。

市政府第一百一十二次常务会议召开

市政府第一百一十二次常务会议召开，研究全市重点项目建设和招商工作等。会议强调，重点项目建设和招商工作能否顺利推进，事关发展后劲、事关大局长远、事关“十四五”规划开好局起好步。要按照全省“五促一保一防一控”重点工作部署，统筹开展项目招商建设，从项目策划、招商选资、产业走向、空间布局、要素保障、建设投产等维度，加强全过程服务管理，推动项目建设和招商引资工作取得新突破。要加强重点项目协调调度，每月每季度按新开工、新建成、新投产等不同类型开展跟踪服务，逐件逐项梳理问题症结，明确责任人和服务专班，加快项目建设进度。要推进争规列盘工作，高水平做好重大项目策划、生成、申报工作，争取更多项目、改革、试点进入全国、全省盘子。

2021年泉州机械装备行业产融对接会举行

由市工信局指导，泉州装备智造服务型制造公共平台、泉州装备智造人才之家承办的2021年泉州机械装备行业产融对接会在华夏银行泉州分行举行，泉工股份、佶龙机械、精准机械、华南重工等企业负责人和代表参会。会上，劲翔知识产权总经理李劲松就知识产权质押贷款、知识产权证券化项目等与在场企业及银行负责人交流。福山轴承董事长洪毅泉也提出工业经营性物业等金融创新性产品需求。为常态化推动产融服务，泉州市装备制造业协会与华夏银行泉州分行还达成战略合作。

2月23日

农历辛丑年正月十二
星期二
温度：14℃～22℃
晴

●市委书记康涛参加所在市委办机关党支部第一党小组组织生活会，与党员干部面对面交流思想体会，开展批评与自我批评。

●市政府党组（扩大）会议召开，传达贯彻习近平总书记在中央政治局第二十七次集体学习时的重要讲话精神，以及省委常委会会议、市委常委会会议精神等。

●市政府第一百一十二次常务会议召开，研究全市重点项目建设和招商工作等。

●由市工信局指导，泉州装备智造服务型制造公共平台、泉州装备智造人才之家承办的2021年泉州机械装备行业产融对接会在华夏银行泉州分行举行。

2月24日

农历辛丑年正月十三
星期三
温度：16℃～22℃
多云转阴

●市委常委会召开会议，传达学习习近平总书记在2021年春节团拜会上的重要讲话和给上海市新四军历史研究会百岁老战士们的回信、给河北省平山县西柏坡镇北庄村全体党员的回信精神等。

●泉州市与中国农业发展银行福建省分行签订战略合作协议。

●由市人社局主办，泉州市就业和人才人事公共服务中心、58同城泉州站承办的泉州市首届“春风送暖·乐业泉城”线上网络直播招聘活动举行。

●洛江区2021年一季度重点项目开工仪式举行，洛阳江沈海高速至南惠高速段环境整治工程、阳江学园（小学部）、泉州宝璋肿瘤医院等6个项目开工，项目总投资32.8亿元。

●石狮美佳爽卫生品有限公司一批出口毛里求斯、货值14.8万美元的纸尿裤办出自贸协定优惠原产地证书，成为泉州市首份《中国和毛里求斯自贸协定》优惠原产地证书。

市委常委会学习习近平总书记重要讲话精神

市委常委会召开会议，传达学习习近平总书记在2021年春节团拜会上的重要讲话和给上海市新四军历史研究会百岁老战士们的回信、给河北省平山县西柏坡镇北庄村全体党员的回信精神以及省委常委会会议、省委“再学习、再调研、再落实”措施汇报暨重点工作推进交流会议精神；传达贯彻省委主要领导在商协会长和民营企业家代表座谈会上的讲话、省政府主要领导在泉州市民营经济发展动员会上的讲话精神，研究部署有关工作。

会议强调，要统筹疫情防控和经济社会发展，统筹发展和安全两件大事，抓好稳全局、开新局各项工作，以“开门红”“季季红”确保“全年红”。要弘扬孺子牛、拓荒牛、老黄牛精神，发挥各级领导干部示范带头作用，营造比学赶超氛围，用发展成果和群众满意度检验比拼成效。要贯彻落实省委、省政府部署要求，调动干部和企业家两支队伍创新发展“晋江经验”，实施民营经济发展年、营商环境提升年、城乡品质提升年，创建全国民营经济示范城市。要抓住传统产业数字化改造、科技创新研发、新业态布局、拓展国内外市场等关键环节，做好政策支撑保障，服务企业勇当技术创新、产业升级、上市融资、开拓新市场、建设家乡主力军。要发扬政企互动好传统，用心用情帮助企业纾困解难、降本减负、公平竞争，推动审批、监管等环节规范化法治化，打造一流营商环境。要按照任务项目化、项目清单化、清单具体化，专班专人跟进抓落实，确保一项项做实做细做成。

泉州市与中国农业发展银行福建省分行签订战略合作协议

泉州市与中国农业发展银行福建省分行签订战略合作协议。签约前，市委书记康涛与中国农业发展银行福建省分行行长王京春座谈。市领导洪自强参加座谈。康涛指出，泉州正贯彻落实中央及省委部署，全力稳全局开新局，勇当全方位推动高质量发展超越主力军。希望双方以签约为起点，拓展合作空间，在更多领域实现共同发展。

首届“春风送暖·乐业泉城”线上网络直播招聘活动举行

由市人社局主办，泉州市就业和人才人事公共服务中心、58同城泉州站承办的泉州市首届“春风送暖·乐业泉城”线上网络直播招聘活动举行。此次活动旨在强化全市新冠肺炎疫情防控期间企业用工服务保障工作，满足泉州市企业用工需求。全市60多家知名企业开展免费线上直播招聘活动。通过线上直播的方式，跨省市定点宣传泉州市知名企业，吸引省内外务工人员到泉州市企业就业。活动期间，就业导师开展在线直播指导，各家企业人力资源人员在直播间介绍企业文化、岗位情况、薪资待遇等信息。求职者与企业实现在线互动，并进行“屏对屏”在线“云面试”。此次活动分3场举行，分别为2月24日（第一场）、3月1日（第二场）、3月8日（第三场），可提供就业岗位1万多个。

全市首份《中国和毛里求斯自贸协定》优惠原产地证书签出

石狮美佳爽卫生品有限公司一批出口毛里求斯、货值14.8万美元的纸尿裤办出自贸协定优惠原产地证书，成为泉州市首份《中国和毛里求斯自贸协定》优惠原产地证书。中国与非洲国家签署的首个自贸协定——《中国和毛里求斯自贸协定》（以下简称“协定”）于1月1日生效。根据协定，在货物贸易方面，毛里求斯将通过最长5年降税期，对中国出口毛里求斯的92.8%的产品逐步降税到零。泉州市每年出口毛里求斯的婴儿纸尿裤、雨伞、服装纺织品以及其他轻工产品等货值近亿元，协定将使相关企业从中获益，并通过毛里求斯与其他非洲国家间的零售网络、制造和物流平台增大对非洲出口贸易。

泉州市两人两集体获全国脱贫攻坚总结表彰

全国脱贫攻坚总结表彰大会在北京人民大会堂举行，泉州市2名个人、2个集体接受表彰。此次大会以党中央、国务院名义表彰一批在打赢脱贫攻坚战中做出突出贡献的个人和集体，授予1981人“全国脱贫攻坚先进个人”称号、1501个集体“全国脱贫攻坚先进集体”称号。其中，安溪县扶贫办主任陈永春、南安市蓉中村党委书记李振生获评“全国脱贫攻坚先进个人”，德化县憨鼠爱心小分队、永春县扶贫开发服务中心获评“全国脱贫攻坚先进集体”。会前，中共中央总书记、国家主席、中央军委主席习近平会见全国脱贫攻坚楷模荣誉称号获得者，全国脱贫攻坚先进个人、先进集体代表，全国脱贫攻坚楷模荣誉称号个人获得者和因公牺牲全国脱贫攻坚先进个人亲属代表等。

全市科技创新平台负责人座谈会召开

全市科技创新平台负责人座谈会召开。市委书记康涛主持会议并讲话，副市长肖汉辉参加会议。会上，中科院海西研究院泉州装备制造研究所、中国皮革和制鞋工业（晋江）研究院、清源创新实验室、泉州南京大学环保产业研究院等25名在泉州科技创新平台机构主要负责人围绕加快科技和产业对接、推动科技成果转化、人才引进以及团队建设等方面提出建议和意见。康涛强调，要实施创新驱动发展战略，发挥科技创新平台的作用，加快补齐科技创新短板，为全方位推动高质量发展超越积蓄新动能、打造新优势。要引进大院大所大平台，突出奖补高新企业、鼓励关键技术攻关，发挥好科技创新平台在集聚创新资源、支撑自主创新、转化创新成果等方面的作用。

李转生到惠安台商企业开展调研座谈

市政协主席李转生到惠安，开展“先行先试推进泉台融合发展，建设台胞台企登陆第一家园”调研座谈，与部分台资企业代表、台商协会负责人交流，了解所需所求所盼，听取意见建议。座谈会上，与会人员围绕深化泉州和台湾产业融合发展、促进台企创新发展、优化台胞台企服务、加强泉州和台湾文化交流等内容，提出许多意见和建议。李转生强调，要着眼长远，致力先行先试，推进泉台各领域交流合作，促进两岸经济社会文化的融合发展。要优化台商营商环境，完善保障台湾同胞福祉，让台胞台企在泉州感受到家的温暖。各级政协组织和政协委员要牢记习近平总书记嘱托，发挥政协在对台工作中的优势，围绕探索两岸融合发展新路等主题建言献策，为深化泉州和台湾融合发展，用心用情打造台胞台企登陆第一家园献计出力。

“先行先试推进泉台融合发展，建设台胞台企登陆第一家园”调研座谈会现场（图/市政协）

2021年泉州籍返乡大学生新春座谈会举行

由市委人才办、团市委、市教育局主办的“怀揣故乡情 勇立鸿鹄志”2021年泉州籍返乡大学生新春座谈会在市级“人才之家”——泉府印象举行。北京大学、中国人民大学、北京理工大学、四川大学等高校的30多名泉州籍大学生与会，参观闽南非物质文化遗产老铺子，欣赏香道、南音、提线木偶表演，体验缝香包、做花灯民俗风情。市人社局相关负责人介绍泉州经济形势、人才引进政策和就业创业形势。同时，针对大学生关注的就业创业趋势和政策疑虑，市发改委、人社局等相关科室负责人进行解答。

2月25日

农历辛丑年正月十四
星期四
温度：16℃～25℃
阴转小雨

●全国脱贫攻坚总结表彰大会在北京人民大会堂举行，泉州市2名个人、2个集体接受表彰。

●全市科技创新平台负责人座谈会召开。25名在泉州科技创新平台机构主要负责人围绕加快科技和产业对接、推动科技成果转化、人才引进以及团队建设等方面提出建议和意见。

●市政协主席李转生到惠安开展“先行先试推进泉台融合发展，建设台胞台企登陆第一家园”调研座谈，与部分台资企业代表、台商协会负责人交流，了解所需所求所盼，听取意见建议。

●由市委人才办、团市委、市教育局主办的“怀揣故乡情 勇立鸿鹄志”2021年泉州籍返乡大学生新春座谈会在市级“人才之家”——泉府印象举行。

●洛江区招商项目集中签约仪式举行，集中签约项目12个，计划总投资110亿元。

2月26日

农历辛丑年正月十五
星期五
温度：14℃～20℃
阴转小雨

●王永礼与到永春采风的知名作曲家、《蓝蓝泉州湾》作曲者谷建芬，北京电影学院教授、中国电影音乐研究院院长张宏光等座谈交流。

●李转生到南安开展“先行先试推进泉台融合发展，建设台胞台企登陆第一家园”课题调研。

●2021年中央广播电视总台元宵晚会（完整版）播出，泉州歌舞剧团参演军事舞蹈《开训、开训》。

●由市文旅局主办，泉州市艺术馆和泉州市非物质文化遗产保护中心承办的2021年泉州元宵线上花灯展直播活动举行。

●由泉州市南音传承中心创排演唱的“邂逅·丝韵”元宵专场演出在泉州南音艺苑举行。

●由黄氏造船世家第四代传承人黄秀宝师傅牵头，用传统造船手艺按照1：1的比例制作而成的蟳埔“抓蟹船”下水试航。

2021年泉州元宵线上花灯展直播活动举行

由市文旅局主办，泉州市艺术馆和泉州市非物质文化遗产保护中心承办的2021年泉州元宵线上花灯展直播活动举行。泉州网“直播泉州”栏目全程直播，央视频移动网、泉州网抖音号、泉州文化云、泉州市艺术馆官网、泉州市艺术馆微信公众号等同步转播。因为疫情原因，2021年花灯展由线下改为线上，泉州市艺术馆、泉州市非物质文化遗产保护中心、泉州网推出2021年泉州元宵线上花灯展直播活动，对泉州非物质文化遗产馆里展出的160余盏花灯进行线上实物云展。参展花灯集合彩扎灯、刻纸灯、针刺灯等泉州传统代表性灯种，均是泉州市花灯非物质文化遗产传承人的代表性作品。直播中，还邀请多位泉州花灯非物质文化遗产传承人讲解传统花灯的制作工艺、创意亮点、观赏门道等。此外，24—25日，主办方还通过泉州网开展线上花灯照片展，对往年的泉州花灯展以图片形式进行集中展示，从另一个侧面介绍泉州花灯的发展历史、制作技艺、特色亮点等。

“邂逅·丝韵”元宵专场演出举行

由泉州市南音传承中心创排演唱的“邂逅·丝韵”元宵专场演出在泉州南音艺苑举行，用南音唱出陈三五娘的故事，全新的舞台艺术呈现，让弦友沉醉其间。演出以大家熟悉的陈三五娘故事为载体，通过“灯下邂逅”“暗惹相思”“投荔传情”“互述衷情”“决意私奔”五个故事情节，配以相对应的南音曲目，以南音名曲《元宵十五》的第一句唱段为咏叹调，衔接每一幕的过场，辅以序幕和尾声。中国曲艺牡丹奖“二度牡丹”获得者、泉州市南音传承中心副主任庄丽芬表示，这场演出以大家耳熟能详的故事为蓝本，将接拍等传统的乐器表演仪式融入表演中，舞台表现力更强，让观众感觉更像是看一场完整的演出。这场演出在元宵佳节上演意义深远，陈三与五娘就是在元宵之夜赏灯邂逅的，数百年来这个充满“泉州温度”的爱情故事代代相传，寄托人们对美好生活的期待。

“邂逅·丝韵”元宵专场演出现场（图/陈智勇）

复古蟳埔“抓蟹船”下水试航

丰泽区东海街道蟳埔社区一艘崭新的木制两桅小帆船，趁着满潮首次下水试航。这艘蟳埔“抓蟹船”，是由黄氏造船世家第四代传承人黄秀宝师傅牵头，用传统造船手艺按照旧时的“抓蟹船”1：1的比例制作而成。“抓蟹船”又称“蟳蟹船”，是专门用于抓螃蟹的渔船，一般船长6.5米、宽2.1米、深0.6米，是蟳埔民间造船世家黄氏的第二代传承人黄细炎因生产需要，于20世纪初创作的创新船型。这艘“螃蟹船”于2020年12月27日动工，历时近2个月才完工。此次建造这艘失传已久的“螃蟹船”是为了复原“百年造船技艺”，同时给国家社科基金重大项目“中国东南海洋史——造船史”、国家冷门绝学与国别史项目“海事遗产，闽台民间造船绝技抢救与传承研究”等科研项目提供实物支撑。

复古蟳埔“抓蟹船”下水仪式（图/陈明华）

泉州市深化创建全国文明城市工作推进会召开

泉州市深化创建全国文明城市工作推进会召开，对创建工作进行再动员、再安排、再部署。会议指出，要健全指挥运作机制，树牢“一盘棋”思想，落实属地责任、主体责任，强化协作联动，把各项工作抓得更深入、更具体、更有成效。要对照标准，梳理重点工作，实行任务项目化、项目清单化、清单具体化，建立工作台账，一项项抓落实。要攻克难点，聚焦提升市容环境、完善基础设施、加强城市管理等，推进专项整治行动。要结合推进世中运、“申遗”等工作，把办活动与办城市结合起来，提升城市“颜值”和品位。要坚持常态长效，提高城市精细管理水平，培养市民主人翁意识和群众自我管理意识，落实文明公约、村规民约，让群众在共治共享中提升文明素养和行动自觉。

知名作曲家谷建芬到泉州采风

27—28日，知名作曲家、《蓝蓝泉州湾》作曲者谷建芬到泉州采风。26日，市长王永礼与谷建芬和北京电影学院教授、中国电影音乐研究院院长张宏光等座谈交流。王永礼对谷建芬一行的到来表示欢迎，并介绍泉州市经济、社会、文化发展情况，诚邀大家多到泉州走走看看，感受这座城市的多元性、包容性，从闽南文化中汲取灵感，创作出更多老百姓喜闻乐见的文艺作品。27日，谷建芬和张宏光到德化顺美陶瓷文化生活馆采风。采风过程中，谷建芬一再鼓励德化陶瓷艺术家要创作出更多精品，不仅要满足人民对美好生活的需求，还要再次担当海上丝绸之路文化的载体，搭建与世界各国人民的友谊之桥。28日，谷建芬到永春北溪文苑旅游区品茗，欣赏桃花。

相关链接：谷建芬生于民国24年（1935年），创作了《滚滚长江东逝水》《歌声与微笑》《妈妈的吻》《思念》《今天是你的生日》等一大批耳熟能详的音乐作品。其作曲的《蓝蓝泉州湾》更是深受泉州人民喜爱，至今传唱不衰。

谷建芬（左二）在德化采风（图/陈若华）

高甲戏传统版《昭君出塞》演出

高甲戏传统版《昭君出塞》在泉州高甲剧场演出。演出由中国戏剧梅花奖获得者、泉州市高甲戏传承中心副主任陈娟娟领衔主演。2011年，陈娟娟凭借在高甲戏新编历史剧《昭君出塞》中的表演，为泉州高甲戏赢得第一个中国戏剧奖·梅花表演奖，该剧就是在传统版《昭君出塞》基础上进行全新演绎的。折梅版《昭君出塞》更加强化王昭君自请“和亲”的主题，受到专家和观众的称道。此次演出的传统版以情动人，长久以来受到新老戏迷的喜爱，剧中的《山险峻》和《出汉关》唱段声情并茂，以南音的形式长久流传。整场戏看点十足，如番兵一路载歌载舞，十分热闹，是叫好又叫座的歌舞抒情剧。泉州市高甲戏传承中心主任周杰俊在该剧中出演“男一号”刘文龙。他上次演出是在《昭君出塞》冲刺梅花奖之际，初评就是用传统版报送的，当时就是他与陈娟娟搭戏的。这是他们时隔十余载再次同台出演该剧。

高甲戏传统版《昭君出塞》演出现场（图/陈智勇）

2月27日

农历辛丑年正月十六
星期六
温度：14℃～19℃
阴转多云

●泉州市深化创建全国文明城市工作推进会召开，对创建工作进行再动员、再安排、再部署。

●27—28日，知名作曲家、《蓝蓝泉州湾》作曲者谷建芬到泉州采风。

●高甲戏传统版《昭君出塞》在泉州高甲剧场演出。

●由泉州市文物考古研究所主办的首届“考古进校园”研学活动在泉州市文物考古研究所举行。

2月28日

农历辛丑年正月十七
星期日
温度：14℃~19℃
阴转晴

●23—28日，省委常委、省纪委书记、省监委主任李仰哲到南安、安溪、永春，围绕贯彻落实十九届中央纪委五次全会精神及省委部署的“再学习、再调研、再落实”活动情况开展调研。

●市委书记康涛到永春企业一线和项目现场调研。

●泉州市科技特派员工作联席会议办公室印发《2021年度泉州市科技特派员工作计划》，明确2021年相关目标任务，多措并举促进泉州市科技特派员工作不断深化、拓展、提升。

李仰哲到泉州调研十九届中央纪委五次全会精神落实情况

23—28日，省委常委、省纪委书记、省监委主任李仰哲到南安、安溪、永春，围绕贯彻落实十九届中央纪委五次全会精神及省委部署的“再学习、再调研、再落实”活动情况开展调研。市领导傅藏荣参加调研。

李仰哲走访9个镇村、14家企业、2家单位，了解省委“五促一保一防一控”重点工作落实情况，并与泉州市、县两级党政主要领导交流，听取市、县关于开展“再学习、再调研、再落实”活动情况的介绍，就如何贯彻落实习近平总书记重要讲话重要指示重要批示精神，发挥好全方位推动高质量发展超越主力军作用进行探讨。大家形成的共识是，泉州作为民营经济大市，一定要传承弘扬好“晋江经验”，在开展“再学习、再调研、再落实”活动中要回顾总结泉州几十年快速发展的成功经验和制胜法宝，厘清自身优势所在；要辨明大势，着眼于国际国内形势新变化新要求，立足新发展阶段，在构建新发展格局中找准定位、积极作为；要把握走势，抓住变局带来的机遇与自身积累的基础相结合所提供的发展可能性，明确发展着力点，加快构建一流营商环境，激发市场主体活力。李仰哲还察看泉州市党内政治生活体验馆，到镇村了解基层党风廉政建设情况，看望县、乡纪检监察干部，要求各级纪检监察机关强化政治监督，做实日常监督，推动问题矛盾化解在基层；加强换届风气监督，确保换届风清气正；结合党史学习教育，抓好自身队伍建设，当好党和人民的忠诚卫士。

康涛到永春企业一线和项目现场调研

市委书记康涛到永春企业一线和项目现场调研。在九牧永春智慧制造产业园（一期），康涛叮嘱企业发挥龙头作用，整合研发、销售、原材料供应等优势资源，带动当地陶瓷产业向智能化、信息化、高质量发展。在市级重点帮扶村永春县桃城镇上沙村的上沙岭花果世界项目，康涛与项目负责人交谈，鼓励他在做好柑橘品种研发种植产业的基础上，探索农企合作、土地流转新模式，带动更多村民就业创业，共同富裕。同时要求当地要培育乡村特色产业，用“一村一品”绘就乡村振兴的美丽画卷。在福建永春侨新老醋有限责任公司，康涛在听取项目介绍后，要求优化景观设计，提升项目与周边环境的融合度，打造风景优美、内涵丰富的旅游胜地；要在保障质量与产量的同时，传承发扬老醋传统制作工艺，全方位挖掘永春老醋的产品特色和文化底蕴，结合当地文化讲好“永春老醋故事”，用创新和文化为传统产业赋能。

康涛（左二）在九牧永春智慧制造产业园（一期）调研（图/陈起拓）

泉州市出台2021年度科技特派员工作计划

泉州市科技特派员工作联席会议办公室印发《2021年度泉州市科技特派员工作计划》，明确2021年相关目标任务，多措并举促进泉州市科技特派员工作不断深化、拓展、提升。2021年泉州市备案选认省、市级科技特派员500名以上，组建特色科技特派员团队（法人）20个以上，实现行政村服务全覆盖；培育各级星创天地12家以上，孵化创新创业企业150家左右，备案数量争取全省“保二争一”新目标；实施科技特派员示范项目15项，转化推广应用先进技术、先进科技成果30个左右，提高科技成果转化率；征集需求对接信息200条，增强服务供给的有效性和精准度；设立科技特派员工作站10个，开展科技创新创业培训50期6万人次，引导科技特派员开展精准服务、远程服务、动态服务。

全市党史学习教育动员大会召开

在收听收看全省党史学习教育动员大会后，泉州市召开全市党史学习教育动员大会。市委书记康涛出席会议并讲话，市领导陈灿辉、李转生、张永宁、孔繁军、林万明、林锦明、季翔峰、洪自强、傅藏荣等参加会议。

康涛指出，要把握目标要求，坚持守正创新，高标准高质量完成党史学习教育各项任务。在“学党史”上要系统深入，铭记党百年奋斗历史的光辉历程，把学习党史同学习新中国史、改革开放史、社会主义发展史贯通起来，深化对党的历史的系统把握。要挖掘和利用泉州红色文化资源，加强全民学习教育，让红色基因、革命薪火代代传承，推动党史学习教育深入群众、深入基层、深入人心。在“悟思想”上要真懂真信，教育引导党员干部系统掌握中国共产党推进马克思主义中国化形成的重大理论成果，加深对新时代党的创新理论的理解和领悟，用习近平新时代中国特色社会主义思想武装头脑、指导实践、推动工作。要提升政治判断力、政治领悟力、政治执行力，把对党绝对忠诚、对人民高度负责体现在时时处处事事。在“办实事”上要务求实效，树立为民宗旨，把党史学习教育同为群众办实事解难题结合起来，滚动推进“四心工程”和民生XIN行动。要学习传承中国共产党在长期奋斗中铸就的伟大精神，发扬优良传统，引导党员干部在首季“开门红”、新基建新经济大比拼等载体中，保持干事热情、敢闯敢拼。在“开新局”上要善作善成，树立大历史观，把全市工作纳入全国、全省发展全局中来审视分析，扛起主力军担当，开年就出发、起步就冲刺，实施民营经济发展年、营商环境提升年、城乡品质提升年，以“开门红”“季季红”确保“全年红”，以经济社会发展的成果检验学习教育的成效；要发扬斗争精神，领会中国共产党成功推进革命、建设、改革的宝贵经验，全面从严治党，健全制度机制，应对各种风险挑战，提高党的领导水平和执政水平。各级党委（党组）要扛起主体责任，成立相应领导机构和工作机构，主要负责人要亲自抓谋划、抓推动、抓落实，示范带动党员干部全身心投入。

全市党史学习教育动员大会现场（图/陈晓东）

市委常委会学习习近平总书记重要讲话精神

市委常委会召开会议，传达学习习近平总书记在党史学习教育动员大会上的重要讲话和《中共中央关于在全党开展党史学习教育的通知》以及省委常委会（扩大）会议、全省党史学习教育动员大会精神；听取2020年全市生态环境保护工作完成情况及2021年工作要点的汇报。会议要求，要开展“我为群众办实事”实践活动，解决群众“急难愁盼”问题。要加强组织领导，成立领导小组和工作机构，制订完善实施方案，推进专题学习、专题培训、专题组织生活会等工作。要营造氛围，创新方式方法，组织宣传宣讲，推动学习教育深入群众、深入基层、深入人心。要贯彻习近平生态文明思想，践行新发展理念，保持加强生态文明建设的战略定力，全方位、系统性推进生态泉州、美丽泉州建设。要树立生态优先、绿色发展导向，推动生态环境“高颜值”和经济发展“高素质”协同并进，严格绿色管控、坚持绿色低碳、加快绿色转型。要盯紧生态环境领域突出问题整治，防范化解生态环境领域风险，打好升级版污染防治攻坚战，实施蓝天、碧水、碧海、净土四大工程。

3月1日

农历辛丑年正月十八
星期一
温度：13℃～27℃
阴转小雨

●在收听收看全省党史学习教育动员大会后，泉州市召开全市党史学习教育动员大会。

●市委常委会召开会议，传达学习习近平总书记在党史学习教育动员大会上的讲话和《中共中央关于在全党开展党史学习教育的通知》以及省委常委会（扩大）会议、全省党史学习教育动员大会精神等。

●全市民族宗教局长视频会议召开，传达全省民族宗教局长会议、市委常委会会议精神，总结2020年全市民族宗教工作，部署2021年工作任务。

●市工商联（总商会）十四届四次执委会议召开，总结2020年工作，部署2021年工作任务。

3月2日

农历辛丑年正月十九
星期二
温度：10℃～14℃
小雨转多云

●第一季度全省重大项目视频连线集中开工活动举行。康涛在泉州分会场通过视频向省委、省政府报告泉州市重点项目集中开工情况。此次泉州市列入全省集中开工的重大项目共27个，总投资262亿元。

●在收听收看全国、全省春季农业生产工作电视电话会议后，泉州市随即召开视频会议，部署春季农业生产工作。

●全市统计调查工作视频会议召开，贯彻落实全国、全省统计工作视频会议精神，回顾总结2020年统计调查工作，部署2021年主要任务和重点工作。

●经泉州海关监管，由福建省重点项目福建百宏石化有限公司生产的一批货值398.2万美元的PTA（精对苯二甲酸）出口越南，实现泉州石化产品开拓国际市场新突破。

●晋江第一季度重点项目集中签约暨开竣工活动举行，签约项目43个，计划总投资329.38亿元，集中开竣工项目33个，总投资254.0亿元。

泉州市参加第一季度全省重大项目视频连线集中开工活动

第一季度全省重大项目视频连线集中开工活动举行。市委书记康涛在泉州分会场通过视频向省委、省政府报告泉州市重点项目集中开工情况。此次泉州市列入全省集中开工的重大项目共27个，总投资262亿元，涵盖基础设施、产业、社会民生等多个领域，晋江科创新区现场连线开工。市领导洪自强、吕刚、肖汉辉等参加。

晋江科创新区项目位于晋江世纪大道和疏解公路交叉口附近，规划面积190.4公顷，总投资103亿元。科创新区的核心项目是中国科学院大学智能制造学院。该核心项目计划投资16亿元，依托中国科学院大学优势资源，发挥泉州装备制造研究所的学科基础和创新实力，结合泉州、晋江经济社会发展需求，建立多元化的研究生培养体系。第一批研究生于2020年9月在中国科学院大学招生，2024年项目建成后整体搬至晋江，预计未来规模将达3000人。科创新区项目将整合周边中科院海西研究院泉州装备制造研究所、三创园、五里园区、草庵文旅街区等，打造集高端人才培育、高新产业孵化、文旅休闲服务于一体的“科教产城人文”融合示范区，实现科技与经济深度融合，创新链与产业链协同布局，科创赋能产业升级，深度融入晋江国家级双创示范基地，成为泉州乃至全省具有较大磁吸力的科创中心。已对接芯片设计、高端装备实验室、人工智能等领域20多个项目。

此次参加集中开工的重大项目中，产业项目17个，总投资208亿元，占八成。其中，一批加速布局的高新产业项目引人关注。位于泉州台商投资区的联东U谷·科技创新谷项目，总投资30亿元，一期投资6亿元，建设24栋生产研发型厂房及1栋产业运营中心，依托联东在全国的高新科技产业平台，吸引智能制造、电子信息、生物医药等行业领先企业入园落地。冠和年产10万吨高端产业用非织造布智能项目选址晋江经济开发区，总投资15亿元，引进自动化无纺布生产线，建成智能化工厂和生产高端用非织造布基地，预计全面投产后年产值可达18亿元。

全市春季农业生产工作视频会议召开

在收听收看全国、全省春季农业生产工作电视电话会议后，泉州市随即召开视频会议，部署春季农业生产工作。会议指出，各级各部门要把抓好春季农业生产作为最重要、最紧迫的工作，早部署、早落实，筑牢粮食安全的基石，确保主要农产品有效供给，推动农业农村工作首季“开门红”。要突出抓好粮食生产，稳定粮食面积，狠抓早稻生产，努力扩种旱粮；要突出抓主要农产品稳产保供，保障蔬菜供给，促进畜禽产业转型升级，提高农产品质量安全水平；要强化春耕农资保障和惠农政策落实，抓好农资保障供应，及早落实兑现惠农政策；要抓紧疫病防控和安全生产，抓好非洲猪瘟防控，落实高致病性禽流感等强制免疫，科学防治农作物病虫害，抓好森林防灭火工作，守住安全红线和人民群众生命线；要抓好春季农业农村工作指导服务，加强项目服务、科技指导、代耕代种。

全市统计调查工作视频会议召开

全市统计调查工作视频会议召开，贯彻落实全国、全省统计工作视频会议精神，回顾总结2020年统计调查工作，部署2021年主要任务和重点工作。会议指出，2020年，全市统计调查系统高质量完成第七次全国人口普查主体工作，为经济社会发展提供更加精准高效的统计服务。2021年，要推进统计现代化改革、落实依法治统、提高统计数据质量、优化统计服务、补强统计基层基础、增强党对统计工作全面领导，为全方位推动高质量发展超越提供科学可靠的统计调查服务。数据质量是统计工作的生命线。各级要增强使命感，加强统计法治监督；要增强责任感，突破“难硬重新”统计调查任务；要增强政治敏锐感，坚持党对统计工作的全面领导，加快统计现代化改革步伐。

张永宁到石狮检查安全生产隐患整治工作

市委副书记、宣传部部长张永宁到石狮检查安全生产隐患整治，调研近邻党建工作。张永宁到重大安全生产问题挂钩整治项目石狮佳龙石化、石狮服装城，听取整治情况汇报，协调督促责任单位严肃抓好问题整治。张永宁强调，要组织专班加强排查巡查，针对查摆出的问题制定科学有效的整改方案，并举一反三推进源头治理，确保风险隐患全面彻底消除。要压紧压实属地责任、行业管理责任和业主主体责任，建立健全长效机制，加强管理队伍建设和技防能力建设，织密织牢安全防线。在百德康桥假日小区党支部，张永宁要求，要学习习近平总书记关于城市基层党建工作的重要论述，发挥好基层党组织的战斗堡垒作用和共产党员的先锋模范作用，建强近邻党建工作队伍，组织党员亮身份、做实事、树旗帜，增强小区党组织的政治功能和战斗力。要丰富党建载体，开展各种形式的宣传活动，推动党史学习教育在基层走深走实。要围绕人民美好生活新需要，组织与居民群众谈心拉家常，解决好群众身边的操心事烦心事揪心事，让群众生活和办事更方便、表达诉求渠道更畅通，增强获得感、幸福感、安全感。

市关工委全委（扩大）会议召开

市关工委全委（扩大）会议在市老干部活动中心召开，总结2020年工作情况，部署2021年工作任务。市委常委、组织部部长孔繁军，副市长周真平参加会议。会议强调，全市各级关工委要提高政治站位，强化责任担当，主动研究新形势下青少年成长特点，坚持尊重规律和创新方法相结合、真诚关心和加强引导相统一，推动关心下一代工作上新台阶。要牢记使命任务，彰显时代价值，发挥优势，在激发爱党爱国正能量、助力推进乡村振兴、推动社会综合治理上聚焦聚力，当好党委、政府培养教育青少年的参谋和助手。要强化党建引领，在夯实基层基础上下功夫，推进关工委自身建设。

“世界野生动植物日”宣传活动举行

第8个“世界野生动植物日”，由市林业局、泉州湾河口湿地自然保护区发展中心、中国野生动物保护协会·福建泉州护飞队主办的“世界野生动植物日”宣传活动举行。中国2021年“世界野生动植物日”的宣传主题为“推动绿色发展，促进人与自然和谐共生”。活动旨在促进泉州市野生动植物保护工作，提升公众的生物多样性保护意识，推进生态文明建设，活动现场，主办方通过挂设横幅、设立鸟类科普宣传牌、发放宣传单、泉州湾鸟类主题明信片等形式，宣传“绿水青山就是金山银山”的生态文明理念，激发受众参与到保护生物多样性的队伍中来，携手共创“美丽泉州”。

“人人享有听力”健康义诊活动举行

全国“爱耳日”，由市残联和福建医科大学附属第二医院主办的“第22次全国爱耳日——人人享有听力”健康义诊活动在福建医科大学附属第二医院东海新院区举行。活动现场，不少市民上前咨询。参加活动的耳鼻喉科主任、副主任医师、语训康复老师，为每一名到场咨询的患者进行诊断，提供免费听力保健咨询、耳部常规检查、听力检测、儿童听力语言康复咨询等义诊服务，并指导市民如何预防耳科疾病。市残联还联合市儿童医院、启胜听力语言康复中心为听障儿童进行生长发育健康体检、听力测试、助听效果评估，并提供助听器/人工耳蜗调试及保养等服务，令50多名听障儿童受益。除义诊活动，市残联还通过微信公众号、直播公益课等多渠道宣传爱耳日主题、耳护耳基本知识，提高社会大众的爱耳护耳意识和对听力残疾人的扶助意识。

3月3日

农历辛丑年正月二十
星期三
温度：13℃～16℃
阴转小雨

●市委副书记、宣传部部长张永宁到石狮检查安全生产隐患整治，调研近邻党建工作。

●市关工委全委（扩大）会议在市老干部活动中心召开，总结2020年工作情况，部署2021年工作任务。

●由市林业局、泉州湾河口湿地自然保护区发展中心、中国野生动物保护协会·福建泉州护飞队主办的“世界野生动植物日”宣传活动举行。

●由市残联和福建医科大学附属第二医院主办的“第22次全国爱耳日——人人享有听力”健康义诊活动在福建医科大学附属第二医院东海新院区举行。

●惠安第一季度全县项目集中开（竣）工活动举行，54个项目集中开竣工，总投资200亿元，其中开工项目43个、竣工项目11个，涉及教育、现代物流、信息化与软件服务、交通、旅游等行业。

3月6日

农历辛丑年正月廿三
星期六
温度：14℃～17℃
雾转小雨

●市农业农村局、市海洋与渔业局、市林业局出台《泉州市知名农业品牌评选认定管理办法（试行）》。

●全市各地多举措提升不动产登记服务效能。

泉州市出台知名农业品牌评选认定管理办法

市农业农村局、市海洋与渔业局、市林业局出台《泉州市知名农业品牌评选认定管理办法（试行）》（以下简称“办法”）。泉州市成为继福州市后，全省第二个出台农业品牌评选管理办法的设区市。泉州市现有安溪铁观音、永春芦柑、永春白番鸭、崇武鱼卷4个省级区域公用品牌以及日春铁观音、八马铁观音、聚富永春芦柑、茶油奶奶山茶油、阿一波紫菜等17个省级名牌农产品。根据该办法，到2025年，全市将完成100个知名农产品品牌建设任务。泉州市知名农产品区域公用品牌是指在泉州市某一特定区域内，基于某一农业产业集群所形成的具有相当规模、较大市场占有率、较高知名度和美誉度等优势的某一农产品或某一类农产品的集体品牌。“十四五”期间，泉州市每年将评选认定五大“年度泉州市知名农产品区域公用品牌”。

申请年度泉州市知名农产品区域公用品牌，应具备七方面条件：申请者必须是农产品区域公用品牌拥有者或由当地政府主管部门授权的法人或组织；申请者及其所在地政府主管部门须具有良好的维护农产品区域公用品牌的能力、业绩，有区域公用品牌的培育、保护措施和扶持政策，能有效监管所属区域内使用该农产品区域公用品牌的相关产品质量；产业集聚明显，在特定生产区域内有一定规模的“一乡一业”生产基地（其中核心基地不少于30%），已获得农产品地理标志登记保护。已形成一批名牌农业龙头企业（或农民专业合作社）、家庭农（林）场，其销售产值占产业集群类同类产品总销售产值的30%以上；生产地区自然环境和人文历史独特，有一定的生产传统、生产规模和文化传承；近三年内未出现区域性质量问题或质量安全事故，具有良好的品质和美誉度、较大的市场份额和发展空间，在当地农业和农村经济中占有重要地位；产业服务配套功能较为健全。已建立较大规模的产业专业市场或营销网络，吸引国内外采购商或销售商前来采购或交易；已建立公共技术服务平台，为产业内的企业开展有效的产品检测和技术咨询服务；已建立信息服务网络，为企业提供信息咨询或电子商务服务。

泉州市知名农产品品牌是指在泉州市辖区内生产的农产品，其生产过程符合国家、省有关标准和技术规范的要求，市场占有率和知名度居行业前列，用户满意度高，具有较强市场竞争力。“十四五”期间，泉州市每年将评选认定10个以上“泉州市知名农产品品牌”。

全市各地多举措提升不动产登记服务效能

全市自然资源和规划系统贯彻落实全市民营经济发展动员会精神，创新发展“晋江经验”，帮助群众、企业纾困解难、降本减负，提升全市不动产登记便民利民服务水平，助力优化营商环境。

推行“减费减材料”。降低实体经济企业成本，自1月1日起中心市区扩大不动产登记费减免范围，对所有受让方为企业（房地产和金融行业除外）的不动产转移登记业务减免登记费用。在不动产登记权利人处分不动产时，石狮市只核验申请人与登记簿记载的权利人是否一致，不再核验申请人的婚姻状况，不再收取婚姻状况证明材料，为群众、企业提供便捷、高效的登记服务。推行“抵押不押证”。群众和企业在办理抵押登记时，南安市、永春县推行“抵押不押证”，不再留存不动产权属证书，减少群众和企业因子女入学、房屋租赁、户口迁移、水电过户等事项需要申请复印产权证来回跑，提高办事效率，降低办事成本。推行“交房即交证”。立足于“创新创优创先”，南安市、安溪县推行“交房即交证”“二手商品房交易登记即时办结”等举措，从源头上消除过去交房与交证、交易与交证不同步带来的弊端，减少群众、企业的等候时间，合理有效地保障开发商、购房者的合法权益，促进房地产市场平稳健康发展。

《福建日报》专访全国人大代表康涛

《福建日报》刊发《创新发展“晋江经验”民营经济再创辉煌——访全国人大代表、泉州市委书记康涛》。全文如下：

去年，泉州市GDP突破万亿元，“十三五”全国城市排名从第23位上升到第18位。去年，民营经济增加值达8200多亿元，列全国第9位。作为中国民营制造业重地，在迈入万亿城市俱乐部后，泉州如何铆足干劲再出发？“泉州要创新发展‘晋江经验’，抓住制造业大盘，政企互动保金融、保用工、保市场、促投资；同时，加快创建全国民营经济示范城市。”全国两会期间，全国人大代表、泉州市委书记康涛接受记者专访时表示。

今年是“十四五”规划开局之年，泉州市元旦前就部署7大专项121个攻坚任务，春节期间又开展“进千企、走千商、访千才”活动。“泉州要实现开局红，关键在于为民营企业纾困降本减负，重点是‘三保一促’。”康涛表示。如，保金融方面，提前制定金融扶持实体经济26条，创新供应链融资模式；保用工方面，出台鼓励留泉过年8条，组织百场招聘、百企劳务合作、百校百企对接等；保市场方面，关键畅通市场渠道，今年培育做强20个产地直播基地，举办100场以上直播节活动；促投资方面，重点推进13个新基建新经济基地建设，今年以来精准招商近百场，签约项目149个，总投资超920亿元。

今年正月初五，泉州市召开民营经济发展动员会，吹响创建全国民营经济示范城市冲锋号。会上，泉州市委、市政府打出“1+N+N”政策组合拳，即出台《关于创新发展“晋江经验”，加快创建全国民营经济示范城市的决定》，还配套推出9份惠企政策，开展48个专项行动，预计2021年全市惠企资金将超50亿元。

康涛说，泉州要在提升企业创新能力上作示范，充分发挥企业创新主体作用，实施研发投入、高新企业、高端研发平台、高层次人才“四个倍增”。在产业转型升级上作示范，大抓数字化赋能，加快13个新基建新经济基地建设比拼，力争5年打造千亿半导体产业、百亿传感智造产业、百亿时空产业、百亿新型数字显示产业、百亿知创产业。

“在新发展格局下，泉州要在服务融入‘双循环’上作示范，建设全球集采中心和双循环战略支点城市。”康涛表示，泉州将发挥全国民生制造业基地、网商货源地优势，发挥好侨的资源和渠道，用好市场采购贸易试点、跨境电商综试区等政策，推动“买全国、卖全球”“买全球、卖全国”。

泉州还要在打造标杆企业上作示范。支持头部企业引领智能化、品牌化、国际化，带动泉州成为全球“新制造”重要基地，构建起大中小企业良性互动的产业生态圈。同时，选择一批增长性强的明星梯队企业，力争进入全国行业第一梯队。

康涛说，围绕建设“海丝名城、制造强市”，2021年泉州还将启动民营经济发展年、营商环境提升年、城乡品质提升年建设。

第六届海峡姻亲（围头新娘）庆“三八”系列活动举行

晋江市金井镇围头村举行第六届海峡姻亲（围头新娘）庆“三八”系列活动。2021年的“三八”节，为传承民间传统文化习俗，围头村开展拔河、放风筝等联谊活动，希望通过活动向两岸姻亲传递美好的节日祝福。根据疫情常态化防控要求，活动采用简朴的“线上加线下”方式开展。活动从在“围头新娘主题园”等6个网红打卡点的快闪唱“红歌”开始，持续到月亮湾净滩行动，其间还有风筝传情、拔河比赛等。

围头新娘放风筝（图/张九强）

3月7日

农历辛丑年正月廿四
星期日
温度：13℃～18℃
小雨转多云

●《福建日报》刊发《创新发展“晋江经验”民营经济再创辉煌——访全国人大代表、泉州市委书记康涛》。

●晋江市金井镇围头村举行第六届海峡姻亲（围头新娘）庆“三八”系列活动。

3月8日

农历辛丑年正月廿五
星期一
温度：13℃~19℃
多云转晴

●市人大常委会党组专题会议召开，学习贯彻习近平总书记在党史学习教育动员大会上的重要讲话精神，对市人大常委会党组和机关开展党史学习教育进行动员部署。

●由市科技局、海峡股权交易中心主办，泉州市生产力促进中心、泉州高新区创业服务中心、海峡股权泉州交易中心、泉州科技大市场承办的2021年泉州市科技型企业上市辅导培训班举行。

●全市各地举行“三八”国际妇女节活动。

2021年泉州市科技型企业上市辅导培训班举行

由市科技局、海峡股权交易中心主办，泉州市生产力促进中心、泉州高新区创业服务中心、海峡股权泉州交易中心、泉州科技大市场承办的2021年泉州市科技型企业上市辅导培训班举行。培训班旨在落实市政府关于“加快科技型企业改制挂牌上市步伐，培育壮大上市企业梯队，为新旧动能转换提供有力支撑”的部署。全市各地20家科技型企业参加培训。培训班邀请东方证券、容诚会计师事务所、广东信达律师事务所、福建省创融投资管理有限公司等机构的辅导培训专家，教授《科创板及创业板制度及审核要求》《注册制下IPO财务审核要点及应对》《中国资本市场及A股IPO路径解读》《中小企业资本市场定位与规划》等专题课程。

全市各地举行“三八”国际妇女节活动

“三八”国际妇女节，全市各地举行不同形式的活动。

市妇联发出“凝聚巾帼力量·助力高质量发展超越”倡议，号召全市妇女坚定信念，在逐梦施展才华中激扬巾帼之志；爱拼敢赢，在服务高质量发展超越中贡献巾帼力量；积极参与，在推动乡村振兴中展现巾帼作为；身体力行，在建设文明家庭中彰显巾帼担当。

由市妇联、市人社局主办，泉州市就业和人才人事公共服务中心、泉州市女企业家联谊会、58同城泉州站承办的“巾帼助力高质量发展超越”“春风送暖 乐业泉城”“三八”妇女节专场网络直播招聘会举行，12家巾帼企业线上展示，推出上千个工作岗位，通过视频直观地介绍企业文化、岗位需求、薪资待遇、联系方式等，涉及零售、教育培训、家居建材、旅游业、制造业等领域，19万多人次网友观看直播、参与互动。此次“三八”妇女节专场网络直播招聘会旨在搭建就业妇女与用人单位线上求职招聘平台，引导社会各界支持妇女就业创业，助力全面推动高质量发展超越。

在企业线上直播招聘前，市妇联相关负责人就网友关注的妇女就业政策进行介绍。近5年来，全市各级妇联实施“巾帼创业创新行动”，组建巾帼创业创新导师团，培育巾帼众创空间、示范基地，搭建妇女创业就业公益培训平台，联合市人社局等部门加大劳动妇女技能培训力度，开展育婴月嫂、家政服务、电子商务、网络直播、种植养殖实用技术等各类城乡妇女培训班552期，培训学员3.8万多人次，帮助妇女掌握一技之长，提高增收致富能力。在金融支持方面，市妇联和泉州农商银行推广妇女创业贷款“巧妇贷”，2018年以来，办理妇女创业贷款30707笔24.7亿元，解决制约妇女创业的资金瓶颈问题。数据显示，全市城镇每年新增妇女就业5万人以上，妇女在泉州参加职业技能培训的比例逐年提高；参加城乡、社会保险的女性规模逐年稳步扩大，女性就业人数占比逐年上升。

由市妇联、市河长办、丰泽区妇联等主办的“守护生态江滨 展现巾帼风采”巾帼护河环保活动在市区北江滨公园白水营园举行。活动旨在激励全市妇女以饱满的热情和最佳的工作状态在本职岗位上建功立业，倡导和呼吁市民一起爱护环境、关爱自然。

泉州市中医院联合多家单位启动乳腺、甲状腺免费筛查活动。在筛查现场，医院相关专家团队不仅为市民提供免费的乳腺血氧功能影像检查和甲状腺、乳腺超声检查，还对群众关注的健康问题进行解答，如发现异常，专家还提供后续指导意见。泉州市第一医院乳腺科和医院服务中心举行“粉红丝带”活动，为在院诊疗的乳腺疾病患者送上节日祝福。同时，乳腺科两名医生围绕健康饮食、乳腺癌诊疗等做专题讲座。

由泉港区妇联、区委文明办等主办的“乡村振兴巾帼行动”暨“巾帼文明岗”进村（社区）志愿服务活动在山腰街道锦川村举行，30个巾帼文明岗参加活动，为村民提供优质的志愿服务，助力乡村振兴。各文明岗根据服务内容成立便民利民、宣传咨询、家教宣传、关爱帮扶、“美丽家园”建设5支巾帼志愿服务队。启动仪式后，各志愿服务队分头开展宣传咨询、进村入户帮扶等便民志愿服务，包括宣传法律知识、疫情防控、移风易俗等各类政策；引导群众树立健康、科学的生活理念；慰问困难群众、留守儿童等，弘扬邻里守望、助人为乐的传统美德。

市政协党组召开机关巡察整改专题会议

市政协党组召开机关巡察整改专题会议，传达市委主要领导关于巡察工作讲话精神，研究《市政协机关关于落实市委巡察三组反馈意见整改工作方案》。会议强调，要认识抓好巡察整改工作的极端重要性，自觉对标省委、市委抓巡视巡察整改的要求和做法，扛起巡察整改主体责任，做到全员参与、分类落实、限时完成、全面整改、立足长效。要坚持问题导向，对照市委巡察组反馈的问题，全面认领、深入剖析，细化整改方案，压实整改责任、明晰整改清单、设立整改台账，把巡察反馈问题全面整改到位。

泉州市“申遗”工作推进现场会在德化召开

泉州市“申遗”工作推进现场会在德化召开，市申遗办组织相关职能组、遗产地负责人考察德化屈斗宫窑址、尾林—内坂窑址保护管理、环境整治、展示等工作，并布置下阶段“申遗”工作。“申遗”工作推进现场会围绕世界遗产、泉州系列遗产突出普遍价值、泉州史迹系列遗产保护管理面临的挑战及今后长效措施、下阶段工作任务展开，针对文物修缮、环境整治、文化展示、学术研究与考古、保护与管理等方面做出细化部署。同时要求完善各遗产点语音讲解系统，规划好遗产游览路线，熟悉22个遗产点的故事，通过多种方式和渠道让公众认知遗产价值、内涵。泉州“申遗”项目的遗产整体由22处代表性古迹遗址及其关联环境构成，分布在自海港经江口平原并一直延伸到腹地山区的广阔空间内，完整体现宋元时期泉州富有特色的海外贸易体系与多元社会结构。

相关链接：德化窑遗址（尾林—内坂窑、屈斗宫）是宋元时期泉州内陆地区外销瓷窑址的杰出代表，也是“泉州：宋元中国的世界海洋商贸中心”的遗产点之一。2020年3月6日，福建博物院考古研究所进驻尾林—内坂窑启动考古发掘工作，发掘窑址和生产作坊面积400多平方米。通过考古，首次在一个窑址中揭露4座横跨宋、元、明、清四个朝代，并有叠压打破关系的龙窑、分室龙窑、横室阶级窑，较为完整地展现德化窑从宋元时期的龙窑至明清时期的横室阶级窑的发展演变过程，填补德化古代窑业技术史的缺环。

泉州市“申遗”工作推进会现场（图/李宏图）

2021年全市劳动和职业技能竞赛启动

由市总工会、发改委、工信局、人社局、住建局、工商联、泉州晚报社主办的“打造‘海丝名城、制造强市’当先锋·建设现代化中心城市作贡献”主题劳动和职业技能竞赛启动仪式在泉州跨海高铁项目部举行，拉开新一年度的职工劳动和职业技能比拼提升行动。为最大限度地激发职工劳动热情和创造活力，推进实体经济高质量发展，主办单位重点从两方面推动2021年度的主题劳动和职业技能竞赛。面向全市重点项目开展劳动竞赛，在基础设施建设、工业投资、民生工程、现代服务业开展示范性劳动竞赛，在传统民生消费品行业、石化产业、新基建、新经济基地建设以及人工智能、新能源等新兴产业领域开展劳动竞赛。面向职工办好职业技能竞赛，重点围绕石油化工、机械装备、纺织鞋服、建材家居、电子信息、工艺制品等支柱产业和电子商务、现代物流、文化旅游等服务业，开展1000场次以上的基层职工技能竞赛，60场次以上的县级职工技能竞赛，30场次以上的市级职工技能竞赛等。

3月9日

农历辛丑年正月廿六
星期二
温度：14℃～22℃
晴

●市政协党组召开机关巡察整改专题会议，传达市委主要领导关于巡察工作讲话精神，研究《市政协机关关于落实市委巡察三组反馈意见整改工作方案》。

●市政协机关党史学习教育动员会议召开，学习贯彻习近平总书记在党史学习教育动员大会上的重要讲话精神和全省、全市党史学习教育动员大会精神，对市政协机关开展党史学习教育进行动员部署。

●泉州市“申遗”工作推进现场会在德化召开，市申遗办组织相关职能组、遗产地负责人考察德化屈斗宫窑址、尾林—内坂窑址保护管理、环境整治、展示等工作，并布置下阶段“申遗”工作。

●由市总工会、发改委、工信局、人社局、住建局、工商联、泉州晚报社主办的“打造‘海丝名城、制造强市’当先锋·建设现代化中心城市作贡献”主题劳动和职业技能竞赛启动仪式在泉州跨海高铁项目部举行。

3月10日

农历辛丑年正月廿七
星期三
温度：13℃～20℃
多云转晴

●团市委十七届四次全体（扩大）会议召开，审议通过全会决议和关于开展“再学习、再调研、再落实”活动组织动员团员青年在全方位推动高质量发展超越中建功立业的实施意见等。

●中国古迹遗址保护协会公布2020年度优秀古迹遗址保护项目，泉州府文庙大成殿修缮项目入选。

●由市委市直机关工委、市委文明办、市林业局、泉州台商投资区党群工作部等主办的2021年泉州市“倡导文明健康绿色环保生活方式”主题宣传暨市直机关“携手绿化美化 共建美丽泉州”志愿服务活动在泉州台商投资区举行。

●由市妇联和市林业局主办的市直机关“巾帼心向党·共造幸福林”义务植树活动在泉州台商投资区东园镇举行。

●全省首台“格立莫”胡萝卜采收机在石狮绿清果蔬种植专业合作社试验。

●石狮市举行2021年“金融惠企融资直通”银企对接活动周启动仪式，兴业银行泉州分行与石狮市政府签署战略合作协议。

泉州府文庙大成殿修缮项目入选优秀古迹遗址保护项目

中国古迹遗址保护协会公布2020年度优秀古迹遗址保护项目，泉州府文庙大成殿修缮项目入选。为总结推广文物保护项目优秀案例和先进经验，促进全国文物保护项目整体水平提升，在国家文物局统筹指导下，中国古迹遗址保护协会主办2020年度优秀古迹遗址保护项目宣传推介活动。经广泛征集、初步审核、现场调研、终审研究等环节，最终评选出福建泉州府文庙大成殿修缮项目、山西临汾尧都区东羊后土庙修缮项目、福建厦门鼓浪屿日本领事馆旧址修缮项目、广东河源仙坑村四角楼修缮项目4个优秀项目。

泉州府文庙大成殿外观（图/吴寿民）

“倡导文明健康绿色环保生活方式”主题宣传活动举行

由市委市直机关工委、市委文明办、市林业局、泉州台商投资区党群工作部等主办的2021年泉州市“倡导文明健康绿色环保生活方式”主题宣传暨市直机关“携手绿化美化 共建美丽泉州”志愿服务活动在泉州台商投资区举行。参加活动的党员干部和志愿者在百崎回族乡溯源公园植树，种下包括五谷树、香樟、黄花风铃木等在内的35个品种350株花草树木。随后，以“倡导文明健康绿色环保生活方式”为主题的宣传活动在百崎回族乡法制文化广场举行，活动现场设置“移风易俗”“疫情防控”等主题宣传展板，各个部门的工作人员向参加活动的群众开展宣传活动。

全省首台胡萝卜采收机在泉州试验

全省首台“格立莫”胡萝卜采收机在石狮绿清果蔬种植专业合作社试验。采收机用铁齿咬住胡萝卜秧，拔出胡萝卜送上输送带，经过自动切除分离，叶子从后面丢入田间，胡萝卜落入侧面筐中。市农机管理总站相关负责人介绍，泉州市胡萝卜种植面积4600多公顷，年产量30万吨以上，是全省最大的胡萝卜种植基地。经过多次调研，并借鉴山东、陕西等地胡萝卜机收经验，泉州市于2019年引进德国“格立莫”胡萝卜收获机在石狮开展试验。2020年9月，胡萝卜种植季节到来前，相关人员到石狮市蚶江镇、永宁镇和晋江市东石镇3个胡萝卜机收试验基地，指导种植户根据胡萝卜收获机的采收间距，改进胡萝卜播种间距，做好农机农艺融合。2021年3月10日，泉州市在石狮举行胡萝卜机收试验现场会，试验全省首台“格立莫”胡萝卜采收机。

兴业银行泉州分行与石狮市政府签署战略合作框架协议

石狮市举行2021年“金融惠企融资直通”银企对接活动周启动仪式，兴业银行泉州分行与石狮市政府签署战略合作协议，该分行将在未来五年为符合条件的石狮企业提供150亿元的新增投融资支持。此次签约是继2020年兴业银行与石狮市政府签署10亿元金融合作协议后的又一重要合作，将巩固深化政银企三方合作关系，共同营造良好的金融生态环境，为推动石狮企业技术创新、产业升级和转型发展添加金融动力。依托此次签约，兴业银行泉州分行将为石狮区域内龙头领军标杆培育企业、“专精特新”标杆培育企业、绿色金融企业、海洋产业龙头企业、石狮城市更新改造和城乡一体化建设项目，提供包括基础信贷、项目贷款、资金结算、现金管理、债券发行与承销等一系列综合金融服务和创新性金融产品。

泉州市开展批而未供与闲置土地处置专项攻坚

市自然资源和规划局印发《泉州市2021年度批而未供与闲置土地处置专项攻坚行动方案》（以下简称“方案”）。

方案明确批而未供与闲置土地的处置要求。批而未供方面，“受让人是储备机构、政府平台公司、征拆（迁）办、开发区管委会等无实际建设项目的单位的；违反规划用途，以公园、绿地或空闲地等名义供应土地；以划拨方式供应经营性用地的；将往年的供地时间变更为当年的；撤销合同后再次填报的；超审批面积供应土地的”等6类情形供地项目不符合处置要求，不纳入已处置面积；出让合同或划拨决定书的签订日期为2021年之后的新供应土地纳入2021年处置面积。闲置土地方面，采取动工建设的，需上传施工许可证或住建部门出具的开工证明材料、施工现场照片等材料，且达到《闲置土地处置办法》规定的动工标准；采取收回方式的，政府要下达《收回国有建设用地使用权决定书》，签订收回协议和解除土地出让合同，且相关收回费用已支付；对土地已查封的，要及时上传相关佐证材料，避免被列入2022年闲置土地处置任务清单。方案要求，把批而未供与闲置土地清理处置抓到位，明确时间节点和责任人，保质保量完成处置任务。每月至少开展一次实地督导，并将各地批而未供与闲置土地处置工作情况纳入绩效考评的重要内容，对超额完成年度处置任务、土地利用成效明显的县（市、区），在年度土地利用计划指标等方面给予奖励；对工作不落实、责任不到位的，采取通报、约谈、组织处理等措施。

泉厦漳市场监管部门开通省内通办窗口

泉州市市场监管局携手厦门、漳州两地市场监管部门开展政务服务“异地代收”试点，通过设立“泉厦漳省内通办窗口”，三地企业即可办理公司准迁登记、迁出登记、企业基本情况表查询等业务，免去地市之间“来回跑”的奔波之苦。“省内通办”异地代收服务模式打破事项办理的属地化管理限制，突破以往异地办事只能通过“全程网办”单一模式，丰富异地办理的业务范围，拓展深化“省内通办”，方便企业群众就近办事，提升商事登记便利度，优化营商环境。以往三地企业办理公司迁移业务，申请人需要往返迁入地和迁出地才能办完迁移业务；同样，泉州申请人想要查询厦门或漳州企业的基本信息也只能前往当地查询。此次改革实行“收受分离”模式，申请人可向“泉厦漳省内通办窗口”申请“异地代办”，由该窗口现场代收申请材料并反馈受理结果，管辖地办理部门即时远程受理审核，审批意见通过异地通办系统短信告知申请人，审批结果还为申请人免费邮寄到家，办理进度在省网上办事大厅实时可查。

529家企业纳入环境信用评价名单

市生态环境局公布2021年度第一批环境信用动态评价强制参评企业名单，全市529家企业纳入名单。企业环境信用评价对象包括生产经营活动中存在污染物排放的企业和其他生产经营者，评价范围根据各地情况逐步扩大。评价方式分为强制评价、应约评价和自愿评价。环境信用评价指标包括企业责任指标、环境管理指标和环境违法指标三个方面，环境管理指标和环境违法指标按照企业违法违规等情节轻重，差别化设置信用修复周期，并根据企业整改情况，实施动态修复。

“泉州市红领巾益棵树计划”公益项目启动

由市林业局主办的“泉州市红领巾益棵树计划”公益项目启动。20名小学生在鲤城区常泰街道种下闽楠。该公益项目面向全市少先队员，以“树·人”为初心，以“互联网+植树”为特色，以劳动教育为主题。全市18所小学1500多名少先队员及其家庭参与活动。

3月11日

农历辛丑年正月廿八
星期四
温度：15℃～23℃
多云转晴

●泉州市开展批而未供与闲置土地处置专项攻坚。

●泉州市市场监管局携手厦门、漳州两地市场监管部门开展政务服务“异地代收”试点。

●市生态环境局公布2021年度第一批环境信用动态评价强制参评企业名单，全市529家企业纳入名单。

●由市林业局主办的“泉州市红领巾益棵树计划”公益项目启动。

3月12日

农历辛丑年正月廿九
星期五
温度：14℃～25℃
阴转多云

●市委常委会召开会议，传达学习习近平总书记在2月26日中央政治局会议、中央政治局第二十八次集体学习、2021年春季学期中央党校（国家行政学院）中青年干部培训班开班仪式、会见探月工程嫦娥五号任务参研参试人员代表并参观月球样品和探月工程成果展览时的重要讲话精神等。

●全市政法队伍教育整顿动员部署会召开，康涛做动员部署讲话。

●2021年全市文化广电和旅游工作会议召开，部署相关工作。

●全省胡萝卜生产全程机械化推进活动现场会在晋江举行。

●泉州市民间工艺美术家协会第四届会员大会举行，选举产生新一届协会领导机构，国家级非物质文化遗产代表性传承人蒋钦全当选新一届主席。

市委常委会学习习近平总书记重要讲话精神

市委常委会召开会议，传达学习习近平总书记在2月26日中央政治局会议、中央政治局第二十八次集体学习、2021年春季学期中央党校（国家行政学院）中青年干部培训班开班仪式、会见探月工程嫦娥五号任务参研参试人员代表并参观月球样品和探月工程成果展览时的重要讲话以及省委常委会会议精神；传达学习习近平总书记在全国脱贫攻坚总结表彰大会上的重要讲话和《求是》杂志发表的文章《在河北省阜平县考察扶贫开发工作时的讲话》以及省委常委会会议精神；研究泉州市开展全市政法队伍教育整顿有关工作以及《泉州市政法队伍教育整顿实施方案》。

会议指出，要学习贯彻习近平总书记重要讲话精神和党中央决策部署，开展“再学习、再调研、再落实”活动，统筹疫情防控和经济社会发展，稳全局开新局。要逐月逐季滚动推进重点攻坚任务，以“开门红”“季季红”确保“全年红”。要弘扬追逐梦想、勇于探索、协同攻坚、合作共赢的探月精神，加大自主创新工作力度，提升产业科技创新水平。要抓紧抓实常态化疫情防控，完善应急预案，严防人员聚集，巩固疫情防控成果。要用心用情用力增进民生福祉，健全覆盖多层次社会保障体系。要引导年轻干部立志做党的光荣传统和优良作风的忠实传人，艰苦奋斗、苦干实干，在新时代新征程中奋勇争先、建功立业。要学习贯彻习近平总书记重要讲话精神和文章，弘扬脱贫攻坚精神，再接再厉、接续奋斗，做好巩固拓展脱贫攻坚成果与乡村振兴有效衔接。要逐项分类优化调整帮扶政策，健全防止返贫动态监测和帮扶机制，提升脱贫人口自我发展能力。要加快推进乡村振兴步伐，组织实施一批专项行动，推动要素资源向乡村聚集。要坚持农业农村优先发展，扛起责任担当，确保各项任务落到实处。要学习贯彻习近平总书记关于加强政法队伍建设的重要指示精神，按照全国、全省政法队伍教育整顿动员部署会议要求，高标准高质量推进教育整顿工作，筑牢政治忠诚、清除害群之马、整治顽瘴痼疾、弘扬英模精神，打造一支党和人民信得过、靠得住、能放心的政法铁军。

全市政法队伍教育整顿动员部署会召开

全市政法队伍教育整顿动员部署会召开。市委书记、市政法队伍教育整顿领导小组组长康涛做动员部署讲话。省政法队伍教育整顿第四驻点指导组组长蔡小伟出席并讲话。市领导张永宁、林锦明、刘文儒、傅藏荣、李伙金、蔡萌芽等出席会议。

会议指出，要学习贯彻习近平总书记关于加强政法队伍建设的重要指示和训词精神，落实全国、全省政法队伍教育整顿动员部署会议要求，高标准高质量推进泉州市政法队伍教育整顿工作。全市各级政法机关要站在讲政治的高度，把思想和行动统一到习近平总书记重要讲话精神和党中央决策部署上来，以自我革命的决心勇气开展教育整顿，打造党和人民信得过、靠得住、能放心的政法铁军，为建设更高水平的平安泉州、法治泉州提供组织保障。要强化政治意识，对标“绝对忠诚、绝对纯洁、绝对可靠”的要求，增强开展教育整顿的自觉性。要聚焦目标任务，突出筑牢政治忠诚、清除害群之马、整治顽瘴痼疾、弘扬英模精神四项任务，抓好学习教育、查纠整改、总结提升三个环节，增强教育整顿的针对性。要把握方法策略，把握好点与面、纵与横、时与效、远与近的关系，增强教育整顿的实效性。要坚持“两手抓、两促进”，把政法队伍教育整顿与党史学习教育、省委“再学习、再调研、再落实”活动结合起来，与抓好常态化疫情防控和社会安全稳定工作结合起来，把教育整顿成效转化为推动政法工作高质量发展的强大动力。要坚持把党的领导贯穿到教育整顿各方面和全过程，压实各级党委主体责任，压实各级党委政法委、政法各单位党组（党委）直接责任，密切协作联动，自觉接受指导，全力配合落实，确保全市政法队伍教育整顿取得扎实成效。要建立健全长效机制，深化问题整改，坚持开门搞整顿，主动回应群众关切，让群众感受到教育整顿带来的积极变化。

泉州市获水利工作责任目标考核全省第一名

省水利厅公布2020年度设区市水利工作任务清单考评结果，泉州市名列第一。泉州市、县两级通力协作，仅用2个多月时间就完成白濑水利枢纽工程4万多人的征迁协议签订，主体工程顺利开工，年度完成投资25亿元，占计划的125.1%。金门安全供水超千万吨，水源保障工程被列入国务院150项重大水利工程。泉州市被省上推荐作为国务院“河湖长制工作真抓实干成效明显激励市”候选地市（全国10个、全省1个），河长制标准化做法入选水利部河长制典型案例。南安市入选全国第一批深化小型水库管理体制改革样板县；彭村水库获“全省水利优质工程金奖”。清新流域以点带面打造水生态连绵带，南安市获评全国水系连通及农村水系综合整治试点县（市）；水土流失综合治理成效显著，全省年度考核再次获评“优秀”，安溪县获评国家生态文明建设示范县；山美水电站获评全国绿色小水电示范电站。

台商在龙湖取水泵站了解金门供水工程全貌（图/林劲峰）

2021年“同心安居工程”启动

市住建局、市委统战部、市民族与宗教事务局、市农业农村局、市侨联、市工商联等下发通知，启动实施泉州市统一战线2021年“同心安居工程”，计划对182户农村收入较低群众实施危房改造进行精准帮扶。2021年精准帮扶的182户中，洛江区8户、泉港区42户、南安市14户、惠安县61户、安溪县23户、永春县27户、德化县7户。“同心房”建设以保障居住安全为前提，引导农户尽力而行、量力而为。危房拆除重建的建筑面积原则上1～2人户上限控制在60～75平方米，3人及以上户人均建筑面积不超过25平方米，严格执行省、市农村村民住宅建设每户宅基地面积和人均住宅建筑面积限额标准。

泉州市5个街区入选第三批“福建省诚信经营示范街区”

第三批“福建省诚信经营示范街区”名单出炉，泉州市丰泽区津淮街、洛江区万安街道万荣街、石狮市商业步行街、惠安县螺城镇东南大街、永春县桃城镇鹏源街5个街区上榜。泉州市将创建“诚信经营示范街”作为文明城市创建的一项重要内容，推进诚信制度化建设，为群众营造放心和谐的消费环境。通过诚信经营示范街区创建，商家的诚信意识和信用水平、服务形象得到明显提高，这些街区也成为货真价实、买卖公平、人气旺盛的代名词。全市各地各部门通过志愿宣传服务、开展集中整治、评选诚信经营户等形式，打造一批市场认可、群众信任、服务文明的诚信经营示范街区，发挥先进典型的正面引导和示范表率作用，营造“守信得益、失信受制”的良好信用环境。至此，泉州市已有11个省级诚信经营示范街区，5个市级诚信经营示范街区。

相关链接：泉州市“省级诚信经营示范街区”名单：鲤城区涂门街、石狮市振兴路、晋江市塘岸街、惠安县螺城镇中山北街、永春县823东路、德化县龙鹏街、丰泽区津淮街、洛江区万安街道万荣街、石狮市商业步行街、惠安县螺城镇东南大街、永春县桃城镇鹏源街。

鲤城区涂门街（图/吴寿民）

3月13日

农历辛丑年二月初一
星期六
温度：14℃～20℃
多云转阴

●省水利厅公布2020年度设区市水利工作任务清单考评结果，泉州市名列第一。

●市住建局、市委统战部、市民族与宗教事务局、市农业农村局、市侨联、市工商联等下发通知，启动实施泉州市统一战线2021年“同心安居工程”。

●第三批“福建省诚信经营示范街区”名单出炉，泉州市丰泽区津淮街、洛江区万安街道万荣街、石狮市商业步行街、惠安县螺城镇东南大街、永春县桃城镇鹏源街5个街区上榜。

3月14日

农历辛丑年二月初二
星期日
温度：14℃～22℃
晴

●泉州市24所职业院校列入省职教产教融合工程项目储备库。

●泉州市老区建设促进会联合安溪县龙门镇政府、泉州市泉安企业商会、安溪县龙门商会等，组织泉州市医疗专家到革命老区安溪县龙门镇举行义诊赠药活动。

●“泉州大剧院青少年合唱团2021年春季音乐会——梦的地图”在泉州大剧院举行。

●德化县作家协会编撰的《瓷路》由福建省海峡文艺出版社出版发行。此系德化首部陶瓷文学作品集。

泉州市24所职业院校被列入省职教产教融合工程项目储备库

省发改委印发《福建省职业教育产教融合工程建设方案（2021—2025年）》，列出包括117所学校在内的项目储备库。“十四五”期间，福建省将重点打造一批精品职业院校。此次职业教育产教融合工程建设以“突出示范、融合发展”为原则，项目主要支持产教融合实训基地、实训用房、教学及辅助用房、学生宿舍、食堂等建设。

泉州市农业学校、泉州市高级技工学校、泉州经贸职业技术学院、泉州黎明职业大学、石狮市鹏山工贸学校、晋江职业中专学校、惠安开成职业中专学校等24所泉州院校被列入福建省职业教育产教融合工程建设项目储备库（2021—2025年）。其中，高职学校5所、中职学校17所、技工学校2所，预计总投资超60亿元，预计可新增中职学位3万个、高职学位13960个。泉州市24所职业院校可申请中央和省级预算内投资补助、地方政府专项债券支持。其中，申请中央预算内投资补助的项目，按国家发改委有关要求执行。省级预算内投资对原中央苏区、闽东苏区及原省级扶贫开发工作重点县项目按照不超过项目总投资80%的比例进行补助，其他地区按照不超过项目总投资60%的比例进行补助，原则上对每所职业院校的补助额度不超过600万元；对于在职业教育改革过程中主动探索、取得成效的职业院校，为突出重点和突出实效，可加大项目补助力度。

黎明职业大学丰泽校区全景（图/黎明职业大学）

泉州市医疗专家到安溪县举行义诊赠药活动

泉州市老区建设促进会联合安溪县龙门镇政府、泉州市泉安企业商会、安溪县龙门商会等，组织泉州市医疗专家到革命老区安溪县龙门镇举行义诊赠药活动。解放军第910医院、泉州市第一医院、福医大附属第二医院、泉州市第三医院、泉州市正骨医院、泉州市儿童医院、泉州市皮肤病防治院的40多名医疗专家参加活动，义诊范围涉及骨科、眼科、内科、皮肤科、妇产科、儿科等20多个科室门类。群众还可凭现场医生开具的诊疗单免费领取药品。

泉州大剧院青少年合唱团春季音乐会举行

“泉州大剧院青少年合唱团2021年春季音乐会——梦的地图”在泉州大剧院举行。演出节目包括《春天就是我》《梦的地图》《好月亮你走的这样静悄悄》等中外名曲，《粉刷匠》《我有一只小毛驴》《牧羊童》等童趣十足的儿歌，《天送伯也》等闽南歌曲，参与演出人员以少儿为主，也有高等院校和泉州歌舞剧团专业歌手，值得一提的是家长合唱《月亮代表我的心》。福建省青少年音乐教育协会副会长、泉州师范学院音乐与舞蹈学院副教授黄雪生担任艺术指导，并到场为演出人员伴奏。

德化首部陶瓷文学作品集出版

德化县作家协会编撰的《瓷路》由福建省海峡文艺出版社出版发行。此系德化首部陶瓷文学作品集。《瓷路》一书分“古道映像”“梅岭窑情”“辽田撷珍”“瓷商素描”4个篇章，首次站在文学和历史的角度对德化瓷进行系统创作与记录，将历史与现实有机整合。该书出版发行将有效提升德化及德化陶瓷的影响力，为海上丝绸之路文化研究提供参考。

市委常委会（扩大）会议学习习近平总书记重要讲话和全国“两会”精神

省委常委会（扩大）会议后，泉州市随即召开市委常委会（扩大）会议，学习习近平总书记出席全国“两会”有关会议时的重要讲话精神和全国“两会”精神，以及省委部署要求，研究泉州市贯彻意见。

会议指出，要稳全局，保金融、保用工、保市场、促投资，逐月逐季滚动攻坚，确保“开门红”“季季红”“全年红”。保金融方面，要依托产业链优势，完善金融服务实体经济政策，下更大功夫创新供应链融资；保用工方面，要抓好稳岗、招聘、培训等环节，创新方式、拓展渠道，保持全年不断线；保市场方面，要用好市场采购贸易、跨境电商综试区等政策平台，扩大泉州优质品牌线上销售，畅通市场渠道；促投资方面，要围绕产业链加快重大项目、关键项目布局，推进产业数字化、园区化、生态化。要开新局，推深做实民营经济发展年、营商环境提升年、城乡品质提升年，按照路线图思维、项目化管理、清单式收账，逐个抓好落实，推动产业由大到强、城市由散到聚、办事环境更加规范化法治化，确保“十四五”规划迈好第一步、见到新气象。要坚持人民至上，兜好底线守牢红线。做好巩固拓展脱贫攻坚成果同乡村振兴有效衔接，推动要素资源向乡村聚集。加快补齐民生社会事业短板。加大生态环境治理力度，把中央生态环保督察反馈问题整改到位。抓好常态化疫情防控，盯紧高校学生返校、清明祭扫等环节，做实做细各项防控措施。

市人大常委会党组及机关全面从严治党推进会召开

市人大常委会党组及机关2021年度全面从严治党暨党风廉政建设推进会召开，结合党史学习教育重温建党以来管党治党、反腐倡廉的历程，部署2021年工作任务。会议强调，要强化理论武装，坚持以习近平新时代中国特色社会主义思想统揽和指导人大工作，开展党史学习教育和“再学习、再调研、再落实”活动。要反对形式主义、官僚主义，筑牢正风肃纪反腐思想防线。要压紧压实主体责任，发挥全面从严治党引领保障作用，时刻保持“赶考”的清醒，把严的主基调长期坚持下去，激发党员干部干事创业的政治热情和内生动力。

“3·15”国际消费者权益保护日活动在南安举行

由省市场监督管理局、福建省消费者权益保护委员会主办，泉州市市场监督管理局等承办的纪念“3·15”国际消费者权益保护日暨“守护夕阳红”老年消费者权益保护活动在南安举行。活动以“守护消费安全 关爱老年人 畅通智能消费”为主题，旨在倡导企业诚信经营、促进消费畅通，服务经济社会高质量发展，营造安全、放心消费环境。活动现场，福建省水暖卫浴阀门行业协会向全省经营主体发出诚信经营倡议，倡议经营者关爱老年消费者，为老年群体营造安全便利的智能消费环境。现场还启动“全省线下购物七日无理由退货倡议活动”。监管部门倡议实体店经营者，对消费者的合理诉求不拖延回复，及时办理退货，及时向消费者返还已支付的款项，提高消费者满意度；同时鼓励经营者主动向消费者说明本店实行的无理由退货商品范围、退货时限、退货条件、退货程序等内容。

2021年社会工作主题宣传周启动

市民政局和永春县政府主办的2021年社会工作主题宣传活动启动仪式在永春县桃城乡村治理人才驿站举行。2021年的社会工作主题宣传周是3月15—21日，主题为“汇聚社工力量，助力乡村振兴”。宣传周期间，市民政部门开展面向全市征集“守护初心·乘风破浪”社会工作短视频、组织开展“讲好泉州社工故事”、征集一批“社会工作服务优秀案例”等系列活动。

3月15日

农历辛丑年二月初三
星期一
温度：15℃~25℃
晴

●省委常委会（扩大）会议后，泉州市随即召开市委常委会（扩大）会议，学习习近平总书记出席全国“两会”有关会议时的重要讲话精神和全国“两会”精神，以及省委部署要求，研究泉州市贯彻意见。

●市人大常委会党组扩大会议召开，传达学习贯彻习近平总书记重要讲话精神和全国“两会”精神，以及省委、市委有关会议精神，研究市人大常委会党组贯彻意见。

●市人大常委会党组及机关2021年度全面从严治党暨党风廉政建设推进会召开，结合党史学习教育重温建党以来管党治党、反腐倡廉的历程，部署2021年工作任务。

●由省市场监督管理局、福建省消费者权益保护委员会主办，泉州市市场监督管理局等承办的纪念“3·15”国际消费者权益保护日暨“守护夕阳红”老年消费者权益保护活动在南安举行。

●市民政局和永春县政府主办的2021年社会工作主题宣传活动启动仪式在永春县桃城乡村治理人才驿站举行。

●上海交通大学附属第六人民医院首批专家团队正式进驻晋江市医院罗裳院区，并开展相关业务工作。标志福建、泉州、晋江与上海交通大学附属第六人民医院合作共建国家创伤区域医疗中心迈入实质性阶段。

3月16日

农历辛丑年二月初四
星期二
温度：17℃～29℃
晴

●市委党校（行政学院）春季学期开学典礼暨年轻干部“学党史增信念”专题班开班式举行。

●由省市场监管局、泉州市市场监管局、南安市市场监管局主办的“强服务守安全提质量”“再学习、再调研、再落实”行动座谈会暨水暖产品质量提升疑难解答座谈会在南安召开。

●16—17日，中央芭蕾舞团与泉州大剧院组织全市各机关、企事业单位党支部，举行“学党史·悟思想 庆祝建党100周年中国芭蕾舞剧《红色娘子军》艺术党课”系列主题活动。

年轻干部“学党史增信念”专题班开班

市委党校（行政学院）春季学期开班式暨年轻干部“学党史增信念”专题班开班式举行。市委书记康涛出席并做动员讲话，市委常委、组织部部长、党校校长孔繁军主持开班式，年轻干部“学党史增信念”专题班、第72期县处级干部进修班全体学员参加。康涛要求，要锤炼政治品质，提高政治判断力、政治领悟力、政治执行力，自觉做政治上的明白人、老实人，做到对党赤诚忠心。要深化党史学习教育，做到学史明理、学史增信、学史崇德、学史力行，把学习同研究解决本地区本部门本单位改革发展稳定的突出问题和党的建设面临的紧迫问题结合起来，用习近平新时代中国特色社会主义思想武装头脑、指导实践、推动工作。要牢记为人民谋幸福、为民族谋复兴的初心使命，践行群众路线，更加精准聚焦教育、医疗、养老、住房、环境等群众关心的问题，用心用情为群众解难题办实事。

市委党校年轻干部“学党史增信念”专题班开班式
（图/苏展辉）

水暖产品质量提升疑难解答座谈会在南安召开

由省市场监管局、泉州市市场监管局、南安市市场监管局主办的“强服务守安全提质量”“再学习、再调研、再落实”行动座谈会暨水暖产品质量提升疑难解答座谈会在南安召开。活动以“精准帮扶、共襄发展”为主题，以专家为企业答疑解惑的形式，提升水暖产品质量水平，坚守产品质量安全底线，推动全省工业产品质量提升。会上，各参会企业代表针对生产过程中存在的产品质量管理、生产工艺管控及技术标准等困惑提出问题，技术专家一一进行答疑解惑，并对企业产品质量各种不合格问题做出分析诊断，提出改进对策和建议。省水暖产品协会随后发出质量诚信倡议，倡议企业遵守法律法规，不掺杂掺假、以假充真、以次充好，不以不合格品冒充合格品，不侵害其他企业的合法权益；同时，加强质量安全管理，满足消费者对高质量产品的期待和需求；自觉履行责任义务，保证所生产、销售的产品符合保障人身财产安全的要求；诚信经营，不对产品的性能、功能、质量等作虚假或者引人误解的商业宣传，欺骗、误导消费者；推行先进质量管理方法，严格原材料采购、生产过程、产品出厂和储运销售全过程的质量控制；及时解决消费者的质量投诉，自觉履行召回等产品质量责任和义务等。参会企业代表签字承诺，推进行业自律。

中国芭蕾舞剧《红色娘子军》艺术党课主题活动举行

16—17日，中央芭蕾舞团与泉州大剧院组织全市各机关、企事业单位党支部，举行“学党史·悟思想 庆祝建党100周年中国芭蕾舞剧《红色娘子军》艺术党课”系列主题活动，通过红色题材艺术作品重温党的光辉历史，传承红色经典。16日，中央芭蕾舞团团长、艺术总监冯英和主演李洁、佘兆环分享红色经典党史，通过党建知识竞答，引导党员重温党的历史；17日，中国芭蕾舞团舞台艺术精品创作工程“百年百部”传统精品复排计划重点扶持作品——《红色娘子军》在泉州大剧院演出。

《红色娘子军》演出现场（图/陈智勇　郑文华）

李仰哲到晋江石狮调研民营经济

17—19日，省委常委、省纪委书记、省监委主任李仰哲到晋江、石狮，围绕“传承弘扬‘晋江经验’，充分激发民营经济活力”主题开展调研。李仰哲察看石狮青创城国际网批中心、石湖港保税物流中心和晋江陆地港、行政审批中心、创新创业创造园区、中科院海西研究院泉州装备制造研究所等单位，走访6家企业，就融入新发展格局、深化供给侧结构性改革、坚持自主创新、构建亲清政商关系等，与当地干部群众、企业家交流。大家一致认为，要用好势能，主动对接国家“十四五”规划发展的政策取向、改革意向，引导和支持民营企业在构建新发展格局中抢先一步，抢抓机遇、找准定位，顺势而为、乘势而上；要激发潜能，坚持问题导向，强化改革驱动、创新驱动、人才驱动，把民间资源和力量调动起来，拓展民营经济发展空间。

市领导参加义务植树活动

市领导康涛、陈灿辉、李转生等和机关干部、部队官兵、城建集团职工等，到市区滨海公园枪城段，开展义务植树活动。现场栽下凤凰木、黄瑾、台湾栾树等乡土树种150余株。2021年，全市筹备春季义务植树活动植树点13个、面积27.76公顷，并倡导公众通过抚育管护、自然保护、认种认养、志愿服务等间接方式履行植树义务，开展“互联网+义务植树”，拓宽公众尽责有效途径。全市筹备接待社会参与林木认养2918株、绿地认建面积19700平方米。

市政府党组扩大会议学习习近平总书记重要讲话精神

市政府党组扩大会议召开，传达学习习近平总书记在全国脱贫攻坚总结表彰大会上的重要讲话，以及省委常委会、市委常委会会议精神，研究市政府党组贯彻意见；传达贯彻习近平总书记出席全国“两会”有关会议时的重要讲话精神和全国“两会”精神，以及省委、市委部署要求。会议指出，要巩固拓展脱贫攻坚成果，健全防止返贫动态监测和长效帮扶机制，围绕乡村产业发展、乡村建设、基层治理等方面再谋划细化一批专项，促进农业高质高效、乡村宜居宜业、农民富裕富足。要做好脱贫攻坚与乡村振兴有效衔接，实施乡村公共服务一体化、农村人居环境整治、农村生活污水治理等6个专项行动，推动全市村庄提级晋档，连线成片打造乡村振兴示范组团。要落细落实省委、市委工作要求，结合推动“民营经济发展年”“营商环境提升年”“城乡品质提升年”等活动，确保“十四五”规划开好局、起好步。

镇江博物馆馆藏历代茶具精品展在泉州开幕

由中国闽台缘博物馆和镇江博物馆主办的“古韵茶香——镇江博物馆馆藏历代茶具精品展”在中国闽台缘博物馆开幕。展览持续至4月16日，展品由镇江博物馆馆藏传世文物和近年考古发掘出土文物组成。共展出130件(套),包含一级文物2件、二级文物16件。展品数量较多，种类丰富。文物由自新石器时代至清代的茶具组成，有杯、碗、盏、托、匙、灶、罐、壶、茶碾、渣斗等品种，包括陶、瓷、漆、银、玉等不同质地。其中，唐鎏金双凤纹带盖大银盒、唐鎏金双鹦鹉纹银盖盒制作精美、外观瑰丽，堪称唐代南方金银器制作水平的巅峰之作。清乾隆款白地矾红釉御制三清茶诗瓷碗、清乾隆款白地青花绿龙纹瓷盖罐、清乾隆款斗彩团花纹瓷盖罐等皆为清御用珍瓷，是故宫南下文物中的精品，极为珍贵。

镇江博物馆馆藏历代茶具精品展茶艺表演
（图/中国闽台缘博物馆）

3月17日

农历辛丑年二月初五
星期三
温度：17℃~24℃
阴

●17—19日，省委常委、省纪委书记、省监委主任李仰哲到晋江、石狮，围绕“传承弘扬‘晋江经验’，充分激发民营经济活力”主题开展调研。

●市领导康涛、陈灿辉、李转生等和机关干部、部队官兵、城建集团职工等，到市区滨海公园枪城段，开展义务植树活动。

●市政府党组扩大会议召开，传达学习习近平总书记在全国脱贫攻坚总结表彰大会上的重要讲话，以及省委常委会、市委常委会会议精神，研究市政府党组贯彻意见；传达贯彻习近平总书记出席全国“两会”有关会议时的重要讲话精神和全国“两会”精神，以及省委、市委部署要求。

●市政府党组理论学习中心组学习会召开，围绕习近平总书记《论党的宣传思想工作》一书开展集中学习研讨。

●由中国闽台缘博物馆和镇江博物馆主办的“古韵茶香——镇江博物馆馆藏历代茶具精品展”在中国闽台缘博物馆开幕。

3月18日

农历辛丑年二月初六
星期四
温度：17℃～24℃
多云

●市委理论学习中心组学习会召开，专题学习研讨习近平总书记在党史学习教育动员大会上的重要讲话。

●市政协党组理论学习中心组学习（扩大）会议召开，传达学习习近平总书记出席全国“两会”有关会议时的重要讲话精神和全国“两会”精神等。

●全市政法队伍教育整顿新闻发布会举行，通报泉州市教育整顿工作部署安排。

●市科技局在清源创新实验室召开座谈会，全市高校、科研机构、化工新材料企业数十名代表与会，商讨化工新材料产业技术创新联盟筹建工作。

●市侨联八届四次全会以“现场+通讯”形式召开，传达中国侨联十届四次全委会精神、市委常委会有关会议精神，增补委员、常委、兼职副主席、主席，总结部署市侨联工作。

●由市妇联、市委文明办、市关工委、市教育基金会主办的“共促成长·共赢未来”e享家长课堂活动启动，为全市家庭提供更加便捷高效的家庭教育服务。

●首届中国跨境电商交易会在福州开幕，泉州市157家企业参展，设303个展位。

市委理论学习中心组学习会召开

市委理论学习中心组学习会召开，专题学习研讨习近平总书记在党史学习教育动员大会上的重要讲话。会议要求，要坚持正确政治方向，善于从党史中认识党先进的政治属性、崇高的政治理想、高尚的政治追求、纯洁的政治品质，找准历史坐标、把握历史方位、心怀“国之大者”，提高政治判断力、政治领悟力、政治执行力，更加自觉地在思想上政治上行动上同以习近平同志为核心的党中央保持高度一致。要树立正确党史观，坚持全面看待历史，把握党的历史发展的主题主线、主流本质，旗帜鲜明摒弃历史虚无主义，反对任何歪曲和丑化党的历史的错误倾向，理直气壮弘扬党史的浩然正气和英雄之气。要坚持以上率下，在学党史、讲党史、懂党史、用党史上做表率，坚持学史明理、学史增信、学史崇德、学史力行，示范带动党员干部全身心投入，确保学习教育全方位、全覆盖。

市政协党组理论学习中心组学习（扩大）会议召开

市政协党组理论学习中心组学习（扩大）会议召开，传达学习习近平总书记出席全国“两会”有关会议时的重要讲话精神和全国“两会”精神；传达学习习近平总书记在2月26日中央政治局会议、中央政治局第二十八次集体学习、2021年春季学期中央党校（国家行政学院）中青年干部培训班开班仪式、会见探月工程嫦娥五号任务参研参试人员代表并参观月球样品和探月工程成果展览时的重要讲话精神；传达学习习近平总书记在全国脱贫攻坚总结表彰大会上的重要讲话和《求是》杂志发表的文章《在河北省阜平县考察扶贫开发工作时的讲话》精神，以及省委、市委有关会议精神。

市侨联八届四次全会召开

市侨联八届四次全会以“现场+通讯”形式召开，传达中国侨联十届四次全委会精神、市委常委会有关会议精神，增补委员、常委、兼职副主席、主席，总结部署市侨联工作。会议增补市侨联党组书记温锦辉为市侨联八届委员会主席。会议提出，全市各级侨联要扣紧工作中心，发挥和运用好侨界巨大的人脉和商业、智力资源，帮助家乡引进新业态、培育新动能、构建现代化产业体系，帮助泉州企业“走出去”；发扬侨界热心公益的传统，巩固脱贫攻坚成果，助力乡村振兴；要以“侨”为“桥”，推动中外多层次文化交流，做好中华文化、华侨文化的传播者。

市侨联八届四次全会现场（图/赖彩凤）

“共促成长·共赢未来”e享家长课堂活动启动

由市妇联、市委文明办、市关工委、市教育基金会主办的“共促成长·共赢未来”e享家长课堂活动启动，为全市家庭提供更加便捷高效的家庭教育服务。从即日起至年底，“e享家长课堂”新组建的3支泉州市家庭教育公益宣讲团队，以及全国、福建省40多名家庭教育专家的150多个优质家庭教育课题，通过线上课程和线下讲座相结合的方式，走进直播间、走进校园、走进社区、走进农村、走进家庭，引导家长树立正确的教育理念。启动仪式后，“e享家长课堂”举办首场线下讲座，邀请厦门大学特聘教授、国家社科基金重大项目首席专家朱冬亮教授做题为《成长的烦扰：子女家庭教育和亲子关系调适》的讲座。主办方相关负责人、市级示范家长学校骨干教师、家长代表近600人，在主会场和12个分会场聆听讲座，近14万人次通过线上同步直播方式收听收看。

省指导组调研泉州法治营商环境

省政法队伍教育整顿第四指导组联合市政法队伍教育整顿办开展“营造良好法治营商环境 构建亲清新型政商关系”专题调研，走访匹克集团、丰泽区法务综合产业园区，并召开座谈会。座谈会上，各县（市、区）的11位民营企业家代表围绕法治宣传进企业、畅通司法联系渠道、精简审批流程等方面提出意见、建议。指导组、泉州政法各部门有关负责人倾听企业界的呼声和诉求，共同探讨如何更好发挥政法机关职能，营造优质法治营商环境。指导组指出，要深化思想认识，增强优化营商环境的使命感、责任感，发挥执法司法和法律服务职能，激发法治固根本、稳预期、利长远的重要作用。要坚持政法干警刀刃向内抓整改，以优质的法治环境，推动民营企业勇担社会责任，在服务大局促发展上实现同频共振，推动教育整顿走深走实。

市委“再学习、再调研、再落实”重点专项任务推进会召开

市委“再学习、再调研、再落实”重点专项任务推进工作汇报会召开，听取中间成果，查摆存在问题，厘清思路和抓手，促进取得更大实效。会上，推进民营经济转型升级、打好新时代“侨牌”、加快城市集聚提升、提高人民生活品质等十几个重点专项任务工作专班牵头市领导，分别就一阶段以来的课题调研和工作推进情况进行汇报，并提出下阶段调研重点及推进措施。听取大家发言后，市委书记康涛强调，要更好更快推动各重点专项任务取得更大突破，确保落到实处、抓出实效。要把握“势”“能”“策”，把各项工作放在全国、全省大局中审视分析，结合泉州实际，深化课题研究，细化关键环节，精准有力施策。要坚持路线图思维、项目化管理、清单式收账，边谋划、边推进、边落实，将调研成果转化为具体项目、具体行动。

市人大常委会历史文化名城保护条例立法座谈会召开

市人大常委会召开《泉州市历史文化名城保护条例》（以下简称“条例”）立法座谈会，听取条例起草情况，交流名城保护立法意见建议，部署下一步立法工作。会议指出，抓好名城保护立法，是贯彻落实习近平总书记重要讲话精神、秉承习近平同志在福建期间工作理念的必然要求，也是贯彻落实市委决策部署的具体行动。政府及相关部门要增强名城保护的责任感和使命感，形成共识，制定具有泉州特色、务实管用的名城保护条例；要压紧压实工作责任，加强部门协同协作，结合工作实际组建立法专班，从管长远、管全局的角度认真思考谋划，提高立法的针对性和可操作性，确保以高质量立法推动高质量发展；要加快节奏，高质高效推动立法工作，完善泉州市历史文化领域法规体系，为泉州市名城保护提供法治保障。会上，市住建局、司法局、资源规划局、文旅局、古城办、鲤城区政府相关负责人就条例立法进行交流。

陈祥耀

著名古典文学研究家陈祥耀逝世

福建师范大学文学院教授，著名古典文学研究家、诗人、书法家陈祥耀逝世，享年100岁。陈祥耀，字喆盦，民国11年（1922年）生于泉州。曾任中华诗词学会理事，为中国书法家协会会员，享受国务院政府特殊津贴，长期从事中国古典文学的研究。担任《清诗选》《弘一大师全集（修订版）》主编。其著作已刊行的有《五大诗人评述》《中国古典诗歌丛话》《喆盦文存》《喆盦诗合集》《唐宋八大家文说》《清诗精华》《哲学文化晚思录》《喆盦书法选》《陈祥耀文史类稿》等。

3月19日

农历辛丑年二月初七
星期五
温度：17℃～24℃
阴转多云

●省政法队伍教育整顿第四指导组联合市政法队伍教育整顿办开展“营造良好法治营商环境 构建亲清新型政商关系”专题调研，走访匹克集团、丰泽区法务综合产业园区，并召开座谈会。

●市委“再学习、再调研、再落实”重点专项任务推进工作汇报会召开，听取中间成果，查摆存在问题，厘清思路和抓手，促进取得更大实效。

●市人大常委会召开《泉州市历史文化名城保护条例》立法座谈会，听取条例起草情况，交流名城保护立法意见建议，部署下一步立法工作。

●全市森林防灭火工作会议召开，部署森林防灭火工作。

●福建师范大学文学院教授，著名古典文学研究家、诗人、书法家陈祥耀逝世，享年100岁。

3月20日

农历辛丑年二月初八
星期六
温度：15℃～26℃
阴转小雨

●全市新冠病毒疫苗接种工作视频会议召开。

●由商务部外贸发展事务局、福建省国际友好省委党史学习教育领导小组办公室公布100个单位为党史学习教育参观学习点，泉州市9个单位上榜。

●由商务部外贸发展事务局、福建省国际友好联络会、福建省进出口商会、福建荟源国际展览有限公司主办的首届中国跨境电商交易会在福州闭幕。泉州市157家企业参展，展位数303个。

全市新冠病毒疫苗接种工作视频会议召开

全市新冠病毒疫苗接种工作视频会议召开。市委书记康涛出席会议并讲话。市领导张永宁、林万明、周真平参加会议。会议指出，要学习贯彻习近平总书记重要讲话重要指示重要批示精神，贯彻落实国务院联防联控机制部署，按照省委、省政府工作要求，提高政治站位，坚持人民至上、生命至上，认识疫苗接种工作的极端重要性，分阶段组织实施、安全有序推进，巩固好来之不易的疫情防控成果。各级各有关部门要细化落实一县一方案，明确接种范围、接种对象等，确保相关人员应种尽种，连片形成人群免疫屏障。要合理设置接种单位，有效配置疫苗资源，优化工作流程，加强人员配备和培训，提升接种能力。要强化疫苗全流程管理和安全防范，规范接种操作，做好现场组织，加强健康监测，确保安全接种、规范接种。要做好宣传引导，耐心细致开展政策解读、解疑释惑，普及疫苗安全性、有效性的科学知识，回应社会关切。要拧紧责任链条，主要领导要亲自抓、亲自盯，选优配强专业力量，抓实抓细组织保障、督促落实、精准指导等，确保完成好接种任务。

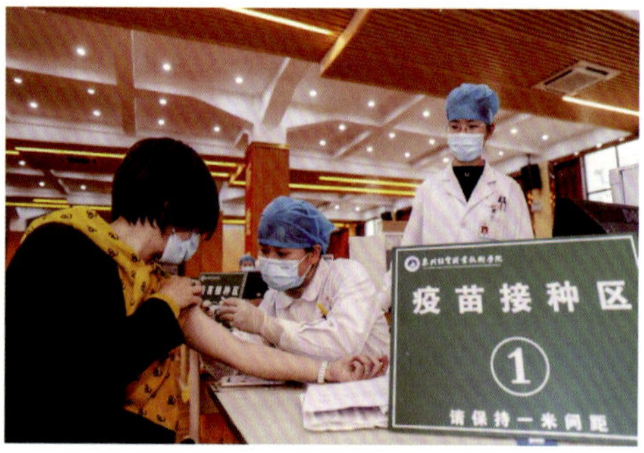

泉州经贸技术学院新冠疫苗临时接种点，医护人员为校内师生接种新冠疫苗（图/林劲峰）

泉州市9个单位入选福建党史学习教育参观学习点

省委党史学习教育领导小组办公室公布100个单位为党史学习教育参观学习点，泉州市9个单位上榜。泉州市上榜的党史学习教育参观学习点为：晋江市展馆、泉州华侨革命历史博物馆、中共福建省委旧址（德化坂里）、围头“八·二三”炮战遗址、叶飞故居、李子芳烈士故居、永春县横口乡朱德红军革命旧址、龙岭爱国主义教育基地、三朱革命斗争纪念碑。

泉州市157家企业参展首届跨交会

由商务部外贸发展事务局、福建省国际友好联络会、福建省进出口商会、福建荟源国际展览有限公司主办的首届中国跨境电商交易会（以下简称“跨交会”）在福州闭幕。三天展会期间，达成意向成交金额超35亿美元。泉州市157家企业参展，展位数303个，参展商品包括鞋服、玩具、箱包、母婴、园艺、礼品、陶瓷工艺、藤铁工艺等多个品类，参展企业数、展位数、参展商品品类丰富度均居参展城市首位，彰显泉州作为国内重要网货供应地的魅力风采。

值得关注的是，此次“抱团”参展的泉州县域大放异彩。作为该届跨交会唯一区域性统一布展、统一搭建的地方展团——石狮跨境“一网一总部十园区”生态圈以及美佳爽、一笔成服饰科技、赛力斯体育用品等19家企业组成的“石狮展团”，不仅吸引一波波接踵而至的客商，还与众多服务商达成意向合作关系，产生一系列联动效应。通过展会期间的洽谈、咨询、了解，意向入驻石狮跨境园区的供货企业、服务商、卖家达30余家。泉州另一重要电商货源地安溪，此次虽没有抱团“出征”，也有不少代表性企业参展。参与该届跨交会展示的安溪藤铁产品涵盖家居饰品、花园用品、茶文化工艺品、LED（发光二极管）应用工艺品和实木工艺家居五大系列，材料涉及竹、藤、木、皮、金属、树脂、陶瓷、大理石、塑料等十几个类别，体现藤铁产品Seaonal（应季）、Stylish（风格）、Senario（情景）、Specific（专业）的4S特色。相关参展企业透露，此系疫情发生以来，安溪藤铁产业带参与的规模最大的一次线下新款集中展示。

康涛调研老旧片区改造提升工作

市委书记康涛到丰泽、鲤城调研老旧片区改造提升工作，副市长朱启平等参加调研。康涛到丰泽区丰泽新村、鲤城区东街，察看改造情况，听取改造方案汇报，并就推进过程中遇到的问题、解决的途径方法等，与项目负责人进行探讨。康涛强调，老旧片区改造事关城市形象，事关百姓生活。要以开展城乡品质提升年为契机，从各片区的实际情况出发，加快完善提升老旧片区基础设施和环境质量，改变片区面貌，提升辖区群众的居住生活品质。要抓好统筹，将停车泊位、线路管网、交通循环、安防消防、长效管理等内容通盘纳入提升计划，完善公共服务设施。要用心用情做好群众工作，从方案设计阶段就充分调研，了解群众的意见和建议，推动改造工程更接地气，提高群众的积极性和认同感。要加强项目推进过程中的交通组织、施工组织，减轻对群众生活出行的影响。要下足“绣花”功夫，引入专家团队全程参与指导，发挥试点项目示范带动作用，推动改造工作提速提标提质，使改造成果惠及更多群众。

康涛（左四）察看丰泽后坂片区提升工程（图/陈起拓）

泉州市为高层次人才定制保险服务

为贯彻落实泉州市人才“港湾计划”，市金融监管局、市人社局出台《关于为高层次人才提供保险金融服务的实施方案》（以下简称“方案”）。方案聚焦人才需求敏感点，面向全市高层次人才提供保险服务。根据方案内容，承办保险服务机构将为各类符合条件的高层次人才设计开发有针对性的保险产品和服务。保险产品和服务包括生活无忧随心保、机动车辆保险等。其中，生活无忧随心保是个人综合保障保险产品，涵盖保健康、意外、家财、账户，较单一产品有更多优惠，提供专人服务及承保、理赔绿色服务通道。机动车辆保险的车险费率给出专享优惠折扣，在专人服务及承保、理赔绿色服务通道的基础上，还提供增值服务，如根据车辆承保情况，提供次数不等的道路救援、车辆安全检测、代为驾驶、代为送检服务。

2021年全国皮划艇激流回旋春季冠军赛在南安举行

19—21日，由中国皮划艇协会和省体育局主办，福建省皮划赛艇运动管理中心、泉州市体育局和南安市政府承办的2021年全国皮划艇激流回旋春季冠军赛暨第十四届全国运动会（以下简称“全运会”）资格赛（第二站）在南安福建省皮划艇激流回旋基地举行。福建、广东、四川等12个省市代表队的180名运动员参赛。比赛设男子单人划艇、女子单人划艇、男子单人皮艇、女子单人皮艇、男子极限激流、女子极限激流6个项目，228条艇报名参赛。其中，男子极限激流、女子极限激流2个项目是巴黎奥运会新增项目，也是首次出现在全运会赛场上。第十四届全运会皮划艇激流回旋资格赛（第一站）2月在广州举行。按照第十四届全运会预赛规则，第一站比赛录取决赛阶段60%的参赛艇资格，而在南安举行的第二场资格赛录取40%的参赛艇资格。

全国皮划艇激流回旋春季冠军赛现场（图/林劲峰）

3月21日

农历辛丑年二月初九
星期日
温度：11℃～15℃
小雨

●市委书记康涛到丰泽、鲤城调研老旧片区改造提升工作。

●泉州市为高层次人才定制保险服务。

●19—21日，由中国皮划艇协会和省体育局主办，福建省皮划赛艇运动管理中心、泉州市体育局和南安市政府承办的2021年全国皮划艇激流回旋春季冠军赛暨第十四届全国运动会资格赛（第二站）在南安福建省皮划艇激流回旋基地举行。

3月22日

农历辛丑年二月初十
星期一
温度：11℃~15℃
小雨转多云

●泉州市开展“筑忠诚 明底线”政法队伍教育整顿专题学习教育活动，康涛讲授专题党课。

●市人大常委会党组理论学习中心组学习会召开，专题学习研讨习近平总书记在党史学习教育动员大会上的重要讲话。

●市人大常委会党组扩大会议召开，传达学习习近平总书记在2月26日中央政治局会议、中央政治局第二十八次集体学习，2021年春季学期中央党校（国家行政学院）中青年干部培训班开班仪式上的重要讲话精神等。

●由市委文明办、市水利局、丰泽区人民检察院、泉州网、市北渠水资源调配中心等主办的“守护青山绿水 建设美丽中国”系列宣传活动在市区北渠环城桥边的口袋公园举行。

●“洛地有声 智领未来”智慧洛江人工智能应用发展战略合作签约仪式暨福建云知声智能科技有限公司成立大会在洛江举行。

泉州市开展政法队伍教育整顿专题学习教育活动

泉州市开展“筑忠诚 明底线”政法队伍教育整顿专题学习教育活动，市委书记、市政法队伍教育整顿领导小组组长康涛讲授专题党课。市委常委、政法委书记林锦明主持。市委常委、市纪委书记傅藏荣作廉政教育报告。市领导李伙金出席。省政法队伍教育整顿第四指导组副组长林义劲到会指导。

康涛指出，要认识开展政法队伍教育整顿，是从政治上建设政法队伍、确保忠诚纯洁可靠的必然要求，是坚持全面从严管党治警、推进政法队伍自我革命的必然要求，是更好回应人民群众新期盼、树立政法队伍新形象的必然要求，是推动政法队伍紧跟时代步伐、在新时代履行好职责使命的必然要求，增强开展教育整顿的思想自觉、政治自觉、行动自觉。要把握总体要求和目标任务，以刀刃向内的决心勇气抓好教育整顿，突出筑牢政治忠诚、清除害群之马、整治顽瘴痼疾、弘扬英模精神四项任务，抓好学习教育、查纠整改、总结提升三个环节，推动政治生态进一步优化、纪律作风进一步好转、素质能力进一步增强、执法司法公信力进一步提升。学习教育重在政治引领、思想发动，突出政治教育、党史教育、警示教育、英模教育，做到以学促查、以学促改、边学边改。查纠整改重在动真碰硬、触及要害，强化自查自纠、组织查处、专项整治，确保查纠整改走深走实。总结提升重在建章立制、长效常治，巩固拓展教育整顿成果，让群众感受到教育整顿带来的积极变化。要坚持把党的领导贯穿到教育整顿各方面和全过程，提高政治判断力、政治领悟力、政治执行力，将教育整顿的实际成效转化为强大动力，推动政法工作高质量发展。

市人大常委会党组理论学习中心组学习会召开

市人大常委会党组理论学习中心组学习会召开，专题学习研讨习近平总书记在党史学习教育动员大会上的重要讲话。会议强调，要把党史学习教育作为贯穿全年的重大政治任务，结合巩固深化“不忘初心、牢记使命”主题教育成果，以及省委“再学习、再调研、再落实”活动要求，明确工作责任，制定责任清单，确保高质量完成党史学习教育各项任务。要突出人大特色，把开展“我为群众办实事”“我为企业解难题”实践活动，与推进立法、监督、代表建议件督办工作结合起来，推动解决一批群众反映的急难愁盼问题，让群众切身感受到学习教育带来的新变化。要宣传各级人大常委会机关和代表开展学习教育的好做法、好经验、好成果，营造党史学习教育的氛围。

市人大常委会党组理论学习中心组学习会现场（图/陈意鸣）

智慧洛江人工智能应用发展战略合作签约仪式举行

“洛地有声 智领未来”智慧洛江人工智能应用发展战略合作签约仪式暨福建云知声智能科技有限公司成立大会在洛江举行。福建云知声成立后，将聚焦智能制造、智慧城市等AI创新应用领域，在推动制造业智能化转型升级和洛江区智能化建设的同时，与泉州大数据运营服务有限公司、华侨大学工学院、中国科学院海西研究院泉州装备制造研究所等达成战略合作，聚集上下游企业，全方位打造完整智能产业发展生态链。会上，洛江区政府、市科技局与福建省人工智能协会还就推动智能产业发展等达成战略合作，三方将推动洛江区智能产业快速发展，加快建设“智慧之城、创新高地”。

3月23日

农历辛丑年二月十一
星期二
温度：13℃～15℃
阴转小雨

●市委书记康涛到晋江开展“再学习、再调研、再落实”工作调研。

●市级党员领导干部到南安开展党史学习教育集体现场学习。

●中国农业发展银行泉州市分行支持泉州实施乡村振兴项目对接会举行。

●17—23日，市委文明办、市气象局举行系列气象宣传与科普活动。

●丰泽区第一季度部分重点项目集中开（竣）工仪式举行，竣工2个、开工4个项目，涉及教育、城市基础设施等领域。

康涛到晋江开展“再学习、再调研、再落实”工作调研

市委书记康涛到晋江开展“再学习、再调研、再落实”工作调研。在清华附中晋江学校项目现场，康涛嘱咐施工单位要坚持高标准、严要求，细化施工措施，高质量推进工程建设。在年初投用的晋江市医院新院区，康涛希望医院向上对接高端医疗资源，为群众生命安全和身体健康提供更有力的保障。查看完深沪镇金屿小学教学楼等安全隐患点，康涛叮嘱相关部门要举一反三，加大排查整治力度，全面彻底消除安全隐患，确保不回潮、不反弹。在年初投入使用的晋江市行政服务中心，康涛强调，要突出市场化法治化便利化国际化，抓好审批、监管两个重要环节，规范自由裁量权，加强窗口接件和后台审查的沟通衔接，主动靠前为中小企业提供业务指导，推动更多事项实现“马上办、网上办、一次办”。

康涛（左三）在晋江市行政服务中心调研（图/陈起拓）

市级党员领导干部到南安开展党史学习教育集体现场学习

市级党员领导干部到南安开展党史学习教育集体现场学习。市委书记康涛指出，要学习共产党人理论与实践相结合的创新历史，夯实思想之基，带头学懂弄通做实习近平新时代中国特色社会主义思想，提高政治判断力、政治领悟力、政治执行力。要学习共产党人为理想信念奋斗的历史，始终坚定信仰，坚持正确政治方向，经受住各种风险和困难考验，永葆共产党人政治本色。要学习共产党人心系人民、造福人民的历史，担当为民之责，以开展“我为群众办实事”实践活动为载体，结合开展“我为企业解难题”实践活动，解决好群众和企业“急难愁盼”问题。要学习共产党人应对危局困境、不断攻坚克难的历史，增强斗争之力，扛起全方位推动高质量发展超越的主力军担当，实施民营经济发展年、营商环境提升年、城乡品质提升年，确保各项工作做实做细做成，打造“海丝名城、制造强市”。

市级党员领导干部在泉州革命斗争史展馆听取专题讲解

泉州市级党员领导干部瞻仰岭兜革命烈士纪念碑
（图/陈起拓）

系列气象宣传与科普活动举行

第61个世界气象日，主题为“海洋、我们的气候和天气”。17—23日，市委文明办、市气象局举行系列气象宣传与科普活动，以线上线下多元方式帮助市民理解海洋、气候、天气和人类社会活动之间不可分割的联系，倡导文明健康绿色环保的生活方式，弘扬崇尚节约的理念，树立绿色环保观念。市气象局举行开放日活动，市民不仅可以通过气象科普机器人、人影VR体验等现代化设备了解气象知识，还可以与气象应急车、便携自动站亲密接触，到天气预报、电视节目制作的一线了解幕后故事，带孩子搭建卫星模型、手绘祝福明信片。

3月24日

农历辛丑年二月十二
星期三
温度：13℃～21℃
阴转晴

●泉州市对“三合一”场所消防安全整治进行再动员再部署。

●2021年度泉州市第三产业龙头企业名单出炉。

●泉州网VR频道上线。由泉州网和南安市委党校制作的泉州（南安）党员教育基地网上展馆（包括泉州革命斗争史展馆、中共泉州中心县委机关旧址）同步开馆。

●第18届世界中学生夏季运动会志愿者公开社招面试在晋江市青少年宫举行。

泉州市部署“三合一”场所消防安全整治

泉州市对“三合一”场所（住宿与生产、仓储、经营一种或一种以上使用功能违章混合设置在同一空间内的建筑）消防安全整治进行再动员再部署，要求各地各部门扛起整治责任，落实落细防控措施，稳控火灾形势，遏制“三合一”亡人火灾事故发生。会议要求，要在思想上绷紧弦，以更高的站位抓“三合一”整治，克服麻痹大意思想，树立“预防为主”的工作理念，将整治工作往前抓、抓平时，护航全国民营经济示范城市创建。要在行动上拉满弓，以更大的力度抓“三合一”整治，各地要立即采取行动，开展全覆盖、拉网式大清查，严抓技防整改，清理违规住人，督促整改落实到位，同时要做好宣传警示，抓好源头管控。要在责任上落到点，以更实的措施抓“三合一”整治，明确责任分工、强化问责倒逼，严肃问责一批整治不力、责任不落实的相关领导和个人，将压力传导到最底层。加强自建房加工场所整治，充实基层乡镇（街道）消防队伍，将消防工作纳入基层综合管理和综合执法，强化末端消防管理。

2021年度泉州市第三产业龙头企业名单出炉

经企业自愿申报、市直相关行业主管部门评审，市服务业发展领导小组办公室审定，2021年度泉州市第三产业龙头企业名单出炉。第三产业龙头企业提质扩量行动致力于培育一批具有国际竞争力、区域影响力、产业带动力的龙头企业，打造产业集群，提升在新发展格局中的示范引领和辐射带动作用，从而加快推进泉州第三产业高质量发展。力争纳入第三产业龙头企业库的企业，营业收入年平均增幅达15%，成为省内、国内的行业领跑者。此次共有86家泉企脱颖而出，上榜2021年泉州市第三产业龙头企业名单，纳入第三产业龙头企业库。这些企业涉及现代物流、批发零售、电子商务、文化旅游、金融服务、科技服务、数字服务、商务服务、健康服务、家政服务、住宿餐饮11个领域。市发改委会同市、县两级行业主管部门，开展第三产业龙头企业调研，了解掌握企业经营发展实际情况，并研究制定泉州市第三产业龙头企业提质扩量扶持措施。各县（市、区）政府建立领导挂钩机制、协调联动推进机制，及时协调解决龙头企业经营发展遇到的困难问题。值得注意的是，龙头企业名单将采取动态管理机制，“能进能出”，每年发布一批产业龙头名单并组织实施产业龙头促进计划。对于年度审核不合格的企业，第一年给予“黄牌”提醒，连续两年不合格的将给予退库处理。

泉州网VR频道上线

泉州网VR频道上线。由泉州网和南安市委党校制作的泉州（南安）党员教育基地网上展馆（包括泉州革命斗争史展馆、中共泉州中心县委机关旧址）同步开馆。泉州网“VR频道”设“VR新闻”“VR专题”两个栏目，其中，“VR专题”除之前已上线的泉州非物质文化遗产VR体验馆，新增“泉州革命斗争史展馆”“中共泉州中心县委机关旧址”两个VR展馆。这两个展馆采用全景720°拍摄，利用三维仿真和虚拟现实技术，融合大量文字、照片、语音、视频等。其中，“中共泉州中心县委机关旧址”网上展馆展示当年党组织活动的场所——闽南“十间张”的全貌。泉州革命斗争史网上展馆囊括实体馆的九大主题篇章，完整展示泉州的革命历史。市民可通过计算机、手机、平板等各类终端直接浏览体验，在线学党史，足不出户“云逛展”，身临其境接受党性教育。值得一提的是，展馆支持VR体验，只要穿戴上VR设备，就能够身临其境地沉浸式体验展馆内容。为增强体验感，网上展馆还根据现场参观路线开发自动观展功能，点击按钮即可一键智能漫游全部展区。VR频道作为泉州网的新频道，通过新技术、新手段的探索应用，将使用户获得全新的感官体验，为用户提供更直观、更新颖、参与性更强的视听享受。

泉州市部署专项巡察暨巡察“回头看”工作

市优化营商环境专项巡察暨部分市直单位巡察“回头看”工作动员部署会召开。会议指出，要围绕巡察整改要求，推动被巡察党组织及书记履行好整改主体责任和第一责任人责任。要坚持问题导向，边巡察、边督办，督促抓好立行立改，发挥监督保障执行、促进完善发展作用。根据安排，即日起，市委对市发改委、科技局、工信局、公安局、司法局、财政局、人社局、资源规划局、住建局、商务局、市场监管局、金融监管局、数字办、行政服务中心管委会、中级人民法院等职能部门开展优化营商环境专项巡察；对市民政局、生态环境局、农业农村局开展巡察“回头看”。

市政法系统“榜样力量”先进事迹报告会举行

市政法系统“榜样力量”先进事迹报告会举行。与会人员聆听“人民满意的公务员集体”晋江刑侦大队、“全国优秀法官”张得意、“守望正义——新时代最美检察官”吴美满、“全国最美基层民警”苏海福的先进事迹报告。会议要求，要弘扬英模崇高精神，开展向政法英模学习活动，以先进典型的示范效应和引领作用，激发政法干警干事创业热情。要挖掘本地本系统的先进典型和感人事迹，注重发现基层一线辛勤工作、无私奉献的先进人物，培育和树立一批立得住、树得起、叫得响、有影响力的新典型。要以英模榜样为引领，对标先进找差距，将英模精神转化为工作动力，为群众办实事、解难题，提高人民群众的获得感幸福感安全感。

“重走史迹学党史　接续奋斗当先锋”主题活动启动

由市纪委监委、市委组织部、市委宣传部、市委市直机关工委、市委史志研究室、市文旅局、泉州文旅集团主办的“重走史迹学党史 接续奋斗当先锋”主题活动启动。活动现场，市直机关工作人员朗诵诗歌《红色坐标 百年烈血映旌旗》，并与现场人员集体合唱《没有共产党就没有新中国》。启动仪式结束后，全体人员到中共泉州特别支部所在地府文庙明伦堂参加学习活动，重温入党誓词，邀请市委史志研究室主任张惠评介绍史迹故事，回顾党的历史，缅怀革命先烈。市委市直机关工委负责人表示，此次主题活动组织党员干部学习党史、新中国史、改革开放史和社会主义发展史以及泉州地方党史，激励机关党员干部继承和发扬党的优良传统，牢记党的宗旨、坚定理想信念，强化党员意识、激发工作热情，更好地发挥共产党员的先锋模范作用和基层党组织的战斗堡垒作用。主题活动整合优化推荐46个红色史迹学习点，供市直机关党组织和党员干部开展主题党日活动。

市委史志研究室主任张惠评介绍史迹故事（图/张九强）

2020年泉州市国民经济和社会发展统计公报出炉

2020年泉州市国民经济和社会发展统计公报出炉。初步核算，全年全市实现地区生产总值10158.66亿元，按可比价格计算，比上年增长2.9%，经济总量连续22年保持全省第一。年末全市户籍人口766.14万人，比上年年末增加5.44万人。全年全市城镇新增就业人员10.10万人，有3.12万名城镇失业人员实现再就业；全年培训各类劳动者10.15万人。年末城镇登记失业率2.07%。全年市辖区居民消费价格比上年上涨2.5%。全年全市一般公共预算总收入813.32亿元，比上年下降3.1%。其中，地方一般公共预算收入454.04亿元，下降0.8%。一般公共预算支出715.14亿元，增长8.6%。

3月25日

农历辛丑年二月十三
星期四
温度：15℃～22℃
晴转多云

●市优化营商环境专项巡察暨部分市直单位巡察“回头看”工作动员部署会召开。

●市政法系统“榜样力量”先进事迹报告会举行。

●由市纪委监委、市委组织部、市委宣传部、市委市直机关工委、市委史志研究室、市文旅局、泉州文旅集团主办的“重走史迹学党史接续奋斗当先锋”主题活动启动。

●2020年泉州市国民经济和社会发展统计公报出炉。

●市委文明办与市民政局发出《文明祭扫·绿色清明倡议书》，倡议全市人民在清明期间弘扬文明安全绿色祭扫新风。

3月26日

农历辛丑年二月十四
星期五
温度：15℃～22℃
阴转多云

●市委常委会会议暨市委财经委员会会议召开，传达学习省委财经委员会第九次会议精神，审议通过市委财经委员会2020年工作总结报告和2021年工作要点。

●市委党史学习教育领导小组第一次会议召开，研究《中共泉州市委关于开展党史学习教育的实施方案》、市委党史学习教育领导小组及其办公室工作规则，部署相关工作。

●市委理论学习中心组学习会召开，专题学习研讨《习近平关于网络强国论述摘编》。

●由市委宣传部、市发改委、市工信局、市商务局、市金融监管局、市数字办、市总工会、市工商联、市城联社、市企业与企业家联合会、泉州晚报社主办的2020年泉州经济年会年度峰会在市区富力万达文华酒店举行。

●由泉州市农业农村局、南安市农业农村局、南安市英都镇政府主办的2021年放心农资下乡进村宣传活动在南安市英都镇菜市场举行。

市委常委会会议暨市委财经委员会会议召开

市委常委会会议暨市委财经委员会会议召开，传达学习省委财经委员会第九次会议精神，审议通过市委财经委员会2020年工作总结报告和2021年工作要点。会议强调，要按照省里要求，全力保金融、保用工、保市场、促投资，盯紧薄弱环节，加强结构性分析，抓紧查缺补漏，突出精准施策，保持经济运行在合理区间，巩固恢复性增长基础。要实施新经济拓展、老产业链提升，大抓产业数字化、园区化、生态化，推进“5G+工业互联网”应用，培育一批专业园区、特色园区，发展与本地制造业转型升级相配套的生产性服务业，巩固产业生态圈。要坚持底线思维，加强风险隐患排查，抓紧抓实常态化疫情防控、安全生产、森林防火等各项工作，确保社会安定稳定。

市委理论学习中心组学习会召开

市委理论学习中心组学习会召开，专题学习研讨《习近平关于网络强国论述摘编》。会议强调，要统筹做好庆祝中国共产党成立100周年、开局“十四五”等重大主题网上宣传，唱响主旋律、汇聚正能量。要树立正确的网络安全观，健全网络安全保障平台，维护清朗网络空间，维护国家网络安全和人民群众切身利益。要发挥信息化驱动引领作用，加快发展数字经济，推动传统产业数字化改造，发展数字产业化，开展新基建新经济基地比拼，为高质量发展注入新动能。

2020年泉州经济年会年度峰会举行

由市委宣传部、市发改委、市工信局、市商务局、市金融监管局、市数字办、市总工会、市工商联、市城联社、市企业与企业家联合会、泉州晚报社主办的2020年泉州经济年会年度峰会在市区富力万达文华酒店举行。峰会以“乘风破浪 坚毅前行”为主题。市委副书记、宣传部部长张永宁，市人大常委会副主任许文贵，市政协副主席林志建等参加会议。张永宁在致辞中表示，作为泉州经济界的年度盛事，泉州经济年会品牌效应不断显现。希望该届年会推动政府、企业、研究机构和媒体凝心聚力、相互启迪，共同开启乘风破浪的新征程。2021年是中国共产党成立100周年，也是“十四五”规划开局之年，泉州正加快建设“海丝名城、制造强市”，希望企业与企业家秉持敢为天下先的优良传统，在新一轮市场竞争中育新机、开新局，在爱国敬业、诚信守法、服务社会等方面有更大作为。市委、市政府将和企业想在一起、干在一起，打造一流营商环境，携手加快创建全国民营经济示范城市，为“晋江经验”注入新内涵。峰会现场，2020年度经济人物、2020年度优化营商环境“最具获得感”十大举措等九项榜单揭晓；省社科院和福建省万维区块链科技有限公司的相关负责人分别做关于民企发展和数字经济的专题演讲。

2020年泉州经济年会年度峰会现场（图/陈晓东 陈小阳）

2021年放心农资下乡进村宣传活动在南安举行

由泉州市农业农村局、南安市农业农村局、南安市英都镇政府主办的2021年放心农资下乡进村宣传活动在南安市英都镇菜市场举行。活动通过发放手册、分发农资产品、现场答疑等形式，向农民群众宣传农资识假辨假知识，提高群众的维权意识，并邀请专家开展现场农技知识服务工作，讲解农作物种植技术要求及田间管理、病虫害防治等知识。

市委常委会（扩大）会议学习习近平总书记到福建考察讲话精神

全省领导干部大会后，泉州市随即召开市委常委会（扩大）会议，学习习近平总书记到福建考察讲话精神，按照省委部署要求，研究泉州市学习宣传贯彻意见。

会议指出，要把习近平总书记的要求作为牵动全市工作的牛鼻子，把握“在加快建设现代化经济体系上取得更大进步，在服务和融入新发展格局上展现更大作为，在探索海峡两岸融合发展新路上迈出更大步伐，在创造高品质生活上实现更大突破”四方面“更大”要求，牢记习近平总书记嘱托，传承弘扬“晋江经验”，继续先行先试、创新体制机制，建设“海丝”名城、制造强市，当好全方位推进高质量发展超越主力军。要拿出“功成不必在我”“功成必定有我”的情怀担当，多做打基础利长远的事，开展民营经济发展年、营商环境提升年、城乡品质提升年，保金融、保用工、保市场、促投资，保持经济社会运行在合理区间，以“开局红”的发展成果，检验贯彻落实的实际成效。要把学习宣传贯彻习近平总书记重要讲话精神贯穿“再学习、再调研、再落实”活动始终，紧扣“坚定不移推动高质量发展”“加快推进乡村振兴”“着力提高人民生活品质”“在党史学习教育中做到学史明理”四个方面重要任务，结合泉州实际，再深化再落实重点专项，按照任务项目化、项目清单化、清单具体化，逐一明确时间表、任务书、责任主体和推进举措等，确保一件件做实做细做成。要开展党史学习教育，做到学史明理、学史增信、学史崇德、学史力行，挖掘和利用泉州红色文化资源，高标准高质量完成好学习教育各项任务。

泉州市遗体器官捐献者纪念园投入使用

泉州市遗体器官捐献者纪念园投入使用，市红十字、市民政局、市卫健委等相关部门负责人以及捐献者家属代表、医学院代表、志愿者等参加纪念园揭碑暨捐献者缅怀纪念活动。泉州市遗体器官捐献者纪念园位于宏福园聚散广场附近，占地200平方米，由主碑、次碑、雕刻围栏三部分组成。刻有碑名、碑文、红十字标识的主碑高7米多，由两片巨大的白色花岗岩组合而成，分别代表捐献者和受助者；石与石之间由红色花岗岩镂空雕刻万字纹相连接，寓意捐献者、受助者生命与生命之间的爱心联系。两片次碑呈弧形环抱主碑，碑上镌刻112名遗体器官（含角膜）捐献者的姓名、出生年月和捐献时间，供人们瞻仰和祭奠。主次碑三面有雕花栏杆围合成肃穆而庄严的小型陵园。随着纪念园的投入使用，这里将成为捐献者精神永存、仁爱永铸之地。捐献者的名字将被永远镌刻铭记，为捐献者亲属提供寄托情感、追思缅怀之处，同时成为群众追思和礼赞遗体器官捐献者的场所。

2021年广州春季文化旅游宣传推广活动在泉州举行

由广州市文旅局主办的“春暖花城·相约广州——广州欢迎您”2021年广州春季文化旅游宣传推广活动在泉州举行。活动旨在推动广州与泉州两地文化旅游业界的交流与合作，共同实现客源互送、资源共享、市场共赢，促进国内经济大循环。泉州、广州两地文化旅游部门、旅游企业代表等参加活动。广州历来就有“花城”美誉，“花”是城市最显著的文化特色。春有木棉，夏有凤凰木，秋有簕杜鹃，冬有梅花。一年四季都有鲜花盛开的广州，处处都是美景。活动现场以“花开广州系列摄影展”的新形式，围绕“花”的主旨进行布置，为泉州人展示花城的人文之美、发展之美和活力之美。活动主办方还将广州特色非物质文化遗产美食煲汤料、凉茶、鸡仔饼、老公饼、老婆饼、鸡公榄以及广州十大手信南乳花生带到泉州，让嘉宾品尝广州经典名小吃。为加强广州与泉州旅游界的交流与合作，广州多家重点旅游企业代表参加活动，宣传推介广州丰富的文化旅游资源、文化旅游产品、文化旅游品牌，全方位推介岭南文化的魅力。

3月27日

农历辛丑年二月十五
星期六
温度：18℃~27℃
晴转多云

●全省领导干部大会后，泉州市随即召开市委常委会（扩大）会议，学习习近平总书记到福建考察讲话精神，按照省委部署要求，研究泉州市学习宣传贯彻意见。

●泉州市遗体器官捐献者纪念园投入使用。

●由广州市文旅局主办的“春暖花城·相约广州——广州欢迎您”2021年广州春季文化旅游宣传推广活动在泉州举行。

3月28日

农历辛丑年二月十六
星期日
温度：18℃~31℃
晴

●福建省核定公布首批革命文物名录，包括不可移动革命文物1658 处、可移动文物142581件（套）。其中，泉州市134处不可移动革命文物、36套可移动革命文物名列榜单。

●由市林业局等主办的“爱鸟护鸟 万物和谐”“爱鸟周”宣传活动在泉州森林公园举行。

●晋江市新闻摄影学会主办的第18届世界中学生夏季运动会新闻摄影“轻骑兵”培训班开班。

●由戏剧家曹禺的女儿万方创作的话剧——《关系》在泉州上演。

泉州市134处不可移动革命文物入选省首批革命文物名录

福建省核定公布首批革命文物名录，包括不可移动革命文物1658 处、可移动文物142581件（套）。其中，泉州市134处不可移动革命文物、36套可移动革命文物名列榜单。福建省首批革命文物名录中，不可移动革命文物包含旧址、旧居、故居、抗战遗址、烈士墓、陵园、纪念碑亭等，可移动革命文物包括布告、生活用具、票据、手稿、书籍、刊物等。泉州市有134处不可移动革命文物入选，包括龙岭游击队员坑洞、泉州市革命烈士纪念碑、洪四影剧院等。其中，省级文物保护单位5处、市级文物保护单位23处，以及县区级文物保护单位、一般不可移动文物等。泉州市36套可移动革命文物入选，包括中国闽台缘博物馆收藏的民国31年（1942年）7月7日美国政府发行中国抗战五周年5美分纪念邮票、泉州华侨历史博物馆收藏的民国2年（1913年）永春颜如云中国同盟会侨越西贡支部入会证书等。其中，一级文物1件（套），二级文物2件（套），三级文物28件（套），一般文物5件（套）。

“爱鸟护鸟 万物和谐” “爱鸟周”宣传活动举行

由市林业局等主办的“爱鸟护鸟 万物和谐” “爱鸟周”宣传活动在泉州森林公园举行。3月25—31日是福建省第三十九届“爱鸟周”。活动现场，一幅幅鸟类照片吸引市民驻足。照片上的鸟类，均为摄影师在森林公园拍摄到的。泉州森林公园服务中心负责人介绍，森林公园植被丰富，为鸟类提供了良好的生活、觅食和繁殖场所，一年多来，通过对区域内的鸟类调查研究和实践监测，监测到鸟类68种，包括白鹇、白胸翡翠、蓝喉歌鸲、画眉、红嘴相思鸟等10种国家二级保护野生动物及黄嘴白鹭（旅鸟）国家一级保护野生动物。是日，全市首个鸟类科普馆在泉州森林公园对外开放。该科普馆于2020年11月筹建，占地350多平方米，展示森林公园监测到的鸟类标本68种。

世中运新闻摄影“轻骑兵”培训班开班

由晋江市新闻摄影学会主办的第18届世界中学生夏季运动会（以下简称“世中运”）新闻摄影“轻骑兵”培训班开班。开班仪式上，世中运新闻摄影志愿服务队代表在“世中运新闻摄影志愿服务队宣誓图板”上签字，共同助力世中运。随后，中国新闻摄影学会常务理事、新华社福建分社高级记者张国俊做培训班首期专题讲座。他以新闻摄影和体育摄影为主题，结合新闻摄影的工作实际，针对新闻摄影策划和突发新闻摄影等方面进行讲解。活动现场还举行慧飞UTC（无人机应用培训中心）无人机航拍驾驶员（晋江）培训班毕业证颁发仪式。4日，晋江举办慧飞UTC无人机航拍驾驶员培训班，通过4天的集中理论学习和户外实践操作，让学员全面系统地学习无人机操作。参加培训的25名学员全部通过考试考核，获得UTC无人机航拍驾驶证。

话剧《关系》在泉州上演

由戏剧家曹禺的女儿万方创作的话剧——《关系》在泉州上演。该剧由北京人民艺术剧院演出。此次演出阵容强大，由“老戏骨”石凉携手龚丽君、李峥、李雪等献演。该剧首演于2009年，已演出超过百场，2020年为纪念曹禺110周年诞辰全新复排，以独特而全新的视角，打破传统的叙事方式，演绎每一位人物在时间、空间、不同情境中的情感冲突与纠葛。复排后，该剧成为第四届曹禺文化周的参演作品。该剧通过一男三女的复杂情感关系，诠释并演绎两性情感问题。剧中男主人公是一位别人眼中的成功人士，周旋于三位女性之间的他看似家庭、爱情、激情一样也不缺。但实则深陷情感与家庭的复杂关系，面临不为人知的危机。最终如何解开困局，剧情没有给出明确答案，而是带着观众一起去探讨。

晋江与清华大学附中签订区域教育质量提升战略合作协议

晋江与清华大学附属中学签订区域教育质量提升战略合作协议。泉州市领导康涛、刘文儒、周真平等见证签约。晋江学校项目位于晋江市紫帽片区，背靠紫帽山景区，毗邻大坝溪，附近将配套高端文旅、研学、康养、商贸等项目，环境优美，交通便捷。

学校项目占地28.67公顷，建筑面积22万平方米，于2020年1月2日开工建设，将建设成为一所能容纳近3960名学生，涵盖中小学十二年一贯制的现代新型学校及一个青少年足球训练基地。其中，一、二期项目规划用地面积20.2公顷，主要建设内容包括运动馆、游泳池、学生宿舍楼、教师公寓楼、食堂、礼堂、书院、地下停车场等。三期为青少年足球训练基地，规划用地面积8.47公顷，主要建设内容为羽毛球馆及网球馆、体能训练中心及食堂、宿舍楼、十一人制足球场、七人制足球场、人防工程、室外配套工程等。小学一年级于2020年秋季开始招生，初中、高中于2021年秋季招生开学。此次合作双方本着“优势互补、资源共享、务实高效、互惠双赢”的原则，建立联盟合作关系。清华大学附属中学利用其优质学科资源、教学资源、人力资源，全面提升晋江市办学水平和教育质量，组建专家团队定期指导晋江基础教育，帮助晋江基础教育培养师资队伍、开设“创新实验班”，指导晋江基础教育加强教研工作，通过空中课堂向晋江提供优质教学资源，并重点支持晋江学校的建设和发展。同时，晋江将协助清华大学附属中学师生开展社会实践教育。

位于紫帽片区的晋江学校项目建设现场（图/林劲峰）

市十六届人大常委会第六十八次主任会议召开

市十六届人大常委会第六十八次主任会议召开。会议讨论通过市十六届人大六次会议代表建议重点办理件督办方案，提出第六十九次主任会议建议议题，初定市十六届人大常委会第三十八次会议的召开时间和建议议程。会议强调，2021年确定的进一步加强后疫情时代泉州市公共卫生体系建设、高标准规划建设高铁泉州东站、加强科技创新平台体系建设、加快打造台湾青年设计人才登陆第一家园等11件重点督办件，与建设现代经济体系、创造高品质生活、探索两岸融合发展新路等息息相关、意义重大。要坚持市人大常委会领导与市政府分管领导联合督办的做法，把建议督办与“我为群众办实事”实践活动紧密结合起来，综合运用工作评议、满意度测评等方式，督准、督深、督实。

市十六届人大常委会第六十八次主任会议现场（图/陈意鸣）

2021年“企业家活动日”活动举行

由市企联主办的2021年“企业家活动日”活动举行，政企各界两百余人参加，共话在新时代下继续弘扬“爱拼才会赢”的企业家精神。聚焦如何更好地弘扬企业家精神，与会企业家展开讨论。市企联相关负责人表示，面对未来更大挑战，市企联将继续发扬创新、专注与担当的服务精神，用活动激发组织活力，跟企业家走得更勤、更亲，帮助他们解决实际问题，畅通更多发声渠道，打开更多学习窗口，为泉州经济发展贡献更多力量。

3月29日

农历辛丑年二月十七
星期一
温度：20℃～25℃
晴转阴

●晋江与清华大学附属中学签订区域教育质量提升战略合作协议。

●市人大常委会党组扩大会议召开，传达学习习近平总书记到福建考察讲话精神。

●市十六届人大常委会第六十八次主任会议召开，讨论通过市十六届人大六次会议代表建议重点办理件督办方案，提出第六十九次主任会议建议议题，初定市十六届人大常委会第三十八次会议的召开时间和建议议程。

●市政府党组扩大会议召开，传达学习习近平总书记到福建考察讲话精神，以及省委省政府、市委有关会议精神，研究市政府党组贯彻意见。

●由市企联主办的2021年“企业家活动日”活动举行。

3月30日

农历辛丑年二月十八
星期二
温度：19℃～29℃
阴转小雨

●市政协十二届二十九次常委会会议召开，传达学习贯彻习近平总书记在全国“两会”上的重要讲话精神和全国“两会”精神；传达学习习近平总书记到福建考察讲话精神及省委、市委有关会议精神；协商通过《泉州市政协常委会2021年工作要点（草案）》。

●泉州法院优化营商环境咨询监督委员会委员聘任座谈会召开，泉州法院优化营商环境咨询监督委员会成立。

●30—31日，由国家林草局主办的全国林业有害生物防治员职业技能竞赛在泉州举行。

●泉州市水稻精量穴直播试验观摩会在南安市洪濑镇顺和家庭农场试验田内举行。

市政协十二届二十九次常委会会议召开

市政协十二届二十九次常委会会议召开，传达学习贯彻习近平总书记在全国“两会”上的重要讲话精神和全国“两会”精神；传达学习习近平总书记到福建考察讲话精神及省委、市委有关会议精神；协商通过《泉州市政协常委会2021年工作要点（草案）》。会议强调，要广泛凝聚共识，把会议精神从党内到党外、从委员到界别群众层层传递下去；主动融入发展大局，对标对表习近平总书记到福建考察讲话精神，紧扣泉州实际，发挥专门协商机构作用，精准服务“十四五”开好局起好步。要坚持统筹推进，开展党史学习教育和“再学习、再调研、再落实”活动，围绕市政协专题协商、民主监督等多个协商议题，广泛调研、提出高质量建言；精心组织，突出重点，明确分工，确保高质量完成年度各项工作。为加强市政协常委和机关干部的党史学习教育，会后，省委党校教授林建做《中国共产党领导的多党合作发展历程和制度优势》专题辅导报告。

泉州法院优化营商环境咨询监督委员会成立

泉州法院优化营商环境咨询监督委员会委员聘任座谈会召开，泉州法院优化营商环境咨询监督委员会成立。会上，丁金朝、姚道锡、王向明等18人被聘为泉州法院优化营商环境咨询监督委员会委员，涵盖人大代表、政协委员、民营企业家、律师等。这些委员将发挥“智囊团”“联络员”作用，积极建言献策，及时反映企业、企业家的意愿、诉求和意见；监督法院的审判活动、干警的司法行为；向各类市场主体传递司法好声音，增进司法认同感。全市法院也把咨询监督委员会委员的真知灼见吸纳转化到执法办案、便民利民、改革创新等各项工作中，依法妥善解决各类市场主体在司法领域的“急难愁盼”问题。此举有利于加强法院与民营企业协作互动，汇聚强大合力，促进形成优质高效的法治化营商环境。市发改委有关负责人表示，成立优化营商环境咨询监督委员会是司法服务优化营商环境的有力创新举措，期待市中级人民法院继续将优化营商环境工作与审判执行工作同谋划同部署同推进，继续做好国家发改委、省发改委对泉州营商环境的相关评价工作，推动司法服务优化营商环境落到实处。

全国林业有害生物防治员职业技能竞赛在泉州举行

30—31日，由国家林草局主办的全国林业有害生物防治员职业技能竞赛在泉州举行。全国各地34支代表队参赛。选手依次参加林业有害生物图像识别、昆虫标本制作、背负式机动喷雾机使用、机动打孔注药机使用等多个项目竞赛。该竞赛旨在在林业草原行业弘扬精益求精的工匠精神，加快培养和选拔林业草原高技能人才，推动林业和草原行业技能队伍建设。

泉州市水稻精量穴直播试验观摩会举行

泉州市水稻精量穴直播试验观摩会在南安市洪濑镇顺和家庭农场试验田内举行。此系泉州市首次引进水稻精量穴直播机进行试验。水稻机械精量穴直播技术，是指水田在机械耕作、平整之后，利用水稻精量穴直播机按确定的株行距及播种量，在大田直接精量成行、成穴播种，并通过相应配套的农艺要求进行田间管理的水稻栽培技术。与传统插秧机相比，水稻精量穴直播技术省去育秧、起苗、移栽等环节，人工用量减少一半，播种量减少30%左右，每亩可节约成本100元以上，可实现水稻生产环节节本增效。同时，采用精量穴直播技术，可避免水稻因移栽伤及根部，有利于水稻分蘖生长。收成的水稻茎秆粗壮，不易倒伏，而且穗型粗长、谷粒饱满，每亩可增产30～50公斤，对推进粮食生产增产增效具有积极意义。

泉州市确定2021年重点项目730个

2021年全市安排市重点项目730个，涉及产业、基础设施、生态、民生等多个领域，总投资12849亿元。

其中，在建重点项目538个，总投资7799亿元，年度计划投资1503亿元。交通方面，安排26个在建项目，包括福厦客专泉州段、兴泉铁路泉州段、泉南国家高速公路永春互通至汤城枢纽段及沙厦国家高速公路德化至汤城枢纽段改扩建工程、泉州大桥及接线扩宽改造工程等。能源方面，安排17个在建项目，包括泉惠石化工业区热电联产项目、泉州市区220—10千伏电网基建项目，海西天然气管网德化支线工程、石狮鸿山热电供热工程等。农林水利方面，安排11个在建项目，包括泉州白濑水利枢纽工程、晋江防洪工程、泉州市惠女至菱溪工程、黄塘暨陈田至泗洲引调水工程以及石狮市祥芝中心渔港提升改造和整治维护项目等。社会事业方面，安排56个在建项目，包括黎明职业大学扩建工程（一期）、泉州师范学院第二附属小学扩建项目、泉州市妇产医院、泉州市“互联网+政务服务”一体化行政服务平台项目等。城乡建设与生态环保方面，安排111个在建项目，包括泉州城东至北峰快速通道及两侧片区棚户区（石结构）改造项目、晋江高铁新区配套市政道路一期工程、泉州台商投资区基础设施建设项目、洛江区城乡供水一体化项目等。服务业方面，安排111个在建项目，包括泉州奇龙物流电商大厦、泉州市建筑服务产业园、泉州顺丰创新产业园项目、中国陶瓷电商物流园等。制造业方面，安排206个在建项目，包括泉州66万吨/年丙烷脱氢和45万吨/年高性能聚丙烯项目、惠安信和新材料项目、洛江智创机械生产项目、南安三安半导体研发与产业化项目等。

泉州国亨化学有限公司银团贷款签约仪式举行

泉州国亨化学有限公司五年期人民币35亿元银团贷款签约仪式举行。此次银团贷款由兴业银行泉州分行与瑞穗银行（中国）有限公司作为牵头行，贷款资金专项用于国亨化学在泉港石化园区投建的66万吨/年丙烷脱氢（PDH）和45万吨/年高性能聚丙烯（PP）项目。总投资500亿元新台币的国亨化学丙烷脱氢及聚丙烯项目是泉州市近三年来引进的投资额最大的台资项目，项目落户泉港石化园区后将拉动形成总投资上百亿元的“丙烷→丙烯→聚丙烯”产业链，以实现石化产业关键环节延链补链强链的效果。2020年3月，该项目在福州、泉州和台湾高雄三地“云签约”后，兴业银行泉州分行及时对接，主动靠前服务，引导企业办理项目公司工商登记、商务备案、外管登记等前期工作，并运用对台资本项目便利化政策，开辟行内绿色通道，为客户提供资本金账户开户、结售汇优惠等服务，为项目前期工作有效开展奠定基础。作为唯一一家总部设于福建的全国性商业银行集团，兴业银行在服务台资企业和两岸经济融合发展方面具有独特优势，该行汇集总部及集团多牌照优势，支持在闽台资企业持续发展。

泉州市区台港澳乡亲全国“两会”精神分享座谈会举行

由香港泉州鲤城同乡总会主办的泉州市区台港澳乡亲全国“两会”精神分享座谈会在鲤城区宏帆集团举行。会议邀请港区全国政协委员、香港泉州社团联会永远荣誉会长叶建明做主题分享。鲤城、丰泽、洛江的在泉州台港澳乡亲代表与会，共同学习“两会”精神。会上，叶建明结合自身参加2021年全国“两会”的所见所感，围绕坚定不移推动高质量发展、激发市场主体活力和完善香港特别行政区选举制度落实“爱国者治港”三个方面做阐述。叶建明表示，2021年全国“两会”的召开，为全国人民奋斗新时代、奋进新征程增强信心、凝聚共识、鼓舞干劲，从全国“两会”中他感受到国家对香港在粤港澳大湾区中所能发挥作用的重视，以及对爱国爱港同胞的关怀和支持。

3月31日

农历辛丑年二月十九
星期三
温度：21℃～27℃
阴

●市妇联十四届四次执委（扩大）会议召开，传达学习贯彻习近平总书记到福建考察讲话精神，总结2020年工作，部署2021年重点工作。孔繁军参加会议。

●2021年全市安排市重点项目730个，涉及产业、基础设施、生态、民生等多个领域，总投资12849亿元。

●泉州国亨化学有限公司五年期人民币35亿元银团贷款签约仪式举行。

●由香港泉州鲤城同乡总会主办的泉州市区台港澳乡亲全国“两会”精神分享座谈会在鲤城区宏帆集团举行。

4月1日

农历辛丑年二月二十
星期四
温度：20℃～26℃
雾转阴

●市委常委会召开会议，研究《中共泉州市委关于学习宣传贯彻落实习近平总书记在福建考察时的重要讲话精神的工作方案》。

●福建省第十三届人民代表大会常务委员会第二十六次会议对泉州市人民代表大会常务委员会报请批准的《泉州市机动车停车管理条例》进行审查，决定予以批准。

●泉州市组织收听收看2021年省政府第二季度防范重特大生产安全事故暨安委会成员视频会议，并随即召开全市视频会议，贯彻落实全省会议精神，分析第一季度安全生产形势和应急管理工作，针对性部署工作措施。

●《泉州市外商投资企业投诉工作管理规定》自是日起施行。

市委常委会研究学习习近平总书记在福建考察时讲话精神的工作方案

市委常委会召开会议，研究《中共泉州市委关于学习宣传贯彻落实习近平总书记在福建考察时的重要讲话精神的工作方案》。会议指出，要结合“再学习、再调研、再落实”重点专项任务，结合开展民营经济发展年、营商环境提升年、城乡品质提升年，专人专班一体推进，找准工作着力点和突破口，把贯彻落实体现在干事创业和责任担当上，确保实现全年经济社会发展目标任务。

《泉州市机动车停车管理条例》获批

福建省第十三届人民代表大会常务委员会第二十六次会议对泉州市人民代表大会常务委员会报请批准的《泉州市机动车停车管理条例》（以下简称“条例”）进行审查，决定予以批准。

条例抓住泉州市机动车停车管理、资源供给等方面问题作规定，针对老旧居住小区、医院、学校等停车供需矛盾突出问题，强调“一点一策”制订解决方案，鼓励错时共享停车资源、清理整顿擅自改变用途的停车场。同时，从城市高质量发展的角度，构建政府主导、部门配合、社会参与、协作共治的停车管理工作格局。关于停车资源供给方面的规定，是条例的一大亮点。条例围绕停车资源不足、分布不均衡的问题，强化规划引领，规定多种停车资源供给方式。在保障公共停车场建设用地方面，对公共停车场建设用地纳入年度建设用地供应计划、新建停车场项目在土地利用年度计划指标中优先安排、城市更新改造等项目腾出的土地规划一定比例用于公共停车场建设等作了规定。条例理顺停车管理体制机制，明确市、县（市、区）政府、街道办事处及各相关职能部门的管理职责，又从可持续发展的角度，倡导绿色出行。鼓励市民采用公共交通或者非机动车出行，在停车资源供给方面，强调“适度满足居住停车需求，适度控制出行停车需求”，保证小区业主合法权益。

全市防范重特大生产安全事故视频会议召开

泉州市组织收听收看2021年省政府第二季度防范重特大生产安全事故暨安委会成员视频会议，并随即召开全市视频会议，贯彻落实全省会议精神，分析第一季度安全生产形势和应急管理工作，针对性部署工作措施。会议指出，各级各有关部门要在转变理念、狠抓治本上下功夫，完善和落实重在“从根本上消除事故隐患”的责任链条、制度成果、管理办法、重点工程和工作机制。同时，盯紧重点行业领域安全监管，做好迎接国务院安办事故防范和整改措施落实情况评估准备工作。

《泉州市外商投资企业投诉工作管理规定》施行

《泉州市外商投资企业投诉工作管理规定》自是日起施行。《泉州市外商投资企业投诉工作管理规定》全文15条，明确外商投诉受理范围、投诉工作机构的确定及其职责和管理制度、投诉的提出、受理、处理等。投诉工作机构按分级管理的原则设立市、县两级外商投资企业投诉工作机构。其中，市级工作机构由两部分组成，一是设立市外商投诉协调机构（设在市商务局），负责协调、指导和监督全市外商投资企业投诉工作，召开局际联席会议，协调投诉中的重大问题，制订解决争议的政策原则，并负责向市政府反映影响重大的投诉事项，与省外商投资企业投诉工作机构的衔接；二是设立市外商投诉工作机构（设在市投资贸易促进中心），在市外商投诉协调机构的指导下开展工作，具体处理投诉事项。县级外商投资企业投诉工作机构在市外商投诉工作机构的指导下开展工作，负责受理本区域内外商投资企业投诉事项和市外商投诉工作机构转交的投诉事项。

党史学习教育省委宣讲团宣讲报告会在泉州举行

党史学习教育省委宣讲团宣讲报告会在泉州举行。省委宣讲团成员、福建师范大学二级教授、博士生导师郑又贤做宣讲报告。市委书记康涛主持并讲话。郑又贤结合习近平总书记到福建考察讲话精神，围绕深入学习领会习近平总书记关于党的历史的重要论述、深刻认识党史学习教育的目的意义和总体要求、全面了解党的百年奋斗的光辉历程和历史性贡献、深刻把握开展党史学习教育的重点、学懂弄通做实习近平新时代中国特色社会主义思想五个方面，通过一个个经典故事和党史案例，进行解读和阐述。整个报告主题鲜明、生动鲜活，比照历史与现实，联系理论与实际，兼具理论高度和全局视野。康涛指出，要坚持以人民为中心的发展思想，开展“我为群众办实事”“我为企业解难题”实践活动，解决好群众和企业“急难愁盼”问题。要对标对表习近平总书记在福建考察时的重要讲话精神，结合党史学习教育和“再学习、再调研、再落实”活动，找准工作着力点和突破口，把学习成果转化为全方位推进高质量发展超越的实际成效。

优化营商环境推进会召开

优化营商环境推进会召开，针对重点问题摸排情况、阶段性任务攻坚等进行再研究、再部署。会议指出，各级各部门要落实省委部署要求，围绕争创全国民营经济示范城市，增强紧迫感和责任感，抓实抓细各项举措，营造市场化、法治化、便利化、国际化的营商环境，助力泉州高质量发展。要坚持以人民为中心的发展思想，站稳群众立场，聚焦群众办事中的痛点、难点、堵点，层层梳理剖析薄弱环节，破解体制性机制性的问题短板，全方位推动流程优化再造，确保政策举措更加精准有感；要盯紧审批、监管等各环节，抓好规范自由裁量权，开展助推优化营商环境“百日行动”等，推动流程更加规范化法治化；要畅通沟通诉求渠道，围绕提升政务环境、法治环境、市场环境、人文环境等，多方面征集各界意见建议，加大对办事流程的便利完善、咨询辅导、宣传普及等，为群众多办事、让群众少跑腿。要树牢“一盘棋”的工作格局，市、县两级协同推进，专人专班全程衔接跟踪落实；对梳理的问题、阶段性工作重点等，要逐条逐项细化分解任务清单、责任清单，一轮轮攻坚突破、滚动收账，完善机制、多出经验，确保一项项做实做细做成。

世界茶贸指数研究中心落户安溪

第二届世界数贸大会暨首届中国—阿拉伯国家数贸大会启动仪式在北京举行，世界茶贸指数研究中心正式授牌落户安溪。该中心落户安溪后，将通过构建评价指标体系和测算茶叶商贸发展指数，直观、全面、准确反映世界茶产业发展的情况、方向和趋势，为产业发展提供风向标。全世界的茶农、茶企、茶区都可以通过茶贸指数，了解市场环境和需求变化。

“茶贸指数”授牌仪式（图/安溪报）

泉州水生态保护与修复创新中心揭牌

《泉州市河长制办公室与闽江学院战略合作协议》签约仪式暨泉州水生态保护与修复创新中心揭牌活动举行。战略合作协议的签订，将发挥闽江学院在水生态建设中的独特优势，深化河湖长制理论研究与探索，为泉州市搭建水生态文明建设技术服务和人才培养新平台，推动“政府治水”到“全民治水”“创新治水”，引领支撑河湖治理保护工作迈上新台阶。

4月2日

农历辛丑年二月廿一
星期五
温度：20℃～28℃
阴

●党史学习教育省委宣讲团宣讲报告会在泉州举行。

●优化营商环境推进会召开，针对重点问题摸排情况、阶段性任务攻坚等进行再研究、再部署。

●市政府与市总工会第十九次联席会议召开，听取2020年工会工作汇报，研究解决有关问题。

●第二届世界数贸大会暨首届中国—阿拉伯国家数贸大会启动仪式在北京举行，世界茶贸指数研究中心正式授牌落户安溪。

●《泉州市河长制办公室与闽江学院战略合作协议》签约仪式暨泉州水生态保护与修复创新中心揭牌活动举行。

4月3日

农历辛丑年二月廿二
星期六
温度：18℃～25℃
多云转小雨

●省发改委印发《福建省义务教育提质扩容工程建设方案（2021—2025年）》，泉州市44所义务教育学校列入项目储备库。

●1—3日，由中国国际商会、中国建筑卫生陶瓷协会、中国陶瓷工业协会主办的第四届中国（晋江）国际家装建材博览会在晋江国际会展中心举行。

●1—3日，由福建三叶集团有限公司主办的第十七届中国（南安）水暖泵阀暨消防器材交易会在福建成功国际会展中心举行。

●泉州提线木偶戏折子戏专场演出在市区通政巷泉州嘉礼馆举行。

泉州市44所学校入选省义务教育提质扩容工程储备库

省发改委印发《福建省义务教育提质扩容工程建设方案（2021—2025年）》，泉州市44所义务教育学校入选项目储备库。这44所学校可申请省级预算内投资补助及地方性财政资金支持。其中，省级预算内投资补助对原中央苏区、闽东苏区及原省级扶贫开发工作重点县项目，按照不超过项目总投资80%比例进行补助，其他地区按照不超过项目总投资60%比例进行补助，原则上对每所学校的补助额度不超过500万元。按照方案要求，地方各级相关部门要各负其责、加强协作、形成合力，确保各项工作落实到位。

第四届中国（晋江）国际家装建材博览会举行

1—3日，由中国国际商会、中国建筑卫生陶瓷协会、中国陶瓷工业协会主办的第四届中国（晋江）国际家装建材博览会在晋江国际会展中心举行。该届展会展览面积2万平方米，设置1007个国际标准展位，规划岩板展区、潮流家设计展区等8个特色展区，吸引超百家企业参展，展品涵盖家装建材全要素。展会探索“双线会展”模式，创新线上办展形式，升级线上VR展会，打造全省第一个完整VR线上专业展会。此外，展会策划磁灶陶瓷文化展区，多维度全面展现磁灶陶瓷从古至今的产业文化及发展历程，并打造原创设计展区——潮流家，通过品牌联手拥抱设计，引领产业创新。展会期间，还举办2021年福建省陶瓷行业协会年会、中国建陶营销高峰论坛、潮流家·新星造及“走进工厂”系列对接活动等专业配套活动，激活贸易商机，提升办展实效。

第四届中国（晋江）国际家装建材博览会现场（图/赖进财）

第十七届中国（南安）水暖泵阀暨消防器材交易会举行

1—3日，由福建三叶集团有限公司主办的第十七届中国（南安）水暖泵阀暨消防器材交易会在福建成功国际会展中心举行。该届展会以“智造崛起、质领未来”为主题，设置水暖、泵阀、消防器材三大展区、九大精品展馆、1200个国际标准展位，523家企业和8100余名采购商、代理商参展。展会期间，签订意向合同金额62亿元，8.6万人次参观。展会通过深化“云端展示平台+直播”模式，实现“线下+线上”畅通无阻的展销互动，形成集供需商洽、产品展示、数据匹配、直播推广、展会辅助等功能于一体的平台效应。展会期间，主办方开展国际买家线上采购对接会，俄罗斯、泰国、巴基斯坦等5个国家的36名采购商与参展商对接，达成意向采购金额236万元。

十七届中国（南安）水暖泵阀暨消防器材交易会开馆式（图/品牌发展中心）

泉州提线木偶戏折子戏专场演出举行

泉州提线木偶戏折子戏专场演出在市区通政巷泉州嘉礼馆举行。泉州市木偶剧团副团长表示，该场演出的观众主要是外地游客和本土观众亲子体验为主，许多游客将观看提线木偶戏当作古城游的首站，剧团精选了一批优秀的传统剧目集中展演，受到观众欢迎。

泉州市化解商业办公用房库存

市政府办印发《中心市区商业办公项目变更为酒店项目暂行规定》（以下简称“暂行规定”），化解商业办公用房库存，补齐酒店短板，促成片区集聚发展。暂行规定自发布之日起实施，有效期2年，适用于泉州中心市区（鲤城区、丰泽区、泉州开发区清濛园区）范围内已建成并取得不动产权证（国有土地使用证）的商业办公项目（已分割产权的除外）。洛江区、泉州台商投资区可参照执行。项目用途变更有5个前置条件。一是申请人与产权使用人一致；二是应当征得利害关系人（含项目已售房产的买受人、抵押权人）同意；三是须成立独立的酒店经营法人公司；四是已按原出让合同和监管协议约定完成税收等承诺，或已按规定补足税额、缴纳违约金；五是项目应具备以栋为单元的单独运营管理条件，且独立占地，并满足功能变更后的建筑结构、消防设计和交通组织要求。同时规定有五类情形不予办理项目用途变更。项目用途变更分为申请初审、审查论证、研究审定、签订合同、办理变更等程序。用途变更需以新建项目标准进行审查，推动高档次酒店建设。暂行规定同时强调批后监管要求，对变更用途项目建设、运营等全链条监管，严禁产生类住宅、违法违规改变土地性质和建筑功能、违法违规销售等问题。

在泉州接种新冠疫苗全民免费

市医保局、市财政局、卫健委出台《泉州市新冠病毒疫苗及接种费用保障工作方案》（以下简称“方案”），明确在受种者知情同意自愿的前提下，居民免费接种在议定价格范围内的新冠病毒疫苗（灭活疫苗2剂次，其他疫苗接种剂次按照相应的免疫程序确定），新冠病毒疫苗及接种费用由接种地承担，不区分是否参加基本医保。新冠病毒疫苗及接种费用专项资金由医保基金和财政补助按7∶3负担。方案指出，新冠病毒疫苗及接种费用专项资金用于保障2月6日起发生的、在议定价格范围内的新冠病毒疫苗及接种费用。新冠病毒疫苗价外发生的储存、运输等配送费用，新冠病毒疫苗接种异常反应补偿费用以及超过一轮接种剂次的费用等，新冠病毒疫苗及接种费用专项资金不予支付。

“我们的节日·清明”暨“网上祭英烈”活动举行

市委文明办在全市范围内组织开展“我们的节日·清明”暨“网上祭英烈”主题活动。活动提出，要继承中华优秀传统文化，突出缅怀先烈、纪念先人的主题，发动市民和未成年人居家参与“网上祭英烈”签名寄语活动，引导市民和未成年人铭记党的光辉历史，听党话、跟党走，认识和理解中华民族优良传统，慎终追远，不忘初心、牢记使命，珍惜美好幸福生活。

组织开展缅怀革命先烈活动。常态化疫情防控期间，组织干部群众、中小学生及未成年人参与“网上祭英烈”活动，在网上向先烈、先人、先贤“鞠躬献花、签名寄语”。市民可登录福建文明风或泉州文明网首页，点击“2021年我们的节日·清明”专题页面参与留言寄语，或关注“文明福建”“泉州文明网”微信公众号，输入“祭英烈”“清明”关键词参与留言寄语。组织开展绿色清明祭扫活动。挖掘节日传统文化内涵和爱国主义情感，引导市民慎终追远、缅怀先辈，铭记历史、学会感恩，继承先烈遗志，珍惜幸福生活。发动市民参与“云”献花寄哀思，鞠躬敬故人、家庭追思会等文明、环保、健康、安全的祭扫方式表达思念之情。有序组织机关、企事业单位、学校、家庭参与祭扫英烈和先人先贤活动，注重开展爱国主义、传统孝道、民间习俗等主题教育活动。开展“文明清明”主题宣传活动。开展“文明清明”“绿色清明”“平安清明”主题宣传活动。乡镇、社区、村运用横幅、广播、展板等加强“文明清明”“绿色清明”“平安清明”“山林防火”主题宣传，强化文明实践引导，强化防火安全措施，推进深化移风易俗活动，做到神事不办简办。

4月4日

农历辛丑年二月廿三
星期日
温度：16℃～22℃
多云

●市政府办印发《中心市区商业办公项目变更为酒店项目暂行规定》，化解商业办公用房库存，补齐酒店短板，促成片区集聚发展。

●市医保局、市财政局、卫健委出台《泉州市新冠病毒疫苗及接种费用保障工作方案》，明确在受种者知情同意自愿的前提下，居民免费接种在议定价格范围内的新冠病毒疫苗。

●市委文明办在全市范围内组织开展“我们的节日·清明”暨“网上祭英烈”主题活动。

4月5日

农历辛丑年二月廿四
星期一
温度：15℃～22℃
晴

●《泉州市加速高新技术企业培育及“增量扩面”三年行动方案》出台。

●清明假期全市文旅市场繁荣有序。

●运动健身成为清明假期“优选”。

●“琴为何物”自得琴社音乐会在泉州大剧院举行。

泉州市加速高新技术企业培育行动方案出台

《泉州市加速高新技术企业培育及“增量扩面”三年行动方案》（以下简称“方案”）出台，提出2021年力争有效期高新技术企业新增500家，省级高新技术企业备案入库累计突破1125家，储备高新技术种子培育企业1200家，2023年实现高新技术企业数量翻番，到2025年全市高新技术企业力争达到3500家。方案制定完善高新技术企业培育工作机制、完善高新技术企业培育扶持措施、加快科技型中小企业培育、深入排摸优质潜力企业、加强创新型企业招引力度、创新高新技术企业辅导服务六大重点任务。在扶持措施方面，从2021年起，对新认定的省级高新技术企业、国家高新技术企业在省级补助的基础上，市级财政按不低于原有补助标准给予配套奖励。对重新认定或直接认定的国家高新技术企业给予每家20万元奖励。对市级及以上众创空间、孵化器每培育一家国家高新技术企业，奖励运营单位5万元。

清明假期全市文旅市场繁荣有序

清明假期，全市文化和旅游市场一片繁荣景象。据统计，全市重点监测的5个景区（点）接待游客8.41万人次。其中，中国闽台缘博物馆接待5400人次，惠安崇武古城接待5000人次，晋江五店市接待5.46万人次，安溪清水岩接待1.34万人次，清源山接待5700人次。全市文旅部门推出“走红色热土、忆往昔烽火岁月”等10条精品线路，各地历史博物馆、革命烈士纪念馆、抗战纪念馆等也纷纷开展清明主题活动。在围头战地文化渔村、华侨革命历史博物馆、叶飞故居、莫耶故居等地，人们聆听红色故事、重温激情岁月、致敬英雄模范。

全市各地发挥厚重历史文化、非物质文化遗产等旅游资源优势，推出丰富多彩的文旅活动，以文化遗产、祈福、民俗风情等为代表的文化游走热。其中，“寻宝宋元泉州”系列带领市民游客探访泉州多处代表性古迹遗址，德济门遗址、天后宫、开元寺等文物胜迹成为市民游客旅游休闲的网红打卡地；刺桐时代村推出传统“青团”“润饼”DIY体验，以及火鼎公婆、拍胸舞、梨园戏等闽南传统演艺，为游客带来视听盛宴；南安九日山则推出“串灯花钹”“跳鼓”“水族欢舞”“车鼓闹春”“太平鼓舞”“蛇脱壳”等民俗表演，讲好九日山祈风文化故事，吸引众多市民游客观看。

赏花踏青也是市民出行热门选项。对此，市文旅局设计推出精品赏花线路、景区点赏花攻略等，提前在微信公众号进行推送，满足游客赏花观光的信息需求。各地纷纷依托绿水青山举办各类主题活动：洛江区乡韵花湾景区举办泉州乡韵花湾樱花艺术节，打造粉色浪漫的樱花视觉盛宴，樱花隧道、樱花林成为赏樱热点；永春举办首届油桐花文化节，体验非物质文化遗产、油画展览、美食集市、亲子乐园、古厝漫游等众多精彩活动受到市民游客喜爱；德化县赤水镇深化无花果采摘园、鸭嘴鱼垂钓区、佛手瓜示范园、富硒农业观光园等农业体验项目，增强游客体验感、参与感。

运动健身成为清明假期“优选”

清明期间，除外出旅游，运动健身也成为市民假期的好选择。全市各大体育场馆对外开放，篮球场、跑道、羽毛球馆、乒乓球馆等运动场地备受热捧。2020年10月，晋江市第二体育中心对外开放试运营，崭新的场馆和出色的硬件条件，成为市民新的健身打卡目的地。运营方介绍，清明假期，对外开放的游泳训练馆、篮球馆、室外篮球场、羽毛球馆等，每天都有不少市民前往锻炼。在市区城东海峡体育中心，每天傍晚时段，众多喜欢跑步健身的市民都到这跑几圈。清明假期到此健身的市民明显多了起来。健身房也成为不少都市年轻人的新去处。老城区一家健身俱乐部的教练介绍，选择到健身房健身的年轻人很多，像尊巴、搏击操、杠铃操等热门课程多处于“满员”状态。俱乐部也根据报名情况，随时进行动态调整，适当增加热门课程的排课量。

市人大常委会党组理论学习中心组学习会议召开

市人大常委会党组理论学习中心组学习会议召开，专题学习研讨《习近平关于网络强国论述摘编》。会议强调，要把网上舆论工作作为宣传思想工作的重中之重来抓，科学认识网络传播规律，提高用网治网水平，维护网络意识形态安全和政治安全。要结合“再学习、再调研、再落实”活动，深化“加快新基建建设 推动数字经济加速发展”重点课题调研，推进政务数据汇聚与共享应用平台建设，发挥信息化对经济社会发展的驱动引领作用，以信息化推进治理体系和治理能力现代化。要抓好市委巡察反馈问题中涉及意识形态方面的专项整改工作，巩固并拓展机关意识形态领域积极健康、向上向好的总体态势。

市人大常委会党组理论学习中心组学习会议现场（图/陈意鸣）

“华大讲堂”第89讲举行

“华大讲堂”第89讲举行。全国人大常委会委员、社会建设委员会副主任委员，中国社科院学部委员李培林做《走向更加公平、公正和共享的社会》专题报告。市领导陈灿辉、许文贵、吴友才、吴汉宗、李伙金、吕刚、肖汉辉、王春金、戴仲川，华侨大学负责人和部分师生等参加报告会。李培林通过国内、国际翔实的数据，分别从改革开放以来中国收入分配的变化趋势及其影响因素、中等收入群体成长与扩大消费、社会领域的公平问题三个方面阐述坚定不移走向共同富裕的必要性。针对如何建立合理的社会分配制度，扩大中等收入群体，从而更加扎实推进实现共同富裕的问题进行深入浅出的分析和探讨。报告内容丰富、思想深刻，为大家更好地把握中共十九届五中全会明确提出的“全体人民共同富裕取得更为明显的实质性进展”的目标，促进社会公平正义提供理论启发和实践指导。

“华大讲堂”第89讲现场（图/刘　沛）

泉州市卒中急救地图发布

泉州市卒中中心建设工作启动暨泉州市卒中急救地图发布仪式在泉州市第一医院城东院区举行。仪式上，泉州市率先在全省发布卒中急救地图，18家具有卒中救治能力的医院和首批9家基层卒中门诊串起全市“黄金急救圈”，建立以患者为中心的区域一体化卒中救治网络，缩短脑卒中急诊救治时间，造福全市民众。卒中急救地图是集预防、治疗、康复于一体的卒中救治体系，包括对公众卒中防治知识的普及、院前急救、院内绿色通道等一站式卒中急救网络。群众可通过地图了解本地区“1小时黄金救治圈”内有急性脑卒中救治能力的医院，并及时与医院和120沟通，将患者转运到有救治条件且有资质的医院。启动仪式上公布全市首批18家医院入选泉州市卒中地图医院名单，分别是泉州市第一医院、福建医科大学附属第二医院、解放军联勤保障部队第910医院、泉州市中医院、泉州市光前医院、泉州医高专附属人民医院、泉港区医院、惠安县医院、石狮市医院、晋江市医院、南安市医院、安溪县医院、永春县医院、德化县医院、晋江市第二医院（安海医院）、晋江市医院晋南分院、南安市中医院、安溪县中医院。

4月6日

农历辛丑年二月廿五
星期二
温度：16℃~23℃
多云

●6—8日，省委常委、省纪委书记、省监委主任李仰哲到泉州，围绕学习贯彻习近平总书记到福建考察讲话精神及省委部署的“再学习、再调研、再落实”活动开展调研。

●市人大常委会党组理论学习中心组学习会议召开，专题学习研讨《习近平关于网络强国论述摘编》。

●“华大讲堂”第89讲举行。全国人大常委会委员、社会建设委员会副主任委员，中国社科院学部委员李培林做《走向更加公平、公正和共享的社会》专题报告。

●泉州市卒中中心建设工作启动暨泉州市卒中急救地图发布仪式在泉州市第一医院城东院区举行。

4月7日

农历辛丑年二月廿六
星期三
温度：15℃～23℃
阴转多云

●7—8日，省政协副主席薛卫民到泉州开展“增强我省科技创新能力”专题调研。

●省政法队伍教育整顿第四指导组临时党支部、市委政法委机关党支部开展主题党日活动。

●由市教育局主办的泉州市中小学“急救进校园——万人急救培训”启动仪式在市实验小学举行。

●由泉州晋江国际机场、泉州海关驻晋江办事处、泉州出入境边防检查站执勤一队、厦门航空泉州分公司、深圳航空泉州分公司五家单位组成的泉州空港党建联盟成立。

薛卫民到泉州开展“增强我省科技创新能力”专题调研

7—8日，省政协副主席薛卫民带领调研组到泉州开展“增强我省科技创新能力”专题调研。市领导肖汉辉、王春金参加活动。调研组考察中科院海西研究院泉州装备制造研究所、晋江三创园及相关企业，召开座谈会，围绕知识产权、科技园区、人才环境等进行探讨。调研组强调，要认识科技创新的重要意义，加快破除体制机制障碍，协力增强福建省科技创新能力。

省政法队伍教育整顿第四指导组开展主题党日活动

省政法队伍教育整顿第四指导组临时党支部、市委政法委机关党支部开展主题党日活动。4名党员干部手抬花篮，缓步走向烈士纪念碑，向烈士敬献花篮。市领导与省政法队伍教育整顿第四指导组临时党支部的党员代表一起整理花篮缎带。全体党员干部手持鲜花，绕行烈士纪念塔一周，表达对烈士的缅怀之情和敬仰之意。在桃花山下的长江支队泉州纪念园，参加活动的党员干部学习革命历史，重温入党誓词。

泉州市中小学“急救进校园——万人急救培训”启动

由市教育局主办的泉州市中小学“急救进校园——万人急救培训”启动仪式在市实验小学举行，医护人员进校开展急救培训。在医护人员指导下，市实验小学的师生开展急救实操演练，学习应急自救互救。

全市有中小学校3000多所，在校师生170多万人，师生规模大，学生突发致病、受伤事件时有发生。同时，随着生活节奏加快，社会压力增大，民众由心脏骤停引起的严重突发死亡事件增多，开展应急救护培训、普及救护知识显得尤为重要。及时正确的急救，抓住“黄金4分钟”，可以大大提高挽救生命的概率。“急救进校园——万人急救培训”在全市中小学校开展，与医疗部门、医疗机构合作，全方位努力、多渠道推动急救知识在师生中的宣传普及，打通急救知识普及的“最后一公里”，提高师生在突发事件中的自救、互救能力，形成“人人学急救、人人会急救”的局面。参加活动的医护人员表示，希望通过这种有意义的活动形式，让同学们成为普及急救知识、意识的传播者，成为每个自己所在家庭培训急救技能的小老师、小教员，甚至如果遇到突发情况可以挺身而出，成为小救星、小帮手。参加活动的学生表示，以前只是在书本上看到急救知识，这次可以进行演练和实践，感觉更加生动，更加具体。回家后可以把急救知识普及给家人，让家人也提高急救意识。

泉州空港党建联盟成立

由泉州晋江国际机场、泉州海关驻晋江办事处、泉州出入境边防检查站执勤一队、厦门航空泉州分公司、深圳航空泉州分公司五家单位组成的泉州空港党建联盟成立。该党建联盟的成立旨在密切各驻场单位的沟通联系，构建“资源共享、优势互补、互相促进、共同提高”的党建工作新格局。以更大范围、更深层次、更高水平的党建联建服务中心工作、服务驻场单位、服务驻场员工，把党建联盟打造成党建学习研究的“讲台”、党建实践活动的“舞台”、展示党建工作成果的“展台”。启动仪式后，全体党员重温入党誓词，党员代表同过“政治生日”，一同参观泉州市党内政治生活体验馆，接受党史学习教育。

泉州空港党建联盟共建签约仪式（图/廖平和）

泉州市5G应用创新发展中心启用

泉州市5G应用创新发展中心启用。该中心旨在推动以5G为引领的新一代信息技术应用创新，发挥生态伙伴的资源优势，引导、支持、激发企业创新活力，成为聚焦泉州、辐射全省的5G应用创新发展与促进平台。同时，联合龙头企业开展5G应用示范及赋能行动，发挥先试先行的引领作用。泉州市5G应用创新发展中心联合天津大学、华侨大学、中电福富、中邮科通信、华为、中兴等智能制造和5G应用领域的优势企业和科研机构，以“搭平台、育生态、树标杆、强研发、促交流”方式为主，每年力争实现“打造10个省市级5G创新应用示范标杆项目、为企业提供5G智能制造解决方案和技术咨询服务500次以上、推动5G应用在100家泉州企业落地、每年实施合作科研与成果转化项目10个以上、促进制造型企业新增产值（含降本增效）10亿元以上、培育一批产值超千万元、具有品牌影响力的本地5G产业服务商”的目标，助推行业融合创新应用，打造泉州数字经济新生态。

泉州市5G应用创新发展中心揭牌仪式（图/泉州电信）

网络电影《围头新娘》开机仪式在晋江举行

国家广电总局网络视听节目精品创作传播工程重点扶持项目——网络电影《围头新娘》开机仪式暨项目研讨会在晋江举行。图为开机仪式。（图/黄祖祥 许雅玲）

全国铸造机械标准化技术委员会基础通用分技术委员会在泉州成立

由全国铸造机械标准化技术委员会主办、分委会秘书处南安市中机标准化研究院承办的全国铸造机械标准化技术委员会基础通用分技术委员会（以下简称“分委会”）成立大会在泉州酒店召开。各科研机构、高等院校、企事业单位等近两百名委员、专家学者、企业代表出席会议。会议宣读国家标准化管理委员会关于分委会成立的批复和组成方案，并向全体委员颁发证书。分委会主任委员卢军表示，中国铸造机械相关基础通用类标准还存在较大空白，分委会要重点围绕分委会专业领域，以铸造机械基础、铸造机械通用技术规范、铸造机械检测方法、铸造机械安全、铸造通用设备与配套装置、铸造检测与控制装置、数字化与绿色铸造装备七个重点主体有计划、分步骤地有序推进开展标准化工作，全面建设高质量标准体系，引领行业高质量发展。

教育部重点课题成果公开报告会在泉州举行

全国教育科学“十三五”规划2017年度教育部重点课题《构建以幼儿为主体的故事剧表演特色课程的实践研究》成果公开报告会在泉州市丰泽幼儿园（省教育科研实验基地）举行。该园《构建以幼儿为主体的故事剧表演课程的实践探索》课题是福建省学前教育唯一一个教育部重点课题，对幼儿主体性故事剧表演开展扎实深入的实践探索。课题聚焦儿童立场，突显剧本选材、剧本创编、故事表演的主体性，为幼教工作者开展戏剧教育提供经验指导，为构建高质量的幼儿园特色课程发挥示范引领作用。

4月8日

农历辛丑年二月廿七
星期四
温度：14℃～19℃
阴转小雨

●党史学习教育市委宣讲团首场报告会在石狮举行。

●泉州市5G应用创新发展中心启用。

●2021年全市体育工作、老年体育工作暨泉州市全民健身领导小组会议召开，总结“十三五”时期和2020年全市体育工作，研究部署“十四五”时期和2021年全市体育工作任务。

●国家广电总局网络视听节目精品创作传播工程重点扶持项目——网络电影《围头新娘》开机仪式暨项目研讨会在晋江举行。

●由全国铸造机械标准化技术委员会主办、分委会秘书处南安市中机标准化研究院承办的全国铸造机械标准化技术委员会基础通用分技术委员会成立大会在泉州酒店召开。

●由市残联、市教育局、市民政局、市文旅局主办的2021年泉州市残疾人艺术会演暨第十一届全省残疾人艺术会演泉州选拔赛在泉州艺术馆举行。

●全国教育科学“十三五”规划2017年度教育部重点课题《构建以幼儿为主体的故事剧表演特色课程的实践研究》成果公开报告会在泉州市丰泽幼儿园（省教育科研实验基地）举行。

●泉州海上丝绸之路文化交流暨《丝路江心镜》新书发布会在市区源和1916创意产业园闽南文化交流中心举行。

4月9日

农历辛丑年二月廿八
星期五
温度：14℃～20℃
阴转晴

●市政府第一百一十五次常务会议召开，落实市委《关于学习宣传贯彻落实习近平总书记在福建考察时的重要讲话精神的工作方案》，研究部署市政府具体贯彻措施。

●市政府党组理论学习中心组学习（扩大）会召开，邀请中科院微电子研究所研究员，中国科学院大学教授、博士生导师陈曙东做题为《数据驱动变革：大数据与智慧社会》专题报告。

●泉州古城全域研学项目战略发布会在市区源和1916创意产业园举行。

●9—10日，由省教育厅主办，泉州师范学院、福建省高等教育学会和中国高等教育学会华南地区教师教学发展研究院承办的首届福建省高校教师教学创新大赛决赛在泉州师范学院举行。

市政府第一百一十五次常务会议召开

市政府第一百一十五次常务会议召开，落实市委《关于学习宣传贯彻落实习近平总书记在福建考察时的重要讲话精神的工作方案》，研究部署市政府具体贯彻措施。会议指出，市政府各部门要把学习宣传贯彻习近平总书记重要讲话精神作为首要政治任务，领会习近平总书记到福建考察的重大意义，把习近平总书记重要讲话精神贯穿到泉州经济社会发展的全过程和各方面；要不折不扣落深落细落实，按照任务项目化、项目清单化、清单具体化，组织专人专班，逐条对照、件件贯彻，迅速转化为推动发展的具体行动和实际成效；要加强协调配合督导考核，相关责任单位和责任人要不等不靠、积极作为，形成推动落实的强大合力。

市政府党组理论学习中心组学习（扩大）会召开

市政府党组理论学习中心组学习（扩大）会召开，邀请中科院微电子研究所研究员，中国科学院大学教授、博士生导师陈曙东做题为《数据驱动变革：大数据与智慧社会》的专题报告。报告会上，陈曙东用通俗易懂的语言和丰富翔实的事例，解读大数据的定义、来源和应用领域，同时围绕数据驱动智慧社会建设提出针对性、实用性强的意见建议。会议指出，泉州正在学习贯彻中共十九届五中全会精神和习近平总书记到福建考察讲话精神，落实国家大数据发展战略，深化“数字泉州”建设，争创国家数字经济创新发展试验区。全市各级政府各部门要密切协作、通力配合，加强大数据基础设施建设，加快数据要素市场培育和数据安全监控体系研究，提升大数据核心技术研发能力，推进重点行业大数据示范应用、社会民生大数据共享应用，为全方位推进高质量发展超越提供有力支撑。

泉州古城全域研学项目战略发布会举行

泉州古城全域研学项目战略发布会在市区源和1916创意产业园举行。主办方对泉州古城全域研学项目进行项目规划解读和前景分析。这是一个以“文旅+教育”的跨界整合为核心特色，以助力古城文化创新传承和打造泉州古城全域研学目的地城市为宗旨的研学项目。项目采用共建的方式，联动关心泉州发展的所有力量，深度挖掘学校研学需求，做足古城文化体验，用全新的认知和玩法带动和引发城市研学IP的自我发掘与共创。

泉州古城全域研学项目启动仪式（图/泉州文旅）

首届福建省高校教师教学创新大赛决赛在泉州举行

9—10日，由省教育厅主办，泉州师范学院、福建省高等教育学会和中国高等教育学会华南地区教师教学发展研究院承办的首届福建省高校教师教学创新大赛决赛在泉州师范学院举行。这不仅是福建省高校教师一次教学创新能力的竞赛，也是福建省高校教师教学创新水平的集中展示，旨在学习贯彻全国教育大会精神和《中国教育现代化2035》，落实新时代全国高等学校本科教育工作会议精神，落实“以本为本”、推动教授上讲台、推进智慧教育、强化学习共同体、引导分类发展，引导高校教师潜心教书育人，打造高校教学改革的风向标，推进高等教育“质量革命”。此次大赛是福建省规格最高、规模最大、实力最强的教学创新大赛，全省30所高校149项作品参赛，其中正高组46项、副高组56项、中级及以下组47项。经组织专家网络评审，77个团队参赛作品入围决赛现场评审。每个组别角逐出一等奖3名，二等奖5名，三等奖若干名。

全市政法队伍教育整顿工作推进会议召开

全省第一批政法队伍教育整顿工作推进会议后，泉州市随即召开全市政法队伍教育整顿工作推进会议，总结前一阶段学习教育环节各项任务落实情况，研究部署下一步查纠整改工作。市委书记、市政法队伍教育整顿领导小组组长康涛主持会议并讲话。省政法队伍教育整顿第四指导组组长蔡小伟到会指导。市领导林锦明、傅藏荣、李伙金等出席会议。

会议指出，查纠整改是教育整顿的中心环节，问题查纠深入不深入、整改彻底不彻底，直接决定着教育整顿的成效。要以更高的政治站位和强烈的责任担当，抓紧抓实政法队伍教育整顿，以自我革命精神推进查纠整改，对顽瘴痼疾大起底、大排查、大整治。要坚持把学习教育贯穿始终，把政治教育、警示教育与查纠整改相结合，做好思想发动和政策宣讲，引导政法干警筑牢忠诚纯洁可靠的思想根基。要坚持重遏制、强高压、长震慑，扎实稳妥、有序有力地查处违纪违法问题，精准适用“自查从宽、被查从严”政策，清除害群之马，维护政法队伍肌体健康。要坚持“查改建”一体推进，剖析问题根源，制定靶向整治方案，解决一个销号一个，举一反三、完善制度、堵塞漏洞。要坚持以人民为中心，开门搞教育整顿，开展“我为群众办实事”实践活动，解决群众愁难急盼问题，让群众感受到教育整顿带来的新气象新变化。要落实教育整顿政治责任，强化主体责任、第一责任人责任和直接责任，支持配合中央督导组、省指导组工作，推动教育整顿走深走实。

康涛会见中国侨商联合会考察团

市委书记康涛会见全国政协常委、中国侨商联合会会长许荣茂带领的中国侨商联合会考察团，就深化合作、共同发展进行交流。省侨联主席陈式海，中国侨联相关负责人出席；市领导林万明、肖汉辉参加。

康涛对中国侨商联合会考察团表示欢迎，并简要介绍泉州人文历史、经济社会发展等情况。康涛表示，侨商始终心系泉州，或积极牵线搭桥、招引项目，或踊跃投资兴业、捐资公益，以实际行动助力泉州高质量发展。泉州正贯彻习近平总书记在福建考察时的重要讲话精神，落实中央及省委部署，传承弘扬“晋江经验”，围绕争创全国民营经济示范城市，实施民营经济发展年、营商环境提升年、城乡品质提升年，持续先行先试，创新体制机制，勇当全方位推进高质量发展超越主力军。侨商在泉州发展大有可为、大有作为，希望大家继续关心泉州、投资泉州，共享机遇、共谋发展。泉州将用心用情提供一流服务保障，为大家投资兴业创造更优环境。许荣茂表示，家乡日新月异的变化令人倍感骄傲和自豪。泉州经济社会发展正迎来难得的历史机遇，考察团将珍惜不可多得的发展机会，深入考察了解，加强对接合作，实现合作共赢。在泉州期间，考察团参加泉州市招商推介洽谈会，还到石狮等地走访，了解经济政策、投资环境及重点产业项目等情况。

泉州海上丝绸之路文化交流暨《丝路江心镜》新书发布会举行

泉州海上丝绸之路文化交流暨《丝路江心镜》新书发布会举行，新加坡知名华文女作家张露博士携最新作品《丝路江心镜》到泉州，与读者分享创作感受。图为张露（左）向相关单位赠送《丝路江心镜》。（图/陈智勇）

4月10日

农历辛丑年二月廿九
星期六
温度：16℃～22℃
多云转晴

●全省第一批政法队伍教育整顿工作推进会议后，泉州市随即召开全市政法队伍教育整顿工作推进会议，总结前一阶段学习教育环节各项任务落实情况，研究部署下一步查纠整改工作。

●市委书记康涛会见全国政协常委、中国侨商联合会会长许荣茂带领的中国侨商联合会考察团，就深化合作、共同发展进行交流。

●泉州海上丝绸之路文化交流暨《丝路江心镜》新书发布会举行。

4月11日

农历辛丑年二月三十
星期日
温度：17℃～25℃
多云转晴

●11—18日，水利部派出监督检查组，进驻开展泉州白濑水利枢纽工程移民安置政策落实情况督查活动。

●市应急管理局率先在全省应急系统出台事故现场应急协调备勤机制，实行安全生产、防汛抗旱、森林防火“联合值班”。

●“泉州：宋元中国的世界海洋商贸中心”的22个遗产点中英文语音导览及图文介绍版上线。

●泉州市新增186名工艺美术师。

水利部督查白濑水库移民安置工作

11—18日，水利部派出监督检查组，进驻开展泉州白濑水利枢纽工程移民安置政策落实情况督查活动。督查组通过听取汇报、实地检查、核查资料、召开移民代表座谈会等方式，到省移民发展中心、安溪县、永春县及项目现场，按照水利部《水库移民工作监督检查办法（试行）》和问题清单85项内容，重点检查移民管理机构主体责任、管理体制、项目管理、资金管理、财务管理、档案管理、监督评估和监督管理等落实情况。交换意见会上，督查组肯定白濑项目移民安置工作成效，指出泉州各级党委、政府高位推动、政府主导，精心编制规划，执行移民安置政策，做深做细移民思想工作，推动工作制度化、规范化有序开展，移民安置工作开局良好、进展顺利、成效明显，希望泉州能够再接再厉，争创新时代水库移民安置典范。

泉州市在全省率先出台事故现场应急协调备勤机制

为适应新时代“大应急”“全灾种”的新要求，市应急管理局率先在全省应急系统出台事故现场应急协调备勤机制。市应急管理局实行安全生产、防汛抗旱、森林防火“联合值班”，并完成安全生产值班电话的升级及号码变更，防汛抗旱、森林防火专线值班联系方式维持不变。3条值班专线联系方式，市安全生产专线：22572820（电话）、22374214（传真），原号22305121沿用至6月30日；市防汛抗旱专线：22572821（电话）、22572921（传真）；市森林防火专线：22100119/12119（电话）。市应急管理局召开全市公共应急统筹小组联席会，与21个市直部门和单位建立突发信息速报联动机制，做好多渠道及时获取突发事件信息工作。值班期间接到事故隐患举报电话（信访）时，值班员按规定程序做好记录和报告，按值班领导要求和业务职责关系，移交相关业务科室、市直相关部门或属地应急部门负责处置，值班室跟踪处置结果，形成处置闭环。接报突发事件时，第一时间按规定制度程序迅速核实上报，并协调相关部门快速、准确、高效联动应急处突。

22个遗产点图文介绍版上线

“泉州：宋元中国的世界海洋商贸中心”的22个遗产点中英文语音导览及图文介绍版上线。“泉州：宋元中国的世界海洋商贸中心”由22处代表性古迹遗址及其关联环境构成并支撑。这22处代表性古迹遗址，包括九日山祈风石刻、市舶司遗址、德济门遗址、天后宫、真武庙、南外宗正司遗址、泉州文庙及学宫、开元寺、老君岩造像、清净寺、伊斯兰教圣墓、草庵摩尼光佛造像、磁灶窑址（金交椅山窑址）、德化窑址（尾林—内坂窑址、屈斗宫窑址）、安溪青阳下草埔冶铁遗址、洛阳桥、安平桥、顺济桥遗址、江口码头、石湖码头、六胜塔、万寿塔。为让市民和中外游客更方便快捷地了解泉州历史文化及遗产点情况，22个遗产点的中英文语音导览和图文介绍版，陆续在“泉州 宋元中国世界海洋商贸中心”微信公众号上线。点击公众号界面的“服务”选项，可选择22个遗产点中英文语音导览、图文介绍服务。各遗产点中英文语音导览单独成篇，包含中英文两种语音，提供简要中文介绍。图文介绍版则介绍各遗产点的性质、位置、重点遗存、出土文物、影响等内容。通过图文、语音介绍，既可了解自己感兴趣的遗产点，也可一边参观、一边听讲解。

泉州市新增186名工艺美术师

泉州市非公企业职称现场考核评审会在惠安开成职业中专学校举行。市人社局改变以往评审地放在市区的做法，组织评审专家到基层对191名申报非公工艺美术职称的专业技术人员进行面试考核评价。经专家评议，最终186名专业技术人员获得工艺美术师资格。

全国政法队伍教育整顿中央第八督导组到泉州督导调研

全国政法队伍教育整顿中央第八督导组组长蒋卓庆带队到泉州市督导，检查教育整顿工作开展情况，指导做好教育整顿以案促改“后半篇文章”。省政法队伍教育整顿第四指导组组长蔡小伟，市领导康涛、张永宁、林锦明、傅藏荣、李伙金参加相关活动。

蒋卓庆指出，教育整顿工作进入查纠整改环节，要高度重视政法队伍中存在的问题，对标对表习近平总书记重要指示精神，坚持高标准严要求，加强部门协作联动，分系统梳理举报线索，建立工作台账，做好线索移交、核查、会商和督办，做到重点突出、目标清晰，为后续各项工作奠定良好基础。要坚持效果导向，把握“自查从宽、被查从严”的政策要求，加强政策宣传，发挥好警示和引导作用，教育全市政法干警开展自查自纠，严守纪律红线，努力干事创业，不负党和人民赋予的神圣职责。要坚持问题导向，以案促改，剖析典型案件暴露出来的制度短板，建立健全监督制约机制，尤其是加强对执法环节的全流程监督，确保执法司法权力正确规范行使，提高全面从严管党治警长效常治水平。驻泉州指导组要扛起责任，紧盯重点问题，发挥好指导、督促、协调、推动作用，确保整个教育整顿始终坚持正确的政治方向，高质量完成这一重大政治任务。

泉州市延续水运业扶持政策

为促进泉州市水路运输企业加快转型升级，市政府印发通知，2017年起实施并于2020年12月31日到期的水运业扶持政策有效期，延续至2023年12月31日，有些政策条款结合行业发展实际进行适当修改。

鼓励企业新增运力方面，对泉州市水路运输企业新增（不含泉州市域内过户）船龄在10年（含）以内并在泉州市入户、自有并合法经营的5000载重吨及以上的船舶，每载重吨给予一次性奖励100元。促进企业规模发展方面，泉州市水路运输企业总运力规模新达到10万载重吨及以上的，给予企业一次性奖励100万元；每增加5万载重吨的，再奖励70万元，每家企业累计奖励总金额不超过350万元。水路运输企业总运力规模达到10万载重吨及以上的，每增加5万载重吨给予一次性奖励70万元，每家企业累计奖励总金额不超过350万元。由泉州市两家（含）以上（运力规模均为未达10万载重吨）水路运输企业通过兼并重组运力规模达到10万载重吨及以上的新企业，给予新企业一次性奖励100万元；新企业重组后在运力规模基础上，每增加5万载重吨给予一次性奖励70万元，每家新企业累计奖励总金额不超过350万元。实施船舶贷款贴息方面，水路运输企业在泉州市新增（不含泉州市域内过户）5000载重吨及以上、船龄在5年（含）以内且符合交通运输部公布的节能减排标准的自有船舶所实施的项目贷款利息补贴（贷款款项必须用于建造或者购置完工船舶的实际支出），按照年贷款利息的20%给予补贴，单艘船舶累计补贴不超过500万元。

获得奖励的水路运输企业须承诺5年（含）内不得将注册地址迁出泉州市，且5年内运力规模不得低于已获奖励运力规模；企业所属船舶（含享受运力规模奖励的船舶）须落户本市连续时间满5年（含）以上（船舶报废拆解或其他不可抗拒的因素除外）。从1月1日起，符合条件的航运企业均可申请奖励和补贴，但是企业或企业法定代表人被列为失信被执行人或涉黑涉恶的，不得享受该政策。

安溪率先推行不动产登记“一证一码”服务模式

安溪在全市率先推出不动产登记“一证一码”服务。“一证”是指不动产权证，“一码”是指不动产权证上的附图二维码。实施“一证一码”便民服务后，工作人员通过系统直接调取宗地图和房产平面图信息转换成二维码，展示在新颁发的不动产权证附记位置，证书不再粘贴纸质附图。企业和群众通过手机“扫一扫”功能，扫描产权证附记上的二维码，即可随时随地查看不动产的图纸信息。

4月12日

农历辛丑年三月初一
星期一
温度：19℃～29℃
多云

●全国政法队伍教育整顿中央第八督导组组长蒋卓庆带队到泉州市督导，检查教育整顿工作开展情况，指导做好教育整顿以案促改“后半篇文章”。

●市政府印发通知，2017年起实施并于2020年12月31日到期的水运业扶持政策有效期，延续至2023年12月31日。

●安溪在全市率先推出不动产登记“一证一码”服务。

4月15日

农历辛丑年三月初四
星期四
温度：17℃～20℃
阴转小雨

●市委书记康涛到黎明职业大学宣讲习近平总书记在福建考察时的重要讲话精神，调研学校职业教育情况，为学校师生上思政课。

●市安委会成员（扩大）会议召开，学习贯彻习近平总书记关于安全生产的重要论述和到福建考察讲话精神，落实国务院安委会工作部署和省委、省政府工作要求，传达贯彻省政府安委会成员（扩大）会议精神，分析全市安全生产形势，部署推进安全生产工作。

●市政府党组扩大会议召开，学习贯彻习近平总书记到福建考察讲话精神，研究部署市政府党组党史学习教育工作。

●市政府党组理论学习中心组学习会召开，围绕学习《习近平关于网络强国论述摘编》开展专题研讨。

●继全国全省防汛抗旱工作视频会议后，泉州市召开部署会议，抓好贯彻落实。

●市未成年人思想道德建设工作联席会全体成员会议暨市创城指挥部未成年人思想道德建设工作职能组会议召开。

●市委宣传部、市委文明办、市教育局、团市委、市妇联、市关工委公布15位第三届泉州市“新时代好少年”名单。

●泉州老年大学新校舍落成暨2021年春季开学仪式举行。

康涛到黎大宣讲习近平总书记在福建考察时的重要讲话精神

市委书记康涛到黎明职业大学宣讲习近平总书记在福建考察时的重要讲话精神，调研学校职业教育情况，为学校师生上思政课。市领导季翔峰等参加活动。在黎明职业大学智慧教学中心、智能制造实训中心，康涛听取学校职业教育、人才培养、学科建设等情况介绍。

随后，康涛为学校师生上思政课。康涛强调，要传承弘扬“晋江经验”，保持不惧风险敢投资、输赢笑笑闯天下的精神，干部和企业家想在一起、干在一起，发展实体经济，推动民营经济快速发展，当好全方位推进高质量发展超越主力军。要更好地造福人民群众，坚持以人民为中心的发展思想，加快“跨江发展、跨域融合”，造好城市软硬环境，不断提升城市能级，让更多优质要素资源在泉州集聚；推进“我为群众办实事”实践活动，启动新一轮民生补短板工程，增进民生福祉，在创造高品质生活上实现更大突破。黎明职业大学要贯彻习近平总书记在福建考察时的重要讲话精神，坚持应用技术型办学方向，落实立德树人根本任务，增强职业教育适应性，结合开展“再学习、再调研、再落实”活动，把学校建设放在全市工作大局中谋划推进，在服务打造“海丝名城、制造强市”中担当作为，开创学校发展的新局面。青年要树立远大理想、热爱伟大祖国，真正修品德、立大志，练就过硬的本领，争当能工巧匠、大国工匠。思政课教师要提高思想政治素质和教育教学水平，当好学生健康成长的指导者和引路人。

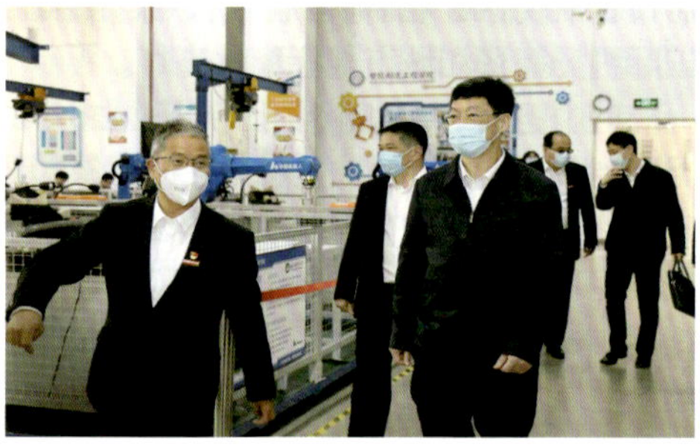

康涛（左三）在黎明职业大学智能制造工程学院调研（图/陈起拓）

市安委会成员（扩大）会议召开

市安委会成员（扩大）会议召开，学习贯彻习近平总书记关于安全生产的重要论述和到福建考察讲话精神，落实国务院安委会工作部署和省委、省政府工作要求，传达贯彻省政府安委会成员（扩大）会议精神，分析全市安全生产形势，部署推进安全生产工作。会议指出，要坚持长短结合、标本兼治，抓好安全生产专项整治三年行动集中攻坚，落实各领域安全隐患大排查大整治；加强风险研判，推进水上运输和渔业船舶、道路运输、危险化学品、房屋结构、市政建设、消防、矿山、工贸等重点领域安全风险防控，防范化解危及人身安全的风险隐患；强化防汛准备和隐患排查，组织开展督促指导，做好汛期安全生产工作。

泉州老年大学新校舍落成

泉州老年大学新校舍落成暨2021年春季开学仪式举行，并为支持泉州老年大学新校舍建设和泉州老年教育发展的爱心人士代表授牌。泉州老年大学新校舍是泉州市“十三五”时期重点建设项目。新校舍建筑面积3万平方米，涵盖综合楼、教学楼和礼堂，内设音乐厅、报告厅、校史室、图书阅览室、离退休党建、学会社团等活动室，还有各类教室46间，会议室、培训室4间，可容纳2万人次老年人参与学习。

泉州老年大学学员在新校舍教室外的电子班牌上扫二维码完成点名、查看课程等日常事项（图/林劲峰）

章建华到泉州调研能源发展有关情况

国家发展改革委党组成员、国家能源局局长章建华到泉州调研能源发展有关情况，省有关部门领导和市领导康涛、刘文儒、吕刚等参加调研。调研组到晋江储能电站考察，了解电化学储能技术应用、储能电站的市场化运营情况，并就储能项目建设运营政策环境、储能电站盈利模式和商业模式等方面，与省、市和企业负责人座谈。

第一季度全市经济运行分析视频会召开

第一季度全市经济运行分析视频会召开，学习贯彻习近平总书记到福建考察讲话精神，落实省委、省政府部署要求，分析研判经济运行情况，部署下阶段工作。会议强调，要把学习贯彻习近平总书记到福建考察讲话精神作为首要政治任务，按照任务项目化、项目清单化、清单具体化，逐条逐项创造性抓好贯彻落实，当好全方位推进高质量发展超越主力军。要保持干劲热度，长效攻坚比拼，实行月通报、季约谈、日常收账，完善项目协调推进、政策跟踪服务等机制，做足做实工作提前量，拼出“开局红”实绩成效。要拓展产业战略方向，激发企业家精神，大抓产业数字化、园区化、生态化，加快数控化提质扩面、工业互联网平台培育等，“一园一品”建设运营一批专业园区，留住高端制造、结算等核心环节，形成搬不走的优势。坚持以人民为中心的发展思想，兜底线补短板提品质，提升群众获得感幸福感安全感。绷紧安全生产这根弦，抓好安全生产专项整治三年行动，做好防台防汛工作准备等。抓实抓细常态化疫情防控，推进疫苗接种，落实核酸检测、健康管理等措施。推进乡村振兴，开展“我为群众办实事”实践活动，用心用情解决群众“急难愁盼”，创造高品质生活。

2021年“我们的中国梦·文化进万家”活动在安溪举行

由市委宣传部、市文旅局、市文联主办的2021年“我们的中国梦·文化进万家”活动在安溪县虎邱镇长潭公园举行。活动分非物质文化遗产图片展和主题文艺演出两个部分。非物质文化遗产图片展集中展示泉州市非物质文化遗产代表性项目名录、民间文学、传统音乐、传统技艺、民俗、传统舞蹈等多项非物质文化遗产内容，汇聚泉州市在非物质文化遗产保护和传承方面的成果。文艺演出在现代舞《碇步桥水清悠悠》中拉开序幕。随后，古筝演奏《唱支山歌给党听》、独唱《我爱我的祖国》《跟你走》、男女声二重唱《祖国万岁》、快板《文明新时尚》、南音《三千两金》、舞蹈《掌中乐》、泉州讲古《泉州十八景》等节目轮番上演，表达对党、对祖国的热爱之情。

《安溪铁观音质量安全白皮书（2020）》在北京首发

新华社中国经济信息社、中华全国供销合作总社杭州茶叶研究院、安溪县政府在北京发布《安溪铁观音质量安全白皮书（2020）》。白皮书指出，安溪县空气质量优良，空气质量六项污染物指标均符合国家标准规定。茶园土壤肥力状况良好，微生物群落丰富，土壤生态系统健康稳定。白皮书肯定安溪茶园基地鲜叶、毛茶和成品茶质量安全状况。通过研究表明：鲜叶、毛茶和成品茶铅合格率为100%，含量远低于《食品安全国家标准 食品中污染物限量》（GB 2762—2017）标准限量规定（5毫克/千克）；依据《食品安全国家标准 食品中农药最大残留限量》（GB 2763—2019）进行农药残留的检测，合格率为100%。农业农村部农产品质量安全监管司副司长方晓华表示，此次安溪县委、县政府在茶界率先以白皮书发布质量安全，既是宣言书，也是动员令。这将成为安溪铁观音的质量安全提升通道、品质品牌宣传通道，实施质量兴茶、绿色发展、品牌强茶的重要抓手，提振消费信心，打造茶行业的标杆，引领中国茶供给侧结构性改革，推动茶产业高质量发展。

4月16日

农历辛丑年三月初五
星期五
温度：18℃～24℃
阴转多云

●国家发展改革委党组成员、国家能源局局长章建华到泉州调研能源发展有关情况。

●第一季度全市经济运行分析视频会召开，学习贯彻习近平总书记到福建考察讲话精神，落实省委、省政府部署要求，分析研判经济运行情况，部署下阶段工作。

●市委理论学习中心组学习会召开，学习领会习近平总书记在福建考察时的重要讲话精神，集中研讨贯彻落实工作。

●市委市直机关工作委员会、市总工会等主办的“奋进新征程 建功‘十四五’”中共十九届五中全会精神暨党史学习教育答题竞赛总决赛举行。

●由市委宣传部、市文旅局、市文联主办的2021年“我们的中国梦·文化进万家”活动在安溪县虎邱镇长潭公园举行。

●新华社中国经济信息社、中华全国供销合作总社杭州茶叶研究院、安溪县政府在北京发布《安溪铁观音质量安全白皮书（2020）》。

4月17日

农历辛丑年三月初六
星期六
温度：17℃~27℃
阴转多云

●16—17日，全国政协民族和宗教委员会副主任全哲洙带领调研组到泉州，就“民间信仰管理”开展专题调研。

●市政府公布市辖区第三批历史建筑保护名录，鲤城区开元街道中山北路34号惠世楼、丰泽区东湖街道水漈路46号苏氏宗祠等23处建筑上榜。

●17—18日，世界中学生运动会（以下简称“世中运”）赛会志愿者管理人员培训班在泉州职业技术大学举办。

全国政协调研组到泉州开展“民间信仰管理”专题调研

16—17日，全国政协民族和宗教委员会副主任全哲洙带领调研组到泉州，就“民间信仰管理”开展专题调研。市领导李转生、林万明、刘志平参加活动。调研组视察通淮关岳庙、泉郡富美宫和蟳埔顺济宫，了解泉州市民间信仰基本情况、管理现状，存在的新情况、新问题和风险隐患，以及在全面推进乡村振兴战略中如何加强对民间信仰的管理和引导等。

市辖区第三批历史建筑保护名录公布

为继承和弘扬泉州市优秀历史文化，加强历史建筑保护，保留城市历史记忆，彰显城市特色，市政府公布市辖区第三批历史建筑保护名录，鲤城区开元街道中山北路34号惠世楼、丰泽区东湖街道水漈路46号苏氏宗祠等23处建筑上榜。这23处建筑包括鲤城区7处、丰泽区4处、洛江区5处和泉州台商投资区7处，分别是：鲤城区开元街道惠世楼，鲤中街道螺珠巷11号洋楼（叶氏洋楼）、螺珠巷13号洋楼（叶氏洋楼）、后城140号大厝、龙玲阁、庄正故居，海滨街道陈文卿故居；丰泽区东湖街道水漈路46号苏氏宗祠、水漈路79号苏美泮故居，丰泽街道李清纶故居，清源街道埔任巷150号祠堂；洛江区罗溪镇赖波水故居、黄奕聪故居、廖尚武故居、尤民生故居，马甲镇大夫第；泉州台商投资区洛阳镇南华楼、陈埭头村硐楼，东园镇细铁楼，张坂镇埕边1031号洋楼、兴怀楼、雪凝含晖，百崎回族乡后海214号洋楼。至此，泉州市已公布市辖区历史建筑保护名录3批146处。

黄奕聪故居外观（资料图片）

苏氏宗祠大堂（资料图片）

南华楼（资料图片）

世界中学生运动会赛会志愿者管理人员培训班举办

17—18日，世界中学生运动会（以下简称“世中运”）赛会志愿者管理人员培训班在泉州职业技术大学开班，全市22所高校300多名志愿者管理人员参加培训。中国中学生体育协会和首都体育学院的4位专家从世界中学生运动会基本情况、志愿者队伍的领导艺术与管理、志愿者的组织与管理、赛会志愿者情绪与压力管理及其自我保护等方面向志愿者管理人员进行讲解。此外，培训班还为志愿者提供交流平台，通过交流学习，能够培养志愿者之间的相互协作能力，增加世中运志愿者的凝聚力，打造出一支优质高效的赛会志愿者服务团队。泉州职业技术大学志愿者、油气储运工程专业大二学生曾文霞表示，距离世中运首场测试赛只剩下不到1个月时间，这样集中、专业的培训能够让大家迅速进入战时状态，为赛会提供专业、优质、高效的志愿服务。华侨大学志愿者领队、共青团华侨大学委员会青年发展部副部长蒙冬英表示，为配合世中运执委会做好英语翻译工作，华侨大学从外语学院、国际学院等学院选拔300多名学生志愿者，其中包括9名境外生。学校组织英语能力、服务礼仪、应急管理等多方面培训，为完成赛会英语翻译服务工作打下基础。

第二十四届海峡两岸纺织服装博览会在石狮开幕

第二十四届海峡两岸纺织服装博览会（以下简称“海博会”）暨2021中国裤装产业品牌博览会在石狮开幕。该届海博会以“融合创新，共享时尚新生活”为主题，承续“两岸、规模、专业、休闲、时尚”的思路，设立两岸融合馆、跨境电商馆、全国各产业集群面辅料馆、裤装产业馆、石狮文创旅游馆、石狮面料馆、石狮辅料馆、石狮校服馆（童装馆）等15个特装展馆。其中，产业集群馆与跨境电商馆均为首次设立。展会以裤装面辅料供应链为主展系列，涵盖夹克面料供应链、男装面料供应链、童装面料供应链、产业公共服务平台等。此外，主办方还在石狮服装城、石狮国际轻纺城、石狮青创城国际网批中心等区域设置分展区。

展会吸引长三角、大湾区、台湾地区等具有影响力的品牌企业参展，包括上海、柯桥、盛泽、虎门、大湾区、长乐、广州中大等多个知名纺织服装产业集群。展会首次依托中国纺织工业联合会旗下中国纺织信息中心丰富的资源渠道，依据市场需求，以专业性、品牌化、权威型为导向，开展招商招展。中国纺织工业联合会是全国性的纺织行业组织，海博会与该权威机构的强强联合，提升展会的专业化、精准化、高端化水平。该届海博会吸引不少长三角和珠三角等地区具有影响力的品牌企业带着丰富的资源参展。为凸显海博会作为行业交流、展示、对话、合作的重要平台作用，中国纺织信息中心精准对接并组织包含运动、男装、女装、童装、辅料、面料在内的10个小组的专业观众，进行现场沟通洽谈，开展供需对接。由中国纺织工业联合会牵头组织的展商就达140多家，专业品牌160多个，专业观众400多名，体现专业办展和精准对接。中国纺织信息中心还首次举办全国纺织服装产业集群“双循环”高峰论坛，共话纺织服装产业未来发展方向。亚马逊全球开店、eBay、Wish、Shopee、敦煌网、雨果网等十几个国际知名跨境电商平台，及部分国内跨境电商服务企业参展，石狮当地15个跨境电商园区同期举办活动。此外，两岸融合馆再现千年闽绣工艺，以刺绣为载体，展示潮绣、瑶绣、楚绣、闽绣、苗绣、湘绣和发绣等中国传统手工刺绣工艺。

第二十四届海峡两岸纺织服装博览会展会现场（图/吴寿民）

2021年中国服装辅料大会在石狮举行

由中国纺织工程学会主办的2021年中国服装辅料大会在石狮举行。大会以“小辅料 大精彩”为主题，关注辅料“科技、时尚、绿色”的发展趋势，与第二十四届海峡两岸纺织服装博览会联动，从服装供应链的数字化转型、专家趋势预测和分析、知名服装企业辅料创新运用案例分享、辅料企业和科研机构创新成果推介、辅料生产质量提升等方面，多角度全方位展现辅料行业发展的最新趋势和科技发展动向。

泉州市《说文解字》研究会成立

泉州市《说文解字》研究会获市社科联、市民政局批准成立，成为泉州市文字学及闽南语传播的研究和交流平台。许景南被推选为研究会首任理事长。泉州文字学研究走在全省前列，许多爱好文字学的专家、学者撰写并发表一大批具有全国影响力的论文、论著。该研究会主要由泉州市高校汉语言文字学研究的专家、学者和文字学爱好者组成，是一个自发的、非营利性的社团组织。

4月18日

农历辛丑年三月初七
星期日
温度：16℃~22℃
晴转多云

●第二十四届海峡两岸纺织服装博览会（以下简称“海博会”）暨2021中国裤装产业品牌博览会在石狮开幕。

●由中国纺织工程学会主办的2021年中国服装辅料大会在石狮举行。

●泉州市《说文解字》研究会获市社科联、市民政局批准成立，成为泉州市文字学及闽南语传播的研究和交流平台。

4月19日

农历辛丑年三月初八
星期一
温度：17℃~21℃
阴转晴

●2021年省市人大常委会秘书长、办公厅（室）主任座谈会在泉州召开。

●市人大常委会党组扩大会议召开，传达学习习近平总书记在中央政治局会议上的重要讲话精神，习近平总书记对革命文物工作、对深化东西部协作和定点帮扶工作、对打击治理电信网络诈骗犯罪工作、对职业教育工作做出的重要指示精神等。

●市委党史学习教育领导小组办公室第一次全体会议召开，传达学习习近平总书记有关党史学习教育的讲话精神和中央、省委、市委有关会议精神，通报上阶段工作成效，研究下一步工作重点。

●市创城办、市委文明办、泉州市志愿者协会、丰泽区文明委、区创城指挥部向全市人民发出《“我为社会做好事”倡议书》。

●第18届世界中学生运动会赞助商签约发布会在晋江国际会展中心举行。世界中学生运动会执委会办公室与10家赞助企业签署赞助协议，并分批举行授牌仪式。

●第二十三届中国（晋江）国际鞋业暨第六届国际体育产业博览会在晋江开幕。

●中共泉州市物业服务行业委员会在市人才大厦揭牌。

省市人大常委会秘书长座谈会在泉州召开

2021年省市人大常委会秘书长、办公厅（室）主任座谈会在泉州召开。省人大常委会办公厅、九个设区市人大常委会办公厅（室）、平潭综合实验区人大工委负责人围绕加强和改进新时代人大工作进行交流研讨。图为座谈会现场。（图/王虎文）

市人大常委会党组扩大会议召开

市人大常委会党组扩大会议召开，传达学习习近平总书记在中央政治局会议上的重要讲话精神，习近平总书记对革命文物工作、对深化东西部协作和定点帮扶工作、对打击治理电信网络诈骗犯罪工作、对职业教育工作做出的重要指示精神，以及省委、市委有关会议精神；传达学习中央、省委深改委会议精神，省委主要领导到泉州调研有关精神，以及市委有关会议精神；研究市人大常委会党组暨机关学习贯彻落实习近平总书记到福建考察讲话精神、开展党史学习教育等工作方案。会议指出，要落实好省委主要领导到泉州调研精神的要求，结合党史学习教育和“再学习、再调研、再落实”活动，紧扣常委会确定的各项目标任务，坚持一体推进，服务发展大局，在高质量完成规定动作的基础上，争取把工作任务往前压，确保各项工作按时序推进。

市委党史学习教育领导小组办公室第一次全体会议召开

市委党史学习教育领导小组办公室第一次全体会议召开，传达学习习近平总书记有关党史学习教育的讲话精神和中央、省委、市委有关会议精神，通报上阶段工作成效，研究下一步工作重点。会议指出，要认真履职，细化完善工作制度，理顺工作环节，加强协同配合，把各项工作落实落细落到位。要立足泉州实际创新载体，聚焦群众“急难愁盼”问题，开展“我为群众办实事”“我为企业解难题”实践活动。

第二十三届中国（晋江）国际鞋业博览会开幕

第二十三届中国（晋江）国际鞋业暨第六届国际体育产业博览会（简称“鞋体博会”）在晋江开幕。该届鞋体博会首次移师规模福建第三、泉州最大的晋江国际会展中心举办，展览面积6万平方米，设置2317个国际标准展位，规划鞋类成品/体育用品、鞋纺材料、机械设备三大主体展区，设立科技创新馆、鞋业指数馆、世中运形象馆、人才馆、青商会展区、中小企业鞋类精装区和台湾鞋机馆等10多个特色馆。作为晋江打造体育城市的重要抓手，该届鞋体博会更加深度聚焦体育产业。一方面专门设置第18届世界中学生运动会形象馆，展示赛事精彩元素，推广赛会品牌文化，介绍市场开发资源和招商赞助政策；另一方面，在展示鞋机、鞋材、成品鞋等鞋类产品基础上，重点展示足球、冰雪、户外、泳装等细分领域的新趋势、新工艺、新材料，集中亮相健身健美、体育旅游等新业态，打造汇集体育用品、体育营销、体育文化、体育服务的综合性体育产业盛会。线上鞋体博会同步举办，加强展商营销和商贸邀约拓客，提升展商与客商对接效率，通过线上线下融合，助力晋江企业在新一轮市场竞争中实现企业转型、渠道创新、营销模式创新。

第二十三届中国（晋江）国际鞋业博览会开幕式（图/吴炯雯）

晋江与复旦大学上海医学院签约合作共建

晋江与复旦大学上海医学院签订合作协议。泉州市委书记康涛，泉州市委常委、晋江市委书记刘文儒等见证签约。始建于民国16年（1927年）的复旦大学上海医学院，是中国人自主创办的第一所国立大学医学院，拥有一流的管理、诊疗、科研和教学水平，学科技术水平长期保持在全国顶尖行列，为中国培育了一大批医学高层次人才，在国内外享有盛誉。随着共建协议的签订，复旦大学上海医学院及其附属医院将发挥在医疗领域的整体优势，推动上海优质医疗资源下沉到泉州，与晋江市第二医院就医疗卫生改革、分级诊疗体系建设、医教研发展、健康产业建设等重点领域开展深度合作，共同致力于建设标准化、人性化、智能化、可持续良性发展的现代化医院，为泉州老百姓提供高水平、优质的医疗服务和医疗体验，为服务健康中国战略和区域发展做出应有贡献。此次双方合作是泉州、晋江学习贯彻习近平总书记到福建考察讲话精神的一项有力举措，不仅对晋江、泉州乃至福建医疗卫生事业发展、提升人民群众生活品质意义重大，也标志院地合作迈出里程碑式的关键一步。

市政协党组理论学习中心组学习扩大会议召开

市政协党组理论学习中心组学习扩大会议召开，传达学习习近平总书记在中央政治局会议上、参加首都义务植树活动时的重要讲话精神；传达学习习近平总书记对革命文物工作、对深化东西部协作和定点帮扶工作、对打击治理电信网络诈骗犯罪工作、对职业教育工作做出的重要指示精神和致厦门大学建校100周年贺信精神，以及省委、市委有关会议精神。会议指出，要贯彻新发展理念，服务和融入新发展格局，围绕发挥泉州市区位优势、深化与东西部地区交流合作等方面协商议政、建言献策。要发挥政协独特优势，汇聚发展强大合力，拓展支持帮扶的广度深度，为泉州市推进乡村振兴献计出力。要坚持人民至上，围绕打击电信网络诈骗犯罪、坚持生态优先、发展职业教育、加强高校建设等热点难点，调查研究、建言资政。

“我为社会做好事”志愿服务集中行动启动

由市创城办、市委文明办、泉州市志愿者协会、丰泽区文明委、区创城指挥部主办的“我为社会做好事”志愿服务集中行动启动仪式在市区真武庙广场举行。启动仪式上，主办方介绍“我为社会做好事”志愿服务集中行动方案并宣读《“我为社会做好事”倡议书》。启动仪式后，身穿红马甲的志愿者开展形式多样的志愿服务，包括垃圾换水、急救知识免费科普、防诈骗宣传、测量血压健康咨询、捡拾垃圾、义剪等，吸引众多市民参加。活动现场还免费发放各类书籍和宣传册。各县（市、区）同步设立分会场。“我为社会做好事”志愿服务集中行动方案包括五大志愿行动，即保护公共环境志愿行动、倡导公共文明志愿行动、维护公共秩序志愿行动、优化公共服务志愿行动和提升公共文化志愿行动。《“我为社会做好事”倡议书》从维护公共秩序、爱护公共环境、优化公共服务、传播公共文明、守护公共安全、服务公共生活六个方面发出倡议，呼吁市民群众、志愿者立即行动起来，围绕群众最现实、最迫切、最关心的问题开展志愿服务活动，共同为泉州深化创建全国文明城市贡献力量。

市委史志研究室在活动现场免费发放史志书籍（图/刘楷彬）

4月20日

农历辛丑年三月初九
星期二
温度：19℃～25℃
多云转晴

●晋江与复旦大学上海医学院签订合作协议。

●市政协党组理论学习中心组学习扩大会议召开，传达学习习近平总书记在中央政治局会议上、参加首都义务植树活动时的重要讲话精神等。

●由市创城办、市委文明办、泉州市志愿者协会、丰泽区文明委、区创城指挥部主办的“我为社会做好事”志愿服务集中行动启动仪式在市区真武庙广场举行。

●市委统战部、市工商联、市侨联、泉州市海外联谊会、市纪委监委驻市委统战部纪检监察组开展“亲清护航营商环境 同心共建民营经济示范城市”主题活动。

4月21日

农历辛丑年三月初十
星期三
温度：19℃～27℃
晴转多云

●市委书记、市政法队伍教育整顿领导小组组长康涛到市公安局检查推进公安队伍教育整顿工作。

●市政府与市人民检察院联席会议召开，围绕“创新发展‘晋江经验’，加强知识产权保护，服务保障民营经济健康发展，全方位推进高质量发展超越”主题，通报双方相关工作情况，研究下一步举措。

●全市政法队伍教育整顿办主任会议召开，总结上阶段工作情况，交流经验做法，部署下阶段工作。

●由市档案部门主办的“银幕中的百年伟业电影海报展”在中国闽台缘博物馆开幕。

●由市妇联、市委文明办、市关工委主办的“欢乐童心·薪火相传”2021年泉州市“书香小芽儿”亲子阅读系列活动在泉州市图书馆启动。

●晋江市（长三角）招商推介及项目集中签约暨企业家恳谈会在上海举行，签约10个项目，总投资45.3亿元。

康涛检查推进公安队伍教育整顿工作

市委书记、市政法队伍教育整顿领导小组组长康涛到市公安局，检查推进公安队伍教育整顿工作。副市长、市公安局局长李伙金参加活动。康涛走访市公安局指挥情报中心，了解中心运行情况，通过市公共安全视频共享平台调阅重要节点实时信息，并听取市公安局队伍教育整顿工作汇报。康涛强调，要压紧压实各级工作责任。坚持把党的领导贯穿教育整顿各方面和全过程，市公安局党委要承担起教育整顿直接责任，在完成各项规定动作的基础上，稳妥创新自选动作。要对标对表抓好查纠整改。坚持刀刃向内，以动真碰硬的决心和自我革命的勇气努力把问题查实查透查到位；开展谈心谈话，做好政策宣讲和思想引导，对队伍中一经查实的各类违纪违法问题要一查到底、绝不姑息；整治顽瘴痼疾，使影响制约严格公正执法的深层次问题得到有效根治。要忠诚履行公安职责使命。把教育整顿与履行好公安机关主责主业结合起来，开展“我为群众办实事”实践活动，结合实际推出更多便民利民举措；常态化推进扫黑除恶专项斗争，深度治理电信网络违法犯罪，全力防风险、保安全、护稳定、促发展。

市政府与市人民检察院联席会议召开

市政府与市人民检察院联席会议召开，围绕“创新发展‘晋江经验’，加强知识产权保护，服务保障民营经济健康发展，全方位推进高质量发展超越”主题，通报双方相关工作情况，研究下一步举措。市领导洪自强、周真平、李伙金、吕刚，市人民检察院检察长傅建飞，市政府秘书长廖国文等参加会议。会议要求，市政府、市人民检察院要健全沟通交流机制，推动协调联络常态化，增强工作合力。希望市人民检察院精准把握满足企业司法需求，提升检察工作针对性和精准度，为民营经济发展提供有力法治保障和优质法律服务；精细办案护航企业健康发展，加强知识产权检察保护，构建民营企业权益保护多元化格局；精心服务提升便民惠企实效，通过信息化手段为企业和群众办事提供最大化便利。政府各部门要自觉转变理念、加强配合，与检察机关保持良性互动，共同打造优质营商环境，全方位推进高质量发展超越。

“银幕中的百年伟业电影海报展”开幕

由市档案部门主办的“银幕中的百年伟业电影海报展”在中国闽台缘博物馆开幕。展览以100幅电影海报回顾中国共产党100年光辉历程，作为干部群众接受党史学习教育的生动题材。图为海报展现场。（图/吴寿民）

2021年泉州市“书香小芽儿”亲子阅读系列活动启动

由市妇联、市委文明办、市关工委主办的“欢乐童心·薪火相传”2021年泉州市“书香小芽儿”亲子阅读系列活动在泉州市图书馆启动。活动旨在发挥家庭在弘扬革命传统和传承优良家教家风方面的作用，引领全市家庭坚定不移听党话、跟党走。活动以红色为底色，以“欢乐童心·薪火相传”为主题，动员全市家庭共读红色故事，弘扬革命传统，传承红色基因，让红色文化走进每个家庭，让革命薪火代代相传。启动仪式上，主办方向全市家长发出“红色故事润童心 亲子阅读伴成长”倡议书，发布亲子阅读红色书籍推荐书目，并举办红色书籍进家庭首场赠书活动、“故事爸妈同阅读·红色基因共传承”红色亲子故事会展示。

袁毅到泉州调研人大工作

21—22日，省人大常委会党组成员、副主任袁毅到泉州调研人大工作，市人大常委会主任陈灿辉、副主任黄阳春参加相关活动。调研组察看迪特工业设计中心、西人马联合测控泉州科技有限公司、福建省特种机器人产品质量检验中心，了解泉州市智能制造产业发展情况；走访石狮市湖滨街道人大代表联系群众活动室，并召开座谈会，围绕各级人大开展双联工作、办理代表议案建议、做好市县乡人大换届选举等工作，进行座谈交流。调研组指出，要强化代表履职服务保障，做好代表双联、议案建议办理等工作，发挥代表作为党和政府联系群众的桥梁纽带作用；要做好市县乡人大换届选举工作，把好代表政治关、素质关、结构关，确保选举方向正确、风清气正，选举结果人民满意。

市政府党组理论学习中心组学习会召开

市政府党组理论学习中心组学习会召开，专题学习研讨习近平总书记到福建考察讲话精神。会议指出，市政府各位党组成员要认识习近平总书记到福建考察的意义，坚持在学深悟透中领会精神实质。要创造性抓好贯彻落实，重点结合开展党史学习教育和“再学习、再调研、再落实”活动，对照市委策划的重点专项和任务清单，边研究边谋划边落实，推动转化为一批具体政策、举措、项目和机制，以抓落实的实际成效检验学习贯彻成果。政府系统党员领导干部要提振干事创业精气神，落细落实市委保金融、保用工、保市场、促投资等工作部署，抓好二季度攻坚任务，为完成全年目标任务打下基础。要统筹安全和发展，抓好常态化疫情防控措施落实，开展安全生产专项整治三年行动，做好防汛防台风各项准备工作，保障人民群众生命财产安全。

“4·23”世界读书日活动举行

由市委宣传部、市文旅局、市文联等主办的“4·23”世界读书日暨“爱阅之城”泉州市第二届云阅读节启动仪式在丰泽区图书馆举行。活动主要内容包括第二届云阅读节系列活动、“梦想从阅读开始 成功从脚下起步”——“4·23”世界读书日主题展、“书香伴我成长”——中国儿童文学作品展、“读书传递力量·红色经典阅读”暨“4·23”世界读书日“阅读马拉松”活动、“开启新的阅读之旅”21天听书打卡活动等，旨在通过倡导读书，提高市民文化素质，提升城市文化品位和城市文明程度，在全社会形成人人爱读书、多读书、读好书的氛围，使读书成为全体市民的一种生活态度、生活方式。主办方负责人表示，欢迎全市干部群众参与到全民阅读活动中来，养成爱读书的习惯，从读书中获得新知，在读书中享受快乐。通过不断地思考和实践，融会贯通、学以致用、促进创新，为泉州市创建全国文明城市，建设“海丝”名城、制造强市做出 贡献。

清源创新实验室聘任13名院士为学术咨询委员会委员

清源创新实验室第一届学术咨询委员会第一次会议召开，研究通过学术咨询委员会章程等事项，聘任17名专家为学术咨询委员会委员，其中包括13名中国科学院或中国工程院院士。清源创新实验室是省创新实验室，将面向国家石油化工产业战略需求，建成具有国际和国内重大影响力的一流科技创新高地。实验室学术咨询委员会由国内化学化工领域的知名专家组成，中国工程院院士欧阳平凯担任委员会主任，中国工程院院士蹇锡高、中国科学院院士段雪担任副主任。作为实验室的学术指导机构，学术咨询委员会统筹行使实验室学术事务的指导、审议、评定和咨询等职能，指导和把握实验室的重点发展方向、重大研究任务与目标。

4月22日

农历辛丑年三月十一
星期四
温度：20℃～30℃
多云转晴

●21—22日，省人大常委会党组成员、副主任袁毅到泉州调研人大工作。

●市政府党组理论学习中心组学习会召开，专题学习研讨习近平总书记到福建考察讲话精神。

●市政府第一百一十六次常务会议召开，研究并通过《进一步加强耕地保护监督工作实施方案》等。

●省政法队伍教育整顿第四指导组、市教育整顿办召开泉州市政法队伍教育整顿查纠整改环节座谈会，听取群众意见建议，推动教育整顿持续走深走实。

●由市委宣传部、市文旅局、市文联等主办的“4·23”世界读书日暨“爱阅之城”泉州市第二届云阅读节启动仪式在丰泽区图书馆举行。

●清源创新实验室第一届学术咨询委员会第一次会议召开，研究通过学术咨询委员会章程等事项，聘任17名专家为学术咨询委员会委员，其中包括13名院士。

4月23日

农历辛丑年三月十二
星期五
温度：20℃～29℃
多云

●市委理论学习中心组学习会召开，学习领会习近平总书记到福建考察讲话精神，结合工作实际进行交流研讨。

●全市基层党建工作重点任务推进会以视频形式召开，部署2021年基层党建工作重点任务。

●由泉州市政府主办，泉州市数字办、泉州半导体高新技术产业园区管委会、晋江市政府承办的2021年数字中国创新大赛集成电路赛道首届全国集成电路“创芯大赛”颁奖仪式暨2021年泉州数字产业发展论坛在晋江举行。

●由中国古迹遗址保护协会、省文物局、市政府主办的2020年度优秀古迹遗址保护项目宣传推介活动在泉州举行。

●厦门知识产权法庭泉州巡回审判庭在中国（泉州）知识产权保护中心设立。

●泉州台商投资区政银企战略合作签约活动举行。

泉州数字产业论坛在晋江举行

由泉州市政府主办，泉州市数字办、泉州半导体高新技术产业园区管委会、晋江市政府承办的2021年数字中国创新大赛集成电路赛道首届全国集成电路“创芯大赛”颁奖仪式暨2021年泉州数字产业发展论坛在晋江举行。颁奖仪式上，22个获奖项目共享85万元奖金。16个项目签约，涉及先进计算、半导体、智能制造、数字平台等领域，计划总投资43.22亿元。在2021年泉州数字产业发展论坛上，业内龙头、创投机构、专家学者、创业者以主题分享、高峰对话等形式，为泉州（晋江）集成电路产业与传统优势产业融合发展出谋划策。作为数字中国建设峰会的有机组成部分，数字中国创新大赛已举办3届。2021年数字中国创新大赛首度设置集成电路赛道，致力推动集成电路产业与传统优势产业融合发展。

泉州数字产业论坛高端对话现场（图/泉州数字产业论坛主办方）

2020年度优秀古迹遗址保护项目宣传推介活动在泉州举行

由中国古迹遗址保护协会、省文物局、市政府主办的2020年度优秀古迹遗址保护项目宣传推介活动在泉州举行。山西临汾尧都区东羊后土庙修缮、福建厦门鼓浪屿日本领事馆旧址修缮、福建泉州府文庙大成殿修缮、广东河源仙坑村四角楼修缮4个项目，获中国古迹遗址保护协会推荐，成为2020年度优秀古迹遗址保护项目。4个入选项目的实施单位分享项目亮点与经验。活动期间，专家学者分别从南北方地区文物建筑设计修缮的特点、设计与施工的衔接、近现代建筑的保护修缮等方面做学术报告，参会代表对泉州府文庙大成殿修缮项目进行调研。

厦门知识产权法庭泉州巡回审判庭揭牌

厦门知识产权法庭泉州巡回审判庭在中国（泉州）知识产权保护中心设立。厦门知识产权法庭泉州巡回审判庭作为厦门市中级人民法院内设的专门审判机构，将为泉州地区的技术类知识产权案件审理开辟便捷通道。厦门知识产权法庭主要受理跨区域发生在厦门市、漳州市、泉州市、龙岩市辖区内的专利、植物新品种、集成电路布图设计、技术秘密、计算机软件、涉及驰名商标认定及垄断纠纷的第一审知识产权民事和行政案件。泉州巡回审判庭是厦门知识产权法庭成立以来，在管辖区域内设立的首个巡回审判点，能够实现知识产权案件就地、就近预防和解决，降低知识产权司法诉讼成本，更好更快地响应知识产权保护诉求。厦门市中级人民法院、泉州市市场监管局、泉州市知识产权保护中心三方签署《知识产权协同保护合作协议》。三方将建立巡回审判工作机制，“司法+行政+人民调解”工作机制，重点产业和重点企业服务机制，普法宣传合作机制以及人才和业务研讨交流机制。

泉州台商投资区政银企战略合作签约活动举行

泉州台商投资区政银企战略合作签约活动举行，致力为泉州台商投资区产城融合、企业发展提供金融支撑，让普惠金融“落实处、有实效”。活动现场，泉州台商投资区管委会分别与省、市12家金融机构签订政银战略合作协议，授信总额度超1500亿元。在泉州台商投资区管委会推动下，市、区12家银行分别与泉州台商投资区13家企业签订银企战略合作协议，为本地企业提供融资贷款，授信总额度超30亿元。此次活动是泉州台商投资区促进政银企沟通合作、改善营商环境的一个重要尝试。

4月24日

农历辛丑年三月十三
星期六
温度：19℃～23℃
多云转小雨

●中央财政从海洋生态保护修复资金中划拨3亿元，用于泉港区海洋生态保护修复项目。

●截至是日，福建省第三期100亿元中小微企业纾困专项贷款全部投放，连同2020年两期200亿元贷款，泉州市投放91.57亿元纾困专项资金，放款金额居全省第一位。

●由市自然资源和规划局与泉州晚报社主办的“穿越三山 城市向上”8千米山海穿越徒步活动在中心市区山线绿满举行。

●由中国闽台缘博物馆、市文联主办，泉州市民间工艺美术家协会承办的“丝海匠心”闽南民间工艺美术作品展在中国闽台缘博物馆开幕。

●泉州市闽南民间歌舞传承中心舞蹈考核艺术作品展演在泉州南音艺苑举行。

中央财政支持泉港海洋生态修复

中央财政从海洋生态保护修复资金中划拨3亿元，用于泉港区海洋生态保护修复项目。此次获支持的3亿元，连同地方财政的1.5亿元，用于集中开展“贝藻礁型防浪屏障建设工程”“后龙湾沿线沙滩修复与养护工程”“后龙湾海堤生态化改造工程”“海滩垃圾拦截和收集系统工程”，具体采用新建贝藻礁、整治修复海岸沙滩、后滨沙地植被修复等手段，由海向陆，形成由贝藻礁—宽缓沙滩—滨海植物群落组成的生态减灾空间体系，构建集海岸防护、生物多样性保护、生态优化于一体的泉港区海洋生态安全格局。

泉州市中小微企业纾困专项贷款放款金额居全省首位

2020年5月起，福建省开始设立中小微企业纾困专项资金，重点支持原本经营正常，但受疫情影响而产生暂时流动性困难，经过帮扶能够较快恢复正常经营能力的中小微企业，尤其是受疫情影响严重的外贸、商贸物流、住宿餐饮、文化旅游、交通运输等行业企业。省财政在贷款利率基础上予以1年以内1个百分点贴息，采取“先贴后补”方式，各银行在发放纾困资金贷款时，在规定的贷款利率基础上直接扣减省财政贴息，通过财政贴息和银行低利率的“双优惠”支持，减轻纾困企业利息负担。截至是日，福建省第三期100亿元中小微企业纾困专项贷款全部投放，连同2020年两期200亿元贷款，泉州市投放91.57亿元纾困专项资金，放款金额居全省第一位。这些企业涉及的行业包括制造业、批发零售业、科技研究和技术服务业以及农林牧渔业等。

“穿越三山 城市向上”8千米山海穿越徒步活动举行

由市自然资源和规划局与泉州晚报社主办的“穿越三山 城市向上”8千米山海穿越徒步活动在中心市区山线绿满举行。22日是第52个世界地球日，2021年主题是“珍爱地球，人与自然和谐共生”。活动中，不少市民自发开展公益环保行动，在畅享山海之美的同时，俯身捡拾垃圾的身影随处可见，为保护环境贡献自己的一份力量。

“穿越三山 城市向上”8千米山海穿越徒步活动现场
（图/陈小阳）

闽南民间工艺美术作品展开幕

由中国闽台缘博物馆、市文联主办，泉州市民间工艺美术家协会承办的“丝海匠心”闽南民间工艺美术作品展在中国闽台缘博物馆开幕，近百件工艺美术作品集中展示，展览持续至5月5日。展览荟萃近50名闽南知名民间工艺美术大师的最新创作成果，其中有国家级非物质文化遗产代表性传承人，也有各级工艺美术大师，作品涵盖石雕、木雕、砖雕、根雕、锡雕、漆线雕、美术陶雕、花灯、刻纸、陶瓷、木偶头雕刻、脱胎漆器、黑金推沥金画等民间艺术门类。国家级非物质文化遗产代表性传承人、泉州市民间工艺美术家协会主席蒋钦全表示，这些作品镌刻着文化自信，留住乡愁记忆，彰显当代闽南民间工艺美术创作者对传统技艺的不懈追求、传承与创新，也是闽南民间工艺美术产业转型升级、发展壮大的一个缩影。

“丝海匠心”闽南民间工艺美术作品展开幕（图/吴寿民）

4月25日

农历辛丑年三月十四
星期日
温度：18℃～21℃
小雨转晴

●25—26日，由国家网信办、国家发展改革委、工业和信息化部、国务院国有资产监督管理委员会、福建省政府主办的第四届数字中国建设峰会在福州举行。泉州市5个数字经济重大项目参与峰会集中签约。

●市人大常委会党组理论学习中心组学习会议召开，专题学习研讨习近平总书记到福建考察讲话精神。

●市十六届人大常委会第六十九次主任会议召开，讨论市政府关于提请审议《泉州市历史文化名城保护条例（草案）》的议案，关于2020年度全市环境状况和环境保护目标完成情况的审议意见稿等。

泉州市5个数字经济项目参与数字中国建设峰会集中签约

25—26日，由国家网信办、国家发展改革委、工业和信息化部、国务院国有资产监督管理委员会、福建省政府主办的第四届数字中国建设峰会在福州举行。该届峰会以“激发数据要素新动能，开启数字中国新征程”为主题，定位为中国信息化发展政策发布平台、数字中国建设最新成果展示平台、电子政务和数字经济理论经验和实践交流平台、汇聚全球力量助推数字中国和数字丝路建设的合作平台。泉州市委书记康涛、副市长吕刚参加开幕式及主论坛等活动。

在数字中国建设成果展览会上，泉州展馆以“数字侨乡新赋能 智慧海丝再启航”为主题，把红砖墙、燕尾脊等传统文化元素融入展区设计，集中展示南洋华裔族群寻根谒祖综合服务平台、惠企政策计算器、城市安全信息系统、智慧卫生信息工程、福建省集成电路产业园、数字福建（安溪）产业园、水务大脑、智慧公交大脑、云谷智慧眼、“兑了么”平台10个项目，涵盖交通、互联网平台、安防、医疗卫生等多个领域。在福建省数字经济招商对接会上，泉州市数字办相关负责人向客商介绍泉州数字产业发展情况，推介泉州市数字经济领域招商项目，26家泉州企业参与对接洽谈。

该届峰会泉州市共征集数字经济领域对接项目131个，投资总额595.23亿元，位居全省第三。其中，谋划项目14个，投资总额57.16亿元；在谈项目27个，投资总额61.3亿元；签约（含在建）项目90个，投资总额476.77亿元。全省50个数字经济重大项目集中签约，其中5个项目签约落地泉州，总投资39亿元，分别是泉州先进计算中心项目、“兑了么”互联网平台、海尔卡奥斯石材工业互联网平台总部基地、中国供销（德化）智慧农副产品直批电商物流博览园、中国电影资料馆安溪数字资源中心。其中，泉州先进计算中心项目由政企共建，将开展院地合作，建设智慧城市应用，打造创新驱动数字经济产业基地，构建国内领先的数字经济新产业生态体系。中国电影资料馆安溪数字资源中心将建设中国电影资料馆数字备份库、国家影像修复基地、融媒体制作基地、艺术影院（安溪店）、电影博物馆、影像记忆训练营、电影剧本孵化园、博士后科研工作站实践站点等，推动泉州市电影大数据产业发展。

市人大常委会党组理论学习中心组学习会议召开

市人大常委会党组理论学习中心组学习会议召开，专题学习研讨习近平总书记到福建考察讲话精神。会议指出，要强化政治担当、扛起政治责任，精准谋划和推进立法、监督、决定和代表等工作，围绕加快建设现代化经济体系、服务和融入新发展格局、探索海峡两岸融合发展新路、提高人民生活品质行权履职。要以“我为群众办实事”为抓手，坚持民有所呼、我有所应，督办后疫情时代公共卫生体系建设、中小学校和幼儿园布局建设、市区内沟河整治等代表建议，把人大监督与舆论监督结合起来，强化明察暗访、跟踪督办，解决一批群众反映的急难愁盼问题。

市十六届人大常委会第六十九次主任会议召开

市十六届人大常委会第六十九次主任会议召开。会议讨论市政府关于提请审议《泉州市历史文化名城保护条例（草案）》的议案，关于2020年度全市环境状况和环境保护目标完成情况的审议意见稿，关于市人民检察院落实认罪认罚从宽制度工作情况、泉州市家政服务业发展情况的调研报告和审议意见稿，关于检查《中华人民共和国归侨侨眷权益保护法》实施情况的报告和审议意见稿，市人大常委会代表资格审查委员会关于个别代表的代表资格的审查报告稿，关于开展商事审判工作情况、泉州市中心市区中小学校幼儿园布局建设情况、实施乡村建设工作情况的专题调研方案，关于市区内沟河保护管理工作情况的专题询问工作方案，关于开展农村供水保障提升的调研情况报告。

党史学习教育省委第四巡回指导组到泉州调研

党史学习教育省委第四巡回指导组到泉州调研，召开座谈会。市委书记、市委党史学习教育领导小组组长康涛主持会议并汇报泉州市党史学习教育开展情况及下一步工作计划。指导组组长卢承圣出席并讲话。卢承圣强调，要因地制宜开展特色鲜明、形式多样的学习教育，突出侨乡特色，将党史学习教育与推动非公有制企业高质量发展结合起来。要坚持以人民为中心的发展思想，结合推进“再学习、再调研、再落实”活动，立足泉州实际，解决群众“急难愁盼”等具体问题。

泉州市部署疫情防控及节日期间相关工作

全市召开视频会议，部署疫情防控及节日期间相关工作。会议指出，要坚持“人”“物”同防，盯住重点领域和关键环节，加强对境外进入人员健康管理，对旅游景区、交通场站、酒店餐饮、各类商超、集贸市场等，严格执行扫码测温、通风消毒、减少人员聚集等措施。要落实核酸检测“应检尽检”，抓好疫苗接种，用好用足“八闽健康码”、多点触发监测预警机制等，对数据及时会商研判，动态完善防控措施。要盯紧房屋、道路交通、森林防火等领域，开展安全隐患大排查大整治，确保隐患“一抓到底、见底清零”。要抓好旅游景区日常巡查，健全交通拥堵、突发事件等应急方案，对设施设备全覆盖排查检测、维护管理。要立足防大汛、抢大险、救大灾，提前做好防汛防台风工作，细化完善预案，早研判早准备，做到科学防范应对。

市政府廉政工作视频会议召开

继国务院、省政府廉政工作视频会议后，泉州市随即召开市政府廉政工作视频会议，部署全市政府系统廉政工作。会议指出，要把党的政治建设摆在首位。树立政治机关意识，自觉担当政治责任，在举旗定向中提高政治判断力，在学思践悟中提高政治领悟力，在真抓实干中提高政治执行力，以政治建设为统领抓好政府各项工作任务落实。要把廉政工作抓实抓细抓到位。开展“营商环境提升年”活动，精准靶向破解营商环境难点、堵点、痛点问题，全面推进政务便利化，加快打破数据壁垒，稳步优化提升营商环境；推进纾困惠企利民，开展“我为群众办实事”“我为企业解难题”活动，兑现惠企系列政策，落实减税降费新政，强化资金直达基层直达民生；加快开展法治政府示范创建，推进行政立法提质增效，开展行政执法专项督察、案卷评查，提升法律服务质效。要把作风建设一抓到底。深化机关效能建设，坚定不移整治腐败，树立新作风、塑造新形象，做到“担当、服务、创新、实干、廉洁”，营造风清气正的政治生态。

泉州知识产权展示馆开馆

泉州知识产权展示馆开馆。泉州知识产权展示馆位于丰泽区东海连捷国际中心，建筑面积3170平方米。馆内分为泉州知识产权工作展区、泉州企业品牌展区、维权功能服务区三部分。为推动泉州知识产权事业发展，丰富泉州知识产权文化，传播普及知识产权知识，提升公众维权保护意识，推介泉州商标品牌企业，市市场监管局在泉州商标馆基础上开始筹建泉州知识产权展示馆，致力将其打造成知识产权创新成果的宣传展示中心、知识产权维权保护的法治教育阵地、品牌泉州形象的特色城市名片。

泉州知识产权展示馆展示的泉州品牌地图

（图/陈云青 苏晓晖 林思萍）

4月26日

农历辛丑年三月十五
星期一
温度：19℃~25℃
多云转阴

●党史学习教育省委第四巡回指导组到泉州调研，召开座谈会。

●全市召开视频会议，部署疫情防控及节日期间相关工作。

●继国务院、省政府廉政工作视频会议后，泉州市随即召开市政府廉政工作视频会议，部署全市政府系统廉政工作。

●泉州知识产权展示馆开馆。

●安溪县“五一”期间重点项目集中开（竣）工活动举行，开（竣）工项目19个，总投资45.78亿元，拉动投资114亿元。

4月27日

农历辛丑年三月十六
星期二
温度：19℃~21℃
小雨

●十二届全国政协副主席王钦敏到泉州调研“传统企业数字化转型”工作。

●2021年庆祝“五一”国际劳动节暨“建功‘十四五’ 奋进新征程”主题劳动和技能竞赛动员大会在北京人民大会堂举行。泉州市1个集体获“全国五一劳动奖状”，3人获“全国五一劳动奖章”，6个集体获“全国工人先锋号”。

●27—29日，中国侨联基层建设部组织处处长、二级巡视员蔡红雷到泉州调研镇、村侨联组织统一社会信用代码证赋码管理和基层侨联组织建设工作情况。

王钦敏到泉州调研传统企业数字化转型工作

十二届全国政协副主席王钦敏到泉州调研“传统企业数字化转型”工作。调研组调研恒安家庭生活用品有限公司、信泰（福建）科技有限公司、安踏体育用品集团有限公司，与省、市有关部门负责人和泉州市传统企业数字化转型代表等座谈交流，了解泉州市工业互联网建设工作、数据资源开发利用、产业大数据平台建设等情况。

座谈会上，王钦敏对泉州市有为推动工业互联网建设、以实在有力举措引领帮助企业纾困解难的做法及泉州企业家爱拼敢赢敢为人先的精神给予肯定。王钦敏指出，数据是传统企业数字化转型的核心。以大数据、云计算、人工智能为代表的数字技术，正融合渗透到经济社会运行的方方面面，催生新的经济增长点。要紧抓机遇，打造先进工业互联网产业生态，提升泉州传统制造业的竞争力。要加强省、市、县三级联动，提升数字化转型公共服务能力，促进传统企业转型升级。要根据需求导向，统筹协调，以平台建设示范应用为重点，强化工业互联网的安全保障，有序向前推进工业互联网建设、数字资源开发利用、大数据交易中心建设及公共数据和社会数据融合应用等，推动制造业产业模式和企业形态的根本性转变。要建设企业数据共享平台，整合数字化资源，打通企业之间的数据链条，实现各类要素共享，赋能传统制造业的高质量发展。

泉州市3人7集体获全国表彰

2021年庆祝“五一”国际劳动节暨“建功‘十四五’ 奋进新征程”主题劳动和技能竞赛动员大会在北京人民大会堂举行。会上表彰2891个集体和个人。泉州市1个集体获“全国五一劳动奖状”，3人获“全国五一劳动奖章”，6个集体获“全国工人先锋号”。其中，福建百宏聚纤科技实业有限公司获“全国五一劳动奖状”；福建省德化县飞天陶瓷艺术研究所陶瓷装饰工、高级工艺美术师郑雄彭，福建泉州闽光钢铁有限责任公司机动部技术员、高级工程师鲁本利，泉州市疾病预防控制中心突发公共卫生事件应急处理与传染病防治科科长、副主任医师李锋平获“全国五一劳动奖章”；福建鸿星尔克体育用品有限公司职工服务中心、石狮市鸿峰环保生物工程有限公司锅炉丙班、永春县达埔彬达制香厂有限公司研发室、福建路港（集团）有限公司技术信息中心、中国铁塔股份有限公司泉州市分公司、泉州市丰泽区烟草专卖局（分公司）城东专卖所（客服部）获“全国工人先锋号”。

中国侨联调研组到泉州调研基层侨联组织建设

27—29日，中国侨联基层建设部组织处处长、二级巡视员蔡红雷到泉州调研镇、村侨联组织统一社会信用代码证赋码管理和基层侨联组织建设工作情况。省侨联党组成员、副主席林俊德等陪同。调研组安溪县侨联、金谷镇侨联及太王陵旅游区管委会侨联，石狮市灵秀镇钞坑村侨联、锦尚镇侨联，鲤城区开元街道新秀社区侨联等，了解泉州市各级侨联组织建设和创建省级“侨胞之家”、示范点及全国侨联系统优秀“侨胞之家”工作情况，对泉州市基层侨联组织网络健全、工作创新手段多、为侨服务理念优，创建“侨胞之家”平台强，基层侨联干部保障实等工作特色表示肯定。调研组希望，泉州各级侨联组织发挥基层侨联组织网络密的优势，在推动基层侨联组织积极参与社会治理与助推乡村振兴、传播中华文化等方面起到更积极的作用。

相关链接：泉州市129个乡镇（街道）侨联组织中有87个乡镇（街道）侨联组织获得赋码，其中62个基层侨联组织赋码后开通银行对公账户。泉州市侨联还主动推动在石狮市试点村级侨联组织赋码工作，已为2个村试点侨联组织赋码。石狮市侨联为加强镇及村试点侨联组织赋码后银行账户管理，研究制定《石狮市基层侨联财务管理暂行规定（试行）》《石狮市基层侨联组织账户管理暂行规定（试行）》两份工作制度。

全市政法队伍教育整顿查纠整改环节警示教育大会召开

全市政法队伍教育整顿查纠整改环节警示教育大会召开，教育引导全市政法干警增强廉洁意识，消除思想顾虑，推进查纠整改走深走实。省政法队伍教育整顿第四指导组到会指导。会议指出，查纠整改是教育整顿的中心环节，全市政法系统要深化思想发动，结合党史学习教育和“再学习、再调研、再落实”活动，深化政治教育、党性教育、警示教育，增强责任感、使命感，引导政法干警强化法纪观念，为查纠整改打牢思想基础。要强化政策宣传的引导效应，组织学习全国、全省关于教育整顿期间适用“自查从宽、被查从严”政策的意见等精神，结合实际梳理细化、分类施策，做好政策的宣传、解读、解释工作，引导政法干警强化担当作为，坚持边查边改、立行立改，强化跟踪问效，做到“当下治”与“长久立”相统一，确保查纠整改取得实效。

东莞市政府代表团到泉州调研

28—29日，东莞市政府代表团到泉州调研。调研组到泉州古城、石狮市场采购贸易方式试点、东南亚采购集散中心、石狮青创城、安踏集团、信泰集团，了解泉州古城保护开发及经济高质量发展等方面的做法和经验，并与泉州市政府相关部门座谈，推动两地交流合作。

省陶瓷产业分院与竹产业分院交流座谈会在德化召开

省发改委项目成果推进处与三明市发改委派员到德化调研对接，推动德化县协同创新院陶瓷产业分院和竹产业（永安）分院开展项目合作，并签订战略合作协议，以此加强协同创新院产业技术分院间的横向联动、跨域合作。在交流座谈会上，双方本着资源共享、优势互补的原则，探索合作共建协同创新发展体系，推进跨领域产品开发合作，特别是在行业设计竞赛活动、设计智慧库共享、研学项目落实、项目成果转化等方面实现合作共赢。此次座谈交流旨在发挥两家分院各自优势，推动联合创新，促进福建省产业跨界合作，实现产业深度融合发展，加速建设产业间跨界合作的协同创新体系。

泉州财税服务民营企业高质量圆桌座谈会召开

泉州市财政局、国家税务总局泉州市税务局在南安市水头镇召开以“科研助力产业 优化营商环境 服务构建新发展格局”为主题的泉州财税服务民营企业高质量圆桌座谈会，财税部门、高校专家和10位民营企业家围绕南安石材产业共话泉州市民营经济发展形势，并结合新近出台的财税优惠政策的落实落细落地，探讨如何通过税企互动，构建服务新格局，助推地方经济社会迈上发展新台阶。

围绕新发展格局中税收营商环境优化、新形势下石材行业涉税风险防范、新业态里石材行业发展政策扶持研究三大主题，与会民营企业家代表就政策、发票、服务、财政等具体问题提出意见、建议。活动特别邀请集美大学财经学院副院长罗昌财教授，学院教授吴俊龙，财税系支部书记、副主任陈智等专家参与研讨。罗昌财肯定泉州财税联合组建科研团队的创新做法，表示要拓展“政产学”联动机制，依托导师制的制度保障，发挥科研青年爱好者的生力军力量，更好地转化为服务区域经济高质量发展的财税智库支撑。南安市石材协会会长、福建省华辉石业股份有限公司董事长王清安表示，受新冠肺炎疫情和国内外环境变化等影响，石材行业面临“再升级”挑战，省、市、县三级财税部门和高校专家与企业家聚在一起探讨交流，研究解决困难和问题，增强了企业家实现高质量发展的信心。活动现场还举行泉州“财税科研先锋队”成立仪式和“税收科研导师制”聘师仪式。

4月28日

农历辛丑年三月十七
星期三
温度：19℃～21℃
中雨

●全市政法队伍教育整顿查纠整改环节警示教育大会召开，教育引导全市政法干警增强廉洁意识，消除思想顾虑，推进查纠整改走深走实。

●28—29日，东莞市政府代表团到泉州调研。

●省发改委项目成果推进处与三明市发改委派员到德化调研对接，推动德化县协同创新院陶瓷产业分院和竹产业（永安）分院开展项目合作，并签订战略合作协议。

●泉州市财政局、国家税务总局泉州市税务局在南安市水头镇召开以“科研助力产业 优化营商环境 服务构建新发展格局”为主题的泉州财税服务民营企业高质量圆桌座谈会。

4月29日

农历辛丑年三月十八
星期四
温度：17℃～19℃
小雨转多云

●市十六届人大常委会第三十八次会议召开，听取和审议市政府关于泉州市家政服务业发展情况、2020年度全市环境状况和环境保护目标完成情况的报告等。

●市政府党组理论学习中心组学习会召开，学习领会习近平总书记到福建考察讲话精神，结合工作实际进行交流研讨。

●市政府党组扩大会议召开，传达学习习近平总书记对打击治理电信网络诈骗犯罪、职业教育工作、革命文物工作的重要指示精神，以及省委常委会会议、市委常委会会议精神。

●全市党史和地方志工作会议召开，总结“十三五”时期全市党史和地方志工作，谋划下阶段任务。

市十六届人大常委会第三十八次会议召开

市十六届人大常委会第三十八次会议召开。会议听取和审议市政府关于泉州市家政服务业发展情况、2020年度全市环境状况和环境保护目标完成情况的报告；听取和审议市政府研究处理市人大常委会《关于我市政务数据汇聚与共享应用平台的建设情况的评议意见》情况的报告，并进行满意度测评，测评结果为满意；听取和审议市人大常委会执法检查组关于检查《中华人民共和国归侨侨眷权益保护法》实施情况的报告，市人民检察院关于落实认罪认罚从宽制度工作情况的报告，市人大常委会代表资格审查委员会关于个别代表的代表资格的审查报告。会议指出，市政府及相关部门要学习贯彻习近平总书记重要讲话精神，把家政服务业作为一个民生工程和产业来培育扶持、引导发展，立足泉州市实际，聚焦提质扩容，认真研究，完善政策措施，推动家政服务业高质量发展。要围绕发展大局，寓支持于监督之中，在推动政务数据汇聚与共享、改善生态环境质量、加强归侨侨眷权益保护、落实认罪认罚从宽制度等方面，发挥职能作用，贡献人大力量。

市十六届人大常委会第三十八次会议现场（图/王虎文）

市政府党组理论学习中心组学习会召开

市政府党组理论学习中心组学习会召开，学习领会习近平总书记到福建考察讲话精神，结合工作实际进行交流研讨。会议指出，要完整、准确、全面贯彻新发展理念，积极服务并深度融入新发展格局，传承弘扬“晋江经验”，开展民营经济发展年、营商环境提升年，实施推动民营经济高质量发展“1+N+N”政策措施和专项行动，比拼推进新基建新经济基地建设，做大做强企业创新主体，当好全方位推进高质量发展超越主力军。要顺应“三农”工作重心历史性转移，立足泉州市农业资源多样性和气候适宜优势，培优做强茶叶、果蔬、水产等特色产业，实施乡村建设系列行动，支持老区苏区特色产业提升、基础设施建设和公共服务保障，同时深化闽宁协作和对口支援工作，加快推进乡村振兴。要聚焦群众“急难愁盼”问题，办好为民办实事项目，拓展居民收入增长渠道，健全完善社会保障体系，增进民生福祉，提高人民生活品质。

全市党史和地方志工作会议召开

全市党史和地方志工作会议召开，总结“十三五”时期全市党史和地方志工作，谋划下阶段任务。会议要求，要坚持依法依规编史修志，坚持以研究立室为本，坚持突出宣传教育职能，坚持服从服务中心工作，坚持创新运用信息化手段。要聚焦主业主责，立足泉州实际，突出地方特色，编纂好史志书籍，适时启动党史三卷和三轮修志工作，加快推进市、县党史馆（方志馆）建设步伐。要重视和加强新时代党史和地方志工作，保障编史修志、印刷出版、开发利用、宣传教育、信息化建设等各项经费，齐抓共管，形成工作合力，推动全市史志工作开好局起好步。

全市党史和地方志工作会议现场（图/吴寿民）

市委常委会贯彻落实全省季度经济会议精神

市委常委会召开会议，贯彻落实全省季度经济会议精神，研究部署经济工作及节假日有关工作；学习贯彻《中共中央关于加强对“一把手”和领导班子监督的意见》；传达贯彻闽宁协作发展交流座谈会及省委常委会会议精神，研究部署泉州市对口支援工作。会议强调，要拿出更扎实更有效的举措抓手，精准支持企业发展，大抓项目建设、招商引资、激活消费等，加快推进产业数字化、园区化、生态化，打造一流营商环境。要学习《中共中央关于加强对“一把手”和领导班子监督的意见》，正确对待监督、主动接受监督、自觉配合监督，使在监督下开展工作成为习惯、成为常态。要落实全面从严治党主体责任，增强监督意识、履行监督责任，构筑立体式监督网络，强化政治监督、职责监督，贯通各类监督，督促“一把手”和领导班子正确行使权力，做到“见人见事见效”。要健全完善监督制约体系，探索运用“制度+科技”手段，提升监督能力和实效。

康涛看望慰问一线劳动者和劳模工匠代表

市委书记康涛到部分重点项目施工现场及新产业、新业态、新经济模式企业，看望慰问一线劳动者和劳模工匠代表。康涛到泉州顺丰运输有限公司金龙分公司直营网点，与一线快递员交谈，了解快递企业物流分拣流程，询问快递人员的工作时长、安全保障、居住条件等情况。康涛要求邮政部门和快递企业负责人优化工作环境，让快递从业人员得到更多关爱和权益保障。同时，抓好快递业管理，提升智能化水平，为群众提供精准、便捷的快递服务，推动行业高质量发展。在佰源机械，康涛到生产车间询问企业的自动化改造情况，与在泉州务工的技术工人沟通交流，勉励他们弘扬劳模精神，立足本职、再接再厉、精益求精，提升技能水平，争当行家里手，为泉州建设制造强市再立新功。在新丝路文教园二期项目工地，康涛了解项目进度，并反复叮嘱大家，文教园项目利在千秋，建设者要发扬工匠精神、精细施工，把文教园打造成精品项目，为师生创造优质教学环境。

“泉州品牌·香港线上展览”启动

由泉州市政府、香港贸易发展局主办的“泉州品牌·香港线上展览”启动仪式在泉州、香港两地同时举行。活动借助香港贸易发展局“贸发网采购”电子商务平台，设立“泉州品牌·香港线上展览”专区。2021年专区在2020年成效基础上进行扩容升级：免费为120家企业提供买家引流，打造“线上泉州交易区”；展示泉州经济社会发展、行业优势，打造“线上泉州展示馆”；利用“香港贸发局商贸平台”App、全球买家电邮、买家微信等推广造势，打造“线上泉州推广链”。

泉州台商投资区举行台资招商大会

泉州台商投资区举行台资招商大会，250余名省内外部分台商协会、台胞投资企业协会代表和台资企业代表、台湾优秀人才等与会，26个台资项目签约，总投资175亿元。大会主题为“聚力台商 共创未来”，设有泉州主会场，以及北京、上海两个分会场。活动通过线上连线直播台商精密机械产业园区、台商新兴产业园区揭牌仪式。其中，台商精密机械产业园面积38公顷，已入驻钜闽机械、凹凸机械、兴舜成机械、鸿锠机械等台资机械企业，将加快打造台资机械产业集群。台商新兴产业园区面积60公顷，已入驻香港德润、倍斯豪上润康美科技、高品医学检验实验室、凯力美医疗器材等一批优质的台资企业，将定位新材料、健康医疗、电子信息等新兴产业，招引一批优质的台资项目落地，形成台资企业新兴产业集群。

4月30日

农历辛丑年三月十九
星期五
温度：19℃～30℃
多云

●市委常委会召开会议，贯彻落实全省季度经济会议精神，研究部署经济工作及节假日有关工作，学习贯彻《中共中央关于加强对“一把手”和领导班子监督的意见》，传达贯彻闽宁协作发展交流座谈会及省委常委会会议精神。

●市委书记康涛到部分重点项目施工现场及新产业、新业态、新经济模式企业，看望慰问一线劳动者和劳模工匠代表。

●全市创建国家卫生城市工作推进视频会议召开，对下阶段工作进行再部署、再落实。

●由泉州市政府、香港贸易发展局主办的“泉州品牌·香港线上展览”启动仪式在泉州、香港两地同时举行。

●泉州台商投资区举行台资招商大会，250余名省内外部分台商协会、台胞投资企业协会代表和台资企业代表、台湾优秀人才等与会，26个台资项目签约，总投资175亿元。

5月1日

农历辛丑年三月二十
星期六
温度：19℃～30℃
多云

●市长王永礼到泉州台商投资区、惠安县，检查安全生产及疫情防控工作。

●是日12时起，泉州市渔船除钓具外的所有作业类型，以及为捕捞渔船配套服务的捕捞辅助船，进入伏季休渔期。

●泉州网抖音直播间举行“‘云游’西街话古城”慢直播，特邀嘉宾主播，在线与网友互动交流西街故事和古城风情。

●1—4日，由晋江市政府、泉州晚报社支持，泉州汽车同业协会、晋江市贸促会主办的第29届泉州国际车展在晋江国际会展中心（新馆）举行。

王永礼检查安全生产及疫情防控工作

市长王永礼到泉州台商投资区、惠安县，检查安全生产及疫情防控工作。在泉州八仙过海欢乐水世界园区，王永礼向负责人询问假期首日客流量、交通疏导措施和疫情防控工作落实情况，要求属地相关部门和运营方要在“防疫、安全、有序”上下功夫，做实做细防疫措施，运用大数据，对客源情况进行结构化分析，针对游客需求做好服务保障和宣传推介，提升周边环境和配套设施。在崇武古城，王永礼到游客服务中心，通过监控平台察看景区各主要出入口、停车场、栈道、沙滩的实时人流情况，反复叮嘱相关部门要做好人流高峰时段的交通疏导、游客调度、停车管理等工作，加强短时极端天气情况下的景区应急管理，确保景区安全有序，让游客乘兴而来、满意而归。在崇武国家中心渔港，王永礼与渔港船舶管理站值班人员交谈，嘱咐渔政、海警、公安等部门要守牢海上安全防线，做好渔船入港后的疫情防控工作，在做好自身防护的同时，加强船舶登临检查和港口摸底排查，严防疫情从海上输入。

王永礼（左三）检查泉州八仙过海欢乐水世界园区疫情防控工作（图/陈起拓）

王永礼（左二）在崇武古城风景区了解假日景区秩序及疫情防控措施落实情况（图/陈起拓）

泉州渔船进入伏季休渔

是日12时起，泉州市渔船除钓具外的所有作业类型，以及为捕捞渔船配套服务的捕捞辅助船，进入伏季休渔期。据统计，此次全市有2211艘渔船参与伏休。根据《泉州市实施2021年度海洋伏季休渔制度工作方案》，泉州市海域捕捞渔船休渔时间为5月1日12时至8月16日12时。兼作不同作业类型的渔船，休渔时间为5月1日12时至8月16日12时。捕捞辅助船休渔时间为5月1日12时至8月16日12时。确需在最长休渔时间结束前为一些对资源破坏程度小的作业方式渔船提供配套服务的，由省海洋与渔业局报农业农村部批准后执行。伏休期间，市、县两级渔业执法机构加强港口监管和海上巡查，并适时组织区域性的专项执法联合行动，重点打击冰鲜杂鱼交易、“绝户网”、涉渔“三无”船舶（无船名船号、无船舶证书、无船籍港），共同维护伏休秩序。各地加强港口的监督检查，实施“依港管船”“定人联船”措施，将不按规定伏休的渔船、钓具作业渔船和过户期间渔船纳入重点监管范围，严防渔船违规出海生产。

第29届泉州国际车展在晋江举行

1—4日，由晋江市政府、泉州晚报社支持，泉州汽车同业协会、晋江市贸促会主办的第29届泉州国际车展在晋江国际会展中心（新馆）举行。该届车展展出面积4万多平方米，70多个品牌、近800款车型集中亮相。为确保安全和做好疫情防控工作，晋江市公安局及相关监管部门负责人多次检查车展现场，要求加大智能安防及人流监控系统投入，控制车展人流，并增派警力到现场协助维持秩序，为车展保驾护航。

康涛检查节日期间安全生产及疫情防控等工作

市委书记康涛到泉州晋江国际机场、晋江国际会展中心、梧林传统村落等，检查安全生产、疫情防控等情况。

在泉州晋江国际机场，康涛一边察看航站楼出入口、安检通道，一边询问安全生产和疫情防控措施落实情况，叮嘱落实“一米线”、佩戴口罩、候机厅通风消毒等要求，专人专案抓好设施维护管理，做好转机停留期间服务保障，让旅客出行更舒适、更便捷。在晋江国际会展中心，康涛检查第29届泉州国际车展展厅进出口、各展馆现场、安保指挥部等，反复叮嘱相关单位落实责任，人员疏导、秩序维护、环境卫生等要再抓实，应急准备预案要再过细，办出规范、安全的展会。在梧林传统村落，康涛察看修复后的古厝、沿街商铺等，强调节日人流量增多，安全生产及疫情防控压力更大，要规范经营商户、营运车辆等管理，提醒游客做好个人防护、避免聚集，让大家玩得舒心、放心、安心。在检查中，康涛强调，各级各相关部门要坚持以人民为中心的发展思想，落实中央及省里部署要求，绷紧安全生产这根弦，加强旅游景区、交通场站、食品安全、森林防火等管理，全覆盖查隐患堵漏洞。要做好疫情防控，盯紧重点区域和关键环节，加强健康管理、监测预警等，既保证群众旅游出行安全有序便利，又做到防控科学精准适度。要抢抓节假日旅游热度，推出更丰富的主题线路、体验项目，规范旅游市场秩序，提升公共服务质量水平，确保群众度过安全健康欢乐节日。

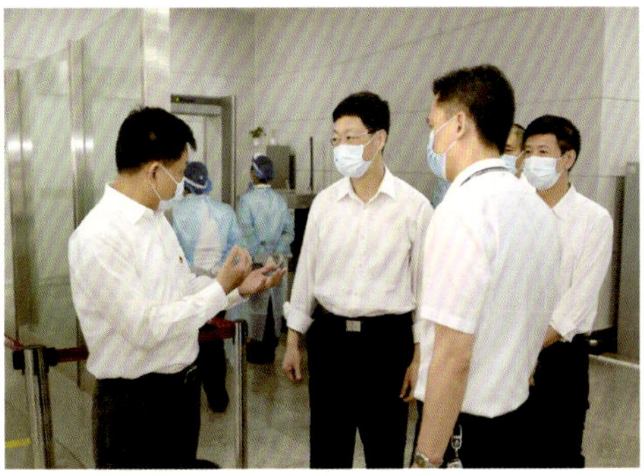

康涛（左四）在泉州晋江机场检查安全生产、疫情防控和旅客组织工作（图/陈起拓）

康涛（左四）在晋江梧林传统村落检查景区疫情防控、旅游安全、市场秩序等工作（图/陈起拓）

“五一”假期泉州市推出46项文旅活动

“五一”假期，泉州市推出46项文旅活动。市区几大景点有免费讲解，清源山有南少林武术表演、汉服体验、投壶游戏、古风集市等众多体验活动。市文旅局组织遗产志愿讲解员提供公益讲解服务，带游客走进“泉州：宋元中国的世界海洋商贸中心”系列遗产点，体验文化遗产魅力。此次公益讲解精选开元寺、泉州府文庙、天后宫——德济门、清净寺等景点，采用预约制，每个景点每天开放4～6个团，每满10人即开始讲解，由专家学者和经过培训的泉州遗产志愿讲解员带领游客一起游玩。清源山风景区准备了丰富多彩的活动，有南少林非物质文化遗产武术表演、汉服体验、投壶游戏、古风集市等。此次武术表演，融合刀法、剑法、拳法、枪法于其中。清源山风景区准备了精致的汉服，并搭配相应妆容。清源山还设有古风集市，游客可身着汉服，漫步在仿古街道，体验身临其境的感觉。

“国风进万家·非遗零距离”传统文化展演活动举行

泉州文旅集团主办的“国风进万家·非遗零距离”传统文化展演活动在正音书院举行。活动内容包括木偶戏交流分享会，手工艺人包括汉服体验、状元灯制作、木偶戏体验等在内的传统文化艺术市集，青少年儿童传统文化艺术研学成果会演。

5月2日

农历辛丑年三月廿一
星期日
温度：20℃～25℃
阴转多云

●市委书记康涛到泉州晋江国际机场、晋江国际会展中心、梧林传统村落等，检查安全生产、疫情防控等情况。

●“五一”假期，泉州市推出46项文旅活动。

●泉州文旅集团主办的“国风进万家·非遗零距离”传统文化展演活动在正音书院举行。

●泉州市南音传承中心主办的庆祝建党100周年——南音专场在泉州南音艺苑举行。

5月3日

农历辛丑年三月廿二
星期一
温度：20℃～24℃
小雨

●市委书记康涛到泉州水资源调度中心调研安全生态水系建设情况。

●小山丛竹古书院复建开放。

●1—3日，福建省梨园戏传承中心主办的“传承就是最好的纪念”系列活动之“心底也作知己酬”——王仁杰剧作演出季举行。

●由市体育局主办、丰泽区文旅局等承办的2021年泉州市全民健身运动会电子竞技大赛闭幕。

康涛调研安全生态水系建设情况

市委书记康涛到泉州水资源调度中心，调研安全生态水系建设情况。在泉州水资源调度中心所在的金鸡拦河闸，康涛了解泉州市水网资源、水利工程、水资源调度保障等情况。在泉州智慧河长指挥平台，康涛通过视频监控系统察看部分水文站、拦河闸的水位、水质及周边生态环境。康涛强调，各级各有关部门要贯彻落实习近平生态文明思想，扛起生态文明建设政治责任，高标准、高质量推进安全生态水系建设。要坚持整体策划、精心设计，统筹山水林田湖草系统治理，把牢安全生态水系综合整治工程质量，实现“河畅、水清、岸绿、景美”，促进生态红利“变现”，让老百姓更好共享高品质生活。

小山丛竹古书院复建开放

小山丛竹古书院复建开放。小山丛竹地处泉州城北，本着“保护、还原”的出发点和打造精品文化园林的初衷，泉州市于2018年10月开始复建小山丛竹公园。2020年年底，小山丛竹历史文化主题公园移交给泉州文旅集团管理。为延续千年文脉，小山丛竹的修复以原先历史文脉作为基础，植入名人故事；在晚晴室与不二祠分别打造弘一法师和欧阳詹主题展陈空间；诚正堂作为小山丛竹古书院，陈列与泉州相关的文化书籍，开放成为古城居民的阅读空间。还将邀请国内外知名学者开展学术活动，使之成为泉州人的文化精神地标。值得一提的是，北京大学社会学系教授、博士生导师，泉州人王铭铭受邀出任小山丛竹山长一职。泉州文史爱好者林晓鸣将几十年淘得的3400多册图书无偿捐赠给诚正堂。

小山丛竹公园正门（图/吴寿民）

王仁杰剧作演出季举行

1—3日，福建省梨园戏传承中心主办的“传承就是最好的纪念”系列活动之“心底也作知己酬”——王仁杰剧作演出季举行。上海昆剧团、广州粤剧院红豆粤剧团、浙江省绍兴市艺术研究院、陕西省宝鸡市东岭艺术中心·高亚玲戏剧艺术工作室、福州闽剧艺术传承发展中心五个艺术单位到场演出，梨园戏、昆曲、粤剧、越剧、碗碗腔、闽剧六大剧种同台演出，中国戏剧梅花奖获得者曾静萍、李敏、黎安以及林梦萍、高亚玲、李嘉宜等众多演员到场献演。此次演出季的主题“心底也作知己酬”，选自王仁杰的梨园戏剧作《枫林晚》中的一句名曲唱词，表达梨园戏子弟以及海内外众多艺术同人、观众戏迷，将演出与观赏已故泉州籍艺术家王仁杰剧作，作为如知己酬答一般的怀念与温馨之情。

2021年泉州市全民健身运动会电子竞技大赛闭幕

由市体育局主办、丰泽区文旅局等承办的2021年泉州市全民健身运动会电子竞技大赛闭幕。此系电子竞技首进泉州市全民健身运动会。大赛设线上资格赛与线下对抗赛两个阶段。大赛自4月24日开启线上资格赛以来，得到众多本土电竞爱好者的响应与参与，超5000人次参赛。经过线上多轮比拼，最终有40支队伍累计获得10场胜利，脱颖而出进入线下对抗赛阶段。最终，由“大锤手游”队获得冠军。

5月4日

农历辛丑年三月廿三
星期二
温度：20℃～25℃
小雨转中雨

●市委书记康涛到西街游客服务中心、市公安局情报指挥中心，检查督导“五一”期间全市旅游市场保障、社会稳定、道路交通、安全生产、网络舆情等工作，看望慰问值班值守的工作人员。

●4—5日，由市科协、市教育局主办，市科技馆、市青少年科技教育协会、泉州市培元中学承办的，主题为“放飞中国梦·快乐共成长”的第五届泉州市青少年机器人竞赛在泉州市培元中学举行。

●第18届世界中学生运动会志愿者昵称、口号发布。

●“爱乐之城”——经典电影音乐作品音乐会在泉州大剧院举行。

康涛检查督导节日期间旅游市场保障等工作

市委书记康涛到西街游客服务中心、市公安局情报指挥中心，检查督导“五一”期间全市旅游市场保障、社会稳定、道路交通、安全生产、网络舆情等工作，看望慰问值班值守的工作人员。市委副书记张永宁、副市长李伙金参加有关活动。康涛到西街游客服务中心，听取旅游大数据分析，了解景区接待、游客画像、旅游服务等情况，并步行穿过西街，察看旅游秩序、疫情防控、服务保障、安全生产等工作落实情况。在市公安局情报指挥中心，康涛听取社会治安、道路交通、网络安全、旅游市场管理等情况分析汇报，并通过视频连线部分县域了解相关工作，共同研判应对假期返程高峰的有效措施。

康涛（前排中）在西街检查（图/陈英杰）

第五届泉州市青少年机器人竞赛举行

4—5日，由市科协、市教育局主办，市科技馆、市青少年科技教育协会、泉州市培元中学承办的，主题为“放飞中国梦·快乐共成长”的第五届泉州市青少年机器人竞赛在泉州市培元中学举行。赛事旨在通过竞赛活动激发青少年对人工智能教育的学习兴趣，培养青少年科技创新精神和动手实践能力。大赛分“综合技能比赛”“机器人创意比赛”“RIC创新工程赛”“FLL工程挑战赛”“VEX工程挑战赛”5个竞赛项目，全市245支队伍参赛。竞赛现场，一个个机器人创意比赛作品构思精巧、实用性强。其中，泉州七中高中组学生蔡显榕、陈逸勋的作品“子母式楼梯清扫机器人”，创新设计升降式爬行结构，有望解决扫地机器人无法上下楼梯进行清扫的问题；晋江深沪中学学生吴仁杰与季延初级中学学生施纯鸿合作的项目“协同战疫废弃口罩处理器”，利用AI人脸识别等新技术，协同解决废弃口罩无害化安全处理。

参赛选手讲述设计理念（图/赖永超）

世界中学生运动会志愿者昵称口号发布

晋江市纪念五四运动102周年暨第十五届晋江青年文化节开幕式举行。活动包括晋江市青少年综合服务平台集中授牌、为获泉州市级以上“五四”荣誉的青年代表颁发证书、晋江市首届少先队辅导员职业技能大赛颁奖仪式等环节，其中多项内容与世界中学生运动会（以下简称“世中运”）相关。活动中，第18届世界中学生运动会志愿者昵称、口号发布。志愿者昵称为“桐桐”，意在以刺桐之红，外化志愿者的形象；以“同同”的谐音，诠释同在一片蓝天之下，志愿者与大家一路同行，同心同德，共筑世中运的美好梦想。志愿者的口号为“爱拼敢赢 志愿同行”，预示以富有力量的志愿服务，构建激情饱满、活力四射的风景线，展现世中运的体育文化风采。

第18届世界中学生运动会志愿者风采大赛现场（图/王思思）

5月5日

农历辛丑年三月廿四
星期三
温度：17℃～24℃
小雨转多云

●2021年“五一”假期全市接待游客238.55万人次，同比增长118.2%；实现旅游收入18亿元，同比增长122.8%。

●由福建省工艺美术行业发展促进中心主办的第十一届福建省工艺美术精品“争艳杯”大赛闭幕，泉州市43件作品获金奖，数量位居全省第一。

“五一”假期全市实现旅游收入18亿元

2021年“五一”假期全市接待游客238.55万人次，同比增长118.2%；实现旅游收入18亿元，同比增长122.8%。

作为泉州的瑰宝，泉州古城节前被各大平台争相推荐，跻身文化深度游目的地热搜榜。为更好地丰富游客旅游体验，泉州市推出漫步古城微度假、夜游古城等多条旅游路线，用“一街、一碗、一楼、一馆、一店、一宿、一演出”串出7条“市井烟火”路线，辅以“润物无声”系列展览、西街故事主题展、小山从竹主题展等系列展览，吸引众多市民游客在探寻古城往事的同时，沉浸式感受泉州古城“半城烟火半城仙”的市井生活。据统计，“五一”假期，西街接待21.77万人次，成为全市景点的流量担当。古城之外，46项趣味性强、参与性高、体验性浓的文旅活动也为“五一”文旅市场注入新动能。

各戏剧院团及各县市区表演团体推出打城小戏、折子戏、梨园戏、南音传统曲目等多场文化艺术演出，为游客带来视觉和听觉上的双重享受；泉州非物质文化遗产馆和泉州市博物馆分别推出“‘庆五一·赏非遗’漆线雕专题展览展示活动”“美哉灵鉴——仪征出土汉代铜镜精品展”等活动，吸引不少游客参与互动体验；晋江梧林传统村落推出的梧林沉浸式文旅体验系列活动受到游客欢迎；觅鲤文创园举办闽南文化“觅食”街区活动，汇集汉服展、旗袍秀、街头艺人表演等展览演出，亮点十足。泉州市图书馆及其少儿分馆分别举办诵读比赛和儿童文学作品展等，阅读过节也成为“五一”假期一道风景线。

“五一”假期，以登山远望、滨海戏水、休憩放松为主的康养生态游成为不少“都市打工人”的首选，泉州市也依托独特的自然资源，推出丰富多彩的生态游活动，吸引各地游客“上山下海”观光游览。其中，德化石牛山的超长索道、天空之心、岱仙双瀑、仙境云海等多种体验项目，吸引许多游客慕名而来；清源山举办的“国风相约，共赏非遗”主题活动，推出南少林非物质文化遗产武术表演、汉服游园体验等，让市民游客在登山休闲的同时，感受非物质文化遗产和传统文化的魅力。亲水旅游方面，石狮黄金海岸的“红塔湾趣味生活嘉年华”活动，推出帐篷露营、乐队表演、沙雕绘画等互动节目，吸引不少市民游客畅玩；惠安崇武古城推出“崇武魅力·惠女风情”系列表演和“崇武记·风华生活”系列活动，吸引众多市民游客体验滨海风情。

2021年以来，泉州市推进“制造业+文旅”融合发展，文旅赋能工业逐步显现，特别是顺美陶瓷、英良石材等入选第二批福建省省级工业旅游示范基地名单，“‘海丝古韵最乡愁，闻香品醋源和堂’乡愁之旅”和“英雄故里、时尚之都”入选第一批福建省工业旅游精品线路，为全市工业旅游发展增添新动能。“五一”假期，源和创意产业园、德化如瓷生活文化馆、顺美陶瓷文化世界、永春达埔彬达制香厂、永春老醋文创园、安溪八马茶业、南安英良五号石文化创意园、晋江七匹狼中国男装博物馆、惠安鼎立艺术馆和惠安雕艺文创园等“智造泉州”工业游线路备受欢迎，吸引大量市民游客体验复古工厂风，另类打卡泉州，掀起工业研学游的新热潮。

西街游人如织（图/吴寿民）

游客在西街小西埕游玩（图/吴寿民）

游客在金鱼巷游玩（图/吴寿民）

杜源生到泉州调研省政协重点提案

6—7日，省政协副主席杜源生到泉州，开展省政协重点提案“以‘侨’为‘桥’，助力我省构建‘双循环’新发展格局”课题调研，市领导洪川夫参加活动。调研组考察泉州华侨历史博物馆及南益集团电脑针织有限公司等侨资企业，并与泉州市相关部门负责人座谈交流，围绕引领侨资项目、服务侨力平台等进行探讨。杜源生肯定泉州市在发挥侨资侨智侨力工作上的好经验好做法并指出，侨资侨智侨力是推动福建发展的重要力量，要认真梳理、开拓思路、创新理念，汇聚更多侨力资源，发挥侨商在经贸合作、融通内外中的桥梁纽带作用，把这一优势转化为推动福建高质量发展的强大动力。要学习贯彻习近平总书记到福建考察讲话精神，结合省委“再学习、再调研、再落实”活动要求，以问题为导向，立足泉州实际，勇于闯新路、出新招，因时因势探索创新更多好做法，在构建新发展格局中奋勇争先、继续走在前列。

“2021年送政策进高校”高校巡回宣介活动举行

6—16日，由市人社局主办的“2021年送政策进高校”——高校巡回宣介活动举行。活动旨在推进泉州人才“港湾计划”，打造新时代民营经济标杆，搭建校企对接交流和合作的平台，吸引更多高校毕业生到泉州就业创业。主办方在华侨大学、泉州师范学院、龙岩学院、闽南师范大学等省内10余所高校，开展政策巡回宣介活动。主要通过与高校就业办负责人座谈交流，推介泉州市的人才政策，全方位展示泉州市求贤若渴、惜才如金的开放包容和宜居宜业的生态环境。通过高校就业办了解应届毕业生专业分布情况及应届生需求情况，同时也将泉州市企业的人才需求传达给校方，推进人才供需对接，吸引优秀应届毕业生人才到泉州就业创业。省内10余所高校分别在校内网、毕业生就业群宣传推介。为突出校园引才的精准度、实效性，活动主办方组织全市320多家企业，提供机械、新媒体、电子信息、会计、计算机等4000多个岗位需求，应届毕业生可通过各大高校就业办的官网选择合适的岗位与用人单位对接。活动主办方介绍，将继续组织人员到省内高校，纵深推进泉州市人才“港湾计划”，实施人才招引提升行动，组织校园招聘、特色专场招聘等多样化引才活动满足用人单位不同层次的人才需求，吸引更多优秀毕业生到泉州就业创业。

泉州惠女舞蹈参演第六届全国大学生艺术展演开幕式

第六届全国大学生艺术展演在成都开幕，泉州惠女舞蹈参见开幕式入场仪式表演。开幕式现场，泉州师范学院音乐与舞蹈学院学生，身着惠女服饰，头戴斗笠，踏着海浪，缓缓走向舞台，展示福建舞蹈艺术发展新成就与学子的青春气息。泉州师范学院音乐与舞蹈学院硕士研究生导师叶晓丽表示，此次泉州大学生能代表福建省亮相开幕式，是泉州文化的骄傲，参与表演的17名学生中既有硕士研究生，也有本科生。全国大学生艺术展演活动每三年举办一届，该届主题为“奋斗·创新·奉献”，是教育系统为中国共产党成立100周年献礼的一项重要活动。泉州师范学院表演的《悬丝指语》获展演一等奖，为泉州市唯一获此荣誉的节目。

泉州市书法家协会2020年新会员优秀作品展举行

6—9日，由市文联、泉州市书法家协会主办的“守正出新”——泉州市书法家协会2020年新会员优秀作品展在泉州海外交通史博物馆举行。作品展展出121件作品。这些作品楷、行、草、隶、篆诸体皆备，审美取向多元，展现泉州市书法创作传承有序、新人辈出的局面。

5月6日

农历辛丑年三月廿五
星期四
温度：20℃~26℃
多云

●6—7日，省政协副主席杜源生到泉州，开展省政协重点提案“以‘侨’为‘桥’，助力我省构建‘双循环’新发展格局”课题调研。

●省纪委监委、省委组织部换届风气巡回督查组进驻泉州市，对换届风气及其监督工作进行集中督查。

●6—16日，由市人社局主办的“2021年送政策进高校”——高校巡回宣介活动举行。

●第六届全国大学生艺术展演在成都开幕，泉州惠女舞蹈参见开幕式入场仪式表演。

●6—9日，由市文联、泉州市书法家协会主办的“守正出新”——泉州市书法家协会2020年新会员优秀作品展在泉州海外交通史博物馆举行。

5月7日

农历辛丑年三月廿六
星期五
温度：22℃～30℃
阴转多云

●国家防汛抗旱总指挥部副秘书长、中国气象局副局长余勇带领太湖流域防汛抗旱防台风检查组到泉州检查防汛抗旱防台风工作。

●广西壮族自治区政协副主席严朝君到泉州，就“助推国家级文化生态保护区建设”开展学习考察活动。

●由市委文明办、市总工会主办，泉州交警支队、市邮政管理局、泉州市第一医院协办的“为民办实事 接力泉州红”——“我为群众办实事”暨“我为社会做好事”主题活动启动仪式在市工人文化宫党建文化广场举行。

●由市妇联、市计生协会、泉州晚报社主办的2021年“红色领航 寻找阳光母亲”系列报道启动。

●以“生态：景观、空间与茶”为主题的安溪铁观音茶文化系统踏勘与工作交流会在安溪举行。

国家防汛抗旱总指挥部检查组到泉州检查防汛抗旱工作

国家防汛抗旱总指挥部副秘书长、中国气象局副局长余勇带领太湖流域防汛抗旱防台风检查组到泉州检查防汛抗旱防台风工作。在市金鸡拦河闸水资源调配中心，检查组检查金鸡拦河闸防汛抢险设施设备及队伍备汛、防汛物资储备等工作，了解基层汛前准备、责任制落实等情况，听取泉州防汛抗旱工作情况汇报，并与省、市防汛抗旱总指挥部有关负责人座谈交流。

“我为群众办实事”暨“我为社会做好事”主题活动启动

由市委文明办、市总工会主办，泉州交警支队、市邮政管理局、泉州市第一医院协办的“为民办实事 接力泉州红”——“我为群众办实事”暨“我为社会做好事”主题活动启动仪式在市工人文化宫党建文化广场举行。启动仪式上，主办方宣布市总工会“我为社会做好事”志愿服务行动方案及2021年市总工会13项“为职工办实事项目”，宣布成立快递小哥志愿服务队并授旗，宣读《“我为社会做好事”倡议书》。此次活动聚焦“办实事”“做好事”，旨在贯彻落实党史学习教育关于“我为群众办实事”实践活动要求，以及市委文明办关于“我为社会做好事”志愿服务工作要求，以实际行动动员和引领党员干部职工主动参与，以务实的举措、优质的服务、良好的成效展现工会组织的担当和作为，展现职工的形象和风采。

启动仪式后，市总工会志愿服务队分成四小分队分别进行分发文明创城倡议书、劝导不文明交通行为等志愿服务。健康义诊、交通安全宣传、垃圾分类“趣创文明城”主题闯关游戏、急救知识普及、职工入会办理等志愿服务吸引大批人群。值得一提的是，市总工会此次特意组织以快递小哥、家政服务员等为代表的“八大群体”（货车司机、快递员、护工护理员、家政服务员、商场信息员、网约送餐员、房产中介员、保安员）职工现场入会，把他们融入工会大家庭，提高工会组织的服务覆盖面，并通过现场志愿服务，提高他们的归属感，让他们感受工会组织的温暖。

“我为群众办实事”暨“我为社会做好事”主题活动启动仪式（图/李 亮）

安溪铁观音茶文化系统踏勘与工作交流会举行

以“生态：景观、空间与茶”为主题的安溪铁观音茶文化系统踏勘与工作交流会在安溪举行。北京大学考古文博学院教授、泉州师范学院中国泉州文化遗产研究院院长孙华，中国农业大学人文与发展学院社会学与人类学系副教授李耕等多名专家学者与会，从农业遗产的属性出发，探讨安溪县茶业从业者有关生产性土地、水、本土建筑等方面的物质遗产，及其有关的文化和观念形态。作为此次活动的召集人之一，泉州师范学院中国泉州文化遗产研究院副教授孙静偕同调研团队汇报初期调研成果。调研中，团队主要关注茶道的踏勘，建筑遗存及涉茶空间物质构造、家族迁徙历史与海外贸易以及与此相关的民间信俗、观念研究。已形成初步成果，充实和丰富安溪铁观音茶文化系统的物质文化遗产的内涵。

安溪铁观音茶文化系统踏勘与工作交流会现场（图/安溪新闻网）

全市党史学习教育领导小组负责人座谈会召开

各县（市、区），泉州开发区、泉州台商投资区，市直有关单位党史学习教育领导小组负责人座谈会召开。市委副书记、宣传部部长，市委党史学习教育领导小组副组长、办公室主任张永宁出席并讲话。会议指出，要学习贯彻习近平总书记关于党史学习教育的重要讲话重要指示精神，学习贯彻习近平总书记在福建考察时的重要讲话精神，增强开展好党史学习教育的思想自觉、政治自觉和行动自觉。要按照中央部署和省委、市委要求，聚焦"学党史、悟思想、办实事、开新局"，严格对标对表，突出泉州特色，实施党史宣讲走心入心工程，开展好"讲党史、悟思想"主题宣讲，抓紧宣传教育，深化"我为群众办实事""我为企业解难题""我为社会做好事"活动，推进党史学习教育走深走实。要紧扣习近平总书记在福建考察时提出的总目标、新要求和重点任务，结合"十四五"规划实施和民营经济发展年、营商环境提升年、城乡品质提升年等市委、市政府中心工作，抓好工作统筹，做到学习教育和实际工作相互促进、相得益彰。各地各部门要提高政治站位，强化组织领导，抓好结合贯通，把牢正确导向，强化督促指导，做好总结提升，高标准、高质量推进党史学习教育各项工作。

党史学习教育市委巡回指导组培训会召开

党史学习教育市委巡回指导组培训会召开。市委副书记、宣传部部长，市委党史学习教育领导小组副组长、办公室主任张永宁出席并讲话。会议指出，党史学习教育启动以来，市委高度重视，把党史学习教育作为贯穿全年的重大政治任务，系统谋划、精心组织；各地各部门迅速行动、扎实推进，各项工作进展顺利，实现良好开局。开展巡回指导工作，是对标对表习近平总书记重要讲话重要指示重要批示精神的重要保证，推动党史学习教育高质量开展的重要途径和坚持效果导向，实现学习教育与经济社会发展两促进的重要抓手。要提高政治站位，增强开展巡回指导工作的责任感使命感。要瞄准目标突出重点，做好巡回指导工作，明确目标、细化举措，推动各地各部门掀起党史学习教育热潮。要认真履职尽责，确保巡回指导工作取得成效，各巡回指导组要本着对市委、对各级党组织、对基层群众高度负责的态度，忠诚履职、扎实工作，推动泉州市党史学习教育取得新成效。按照市委党史学习教育领导小组统一部署，16个党史学习教育市委巡回指导组分赴各地各部门开展巡回指导工作。

泉州市新冠肺炎疫情防控护理技能竞赛举行

由市卫健委、市总工会、市人社局主办的"传承红色基因，创新发展护理"泉州市新冠肺炎疫情防控护理技能竞赛在市第一医院城东院区举行，各县（市、区）20家医疗单位的40名选手和20支队伍参与竞技。竞赛由个人赛、团体赛两部分组成。个人赛围绕动脉血气分析采血技术、新冠核酸检测鼻咽拭子采集技术展开。团体赛则围绕新冠危重患者心肺复苏技术进行，团体赛中，各代表队选手紧密配合，展现护理人员娴熟的急救技能和较强的应急处置能力。

竞赛评审组一致认为，此次竞赛主题红、规格高、参与面广，在注重护理质量、技能操作的基础上，融入疫情防控的具体举措，同时注重体现红色基因精神的人文护理，也是一场别开生面的党史学习教育。获奖的个人和集体分别被授予"泉州市五一劳动奖章""泉州市技术能手""泉州市五一巾帼标兵"和"泉州市工人（五一）先锋号"等荣誉。市卫健委相关负责人表示，将以此次竞赛活动为契机，传承红色革命精神，开展主题宣传活动，讲好中国共产党成立100周年来护理好故事；加强护士队伍建设，完善正向激励机制，关心关爱护士，维护护士合法权益；提高疫情防控救治和应对突发公共卫生事件的护理能力，深化优质护理服务，创新护理服务模式，推动护理服务高质量发展。

5月8日

农历辛丑年三月廿七
星期六
温度：22℃～30℃
阴转小雨

●各县（市、区），泉州开发区、泉州台商投资区，市直有关单位党史学习教育领导小组负责人座谈会召开。

●党史学习教育市委巡回指导组培训会召开。

●由市卫健委、市总工会、市人社局主办的"传承红色基因，创新发展护理"泉州市新冠肺炎疫情防控护理技能竞赛在市第一医院城东院区举行。

●8—9日，海洋题材民俗作品《平潭映象》在泉州大剧院演出。

5月9日

农历辛丑年三月廿八
星期日
温度：23℃～29℃
阴

●9—10日，泉州市出现强降雨，有效增加全市大中型水库蓄水，结束自2020年秋季以来的秋冬春连旱。

●泉州市全国人大代表粟琼、省人大代表王永芬与社会爱心人士一起，到洛江区河市镇白洋村开展“爱在母亲节 情暖党员心”慰问活动，为当地困境母亲送去节日祝福、生活慰问品和慰问金。

●由新华社、中国品牌建设促进会、中国资产评估协会、国务院国资委新闻中心等主办的2021年中国品牌价值评价信息发布暨中国品牌建设高峰论坛在上海举行。现场发布的榜单中，泉州市共有20个品牌上榜。

泉州市秋冬春连旱结束

9—10日，泉州市出现强降雨，有效增加全市大中型水库蓄水，结束自2020年秋季以来的秋冬春连旱。强降雨过程有大雨、大风和冰雹。统计9日8时至20时累积降水，全市52个乡镇出现25毫米以上降水，其中14个乡镇出现50毫米以上降水，以德化县水口镇120.4毫米为最大，其次永春县达埔镇86.6毫米，第三安溪县蓬莱镇81.2毫米。截至10日8时，全市大中型水库增加蓄水量1879万立方米，山美水库增加蓄水量1440万立方米，为下阶段供水提供有力保障。此次降雨过程全市有14个乡镇达到50毫米的暴雨量级，从山区到东南沿海基本都在20毫米以上，从气象角度看（6天总雨量至少需要15毫米，意为解除旱情），泉州的秋冬春连旱已全面解除，也意味着泉州市全面进入梅雨季节。这场及时雨不仅解除旱情，还保障春耕生产用水、降低森林火险等级、增加大小水库的蓄水量。

尽管旱情解除，但全市保供水的担子依然沉重，需要全社会齐心协力做好节水工作。数据显示，截至10日8时，全市20座大中型水库总蓄水量3.85亿立方米，仅占正常库容的36.85%，比2020年偏少1.05亿立方米，比多年偏少9621万立方米。其中，山美水库蓄水量1.9亿立方米，占正常库容40.25%，比2020年偏少6628万立方米，比多年偏少6558万立方米；惠女水库蓄水量2216万立方米，占正常库容的28.05%，比2020年偏少2400万立方米，比多年偏少2775万立方米。有限的库容，需要系统的措施保障供水。泉州市针对供水形势严峻的地区，维持供水应急预案，按照优先保障居民生活用水、保障重点工业用水的原则，制订限制供水计划，对用水大户按行业进行分类，明确优先保障顺序，对高耗水服务业、一般工业用水进行限制供水，适时采用轮供和降供水压力等措施延长供水期。开展应急性跨流域调水，加大龙门滩水库调水量补充山美水库，对有限水资源进行高效调控利用；计划在用水紧张地区通过应急地下水源调查，施工一定数量的供水井供水，解决应急供水水源问题，并做好水质监测工作。此外，通过加强供水管道巡查，及时修复破损管道，减少水资源浪费；加强对群众春耕漫灌行为的劝导和制止，减少供水损耗。

泉州市全国和省人大代表慰问困难母亲

泉州市全国人大代表粟琼、省人大代表王永芬与社会爱心人士一起，到洛江区河市镇白洋村开展“爱在母亲节 情暖党员心”慰问活动，为当地困难母亲送去节日祝福、生活慰问品和慰问金，勉励她们乐观向上、坚强生活。人大代表还看望当地的困难群众和老党员，了解民众所需所求，发挥好人大代表的桥梁纽带作用。

泉州市20个品牌登上中国品牌价值评价榜单

由新华社、中国品牌建设促进会、中国资产评估协会、国务院国资委新闻中心等主办的2021年中国品牌价值评价信息发布暨中国品牌建设高峰论坛在上海举行。现场发布的榜单中，泉州市共有20个品牌上榜。其中，19个品牌的品牌价值超5亿元，多个品牌位居所在榜单的前列。此外，在区域品牌（地理标志产品）评价中，安溪铁观音登上地理标志产品区域品牌价值榜首。2021年在参评条件要求较高的前提下，申报评价的品牌数量达到1266个，包括大部分行业的龙头企业。此次活动发布品牌数量达695个，总品牌价值83746亿元（不含100个地级城市），品牌价值均值比2020年增长7.9%。在泉州市上榜的19个品牌价值超5亿元的企业中，恒安集团以品牌价值463.52亿元、品牌强度912的成绩排名企业品牌轻工类榜单第七；在自主创新榜单中，泉州市有11家企业上榜，其中，福建泉州匹克体育用品有限公司以品牌价值54.52亿元、品牌强度842的成绩位居该榜单第三名，蜡笔小新（福建）食品工业有限公司以品牌价值28.28亿元、品牌强度788的成绩排名第五，此外，火炬电子、福派园食品、久久王食品等都有不错的成绩。

泉州市入选第二批国家创新型城市名单

全国国家创新型城市总结评估会召开，泉州市和龙岩市通过评估，成为福建省第二批国家创新型城市。至此，福建省共有4个创新型城市，分别是福州(创新增长极类）、厦门（创新策源地类）以及泉州和龙岩（均为创新集聚区类）。

泉州台商投资区“亲清家园”云监督服务平台现场会召开

泉州市召开泉州台商投资区“亲清家园”云监督服务平台现场会。会议指出，各级各部门通过深挖问题、系统攻坚、精准发力，推出一批有创新性、针对性、获得感强的改革措施，全市营商环境呈现向上向好态势。要认清形势，学习先进，增强优化营商环境的责任感、紧迫感；要突出重点，强力攻坚，盯住审批自由裁量权和行政执法规范化，优化审批服务事项网上办，针对数据共享不到位，相关部门要主动沟通对接，尽快解决数据壁垒问题；要强化监督，落实责任、查找问题、完善措施，让一流营商环境成为高质量发展超越的助推器。会上，泉州台商投资区演示并汇报“亲清家园”改革经验，市数字办介绍惠企政策线上直达兑现平台建设情况。活动期间，与会人员还参观泉州台商投资区“亲清家园”智慧办事体验中心。

10家泉州企业亮相2021年中国品牌日活动福建展馆

10—12日，以“中国品牌，世界共享；聚力双循环，引领新消费”为主题的2021年中国品牌日活动在上海举行，集中宣传展示中国品牌发展新成果新形象。泉州市10家品牌企业在福建展馆参展。该届中国品牌日活动旨在凝聚全社会品牌发展共识，传播品牌发展理念，营造品牌发展氛围，主要内容包括举办中国自主品牌博览会和中国品牌发展国际论坛等。博览会同步开展线下和云上展览。福建展馆以“智汇闽品”为主题，在线上、线下展馆均设置“创新赋能 数字福建”“陆海统筹 海上福建”“绿色发展 生态福建”“品质生活 幸福福建”四大板块和福建茶叶板块，展现一批助推发展高质量、产业高素质、生态高颜值、生活高品质的福建品牌。泉州市的达利食品、恒安集团、匹克鞋业、九牧厨卫、九牧王、盼盼食品、南威软件、火炬电子科技、飞通通讯科技、八马茶业10家企业现身福建展馆，组团参加一年一度的“品牌秀”，展示各自品牌魅力。

“妈祖与陶瓷”德化艺术陶瓷精品展在北京开幕

由斯洛伐克共和国驻华大使馆、中华妈祖文化交流协会支持，德化县陶瓷发展委员会主办的“妈祖世界·瓷行天下——妈祖与陶瓷”德化艺术陶瓷精品展在北京斯洛伐克共和国驻华大使馆开幕。此次展览为期1个月，展出50件作品。德化县陶瓷艺术家通过雕塑、捏花、釉下五彩、造型雕刻等艺术语言，将妈祖文化“立德、行善、大爱”的核心精神和丰富内涵体现得淋漓尽致。斯洛伐克、捷克、黑山、阿塞拜疆等16个国家驻华大使及20余个国家驻华文化参赞参观展览。斯洛伐克共和国驻华大使馆特命全权大使杜尚·贝拉在致辞中介绍，自明代开始，妈祖不仅保障着中国的水路和粮食运输系统，还保护着中外使节免于海上风暴的袭击。作为一种跨国文化象征，妈祖促进了人们思想，身体和精神三者的统一。中华妈祖文化交流协会表常务副会长俞建忠表示，妈祖文化是全人类的，妈祖精神为全世界所共仰。欧洲、非洲是华人繁衍和妈祖文化传播的重要之地。妈祖的大爱精神、妈祖的平安文化、妈祖的和谐包容理念，为欧洲、非洲人民所普遍喜欢、普遍崇敬、普遍景仰。妈祖文化日益成为欧洲、非洲人民民间交流交往的一条重要纽带。

5月10日

农历辛丑年三月廿九
星期一
温度：23℃～29℃
阴转多云

●全国国家创新型城市总结评估会召开，泉州市和龙岩市通过评估，成为福建省第二批国家创新型城市。

●市政法队伍教育整顿办周例会召开，及时掌握政法队伍教育整顿工作进展情况，督促、推动落实各项工作，推进查纠整改环节工作。

●泉州市召开泉州台商投资区“亲清家园”云监督服务平台现场会。

●10—12日，以“中国品牌，世界共享；聚力双循环，引领新消费”为主题的2021年中国品牌日活动在上海举行，集中宣传展示中国品牌发展新成果新形象。泉州市10家品牌企业在福建展馆参展。

●由斯洛伐克共和国驻华大使馆、中华妈祖文化交流协会支持，德化县陶瓷发展委员会主办的“妈祖世界·瓷行天下——“妈祖与陶瓷”德化艺术陶瓷精品展在北京斯洛伐克共和国驻华大使馆开幕。

5月11日

农历辛丑年三月三十
星期二
温度：24℃～30℃
阴转多云

●中国红十字会党组书记、常务副会长梁惠玲到泉州调研基层红十字工作。

●由市文改办、市文旅局主办，泉州网、泉州市非物质文化遗产保护中心承办的第三届泉州市文化创意产品展启动。

●市妇联举行泉州市“最美家庭”揭晓暨红色之旅家庭活动。

●戏曲电影《玉珠串》在安溪文庙开机，此系全国首部高甲戏电影。

全市72个家庭获评省市“最美家庭”

市妇联举行泉州市“最美家庭”揭晓暨红色之旅家庭活动。活动揭晓2021年福建省、泉州市“最美家庭”名单，并为泉州市22户福建省“最美家庭”的代表和50户泉州市“最美家庭”的代表颁发证书、奖牌与鲜花，赠送红色书籍。参加活动的省、市“最美家庭”代表共有16户，他们有的是红色基因的坚定传承者，有的是乡村教育的守护者，有的是乡村振兴的开拓者，有的是平凡生活的践行者。虽然身份和事迹不同，但是他们的家庭故事都传递着向上、向善的力量，都是社会主义核心价值观在家庭的生动实践。市妇联希望获表彰的“最美家庭”珍惜荣誉、再接再厉，传承好、弘扬好中华民族家庭美德，示范引领带动更多的家庭，促使每一个家庭各美其美、千万家庭美美与共；全市家庭以“最美家庭”为榜样，见贤思齐、崇德向善，共同践行社会主义家庭文明新风尚。活动后，省、市“最美家庭”代表到中共泉州特支成立旧址（泉州府文庙）、鲤城金龙街道龙岭社区爱国主义教育基地参观学习。

省市“最美家庭”代表参观中共泉州特支成立旧址（图/市妇联）

全国首部高甲戏电影《玉珠串》在安溪开机

戏曲电影《玉珠串》在安溪文庙开机，此系全国首部高甲戏电影，作为展映剧目为第44届世界遗产大会献礼。高甲戏是福建五大地方剧种之一，是闽南的文化瑰宝，也是安溪一张亮丽的文化名片。《玉珠串》是安溪高甲戏最为知名的精品剧目，曾获中宣部“五个一”工程奖、文化和旅游部文华奖、曹禺戏剧文学奖等国家级奖项。此次将《玉珠串》搬上电影银幕，由省委宣传部、省电影局、省广播影视集团、福建电影制片厂及安溪县委、县政府作为任务单位，安溪县高甲戏剧团负责排演、福建电影制片厂负责拍摄。

省委宣传部二级巡视员王江在推介会上表示，中华优秀传统文化是中华民族的“根”和“魂”。高甲戏作为第一批列入国家非物质文化遗产的地方戏种，其表现的“能美能丑，亦庄亦谐”的丑角艺术，是闽南、福建草根文化的重要载体，其影响力已经逾越方言地域，是闽南侨乡人民情感交流和海外侨胞文化认同的重要符号。福建电影制片厂董事、副总经理，福建福影天下有限公司总经理黄华则表示，《玉珠串》为中国乃至世界第一部高甲戏电影，具有推动闽派文化品牌建设的积极意义；又由于其所具有反腐主题性质，使其具有积极的现实意义。该片电影导演陈茂林介绍，基于舞台的高甲戏艺术魅力与立足科技的影视表达手法巧妙结合，用电影展现、传播传统戏曲是影片最大亮点。《玉珠串》将借助新时代新技术条件下的电影艺术表现手法，放大高甲戏的表演特色，加强视觉冲击，展现高甲戏艺术之美，让老戏迷、新观众都能获得高甲戏与电影美学上的双重体验，尤其是省外、年轻观众和外国友人等不太了解高甲戏的观众也可以凭借丰富的、直观的视听体验，走进高甲戏，了解高甲戏，喜欢高甲戏。

《玉珠串》在安溪文庙开机（图/刘伯怡）

市委理论学习中心组扩大学习会召开

市委理论学习中心组扩大学习会召开，邀请省纪委常委、省委巡视办主任游美萍做《深入学习贯彻习近平总书记关于巡视工作重要论述，准确理解把握新时代政治巡视巡察内涵要求》专题辅导。学习会上，游美萍结合具体案例，阐明新时代巡视巡察工作的政治定位、战略意义、职责使命，论述如何准确理解把握政治巡视巡察的内涵、重点及要求。

全市各地开展全国防灾减灾日宣传教育活动

全国防灾减灾日，全市各地开展形式多样的防灾减灾宣传教育活动。福建省海上突发事件应急演练活动在深沪中心渔港举行。泉州市举行“防范化解灾害风险，筑牢安全发展基础”防灾减灾救灾现场宣传活动，普及防灾减灾知识，增强市民对突发事故自救、逃生、自我保护的灵活应变能力。防灾减灾知识讲座邀请泉州市防灾减灾科学传播师到社区开展地震、消防等主题的知识讲座，加强社区群众防灾减灾意识和能力；相关部门还在社区设点接受群众的咨询并发放防灾减灾科普宣传资料；应急疏散演练中，当社区的地震预警终端模拟发出预警信号后，社区工作人员根据所处的场所条件，采取不同方式进行避震。震后再有序经应急疏散路线撤离到避难场地（广场绿地）避险。南安在武荣公园举行水上运动应急演练。现场模拟龙舟赛事过程中突发险情后的救援，含抛无人机抛投救援、“O”形快速救援、水下声呐探测救援等。演练整合南安市文体旅局、应急管理局、南安市水上运动协会、迅捷救援队等多方资源力量，展示社会力量在水上应急救援中的作用。

福建省海上突发事件应急演练活动在深沪中心渔港举行
（图/黄贤源）

泉台民间交流协会第四届会员代表大会举行

泉台民间交流协会第四届会员代表大会举行并进行换届选举，许志达当选新一届会长，陈家富当选执行会长。大会总结过去5年工作成效，提出今后工作思路。大会指出，泉台民间交流协会热心牵线搭桥，主动服务台企台胞，推进泉州和台湾经贸、文化等领域交流。注重做好台湾青年工作，协调促成石狮市闽台两岸青创基地成立，该基地成功引进台湾青年文创企业60多家。推动闽台民间交流，与相关单位主办“李光地文化节暨海峡两岸大学生文创峰会”、两岸社区农渔业交流合作发展论坛，承办两届“两岸社会经济融合与两岸交流”研讨会等。

丰泽区2021年招商项目签约仪式举行

丰泽区2021年招商项目签约仪式举行。活动分3场，有第二季度重大招商项目集中签约，也有文化产业项目和泉州市建筑服务产业园2个专场签约，签约43个项目，总投资103亿元。第二季度重大招商项目集中签约涵盖智能制造、现代金融、电商物流等领域，签约落地18个项目，总投资63亿元。其中，梦莱客生态智慧床具制造、泉州智慧交通和车联网技术应用、智能安全用电管理系统应用、健和资本股权投资基金等都有“智能化”的身影，将规模生产拥有世界首创智慧睡眠专家系统、空气缓释盈氧系统等100多项自主知识产权核心技术的生态智慧床具；建设全市交通数据检测中心、安全监控、交通出行客服中心、运维服务中心；打造全省乃至全国智能用电头部企业、单项冠军；投资泉州地区智能制造、医疗健康、环保新能源等战略新兴企业等。

5月12日

农历辛丑年四月初一
星期三
温度：25℃～31℃
阴转小雨

●市委理论学习中心组扩大学习会召开，邀请省纪委常委、省委巡视办主任游美萍做《深入学习贯彻习近平总书记关于巡视工作重要论述，准确理解把握新时代政治巡视巡察内涵要求》专题辅导。

●由省海洋与渔业局主办的福建省海上突发事件应急演练活动在泉州晋江市深沪中心渔港举行。

●全市各地开展形式多样的全国防灾减灾日宣传教育活动。

●泉台民间交流协会第四届会员代表大会举行并进行换届选举，许志达当选新一届会长，陈家富当选执行会长。

●丰泽区2021年招商项目签约仪式举行，签约43个项目，总投资103亿元。

●由科技部科技人才交流开发服务中心指导，南安市政府主办，南安市科技局、泉州半导体高新技术产业园区南安分园区管理委员会承办的科技领军人才创新驱动中心（南安）启动仪式暨科技领军人才南安行活动举行。

5月13日

农历辛丑年四月初二
星期四
温度：25℃～33℃
阴转多云

●12—13日，省人大常委会党组书记、副主任雷春美到泉州开展固体废物污染环境防治法执法检查。

●市委常委会召开会议，传达学习习近平总书记在中共中央政治局会议、中共中央政治局第二十九次集体学习上和在广西、清华大学考察时的重要讲话精神以及省委常委会会议精神等。

●13—14日，“科创中国”院士专家泉州行活动举行，裴钢、欧阳钟灿等9位中科院院士带领院士专家到泉州调研，为泉州发展出谋划策。

●泉州市民营企业法律服务热线开通。

雷春美到泉州开展固体废物污染环境防治法执法检查

12—13日，省人大常委会党组书记、副主任雷春美到泉州开展固体废物污染环境防治法执法检查。部分全国人大代表、省人大常委会委员参加执法检查。执法检查组走访福建省百川资源再生科技股份有限公司、泉州市第一医院城东院区、丰泽街道丰泽新村、福建筑可丽建材科技有限公司，察看工业固废综合处置利用、疫情防控和医疗废弃物分类处理、生活垃圾分类及城市建筑垃圾废弃物处置利用等情况，并召开座谈会，听取泉州市关于固体废弃物污染环境防治工作情况汇报，交流意见建议。

省人大常委会执法检查组召开座谈会听取泉州市工作情况汇报（图/王虎文）

市委常委会学习习近平总书记重要讲话精神

市委常委会召开会议，传达学习习近平总书记在中共中央政治局会议、中共中央政治局第二十九次集体学习上和在广西、清华大学考察时的重要讲话精神以及省委常委会会议精神；听取泉州市学习宣传贯彻习近平总书记到福建考察讲话精神工作情况汇报，部署学习贯彻落实工作；审议《中共泉州市委网络安全和信息化委员会2021年工作要点》等。会议强调，要实施新经济拓展、老产业链提升，加快推进产业数字化园区化生态化。要打好污染防治攻坚战，推进生态连绵带建设，提高生态环境治理体系和治理能力现代化水平。要实施促进居民增收行动，强化就业优先政策，推进乡村振兴，提高人民生活品质。要壮大网信产业，制定实施好泉州市网信“十四五”发展规划，深化网信体制改革，推动网信事业取得新突破。

“科创中国”院士专家泉州行活动举行

13—14日，“科创中国”院士专家泉州行活动举行，裴钢、欧阳钟灿等9位中科院院士和数位专家到泉州调研，为泉州发展出谋划策。13日，院士专家到泉州芯谷南安分园区考察海峡生态科技园、三安高端半导体项目，了解园区的整体布局和建设进展，并与省科协及泉州市、南安市两级部门座谈交流。院士专家对泉州芯谷半导体产业发展前景表示看好并建言献策。14日，院士专家到永春桃溪国家湿地公园、林俊德纪念馆参观考察。在永春桃溪国家湿地公园，院士专家了解公园湿地保护与修复情况，以及泉州在生态保护上的创新做法。在林俊德纪念馆，大家通过浏览图片和史料，了解中国爆炸力学与核试验工程领域知名专家、中国工程院院士林俊德艰苦奋斗、无私奉献的事迹。

泉州市民营企业法律服务热线开通

泉州市民营企业法律服务热线开通，拨“12345”转“3”号键接通，受理民营企业经营者对民商事案件、执行案件类咨询、投诉、举报、求助。2021年年初，市委政法委聚焦民营企业经营者“急难愁盼”，针对制约和影响泉州市法治化营商环境建设瓶颈问题，决定依托“12345”服务热线，在全省率先建立民营企业法律服务热线，作为泉州市政法系统结合省委、市委关于优化营商环境的决策部署，贯彻落实全省、全市政法队伍教育整顿活动部署要求，回应群众关切，践行“我为群众办实事”活动的重要举措。泉州市民营企业法律服务热线下设法律服务组、检察监督组、执法司法监督组、专家联络组，不仅为民营企业提供免费的法律服务，对案件办理、执法部门进行法律监督，还能组织专家对民营企业开展“法治体检”和指导帮助民营企业降低法律风险。

市政府第一百一十八次常务会议召开

市政府第一百一十八次常务会议召开，研究并通过《泉州市政务数据管理规定》《泉州市平台经济“五十百千”行动实施方案》《泉州市推进城乡供水一体化实施意见（2021—2025）》等。会议指出，要发挥数据赋能作用，提供更多普惠便捷、优质高效的政府数字服务，增强政府公信力和透明度。要加强政府信息资源跨层级、跨系统、跨部门、跨业务互联互通和协同共享，推动先行先试，推出便民利企数据产品和数据服务，促进数字泉州高质量发展。要按照省委、省政府关于平台经济的决策部署，在市委统一领导下，把目标任务细化到年度、落实到项目，确保做一个成一个，加快推动泉州市平台经济规范健康快速发展。

“亲情中华·为你讲故事”网上夏令营泉州营开营

由中国侨联主办，省侨联、市侨联、市教育局承办的“亲情中华·为你讲故事”网上夏令营泉州营（第3期）在泉州职业技术大学开营，89名菲律宾华裔青少年在线上第一堂云剪纸课。该期夏令营为期15天，由菲律宾旅菲各校友会联合会组团参加。夏令营安排众多线上开放式互动课堂，营员不仅可以学到成语寓言、西游记、三国等故事，还可以线上体验中国剪纸、泉州花灯制作技艺，聆听趣味汉语知识讲座，学唱闽南童谣，欣赏闽南传统服饰文化等，同时还有衍纸画、沙画等有趣的直播课。

泉州市31人14个集体获全省脱贫攻坚表彰

全省脱贫攻坚总结表彰大会召开，泉州市蔡志鹏等31名个人获评“福建省脱贫攻坚先进个人”，泉州市扶贫开发领导小组办公室等14个集体获评“福建省脱贫攻坚先进集体”。脱贫攻坚工作开展以来，全市贯彻习近平总书记关于扶贫工作的重要论述，把脱贫攻坚作为最大的政治责任、最大的民生工程、最大的发展机遇，尽锐出战、精准“绣花”，如期完成新时代脱贫攻坚目标任务。

2021年晋江市企业创新发展大会召开

以“科技赋能产业升级”为主题的2021年晋江市企业创新发展大会召开。泉州市委书记康涛出席会议并讲话，泉州市委常委、晋江市委书记刘文儒在会上发言。

康涛指出，主动对接大院大所组建创新联合体，加大技术研发投入，集聚各类创新人才，探索市场驱动、需求导向的创新路径。要发展创新型产业，加快传统产业数字化智能化改造，延伸拓展新兴产业、未来产业发展空间，培育与制造业转型升级相配套的生产性服务业，打造创新服务和专业服务平台。要在国际交流、开放环境中增强创新本领，学习国内外先进公司的组织管理创新知识，运用金融工具和手段，融入国际产业生态，在产业系统进化中提升企业竞争力。全市各级各部门要发扬政企互动好传统，当好引路人、推车手、服务员，推出更多惠企政策和服务举措，争创全国民营经济示范城市。要实施营商环境提升年，紧紧扭住审批、监管等各环节，抓规范自由裁量权、流程再造等，打造市场化法治化便利化国际化营商环境。要做好普惠服务，做强城市功能和品质，高端嫁接更多优质教育医疗资源，让企业家的拼搏精神和创新活力充分释放。会上，华为公司高级管理顾问黄卫伟，福州大学党委常委、副校长林键分别作主题演讲。现场举行晋江“1310”惠企政策解读发布和平台应用场景推介，一批产学研合作项目签约。

2021年晋江市企业创新发展大会现场（图/董严军）

5月14日

农历辛丑年四月初三
星期五
温度：25℃～33℃
阴转多云

●市政府第一百一十八次常务会议召开，研究并通过《泉州市政务数据管理规定》《泉州市平台经济“五十百千”行动实施方案》《泉州市推进城乡供水一体化实施意见（2021—2025）》等。

●2021年市委人才工作领导小组第一次（扩大）会议召开，部署下阶段工作。

●由中国侨联主办，省侨联、市侨联、市教育局承办的“亲情中华·为你讲故事”网上夏令营泉州营（第3期）在泉州职业技术大学开营。

●由市委老干部局和市体育局、民政局、人社局、卫健委等主办的全市第二十四届老年人健身节开幕式暨第三届“匹克杯”老年人健身万人万步走活动在泉州森林公园举行。

●市公安局举行“5·15”打击和防范经济犯罪集中宣传日活动，通报2020年以来全市公安机关经侦部门打击和防范经济犯罪工作情况和典型案例。

●市残联、市住建局举行残疾人“无障碍体验行”活动。

●全省脱贫攻坚总结表彰大会召开，泉州市蔡志鹏等31名个人获评“福建省脱贫攻坚先进个人”，泉州市扶贫开发领导小组办公室等14个集体获评“福建省脱贫攻坚先进集体”。

●由泉州市胸痛中心联盟、泉州市第一医院、泉州市心血管病中心主办的泉州市胸痛中心“一体化”建设推进会暨泉州市第一届胸痛中心大会举行。

●以“科技赋能产业升级”为主题的2021年晋江市企业创新发展大会召开。

5月15日

农历辛丑年四月初四
星期六
温度：25℃～33℃
多云

●由泉州市政府打击治理电信网络新型违法犯罪工作联席会议办公室、泉州市委网信办、泉州市公安局主办的“全社会反诈总动员”泉州市反诈防诈系列宣传活动启动仪式在晋江市池店镇百捷上悦城商场中庭广场举行。

●15—16日，由中国中学生体育协会主办、第18届世界中学生运动会执委会办公室承办的中国中学生游泳挑战赛（晋江站）暨晋江2020年世中运测试赛在晋江市第二体育中心游泳跳水馆举行。

●泉州七中江南校区揭牌启用仪式举行。

●15—25日，由泉州市美术家协会、泉州画院、泉州海外交通史博物馆等主办的“刺桐情·海丝风”泉州题材美术作品邀请展暨泉州海上丝绸之路唐卡百米长卷部分作品展在泉州海外交通史博物馆举行。

泉州市反诈防诈系列宣传活动启动

由泉州市政府打击治理电信网络新型违法犯罪工作联席会议办公室、泉州市委网信办、泉州市公安局主办的“全社会反诈总动员”泉州市反诈防诈系列宣传活动启动仪式在晋江市池店镇百捷上悦城商场中庭广场举行。启动仪式上，泉州市公安局向媒体通报几起电信网络诈骗典型案例。警方提醒，市民要增强防骗意识，擦亮眼睛，捂紧钱袋子，防止上当受骗。企业、银行、物业公司、出租房东、学生、互联网公司等代表分别发出倡议，呼吁全社会行动起来共同打击治理电信网络诈骗犯罪。此外，公安民警、银行及互联网公司还现场搭台，通过案例讲解、发放宣传资料、注册国家反诈骗中心App、在“全社会反诈总动员”倡议墙上签名等形式开展宣传活动。

中国中学生游泳挑战赛（晋江站）举行

15—16日，由中国中学生体育协会主办、第18届世界中学生运动会（以下简称“世中运”）执委会办公室承办的中国中学生游泳挑战赛（晋江站）暨晋江2020年世中运测试赛在晋江市第二体育中心游泳跳水馆举行。比赛设自由泳、蛙泳、仰泳、蝶泳和混合泳五大项目，全国各地18支代表队82名运动员参赛。中国中学生游泳挑战赛是中学生高水平的游泳赛事，也是国家培养、储备和挑选游泳人才的平台。此次比赛也作为参加第18届世界中学生夏季运动会游泳比赛选手的热身赛。18支代表队中的9支分享36枚金牌，其中浙江杭州高级中学队位居金牌榜榜首。2020年世中运比赛项目第一场测试赛的开启，标志世中运各项筹备工作进入实际演练阶段。

晋江2020年世中运测试赛现场（图/吴聪伟）

泉州七中江南校区揭牌启用

泉州七中江南校区揭牌启用仪式举行。该校区的启用，为鲤城江南片区注入优质教育资源，将带动江南片区教育水平再上新台阶，也意味着泉州七中开启“一校三区”（城南校区、金山校区、江南校区）的新征程。泉州七中江南校区位于江南新区金龙街道高山社区西侧至池峰路段，是鲤城江南学园的重要组成部分。总占地面积7.7公顷，总建筑面积10万多平方米，共有12栋主体建筑，已全部建设、装修完成，设施设备先进，按完中设置，启用后预计可容纳76个教学班约3800名学生。

泉州七中江南校区揭牌启用仪式（图/林劲峰）

“刺桐情·海丝风”泉州题材美术作品邀请展举行

15—25日，由泉州市美术家协会、泉州画院、泉州海外交通史博物馆等主办的“刺桐情·海丝风”泉州题材美术作品邀请展暨泉州海上丝绸之路唐卡百米长卷部分作品展在泉州海外交通史博物馆举行，《泉州海丝唐卡百米长卷》（部分）首次对外展览。图为展览现场。（图/吴寿民）

省美术专题创作展采风团到泉州写生创作

16—18日，由省政协、省委宣传部主办，汇聚省内知名美术名家的“古厝之光——福建省美术专题创作展”采风团到泉州写生创作。画家们表示，要用手中的画笔，记录泉州古城的历史和文脉，以实际行动倡导和传承优秀传统文化。福建省画院培训部副主任吴建福博士表示，泉州的包容性大，宗教、建筑等传统文化都彰显这座历史文化名城的内涵，同时也展现泉州人宽阔的心胸。三明学院艺术与设计学院邓维明教授点赞泉州的古城保护提升项目，如中山路、金鱼巷，认为“有创新有提升”，体现出泉州优秀文化的内核。在泉州期间，采风团到开元寺、蟳埔民俗文化村、洛阳桥、蔡氏古民居、惠安古民居等古厝名迹写生。

采风团在蔡氏古民居采风（图/南安市政协）

泉州市2021年爱心助残广场活动举行

第三十一个“全国助残日”，主题是“巩固残疾人脱贫成果，提高残疾人生活质量”。由市委宣传部、市委市直机关工委、市委文明办、市文联、市残联主办的“感恩新时代·携手新征程”泉州市2021年爱心助残广场活动在市区府文庙前广场举行。活动收到爱心企业和爱心人士捐赠的爱心物资价值近40万元，惠及鲤城、丰泽、永春、德化等地近500个残疾人家庭。现场同步开展残疾人艺术作品及农特产品义卖，以及康复服务、维权服务、便民惠民服务三大类近20个公益助残项目服务，70多名医生、法律工作者、爱心人士、残疾人技能人才及助残志愿者为市民和残疾人朋友提供免费服务。

泉州市2021年爱心助残广场活动现场（图/吴寿民）

小山丛竹古书院首场讲座举行

小山丛竹古书院首场讲座举行，以“书院重启”为题，小山丛竹首任山长、北京大学社会学系教授王铭铭主持，清华大学新雅书院院长甘阳主讲，通过讲座和现场交流互动的形式，探讨书院新生与现代教育内涵意义。首次到泉州的主讲人甘阳教授分享对泉州的印象，惊叹泉州包容的城市文化氛围，构成独特的文化生态和土壤，形成丰富的文化层次。甘阳还以哈佛大学、耶鲁大学等西方大学为例，结合中国自唐以来书院的产生与发展，对西方与中国书院的制度、两者的相似与差异之处进行比较。甘阳表示，书院重启后，更重要的是赋予其功能定位，让古书院真正“活起来”，并融入现代教育之中。泉州的73个古书院各有不同功能，小山丛竹古书院定位为古城居民的阅读和文化空间。在互动交流环节，甘阳与王铭铭就“中国传统文化复兴之中地方文化如何传承与复兴”“泉州海洋文化应当如何弘扬”“如何平衡工具书和文史哲书籍阅读”“现代通识教育的内涵”“书院如何古为今用”等话题，与现场听众分享观点。

小山丛竹古书院首场讲座现场（图/林良标）

5月16日

农历辛丑年四月初五
星期日
温度：25℃～32℃
多云转小雨

●16—18日，由省政协、省委宣传部主办，汇聚省内知名美术名家的“古厝之光——福建省美术专题创作展”采风团到泉州写生创作。

●由市委宣传部、市委市直机关工委、市委文明办、市文联、市残联主办的“感恩新时代·携手新征程”泉州市2021年爱心助残广场活动在市区府文庙前广场举行。

●小山丛竹古书院首场讲座举行。

5月17日

农历辛丑年四月初六
星期一
温度：24℃～34℃
阴转中雨

●泉州市召开疫情防控和疫苗接种工作视频会议。

●市人大常委会党组扩大会议召开，传达学习习近平总书记在中共中央政治局会议、中共中央政治局第二十九次集体学习和在广西、在清华大学考察时的重要讲话精神等。

●市委常委、常务副市长洪自强到市信访局接访，协调群众反映的安置房办证、公共设施建设等问题。

●泉州市数字经济平台达90个。

泉州市召开视频会议部署疫情防控和疫苗接种工作

泉州市召开疫情防控和疫苗接种工作视频会议。市委书记康涛出席会议并讲话。市领导林万明、周真平参加。

会议指出，要学习贯彻习近平总书记关于统筹疫情防控和经济社会发展的重要论述，按照中央及省里部署要求，认识疫情防控的严峻性复杂性，克服麻痹思想、侥幸心理、松劲心态。要强化底线思维和问题导向，全方位排查薄弱短板，针对性抓整改堵漏洞，抓实抓细疫情防控各项措施，确保人民群众生命安全和身体健康。要落实“外防输入、内防反弹”，加强境外进入人员全程闭环管理，做好重点地区进入人员核酸检测、医学观察等，强化进口冷链物品防疫管理。要盯紧重点领域和关键环节，抓好医疗、养老服务机构、校园等管理，对商超餐饮、交通场站、集贸市场等落实通风消毒、体温监测、健康码查验等防控要求，采取有效措施防止人员聚集。要发挥发热门诊、基层医疗卫生机构等“哨点”作用，落实好重点人群核酸检测“应检尽检”，强化疫情监测预警，做到早发现、早报告。要有力有序推进疫苗接种，统筹合理做好接种点设置、疫苗供应保障、人员组织、科普宣传等，加快提升接种能力，做到安全规范接种，尽快形成人群免疫屏障。要压紧压实防控责任，严格值班值守，加强形势动态研判、指挥调度、信息报送等，确保第一时间快速响应处置。

市人大常委会党组扩大会议召开

市人大常委会党组扩大会议召开，传达学习习近平总书记在中共中央政治局会议、中共中央政治局第二十九次集体学习和在广西、在清华大学考察时的重要讲话精神，《中国共产党普通高等学校基层组织工作条例》，全省基层党建工作重点任务推进会精神，以及省委、市委有关会议精神；研究市委巡察五组巡察市人大常委会机关反馈意见整改情况有关事项。会议指出，要提高政治站位，贯彻习近平生态文明思想和习近平总书记到福建考察时关于生态文明建设的重要指示精神，发挥人大职能作用，找准工作契合点，聚焦垃圾分类处理利用、《泉州市市容和环境卫生管理条例》实施情况等监督工作，跟踪推动问题整改；要以省人大常委会组织开展的《固体废物污染环境防治法》执法检查为契机，强化监督检查，增强全民生态环保意识，用法治力量推动生态文明建设上新台阶。要加强机关党的建设，发挥党组把方向、管大局、保落实的重要作用，推进机关党建和业务工作深度融合，为“十四五”人大工作创新发展提供政治保障、组织保障。

洪自强到市信访局接访

受市长王永礼委托，市委常委、常务副市长洪自强到市信访局接访，协调群众反映的安置房办证、公共设施建设等问题。洪自强要求，要加强沟通协作，实事求是，依法依规、积极稳妥化解历史遗留信访积案；要明确化解的思路和时限，相关单位及时跟进，确保群众合理诉求尽快妥善解决到位。

泉州市数字经济平台达90个

泉州市平台经济发展迅速，全市拥有数字经济平台90个，其中年交易额超百亿元的有5个。泉州市抓住数字新技术带来的新经济变革机遇，利用产业、市场等有利因素，在工业互联网、电子商务、物流服务、细分领域服务等领域探索实践，开拓创新，打造一批具有示范作用的平台经济项目。全市数字经济平台达90个，其中，工业互联网平台34个，规模、潜力较大平台7家；电子商务平台20个，规模、潜力较大平台4家；物流专业服务平台7个，规模、潜力较大平台2家；细分领域服务平台26个，规模、潜力较大平台8家。

市委常委会会议暨市委财经委员会会议召开

市委常委会会议暨市委财经委员会会议召开，传达中央财经委员会第九次会议和省委财经委员会第十次会议精神，研究泉州市贯彻落实措施，以及加快建设“海上泉州”、推进综合立体交通建设等工作；市委常委会会议召开，研究《2021年政党协商（会议协商）计划》。

会议强调，要提高政治站位，拿出务实举措，推动平台经济规范健康持续发展，统筹推进碳达峰、碳中和工作，确保中央、省委部署要求落地落实。要推动平台经济做大做强，立足纺织鞋服、石化、建材等行业优势，加快培育一批工业互联网平台，引进平台龙头企业到泉州设立全国性总部、区域性运营中心等，为全市制造业赋能。要依托产业链供应链优势，发展创新服务平台和专业服务平台，拓展社会领域平台经济应用场景。要优化法治环境、信用环境，深化监管治理，健全平台经济政策法规体系，推动规范发展、促进公平竞争。要把碳达峰、碳中和工作纳入生态文明建设布局，坚持系统观念，抓紧研究制定泉州市碳达峰行动方案，统筹推进碳排放权交易、碳汇补偿机制、生态系统保护修复等工作。要推动制造业和生态文明正向互动，以数字化智能化实现全过程低碳化，加快传统产业升级改造，发展战略性新兴产业。要倡导简约适度、绿色低碳的生产生活方式，营造参与绿色低碳发展的新风尚。要加快推进“海上泉州”建设，突出产业引领，抓好水产加工产业园区、临海工业、滨海旅游等建设，打造一批海洋龙头企业、领军企业。突出开放合作，主动融入省海丝核心区，加快推进海丝先行区建设，优化港口功能布局和资源配置，深化泉州和台湾多领域融合发展。突出保护治理，加大海洋生态保护力度，打造绿色可持续发展的海洋生态环境。要做好综合立体交通网规划编制工作，主动融入厦漳泉、闽西南和全省大局，一体布局空港、陆港、海港发展，形成综合立体交通“一张网”。要抓好“十四五”时期重点项目清单，加快建设福厦客专、兴泉铁路等，逐步完善机场、港口基础设施，实现高质量外联内通。要牢固树立“一盘棋”思想，做好规划衔接，周密制订方案，盯紧节点、压实责任，确保各项任务有序推进、落到实处。要把党的领导贯穿协商议政全过程各方面，巩固共同思想政治基础。要站位全市发展大局，支持引导民主党派、无党派人士等积极协商议政、民主监督，集智聚力画出最大“同心圆”。要抓好协商计划组织实施，做好协商成果采纳反馈、跟踪督办，提高政党协商质量和水平。

宁夏（泉州）纺织服装产业专题招商推介会举行

由宁夏回族自治区商务厅、工业和信息化厅、驻福建办事处等主办的宁夏（泉州）纺织服装产业专题招商推介会在泉州举行，福建省纺织服装出口基地商会、福建中小企业互助商会、泉州河北商会、泉州莆田商会等行业协会相关人员，宏远集团、海天新材料、乔丹体育、石狮市颖龙服饰等近60家泉州纺织服装企业代表应邀参会。推介会向泉州市重点企业介绍宁夏纺织服装产业发展情况，拓展与当地行业协会的合作渠道，明晰两地纺织服装产业合作的方向。围绕纺织产业合作、政策支持等方面，福建省纺织服装出口基地商会会长陈苍松、石狮市颖龙服饰有限公司经理陈文豹、泉州棋耀鞋业有限公司总经理洪清阳、晋江亚马迅体育用品有限公司董事长田文成、福建神采新材料科技有限公司董事长温伟平等企业负责人发言，表示将寻找与宁夏纺织服装产业合作的契合点，推动互利互惠，共同发展。

“博物馆进校园”系列活动举行

国际博物馆日，由市申遗办、市文旅局、市教育局主办的“博物馆进校园”系列活动举行，“童心飞扬刺桐城”长卷绘画、陶瓷拉坯、南宋海船DIY、福船彩绘艺术、陶瓷彩绘、掌中木偶制作、文物拓印体验等活动走进校园，展示传统文化魅力。

5月18日

农历辛丑年四月初七
星期二
温度：25℃～29℃
小雨

●市委常委会会议暨市委财经委员会会议召开。

●市委理论学习中心组学习会召开，专题学习研讨习近平总书记在福建考察时的重要讲话精神。

●全市民营经济统战工作会议召开，贯彻落实中央和省、市委关于民营经济统战工作的决策部署，凝聚做好民营经济统战工作共识与合力。

●由宁夏回族自治区商务厅、工业和信息化厅、驻福建办事处等主办的宁夏（泉州）纺织服装产业专题招商推介会在泉州举行。

●由市申遗办、市文旅局、市教育局主办的“博物馆进校园”系列活动举行。

5月19日

农历辛丑年四月初八
星期三
温度：25℃～31℃
小雨转阴

●全市各地举行中国旅游日系列活动。

●19—22日，由市体育局、市教育局主办，泉州市篮球协会承办的2021年泉州市少年儿童篮球锦标赛举行。

●市人社局在全市组织开展13场《保障农民工工资支付条例》专题宣传日活动。

●澳门城市大学邀请泉澳高校合作交流代表团访问澳门，并于是日推动两地高校签署合作备忘录。

●“关爱环卫工人 助力文明创城”主题志愿服务活动分别在丰泽区华大街道、鲤城区金龙街道、洛江区双阳街道举行。

全市各地举行中国旅游日系列活动

中国旅游日，全市各地举行不同形式的活动。

由鲤城区委宣传部、区文旅局主办的“古韵鲤城·文化之旅——心中有鲤”系列活动在泉州府文庙广场举行。是日，古城上演别开生面的环城骑摄活动。参与者骑着自行车，遇到感兴趣的景致即靠边停下来拍摄。在轻松惬意的氛围下，穿越古城门、网红点、文创园区、古街巷、历史古迹，一路领略千年古城特有的城市肌理，感受历史文化内涵。同时，还体验民宿，感受非物质文化遗产。参加者有非物质文化遗产代表性传承人、教师、消防救援人员、古城讲解员、摄影达人和热爱古城的各行各业人士。

由晋江市委宣传部、晋江市文旅局主办的晋江市2021年文化旅游节在晋江市文化中心广场启动。此次文化旅游节以“赋能文旅融合 共享美好生活”为主题，策划十大主题活动，共48个项目200多场（次）活动。该届文旅节历时近一个月，部分活动时间及效应前后延伸近半年，实现以节庆活动为载体，通过文化旅游节推动文旅融合发展常态化。

惠安文旅系统以党史学习教育为契机，抓准时机为民谋福利，依托官方公众号“惠安文旅”，联动各景区、酒店和企业开展丰富多样的旅游优惠措施、公益惠民文化活动。惠安文旅联动涉旅企业推广县域旅游优惠活动25项，内容涉及景点、酒店、乡村旅游点、餐饮、歌舞娱乐等。

“古韵鲤城·文化之旅——心中有鲤”活动现场（图/吴寿民）

《保障农民工工资支付条例》专题宣传日活动举行

市人社局在全市组织开展13场《保障农民工工资支付条例》专题宣传日活动。此次活动的主题为“学《保障农民工工资支付条例》 维护农民工劳动报酬权益”。各县（市、区）分别在辖区内外来工人较为集中的工业区或人流密集处设立现场宣传处和接访处，现场发放劳动法律法规政策宣传资料，张贴根治欠薪网上受理平台二维码、开展法律咨询、接受投诉举报，协调解决相关问题。

泉州澳门两地高校签署合作备忘录

澳门城市大学邀请泉澳高校合作交流代表团访问澳门，并于是日推动两地高校签署合作备忘录。根据泉州职业技术大学、泉州轻工职业学院分别与澳门城市大学签署的合作备忘录，双方将在资源许可情况下，开展一系列项目合作，推行合作研究活动，包括交换教师、研究人员以及学生交流，采取多种方式合作培训师资、职员，交流学术及其他刊物，联合举办学术会议、讨论会和学术聚会等。代表团访问澳门期间，双方围绕推动泉州与澳门城市大学的交流合作，实现泉澳优势互补、合作推进共赢等达成共识。

“关爱环卫工人 助力文明创城”主题志愿服务活动举行

“关爱环卫工人 助力文明创城”主题志愿服务活动分别在丰泽区华大街道、鲤城区金龙街道、洛江区双阳街道举行，市纪委监委、市委宣传部、市委文明办、市体育局、泉州晚报社等联合相关部门和社会团队，组织志愿者慰问鲤城、丰泽、洛江3个区529名环卫工人，给他们送去爱心大礼包、送义诊送健康和免费理发等贴心服务。主会场现场，泉州市第一医院20多名医务人员为环卫工人提供义诊和健康咨询等服务；泉州市中保济困公益慈善中心义剪队的志愿者为环卫工人免费理发；太平洋人寿保险公司的工作人员也在现场开展金融知识和反诈骗宣传。

泉州市人口总数全省最多

省政府新闻办举行新闻发布会，发布福建省第七次全国人口普查主要数据情况。泉州地区常住人口8782285人，占全省常住人口比重21.14%，人口总数全省最多。

全省常住人口（不含金门、马祖等岛屿的人口和在福建接受普查登记的台港澳居民以及外籍人员）为4154.01万人，与2010年（第六次全国人口普查数据，下同）的3689.42万人比，增加464.59万人，增长12.59%，年平均增长率1.19%，比2001年到2010年的年平均增长率提高0.58个百分点。与2010年相比，9个设区市中，有8个设区市人口增加。人口增加较多的3个设区市依次为厦门、福州（包括平潭）、泉州，分别增加163.26万人、117.59万人、65.38万人。全省常住人口中，男性人口2146.68万人，占51.68%；女性人口2007.33万人，占48.32%。性别比（以女性为100，男性对女性的比例）为106.94，比2010年提高0.98%。全省常住人口中，0～14岁人口802.52万人，占19.32%；15～59岁人口2687.70万人，占64.70%；60岁及以上人口663.79万人，占15.98%（其中，65岁及以上人口461.00万人，占11.10%）。与全国比较，福建人口平均年龄37.3岁，比全国人口平均年龄的38.8岁年轻1.5岁。

2020年，泉州市常住人口平均年龄35.9岁，比全国人口平均年龄年轻2.9岁、比全省人口平均年龄年轻1.4岁。少儿人口和劳动年龄人口占比高于全国、全省平均水平，0～14岁人口占比分别比全国、全省高2.67和1.30个百分点，15～59岁人口占比分别比全国、全省高2.82和1.47个百分点。老龄人口占比低于全国、全省平均水平。60岁及以上人口占13.21%，分别比全国、全省低5.5和2.8个百分点。这表明，泉州市人口年龄结构总体优于全国、全省平均水平。主要得益于生育政策调整取得积极成效，促进出生人口回升；同时得益于泉州市属于人口净流入地，外来流入人口以青壮年为主，一定程度上缓解人口老龄化进程。2020年，泉州市平均每个家庭户的人口为2.74人，与2010年相比，户均人口减少0.32人，减少幅度比上个十年缩小0.32人。泉州市家庭户规模继续缩小，主要是随着经济社会发展和城镇化进程加快，人们生产生活方式、家庭观念改变，由大家庭共同生产、生活方式，逐步向小家庭独立空间、自由生活方式转变，是人口流动日趋频繁、生活水平提高、居住条件改善以及年轻人婚后独立生活等共同作用的结果。

十年来，泉州市人口素质大幅改善，人力资本不断提升。与2010年相比，2020年全市15岁及以上人口文盲率由2.16%下降为1.94%，降低0.22个百分点；15岁及以上人口平均受教育年由8.78年提高到9.30年。具有大专及以上学历的人口92.17万人，比2010年增长97.9%，占总人口的比重10.5%。每10万人中拥有大学文化程度的由5706人上升为10495人，相当于每10人里面有一个大学生；每10万人中拥有高中文化程度的由11759人上升为12341人。

“晋江经验”红色之旅采风活动举行

19—20日，新华网、中新网等20余家新闻媒体到晋江开展“晋江经验”红色之旅采风活动。活动首站，采风团到“晋江经验”馆。该馆通过影视回顾、珍贵照片、文字简介、实物展示和场景再现等方式，展示习近平总书记当年总结提出“晋江经验”的实践探索和理论思考，以及晋江市践行发展“晋江经验”所取得的成就。在晋江市新塘街道梧林传统村落，采风团还参观“侨批馆”，了解侨批背后的故事；走访福建省工业旅游示范点——七匹狼中国男装博物馆，了解晋江企业推陈出新、励精展业的全过程。

采风团参观“晋江经验”馆（图/陈起拓）

5月20日

农历辛丑年四月初九
星期四
温度：26℃～30℃
阴转多云

●省政府新闻办举行新闻发布会，发布福建省第七次全国人口普查主要数据情况。泉州地区常住人口8782285人，占全省常住人口的比重为21.14%，人口总数全省最多。

●19—20日，新华网、中新网等20余家新闻媒体到晋江开展“晋江经验”红色之旅采风活动。

5月21日

农历辛丑年四月初十
星期五
温度：24℃～33℃
阴转小雨

●市政协十二届三十五次主席会议召开，协商《关于强化政协委员责任担当的实施意见（草案）》。

●市政协党组理论学习中心组学习会议召开，传达学习习近平总书记在中央政治局会议、中央政治局第二十九次集体学习和在广西、清华大学考察时的重要讲话精神等。

●丰泽区第二季度部分重点项目集中开（竣）工活动举行，泉州市人力资源服务产业园、丰泽区建筑装饰设计产业园、三金财富广场3个项目开工建设，泉州市中央法务区5号园项目揭牌启用，丰泽海归E谷创业园项目竣工投用。

市政协十二届三十五次主席会议召开

市政协十二届三十五次主席会议召开，协商《关于强化政协委员责任担当的实施意见（草案）》。会议指出，政协委员是政协工作的主体，要强化责任担当，履行使命职责，提高政治能力，知责于心、担责于身、履责于行，为政协事业创新发展和全方位推进高质量发展超越做出更大贡献。

市政协党组理论学习中心组学习习近平总书记重要讲话精神

市政协党组理论学习中心组学习会议召开，传达学习习近平总书记在中央政治局会议、中央政治局第二十九次集体学习和在广西、清华大学考察时的重要讲话精神；传达学习《中共中央关于加强对“一把手”和领导班子监督的意见》和《中国共产党普通高等学校基层组织工作条例》及全省基层党建工作重点任务推进会精神，以及省委、市委有关会议精神。会议强调，要学习贯彻习近平总书记重要讲话精神和到福建考察讲话精神，围绕发展大局，找准政协工作契合点，紧扣“扩大内需、绿色发展、产业优化升级、兜牢民生底线”等重点工作，深入协商建言、提出意见建议，为推动全市经济高质量发展做出贡献。要推进党史学习教育，开展“我为群众办实事”实践活动，做好庆祝中国共产党成立100周年有关工作；加强机关党的建设，发挥党组把方向、管大局、保落实的重要作用，完善严密完整、行之有效的制度体系，同时结合巡视、巡察整改，加强对领导班子成员和下级领导干部的监督，促进政协党建工作各项任务落细落实。

丰泽区第二季度部分重点项目集中开（竣）工活动举行

丰泽区第二季度部分重点项目集中开（竣）工活动举行，泉州市人力资源服务产业园、丰泽区建筑装饰设计产业园、三金财富广场3个项目开工建设，泉州市中央法务区5号园项目揭牌启用，丰泽海归E谷创业园项目竣工投用。该批重点项目涵盖产业园区、农贸市场等多种业态，总投资约7.7亿元。2021年丰泽区组织实施90个在建重点项目，年度计划投资187.2亿元，1—4月完成投资68.2亿元，占年度计划的36.4%，超序时进度3.1个百分点；丰泽区分级管理列入市级在建重点项目26个，年度计划投资66.8亿元，1—4月完成投资26.4亿元，占年度计划的39.5%，超序时进度6.2个百分点。

泉州市人力资源服务产业园是丰泽区2021年全方位高质量发展超越“5610”专项行动中打造十大特色产业社区提级行动之一，拟将仁风工业区内的老旧厂房改造为人力资源服务产业园，规划用地面积6.67公顷，改造建设面积约10万平方米，其中一期计划改造面积3万平方米，项目总投资1亿元。丰泽区建筑装饰设计产业园计划总投资2亿元，规划区域以华侨大学为圆点、半径1千米，辐射华侨大学建筑设计中心（润柏香港城）、南埔工业区、华城小区等范围，将发挥华侨大学建筑学专业的品牌优势，在环华侨大学周边打造以“设计+建筑装饰”为主题的经济业态，吸引建筑装饰设计企业集聚发展，形成具有校地共建特色的产业园区。园区划分为华城片区、南埔片区，采取分片运营、分工协作、有序竞争的市场化运营模式，促进园区的自然聚集，形成产业市场。三金财富广场位于丰泽区东海湾生活广场边，地理环境优越，项目总面积3万多平方米，预计总投资3.2亿元，将打造成集新型餐饮娱乐场所、新型智慧农贸市场、五星休闲酒店、酒店式公寓为一体的农贸市场体系。泉州市中央法务区5号园计划总投资5000万元，占地面积2.3万平方米，建筑面积2.4万平方米，规划有法务超市、财务超市、商务超市、共享平台四大部分，打造法务、财务、商务聚集融合生态链。园区已建设完毕，具备招租招商条件。丰泽海归E谷创业园位于丰泽区华大街道南埔社区华园南路99号，列入丰泽区华创园二期招商改造项目之一，是全市首个留学人员返乡创业的孵化基地。该创业园总投资约1亿元，占地面积9514平方米，总建筑面积2.5万平方米。

后疫情时代的“一带一路”建设与福建发展论坛在泉州举行

由中国人民大学、市政府主办，团市委等承办的后疫情时代的“一带一路”建设与福建发展论坛在泉州举行。论坛围绕“十四五”规划、“一带一路”高质量发展，以及福建把握发展机遇等话题展开交流研讨。受邀参与论坛的中国人民大学重阳金融研究院和中国人民大学丝路学院是国内研究、落实“一带一路”建设的权威智库和高等学院。论坛上，《突围前行，高质发展——疫情期“一带一路”进展评估与“十四五”展望》主题报告发布，6名在“一带一路”领域具有影响力的嘉宾围绕“一带一路”建设高质量发展、发挥地方优势、福建经济发展的机遇与挑战、“十四五”时期开放型经济建设、双循环新发展格局构建等方面问题进行主旨演讲。作为此次论坛举办地，泉州正主动融入“一带一路”和福建省“海上丝绸之路”核心区建设，加快全方位推进高质量发展超越。与会嘉宾建议，福建与泉州可抢抓“一带一路”建设机遇，积极发展跨境电商、引侨引资铸造新优势、“走出去”融入双循环战略、凝聚更多民心相通力量。

2021年亚足联“草根足球日”活动在泉州启动

由中国足球协会主办，省体育局青少处、泉州市足球协会等协办的2021年亚足联“草根足球日”暨“奔跑吧·少年”亲子足球嘉年华在市区那尔多足球公园城东基地启动。此次活动将“草根足球日”与国家体育总局的“奔跑吧·少年”主题相结合，设置城东站、晋江站、浦西站三个站点，持续至6月中旬，分为幼儿园中班、大班、小学一年级、二年级4个组别。

2021年泉州市初招中招志愿填报咨询会举行

由市教育局和泉州晚报社主办的2021年泉州市初招中招志愿填报咨询会在泉州晚报大厦举行。市、区教育局局长和各校校长现场为学生和家长解疑释惑。泉州一中、培元中学、泉州五中、泉州六中、泉州七中、泉州九中、泉州城东中学、泉州师院附中、泉州十一中、泉州实验中学、泉州实验中学鲤城附属学校、泉州外国语学校、泉州外国语学校洛江校区、泉州现代中学、泉州科技中学、北师大泉州附中、晋江市拔萃双语学校、北大培文实验学校、泉州华侨职业学校、泉州农校、泉州艺校、泉州高级技工学校、南安职校、泉州幼儿师范高等专科学校等学校的相关负责人参加咨询会。

2021年泉州市初招中招志愿填报咨询会现场（图/林劲峰）

国际生物多样性日主题宣传活动举行

第28个国际生物多样性日，由市生态环境局、市林业局主办的国际生物多样性日主题宣传活动在泉州森林公园举行。活动围绕《生物多样性公约》第十五次缔约方大会确定的主题“生态文明——共建地球生命共同体”展开。泉州幼儿师范高等专科学校学生朗诵《一封穿越时空的家书》并宣读生物多样性保护倡议书。活动内容包括森林公园常见68种鸟类标本展览及“泉州飞鸟精灵”百鸟图精彩图片科普活动等。

市民在森林公园参观“泉州飞鸟精灵”鸟类科普图片（图/市生态环境局）

5月22日

农历辛丑年四月十一
星期六
温度：25℃～29℃
阴转小雨

●由中国人民大学、市政府主办，团市委等承办的后疫情时代的“一带一路”建设与福建发展论坛在泉州举行。

●由中国足球协会主办，省体育局青少处、泉州市足球协会等协办的2021年亚足联“草根足球日”暨“奔跑吧·少年”亲子足球嘉年华在市区那尔多足球公园城东基地启动。

●由市教育局和泉州晚报社主办的2021年泉州市初招中招志愿填报咨询会在泉州晚报大厦举行。

●由市生态环境局、市林业局主办的国际生物多样性日主题宣传活动在泉州森林公园举行。

5月23日

农历辛丑年四月十二
星期日
温度：24℃～30℃
阴转多云

●第18届世界中学生运动会测试赛——中国中学生乒乓球冠军赛在晋江市金井镇福大科教园金龙体育馆举行。

●福建省、泉州市两级见义勇为基金会（协会）2020年—2021年春季省、市见义勇为助学活动座谈会暨见义勇为助学金发放仪式举行。

●由市国资委、团市委主办的“青春时代 能创敢爱”青年联谊活动举行。

●高甲戏知名表演艺术家蔡友辉纪念册——《高甲丑王蔡友辉》首发仪式举行。

●22—23日，知名喜剧表演艺术家陈佩斯和中国戏剧梅花奖获得者、北京人艺术剧院演员杨立新到泉州，献演年代喜剧大戏《戏台》。

省市见义勇为助学活动座谈会举行

福建省、泉州市两级见义勇为基金会（协会）2020年—2021年春季省、市见义勇为助学活动座谈会暨见义勇为助学金发放仪式举行。座谈会上，主办方首先举行助学金发放仪式，省见义勇为人员奖励和保护工作委员会副主任、省见义勇为基金会会长傅镛堃等为受助学生颁发助学金。此次活动为61名见义勇为人员在学子女发放25.5万元助学金，其中全市有23名受助对象获省见义勇为基金会助学，38名受助对象获泉州市本级助学。这61名受助的在校学生，他们的父辈或勇斗歹徒，或救人于危难，有的英勇牺牲，有的不同程度受伤。

“青春时代 能创敢爱”青年联谊活动举行

由市国资委、团市委主办的“青春时代 能创敢爱”青年联谊活动举行。活动旨在搭建青年群体情感沟通交流平台。市国资系统企业、部分市直单位青年职工参加活动，到释雅山公园、刺桐时代村等地，在泉州著名景点拼图、润饼DIY等有趣的互动游戏中相识相知。青年职工表示，活动有效解决大家面临的圈子窄、工作忙、交友难等问题，让大家感受到组织的关怀，将以更加饱满的热情投入工作生活，立足岗位建功，为泉州高质量发展超越贡献青春力量。

《高甲丑王蔡友辉》首发

高甲戏知名表演艺术家蔡友辉纪念册——《高甲丑王蔡友辉》首发仪式举行，省内外专家畅谈高甲戏艺术的传承发展。百岁中国戏曲界泰斗郭汉城为该纪念册题写书名。该书收录省内外近20位专家学者、蔡友辉生前师友和学生等的文章。中国作家协会会员、泉州市戏剧研究所原副所长李建民作为作者代表在首发仪式上发言，李建民表示，《高甲丑王蔡友辉》作为一本个人评传，既有传记成分，又具评论、理论总结，是个人艺术积淀的总结，又是剧团艺术传承的薪火。上海戏剧学院原副院长、博士生导师张仲年教授表示，早在1963年，他还是大一学生时就在上海看到高甲戏《连升三级》，对蔡友辉的表演艺术，留下极其深刻的印象。这部戏演出一千多场，确实在中国戏剧史上是高峰、是丰碑。蔡友辉的表演艺术绝对是经典。蔡友辉在创造贾福古这个角色时，率先实行中西戏剧的交融，这是宝贵经验。这也是创作的重要趋势，是中国戏曲创新攀登高峰的重要途径。是日，还举行专场演出，泉州市高甲戏传承中心献演高甲戏《大闹花府・红玫弄》、《真假王岫》选段、《连升三级・求亲》和《连升三级・乞联》。

相关链接：蔡友辉（1934—2001），当代喜剧表演艺术家，曾任泉州市高甲戏剧团副团长、名誉团长。1963年，主演高甲戏《连升三级》中的贾福古，轰动剧坛，被赞誉为“登峰造极”。1993年，主演高甲戏《大河谣》中的陈璜，获“文华表演奖”。

陈佩斯、杨立新到泉州献演年代喜剧大戏《戏台》

22—23日，知名喜剧表演艺术家陈佩斯和中国戏剧梅花奖获得者、北京人民艺术剧院演员杨立新到泉州，献演年代喜剧大戏《戏台》。演出前的主演见面会上，陈佩斯、杨立新与数百位观众互动，分享《戏台》的戏里戏外、台前幕后。陈佩斯表示，他曾多次到泉州交流，泉州深厚的历史文化令人着迷，每每走进这里，总有一种“让自己感觉文化底子太浅了”的感触。

《戏台》主演见面会现场（图/龚书韶 罗晓野）

刘献祥到泉州开展“加强非遗传承与保护”重点调研

24—26日，省政协副主席刘献祥带领调研组到泉州，开展“加强非物质文化遗产传承与保护”重点调研。调研组察看木偶、锡雕、南音、梨园戏等非物质文化遗产项目，还到惠安、永春、德化了解石雕、制香、制陶技艺。调研组高度肯定泉州市对非物质文化遗产的传承和保护所做的工作，认为做得既好又精细，要求继续加大宣传力度，创新推动文化和旅游融合发展，利用非物质文化遗产资源走好产业化发展之路。

市十六届人大常委会第七十次主任会议召开

市十六届人大常委会第七十次主任会议召开。会议讨论关于建议修改《福建省湿地保护条例》的报告，关于市十六届人大代表优秀建议推选情况，关于泉州市渔业绿色规模养殖情况的专题调研方案；提出第七十一次主任会议建议议题，初定市十六届人大常委会第三十九次会议的召开时间和建议议程。会议指出，要按照省委关于加强新时代人大工作和建设的决定要求，做好人大代表优秀建议评选，推进代表建议督办工作，加大宣传力度，激发人大代表依法履职的主动性和积极性。要根据省委向海洋要空间、再造一个“海上福建”的部署要求，围绕海上规模养殖、近海环境整治、风力发电等临海能源产业发展等重点，做好相关监督工作，为做大做强海洋经济贡献人大力量。要开展党史学习教育，凝心聚力推进人大各项工作取得成效。会后，还举办落实党委（党组）意识形态工作责任制专题讲座。

市十六届人大常委会第七十次主任会议现场（图/王虎文）

泉州市推出首条5G示范应用精品路线

为方便企业了解5G技术的具体应用，给企业提供更多发展思路和应用选择方案，市数字办开展“我为群众办实事”实践活动，组织三大基础电信运营商及相关企业，策划打造由9个项目组成的泉州市第一条5G示范应用精品路线，涵盖工业生产、行政管理、商务洽谈、文旅体验等行业应用。其中，泉州移动与晋江柒牌时装科技股份有限公司共同打造5G智慧工厂。项目通过构建复杂多场景的5G智慧工厂体系，实现从裁剪、缝制、制衣、仓储等各个服装生产环节的无缝衔接，使物流效率提升150%，产线物流人员成本降低70%，直接带来经济效益200万元。泉州电信联合华宇织造有限公司打造5G数字工厂。项目利用5G网络完成园区内700多台经编机的智能连接和机器通信，实现车间生产信息的实时自动采集。通过建设MES系统（织造执行系统），实现对工业产线情况的实时反馈及干预、质量的实时分析及追溯，降低生产故障，节省生产成本。泉州联通为永春县水利局打造的5G无人机智慧巡河项目，推动巡河工作从“人力+工具”向“机器+数据”的转变。借助5G、AI等技术，构建全自动无人机智慧巡河系统+数据管理平台，实现对非法占用水域、围垦湖泊、非法捕鱼等现象的实时动态监控。

柒牌5G智慧工厂车间局部（图/市数字办）

5月24日

农历辛丑年四月十三
星期一
温度：22℃～34℃
大雨转小雨

●24—26日，省政协副主席刘献祥带领调研组到泉州，开展“加强非物质文化遗产传承与保护”重点调研。

●市十六届人大常委会第七十次主任会议召开，讨论关于建议修改《福建省湿地保护条例》的报告、关于市十六届人大代表优秀建议推选情况等。

●市数字办开展“我为群众办实事”实践活动，组织三大基础电信运营商及相关企业，策划打造由9个项目组成的泉州市第一条5G示范应用精品路线，涵盖工业生产、行政管理、商务洽谈、文旅体验等行业应用。

●中国丝绸画艺术家陈荣浩的献礼建党百年丝绸画作品《孕育》，捐赠给泉州市档案馆永久收藏。

5月25日

农历辛丑年四月十四
星期二
温度：23℃～29℃
阴

●市委常委会召开会议，学习习近平总书记在河南考察、出席全球健康峰会时的重要讲话和给《文史哲》编辑部全体编辑人员的回信精神，以及省委常委会会议精神等。

●推进全市生态环境突出问题整改工作专题会议召开，部署加快推进中央生态环境保护督察反馈问题整改，推进泉州市区域突出生态环境问题整改工作，巩固提升污染防治攻坚战成效。

●由泉州市妇联、市委人才办、市人社局、市总工会、团市委主办的“泉心泉意·为爱启航”——泉州青年人才派对活动在泉州（晋江）国际人才港举行。

●25—27日，“世界瓷都·自在德化”2021年德化全域旅游推介活动举行。

市委常委会学习习近平总书记重要讲话和回信精神

市委常委会召开会议，学习习近平总书记在河南考察、出席全球健康峰会时的重要讲话和给《文史哲》编辑部全体编辑人员的回信精神，以及省委常委会会议精神；传达省管领导干部学习贯彻习近平总书记到福建考察讲话精神专题研讨班暨省级领导班子党史学习教育专题读书班精神。会议强调，要科学系统推进水利工作高质量发展，加快白濑水利枢纽等建设，加强水资源集约节约利用、水生态环境保护等。要做好优秀传统文化研究，支持优秀学术人才成长，营造哲学社会科学发展良好环境。要推动“再学习、再调研、再落实”活动往深里走往实里走，抓实抓细重点专项、中间成果，提升活动实效。要做好第二季度经济社会发展各项工作，统筹好安全与发展，实施民营经济发展年、营商环境提升年、城乡品质提升年。

泉州青年人才派对活动举行

由泉州市妇联、市委人才办、市人社局、市总工会、团市委主办，晋江市委组织部、晋江市妇联、泉州（晋江）国际人才港承办的“泉心泉意·为爱启航”——泉州青年人才派对活动在泉州（晋江）国际人才港举行，137名青年人才参加活动。活动现场设置“听歌识曲”“你画我猜”“亲密无间”“心有灵犀”“爱情保卫战”等环节，通过游戏互动的形式拉近不同行业青年人才之间的距离，为他们提供一个交流的机会。泉州市委组织部有关负责人表示，2021年是“十四五”规划的开局之年，希望全市青年人才学习党史、铭记党恩，不忘初心使命，把个人理想与党和国家命运相连接，自觉听党话跟党走，把个人梦融入中国梦，书写人生精彩。同时，发扬泉州人“爱拼敢赢、敢为人先”的精神风貌，聚焦创新驱动发展，在各自行业领域中主动参与、大胆创新、攻坚克难、勇当全方位推进高质量发展超越的主力军，在增强才干中提升自身综合素质，创造无愧于时代的新业绩。

活动现场，青年人才通过“你画我猜”游戏互动促进交流
（图/吴宗宝）

2021年德化全域旅游推介活动举行

25—27日，“世界瓷都·自在德化”2021年德化全域旅游推介活动举行，300多位旅游营销负责人及全国媒体记者实地采风，寻访德化“名在白瓷、美在山水、魂在人文、富在旅游”的全域旅游风采，共同开启德化全域旅游新模式。开幕式上，举行全国乡村旅游重点村、泉州市六大类旅游产品、精品民宿授牌仪式，并进行旅游项目招商签约。“德化云穿越”世界城市定向挑战赛直播由德化籍体育冠军领跑。陶瓷博物馆夜间灯光秀和中国茶具城古风夜市水幕灯光秀，点亮德化“夜经济”。科技园“淘”瓷街携手新秀园艺术馆，打造“一城瓷器百馆游”陶瓷文化精品游。福建省乡村旅游发展论坛举办，专家学者齐聚德化研讨“乡村振兴与农旅融合高质量发展”。

相关链接：2016年，德化县提出把旅游作为战略性支柱产业来培育，形成囊括“东线山水休闲、西线生态栖养、中线陶瓷文化”三条主线路的全域旅游大格局。2020年11月，德化获评“国家全域旅游示范区”。

“德化云穿越”世界城市定向挑战赛现场
（图/陈小阳 庄建平）

市委理论学习中心组学习会召开

市委理论学习中心组学习会召开，专题学习研讨《习近平新时代中国特色社会主义思想学习问答》。会议指出，《习近平新时代中国特色社会主义思想学习问答》全面系统展现习近平新时代中国特色社会主义思想的重大意义、科学体系、丰富内涵和实践要求，是党员、干部、群众学习的重要辅助读物。要提高学习贯彻的自觉性坚定性，结合党史学习教育，把学党史与悟思想贯通起来，把学习宣传贯彻习近平新时代中国特色社会主义思想引向深入，把学习成果转化为全方位推进高质量发展超越的实际成效。要坚持运用党的创新理论指导实践，系统整体学习贯彻习近平总书记对福建工作的系列要求，推深做实“再学习、再调研、再落实”活动，把各项工作带动起来，确保党中央各项决策部署在泉州落地生根、开花结果。各级党委（党组）要纳入学习计划，坚持领导带头、以上率下，用好中心组学习、交流研讨、教育培训等形式，带动党员干部自觉学深悟透，汲取智慧力量，提振干事创业精气神。要以实绩实效检验成果，开展民营经济发展年、营商环境提升年、城乡品质提升年，大抓产业升级数字化园区化生态化，推动“十四五”规划开局红。

市政协开展党史学习教育现场教学活动

市政协党组书记、主席李转生带领市政协机关全体党员到惠安开展“重走史迹学党史，接续奋斗当先锋”主题党日暨党史学习教育现场教学活动。在湖埭头村苏维埃政府纪念馆，大家观看一件件历史文物、一幅幅党史图片，感受惠安武装暴动、抗击反革命围剿的激情岁月，听取在这里不屈不挠战斗过的胡文炳、辛双兴等革命先驱可歌可泣的英雄事迹。在惠安革命历史纪念馆，大家被革命先辈奋勇抗争、团结一致的爱国精神所感染。面对党旗，大家重温入党誓词，纷纷表示这是一次精神洗礼和心灵历练。李转生指出，要从百年党史中汲取奋进力量，以党史学习教育成效推动政协工作提质增效。要缅怀革命先辈，弘扬革命精神、传承红色基因，坚持正确政治方向，做到学史明理、学史增信、学史崇德、学史力行。要加强学习实践，把“学党史、悟思想、办实事、开新局”要求贯穿政协工作的全过程、各方面，围绕“我为群众办实事”实践活动，深入调查研究，精准建言资政，助力泉州市打造“海丝名城、制造强市”。

2021年泉州市粮食和物资储备科技活动周启动

由市发改委（市粮食和物资储备局）主办的2021年泉州市粮食和物资储备科技活动周在泉港启动。作为系列宣传活动之一的“优质粮油进社区”在泉港区峰尾镇举行，通过粮油安全知识宣传、放心粮油展销展示、粮食行业协会代表倡议、“泉州好粮油”示范加工企业代表宣讲、组织到福建省粮食安全宣传教育基地参观学习等多种方式，吸引干部群众参与其中，唤起大家对粮油科普知识的关注，倡导和弘扬爱粮节粮、杜绝浪费的良好社会风尚，推动泉州市“优质粮食工程”建设。现场还向12名基层困难党员、环卫工人、困难群众代表发放粮油慰问品。

第三届全国海绵城市建设论坛在泉州举行

由建筑材料工业技术情报研究所、市科协、华侨大学主办，以“让城市畅快呼吸”为主题的第三届全国海绵城市建设论坛暨第十九届泉州市科协年会在泉州举行。会议邀请中国工程院院士马军等国内专家开展专题讲座。马军以线上方式为在场人员讲授“城市水生态环境面临的挑战与安全保障技术发展对策”。马军认为，随着城市快速发展，人口密度逐渐增大，城市水生态系统安全风险日益突出，应加强水生态系统建设规划和海绵城市建设，促进城市可持续发展。

5月26日

农历辛丑年四月十五
星期三
温度：26℃～32℃
阴转多云

●市委召开专题会议，听取“再学习、再调研、再落实”专项工作情况汇报，研究部署推进落实工作。

●市委理论学习中心组学习会召开，专题学习研讨《习近平新时代中国特色社会主义思想学习问答》。

●李转生带领市政协机关全体党员到惠安开展“重走史迹学党史，接续奋斗当先锋”主题党日暨党史学习教育现场教学活动。

●由市委宣传部、市委文明办、市文联主办的泉州市2021年度“弘扬时代新风·传播道德力量”主题演讲比赛在市图书馆举行。

●由市发改委（市粮食和物资储备局）主办的2021年泉州市粮食和物资储备科技活动周在泉港启动。

●由建筑材料工业技术情报研究所、市科协、华侨大学主办，以“让城市畅快呼吸”为主题的第三届全国海绵城市建设论坛暨第十九届泉州市科协年会在泉州举行。

5月27日

农历辛丑年四月十六
星期四
温度：26℃～34℃
小雨转多云

●省第十三届人大常委会第二十七次会议表决通过有关人事事项，决定任命康涛为福建省人民政府副省长。

●27—28日，由国家发改委主办、市政府承办的金融支持民营企业高质量发展现场会召开。

●泉州市乡村振兴促进会会员大会举行。泉州市扶贫开发协会进行换届选举，并更名为“泉州市乡村振兴促进会”。

●27—28日，由市住建局主办的全市建设工程质量检测从业人员专业技能知识竞赛活动举行。

●泉州市2021年妇联执委“与爱同行·我们和留守儿童在一起”关爱活动在安溪县龙门镇南翼新城第一小学举行。

金融支持民营企业高质量发展现场会召开

27—28日，由国家发改委主办、市政府承办的金融支持民营企业高质量发展现场会召开。会议期间，国家发改委组织相关部门、典型城市代表、金融机构代表到晋江经验馆、晋江三六一度（中国）有限公司、石狮市金融服务中心、石狮通达集团参观交流。座谈会上，中国银保监会、中国工商银行、中国农业银行、国家融资担保基金等单位做政策解读，泉州、温州、台州、青岛、长沙等城市做典型经验交流发言。国家发改委相关负责人肯定泉州在民营企业高质量发展和金融支持方面的成功实践，鼓励泉州营造更优的发展环境，探索更有效的抓手和路径，为民营企业主动赋能，支持民营企业健康发展。作为全国民营经济综合改革试点和国家级金融服务实体经济综合改革试验区，泉州历来高度重视扶持民企发展。春节期间，泉州召开民营经济发展动员会，打“1+N+N”政策组合拳，加快创建全国民营经济示范城市。在金融服务民企方面，泉州围绕金融服务实体经济的本质要求，推进金融改革创新，实现普惠型小微企业贷款户数超36万户、贷款余额1540多亿元、小微企业信贷覆盖率超40%、企业贷款平均利率下降201个基点，破解民营企业融资难、融资贵问题。

泉州市乡村振兴促进会会员大会举行

泉州市乡村振兴促进会会员大会举行。泉州市扶贫开发协会进行换届选举，并更名为“泉州市乡村振兴促进会”。会议指出，过去五年，市扶贫开发协会第五届理事会发扬扶贫济困、滴水穿石的精神，当好党政扶贫开发工作的帮手，精准施策，有效运作，取得较好成效。通过向社会、省、市相关部门等多种渠道、多种方式筹措下拨帮扶资金2200多万元，帮扶项目230个，帮扶近40个村（点），420多户建档立卡贫困户于2017年年底实现全部脱贫。市扶贫开发协会第五届理事会已完成历史使命，换届后，新一届理事会将在助推泉州巩固拓展脱贫攻坚成果，全面推进乡村振兴事业中，添砖加瓦，建言献策，奉献爱心，为促进泉州市脱贫地区的经济发展和社会进步做出新贡献。按照章程规定，选举产生市乡村振兴促进会领导班子成员，王瑞强当选为市乡村振兴促进会会长。

全市建设工程质量检测从业人员竞赛举行

27—28日，由市住建局主办的全市建设工程质量检测从业人员专业技能知识竞赛活动举行。泉州市工程质量检测机构及检测从业人员报名参赛，全市33支队伍114名队员参赛。竞赛分理论考试和现场作答，以闭卷方式进行，内容涵盖见证取样检测、地基基础工程检测及主体结构工程检测三大类。此次知识竞赛在全省建设工程质量检测行业尚属首次，旨在以赛促学、提升技能，培育一批“检测工匠”，推动泉州市建筑行业检测水平提升。

“与爱同行·我们和留守儿童在一起”关爱活动在安溪举行

泉州市2021年妇联执委“与爱同行·我们和留守儿童在一起”关爱活动在安溪县龙门镇南翼新城第一小学举行，30名省、市、县、镇、村五级妇联执委参加活动。活动中，五级妇联执委化身“爱心妈妈”，与留守儿童互赠礼物，交换结对卡，欣赏学生准备的节目，一起制作“温情手作”——永生干花立体贴画。市妇联、安溪县妇联向南翼新城第一小学捐赠价值1.3万元的书籍。省妇联常委、市女企联常务副会长吴月容，市妇联执委、市女企联常务副会长杨嘉红，市妇联执委、市女企联常务副会长林蓉分别向该小学捐赠1万元爱心款。校方表示，善款将用于建设“爱心音乐教室”，包括增加希沃触控教学一体机、音响设备等，让孩子们在音乐的海洋里快乐地徜徉。

市管领导干部学习习近平总书记到福建考察讲话精神研讨班开班

市管领导干部学习贯彻习近平总书记到福建考察讲话精神专题研讨班暨市级领导班子党史学习教育专题读书班开班。副省长、市委书记康涛指出，要高标准高质量开展好党史学习教育，结合泉州市实际和具体做法，把红色资源优势转化为鼓足干劲抓发展的优势。要开展“我为群众办实事”“我为企业解难题”“我为社会做好事”实践活动，以“小切口”惠及“大民生”。要做好二季度经济社会发展工作，盯紧关键领域和薄弱环节，针对性抓突破。要抓好项目滚动接续、招商引资、开工建设，细化落实保金融、保用工、保市场等各项措施。要培育新增长点，大抓产业数字化、园区化、生态化，实施民营经济发展年、营商环境提升年、城乡品质提升年，推动形成新一轮发展的好环境。要推进政法队伍教育整顿，在清除害群之马、整治顽瘴痼疾上再加压再发力，确保取得更大成效。要做深做实思想发动，强化问题线索收集，深挖彻查、持续突破。要坚持从严主基调，找准症结、靶向整治，坚持严管与厚爱相结合，激励担当作为。要抓好建章立制、长效常治，实现“查办一起案件、完善一套制度、解决一类问题”。

市政府与华侨大学举行市校战略合作签约仪式

市政府与华侨大学举行市校战略合作签约仪式暨市校深化合作领导小组第一次联席会议。副省长、市委书记康涛，市领导孔繁军、洪自强、周真平，华侨大学校负责人徐西鹏、吴剑平等共同见证市政府和华侨大学战略合作备忘录签约，以及“物联网产业学院”“泉州数字研究院”揭牌。根据市校战略合作备忘录，双方将建立联席议事、定期沟通、项目落实等6项合作机制，并实施“物联网产业学院”、“泉州数字研究院”、华侨大学医学院等7个共建项目。市、校双方表示，将通过联席议事制度，加强市校沟通协作，本着推动“做成事”的理念，对标对表推进、做实做细做成，争取合作共建项目早日结出丰硕成果。市委、市政府将一如既往地支持华侨大学高质量发展，坚持校地融合发展，为华侨大学建成“国内一流、国际上声誉良好的大学”提供保障，让华侨大学因在泉州而自豪，泉州因有华侨大学而增彩。华侨大学也将坚持“顶天、立地、树人”的办学理念，扎根泉州、服务泉州，深化产学研合作，推进产教融合创新，助力泉州建设更具活力、更富魅力、更有潜力的现代化中心城市。

市校战略合作签约仪式（图/华侨大学）

“邮票上的党史”主题巡回展览启动

由市委宣传部、市委史志研究室、中国邮政泉州市分公司主办的“邮票上的党史”主题巡回展览首场巡展活动在市区万维生邮票艺术馆举行。巡展采用“1+N”巡展方式，即从是日起至7月，分阶段在全市开展“邮票上的党史”进校园、进社区、进农村、进企业等巡展活动。展览共展出近600件邮票、邮品和老物件，以“邮品展示+党史宣讲+趣味互动”的多样化、沉浸式形式，吸引党员干部群众特别是青少年群体的参与。

“邮票上的党史”主题巡回展览现场（图/吴宗宝）

5月28日

农历辛丑年四月十七
星期五
温度：25℃～35℃
阴转小雨

●市管领导干部学习贯彻习近平总书记到福建考察讲话精神专题研讨班暨市级领导班子党史学习教育专题读书班开班。

●市政府与华侨大学举行市校战略合作签约仪式暨市校深化合作领导小组第一次联席会议。

●由省司法厅、市司法局主办的“追梦青春·与民法典同行”法治宣传文艺晚会举行。

●由市委宣传部、市委史志研究室、中国邮政泉州市分公司主办的“邮票上的党史”主题巡回展览首场巡展活动在市区万维生邮票艺术馆举行。

●28—29日，“健康使命—2021”泉州市突发重大自然灾害心理干预救援应急处置演练在安溪县第三医院举行。

5月29日

农历辛丑年四月十八
星期六
温度：23℃～26℃
阴转中雨

●市政府党组扩大会议召开，传达贯彻省委、省政府主要领导在省管干部学习贯彻习近平总书记到福建考察讲话精神专题研讨班暨省级领导班子党史学习教育专题读书班上的讲话精神和市委常委会会议精神等。

●市政府第一百一十九次常务会议召开，研究通过《泉州市中心市区新一轮城镇基准地价修编成果》《关于促进小额贷款公司持续健康发展的若干意见》等。

●“泉民开讲”“学党史、悟思想、办实事、开新局”党史学习教育专场宣讲在泉州广播电视台录制。

●中国职业技术教育学会21世纪海上丝绸之路职业教育研究会成立大会暨职业教育助力人类命运共同体建设论坛在泉州黎明职业大学举行。

市政府党组扩大会议召开

市政府党组扩大会议召开，传达贯彻省委、省政府主要领导在省管干部学习贯彻习近平总书记到福建考察讲话精神专题研讨班暨省级领导班子党史学习教育专题读书班上的讲话精神和市委常委会会议精神；传达贯彻习近平总书记在广西考察期间重要讲话精神和省委常委会会议、市委常委会会议精神。会议要求，要按照任务项目化、项目清单化、清单具体化要求，加强第二季度经济运行调度；抓实抓细安全生产专项整治，加强防汛备汛，及时排查风险隐患。要立足泉州实际，推动高质量发展，构建现代产业体系，加快推进乡村振兴和生态文明建设，推动学习成果转化落地。要推进党史学习教育，滚动发布“我为群众办实事”“我为企业解难题”项目清单，健全完善“调研摸底、建账定责、精准解决、成效反馈”工作闭环，解决群众“急难愁盼”问题，提高人民生活品质。

市政府第一百一十九次常务会议召开

市政府第一百一十九次常务会议召开，研究通过《泉州市中心市区新一轮城镇基准地价修编成果》《关于促进小额贷款公司持续健康发展的若干意见》等。会议要求，要重视土地价值，认识科学编制和及时修订更新基准地价的意义，把基准地价更新工作纳入常态化管理，及时掌握各用途地价水平变化，让基准地价体系更加科学。更新成果要紧密衔接城市发展布局，通过差异化的价格体系，支持实体经济发展、保障民生社会事业，促进土地资源优化合理利用。要支持小贷公司健康规范发展，畅通金融“毛细血管”，满足企业和群众金融需求。要用足用好金改区政策，立足小贷公司“支农支小”功能定位和“小额、分散”经营特点，在业务上、监管制度上稳妥推进创新改革，引导小贷公司正本清源、聚焦主业、合规经营。

党史学习教育专场宣讲录制

“泉民开讲”“学党史、悟思想、办实事、开新局”党史学习教育专场宣讲在泉州广播电视台录制，5名主讲者从不同侧面反映泉州在革命、建设、改革时期的一些闪光瞬间。宣讲在6月通过泉州通、无线泉州、泉州网和泉视界等播出。

21世纪海上丝绸之路职业教育研究会在泉州成立

中国职业技术教育学会21世纪海上丝绸之路职业教育研究会成立大会暨职业教育助力人类命运共同体建设论坛在泉州黎明职业大学举行，国内200多所院校的400多名专家学者参加，4名院士发来联名贺信。21世纪海上丝绸之路职业教育研究会是中国职业技术教育学会的分支机构，是全国性、学术性、非营利性的社会非实体机构。研究会吸纳单位会员218家，其中本科院校13所、高职院校180所、中职学校16所、企业4家、行业学会1个，并已吸纳64个海外合作伙伴、100个企业合作伙伴，研究会秘书处单位落户黎明职业大学。研究会旨在学习贯彻习近平总书记重要指示和全国职业教育大会精神，扩大和深化职业教育对外开放合作，挖掘、弘扬、创新丝绸之路职业教育文化，发挥新时代智库型学会作用，培养国际化高素质技术技能人才，提升职业教育服务共建“一带一路”能力，擘画职业教育服务21世纪“海上丝绸之路”建设、迈向世界职教舞台中心的路线图。

21世纪海上丝绸之路职业教育研究会成立仪式
（图/黎明大学）

泉州市3名学生获评福建“新时代好少年”

2021年福建省“新时代好少年”颁奖仪式在福州举行，全省15名学生被评为福建省“新时代好少年”，泉州市的张嘉焜、苏子尧、林琰馨榜上有名。张嘉焜是泉州第五中学高一年级学生。2019年，其作品《解惑观察四季星空》获第二十四届全国发明展览会发明创业奖项目奖金奖、中国宝武青少年发明奖；2020年的《闽南古大厝“皇宫起”大屋顶探秘》获第十七届泉州市青少年科技创新大赛科技创新项目一等奖、泉州市青少年贤銮科技奖优秀青少年科技创新项目奖。苏子尧是晋江市第一中学七年级学生，多次获“文明少年”“三好学生”“优秀班干部”“优秀少先队员”“泉州市示范性综合实践活动优秀学员”等称号。2020年6月，参选“第十二届中国青少年科技创新奖候选人”；2020年5月，发明“一种校园新冠病毒防疫下的防疫提醒装置”，同年12月获国家知识产权局实用新型专利证书。林琰馨是泉州师范学院第二附属小学三年级学生，多次获校“优秀学生干部”“优秀少先队员”“红领巾礼仪标兵”“防疫小卫士”等称号。她是第二届福建少年说口语表达大赛暨庆祝中华人民共和国成立70周年演讲大赛泉州赛区金奖获得者，并作为泉州市代表参加省总决赛荣获二等奖。在戏曲传承中，获福建省第三届中小学生（少儿）戏剧展演个人表演奖小学组一等奖、节目奖二等奖。

泉州市首届少年儿童三人篮球锦标赛举行

28—30日，由市体育局、教育局主办的泉州市首届少年儿童三人篮球锦标赛在市体育中心举行。各县（市、区）18支代表队，分为男子少年乙组、丙组和女子少年乙组、丙组4个组别进行角逐。三人篮球赛是福建省第十七届运动会项目，此次比赛的主要目的就是为省运会选拔人才。三人篮球赛比赛人数少、时间短，具有偶然性、趣味性、观赏性和竞技性，有利于青少年篮球运动的开展和普及。

“大手拉小手·文都一日游”活动举行

由市总工会主办、泉州职工休养所承办的“大手拉小手·文都一日游”活动举行，百名在泉州务工人员子女及留守儿童在研学中感受古城文化底蕴，免费畅游泉州。为做好在泉州务工人员服务工作，关心关爱在泉州务工人员子女及留守儿童，市总工会组织开展此次活动，包括鲤城、丰泽、洛江、泉州经济技术开发区、泉州台商投资区的在泉州务工人员子女及留守儿童共250名参加活动。活动分为两期举行，首期于5月30日举行，共100名在泉州务工人员子女及留守儿童参加，第二期活动于6月5日举行。主办方介绍介绍，调研发现，在泉州务工人员最挂心的是子女的教育，最盼望的是子女的健康成长，因此市总工会把关心关爱外来工子女及留守儿童作为一项重要的工作来抓。此次活动的对象为四年级到六年级的小学生，活动旨在通过开展国学课堂朗诵、体验传统手工技艺、学习人文历史等方式，让孩子在研学中感受泉州古城文化底蕴，让在泉州务工人员子女及留守儿童健康快乐成长。

庆“六一”主题游园活动举行

由团市委主办的“学党史、知党情、感党恩、跟党走”庆“六一”主题游园活动在泉州市青少年宫举行。活动通过开展党的小知识问答、红军物品微展示、长征路上的故事、革命家事迹展示、米格战斗机展示等环节，让学科知识与红色主题紧密结合。通过喜闻乐见、通俗易懂的互动形式，让青少年在活动的同时对中国共产党艰难而又光荣的发展史有更深的了解，体会到国家取得的巨大成就来之不易，引导青少年“学党史、知党情、感党恩、跟党走”，激发青少年的爱党爱国热情。

5月30日

农历辛丑年四月十九
星期日
温度：22℃~23℃
大雨转小雨

●2021年福建省“新时代好少年”颁奖仪式在福州举行，泉州市的张嘉焜、苏子尧、林琰馨被评为福建省“新时代好少年”。

●28—30日，由市体育局、教育局主办的泉州市首届少年儿童三人篮球锦标赛在市体育中心举行。

●由市总工会主办、泉州职工休养所承办的“大手拉小手·文都一日游”活动举行。

●由团市委主办的“学党史、知党情、感党恩、跟党走”庆“六一”主题游园活动在泉州市青少年宫举行。

6月2日

农历辛丑年四月廿二
星期三
温度：26℃～31℃
小雨转中雨

●省政法队伍教育整顿第四指导组与市教育整顿领导小组联席会议召开，传达贯彻中央第八督导组到泉州督导调研有关精神，总结前一阶段教育整顿工作情况，研究部署下阶段工作任务。

●副省长、市委书记康涛检查高考准备和校园疫情防控、安全防护工作。

●泉州市组织收听收看全国深化“放管服”改革着力培育和激发市场主体活力电视电话会议。

●泉州市中级人民法院举行晋江洛阳江流域水生态环境司法协作机制启动仪式新闻发布会，并发布典型案例。

●由市金融监管局、上海证券交易所南方中心主办，泉州律师协会金融保险证券委员会承办，兴业证券股份有限公司协办的“学金融 懂金融 用金融”系列活动——拟上市企业IPO交流会举行。

省第四指导组与市教育整顿领导小组联席会议召开

省政法队伍教育整顿第四指导组与市教育整顿领导小组联席会议召开，传达贯彻中央第八督导组到泉州督导调研有关精神，总结前一阶段教育整顿工作情况，研究部署下阶段工作任务。省政法队伍教育整顿第四指导组组长蔡小伟、副组长陈一龙，市委常委、政法委书记林锦明参加会议。会前，副省长、市委书记康涛就教育整顿工作做出批示，指出要盯紧查办重点，聚焦顽瘴痼疾，找准症结靶向整治，做到“查、改、治、建”一体推进。要紧密结合政法职能职责，开展“我为群众办实事”实践活动，让群众感受到教育整顿带来的成果。会上，省第四指导组要求，各级党委要自始至终承担本地政法队伍教育整顿主体责任，政法各单位要承担直接责任，纪委监委、组织、宣传等部门要履行协同责任，抓好中央督导组各项要求的贯彻落实。要增强紧迫意识，做到举一反三，把查纠整改各项任务落实到位。要分析问题，研究问题，从根子上解决问题，注重总结提炼，把教育整顿成果转化好运用好，组织开展“回头看”。要抓好建党百年安保工作，聚焦群众急难愁盼，深化推出一批有泉州特色、受群众欢迎、获大家点赞的为民办实事项目。

康涛检查高考准备情况

副省长、市委书记康涛检查高考准备和校园疫情防控、安全防护工作，市委常委、常务副市长洪自强，副市长周真平参加检查。2021年泉州市高考考生逾4万人，设48个考点1648个考场。康涛到泉州一中（东海校区），检查考场布置、体温检测、疫情防控、安全保密、考务管理、应急处置等考前工作准备情况，叮嘱学校及相关负责人要紧盯疫情防控的关键环节，做好考前注意事项提醒，卫健部门要加强对考场消毒等工作的指导，把各项措施落细落实落到位。在市教育招生考试指挥中心，康涛视频连线部分县（市、区）指挥中心，就如何应对可能出现的突发状况进行随机抽查，了解各地、各相关部门高考准备情况，研究细化防疫、考务等工作方案和应急预案。康涛指出，要高度重视、上足力量，以对人民高度负责的态度，抓紧对高考各环节工作流程进行再梳理、再检查，及时查缺补漏，以严之又严的作风、细之又细的举措，确保顺利推进。要加强各环节保障，用心用情做好服务，抓好考点及周边交通疏导、治安秩序、噪声治理、饮食安全、防暑降温、电力保障等，为考生营造安全舒心的考试环境。要强化安全意识，落实疫情防控各项措施，健全完善各类突发事件应急处置预案，做细做实安全保密工作，加强对考试全流程管理，加强考试巡查，严肃考风考纪，确保公平公正。

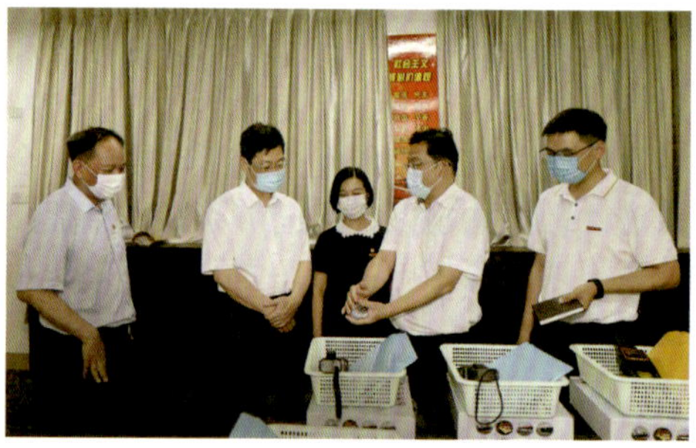

康涛（左二）检查泉州一中东海校区高考准备情况
（图/陈英杰）

拟上市企业IPO交流会举行

由市金融监管局、上海证券交易所南方中心主办，泉州律师协会金融保险证券委员会承办，兴业证券股份有限公司协办的“学金融 懂金融 用金融”系列活动——拟上市企业IPO（首次公开募股）交流会举行，邀请资本专家为市级挂牌、上市后备企业“传经送宝”。来自上海证券交易所南方中心、信公咨询、兴业证券的3名专家分别做“A股IPO最新形势与政策”“拟上市公司媒体关系管理及应对指引”“IPO申报财务和法律重点事项”专题讲座。

市委十二届十四次全会召开

市委十二届十四次全会召开。会议审议通过《关于召开中国共产党泉州市第十三次代表大会的决议》。副省长、市委书记康涛主持会议。市委副书记张永宁，市委常委孔繁军、林锦明、刘建军、刘文儒、季翔峰、洪自强、傅藏荣出席会议。按照《中国共产党章程》《中国共产党地方组织选举工作条例》的规定，根据省委部署，全会决定，9月在泉州市人民会堂召开中共泉州市第十三次代表大会。

会议指出，开好市第十三次党代会，对泉州市学习贯彻习近平总书记到福建考察讲话精神，当好全方位推进高质量发展超越主力军，打造“海丝”名城、制造强市，建设现代化中心城市，推进实施好“十四五”规划具有十分重要的意义，是全市各级党组织和党员政治生活中的一件大事。各级各有关部门要按照省委统一部署，在市委领导下，统筹安排、周密组织好党代会各项筹备工作，确保代表选举、报告起草、人事安排、舆论宣传、纪律监督等各项工作有序进行。各级党委（党组）要落实全面从严治党政治责任，党委（党组）书记要履行第一责任人责任，带头严守换届纪律，做好干部思想工作，营造风清气正的换届环境。2021年是“十四五”规划开局之年，是中国共产党成立100周年，改革发展任务重、大事要事多。会议号召，全市各级党组织和党员要开展党史学习教育和“再学习、再调研、再落实”活动，以强烈的责任担当全面抓好经济发展、改革创新、民生稳定等各项工作，为市党代会的召开营造良好条件和氛围。

全市各地举行禁毒宣传活动

“虎门销烟”182周年，全市各地举行禁毒宣传活动。

鲤城区纪念“虎门销烟”182周年禁毒宣传进校园活动暨“全民禁毒宣传月”启动仪式在鲤城区实验小学举行。活动主题是“防范新型毒品 守护平安校园”。活动现场，禁毒民警通过开展“青少年毒品预防教育”禁毒知识讲座、分发禁毒宣传材料、开展禁毒法律咨询、禁毒知识互动答题、毒品样品展示、禁毒宣誓、学生VR体验、学生禁毒签名等方式，向参与活动的师生介绍毒品的种类和危害，传授毒品预防技能，鼓励师生参与禁毒。

鲤城公安分局鲤中派出所联合鲤城区禁毒办、鲤中街道办事处开展《中华人民共和国民法典》和禁毒知识宣传进企业活动。活动现场，民警通过精心制作的课件向企业员工解读民法典中与日常生活息息相关的法律条文和法规知识，并赠送民法典读本，希望员工们都能学好、用好民法典，同时还向员工展示各类毒品模型，并介绍毒品的危害，分发相关宣传材料，让员工提高识毒、防毒、拒毒能力。

丰泽区禁毒办组织丰泽公安分局、丰泽区教育局、北峰街道等各禁毒成员单位，在市区西湖公园举行“全民禁毒宣传月”启动仪式暨“防范新型毒品保护青少年健康”宣传教育活动。活动现场设置防范毒品知识图片宣传展板，利用宣传车播放视频，还进行禁毒知识竞答，吸引300多名群众参与。丰泽公安分局相关负责人介绍，活动旨在通过禁毒宣传教育，增强辖区居民、青少年学生识毒拒毒和防毒意识，调动全社会共同参与禁毒斗争的积极性，遏制毒品问题的发展蔓延，营造和谐安定的社会环境。

庆祝中国共产党成立100周年职工文艺会演举行

由市总工会主办，泉州市工人文化宫、泉州广播电视台—无线泉州承办的“永远跟党走 建功新征程”庆祝中国共产党成立100周年职工文艺会演举行。整场文艺会演分为“共筑中国梦”“礼赞劳动美”“奋进新征程”三个篇章，突出“工”字元素，彰显泉州工会特色。全市各行各业的劳模、工匠、职工代表以各种节目，赞美中共百年光辉历程和伟大成就，展示干部职工坚决跟党走、建功新时代的昂扬精神风貌。市、县工会干部以及各行各业的职工代表观看演出。

6月3日

农历辛丑年四月廿三
星期四
温度：26℃～32℃
阴转多云

●市委十二届十四次全会召开，审议通过《关于召开中国共产党泉州市第十三次代表大会的决议》。

●全市各地举行禁毒宣传活动。

●市城管局组织开展全市统一集中整治噪声污染“零点行动”，重点查处建筑工地施工扰民行为。

●由市总工会主办的“永远跟党走 建功新征程”庆祝中国共产党成立100周年职工文艺会演举行。

6月4日

农历辛丑年四月廿四
星期五
温度：23℃～32℃
阴转大雨

●市农业农村局建立健全脱贫户农产品销售消费兜底网络，帮扶从事农产品生产销售的建档立卡脱贫户销售农产品，鼓励引导发展增收。

●泉州市面向全市二级以上公立医院开展创建无“红包”医院活动，首批29家无“红包”医院名单同步出炉。

●2—4日，由中国石油和化学工业联合会、山东省化工专项行动办公室、烟台市政府、中国化工经济技术发展中心主办的2021年中国化工园区与产业发展论坛在山东烟台举行。论坛发布“2021中国化工园区30强”榜单，泉港石化工业园区入选，连续9年跻身中国化工园区前20位。

泉州市健全脱贫户农产品销售消费兜底网络

市农业农村局把党史学习教育落实到巩固拓展脱贫攻坚成果的具体工作中，建立健全脱贫户农产品销售消费兜底网络，帮扶从事农产品生产销售的建档立卡脱贫户销售农产品，鼓励引导发展增收。泉州市脱贫攻坚取得决定性成效，但是在巩固脱贫成果方面仍有不小压力，如部分脱贫群众收入不高，联农带农作用有待进一步发挥。市农业农村局根据调查结果分析，于4月8日下发《关于开展深化拓展消费帮扶健全脱贫户农产品销售消费兜底网络的通知》，要求南安市、安溪县、永春县、德化县4个县（市），以乡镇为单位，每个乡镇至少确定1家企业作为销售消费兜底挂钩帮扶企业，负责以不低于成本价兜底消费当地脱贫户农产品。全市初步建立由103家挂钩帮扶企业组成的脱贫户农产品销售消费兜底网络，其中南安市27家、安溪县30家、永春县22家、德化县24家，帮扶1600多户脱贫户兜底销售农产品。

泉州市启动无“红包”医院创建活动

2020年，泉州市26家二级以上公立医院在全省公立医院满意度调查中得分91.57分，再次居全省第一位，且有25家医院位居前100名。为巩固来之不易的工作成果，泉州市面向全市二级以上公立医院开展创建无“红包”医院活动，首批29家无“红包”医院名单同步出炉。全市各级各医疗机构深化医改，优化医院收入结构，提升医务人员薪酬待遇，收受“红包”等不正之风得到有效遏制。仅2020年，全市医务人员主动上交红包、礼金（包括无法退还转为患者治疗费用）380起，涉及金额34.48万元。根据《泉州市创建无“红包”医院活动工作方案》，各地各医疗机构以一个公开承诺、一封致患者的信、一个就诊提醒、一张住院知情同意书、一次出院回访“五个一”为载体，公开承诺创建无“红包”医院，加大宣传力度，引导患者及家属不送“红包”。畅通监督渠道，自觉接受社会各界监督，推动医患双方和工作人员自觉抵制“红包”。方案明确要求，无“红包”医院应指定专门部门受理登记、处理医务人员上交的“红包”等工作。对一时无法拒收的“红包”，应在24小时内上交医院指定部门，或替患者缴纳医药费用，并及时告知患者。逾期不上交的，视同违规收受“红包”。

泉港石化工业园区连续9年跻身中国化工园区前20位

2—4日，由中国石油和化学工业联合会、山东省化工专项行动办公室、烟台市政府、中国化工经济技术发展中心主办的2021年中国化工园区与产业发展论坛在山东烟台举行。论坛发布“2021中国化工园区30强”榜单，泉港石化工业园区入选，连续9年跻身中国化工园区前20位。“2021中国化工园区30强”是对化工园区的产业经济、基础设施、生态环境及资源利用、安全应急与公众认知、园区管理创新能力与两化融合等多方面指标进行全面调研和量化评价后产生的，代表国内化工园区发展的先进水平。

秉承“大项目—产业链—产业群—产业基地”及人才培养科技研发全要素配套的规划，泉港石化工业园区稳步向前发展。产业链上，该园区围绕产业规划和福建联合石化提供原料，进行深度延伸链化、招商建设，重点发展多元化烯烃、乙烯、丙烯、C4、C5、芳烃等产业链。台湾国乔石化、福建百宏石化、林德气体等一批国（境）内外优质企业入驻园区。该园区投入资金60多亿元，启动园区基础设施和公用工程配套建设，形成道路、供水、排水、供电、供气、供热、信息网络、大件运输、消防特勤、公用管廊和场地平整“十通一平”完善的配套条件。在行政服务方面，优化压缩行政审批时限，实施项目审批“三个全程”——全程限时、全程留痕、全程代办。入园重点项目实行专班服务，从园区领导班子到一线干部，人人都是办事员，以“跑着办、马上办、办就办好”为服务理念，为每一家进驻园区的企业做好服务。

世界环境日福建省主场活动在泉州举行

由省生态环境厅、省政协人口资源环境委员会、市政府主办，市生态环境局、省生态环境厅文明办、鲤城区政府、省生态环境宣传教育中心承办的世界环境日福建省主场活动在泉州举行。此次活动设置笋江公园主会场和泉州木偶剧院分会场。生态环境保护主题木偶剧《风雨桃花山》在分会场进行首演。活动主会场，环保服装秀《人与自然相亲相爱》、武术表演《泉南雄风》、歌舞《海丝之光》等表演传达具有泉州特色的环保理念。环保签名墙、亲子环保捡跑等形式多样的活动吸引不少市民踊跃参与。亲子环保捡跑活动采用“线上答题闯关环节”和“线下手机打卡闯关环节”相结合的形式，设置叶子书签制作、扭蛋机领绿植、环境监测车参观、小山小水环保袋绘制、与母亲河合影5个打卡点。参与家庭按路线图，在跑步过程中捡起沿途看到的垃圾，并在答题区寻找打卡小程序任务问题对应的答案，到打卡点凭借小程序任务上的通关二维码，即可获得打卡资格并完成打卡任务。活动采用全程直播的形式进行分享。

相关链接：市委、市政府坚持以习近平生态文明思想为指导，贯彻落实党中央、国务院及省委、省政府关于生态环境保护的各项决策部署，树立“绿水青山就是金山银山”理念，践行绿色发展理念，完成生态环境保护目标任务，国家生态文明试验区建设取得新成效，全市生态环境质量持续向好，走出一条生态“高颜值”、发展“高素质”的道路。

世界环境日福建省主场活动现场（图/陈小阳）

《2020年度泉州市生态环境状况公报》发布

世界环境日，市生态环境局在《泉州晚报》发布《2020年度泉州市生态环境状况公报》。公报显示，2020年，泉州市环境质量状况总体优良，空气、水等环境质量持续保持较高水平。2020年，泉州市贯彻习近平新时代中国特色社会主义思想和习近平生态文明思想，坚持新发展理念，坚持生态立市，突出“生态+”，加强生态环境保护，打好污染防治攻坚战，推进经济高质量发展与生态环境高水平保护，完成“十三五”规划确定的约束性指标和污染防治攻坚战阶段性目标任务。建设1330个“绿盈乡村”，河长制、环境治理监管、生态司法保护、生态环境损害赔偿、环保督察落实工作机制5项改革经验获国家部委复制推广，永春县获第四批“绿水青山就是金山银山”实践创新基地命名，安溪县获第四批国家生态文明建设示范区命名，晋江市获“福建省节水型城市”命名，德化县跻身省级生态产品市场化改革试点。

2020年，泉州市区空气质量以优良为主，达标天数比例为97.5%。按照《环境空气质量标准》评价，全市11个县（市、区）和泉州开发区、泉州台商投资区环境空气质量达标天数比例成为96.7%～100%，全市平均为98.4%。全市降水pH值为5.56～6.58。水环境状况方面，自2004年起，晋江水系水质状况连续17年保持优。2020年，泉州市水环境质量总体保持良好。13个县级及以上集中式饮用水水源地水质达标率100%；山美水库和惠女水库总体为二类水质，水体呈中营养状态；小流域水质稳中向好；近岸海域一、二类海水水质站位比例91.7%。泉州市区功能区声环境质量昼间监测点次达标率100%，与上年相比上升6.2个百分点；夜间监测点次达标率85.3%，与上年相比上升35.3个百分点。全市工业危险废物处置利用率98.6%，全市医疗废物安全处置率100%，全市城乡生活垃圾无害化处理率100%。

6月5日

农历辛丑年四月廿五
星期六
温度：23℃～24℃
阴转小雨

●省委宣传部、省委讲师团到泉州开展“学党史、悟思想”党史故事巡回宣讲活动。

●由省生态环境厅、省政协人口资源环境委员会、市政府主办，市生态环境局、省生态环境厅文明办、鲤城区政府、省生态环境宣传教育中心承办的世界环境日福建省主场活动在泉州举行。

●市生态环境局在《泉州晚报》发布《2020年度泉州市生态环境状况公报》。

●全市应急管理视频培训会召开。

6月6日

农历辛丑年四月廿六
星期日
温度：21℃～27℃
小雨转多云

●市政府办印发《泉州市推进城乡供水一体化实施意见（2021—2025年）》，通过区域联网供水、乡镇规模供水、单村集中供水等方式，构建“一县一网”或“多县一网”供水新格局，巩固提升农村供水保障水平，推进城乡供水融合发展。

●省发改委分解下达2021年重点流域水环境综合治理中央预算内投资，泉州市3个重点流域水环境综合治理项目获中央预算内投资补助3340万元，获补项目个数和资金位居全省前列。

●泉州市启动新一轮公交两项规划修编工作。

●晋江市第二十四届“爱我晋江 平安骑行”自行车环市活动在晋江市第二体育中心举行。

泉州市推进城乡供水一体化

市政府办印发《泉州市推进城乡供水一体化实施意见（2021—2025年）》（以下简称“意见”），通过区域联网供水、乡镇规模供水、单村集中供水等方式，构建“一县一网”或“多县一网”供水新格局，巩固提升农村供水保障水平，推进城乡供水融合发展。

意见明确，推进城乡供水一体化坚持政府主导保民生、规划先行促融合、一地一策补短板、市场机制强建管。到2025年，基本形成以规模化水厂供水工程（日供水千吨以上）为主、小型集中式供水工程为辅的城乡供水体系。全市城乡自来水普及率达到95%以上，供水水质符合国家《生活饮用水卫生标准》，城乡供水一体化格局基本形成。意见明晰六大重点任务。一是以县（市、区）为单位，统一规划，合理布局，形成“一县一网”或“多县一网”供水新格局。二是以县（市、区）为单元，组建一家水务公司，作为城乡供水一体化投融资、工程建设、管护维养“三位一体”的建管平台，推行企业化运营、专业化管理。三是实施饮水安全巩固提升，补齐水源、水厂、管网等工程短板，并加强跟踪监测，保水量、保水质、防反复。四是通过改扩建水源、铺设原水管道，保证供水水源水量。统筹做好水源保护，做到建成一处工程、保护一处水源。五是新建一批规模化集中式水厂，配套改造净水设备、消毒设备，推进标准化规范化工厂化建设。六是新建改建配水管网，实施一户一表改造，推进农村分区分片集中供水，能扩则扩、以大带小，构建规模化集中供水网。

泉州市三项目获重点流域水环境综合治理中央预算内投资3340万元

省发改委分解下达2021年重点流域水环境综合治理中央预算内投资，泉州市3个重点流域水环境综合治理项目获中央预算内投资补助3340万元，获补项目个数和资金位居全省前列。根据安排，德化县赤水镇小尤溪流域生态廊道可持续发展工程获得中央预算内投资1650万元、桂阳乡涌溪流域生态廊道可持续发展工程获得中央预算内投资690万元、春美乡双翰溪流域生态廊道可持续发展工程获得中央预算内投资1000万元。

泉州市启动新一轮公交线网规划修编

泉州市启动新一轮公交两项规划修编工作。泉州市原有的公交两项规划即《环泉州湾公交发展规划》和《优化中心市区公交线路规划》，于2015年3月1日实施，规划年限至2020年。随着城市建设的发展、城区的不断扩大，城市组团间的联系更为密切。为完善公交线网，推进公交智能化、探索微循环公交模式，交通运输部门决定启动新一轮公交线网规划工作，对泉州中心市区及环泉州湾区域的公交线网规划进行重新修编，着重考虑“1小时生活圈”的各重点组团、区域间的互联互通，以提升公交线网的科学性，满足更多市民公交出行需求。近5年来，泉州市把公交优先发展战略作为“为民办实事”工程项目推进实施，形成以常规公交为主，快速公交、社区巴士为辅的公交出行体系。其中，结合泉州城市特点，初步建成“公交+慢行”公共出行系统，打造“多元文化，多彩交通”公交品牌。运营里程从3886.2千米增加到5556.4千米，新增运营里程1670.2千米，公交线路从219条增长到305条，公交车辆增加913辆。

社区巴士“小白”（图/市公交公司）

6月7日

农历辛丑年四月廿七
星期一
温度：23℃～24℃
阴转中雨

●全市26个重大项目集中开工，总投资257亿元。

●7—8日，省政协副主席洪捷序到泉州开展“推动民营经济转型升级”和“打造一流营商环境”专题调研。

●陈灿辉到泉州台商投资区、惠安县、泉港区开展海洋经济与海洋生态环境保护情况专题调研。

全市26个重大项目集中开工

全省第二季度重大项目视频连线集中开工活动举行。副省长、市委书记康涛在泉州分会场通过视频向省委、省政府报告泉州市重点项目集中开工情况。此次泉州市列入省集中开工的重大项目26个，总投资257亿元，涵盖产业、基础设施、社会民生等方面，其中南安光电反射薄膜研发生产项目现场连线开工。

参与全省视频连线的南安光电反射薄膜研发生产项目，总投资22.5亿元，拟建设集研发、生产、配送于一体的智能工厂，引进8条德国先进薄膜生产线，配套立体智能仓储系统。产品将采用新一代新型材料，其性能比肩国外品牌、价格仅为外国品牌一半，实现国产替代。产品将广泛应用于液晶显示、LED照明、半导体柔性电路板等光学模组，是泉州市半导体、光电信息产业链重要环节。项目计划2023年建成，达产年产值50亿元。泉港国乔石化项目总投资63亿元，建设年产66万吨丙烷脱氢（PDH）和45万吨高性能聚丙烯（PP）项目，辐射带动上下游产品和相关行业发展，对石化产业补链、延链、强链起到积极作用。选址晋江的泉州顺丰创新产业园项目，总投资20亿元，建设包括冷链物流中心、智能分拣中心、研发中心在内的一体化产业园，打造互联网创新服务区、智能物流服务区。项目落成后将成为顺丰在福建省规模最大的区域总部，预计投产后年产值30亿元，新增就业岗位3500人至5000人。作为中国鞋服产业的龙头企业，安踏投资建设晋江安踏一体化产业园，其物流区二期、三期项目，总投资10亿元，将建设物流仓库，购置箱存储设备、轻载堆垛机、两向穿梭车、自动箱式输送线、高速分拣机等国内国际先进自动化物流设备。

此次集中开工的重大项目中，基础设施项目7个，社会民生项目2个，涉及交通、水利、教育等方面。其中，安溪县综合立体大交通（大三环）国道G358安溪城厢至官桥段（铁观音隧道及连接线）公路工程项目，总投资21.3亿元，建设铁观音隧道段及连接线工程，全长4.905千米。同时开工的还有高速安溪出口路网建设工程（迎宾大道和高速安溪出口新连接线），总投资3.5亿元。此外，总投资12.3亿元的德化县城乡供水一体化项目，拟新建小型水库1座、新（扩）建山塘5座、拦河取水坝20座，新建水厂10座，改扩建水厂173座，铺设输、配水管490千米，配套建设数字水务信息化系统1套。

南安光电反射薄膜研发生产项目开工仪式（图/陈小阳）

陈灿辉调研海洋经济与海洋生态环境保护情况

市人大常委会主任陈灿辉到泉州台商投资区、惠安县、泉港区，开展海洋经济与海洋生态环境保护情况专题调研。调研组察看泉州湾河口湿地保护区、泉州台商投资区秀涂至惠安崇武最美海岸线、“八仙过海”旅游项目、泉州台商投资区尾水深海排放工程、大坠岛、崇武中心渔港、海漂垃圾治理项目、惠安外走马埭中化泉州炼化一体化项目、泉港山腰盐场盐文化小镇项目、石化园区风险管控项目、泉港区肖厝附近海域塑胶网箱改造项目等，并召开座谈会，就海洋经济与海洋生态环境保护工作听取相关部门汇报。

陈灿辉（右二）在泉港调研（图/陈意鸣）

6月8日

农历辛丑年四月廿八
星期二
温度：25℃~29℃
小雨转阵雨

●8—9日，中央统战部副部长、国务院侨务办公室主任潘岳到泉州调研统战侨务工作。

●省委文明办全国文明城市创建调研组到泉州，调研全国文明城市创建工作。

●市管领导干部学习贯彻习近平总书记到福建考察讲话精神专题研讨班暨市级领导班子党史学习教育专题读书班结束，康涛做总结讲话。

●泉州市2021年“放鱼日”活动在泉州湾湾外海域举行。

●由省商务厅、市商务局、石狮市政府指导，福建省餐饮烹饪行业协会主办的闽菜宣传推广系列活动（泉州）启动仪式在石狮举行。

●泉州市启动在泉州外籍人士新冠疫苗预约接种，按照“知情自愿、风险自担”原则，将在泉州适龄外籍人士（18周岁以上人群）纳入国产疫苗（上市阶段）接种人群范围。

潘岳到泉州调研统战侨务工作

8—9日，中央统战部副部长、国务院侨务办公室主任潘岳到泉州调研统战侨务工作。省委常委、统战部部长庄稼汉和市领导林万明、刘文儒等陪同调研。调研组参观南洋华裔族群寻根谒祖综合服务平台、福建省世茂海上丝绸之路博物馆、晋江经验馆、晋江梧林传统村落侨批馆、晋江五店市传统街区，了解泉州市统战侨务工作。

省委文明办全国文明城市创建调研组到泉州调研

省委文明办全国文明城市创建调研组到泉州，调研全国文明城市创建工作。副省长、市委书记康涛，市委常委、组织部部长孔繁军，副市长朱启平参加相关活动。调研组到鲤城区西菜市场、丰泽区北峰工业区等地看环境、察细节，现场指导。在随后召开的反馈会上，调研组要求，要转变观念，破解民生难题，做好全国文明城市全域创建、对标创建、全程创建、全民创建等工作，补齐短板弱项，坚持为民办实事，动员社会多方参与，推动文明城市共建共治共享。要明确职责分工，尽快完善城市功能，加强城市管理，提升市民文明素养，提升城市文明形象。

泉州市2021年“放鱼日”活动举行

泉州市2021年“放鱼日”活动在泉州湾湾外海域举行，放流黑鲷、黄鳍鲷、真鲷、金鲳鱼、黄姑鱼鱼苗逾50万尾，促进渔业资源可持续利用。泉州市贯彻习近平生态文明思想，坚持常态化组织实施水生生物增殖放流工作。市委、市政府每年举行“放鱼日”活动，号召社会各界人士共同养护渔业资源、保护生态环境。据统计，自2015年以来，泉州市投入增殖放流资金2357万元，在泉州湾等主要海湾放流海水苗种27.7亿尾，在晋江流域放流淡水苗种856万尾。通过多年的增殖放流，泉州市沿海鲷科鱼类、日本对虾等经济物种资源量逐渐增加，渔民收入水平逐年增长。在内陆水域增殖放流的鲢、鳙鱼类还有消减氮磷的作用，有效改善生态环境，取得社会、生态和经济多重效益。

泉州市2021年“放鱼日”活动现场（图/张九强）

在泉州外籍人士疫苗预约接种启动

泉州市启动在泉州外籍人士新冠疫苗预约接种，按照“知情自愿、风险自担”原则，将在泉州适龄外籍人士（18周岁以上人群）纳入国产疫苗（上市阶段）接种人群范围。泉州市使用的是中国产全病毒灭活疫苗，全程需要接种2剂。符合接种条件的外籍人士可通过以下方式预约接种：一、原则上，在泉州工作、学习的外籍人士向所在机构提出接种申请，所在机构通过“闽政通”App或直接向定点接种单位预约；二、其他人士通过“闽政通”App或直接向定点接种单位预约。已参加福建省社会保障医疗保险的外籍人士，享受与其他参保中国公民同等待遇，免费接种新冠疫苗。未参保的外籍人士，原则上自费接种疫苗。外籍人士凭中华人民共和国永久居留身份证或护照及有效停、居留证件接种新冠疫苗。接种前，按程序签署知情同意书、免责承诺书等，做好个人防护并主动告知健康状况，由专业人员判定是否符合接种条件。接种完成后在接种点留观区观察30分钟，无异常症状后才可离开接种点。

全市党政领导干部严格执行“三个规定”宣讲会召开

全市党政领导干部严格执行“三个规定”（《领导干部干预司法活动、插手具体案件处理的记录、通报和责任追究规定》《司法机关内部人员过问案件的记录和责任追究规定》《关于进一步规范司法人员与当事人、律师、特殊关系人、中介组织接触交往行为的若干规定》）宣讲会召开。副省长、市委书记康涛主持会议。省政法队伍教育整顿第四指导组组长蔡小伟做“三个规定”专题宣讲。市领导陈灿辉、李转生、林锦明、刘建军、季翔峰、洪自强、傅藏荣等参加会议。蔡小伟从“三个规定”的主要内容、政策界限、典型案例、重大意义等做阐述，介绍福建省的落实举措和工作成效，并就坚持不懈抓好“三个规定”的贯彻落实提出明确要求。蔡小伟指出，“三个规定”是中央推进依法治国战略的重大举措，是提升执法司法公信力、促进社会公平正义、建设过硬政法队伍的重要抓手，对防止干预司法、推进严格执法、维护法治权威具有十分重要的作用。党政机关领导干部要带头学习遵守宪法法律和“三个规定”，支持司法机关依法独立行使职权，发挥维护司法权威的引领作用，强化纪法意识，规范司法行为，促进公正廉洁司法。康涛代表市、县两级四套班子就严格执行“三个规定”做公开承诺。

市中级人民法院开展涉民营企业专项执行活动

市中级人民法院开展涉民营企业专项执行活动，邀请市人大常委会机关人员和人大代表对执行现场进行视察与监督。因经营需要，南安某公司向某建材公司借款5900多万元，某石材公司以及老板黄某等对此承担连带担保责任。借款到期后，南安某公司并未依约履行还款责任。2018年，经仲裁，南安某公司应支付欠款以及相应利息，石材公司在2000万元限额内承担连带清偿责任，但因南安某公司经营不善倒闭，无法还款。随后，建材公司向市中级人民法院申请强制执行，要求担保人石材公司以及黄某承担相关责任。法院了解到，石材公司是一家外贸型石材生产销售企业，作为南安知名企业和纳税、创汇大户，因受该案担保和疫情影响，无法正常转贷，外贸出口受阻，生产经营逐步困难，无力履行债务。结合善意文明执法、服务营商环境的理念，法院制定个性化执行方案，采用“活封”“活扣”等谨慎强制措施，既保证企业继续生产，又保障职工就业。石材公司也积极配合，加速回款及调整销售政策，缩短回笼资金时间，法官根据这些经营资料，制订分期还款计划，石材公司付清2000万元款项。

全市4万多名考生参加高考

7—9日，2021年普通高考举行，全市4万多名考生在全市12个考区48个考点参加考试。全市为特殊需要照顾的考生安排备用考场5个，为12名残疾考生提供考试便利服务。市教育局与宣传、卫健、公安、保密、网信、生态环境、市场监督、城建、交通、城管、电力、无线电、气象等有关部门协同配合，以最高标准、最严要求，压实疫情防控和高考组织责任，抓早抓细抓实各项工作，保障高考顺利进行。各地各有关部门、社会各界共同开展“高考护航”行动，为高考提供治安、出行、食宿、卫生等保障工作。全市各地考试过程平稳顺利，考场秩序井然，考风考纪良好，没有发现泄题和有组织的团伙舞弊现象。

高考结束后，泉州七中考点考生走出考场（图/陈晓东）

6月9日

农历辛丑年四月廿九
星期三
温度：24℃～31℃
阴转多云

●全市党政领导干部严格执行“三个规定”宣讲会召开。

●市中级人民法院开展涉民营企业专项执行活动，邀请市人大常委会机关人员和人大代表对执行现场进行视察与监督。

●7—9日，2021年普通高考举行，全市4万多名考生在全市12个考区48个考点参加考试。

●由市妇联、市总工会、泉州大剧院运营管理有限公司主办的“奋斗百年路 启航新征程”庆祝中国共产党成立100周年主题会演在泉州大剧院音乐厅举行。

6月10日

农历辛丑年五月初一
星期四
温度：25℃～31℃
阴转多云

●国务院公布第五批国家级非物质文化遗产代表性项目名录，以石狮狮阵为代表的泉州刣狮、泉州木雕、以永春传统制香技术为代表的福建香制作技艺入选。

●泉州市中小学五项管理落实推进视频会议召开，就贯彻落实教育部和省教育厅五项管理文件要求进行再动员再部署。

●全省首家SOS应急救援站在丰泽浦西万达广场启用。

●由市总工会、市文联、泉州晚报社、泉州社区大学、泉州市工人文化宫等主办的“颂百年华诞 品传统文化”诗歌亲子诵读会暨第十一届端午文化节活动在泉州市工人文化宫举行。

●由市文联、惠安县文联主办的“永远跟党走——我们的节日·端午节”文艺惠民演出在惠安县崇武镇举行。

●兴业银行泉州分行与国网福建省电力有限公司泉州供电公司签订“聚焦双满意 助力‘双碳’目标”战略合作框架协议。

泉州市再添三个国家级非物质文化遗产项目

国务院公布第五批国家级非物质文化遗产代表性项目名录，以石狮狮阵为代表的泉州刣狮、泉州木雕、以永春传统制香技术为代表的福建香制作技艺入选。以石狮狮阵为代表的泉州刣狮位列第六类“传统体育、游艺与杂技”中。石狮狮阵活动历史源于卢厝、沙美、东园等村，卢厝村狮阵武术发端于明末清初，先辈们为保家护村聘请拳师到村里集中授艺，已有300余年历史。2008年，卢厝狮阵被省政府列入非物质文化遗产文化名录。泉州木雕位列第八类“传统技艺”中。泉州木雕源于中原文化的雕梁画栋，是与建筑雕刻相辅相成而流传至今的民间艺术，伴随着传统建筑的大木雕刻和宗教信仰的传播，经过传承与发展，形成以建筑雕刻、家具雕刻、工艺品雕刻为主的传统木雕技艺。泉州木雕主要分布于张坂镇、洛阳镇，兴于唐、五代，成熟于宋元，明清时步入巅峰。以永春传统制香技艺为代表的香制作技艺（福建香制作技艺）位列第八类“传统技艺”中。永春香，俗称永春汉口神香，系宋代定居泉州的阿拉伯人蒲氏家族后裔，于明末清初迁居永春县达埔镇汉口村后，引进制香配方、制作工艺和制香技术。永春香已成为永春与世界文化交流的重要媒介。

石狮狮阵表演（图/颜华杰）

泉州市中小学五项管理落实推进视频会议召开

泉州市中小学五项管理落实推进视频会议召开，就贯彻落实教育部和省教育厅五项管理文件要求进行再动员再部署。

市教育局出台《关于加强“五项管理”进一步推进中小学生减负工作的通知》，要求各地各校结合实际制定实施方案。在作业管理方面，压减作业总量，提高作业整体效益。小学一、二年级不布置书面家庭作业，小学其他年级每天书面作业完成时间平均不超过60分钟，初中平均不超过90分钟。在手机管理方面，中、小学生原则上不得将手机带入校园，禁止带入课堂。不得用手机布置作业或要求学生利用手机完成作业。在睡眠作息管理方面，科学修订学校作息时间表、课程安排表并严格执行。小学上午上课时间一般不早于8：20，中学一般不早于8：00，学校不得要求学生提前到校参加统一教育教学活动。确保学生充足睡眠时间，小学生每天睡眠时间应达到10小时，初中生应达到9小时，高中生应达到8小时。寄宿制学校要加强作息时间管理，确保学生高质量充足睡眠。在课外读物管理方面，各校要建立课外读物进校园推荐程序、审核、公示、报备等管理制度，防止问题读物进入校园。在体质健康管理方面，引导教师家长布置每天1小时的家庭体育作业，保障学生每天校内、校外各1小时体育活动时间；控制孩子居家期间使用计算机、手机等电子产品及看电视时间。

全省首家SOS应急救援站在泉州启用

全省首家SOS应急救援站（俗称应急救援“胶囊”）在丰泽浦西万达广场启用。这个巨型“胶囊”长6米多，高2米多。“胶囊”上方写着“应急救援站”五个大字，外侧还安装了一块LED显示屏。内部则配有消防救援、医疗急救、卫生防疫、基础灾害、水涝灾害、通信器材6类100多种救援设备，免费提供给市民使用。除常见的灭火器、灭火毯、隔离服、铁锹工具、救援绳索、EPS（应急电源装置）应急包等应急救援装备外，还有AED（自动体外除颤器）、心脏复苏仪、卡扣式止血带、生命探测仪等专业救援设备。

市政府党组扩大会议学习习近平总书记重要讲话精神

市政府党组扩大会议召开，传达学习习近平总书记在中央政治局第二十九次集体学习时的重要讲话精神及省委常委会会议、市委常委会会议精神，研究市政府党组贯彻意见。会议要求，要增强改革意识，完整、准确、全面贯彻新发展理念，科学编制“十四五”生态环境保护专项规划，完善生态文明体制机制，坚定不移走生态优先、绿色发展之路，提高生态环境治理体系和治理能力现代化。要增强为民意识，打好污染防治攻坚战，落实中央环保督察反馈和区域突出生态问题整改，依托泉州水系、山脉、海岸、干道等，推进生态连绵带建设，巩固提升生态环境品质。

市政府第一百二十次常务会议召开

市政府第一百二十次常务会议召开，研究2021年泉州市未成年人思想道德建设有关工作等。会议指出，各责任部门要提高思想站位，根据市委统一部署，主动担当作为，拿出扎实举措，推动泉州市未成年人思想道德建设工作再上新台阶。要突出重点，坚持目标导向和问题导向，对照《全国未成年人思想道德建设工作测评体系》指标要求，组织开展专项攻坚行动，狠抓重点指标任务落实，补齐短板弱项，推动未成年人思想道德建设工作落地落实。要抓好属地责任和部门行业管理责任落实，健全完善学校、家庭、社会“三结合”教育网络，开展爱国主义教育，为未成年人营造成长环境和社会氛围。

2021年粮食食品安全宣传周活动启动

由市发改委（市粮储局）、丰泽区发改局主办的2021年粮食食品安全宣传周活动在丰泽区城东街道埭头社区启动。活动以“尚俭崇信，守护阳光下的盘中餐”为主题，通过粮油安全知识宣传、粮油咨询和放心粮油宣传展示等多种老百姓喜闻乐见、通俗易懂的方式，吸引社区居民参与，唤起人们对粮食安全的关注和重视，倡导和弘扬爱粮节粮、杜绝浪费的良好社会风尚。在粮油安全知识现场咨询和优质粮油产品展销展示中，泉州粮油质量监测站工作人员为社区居民“传经送宝”。挑选大米首先应看大米的色泽和外观，正常大米大小均匀、丰满光滑、颜色正常、有光泽、碎米少，含腹白少的大米比含腹白多的大米食味更好。也可以抓一把大米，松手后观察手中粘有糠粉的情况，合格大米糠粉很少。其次，可闻大米的气味，正常大米有清香味、无异味。大米不易长期保存，一次性不宜购买过多，家中储存的大米要放在阴凉、通风、干燥处。梅雨和盛夏季节，为防止受潮霉变生虫，可在盛米容器内放几片螃蟹壳、甲鱼壳或大蒜头。市发改委（市粮储局）有关负责人表示，粮食食品安全是重要的民生工程、民心工程和系统社会工程，除政府监管部门最严格的监管外，还需要充分发挥多元利益相关者的作用，构建全社会共同参与的粮食食品安全治理体系。是日，泉州市粮食行业协会、“泉州市好粮油”示范加工企业代表登台发出“重视粮食安全 反对食品浪费”的倡议；部分困难群众获得主办方发放的粮油慰问品。

泉州晋江国际机场成立进近管制室

泉州晋江管制室成立揭牌仪式在泉州晋江国际机场多功能厅举行，标志泉州晋江国际机场空中管制指挥步入新阶段，成为华东地区第三家启用进近管制的地方机场，同时也是国内首批推进ADS—B/雷达监视管制工作的中小机场。图为揭牌仪式。（图/廖平和）

6月11日

农历辛丑年五月初二
星期五
温度：25℃～33℃
阴转多云

●市政府党组扩大会议召开，传达学习习近平总书记在中央政治局第二十九次集体学习时的重要讲话精神及省委常委会会议、市委常委会会议精神，研究市政府党组贯彻意见。

●市政府第一百二十次常务会议召开，研究2021年泉州市未成年人思想道德建设有关工作等。

●由市发改委（市粮储局）、丰泽区发改局主办的2021年粮食食品安全宣传周活动在丰泽区城东街道埭头社区启动。

●泉州晋江管制室成立揭牌仪式在泉州晋江国际机场多功能厅举行。

6月14日

农历辛丑年五月初五
星期一
温度：26℃～33℃
多云

●市根治欠薪领导小组办公室在泉州市高级技工学校教学楼项目上试点推出政府投资项目“国库分账拨付人工费”拨付方式，依法按月足额拨付人工费。

●10—14日，全市各地举行形式多样的端午节活动。

全市各地举行端午节活动

10—14日，全市各地举行形式多样的端午节活动。

全市多个学校、社区举行包粽子活动，让师生、邻里学习包粽子，了解端午的习俗和由来，在实践中传承和发扬中华优秀传统文化。市侨联与丰泽区侨联在丰泽区华大街道地质社区开展“我们的节日·端午”主题活动。大家先倾听端午节的由来、发展历程，随后在社区闽南肉粽制作资深爱好者的带领下，体验包粽子的乐趣。洛江举行2021年“我们的节日·端午”主题活动——首届包粽子比赛。经过角逐，最终评选出一等奖1名、二等奖3名、三等奖6名，获一等奖的选手用3分钟包了7个粽子。晋江一中、晋江华侨中学初一年级的学生、老师和家长一起包粽子。家长准备了插艾仪式，每个孩子还领到一个平安蛋。晋江青阳街道举行包粽子比赛，13个社区代表队和青阳街道办事处代表队的近百名群众参加，最终普照代表队以20分钟包50个粽子的成绩拿下冠军。晋江内坑镇在黎山村举行“万‘粽’一心”包粽子比赛，各村选手比拼包粽子技艺，一同感受端午习俗。泉州市南渠供水有限责任公司党支部、丰泽区东湖街道凤山社区、山美灌区水资源调配中心等单位的党员志愿者还把包好的粽子送给老兵、低保户、环卫工人等，送上节日关怀和祝福。

第四届“泉州扒龙船习俗”活动在中心市区笋江举行，4支龙舟队参加竞渡。笋江“扒龙船”习俗于2016年入选泉州第五批非物质文化遗产保护项目。

第十五届闽台对渡文化节暨蚶江海上泼水节活动举行。该活动通过VR技术，实现蚶江镇在线全景展示与交互，以线上体验的方式，720°全景展示蚶江城市风貌与节庆盛况。上午10时，“闽台对渡”“智造港湾”“云游蚶江”3个虚拟“云展厅”登场，海内外宾客通过手机便可体验富有趣味性、互动性的民俗活动，感受“闽台对渡”的博大精深和文化风采。

晋江市（安海）第九届两岸端午民俗旅游文化节特色线上活动举行。“水上捉鸭”是流传于安平古镇的端午节水上竞技活动，已有300多年的历史。2021年端午节，安海“水上捉鸭”活动采用线上方式进行，在“水上捉鸭”线上游戏界面，该游戏以动画互动的方式呈现，操作便捷，互动体验感强。

晋江市磁灶镇所辖的各村（社区）、各单位开展“我们的节日·端午”主题活动。磁灶镇举办“传唱古乡音 礼赞新时代”庆祝中国共产党成立100周年南音演唱节活动，200多名弦友在欣赏南音中过节。

由市委文明办、惠安县精神文明建设指导委员会主办的泉州市2021年“我们的节日·端午”主题系列活动在惠安县山霞镇雕艺文创园广场举行。活动以“共庆百年华诞 共享浓情端午”为主题。活动现场，惠女民俗柔力球表演《五星红旗》、鼻吹葫芦丝《春江花月夜》等节目轮番上演，一系列丰富多彩的文娱活动，包括“粽情众味”端午包粽子比赛，“粽情众力”端午特色文体活动之“惠女拔河”“旱地划龙舟”“立鸡蛋”“套圈抓鸭子”“花式跳绳”比赛，“粽情众趣”端午趣味猜谜活动等，引得观众掌声不断。

德化县“端午佳节粽香飘·文明家庭扬新风”暨我们的节日·端午主题活动在该县赤水镇湖岭村举行。此次演出利用各乡镇墟日赶墟人口集中的优势，以墟日流动文化车的形式，组织开展流动文化演出、流动文化展览、流动图书配送等“墟日赶文化”活动，为群众提供“点菜式服务”“定制式服务”。

第四届“泉州扒龙船习俗”竞渡现场（图/洪 旭）

市委常委会（扩大）会议传达省委十届十二次全会精神

市委常委会（扩大）会议召开，传达贯彻省委十届十二次全会精神。会议指出，要加快建设“海丝”名城、制造强市，实施民营经济发展年、营商环境提升年、城乡品质提升年，一轮轮滚动推进具体专项和比拼载体，确保系统整体做细做实、落地见效。要抓好经济社会发展重点工作，细化实化保金融、保用工、保市场各项措施，滚动实施好季度攻坚突破任务清单，抓好企业增产增效、项目达产达效，确保全年经济运行在合理区间，力争为全省多作贡献。要坚持以党的政治建设为统领，提高政治判断力、政治领悟力、政治执行力。要深化党史学习教育，开展“我为群众办实事”“我为企业解难题”“我为社会做好事”实践活动。要抓好换届工作，选拔忠诚干净担当优秀干部，严肃换届纪律，换出心齐、气顺、劲足好面貌。要推进全面从严治党向纵深发展，抓好政法队伍教育整顿问题整改、建章立制等，巩固发展良好的政治生态。

市十六届人大常委会第七十一次主任会议召开

市十六届人大常委会第七十一次主任会议召开。会议讨论关于泉州市中心市区中小学校幼儿园布局建设情况的调研报告，《关于进一步加强全市流域水环境保护议案决议》执行情况的专题调研方案，《泉州市历史文化名城保护条例（草案）》的初步审查报告；讨论关于泉州市2020年市本级财政收支决算报告与2020年市本级预算执行和其他财政收支审计工作报告、泉州市地方政府性债务管理情况的审议意见稿，关于市区内沟河保护管理工作情况、商事审判工作情况、开展深化“放管服”改革、优化营商环境（工程建设许可和不动产登记专题）的调研报告和审议意见稿；讨论关于新基建新经济基地建设情况、《加快全市垃圾分类处理利用的决议》执行情况、泉州市科技创新平台建设工作情况、“七五”普法决议执行情况的专题调研方案；讨论调整2021年监督工作计划，关于泉州古城旅游发展情况的专题询问工作方案，市人大常委会关于泉州市开展公安机关刑事案件受案立案工作的调研情况报告。

市十六届人大常委会第七十一次主任会议现场（图/王虎文）

泉州公积金提取业务全城通办

是日起，市住房公积金管理中心实行提取业务全城通办，让群众就近办理公积金业务。此前职工提取公积金需要到缴存地办理。由于大部分企业的分公司、办事处、单位的派出机构、外派人员的公积金都统一在上级单位缴存等原因，部分职工的公积金缴存地不在工作和生活所在地。考虑到这些职工提取公积金需要跨县、区办理，路途遥远、费时费力，为方便职工办理提取业务，提高服务效能，市住房公积金管理中心满足群众需求，决定突破归集管理限制，在全市范围内，不受缴存地限制，实行各管理部提取业务通办。该业务开通后，无论职工公积金在泉州范围内的哪个县（市、区）缴存，可以根据需要自由选择泉州市内任何一个公积金管理部办理提取业务，无须再到指定的缴存地办理。市住房公积金管理中心提醒市民，提取业务除在柜台申请外，其中离职返乡、离退休、偿还公积金贷款等提取业务还可以在线上（网上办事大厅、微信公众号、闽政通）申请，足不出户就可以提取公积金。

6月15日

农历辛丑年五月初六
星期二
温度：27℃～35℃
阴转多云

●市委常委会会议召开，学习习近平总书记在5月31日中共中央政治局会议、中共中央政治局第三十次集体学习时的重要讲话和关于向袁隆平学习的重要指示，致中国日报创刊40周年、世界环境司法大会、世界马克思主义政党理论研讨会的贺信以及省委常委会会议精神等。

●市委常委会（扩大）会议召开，传达贯彻省委十届十二次全会精神。

●市人大常委会党组扩大会议召开，传达学习福建省脱贫攻坚总结表彰大会精神，以及省委、市委有关会议精神，传达《关于2起违反中央八项规定精神典型问题的通报》。

●市十六届人大常委会第七十一次主任会议召开，讨论关于泉州市中心市区中小学校幼儿园布局建设情况的调研报告、《关于进一步加强全市流域水环境保护议案决议》执行情况的专题调研方案等。

●是日起，市住房公积金管理中心实行提取业务全城通办，让群众就近办理公积金业务。

●泉州开发区2021年第二季度招商项目集中签约暨重点项目建设推进会举行，10个重点项目签约，总投资67亿元。

6月16日

农历辛丑年五月初七
星期三
温度：27℃～35℃
多云

●市政府党组扩大会议召开，传达贯彻省委十届十二次全会精神，以及市委常委会会议精神。

●市政府党组理论学习中心组学习（扩大）会议召开，邀请省政府督查室副主任李明立做《政府督查工作条例》专题辅导学习讲座。

●全市安全生产视频会议召开，通报近期全国事故情况、传达上级指示批示精神，对安全防范工作进行再部署、再推动、再落实。

●由市委宣传部、市侨联、安溪县委宣传部等拍摄的首部南洋闽侨爱国题材和铁观音茶文化相结合电影《天涯芬芳》首映礼在安溪举行。

●由市安办、市应急管理局、市总工会、泉州晚报社、市消防救援支队主办的2021年泉州市安全宣传咨询日暨“控事故、保安全、迎建党百年”宣传活动在市区城东中骏世界城举行。

●福建省器官捐献工作泉州区域联席会议在福建医科大学附属第二医院召开。

●由市文联和市民政局主办的“百年·百赞”百岁老人颂党恩公益摄影展开幕。

●16—20日，由泉州历史文化中心、泉南书画学社、鲤城区书法家协会、丰泽区书法家协会主办的“致敬百年 红心向党”书画展在市区威远楼举行。

市政府党组扩大会议传达省委十届十二次全会精神

市政府党组扩大会议召开，传达贯彻省委十届十二次全会精神，以及市委常委会会议精神。会议指出，要加快建设现代化经济体系，实施科研投入、高新企业、高端研发平台、高层次人才“四个倍增”计划，全面加快“数字泉州”和“海上泉州”建设，推进高质量发展。要积极服务和深度融入新发展格局，优化营商环境，发挥民生消费品制造基地和品牌之都优势，推动构建国内国际双循环战略支点、重要通道。要探索海峡两岸融合发展新路，加大泉州和台湾两地产业链、创新链、供应链深度协作，做好向金门供水“后半篇文章”，更好服务祖国统一大业。要提高人民生活品质，实施新一轮民生补短板和民生XIN行动，推进乡村振兴，深化生态市建设，统筹疫情防控和经济社会发展，抓好安全生产工作，提高人民群众获得感、幸福感、安全感。

首部南洋闽侨爱国题材和铁观音茶文化相结合电影《天涯芬芳》首映

由市委宣传部、市侨联、安溪县委宣传部等拍摄的首部南洋闽侨爱国题材和铁观音茶文化相结合电影《天涯芬芳》首映礼在安溪举行。影片反映海外闽侨年轻人支援抗战的爱国故事，讲述主人公杨子寒与恋人刘玉茹为爱私奔南洋，在异国他乡协助老华侨开办茶行，恰逢国内抗日战争爆发，他们与南洋华侨华人筹措资金、物资参与同乡会抗日活动，并用家乡铁观音茶叶产生的特殊“乡味”串起海外华侨华人的家国情怀，牺牲亲情、爱情的感人经历。影片以华侨支援抗战为背景，以铁观音茶韵串联华侨心和闽商精神，融合闽南文化、南洋风情等诸多元素，艺术性再现南洋华侨支援祖国抗战的历史。其中，2/3的场景在安溪取景拍摄，许多旧址经剧组“修旧如旧”处理，把安溪的历史人文、自然景观、闽侨爱国精神、闽南童谣、民风习俗等元素都融入影片，既展现安溪的形象和文化风貌，也让观众从另一个角度了解到当年安溪籍华侨华人在抗日战争中做出的特殊贡献。

2021年泉州市安全宣传咨询日活动举行

由市安委会办公室、市应急管理局、市总工会、泉州晚报社、市消防救援支队主办的2021年泉州市安全宣传咨询日暨“控事故、保安全、迎建党百年”宣传活动在市区城东中骏世界城举行。活动设有主舞台、安全生产微视频和创意海报优秀作品展播区、“学习强国”学习平台打卡专区、安全生产咨询服务区等，现场举办主题宣传视频展播、微视频和创意海报优秀作品展播及颁奖仪式、泉州市安全生产月有奖竞答线上活动启动仪式、应急知识互动讲堂、党史学习知识竞答、派发宣传资料等丰富多样的活动。与往年不同的是，2021年的安全宣传咨询日除现场活动，还推出“图文+视频”直播。2021年，市安办在全市范围内组织开展安全生产微视频和创意海报大赛，征集到400余部作品。“安全生产月”期间，市安办利用主流网络媒体、单位网站和微信公众号等媒体对优秀作品进行展播。除主会场外，各地各有关部门和单位也开展形式多样、线上线下相结合的安全宣传咨询活动，提高公众的安全意识和安全技能。

百岁老人颂党恩公益摄影展开幕

由市文联和市民政局主办的“百年·百赞”百岁老人颂党恩公益摄影展开幕。图为102岁的陈潭居在现场观展。（图/林良标）

党史学习教育推进会暨市委巡回指导工作座谈会召开

党史学习教育推进会暨市委巡回指导工作座谈会召开，总结交流工作经验，部署推进下阶段工作。会议要求，各地各部门和巡回指导组要紧盯“七一”重要节点，把党史学习教育与庆祝建党百年相互贯通，把党史学习教育引向深入。要坚持严督实导，指导各地各部门抓牢重点、把握关键，提高巡回指导的针对性和实效性。要压实主体责任，树立“一盘棋”思想，推动形成上下协同、齐抓共管的强大合力。部分巡回指导组做发言交流。

市政协党组理论学习中心组学习（扩大）会议召开

市政协党组理论学习中心组学习（扩大）会议召开，传达学习习近平总书记在河南考察、出席全球健康峰会时的重要讲话和给《文史哲》编辑部全体人员回信精神；传达学习《中国共产党组织工作条例》和省委十届十二次全会精神，以及省委常委会会议、市委常委会会议精神。会议指出，要学习贯彻条例，理解精神实质，把握工作要求，把党的政治建设摆在首位，把党的领导落实到政协工作全过程、各方面。要学习贯彻省委十届十二次全会精神，聚焦省委、市委重大战略举措谋划政协工作，把全会明确的各项任务落实到调研视察和协商议政履职工作中，开展“再学习、再调研、再落实”活动，推动贯彻落实工作具体化、责任化、清单化，为全方位推进高质量发展超越贡献政协智慧和力量。

庆祝建党百年宣传工作专题会召开

庆祝建党百年宣传工作专题会召开，部署泉州市庆祝建党百年宣传工作。会议指出，全市宣传思想战线要增强做好庆祝建党百年宣传工作的责任感和使命感，讲好党的百年故事、唱响时代主旋律，营造同庆百年华诞、共铸历史伟业的氛围。要组织庆祝建党百年宣传报道，突出宣传建党百年庆祝活动、选树宣传先进典型，营造坚定不移跟党走的氛围。要推进红色记忆展、“光辉历程”文艺演出、文艺精品创作等重点活动、项目，为党的百年华诞增光添彩。要开展“永远跟党走”群众性主题宣传教育和四史宣传教育，营造“党的盛典、人民的节日”社会氛围。要深化拓展对外宣传，紧扣“申遗”、世中运等重大活动，讲好中国故事、泉州故事。

华侨大学与泉州市妇幼保健院签约共建附属医院

华侨大学与泉州市妇幼保健院·儿童医院签约，共建华侨大学附属泉州市妇幼保健院·儿童医院。为贯彻落实习近平总书记在华侨大学建校60周年时的重要指示重要批示精神，促进校地共同发展，5月底，市政府与华侨大学签署市校战略合作备忘录，明确7个合作共建项目。泉州市妇幼保健院·儿童医院与华侨大学达成非行政附属医院签约，打造紧密型医教协同体，是落实市政府推进华侨大学医学院共建项目的重要战略举措。双方将在教学科研、人才培养、医疗协作、临床学科建设等方面构建全方位的合作，共建科研大平台，提高医学科研成果转化水平和医疗服务质量。华侨大学还发挥科研、教学优势，组织华大附属910医院、厦门长庚医院专家团队帮扶石狮市医院创建三级甲等综合医院；同时与泉州市第一医院合作共建临床医学研究实验平台、临床教学基地，推进全市卫生健康事业再上新台阶。

华侨大学与泉州市妇幼保健院·儿童医院签约仪式现场
（图/华侨大学）

6月17日

农历辛丑年五月初八
星期四
温度：27℃～34℃
多云

●党史学习教育推进会暨市委巡回指导工作座谈会召开，总结交流工作经验，部署推进下阶段工作。

●市政协党组理论学习中心组学习（扩大）会议召开，传达学习习近平总书记在河南考察、出席全球健康峰会时的重要讲话和给《文史哲》编辑部全体人员回信精神等。

●市政协十二届三十六次主席会议召开，协商“推动城乡融合发展”专题协商会议方案和市政协十二届三十次常委会会议相关事宜。

●庆祝建党百年宣传工作专题会召开，部署泉州市庆祝建党百年宣传工作。

●市安委会组织收听收看全国安全生产电视电话会议。

●全市老区苏区振兴发展工作会召开，学习贯彻落实习近平总书记在福建考察时的重要讲话精神，就推进泉州老区苏区振兴发展，进行再学习、再动员、再部署。

●市纪委监委“诵读红色经典，砥砺奋进力量”主题朗诵活动举行。

●华侨大学与泉州市妇幼保健院·儿童医院签约，共建华侨大学附属泉州市妇幼保健院·儿童医院。

6月18日

农历辛丑年五月初九
星期五
温度：27℃～36℃
阴转多云

●市委常委会召开会议，学习习近平总书记在青海考察时的重要讲话，传达学习习近平总书记对湖北十堰市张湾区艳湖社区集贸市场燃气爆炸事故做出的重要指示和给廖俊波母亲季平英的回信精神以及省委常委会会议精神等。

●第十九届中国·海峡创新项目成果交易会在福州海峡国际会展中心开幕。泉州市6个项目签约，项目数量居全省设区市前列。

●泉州交发集团在银行间市场交易商协会发行金额2亿元的3年期中期票据（碳中和债）。

●中心市区民办初中招生第一次计算机随机派位在泉州师范学院举行。

市委常委会学习习近平总书记重要讲话精神

市委常委会召开会议，学习习近平总书记在青海考察时的重要讲话，传达学习习近平总书记对湖北十堰市张湾区艳湖社区集贸市场燃气爆炸事故做出的重要指示和给廖俊波母亲季平英的回信精神以及省委常委会会议精神，研究部署有关工作；传达学习习近平总书记在中国科学院第二十次院士大会、中国工程院第十五次院士大会和中国科学技术协会第十次全国代表大会上的讲话以及省委常委会会议精神；听取食品安全工作汇报，研究《2021年全市治理“餐桌污染”建设“食品放心工程”工作方案》。

泉州市6个项目在第十九届海创会上签约

第十九届中国·海峡创新项目成果交易会（以下简称“海创会”）在福州海峡国际会展中心开幕。泉州市6个项目签约，项目数量居全省设区市前列。以“创新赋能高质量发展”为主题的泉州展馆，集中展示泉州市新一代信息技术、智能制造、新材料、新能源、生物医药等新兴产业创新成果，27家泉州企业和机构展示28项最前沿的创新项目成果。其中，福建（泉州）哈工大工程技术研究院推出2个“智能机器人”项目。室内消毒喷雾机器人可配置消毒方案，实现自动行走、自主充电、自动喷洒、自主避障；智能代步机器人具备形体小巧、机动灵活、高效智能、自主导航与避障等特点，最高可载重120千克、续航里程20千米，能有效满足机场、医院、公园等大型公共设施内人流代步移动需求。中国科学院海西研究院泉州装备制造研究所自主研发的“AGV（自动导引运输车）无线充电系统”项目，实现在有效距离5厘米范围内200瓦功率的无线充电，广泛用于快递搬运小车、巡检机器人、电动叉车等。海创会还举行项目集中签约活动。晋江“百宏年产33万吨差别化化学纤维及年产72万吨功能性聚酯薄膜项目”、惠安“音锋智能物流机器人及数字工厂产业基地项目”、洛江“云知声人工智能科技项目”、鲤城“5G+专网物联网技术应用与产业化项目”、石狮“光子研究院及中石光芯三期项目”、德化“共建陶瓷新材料新技术研究中心项目”参与现场数字签约，总投资107.93亿元。

泉州展馆惠女表演（图/市文旅局）

全国公交类首单碳中和中期票据在泉州发行

泉州交发集团在银行间市场交易商协会发行金额2亿元的3年期中期票据（碳中和债）。这不仅实现泉州市碳中和绿色债券“零的突破”，也是全国公交类首单碳中和中期票据。此次泉州发行的碳中和中期票据，票面利率3.58%，将用于新能源电动公交车购置，保障泉州市区公共出行，降低碳排放量。主承销商为浦发银行泉州分行，恒丰银行泉州分行作为基石投资者，认购5000万元债券份额。发行主体泉州交发集团系全国AA+主体信用评级企业，因此，这也是全国交通行业AA+同评级主体首单碳中和概念公募债券。

相关链接：“碳中和债”是绿色债券的子品种，是指在现行绿色债券政策框架下，将募集资金专项用于具有碳减排效益的绿色项目。相较一般绿色债券，“碳中和债”准入目录更为贴近绿色环保，专项用于清洁能源、清洁交通、碳汇林业等具有碳减排效益的绿色项目，并由专业第三方机构对碳减排等环境效益进行量化评估测算，发行后存续内持续披露项目进展情况及碳减排效益实现情况等。

康涛检查安全生产工作

副省长、市委书记康涛检查泉州市遗产点保护、文物保护单位安全管理和燃气行业安全生产等工作。康涛到开元寺、关岳庙、真武庙等遗产点及文物保护单位，检查用电管理、安防监控、值班值守等措施落实情况，对消防设施配备是否齐全、周边范围是否堆放易燃物品等逐一询问查看。康涛强调，要树立保护文物也是政绩的科学理念，将安全放在首要位置抓实抓细；要全覆盖做好日常巡查、专项督导检查，加强对文物安全技术监测管理，确保不留任何死角；要做好应急预案和演练，加强对来往游客及周边居民安全防范教育，共同织密文物安全保护网。检查过程中，康涛查看城市综合体内装修店铺、餐饮商户，检查施工现场消防安全保障措施、后厨等用气场所安全管理、经营业主燃气安全相关知识掌握情况。

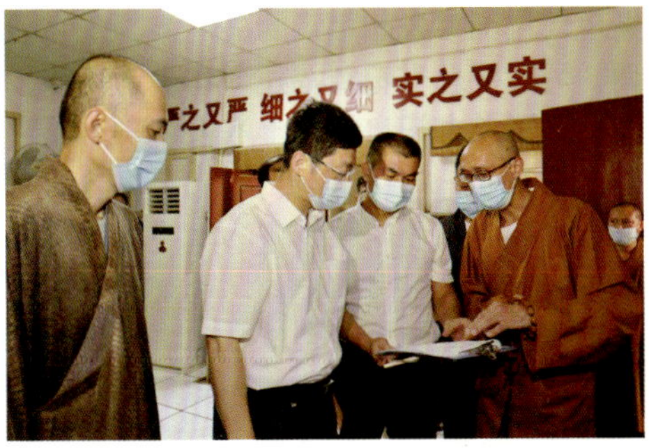

康涛（左二）在泉州开元寺检查遗产点保护、消防安全等工作（图/陈英杰）

2020年度泉州文学奖颁奖

2020年度泉州文学奖颁奖典礼暨2020年度泉州市作家协会新会员座谈会在南安举行。活动现场揭晓2020年度泉州文学奖，《身在此山中（四篇）》（散文，作者黄炳坤）、《一个孩子的学校》（长篇小说，作者北辰）、《茶痕》（散文，作者庄丽萍）、《透过玻璃窗（组诗）》（诗歌，作者柯秀贤）、《背弃艺术者，美自然弃他而去》（文学评论，作者张家鸿）、《我越来越适应和你共用一个身体（组诗）》（诗歌，作者叶燕兰）、《叶飞狮子头客栈遇险记》（纪实文学，作者戴高山）、《泥舞》（散文，作者郑那君）、《写意天丁桥》（散文，作者谢奎宗）、《中山路，泉州的文化符号》（报告文学，作者杨新榕）等上榜。

“泉州五中同心教育基金会”成立

“泉州五中同心教育基金会”成立。在市委统战部组织指导下，“泉州五中同心教育基金会”由许连捷、丁世忠、许明金、周少雄、林孝发、洪忠信、苏国川、张维健、丁水波、侯昌财、丁国雄、丁友家、许景南等民营经济人士，许健康、施能狮、佘德聪、郑文红、陈祖昌、谢秋林等港澳乡亲、海外侨亲，以及泉州通淮关岳庙董事会等团体发起成立。基金会首期筹集2500多万元，用于激励泉州五中优秀教育工作者和优秀学生，助力泉州五中提升办学条件，建设国内一流中学。“同心”寓意统一战线成员与中国共产党同心、与泉州人民同心，家校同心、师生同心。

市救助站开放日主题活动举行

全国第9个救助管理机构开放日，市救助站、泉州市海西社工事业发展中心、华丰社区居委会举行“党建引领·携手相助·让爱团聚”开放日主题活动。市救助站党员志愿者和社工，带着学习大礼包，慰问5户社区困境青少年。这些青少年来自或因病致贫或残疾障碍等低保特困家庭。党员志愿者和社工送上学习礼包，鼓励他们积极乐观、好好学习。6月是中国禁毒月，市救助站党员志愿者和社工带领社区青少年，到社区禁毒中心参观。在志愿者和社工的介绍下，青少年了解到中国禁毒史、毒品危害、毒品种类等知识，加深对毒品危害的理解和认识。在华丰社区居民广场，市救助站设立“流浪乞讨人员救助”“寻亲流程”等宣传展板。志愿者、社工告诉社区居民，华丰社区是个临时救助点，居民遇到流浪乞讨人员时，可以及时告知社区。

6月19日

农历辛丑年五月初十
星期六
温度：27℃～35℃
阴转多云

●副省长、市委书记康涛检查泉州市遗产点保护、文物保护单位安全管理和燃气行业安全生产等工作。

●2020年度泉州文学奖颁奖典礼暨2020年度泉州市作家协会新会员座谈会在南安举行。

●“泉州五中同心教育基金会”成立。

●市救助站、泉州市海西社工事业发展中心、华丰社区居委会举行“党建引领·携手相助·让爱团聚”开放日主题活动。

●由泉州市演讲与口才学会党支部等主办的“百年如歌”庆祝中国共产党成立100周年红色经典诵读分享会举行。

6月22日

农历辛丑年五月十三
星期二
温度：24℃～26℃
小雨转中雨

●福建省民营企业发展大会在福州召开。泉州市8名企业家获评福建省优秀民营企业家，8家企业获评福建省优秀民营企业，8个单位获评福建省民营企业党建工作先进单位。

●创建无“红包”医院工作推进会召开。

●由市人大常委会办公室、市政协办公室、中国闽台缘博物馆主办的“恰是百年风华——庆祝中国共产党成立100周年书画摄影展”在中国闽台缘博物馆开幕。

泉州市8家企业获评省优秀民营企业

福建省民营企业发展大会在福州召开。省委书记尹力出席大会并讲话，省长王宁主持大会。会上宣读《中共福建省委 福建省人民政府关于表彰福建省优秀民营企业家和优秀民营企业的决定》《中共福建省委关于表彰福建省民营企业党建工作先进单位的决定》。泉州市8名企业家获评福建省优秀民营企业家，8家企业获评福建省优秀民营企业，8个单位获评福建省民营企业党建工作先进单位。

尹力指出，民营企业是福建省经济发展的重要力量、科技创新的重要主体、对外开放合作的开路先锋，展现履行社会责任的担当。事实证明，福建发展成就，民营经济功不可没，民营企业家贡献重大，民企与国企一样，都是福建发展不可或缺的重要力量。民营经济是福建发展的特色所在、活力所在、优势所在。贯彻落实习近平总书记到福建考察讲话精神，需要民营企业的积极参与，也为民营经济发展提供新机遇。希望民营企业立足新发展阶段，贯彻新发展理念，积极服务和深度融入新发展格局，坚定发展信心，抢抓发展机遇，提升核心竞争力，推进民营经济转型升级、高质量发展。要推进科技创新，发挥创新主体作用，抢抓新一轮科技和产业变革机遇，加大研发投入和成果转化，带动提升全省产业基础能力和产业链现代化水平。要坚定不移发展实业，胸怀做百年企业的梦想，围绕构建现代产业体系，围绕发展数字经济、绿色经济、海洋经济、旅游经济等，深耕细分市场、掌握独门绝技。要扩大对外开放合作，用好福建侨务大省优势，参与海上丝绸之路核心区等建设，为打造国内大循环的重要节点、国内国际双循环的重要通道先行探路、做出贡献。要提高产品与服务质量，顺应需求变化大势，开展差异化竞争，实现人无我有、人有我优、人优我特、人特我新。要加强非公党建，结合开展党史学习教育，让党的创新理论深入职工心中，推进党的建设高质量发展。

福建省民营企业发展大会现场（图/泉州品牌发展中心）

庆祝中国共产党成立100周年书画摄影展开幕

由市人大常委会办公室、市政协办公室、中国闽台缘博物馆主办的“恰是百年风华——庆祝中国共产党成立100周年书画摄影展”在中国闽台缘博物馆开幕。展览持续至7月10日。参展的百件书画摄影作品，既有人大代表、政协委员和机关党员、干部的作品，也有泉州市乃至省内知名书法家、画家和摄影家的主题创作。参展作者以饱满的政治热情和精湛的艺术语言回顾筚路蓝缕、艰苦奋斗的峥嵘岁月，展现国家富强、民族振兴、人民当家做主的时代风貌，讴歌祖国和家乡的大好河山，寄托对未来生活的美好憧憬。展览旨在营造庆祝中国共产党成立100周年和党史学习教育的氛围，引导党员干部在艺术作品中重温百年党史，铭记初心使命，强化担当作为，为加快建设“海丝名城、制造强市”做出更大贡献。

庆祝中国共产党成立100周年书画摄影展开幕式（图/吴寿民）

全市学校毒品预防教育工作推进会召开

全市学校毒品预防教育工作推进会召开。会上，通报表扬一批学校毒品预防教育工作成绩突出单位；南安市教育局、泉州市第九中学、泉港区第二中学分别做典型发言。与会领导介绍泉州市毒品预防教育工作成果，并就抓好全市学校毒品预防教育工作提出具体要求。会议指出，下阶段，各级、各有关部门要提升禁毒形势判断力、禁毒教育感召力、综合治理联控力和预防宣传执行力，抓好学校毒品预防教育工作，开展“防范新型毒品危害”宣传，净化社会治安环境，实现全市毒情形势持续向好，为维护泉州市社会和谐稳定和经济社会长远发展做出新的更大贡献。

“诚信建设万里行 我是党员我先行”主题活动启动

由市信用办、市委文明办、市发改委机关委员会主办的“诚信建设万里行 我是党员我先行”主题活动在泉州市品尚网商产业园启动。该主题活动采取双线融合的方式，在线下启动，线上接力。启动仪式上，品尚征信公司、市担保公司党员代表宣读信用承诺书，表示将依法依规开展经营活动，重合同、守信用，恪守职业道德，参与泉州信用体系建设，共同树立信用自律的行业风尚。线上承诺活动同步进行，市发改委、市市场监督管理局、泉秀街道办事处、市担保公司、品尚网商产业园的数十名党员代表，掏出手机扫描二维码，填写资料，将承诺转发至微信朋友圈，掀起接力浪潮。随后，一场寓学于乐的党史学习让党员受到教育。现场党员分作4个小组，集体观看讲述建党初期奋斗史的《火种：寻找中国复兴之路》一书作者刘统的访谈录，通过书籍知识点互动问答、红色文化分享等环节比拼，在游戏中接受一次党性教育和精神洗礼。大家纷纷表示，将永葆共产党员的纯洁性、先进性，在各自岗位上以实际行动践行初心使命，为泉州全方位推进高质量发展超越做出贡献。

泉州空港临空产业党建联盟成立

泉州空港临空产业党建联盟揭牌成立。泉州空港临空产业党建联盟由晋江市委组织部、晋江市发展和改革局、泉州晋江国际机场召集推动，以“共建促了解、共建促合作、共建促发展”的原则进行共建活动。该产业党建联盟致力打造紧密性的党建“共同体”、协作型的党建“聚合体”、服务型的党建“综合体”，构建“资源共享、优势互补、互相促进、共同提高”的党建工作新格局，推动临空产业成为区域经济发展的重要载体。

泉州空港临空产业党建联盟成立仪式（图/廖平和）

德化县进城党群城市家园智慧共享中心启动

德化县进城党群城市家园智慧共享中心启动仪式举行。德化作为全省首个统筹城乡发展试点县，72%的农村党员、80%的村“两委”、90%的村主干离乡离土，聚居县城。农村党员群众长期在城乡之间流动，衍生出城乡发展“一头重，一头轻”、农村基层党组织功能弱化、群众办事来回跑等问题。城乡治理具有极其独特的一面，针对这一特殊县情，2016年以来德化在总结历年探索的基础上，创新推行基层党建融合机制，在城关建立15个非城区乡镇驻城区党群服务中心，方便进城党员在城关集中学习办事、就近参加党内组织生活。

6月23日

农历辛丑年五月十四
星期三
温度：23℃～26℃
阴

●全市学校毒品预防教育工作推进会召开。

●由市信用办、市委文明办、市发改委机关委员会主办的“诚信建设万里行 我是党员我先行”主题活动在泉州市品尚网商产业园启动。

●泉州空港临空产业党建联盟揭牌成立。

●安溪县2021年第二季度招商项目集中签约活动举行，19个项目签约，总投资168.65亿元。

●德化县进城党群城市家园智慧共享中心启动仪式举行。

6月24日

农历辛丑年五月十五
星期四
温度：24℃～29℃
阴

●市文明委印发新修订的《泉州市市民文明公约》。

●市市场监管局主办的2021年泉州市食品安全宣传周启动仪式暨“尚俭崇信，守护阳光下的盘中餐”主题宣传活动举行。

●兴业银行泉州分行与福建省农信联社泉州办事处签署战略合作协议。

●由安溪县委、县政府监制出品，安溪县高甲戏艺术保护传承中心创作排演的革命题材高甲戏《莫耶·延安颂》首演。

新修订的《泉州市市民文明公约》印发

市文明委印发新修订的《泉州市市民文明公约》。全文如下：一、爱国敬业，诚信友善；二、明礼守法，崇德向善；三、家庭和睦，邻里团结；四、拥军爱民，尊师重教；五、崇尚科学，移风易俗；六、爱护公物，保护环境；七、厉行节约，低碳环保；八、见义勇为，扶危济困；九、助人为乐，热心公益；十、举止文明，礼待宾客。

2021年泉州市食品安全宣传周启动

市市场监管局主办的2021年泉州市食品安全宣传周启动仪式暨“尚俭崇信，守护阳光下的盘中餐”主题宣传活动举行。现场，市市场监管局与东南早报联合开展的“外卖商家脏乱差”现象随手拍活动同步启动。活动鼓励市民、餐饮配送人员、餐饮服务从业人员举报外卖商家脏乱差现象。市民关注“东南早报”微信公众号，点击下方菜单栏“外卖曝光”，填写餐厅位置、“脏乱差”情况、上传图片或视频进行举报。曝光的内容可以是外卖餐饮店主体资质不合规，信息公示不真实，也可以是功能区划分不科学，防蚊、防蝇、防鼠设施不到位，加工流程不规范，生熟交叉污染，整体环境卫生杂乱等。市民填写表单并成功提交后，有机会获得红包奖励。此次食品安全宣传周活动采取发放宣传资料、开展“你送我检”，展示打击假冒伪劣食品成果等多种形式，引导企业遵纪守法诚实守信经营；向市民群众普及食品安全科学知识，倡导勤俭节约，遏制食品浪费。宣传周还采取线上线下相结合的方式开展食品安全宣传，扩大社会各界参与度，如开展“食品安全知识有奖问答”，食品安全进社区、进农村、进校园、进企业等活动。

兴业银行泉州分行与省农信联社泉州办事处签署战略合作协议

兴业银行泉州分行与福建省农信联社泉州办事处签署战略合作协议。根据协议，双方将在资金业务、财富管理、支付结算、资产负债、国际业务、研究咨询等方面开展全面合作，实现产品、服务、科技、网点、客户等多方面的资源共享和优势互补。 兴业银行泉州分行与泉州辖区农村信用社、农商银行有良好的合作基础。此前，兴业银行已与泉州辖区农村信用社、农商银行合作上线“财富云”系统，并推出销售天天万利宝系列和合盈系列产品，产品上线后有效补充合作银行理财产品线。双方已在资金存放、财富管理、票据业务等方面开展合作，此次战略合作协议的签署是合作的新起点，标志双方构建全面、深入、紧密的新型合作关系的开始，合作的业务覆盖面和深度将进一步扩展。

革命题材高甲戏《莫耶·延安颂》首演

由安溪县委、县政府监制出品，安溪县高甲戏艺术保护传承中心创作排演的革命题材高甲戏《莫耶·延安颂》首演。高甲戏《莫耶·延安颂》展现安溪红色才女莫耶走上革命道路的心路历程，刻画红色经典《延安颂》的创作体验，塑造演绎抗日热血革命青年莫耶的典型形象。高甲戏《莫耶·延安颂》历时3年打磨，是安溪县献礼中国共产党成立100周年的精品剧目。自启动剧本创作以来，县委、县政府高度重视，将该剧作为壮大县域文化品牌、推动县域文化高质量发展超越的重点文艺项目加以推进。

高甲戏《莫耶·延安颂》演出现场（图/许丽永 许艺燕）

“海峡两岸融合发展之路——福建探索与实践”展览在泉州开幕

由省委宣传部、省委台港澳办主办的“海峡两岸融合发展之路——福建探索与实践”展览在中国闽台缘博物馆开幕。展览分成咫尺天涯、春风化雨、交流潮生、融合发展四个部分，通过180余幅图片、33件套文物实物和大量视频资料，首次集中展现自中华人民共和国成立以来，特别是进入新时代党中央陆续出台关于对台工作的新思想、新论述、新主张、新政策、新措施。

“海峡两岸融合发展之路——福建探索与实践”展览开幕式（图/吴寿民）

《中国泉州南音集成》丛书首发

由省委宣传部、省文旅厅、泉州市政府、海峡出版发行集团主办的《中国泉州南音集成》丛书首发仪式在福州举行。该丛书是首部列入国家重点图书出版规划的泉州南音图书。《中国泉州南音集成》是一部大型多卷（册）古乐手抄本、刻本、印本的影印资料及图、文资料丛书，丛书系统集纳泉州南音近现代历史资料，为研究泉州南音提供翔实的依据。《中国泉州南音集成》的出版发行，表明泉州南音文献的编辑出版工作突破以往仅属民间个人行为的历史阶段，进入国家支持、政府组织的新发展时期，是福建省文化强省建设和非物质文化遗产项目保护传承的成果。

《中国泉州南音集成》首发仪式（图/王 了）

泉州市离退休干部庆祝中国共产党成立100周年文艺演出举行

由市委组织部、市委宣传部、市委老干部局、市委离退休干部工作委员会、市人社局主办的“芳华百年 奋进新时代”——泉州市离退休干部庆祝中国共产党成立100周年暨第14届老年文化艺术节开幕式文艺演出在泉州影剧院举行。图为演出现场。（图/张九强）

2021年度泉州市道德模范故事汇基层巡演活动举行

由市委宣传部、市委文明办、市文联、泉州台商投资区党工委主办，泉州台商投资区党工委党群工作部承办的“庆祝建党百年 凝聚精神伟力”——2021年度泉州市道德模范故事汇基层巡演活动在泉州台商投资区宝龙广场举行。10余个节目轮番上演，包括舞蹈、小品、独唱、童谣表演、数来宝、对唱、诗朗诵等，每个节目均有契合的主题。巡演活动的参演人员，用动人的歌舞、生动的事例和真挚的情感，演绎道德模范的先进事迹和崇高精神。巡演中，多位道德模范的事迹被结合进节目，呈现在观众面前。现场还邀请第七届福建省道德模范人选（诚实守信类）、2020年度福建好人、福建省侨发服饰科技有限公司法人代表林和辉，第七届福建省道德模范人选（助人为乐类）、福建省五星级志愿者、2020年度福建好人、第六届泉州市道德模范、福建扶老公益协会和泉州泉城公益协会会长黄明水，分享践行诚信、助人为乐的心得体会。

6月25日

农历辛丑年五月十六
星期五
温度：25℃～27℃
阴转小雨

●由省委宣传部、省委台港澳办主办的“海峡两岸融合发展之路——福建探索与实践”展览在中国闽台缘博物馆开幕。

●由省委宣传部、省文旅厅、泉州市政府、海峡出版发行集团主办的《中国泉州南音集成》丛书首发仪式在福州举行。

●市政府党组理论学习中心组学习会召开，传达贯彻习近平总书记给廖俊波母亲季平英的回信精神以及省委常委会会议、市委常委会会议精神。

●市政府第一百二十一次常务会议召开，研究2020年度泉州市专利奖评审有关工作等。

●市政协党组扩大会议召开，传达学习市委十二届十五次全会精神，研究贯彻落实意见。

●市政协党组理论学习中心组学习（扩大）会议召开，传达学习习近平总书记在5月31日中央政治局会议、中央政治局第三十次集体学习时的重要讲话和关于向袁隆平学习的重要指示等。

●由市委组织部、市委宣传部、市委老干部局、市委离退休干部工作委员会、市人社局主办的“芳华百年 奋进新时代”——泉州市离退休干部庆祝中国共产党成立100周年暨第14届老年文化艺术节开幕式文艺演出在泉州影剧院举行。

●由市委宣传部、市委文明办、市文联、泉州台商投资区党工委主办的“庆祝建党百年 凝聚精神伟力”——2021年度泉州市道德模范故事汇基层巡演活动，在泉州台商投资区宝龙广场举行。

●庆祝中国共产党成立100周年“百姓大舞台”文艺演出在泉州市艺术馆举行。

6月26日

农历辛丑年五月十七
星期六
温度：26℃～28℃
阴转多云

●泉州市出台《关于促进小额贷款公司持续健康发展的若干意见》。

●由市委宣传部、市文联主办，泉州市文艺评论家协会承办的“永远跟党走——‘我们的中国梦·文化进万家’”系列活动之司马文森《风雨桐江》读者座谈会举行。

●由市禁毒办、洛江区禁毒办主办的“无毒青春、健康洛江”“6·26”国际禁毒日暨仰恩大学禁毒宣传教育基地揭牌仪式在仰恩大学举行。

泉州市出台意见促进小额贷款公司持续健康发展

为促进泉州市小额贷款公司（以下简称“小贷公司”）规范、健康和创新发展，发挥其支农支小的普惠金融作用，泉州市出台《关于促进小额贷款公司持续健康发展的若干意见》（以下简称“意见”）。意见包括政策支持、创新业务、防范化解风险、加强行业监管4个方面内容、14条具体措施。与现有政策相比，意见主要在放宽股东持股比例、经营区域、业务范围以及拓宽不良资产处置渠道等方面进行探索创新。

2013年以来，泉州市抓住金改的有利政策，推进小贷公司跨县域经营、扩大融资渠道等方面的创新发展。数据显示，全市经批复设立的小贷公司30家，合计注册资本76.4亿元，2020年发放贷款125.93亿元，年末贷款余额72.42亿元。其中，汇鑫小额贷款股份有限公司在香港主板上市，系福建省首家、全国第二家。随着行业及经济形势的发展变化，小贷公司股权结构、经营范围、经营区域等方面的规定要求已经不适应经济社会发展需要。因行业属性定位不明，在税收、司法、抵押登记等环节，小贷公司难以享受银行机构等金融企业同等待遇。行业呼吁适当修改政策规定的呼声十分迫切。意见学习借鉴江苏、浙江以及厦门等先进地区在促进小贷公司发展方面的经验做法。意见明确小贷公司的行业分类属非货币银行服务类金融业企业，在司法保护、房产、土地、车辆、船舶等产权抵质押登记、使用征信系统等方面享有与其他金融机构同等待遇，并按规定落实相关税收扶持政策。致力于防范化解行业风险，新规还注重提升小贷公司的不良资产处置能力。意见引导小贷公司探索联合组包依法依规开展不良资产转让，允许小贷公司按不超过不良贷款总额30%的比例实施债转股。

司马文森《风雨桐江》读者座谈会举行

由市委宣传部、市文联主办，泉州市文艺评论家协会承办的“永远跟党走——‘我们的中国梦·文化进万家’”系列活动之司马文森《风雨桐江》读者座谈会举行。数十位文艺界人士围绕红色经典长篇小说《风雨桐江》，探讨司马文森的革命人生和文学成就。司马文森女儿、中国晚报摄影学会会长司马小萌，特地从北京到泉州参加座谈会。泉州籍知名作家、外交家司马文森创作的《风雨桐江》是反映泉州人民革命斗争不可多得的经典。座谈会上，泉州文艺界人士纷纷发言认为，司马文森在抗战时期从事救亡宣传工作，解放战争时期投入反内战的斗争中，以文字为武器，书写一段传奇的历史，其作品和经历有重要的研究价值。泉州市文艺评论家协会主席郭培明表示，泉州是最大的海外华侨祖籍地，弘扬华人华侨文学创作势在必行。发掘司马文森作品的内涵，仍具有鲜明的指导意义。司马小萌表示，其父司马文森52岁的人生，写了两千多万字作品，笔耕不辍，影响深远，他既是华侨文学的先驱，也是报告文学的执行者、捍卫者。

司马文森《风雨桐江》读者座谈会现场（图/潘 登）

“6·26”国际禁毒日活动举行

由市禁毒办、洛江区禁毒办主办的“无毒青春、健康洛江”“6·26”国际禁毒日暨仰恩大学禁毒宣传教育基地揭牌仪式在仰恩大学举行。活动现场分发禁毒宣传手册，准备各式各样的毒品模型和丰富多彩的禁毒海报，让学生了解毒品的危害，知晓禁毒常识。

“火炬电子”杯团体跑步接力赛举行

由市体育局主办，泉州田径协会、泉州泉跑体育俱乐部有限公司承办的庆祝中国共产党成立100周年“火炬电子”杯团体跑步接力赛在泉州侨乡体育中心体育场举行。全市29支队伍、400名跑步爱好者参赛。此次比赛为标准田径场跑道100圈团体接力赛，每队分10棒，每棒跑10圈。一棒接着一棒，寓意革命事业薪火相传。运动员统一穿红色运动上衣，表达新时代、新征程永远跟党走的决心和信心。

“永远跟党走　奋进新时代”主题演出举行

团市委主办的“永远跟党走 奋进新时代”主题演出举行。演出在青春激昂、鼓舞人心的《青春鼓舞》中拉开序幕。节目包括“奋斗百年路”“青春心向党”“启航新征程”3个篇章。当《没有共产党就没有新中国》的歌声响起，现场400多名观众齐声合唱，将演出推向高潮，表达全市青年衷心拥护中国共产党的领导，永远跟党走、奋进新时代的决心和信心。

“永远跟党走 奋进新时代”主题演出现场
（图/张九强 吴君凡）

2021年泉州市省内高校高招志愿填报咨询会举行

由泉州晚报社、泉州信息工程学院主办的2021年泉州市省内高校高招志愿填报咨询会在泉州信息工程学院举行。省内50多所本科、专科高校的招办老师，与考生和家长面对面，进行现场答疑。咨询会采取线上、线下相结合的形式，除该场省内招生咨询会提供服务周到的现场咨询外，由泉州晚报社主办的2021年泉州市高招志愿填报线上咨询会同期进行，省内外40多所高校线上直播答疑，考生和家长通过关注“泉州招考”微信公众号，回复“高考”收看直播。2021年省内不少高校有新增专业，主要瞄准学生未来就业的热门方向。如厦门大学新增审计学、储能科学与工程、化学测量学与技术、基础医学4个专业；泉州信息工程学院新增智能制造工程专业；黎明职业大学新增航空物流专业；泉州师范学院招生专业与计划变化较大，该校2021年第一次承担小学教育（公费师范男生）的招生，计划招收40人，不仅如此，2021年该校特殊教育（公费师范生）的招生计划也有所增长，从原来20人增加到50人，而软件工程专业也收回本部招生。

泉州市初中学业水平考试举行

25—27日，泉州市初中学业水平考试举行。全市各地考试秩序井然，泉州考区考试组织工作零失误，实现“健康中考、公平中考、平稳中考、温馨中考、诚信中考”的目标。2021年，全市中考初三报考101719人、初二报考111447人，设12个考区、108个考点，初三设3439个考场，初二设3764个考场，为45名申请考试便利的残疾考生提供考试温馨服务。2021年中考，市领导高度重视，有关部门细化责任分工，层层抓好工作落实，以高考的标准对标中考，统筹做好疫情防控和考试组织工作。在当地卫健、疾控部门的指导下，各考区细化防疫方案、强化应急演练，坚持“一考区一方案”“一考点一方案”，围绕重点环节，抓牢关键部位，逐一落实组考防疫措施，做到“有管理、有监测、有检查、有落实”。各考区协调当地公安、卫健、疾控、宣传、网信、生态环境、市场监管、无线电、通信管理、气象、电力等部门，凝聚工作合力，落实“齐抓共管、联防联控”工作机制，确保快速有效处理中考期间出现的各类突发、偶发事件。

6月27日

农历辛丑年五月十八
星期日
温度：27℃～32℃
阴转多云

●由市体育局主办，泉州田径协会、泉州泉跑体育俱乐部有限公司承办的庆祝中国共产党成立100周年“火炬电子”杯团体跑步接力赛在泉州侨乡体育中心体育场举行。

●团市委主办的“永远跟党走 奋进新时代”主题演出举行。

●由泉州晚报社、泉州信息工程学院主办的2021年泉州市省内高校高招志愿填报咨询会在泉州信息工程学院举行。

●25—27日，泉州市初中学业水平考试举行。

●泉州南音乐团主办的“南音‘七一’音乐会”在泉州南音艺苑举行。

6月28日

农历辛丑年五月十九
星期一
温度：26℃～30℃
阴转阵雨

●市委、市政协“推动城乡融合发展”专题协商会议召开。

●市政协十二届三十次常委会会议召开，审议通过《政协泉州市委员会关于强化政协委员责任担当的实施意见（草案）》。

●由市反恐怖工作领导小组办公室、泉州清源山名胜区管理委员会、福建省集英保安集团有限公司、鲤城妇幼保健医院、中国邮政集团公司泉州市分公司主办的“百米画卷颂党恩　红歌唱响中国梦”中国共产党成立100周年系列活动在泉州清源山景区举行。

市委市政协“推动城乡融合发展”专题协商会议召开

市委、市政协“推动城乡融合发展”专题协商会议召开。副省长、市委书记康涛，市领导李转生、林万明、朱启平、王祖耀、陈益、洪川夫、林志建、刘志平、王春金、戴仲川，市政协秘书长黄碧煌等参加会议。会上，市政协课题组、委员代表围绕协商主题，从强化县域发展、推进产业融合、盘活要素资源、创新体制机制、完善交通、加强治理、发展小城镇、加强教育医疗民生保障等方面建言，提出前瞻性、针对性建议。

康涛指出，市政协学习贯彻习近平总书记到福建考察讲话精神，开展党史学习教育，推进“再学习、再调研、再落实”活动，履行政治协商、民主监督、参政议政职能，在建言资政和凝聚共识上双向发力、富有成效。此次专题协商，调研深入具体、问题剖析透彻、对策建议精准，市委将逐项吸纳，转化为可启动、可推广的具体抓手，一件件抓推进，一项项抓落实。泉州城乡空间形态、山海格局、产业布局等特色鲜明，先后实施乡村振兴19个行动、城乡品质提升等系列专项，抓古城和历史文化名镇名村保护、生态连绵带建设，多层面满足人民美好生活向往。希望委员代表发挥人才、智力等优势，多开展调查研究，多提战略性、前瞻性、对策性宝贵建议，共同探索城市和农村携手并进、互利共赢的发展新路。各级政协组织要学习贯彻习近平总书记关于加强和改进人民政协工作的重要思想，坚持党对政协工作的领导，把握人民政协的政治属性。要聚焦民营经济发展年、营商环境提升年、城乡品质提升年，以及产业数字化园区化生态化等，灵活开展专题协商、对口协商、界别协商。各级党委、政府要完善协商平台机制，加强对口沟通联系，主动听取意见建议，推动协商成果落到实处、取得实效。

市政协主席李转生指出，全市各级政协组织和政协委员要把党的领导贯彻落实到政协工作各方面、全过程，在市委领导下，围绕推动城乡融合发展等重大问题，到基层一线开展调查研究，倾听了解困难诉求，征求意见建议，积极建言献策，确保中央、省委、市委决策部署和对政协工作的要求落地生根、开花结果。

市政协十二届三十次常委会会议召开

市政协十二届三十次常委会会议召开，审议通过《政协泉州市委员会关于强化政协委员责任担当的实施意见（草案）》。会议要求，要把学习贯彻省委全会、市委全会精神作为当前和今后一个时期的首要政治任务，以更高的政治站位持续学懂弄通做实习近平总书记到福建考察讲话精神，把思想和行动统一到习近平总书记重要讲话精神和党中央决策部署上来，把智慧和力量凝聚到省委全会、市委全会确定的各项目标任务上来。要主动对标对表，结合政协工作实际，深入调查研究，创新履职方式，开展“再学习、再调研、再落实”活动，提高建言资政和凝聚共识水平。要加强自身建设，落实党对政协工作的全面领导，提升政协工作服务大局水平。政协委员要主动融入大局，用心履职尽责，发挥示范引领作用，以自身的学识、专长、影响在政协舞台上担当作为。会议接受林志建因年龄原因辞去市政协副主席职务。

“百米画卷颂党恩　红歌唱响中国梦”中国共产党成立100周年系列活动举行

由市反恐怖工作领导小组办公室、泉州清源山名胜区管理委员会、福建省集英保安集团有限公司、鲤城妇幼保健医院、中国邮政集团公司泉州市分公司主办的“百米画卷颂党恩　红歌唱响中国梦”中国共产党成立100周年系列活动在泉州清源山景区举行。活动旨在用书画作品传递建党百年主题，用红歌唱出中国故事。百米画卷是各单位代表与泉州市知名书画家共同执笔，描绘中国共产党从革命战争时期、社会主义建设时期到中国特色社会主义新时代等多个历史场景。

6月29日

农历辛丑年五月二十
星期二
温度：26℃～31℃
阴转多云

●泉州市“光荣在党50年”纪念章颁发仪式举行，康涛为11名老党员代表颁发纪念章。

●市十六届人大常委会第三十九次会议召开，对《泉州市历史文化名城保护条例（草案）》进行一审，听取和审议市政府关于2020年市本级决算草案的报告、关于2020年市本级预算执行和其他财政收支的审计工作报告，审查和批准2020年本级预算等。

●全市各地举行主题展览庆祝中国共产党成立100周年。

●由市委宣传部、市文旅局、市文联、泉州广播电视台等主办的“光辉历程”泉州市庆祝中国共产党成立100周年文艺演出举行。

●2021年泉州市民办初中第二批招生计算机随机派位举行，2596名学生参加派位。

全市各地举行主题展览庆祝中国共产党成立100周年

由市委组织部、宣传部、市直机关工委、史志研究室，市文旅局主办的“红色记忆——中共泉州革命历史专题展”在市博物馆开幕。展览持续至年底。展厅沿大革命时期、土地革命时期、抗日战争及解放战争四条脉络渐次展开，由序厅、革命星火、土地革命时期、抗日战争、解放战争、尾声等部分组成。通过400多幅展板、270件（套）革命文物、5处场景展示、8处多媒体互动装置等，全面系统立体地展现和回顾党的百年光辉历程，以及泉州恢弘壮阔的革命历史、革命斗争中涌现出的共产党人感人事迹等。

由市委统战部、市直机关工委、文明办指导，市侨联、市侨办、市委史志研究室、市文旅局主办的“侨心向党——百名泉籍归侨党员事迹展”在市图书馆开幕。展览持续至7月15日。展览选取泉州籍华侨华人群体中100名杰出归侨党员事迹进行展示，通过挖掘归侨党员故事，从侨史书籍、方志收录，以及收藏的文物实物中梳理出背后的爱党爱国爱乡故事。

由市文旅局、市城镇集体工联社主办，泉州市非物质文化遗产保护中心、泉州市工艺美术协会承办的“奋斗百年路 启航新征程——百位工艺美术大师、非遗传承人献礼建党百年”传统工艺精品展在泉州非物质文化遗产馆开幕。展览持续至7月11日。展会现场，主办方按照党的历史各大时期，分成四大篇章，每个篇章都以一个“百”字作为主题。第一篇章“百折不挠、开天辟地”，展现1921年建党到1949年新中国成立这一时期内容的作品；第二篇章“千锤百炼、筚路蓝缕”，展现1949年到1978年这一历史时期内容的作品；第三篇章“海纳百川、百炼成钢”，展现从1978年改革开放以来到2012年这一历史时期内容题材的作品；最后一个篇章，从2012年至今，主题是“千秋伟业、百年风华”，展现的是习近平总书记担任党和国家领导人以来的主题内容的作品。

“百年芳华”庆祝中国共产党成立100周年南安市美术作品展在南安市行政服务中心开幕；晋江市东石镇在东石公园青年书法协会会馆举行“侨心向党·丹情传情”书画创作展览活动；泉州开发区举行“奋斗百年路 启航新征程”庆祝中国共产党成立100周年书法作品展；泉州台商投资区在文化服务中心举行“百年百艺·非遗献礼——庆祝中国共产党百年华诞暨‘文化和自然遗产日’红色记忆”雕艺精品展，集中展示文艺工作者听党话、颂党恩、跟党走的信念。

“红色记忆——中共泉州革命历史专题展”现场
（图/市博物馆）

“侨心向党——百名泉籍归侨党员事迹展”开幕式
（图/洪荣堆）

泉州市庆祝中国共产党成立100周年文艺演出举行

由市委宣传部、市文旅局、市文联、泉州广播电视台等主办的“光辉历程”泉州市庆祝中国共产党成立100周年文艺演出举行。演出分为“光辉的历程 不朽的丰碑”“不忘初心 牢记使命”“迈向新征程 奋进新时代”等篇章。图为演出现场。（图/陈智勇）

6月30日

农历辛丑年五月廿一
星期三
温度：27℃～30℃
阴转多云

●全市“两优一先”表彰大会召开，表彰泉州市优秀共产党员、优秀党务工作者和先进基层党组织。

●市委常委班子成员重温入党誓词暨新党员代表集中入党宣誓活动举行。

●副省长、市委书记康涛到晋江走访慰问部分老党员、烈士遗属及困难党员。

●由市委统战部、市文联、福建省新阶联、泉州市新阶联等主办的“红色记忆 光辉百年”——庆祝中国共产党成立100周年剪纸作品展在泉州东亚之窗文创园开幕。

●中国工艺美术大师、知名雕刻艺术家黄泉福逝世，享年62岁。

全市“两优一先”表彰大会召开

全市“两优一先”表彰大会召开，表彰泉州市优秀共产党员、优秀党务工作者和先进基层党组织。副省长、市委书记康涛出席大会并讲话；党史学习教育省委第四巡回指导组副组长黄端、市人大常委会主任陈灿辉、市政协主席李转生出席大会。会议宣读市委表彰决定，受表彰的优秀个人和先进集体代表上台领奖。李婷婷、周利、孙开明3名代表做交流发言。会议要求，要把党的政治建设摆在首位，在党言党、在党忧党、在党为党，提高政治判断力、政治领悟力、政治执行力。要用习近平新时代中国特色社会主义思想武装头脑、指导实践、开展工作，推动贯彻落实工作项目化、清单化、具体化，确保中央、省委各项决策部署在泉州落地生根、结出硕果。要践行为民宗旨，坚持人民立场、人民至上，推进“我为群众办实事”“我为企业解难题”“我为社会做好事”实践活动，让群众有更多获得感、幸福感、安全感。要推动全面从严治党向纵深发展，营造风清气正的良好政治生态和比学赶超氛围，调动干部保持干劲热度，确保实现开局红。要把各基层党组织建设成坚强战斗堡垒，发挥党员先锋模范作用，抓好“强基促稳”、乡村振兴、“近邻”党建、非公党建等，推动基层党建更好融入中心工作、重大改革、具体业务。

泉州市“两优一先”表彰大会现场（图/陈起拓）

市委常委班子成员重温入党誓词

市委常委班子成员重温入党誓词暨新党员代表集中入党宣誓活动现场（图/陈晓东）

市委常委班子成员重温入党誓词暨新党员代表集中入党宣誓活动举行。副省长、市委书记康涛领誓并为新党员讲授党课。党史学习教育省委第四巡回指导组到会指导。康涛围绕党史、党员、党组织三个方面，给新党员代表上党史学习教育主题党课。康涛指出，要学好、读懂党史这本最好的“教科书”，做到学史明理、学史增信、学史崇德、学史力行，用党的奋斗历程和伟大成就鼓舞斗志、明确方向，用党的光荣传统和优良作风坚定信念、凝聚力量，用党的实践创造和历史经验启迪智慧、砥砺品格。

康涛看望慰问部分党员代表和老干部

副省长、市委书记康涛到晋江走访慰问部分老党员、烈士遗属及困难党员。在烈士遗属林笑治家中，康涛询问其身体和生活状况，祝愿其心情舒畅、身体健康；在离休干部颜快治家中，康涛倾听老人讲述革命经历，重温奋斗历程和感人故事，并为老人佩戴“光荣在党50年”纪念章；在困难党员许延平家中，康涛了解其身体状况、子女工作和医疗保障等情况，叮嘱有关部门、街道和社区主动关心好照顾好服务好；在晋江市公安局，康涛与省优秀共产党员李卫阳交谈，鼓励其发挥党员先锋模范作用，立足本职岗位，继续努力奋斗。

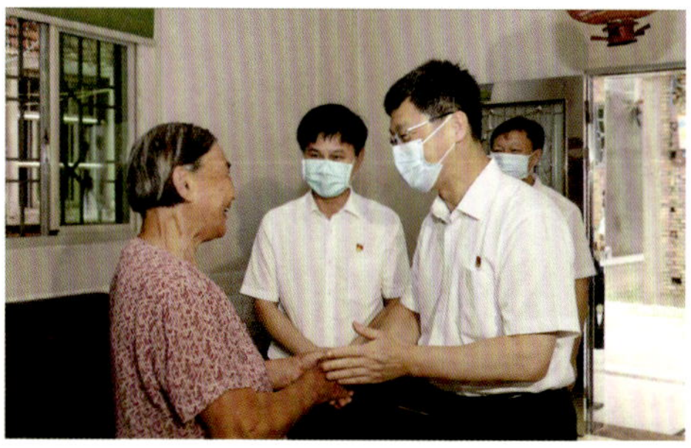
康涛（右二）看望慰问晋江市陈埭镇梧埭村烈士遗属林笑治（图/陈起拓）

泉州市组织收听收看庆祝中国共产党成立100周年大会现场直播

庆祝中国共产党成立100周年大会在北京天安门广场举行。市四套班子领导、党史学习教育省委第四巡回指导组成员在泉州集中收听收看庆祝大会现场直播。副省长、市委书记康涛，党史学习教育省委第四巡回指导组组长卢承圣，市四套班子领导陈灿辉、李转生、孔繁军、林万明、林锦明、刘文儒、季翔峰、洪自强、傅藏荣等和部分党员干部一起，聆听习近平总书记重要讲话。国家、省驻泉州单位，市直机关、企事业单位，各县（市、区）、泉州开发区、泉州台商投资区等分别组织收听收看直播。

全市各地庆祝中国共产党成立100周年

市政府办机关党委举行庆祝建党百年主题党日活动暨“颂歌百年史 奋进新时代”歌咏会。在场全体党员重温入党誓词，拉开歌咏会序幕。歌咏会分“红色信仰心向党”“继往开来新时代”“不忘初心创盛世”三个篇章，通过《唱支山歌给党听》《我们走在大道上》《走向复兴》等一首首合唱，《爱国情怀代代传》《青春向党 奋斗强国》等一个个党史微故事讲演，回顾党的奋斗历程、讴歌党的光辉业绩，激励市政府办党员干部见贤思齐、比学赶超，在全方位推进高质量发展超越中展现更大担当作为。歌咏会在全场合唱《没有共产党就没有新中国》中落下帷幕。

由市委宣传部、市文旅局主办，泉州歌舞剧团、泉州市交响乐协会、泉州市艺术馆承办的“党在我心中”泉州市庆祝中国共产党成立100周年交响音乐会在泉州大剧院举行。演出由管弦乐《红旗颂》拉开序幕，紧接着女声合唱《南湖的船·党的摇篮》、大合唱《四渡赤水出奇兵》、钢琴协奏曲《保卫黄河》、男声重唱《弹起我心爱的土琵琶》、管弦乐《春天的故事》、大合唱《唱支山歌给党听》等音乐作品先后上演。最后，全场合唱《没有共产党就没有新中国》，将音乐会推向高潮。

1—7日，由市委统战部和各民主党派泉州市委会、市工商联、泉州市党外知识分子联谊会主办的泉州市党外人士庆祝中国共产党成立100周年书画邀请展在泉州市海外交通史博物馆举行。展览以“庆党生日 与党同心同行”为主题，得到全市党外人士书画爱好者的广泛参与，展出作品100件。参展作者以书画言志，以翰墨寄情，歌颂中国共产党的光辉历程和取得的丰功伟绩，展现艺术风采和家国情怀。

泉州城建集团商城广场群众性党史学习教育阵地启用。市国资委党委组织6家出资企业及委机关部分先模代表、党员职工代表，首先上演快闪活动。70名国资国企员工和20名少年齐唱《红星闪闪》《我和我的祖国》《没有共产党就没有新中国》等歌曲。随后，一场光影表演登场。这场3D光影水秀活动利用泉州商城广场的区位优势，将3D光影水秀融入打造党建阵地的主题中。在广场原有泉池的基础上，对喷泉进行全面升级改造后，喷泉的水景变换种类更加丰富，形成“金镶玉竹、云雾弥漫、万马奔腾、霓裳羽衣、孔雀开屏、大鹏展翅、万众一心”7种主题。

“颂歌百年史 奋进新时代”歌咏会现场（图/陈晓东）

泉州市庆祝中国共产党成立100周年交响音乐会现场（图/张九强）

7月1日

农历辛丑年五月廿二
星期四
温度：27℃～31℃
阴转多云

●庆祝中国共产党成立100周年大会在北京天安门广场举行。市四套班子领导、党史学习教育省委第四巡回指导组成员在泉州集中收听收看庆祝大会现场直播。

●市政府办机关党委举行庆祝建党百年主题党日活动暨“颂歌百年史 奋进新时代”歌咏会。

●由市委宣传部、市文旅局主办，泉州歌舞剧团、泉州市交响乐协会、泉州市艺术馆承办的“党在我心中”泉州市庆祝中国共产党成立100周年交响音乐会在泉州大剧院举行。

●1—7日，由市委统战部和各民主党派泉州市委会、市工商联、泉州市党外知识分子联谊会主办的泉州市党外人士庆祝中国共产党成立100周年书画邀请展在泉州市海外交通史博物馆举行。

●泉州城建集团商城广场群众性党史学习教育阵地启用。

7月2日

农历辛丑年五月廿三
星期五
温度：27℃～33℃
阴转多云

●创建全国文明城市工作推进会召开，鲤城区、丰泽区、洛江区、泉港区设立分会场。会议通报对创城督查发现的问题，同时对下阶段的创建工作进行部署。

●由市委宣传部、市文旅局、市文联、泉州广播电视台主办的“光辉历程”泉州市庆祝中国共产党成立100周年文艺晚会在泉州电视台一套播出。

●泉州市中小学生体质健康管理工作现场会在泉港区益海实验小学举行。

创建全国文明城市工作推进会召开

创建全国文明城市工作推进会召开，鲤城区、丰泽区、洛江区、泉港区设立分会场。会议通报对创城督查发现的问题，同时对下阶段的创建工作进行部署。会议指出，全市各级各部门要精准施策，强化责任、强化措施、强化落实，按照“发现一个问题、整改一类问题”原则，对照测评体系标准，对督查中发现的问题逐一整改销号，举一反三全面自查存在问题，补齐短板。创建落实全过程奖惩机制，对任务重、成效好的给予通报表扬、绩效加分等，对不重视、推进不力、不作为、成效差的通报批评，对问题严重突出的进行问责追责。市创城办将常态化开展创城督查工作，并对整改情况进行回访复核。重点开展“蜘蛛网”、流动摊贩、清脏污、停车场、高噪声等专项治理，特别是新城区、城乡接合部要有质的改变。

泉州市庆祝建党100周年文艺晚会播出

由市委宣传部、市文旅局、市文联、泉州广播电视台主办的“光辉历程”泉州市庆祝中国共产党成立100周年文艺晚会在泉州电视台一套播出。

晚会由“光辉的历程 不朽的丰碑”“不忘初心、牢记使命”“迈向新征程 奋进新时代”等篇章组成，由情景表演《国际歌》拉开序幕。该节目由泉州师范学院、泉州合唱团、泉州幼儿师范高等专科学校、泉州老年大学等单位表演，规模宏大。紧接着，歌舞《英雄赞歌》、情景剧《军魂》、歌舞《在灿烂阳光下》等10余个节目接连上演，有歌舞、大合唱、情景剧、诗朗诵等，形式多样。最后，一首大合唱《青春之我》将晚会推向高潮。参加演出的有不少文艺名家，更多的是普通的文艺爱好者。晚会除《我和我的祖国》等大家耳熟能详的节目外，还有不少本土原创的节目，这些节目将海上丝绸之路文化、闽南文化与现代文化融合呈现，较全面地展示泉州千年文脉。舞蹈《向大海》精选自大型音乐舞蹈史诗《向大海》，该节目以古代海上丝绸之路为脉络，将闽南博大精深的历史文化和海上丝绸之路沿线各国的文明融入其中，再现古刺桐港“市井十洲人”“涨海声中万国商”的繁盛景象，诠释海上丝绸之路厚重的人文历史和精神，展现新一代泉州人爱拼敢赢的精神风貌。情景剧《军魂》取材于惠安崇武解放军庙军爱民、民拥军的故事。诗朗诵《泉州，幸福的港湾》，描绘了泉州人民共奔小康的幸福与喜悦。

泉州市中小学生体质健康管理工作现场会举行

泉州市中小学生体质健康管理工作现场会在泉港区益海实验小学举行。与会人员观摩益海实验小学体质健康测试运动会及学校校外锻炼一小时的校内模式：校队社团（男子篮球队、男女足球队和梯队、健身气功队）展示。该校全面开展“荷园七彩大课间”活动，包括跑操、兔子舞、街舞、曳步舞、障碍运球和运球接力（足球、篮球）、放松操等，探究出既受学生欢迎又能提高学生体质健康水平的活动管理模式。

市教育局要求，各地各校要贯彻落实体质健康管理的相关要求，通过自查，列出问题清单，坚持目标导向和问题导向，制定整改方案，加快补齐学校提质健康管理的短板，促进提升学生体质健康水平，降低近视率肥胖率，发挥体质健康管理在深化教育改革中的小切口大改革作用。把体质健康管理工作纳入地方教育行政部门和学校的评价考核体系等举措，强化督导评价考核，构建起管理评价考核体系。同时，要通过“五个一”构建学校体育活动提质体系：树立“一理念”，贯彻“教会，勤练，常赛”的教学改革理念，开齐开足上好“一课程”，即体育与健康课程；完善“一模式”，即健康知识+基本运动技能+专项运动技能学校体育教学模式；落实“一课间”，即大课间体育活动制度，每节课间安排学生走出教室适量活动放松；健全“一体系”，完善校内竞赛、校级联赛、选拔性竞赛的中小学体育竞赛体系。

市委常委会（扩大）会议召开

市委常委会（扩大）会议暨市委理论学习中心组专题学习会召开，学习习近平总书记在庆祝中国共产党成立100周年大会上的重要讲话精神，开展集中学习研讨。会议指出，全市各级党组织和全体党员要从党的辉煌成就、艰辛历程、历史经验、优良传统中领悟中国共产党为什么能、马克思主义为什么行、中国特色社会主义为什么好，传承伟大建党精神，以史为鉴，开创未来，为实现中华民族伟大复兴中国梦做出泉州应有的贡献。要把习近平总书记重要讲话精神贯穿当前工作始终，牢记“国之大者”，传承弘扬“晋江经验”，扛好主力军担当，突出首创性差别化探索，拿出更多实招硬招，把省委、省政府“规划图”转化为泉州“施工图”。要开展民营经济发展年、营商环境提升年、城乡品质提升年，加快推进产业数字化园区化生态化，抓好保金融、保用工、保市场等一系列具体措施，推进“我为群众办实事”“我为企业解难题”“我为社会做好事”等实践活动，从体制机制上创新解决好群众急难愁盼问题，把各项工作做实做细做成，确保“十四五”规划开局红，谱写全面建设社会主义现代化国家泉州篇章。全市共产党员要更加紧密团结在以习近平同志为核心的党中央周围，自觉做习近平新时代中国特色社会主义思想的坚定信仰者和忠实实践者，同人民想在一起、干在一起，为实现人民对美好生活的向往不懈努力，创造无愧于党、无愧于人民、无愧于时代的业绩。

特立尼达和多巴哥泉州投资推介会举行

由特立尼达和多巴哥驻华大使馆、省外办、北京建工集团主办，泉州海丝工商联合会、泉州莆田商会等协办，市外事办、市贸促会参与的“共话一带一路新机遇、共建中特命运共同体”特立尼达和多巴哥泉州投资推介会在泉州举行。120余家企业参加推介会。特立尼达和多巴哥驻华使馆代办艾德里安·托马斯介绍该国风貌与投资环境。艾德里安·托马斯以当地概况、中国与特立尼达和多巴哥的交往关系以及当地凤凰工业园为三个板块进行推介。

“爱心冰柜免费奉水 关爱高温下的劳动者”行动启动

由市委宣传部、市委文明办、市委网信办、泉州晚报社、泉州市交警支队、中国人民银行泉州中心支行等主办，《东南早报》、泉州网、丰泽区委文明办、泉州市东南公益协会承办的2021年“爱心冰柜免费奉水 关爱高温下的劳动者”行动启动，在中心市区人流密集的公共场所设置近百个爱心冰柜和免费奉茶点，存放矿泉水或茶水等，免费提供给环卫工人、外卖员、交警巡警、公交司机、建筑工人等高温下的劳动者。启动仪式后，志愿者纷纷到服务驿站，为爱心冰柜添上矿泉水。“环卫工人、交警巡警、快递小哥、送餐小哥、公交司机、城管人员免费喝！”爱心冰柜补水供应站的示意牌格外明显，牌上还写有“酷暑高温，感谢你们对这个城市的付出”的话语，为一线工作者送上清凉的同时也带去温暖。

世界中学生运动会足球测试赛——晋江市足球精英赛举行

3—7日，世界中学生运动会足球测试赛——晋江市足球精英赛举行。比赛在4个比赛地点举行，分别是晋江市足球训练中心足球场、晋江市体育中心足球场、泉州职业技术大学足球场、泉州轻工学院足球场。8支本土球队参赛。比赛分两个阶段：第一阶段为小组赛，8支队伍分成2个小组，每组4支队伍，采取单循环赛制，每组前两名出线；第二阶段为交叉淘汰赛，最终决出前三名。测试赛同时也是为磨炼团队、检测设施设备、检验赛事组织方案的应急预案等，查找问题、查缺补漏、完善方案，为正式比赛的进行奠定基础。

7月3日

农历辛丑年五月廿四
星期六
温度：27℃～33℃
阴转多云

●市委常委会（扩大）会议暨市委理论学习中心组专题学习会召开，学习习近平总书记在庆祝中国共产党成立100周年大会上的重要讲话精神，开展集中学习研讨。

●由特立尼达和多巴哥驻华大使馆、省外办、北京建工集团主办的“共话一带一路新机遇、共建中特命运共同体”特立尼达和多巴哥泉州投资推介会在泉州举行。

●由市委宣传部、市委文明办、市委网信办、泉州晚报社、泉州市交警支队、中国人民银行泉州中心支行等主办的2021年“爱心冰柜免费奉水 关爱高温下的劳动者”行动启动。

●由市总工会主办的“烟头不落地、停车要有序”志愿服务活动启动仪式在市工人文化宫党建文化广场举行。

●3—7日，世界中学生运动会足球测试赛——晋江市足球精英赛举行。

7月4日

农历辛丑年五月廿五
星期日
温度25℃～34℃
阴转晴

●泉州市开展电动自行车消防安全综合治理。

●华侨大学2021届毕业典礼暨学位授予仪式分别在泉州校区陈嘉庚纪念堂、厦门校区综合馆举行。

泉州市开展电动自行车消防安全综合治理

市安全生产委员会办公室印发《泉州市电动自行车消防安全综合治理工作方案》，要求即日起至年底，在全市范围内开展电动自行车消防安全综合治理。重点整治电动自行车不规范充电、电动自行车销售商违规销售等行为。同时，泉州市还采取措施加强电动车消防安全管理，如居民住宅区建设智能充电设施、新建建筑需要建设电动自行车车库等。

据统计，泉州市有120余万辆电动自行车，且每年有10%以上的增加量。由于各种原因，电动自行车火灾呈多发频发趋势，且火灾致死率高。市应急管理局有关负责人表示，经分析，电动自行车发生火灾，主要是由电动自行车自身和外部原因引起的。电动车自身原因有线路老化、电池短路、充电器不匹配等。外部原因主要有过多充电、电压不稳、充电环境差等。在一些老旧小区和安置小区，电动车乱停放、乱充电问题比较普遍，存在消防安全隐患。一些城中村的出租房，此类问题也比较突出。此次综合治理将以下的这些行为列为整治重点，如：电动自行车在建筑首层门厅、楼梯间、共用走道等室内公共区域违规停放充电，未进行实体墙防火分隔，占用、堵塞疏散通道、安全出口；电动自行车蓄电池、充电器老化或破损，充电线路乱拉乱接，充电设施安装不规范；未落实电动自行车停放充电安全保障措施，将电动自行车或蓄电池带入电梯或户内。整治内容还包括不按标准或者降低标准生产电动自行车及蓄电池、充电器等配件；生产假冒伪劣电动自行车及蓄电池、充电器等配件；流通、销售无合格证、伪造、冒用认证证书的电动自行车及蓄电池、充电器等配件；销售无厂名、厂址等不合格电动自行车及蓄电池、充电器等配件。

华侨大学2021届毕业典礼举行

华侨大学2021届毕业典礼暨学位授予仪式分别在泉州校区陈嘉庚纪念堂、厦门校区综合馆举行。毕业典礼采取线上线下相结合、视频直播等方式进行，6000余名毕业生以及世界各地的校友、学生家长等参加。华侨大学2021年有34名博士研究生、1430名硕士研究生和4973名全日制本科毕业生分别获得博士、硕士和学士学位；有297名优秀毕业生获学校表彰。该校有侨台港澳生及留学生700人，其中留学生来自安哥拉、菲律宾、韩国、老挝、马来西亚、蒙古、缅甸、泰国、印度尼西亚、越南10个国家。毕业生在华侨大学学术权杖见证下，依次接受师长拨穗和颁发学位证书，穿过“学位门”，走出华园开启新的人生篇章。受疫情影响，296名境外学生未能到毕业典礼现场。其中，菲律宾、泰国、马来西亚、安哥拉、泰国、越南等国的16名毕业生代表特别发来视频，表达对母校的思念与祝福。全场毕业生手持国旗，合唱《唱支山歌给党听》，庆祝中国共产党迎来百年华诞。该校艺术团同学献唱《凤凰花开的路口》《干杯》《你曾是少年》等歌曲，祝福毕业生前程似锦。与往年不同，2021年该校特意为毕业生提供一份毕业礼包三件套：特别定制的印有“会通中外，并育德才”“我爱你华大”及华大校标的毕业口罩，毕业誓词纪念卡，以及“记住华园的味道”餐券。为让无法返校的毕业生同样可以拍毕业照、参加毕业典礼，学校官方微信推出“云毕业照”，并在新浪微博、官方视频号平台全程直播毕业典礼。

华侨大学2021届毕业典礼（图/华侨大学）

市委理论学习中心组学习会召开

市委理论学习中心组学习会召开，集中观看《生命重于泰山——学习习近平总书记关于安全生产重要论述》宣教片和严肃换届纪律教育警示片《警钟长鸣》。会议强调，要学习贯彻习近平总书记关于安全生产重要论述，坚持人民至上、生命至上，更好统筹发展和安全，担起安全生产的政治责任，深化安全隐患排查整治，抓好重点行业领域风险管控，加强安全生产宣传教育培训，提高应急救援和防灾减灾能力。要增强严守换届纪律的自觉性与坚定性，严明政治纪律和政治规矩，落实换届纪律要求，做到知敬畏、存戒惧、守底线，把思想政治工作、宣传警示教育、换届风气监督贯穿换届始终，确保换届风清气正、顺利推进。

市政府党组扩大会议暨党组理论学习中心组学习会召开

市政府党组扩大会议暨党组理论学习中心组学习会召开，传达贯彻习近平总书记在庆祝中国共产党成立100周年大会、“七一勋章”颁授仪式上的重要讲话精神，以及省委常委会会议、省政府党组会、市委常委会会议精神，并开展集中研讨。会议指出，市政府党组各位成员、政府各部门党组（党委）要在政府系统掀起学习宣传贯彻热潮，组织专题学习、研讨交流等活动，提高政治判断力、政治领悟力、政治执行力。要把学习贯彻习近平总书记“七一”重要讲话精神，与学习贯彻习近平总书记到福建考察讲话精神结合起来，以党史学习教育和“再学习、再调研、再落实”活动为载体，立足新发展阶段，贯彻新发展理念，积极服务并深度融入新发展格局，深化改革开放，加快科技创新，发展数字经济、海洋经济、绿色经济，开展民营经济发展年、营商环境提升年、城乡品质提升年，确保“十四五”规划开局红，扛好全方位推进高质量发展超越的主力军担当。要增强全面从严治党永远在路上的政治自觉，以党的政治建设为统领，推进政府系统党风廉政建设和反腐败斗争，弘扬“马上就办、真抓实干”等优良作风，引导干部永远保持同人民群众的血肉联系，下到基层、沉到一线，在新征程上创造不负革命先辈期望、无愧于历史和人民的政府工作实绩。

市政府党组理论学习中心组学习（扩大）会召开

市政府党组理论学习中心组学习（扩大）会召开，集中观看宣教片《生命重于泰山——学习习近平总书记关于安全生产重要论述》。会议要求，要把安全责任扛在肩上、落在行动上，查大隐患、控大风险、防大事故，强化攻坚、严防死守，遏制重特大安全生产事故发生，确保事故总量同比明显下降。要推进安全生产专项整治三年行动，开展“安全生产执法年”活动，加强安全生产宣传教育培训，提升生产安全事故应急救援和防灾减灾能力，抓好安全生产各项工作，更好统筹发展和安全，织密织牢安全生产防护网。

市政协党组扩大会议召开

市政协党组扩大会议召开，传达学习习近平总书记在庆祝中国共产党成立100周年大会上的重要讲话精神，研究贯彻落实意见。会议要求，要坚持党对政协工作的全面领导，找准工作的着眼点、立足点、契合点，增强为党尽责、为党担当、为党分忧的责任意识，为实现中华民族伟大复兴凝心聚力。要把学习贯彻习近平总书记“七一”重要讲话精神与学习贯彻习近平总书记到福建考察讲话精神和在福建工作期间的理念、实践结合起来，作为党史学习教育的重中之重，用以指导推动“再学习、再调研、再落实”活动，在全市政协系统兴起学习贯彻的热潮。要对标对表习近平总书记重要讲话精神，聚焦全市工作重点，坚持建言资政和凝聚共识双向发力，推动政协工作提质增效，为全方位推进高质量发展超越贡献政协智慧和力量。

7月5日

农历辛丑年五月廿六
星期一
温度：26℃～35℃
多云

●市委理论学习中心组学习会召开，集中观看《生命重于泰山——学习习近平总书记关于安全生产重要论述》宣教片和严肃换届纪律教育警示片《警钟长鸣》。

●市政府党组扩大会议暨党组理论学习中心组学习会召开，传达贯彻习近平总书记在庆祝中国共产党成立100周年大会、“七一勋章”颁授仪式上的重要讲话精神，以及省委常委会会议、省政府党组会、市委常委会会议精神。

●市政府党组理论学习中心组学习（扩大）会召开，集中观看宣教片《生命重于泰山——学习习近平总书记关于安全生产重要论述》。

●市政协党组扩大会议召开，传达学习习近平总书记在庆祝中国共产党成立100周年大会上的重要讲话精神，研究贯彻落实意见。

●鲤城区、丰泽区公办初中计算机派位举行。

7月6日

农历辛丑年五月廿七
星期二
温度：26℃～33℃
多云转晴

●6—7日，省政协副主席薛卫民到泉州开展“深化体教融合 促进青少年健康发展”专题调研。

●市人大常委会党组扩大会议召开，传达学习习近平总书记在庆祝中国共产党成立100周年大会上的重要讲话精神，研究贯彻落实意见。

●在收听收看全省学习宣传贯彻习近平总书记“七一”重要讲话精神电视电话会议后，泉州市宣传文化系统随即召开专题会议，就学习宣传贯彻习近平总书记“七一”重要讲话精神做出具体部署。

●由哈尔滨市粮食局、泉州市发改委（市粮食和物资储备局）主办的“黑龙江好粮油”深耕福建营销月哈尔滨专场营销活动在泉州·中国粮食城举行。

薛卫民到泉州开展青少年专题调研

6—7日，省政协副主席薛卫民到泉州开展“深化体教融合 促进青少年健康发展”专题调研。市领导吕刚、王春金参加相关活动。调研组调研南安市宝莲中学、南安市第二小学，泉州师范学院附属小学和泉州市体育运动学校，召开座谈会，了解泉州市学校体育课程和教学开展情况、体育评价机制和评价体系总体情况，并围绕“学校体育发展中资源配置方面存在的短板和问题”“推进体教融合机制创新”等方面展开探讨，听取意见建议。调研组指出，要发挥以体育人的价值和导向，让学生在体育锻炼中享受乐趣、增强体质、健全人格、锻炼意志，培养德智体美劳全面发展的社会主义建设者和接班人。要落实好《关于深化体教融合促进青少年健康发展的意见》，引导孩子参加体育活动，养成体育锻炼的习惯。要完善由政府、学校、社会合力推动的青少年体育发展体制机制，建立协调、协同、共育、共建、共享和共治的运行机制，构建体教融合一体化组织体系。要培养更多青少年体育人才，畅通优秀运动员、教练员入校任教的渠道，多措并举补齐师资不足短板，提高学校体育教学质量。要有效融合学校场地建设和公共体育场地建设资源，为青少年体育活动提供场地条件。

市人大常委会党组扩大会议召开

市人大常委会党组扩大会议召开，传达学习习近平总书记在庆祝中国共产党成立100周年大会上的重要讲话精神，研究贯彻落实意见。会议指出，习近平总书记重要讲话为奋进新时代、走好新征程指明前进方向、提供根本遵循。要把学习贯彻习近平总书记“七一”重要讲话精神作为理论武装工作的重中之重，作为党史学习教育的核心内容，领会伟大建党精神，赓续红色血脉，汲取奋进力量，为加快建设“海丝”名城、制造强市提供有力的法治保障。要坚持以习近平新时代中国特色社会主义思想为指导，用马克思主义中国化最新理论武装头脑、指导实践、推动工作。要坚持党的领导，确保人大工作正确政治方向。要坚持围绕中心、服务大局，创造性做好立法、监督和代表工作，在全方位推进高质量发展超越中做出人大贡献。要发挥人大在依法治国中的重要作用，科学编制立法规划，推进地方立法，督促法律法规有效实施，让法治成为区域发展核心竞争力。要坚持以人民为中心，开展“我为群众办实事”“我为企业解难题”等主题实践活动，解决群众急盼愁难现实问题。要弘扬伟大建党精神，加强人大常委会机关党的建设，扛起全面从严治党主体责任。要响应党中央的伟大号召，牢记初心使命，坚定理想信念，践行党的宗旨，为党和人民争取更大光荣。

全市宣传文化系统专题会议召开

在收听收看全省学习宣传贯彻习近平总书记“七一”重要讲话精神电视电话会议后，泉州市宣传文化系统随即召开专题会议，就学习宣传贯彻习近平总书记“七一”重要讲话精神做出具体部署。会议要求，要组织学习研讨，开展宣讲活动，做好新闻宣传，开展对外宣介，统筹推进社会宣传和文艺宣传，推动党史学习教育走深走实等。要把学习习近平总书记“七一”重要讲话精神激发出来的精气神，转化为抓好各项工作的实际行动，推动全市宣传思想文化工作再上新水平、取得新成效。

“黑龙江好粮油”深耕福建营销月营销活动在泉州举行

由哈尔滨市粮食局、泉州市发改委（市粮食和物资储备局）主办的“黑龙江好粮油”深耕福建营销月哈尔滨专场营销活动在泉州·中国粮食城举行。活动以“哈粮好物 DOU遍泉州”为主题，旨在推进泉州和哈尔滨两地粮食界在经济往来、产业协作等方面的交流合作。是日，签订产销对接战略合作协议金额11亿元。

市委常委会传达中宣部和省委宣传部会议精神

市委常委会召开会议，传达中宣部、省委宣传部学习宣传贯彻习近平总书记“七一”重要讲话精神电视电话会议精神；学习习近平总书记重要文章《用好红色资源，传承好红色基因，把红色江山世世代代传下去》，传达党史学习教育中央第六指导组到泉州指导、省委党史学习教育领导小组第四次会议精神；传达省委2021年全面从严治党主体责任落实情况检查集体约谈会议精神，研究部署泉州市整改落实工作措施；传达全省推进医改工作视频会议精神，研究2021年医改重点工作任务。

会议强调，要开展民营经济发展年、营商环境提升年、城乡品质提升年，抓好保金融、保用工、保市场等系列措施，以实干实绩检验学习成效。要用好泉州红色资源，弘扬革命传统、传承红色基因，把党史学习教育引向深入。要组织党史宣讲走心入心工程，开展“我为群众办实事”“我为企业解难题”“我为社会做好事”实践活动，推动党史学习教育向广度拓展、向深度推进。要落实新时代党的建设总要求，以高质量党建引领高质量发展，推动全面从严治党向纵深发展。要完善发展思路和推进举措，在做强产业、做优环境、做大市场、做高品质上下功夫，勇当全方位推进高质量发展超越主力军。要坚持把党的政治建设摆在首位，高标准严要求抓好问题整改，提高不敢腐、不能腐、不想腐的综合功效。要坚持人民至上、生命至上，巩固发展医改成果，深度破解一批群众就医防病难题，全方位全周期保障人民健康。要加强公共卫生体系建设，加快医疗资源扩容和均衡布局，推动公立医院高质量发展，健全分级诊疗服务体系，深化公立医院“暖心服务”，提升群众就医满意度和获得感。

深化创建全国文明城市工作推进会召开

深化创建全国文明城市工作推进会召开，对创建工作进行再动员、再安排、再部署。会议强调，要树牢“一盘棋”思想，加强组织领导，压紧压实责任，密切协同联动，把创城各项工作抓紧抓细抓实。要聚焦重点难点，开展专项治理行动，实行任务项目化、项目清单化、清单具体化，逐条逐项落实到位。要坚持问题导向，紧抓市容市貌提升、薄弱环节整治，精准发力补短板、强弱项、提质量。

泉州市部署开展第一次自然灾害综合风险普查

在收听收看全省自然灾害综合风险普查工作动员部署电视电话会议后，第一次全市自然灾害综合风险普查领导小组随即召开会议，部署开展泉州市第一次自然灾害综合风险普查工作。会议强调，要加强统筹协调，上下协同形成合力，做好技术保障，加强普查工作经费保障，优化工作程序、细化技术规范、实化质量抽检、强化执纪问责，高质量按时完成自然灾害综合风险普查任务。自然灾害综合风险普查是提升自然灾害防治能力的一项重要基础性工作。普查涉及的自然灾害类型主要有地震灾害、地质灾害、气象灾害、水旱灾害、海洋灾害、森林火灾等。

第十九届中国（福建）荔枝龙眼产销对接活动在永春举行

由福建、广东、广西、海南四省（自治区）农业厅和市政府主办，永春县委、县政府和市农业农村局等承办的第十九届中国（福建）荔枝龙眼产销对接活动暨第九届岵山荔枝文化旅游节在永春县岵山镇举行，现场签订1.447亿元鲜食农产品的合作意向合同。活动以“打造特色产业·助力乡村振兴，有一种生活叫永春——百年荔枝别样红”为主题，以“开拓市场扩大交流，农业增效农民增收”为目标，旨在为四省（自治区）荔枝龙眼生产及销售企业进行产销对接，携手推进荔枝龙眼品牌做大做强，促进消费和农民增收，助推乡村振兴。

7月7日

农历辛丑年五月廿八
星期三
温度：26℃～33℃
多云

●市委常委会召开会议，传达中宣部、省委宣传部学习宣传贯彻习近平总书记“七一”重要讲话精神电视电话会议精神，学习习近平总书记重要文章《用好红色资源，传承好红色基因，把红色江山世世代代传下去》等。

●深化创建全国文明城市工作推进会召开，对创建工作进行再动员、再安排、再部署。

●市老干部工作委员会成员会议召开，研究老干部工作有关事宜，部署下阶段工作。

●在收听收看全省自然灾害综合风险普查工作动员部署电视电话会议后，第一次全市自然灾害综合风险普查领导小组随即召开会议，部署开展泉州市第一次自然灾害综合风险普查工作。

●由福建、广东、广西、海南四省（自治区）农业厅和市政府主办，永春县委、县政府和市农业农村局等承办的第十九届中国（福建）荔枝龙眼产销对接活动暨第九届岵山荔枝文化旅游节在永春县岵山镇举行。

●由市农业农村局主办，永春县农业农村局、泉州市农产品产销联盟承办的“泉州乡村好货展”在永春县旅游集散中心举行。

●7—9日，2021年福建省青少年柔道锦标赛暨晋江2020世中运测试赛在泉州五中桥南校区体育馆举行。

7月8日

农历辛丑年五月廿九
星期四
温度：26℃~34℃
晴

●康涛到惠安调研石化产业转型升级工作，并主持召开座谈会。

●市直机关“两优一先”表彰暨党建工作推进会召开，学习习近平总书记“七一”重要讲话精神，表彰市直机关“两优一先”及“五好”党支部。

●职业技能提升工作推进会召开，推动职业技能提升行动落地见效。

●全市首个保税物流中心封关运营。

康涛到惠安调研石化产业转型升级工作

副省长、市委书记康涛到惠安调研石化产业转型升级工作，并主持召开座谈会。副市长肖汉辉参加调研。康涛指出，要提高思想认识，以高度责任感和紧迫感，推动石化产业结构调整和项目布局优化，延伸石化中下游产业链条，实现绿色低碳循环发展。要加大自主创新力度，加强区域、企业、科研机构间的战略合作，推动新技术、新业态发展壮大。要加大园区标准化建设，盘活闲置土地资源，为更多优质项目腾挪发展空间。要强化精准招商，成立工作专班，主动靠前服务，洽谈引进能耗排放低、产值效益好的项目，落地一批有利于促进石化产业集群发展的龙头项目。

市直机关“两优一先”表彰暨党建工作推进会召开

市直机关“两优一先”表彰暨党建工作推进会召开，学习习近平总书记“七一”重要讲话精神，表彰市直机关“两优一先”（优秀共产党员、优秀党务工作者、先进基层党组织）及“五好”（支部班子好、党员管理好、组织生活好、制度落实好、作用发挥好）党支部。会议强调，要明确目标任务，学习贯彻习近平总书记在庆祝中国共产党成立100周年大会上的重要讲话精神，与习近平总书记到福建考察讲话精神结合起来，确保机关党建重点工作按时序进度落实。要强化压力传导，创新体制机制，破解“牛鼻子”牵得不够牢、“度量衡”落得不够实等顽瘴痼疾，推动机关党的建设高质量发展。

职业技能提升工作推进会召开

职业技能提升工作推进会召开，推动职业技能提升行动落地见效。会议要求，各地各有关部门要强化思想认识，提升服务质量；强化协同配合，提升工作合力；强化资金监管，提升使用效能；强化政策宣传，抓好督促检查。要完善机制、科学施训，把职业技能提升行动摆在更加突出的位置，打好打赢职业技能提升行动攻坚战，为全方位推进高质量发展超越做出新贡献。

全市首个保税物流中心封关运营

泉州石湖港保税物流中心（B型）封关运营。石狮企业美佳爽中国有限公司的10柜卫生用品从泉州石湖港保税物流中心（B型）入区闸口驶入，一家企业的2柜进口啤酒则从出区闸口驶出，通关顺畅。保税物流中心（B型）俗称“B保”，是指经海关批准，由中国境内一家企业法人经营，多家企业进入并从事保税仓储物流业务的保税监管场所，可开展包括保税仓储、流通性简单加工和增值服务、全球采购和国际分拨配送、转口贸易和国际中转等业务。保税物流中心内的物流货物可享受“境外”税收政策，即境外商品进入保税物流中心后可暂不缴纳进口税，国内商品进入保税物流中心可享受出口退税。相比于保税仓库、出口监管仓库，“B保”开放性更强，该中心可同时服务多家保税物流企业，中心内货物的存储期限为2年，特殊情况还可延期。泉州石湖港保税物流中心（B型）位于泉州港（石湖港区）港后物流园北部，紧邻石湖港，建设总用地17.05公顷，总建筑面积10.6万平方米，主要规划建设9栋仓库、堆场以及综合楼，其中一期先行建设仓库、综合楼、堆场，仓储面积5.2万平方米。该项目于2019年12月26日获海关总署等四部委批准设立，并于2021年2月3日验收，系全市首个B型保税物流中心。

货车驶出泉州石湖港保税物流中心（图/黄忠族）

市政府第一百二十二次常务会议召开

市政府第一百二十二次常务会议召开，贯彻落实省委书记尹力对禁毒工作批示和省长王宁讲话精神，研究部署泉州市禁毒工作等。会议强调，要认识泉州市毒品形势的严峻性、复杂性，保持对毒品问题“零容忍”，开展禁毒严打整治、“净边”等专项行动，加强对重点行业、重点部位的排查管控，全方位筑牢禁毒安全屏障。要推进毒品预防教育工作，利用新媒体、新平台、新手段，推动禁毒预防宣传常态化、全覆盖。

中国建筑设计研究院世界遗产保护管理泉州工作站揭牌

中国建筑设计研究院世界遗产保护管理泉州工作站揭牌。工作站设在泉州古城金鱼巷49号，一场中国建筑设计研究院关于“泉州古迹调查与研究回顾”的展览同步展出。在展出的作品中，有泉州开元寺仁寿塔底层平、立、剖面图，清净寺平面图，文庙大成殿平面测绘手稿，也有60年前魁星楼、六胜塔、开元寺、老君岩的历史影像。一张张泉州老照片、老建筑手绘图，记录着岁月深处的泉州老城面貌和肌理。中国建筑设计研究院相关负责人宋源介绍，1959—1963年前后，中国建筑设计研究院历史所到泉州开展多次古建筑调查研究，将泉州写进中国第一部古建筑教科书。60年后，历史所继承老一辈学术理想，凝练泉州的历史智慧和全球意义，领衔完成2020年泉州申报世界遗产的“申遗”文本与管理规划。60年的探求之路，将研究院与泉州紧紧相连。希望通过共同努力，将泉州建设成世界遗产保护管理的典范。中国建筑设计研究院与泉州建立遗产保护共建长效合作关系，以设立工作站为载体，将围绕泉州遗产保护管理、文化遗产价值传播和社会教育、遗产城市的可持续发展等方面开展研究项目，助力泉州遗产保护理论体系的丰富和完善，提升泉州遗产保护管理能力，促进泉州科学、有效地保护和管理遗产。

中国建筑设计研究院世界遗产保护管理泉州工作站外观
（图/吴寿民）

中国（石狮）电商谷活动周举行

9—16日，中国（石狮）电商谷活动周举行。此次活动周延续“网红狮城 源头好货”的主题，12个电商园区（网批中心）进行为期一周的国内、直播、跨境电商活动，推动石狮电商从传统电商向网红直播、跨境电商等多渠道、多品类融合快速发展。

活动周启动仪式后，石狮（国际）女装网批中心启动招商，石狮S168国际网批中心和石狮吉顺网科园开园。石狮（国际）女装网批中心可容纳300多家女装电商，将填补石狮乃至泉州女装电商产业空白，形成女装产业电商优势集群，该园区已有50个知名品牌、300家女装专卖、500家集群企业意向签约入驻；石狮S168国际网批中心配套400间档口作为服装网批中心，开设100间网红场景直播间，将打造成具有网批中心、直播中心、品牌中心和培训中心四大功能区域的“石狮国际网批与摄影直播基地”；石狮吉顺网科项目招商率已达100%，配套有大学生实习实训创业基地、多功能会议室、产品体验中心。活动周还举办2021年石狮跨境电商大会。作为中国（石狮）电商谷活动周的系列活动之一，大会吸引数百名主流跨境电商平台、跨境电商第三方服务企业、供应链企业等的卖家参与。福州、厦门、泉州三地亿级卖家同台论道，就2022年跨境电商发展方向、运营策略、人才配置、供应链优化、资源统筹等问题展开讨论。

7月9日

农历辛丑年五月三十
星期五
温度：26℃～34℃
晴转多云

●市政府第一百二十二次常务会议召开，贯彻落实省委书记尹力对禁毒工作批示和省长王宁讲话精神，研究部署泉州市禁毒工作等。

●中国建筑设计研究院世界遗产保护管理泉州工作站揭牌。

●9—16日，中国（石狮）电商谷活动周举行。

7月10日

农历辛丑年六月初一
星期六
温度：26℃～34℃
阴转多云

●康涛到鲤城、丰泽、洛江检查文明城市创建工作。

●由市委网信办、市工信局、市科技局、市数字办指导，中国移动泉州分公司、泉州数字研究院、中国科学院海西研究院泉州装备制造研究中心主办的“党建领航 智造泉州”2021年党建和创暨5G智造签约仪式在中国移动泉州分公司城东总部举行。

●10—12日，世界中学生运动会羽毛球测试赛——2021年福建省青少年羽毛球巡回赛（晋江站）在晋江举行。

●泉州市护理学会第七次会员代表大会暨推动新时代护理事业高质量发展专题报告会举行。

康涛到鲤城丰泽洛江检查文明城市创建工作

副省长、市委书记康涛到鲤城、丰泽、洛江检查文明城市创建工作。康涛随机走访江南街道亭店社区、浮桥街道浮桥社区、清源街道普明社区、东海街道东梅社区、双阳街道南山社区、万安街道琯头社区，到农贸市场、背街小巷、老旧小区、城中村、城乡接合部等，了解创城工作情况，协调解决相关问题。康涛要求，要对标找差，参照测评标准逐一查摆剖析，列出问题清单抓紧整改，聚焦垃圾分类普及、露天排水沟清洁、农贸市场环境维护、房前屋后环境整治等重点部位和关键环节，有针对性地细化措施，落细落实到“最后一米”。要营造创城氛围，激发群众参与创城热情，培养群众文明习惯，形成全社会共同参与的格局，涵养城市文明底蕴。要及时总结推广创城工作中的好经验好做法，健全完善长效机制，确保问题不反弹不回潮，提高城市精细化管理水平，以创城实效提升群众获得感、幸福感。

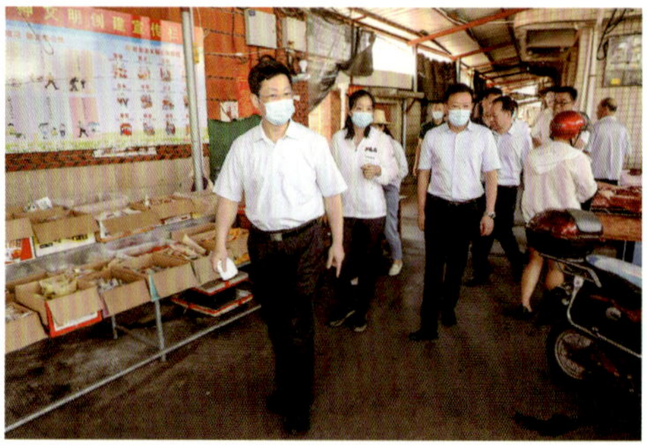

康涛（左一）检查文明城市创建工作（图/陈起拓）

2021年党建和创暨5G智造签约仪式举行

由市委网信办、市工信局、市科技局、市数字办指导，中国移动泉州分公司、泉州数字研究院、中国科学院海西研究院泉州装备制造研究中心主办的“党建领航 智造泉州”2021年党建和创暨5G智造签约仪式在中国移动泉州分公司城东总部举行。活动当天，全市首个融合智慧党建与5G应用成果的数字展厅——“数字泉州和创智慧馆”揭牌并投入使用。“数字泉州和创智慧馆”集党史学习教育、合作创新、新技术体验、能力转型等用途“四位一体”，利用先进的5G+AICDE技术，展出多款同各行各业和人们生活息息相关的5G应用方案，旨在为泉州各行业相关方提供5G交流协作平台。

活动现场，泉州移动分别与市委网信办、泉州五中、泉州农商行、泉州大数据、招商银行泉州分行、泉州高速等单位举行“党建和创”签约，将在“理论同学、专业同研、服务同行、成效同享”等方面进行合作。泉州移动还与隆汉物流、福海粮油、国能（泉州）热电、柒牌时装、信泰（福建）科技、南安曼森原石、瑞龙生态农业、中信重工机械、美岭水泥、泉州高速、中科院海西研究院泉州装备制造研究中心等单位进行5G重点项目签约。签约仪式后，泉州移动发布“数字泉州手机报”与“基层治理平台”两项5G应用。“数字泉州手机报”市数字办基于“5G消息”提供的全新富媒体资讯服务，面向泉州企业推送5G专题典型案例、定期发布有关5G助力数字经济转型的推文。“基层治理平台”则是泉州移动应用6种先进的AI算法技术，集成智慧安防、智慧消防、社区党建和防疫管理四个模块，实现车辆违停、危房入侵、人员集聚、烟火预警、公共物品被移动AI自动识别告警等功能，契合基层社会治理需要。

泉州市护理学会第七次会员代表大会举行

泉州市护理学会第七次会员代表大会暨推动新时代护理事业高质量发展专题报告会举行。会议选举出新一届的护理学会理事长、秘书长、监事长等，市护理学会会员、全市各医疗卫生机构护理管理人员及护理骨干参加会议。会议审议并通过《第六届理事会工作报告》《第六届理事会财务报告》《章程修改草案说明》等，并进行新一届护理学会选举换届。经投票，会议推选泉州市第一医院护理部主任吴碧瑜为新一届护理学会理事长。

泉州市34个项目入选2021年度省数字经济重点项目

《2021年度福建省数字经济重点项目名单》出炉，泉州市中石光芯二期等12个项目入库数字产业化项目库，总数占全省的43%；在产业数字化项目库中，泉州市晋江国科大智能制造学院等22个项目入库，项目数量位列全省第二。泉州市紧盯数字经济项目，推进数字产业化、产业数字化。2021年，泉州市推荐29家申报数字经济创新企业，28家企业入选2021年福建省数字经济领域“独角兽”“瞪羚”创新企业。其中，入选未来“独角兽”企业7家，入选“瞪羚”企业21家，入选企业较2020年增长4倍，入选企业数量居全省前列。

第三批“泉州市党史教育基地”公布

市委史志研究室授予中共泉州中心县委机关树兜驻地旧址等54处革命遗址、纪念设施为第三批“泉州市党史教育基地”。自评选工作开展以来，各县（市、区）积极开展申报参评工作，此前已公布第一批、第二批泉州市党史教育基地名单共23处。评选活动旨在开发利用好红色资源，为全市党员干部群众接受新时代爱国主义教育、开展党史学习教育提供鲜活的学习载体，激发全市党员干部群众爱党爱国热情。经实地调研和材料审阅并综合考虑申报点的史实依据、展陈情况和讲解队伍等党史教育基地承载能力和开放条件，确认为第三批泉州市党史教育基地的具体名单如下：

鲤城区（1处）：中共泉州中心县委机关树兜驻地旧址；丰泽区（2处）：中国人民解放军长江支队纪念园、泉州市革命烈士陵园；洛江区（5处）：坑头会议遗址、洪岩烈士纪念园、虹山红色记忆馆、晋南永游击大队攻打国民党军弹药消防库战斗地旧址、晋南永游击大队攻打国民党大罗溪乡公所战斗旧址；泉港区（3处）：惠安工农革命军指挥部旧址、中共涂岭火花支部旧址、山腰盐署盐警起义旧址；石狮市（2处）：石狮红色革命教育基地、李子芳纪念馆；晋江市（5处）：许集美革命事迹陈列室、埔顶寮会议会址、砌坑革命史陈列室、晋江沿海区革命纪念馆、中共泉州中心县委历史纪念馆；南安市（4处）：中共泉州中心县委机关旧址、泉州华侨革命历史博物馆、苦湖突围战纪念碑、李刚纪念馆；惠安县（6处）：惠安革命历史纪念馆、卢明堂烈士纪念碑、惠安公学支部遗址、七坵山战斗烈士纪念碑、解放金厦战役阵亡烈士纪念碑、林逊烈士故居；安溪县（11处）：凤冠山革命烈士纪念碑、中共安溪中心县委军政干部训练班安溪文庙旧址、安南同游击队截击保二团战斗地遗址、莫耶故居、青云楼事件旧址、红二支队登虎榜驻地旧址、中国工农红军闽南游击队第二支队正式命名地旧址、安溪人民游击队成立地旧址、蓝田伏击战遗址、安南永德苏维埃政府旧址、中共安溪中心县委中新厝旧址；永春县（6处）：中共永春县委机关花石小学驻地旧址、抗战时期中共永春支部成立旧址、林俊德纪念馆、永春革命烈士纪念碑、梁披云梁灵光纪念馆、朱德红军革命旧址；德化县（8处）：戴云之战革命历史陈列馆、永德仙人民游击队总指挥部旧址、扶枫林知青生活体验馆、蕉溪之战纪念馆、中共闽南特委德永特派员活动旧址、中共闽中特委下涌·山茶交通站陈列室、中共福建省委坂里旧址、德化县革命烈士陵园；泉州台商投资区（1处）：孙易彬故居。

游客在林俊德纪念馆参观（图/姚德纯）

7月11日

农历辛丑年六月初二
星期日
温度：26℃～34℃
阴转多云

●《2021年度福建省数字经济重点项目名单》出炉，泉州市中石光芯二期等12个项目入库数字产业化项目库，总数占全省的43%；在产业数字化项目库中，泉州市晋江国科大智能制造学院等22个项目入库，项目数量位列全省第二。

●市委史志研究室授予中共泉州中心县委机关树兜驻地旧址等54处革命遗址、纪念设施为第三批“泉州市党史教育基地”。

7月12日

农历辛丑年六月初三
星期一
温度：27℃～34℃
阴转多云

●市人大常委会党组理论学习中心组专题学习会召开，学习贯彻习近平总书记在庆祝中国共产党成立100周年大会上的重要讲话精神，开展集中学习研讨。

●由市委宣传部、市委文明办、市教育局、团市委、市关工委、少先队市工委主办，共青团惠安县委员会、泉州聚龙外国语学校协办的泉州市第三十六期“少年军校”开营仪式在泉州聚龙外国语学校举行。

●12—15日，世界中学生运动会国际象棋测试赛——2021年全国中学生国际象棋锦标赛（高中组）在晋江一中举行。

●知名歌手柯以敏到泉州，参加《新声诞生季》开幕式，与现场观众分享音乐教育和演唱艺术。

市人大常委会党组理论学习中心组专题学习会召开

市人大常委会党组理论学习中心组专题学习会召开，学习贯彻习近平总书记在庆祝中国共产党成立100周年大会上的重要讲话精神，开展集中学习研讨。会上，党组成员围绕习近平总书记“七一”重要讲话内容，联系工作实际进行交流研讨。大家一致表示，要把学习贯彻落实习近平总书记重要讲话精神作为重大政治任务，与学习贯彻习近平总书记到福建考察讲话精神结合，从党的百年历史中感受思想伟力、赓续红色血脉，在守正创新中推动人大工作与时俱进、开拓创新，在全方位推进高质量发展超越中展现责任担当。会议强调，要入心入脑抓好学习，一以贯之传承好、发扬好伟大建党精神，在弘扬革命精神中攻坚克难，在传承红色血脉中开拓前行，确保人大工作正确的政治方向。要抓好贯彻，对标对表习近平总书记重要讲话精神，把学习成果转化为依法履职尽责的强大动力，以强烈的政治责任感和历史使命感，创造性做好立法、监督和代表工作。要扛起全面从严治党主体责任，把党史学习教育成果落实到人大工作中，使各项工作更好围绕中心和大局，紧贴人民群众美好生活的呼声期盼。要稳步推进市县乡三级人大换届选举工作，确保换届选举方向正确、风清气正。

泉州市第三十六期“少年军校”开营

由市委宣传部、市委文明办、市教育局、团市委、市关工委、少先队市工委主办，共青团惠安县委员会、泉州聚龙外国语学校协办，泉州市青少年宫承办的泉州市第三十六期“少年军校”开营仪式在泉州聚龙外国语学校举行。团市委负责人、各相关部门代表、各县（市、区）少先队辅导员、少先队员代表200余人参加开营仪式。开营活动升旗仪式中拉开序幕，“少年军校”的学员身着迷彩服，歌唱国歌、队歌，表示一定会把握短暂的军旅生活，锤炼意志，使自己成长为社会有用之才。主办方以“少年军校”为契机，结合泉州市党史学习教育，带领少先队员开展红色研学活动，加强青少年学生思想道德品质教育，使青少年学生在军事化生活、红色研学中，培养“五自”（自学、自理、自护、自强、自律）能力，提升爱党、爱国、爱乡的社会主义情感。

2021年全国中学生国际象棋锦标赛（高中组）在晋江举行

12—15日，世界中学生运动会国际象棋测试赛——2021年全国中学生国际象棋锦标赛（高中组）在晋江一中举行。全国各地14支参赛队伍60名运动员参赛。比赛采用瑞士制赛制，共7轮，最终深圳外国语学校包揽男、女子个人赛及团体赛四项冠军。在中国中学生体育协会的筹备以及第18届世界中学生运动会执委会的支持下，组委会在疫情防控、竞赛筹备、后勤接待等方面都制订详细的工作方案，确保整个赛事顺利进行。

知名歌手柯以敏到泉州分享演唱艺术

知名歌手柯以敏到泉州，参加《新声诞生季》开幕式，与现场观众分享音乐教育和演唱艺术。柯以敏早在20世纪90年代就凭《太傻》等音乐作品红遍东南亚地区，后来担任湖南卫视选秀娱乐节目《超级女声》的评委，受到青年歌手和少儿朋友的喜爱。柯以敏表示，音乐不仅可以重塑自己的个性，还能开启别样的人生，少儿朋友要从小培养对音乐的兴趣，只有真正热爱音乐，才能克服学习道路上的困难，走出自己的音乐道路。《新声诞生季》系由《新声有范》衍生的国内首档少儿音乐成长集训营节目，汇聚众多优秀青少年。《新声有范》作为中国少儿音乐最具标志性的IP，历经7年努力，逐步打造成为中国少儿音乐领域最具标杆性的梦想舞台。该届《新声诞生季》由《新声有范》携手节目制作团队、明星导师、艺术大家等打造一场5天5夜的音乐梦想蜕变大秀。

省委和省政府工作调研检查组到泉州调研

13—15日，按照省委部署安排，省委副书记、省长王宁带领省委和省政府工作调研检查组到晋江、石狮、泉州台商投资区、泉港、惠安、丰泽、洛江等地，进企业、下工地、看项目，就学习贯彻习近平总书记“七一”重要讲话和到福建考察讲话精神，推进党史学习教育，开展“再学习、再调研、再落实”活动，统筹常态化疫情防控和经济社会发展，全方位推进高质量发展超越进行调研检查。检查组希望泉州市各级各部门和企业家传承弘扬“晋江经验”，发扬“爱拼敢赢”精神，走好创新发展之路，加快产业数字化、数字产业化，在推动产业转型升级上取得更大成效；发挥海洋资源丰富优势，做大做强石化产业，加快洞库储油项目建设，推动海洋经济高质量发展。

王宁（左三）察看泉州台商投资区“亲清家园”掌上智慧监督服务平台项目（图/陈英杰）

市委常委会学习习近平总书记重要讲话和省委常委会会议精神

市委常委会召开会议，传达学习习近平总书记在中共中央政治局第三十一次集体学习时、在“七一勋章”颁授仪式上、在参观“‘不忘初心、牢记使命’中国共产党历史展览”时、在中国共产党与世界政党领导人峰会上的重要讲话以及省委常委会会议精神；学习贯彻《中国共产党党徽党旗条例》。会议强调，要发挥泉州市红色资源优势，用好各类参观学习点，打造党史学习教育生动课堂，同时挖掘深厚文化底蕴，组织创作一批泉州特色红色文艺精品，讲好党的故事、革命故事、泉州故事。

中国泉州·日本浦添少儿线上交流活动举行

中国泉州·日本浦添少儿线上友好交流活动在泉州市实验小学举行。交流会上，浦添市立港川小学和泉州市实验小学进行校园宣传片展示、学生互相提问回答、双方文艺表演视频播放等。泉州市实小学生用流利的日语向日本学生问好时，日本学生发出阵阵掌声。日本学生很认真地记录泉州学生回答的内容，视频中不时还传来日本学生用汉语回应的“你好”“谢谢”等话语声。最后，交流会在两市儿童在线合唱《红蜻蜓》的歌声中结束。1988年，日本浦添市与泉州签署缔结友好城市关系协议书，浦添市成为泉州首个国际友好城市。2001年，两地教育部门签订“泉州市·浦添市少年儿童友好交流备忘录”，根据备忘录精神，确定双方两年一次互派少儿友好交流。少儿交流成为两市友好交往中的一项常规活动，取得良好效果。2020年因新冠肺炎疫情缘故，两地未能如约进行互访。为继续做好两地友好交流，2021年改为线上交流。泉州市实验小学与浦添市的情谊已持续30多年。

2021年余杭·临平文化旅游推介会在泉州举行

2021年余杭·临平文化旅游推介会在泉州举行，泉州市50多家旅行社参加。余杭是中华文明圣地，良渚古城遗址实证中华五千多年文明史，大运河流淌两千年，径山文化蜚声海内外。余杭是休闲宜居胜地，拥有良渚古城遗址公园、双溪漂流、径山景区等诸多风景名胜和人文景观，历史和现代交相辉映。临平是“沪”联“沪”通“桥头堡”，拥有京杭大运河、运河二通道等航运资源，境内有多条高速、快速通道与长三角地区直接联系。临平是品质幸福“主城区”，5000多年的玉架山遗址、2000多年的运河文化和1000多年的梅花、金石文化相互融合，完善的旅居生活配套让临平成为宜居幸福之城。推介会还对泉州发布精品旅游线路及旅游奖励政策。

7月13日

农历辛丑年六月初四
星期二
温度：27℃～34℃
阴转晴

●13—15日，王宁带领省委和省政府工作调研检查组到泉州，就学习贯彻习近平总书记“七一”重要讲话和到福建考察讲话精神，推进党史学习教育，开展“再学习、再调研、再落实”活动，统筹常态化疫情防控和经济社会发展，全方位推进高质量发展超越进行调研检查。

●市委常委会召开会议，传达学习习近平总书记在中共中央政治局第三十一次集体学习时、在“七一勋章”颁授仪式上、在参观“‘不忘初心、牢记使命’中国共产党历史展览”时、在中国共产党与世界政党领导人峰会上的重要讲话精神等。

●中国泉州·日本浦添少儿线上友好交流活动在泉州市实验小学举行。

●2021年余杭·临平文化旅游推介会在泉州举行，泉州市50多家旅行社参加。

7月14日

农历辛丑年六月初五
星期三
温度：27℃～35℃
多云转晴

●14—15日，党史学习教育省委第四巡回指导组到泉州开展调研指导。

●全市政法队伍教育整顿办主任会议召开，传达学习贯彻省政法队伍教育整顿指导组会议暨省教育整顿办第十四次会议精神，部署推进全市政法队伍教育整顿督导指导反馈意见整改落实和“回头看”工作。

●全市统一战线各界人士学习习近平总书记在庆祝中国共产党成立100周年大会上的重要讲话精神座谈会召开。

●由市教育局、团市委主办，泉州市青少年宫承办的2021年泉州市中小学生艺术节合唱比赛决赛在泉州市音乐厅举行。

党史学习教育省委第四巡回指导组到泉州开展巡回指导

14—15日，由组长卢承圣带队，党史学习教育省委第四巡回指导组到泉州开展调研指导。

指导组到位于安溪县魁斗镇佛仔格村的中共安溪中心县委旧址，重访先烈战斗过的地方史；到安溪文庙，观看“红色记忆 不朽丰碑”庆祝中国共产党成立100周年图片展，了解安溪革命斗争的历程；到“我为群众办实事”项目——城厢镇经兜村“长者食堂”、初心公园，调研项目开展情况；到安溪县委党校，调研农民讲师团如何创新“闽南语+普通话”“讲理论+讲经验”等方式，为民说时事、谈经验、传技术、办实事；到安溪县融媒体中心，调研党史学习教育宣传工作情况，推动党史“飞入寻常百姓家”。指导组对泉州开展党史学习教育所取得的阶段性成效表示肯定。指导组强调，要将党史学习教育作为首要政治任务，坚持把党史学习教育与“再学习、再调研、再落实”活动结合起来，严格完成规定动作，创新做好自选动作，高标准高质量落实各项任务。要挖掘红色资源，用鲜活的教材，教育引导党员干部发扬红色传统、传承红色基因，推进党史学习教育走实走心、见行见效。要开展“我为群众办实事”实践活动，解决一批基层“急难愁盼”问题，打通服务群众的“最后一公里”，增强人民群众的获得感和幸福感。

全市政法队伍教育整顿办主任会议召开

全市政法队伍教育整顿办主任会议召开，传达学习贯彻省政法队伍教育整顿指导组会议暨省教育整顿办第十四次会议精神，部署推进全市政法队伍教育整顿督导指导反馈意见整改落实和“回头看”工作。会议要求，要措施到位，围绕“回头看”主要内容和相关工作指标，主动对标对表，逐项梳理检视，及时查漏补缺，强化建章立制，抓好整改落实。要凸显成效，梳理总结教育整顿各个环节的创新经验和有效做法，开展“我为群众办实事”实践活动，加大成果展示和政法英模等宣传力度，加快推进扫黑除恶、社会治理、智慧政法、安保维稳等重点工作，提升政法队伍的整体战斗力，把教育整顿成效转化为推动政法工作高质量发展的强大动力。

全市统一战线各界人士学习习近平总书记“七一”讲话座谈会召开

全市统一战线各界人士学习习近平总书记在庆祝中国共产党成立100周年大会上的重要讲话精神座谈会召开。民革泉州市委会、致公党泉州市委会、台盟泉州市委会及工商联、无党派人士、新的社会阶层人士、宗教界、港澳和海外侨亲代表发言，畅谈学习习近平总书记“七一”重要讲话精神的体会，表达听党话、感党恩、跟党走，奋进新征程、建功新时代的信心和决心。会议要求，要领悟中国共产党百年奋斗的光辉历程，夯实团结奋斗的共同思想政治基础；认识统一战线的重要法宝作用，增强做好新时代统战工作的自觉性和坚定性；把握新形势下做好统一战线工作的实践要求，推动统战工作守正创新、提质增效。统一战线成员要对标对表习近平总书记重要讲话精神。要融入服务大局，投身“海丝名城、制造强市”建设，为谱写全面建设社会主义现代化国家的泉州篇章贡献统战力量。

2021年泉州市中小学生艺术节合唱比赛决赛举行

由市教育局、团市委主办，泉州市青少年宫承办的2021年泉州市中小学生艺术节合唱比赛决赛在泉州市音乐厅举行，全市各中小学近30个合唱团体参加决赛。合唱比赛从6月中旬开始报名初赛，得到全市各中小学（含中职）的积极响应。通过初赛，评选出近30支队伍参加决赛。此次活动旨在庆祝中国共产党成立100周年，唱响时代主旋律，以艺术形式讴歌党的光辉历程，激发全市师生热爱祖国、热爱中国共产党的情感。

22个国家驻华使节团到泉州访问

22个国家驻华使节团到泉州访问。副省长、市委书记康涛会见使节团。中国政府欧洲事务特别代表吴红波，市领导刘文儒、洪川夫参加会见。康涛介绍泉州人文历史、经济社会发展等情况，希望驻华使节发挥桥梁纽带作用，深化多领域交流往来。使节团到泉州海外交通史博物馆和泉州非物质文化遗产馆等地参观。

阿曼驻华大使纳赛尔·布赛义迪表示，历史上的泉州，曾经是中阿两国交流最频繁的地区之一。泉州保留着古老的清净寺，里面还有阿曼苏卡丹布斯国王捐建的礼拜堂，海外交通史博物馆的伊斯兰陈列馆主体建筑捐赠者也有阿曼国王。萨摩亚驻华大使塔普萨拉伊·托欧玛塔表示，泉州是海港城市，萨摩亚港口也很发达，中国与萨摩亚在海洋贸易中保持着友好往来。泉州历史文化深厚，曾是东方第一大港，也是一座伟大的城市，希望有机会能更深入、全面了解泉州。阿尔巴尼亚驻华大使塞利姆·贝洛尔塔亚表示，在海外交通史博物馆，非常惊讶千年前泉州与欧洲就有了友好往来的关系，通过海上丝绸之路从欧洲到泉州来的人非常多，泉州在很早就是个非常开放的城市。在海外交通史博物馆里还看到不同的宗教文化和谐共存，多元和包容的城市精神品格值得其他地方学习。对非物质文化遗产的保护，就是对全世界的贡献。泉州在保护古建筑上做了很多，不仅对历史文化进行保护，还对城市记忆进行传承，并有了与时代融合的展示作品、艺术品，让大家更能领略到泉州古建筑的魅力。尼日利亚驻华临时代办卢瑟·奥格博穆德称赞南音为“美妙的音乐”。印度尼西亚驻华使馆公使衔参赞维特表示，泉州是著名侨乡，印度尼西亚也有很多华侨，希望两地青少年多开展文化交流。

22国驻华使节团在海外交通史博物馆了解宋元时期泉州交通运输网络（图/陈起拓）

市领导参加党史学习教育专题组织生活会

副省长、市委书记康涛，市人大常委会党组书记、主任陈灿辉，市政协党组书记、主席李转生分别参加所在的市委办公室机关党支部第一党小组、市人大常委会机关第一党支部第一党小组和市政协机关办公室党支部第一党小组党史学习教育专题组织生活会，学习领会习近平总书记在庆祝中国共产党成立100周年大会上的重要讲话精神和习近平总书记《论中国共产党历史》等4本指定学习材料，围绕“学党史、悟思想、办实事、开新局”主题，畅谈思想认识，交流学习体会，查找差距不足，剖析问题根源，明确整改措施，并开展批评与自我批评。

全市城乡建设品质提升现场会在石狮召开

泉州市巩固拓展脱贫攻坚成果同乡村振兴有效衔接（乡村建设）暨全市城乡建设品质提升现场会在石狮召开。活动组织市、县两级分管领导，住建、农业农村、城市管理等相关部门负责人到石狮市锦江外线、祥芝镇古浮湾、峡谷旅游路、花园城社区、风炉山公园等地，观摩先进做法，并召开工作推进会，分析存在问题，部署城乡建设品质提升和乡村建设相关工作。会议要求，在城市建设领域，要突出做好城市更新改造、老旧小区改造、基础配套完善、垃圾综合处理、无障碍设施建设、历史文化保护等；在乡村建设方面，要推动农村人居环境整治提升、加强农村风貌管控、加快设施配套完善等；在城乡管理方面，要在城乡规划编制完善、环境秩序规范管理、网格管理体系构建等方面下功夫。

7月15日

农历辛丑年六月初六
星期四
温度：27℃～35℃
阴转多云

●22个国家驻华使节团到泉州访问。

●康涛、陈灿辉、李转生分别参加所在的市委办公室机关党支部第一党小组、市人大常委会机关第一党支部第一党小组和市政协机关办公室党支部第一党小组党史学习教育专题组织生活会。

●泉州市巩固拓展脱贫攻坚成果同乡村振兴有效衔接（乡村建设）暨全市城乡建设品质提升现场会在石狮召开。

●15—16日，市残联邀请省残疾人体育运动管理中心专业人员到泉州选拔残疾人体育苗子。

7月16日

农历辛丑年六月初七
星期五
温度：26℃～33℃
阴

●国家发改委、教育部发出《关于印发产教融合型企业和产教融合试点城市名单的通知》，认定全国首批21个国家产教融合试点城市和63家国家产教融合型企业，泉州市成为福建省唯一入选城市。

●第44届世界遗产大会开幕式文艺演出在福州市海峡文化艺术中心举行，南音交响《丝海南弦》向海内外宾朋展示泉州文化遗产的保护成果和魅力。

●第十一届海峡两岸生物多样性与森林保护文化研讨会在德化举行。

●16—17日，世界中学生运动会摔跤测试赛——2021年泉州市少年儿童摔跤锦标赛在泉州五中桥南校区体育馆举行。

泉州市入选国家产教融合首批试点城市

国家发改委、教育部发出《关于印发产教融合型企业和产教融合试点城市名单的通知》，认定全国首批21个国家产教融合试点城市和63家国家产教融合型企业，泉州市成为福建省唯一入选城市。国家产教融合建设试点是一项综合性、系统性改革试点，建设国家产教融合型企业和国家产教融合试点城市，对于发挥城市承载、行业聚合、企业主体作用，建立城市为节点、行业为支点、企业为重点的推进机制具有重要推动意义。作为全国民营经济发达地区之一，泉州市产业基础扎实，被誉为“民营经济乐园”。建立起规模稳定、结构合理的服务产业发展的人才培养体系，全市高校有省级高峰学科、高原学科、服务产业特色专业群、产教融合示范专业点等各类对接产业的学科专业类质量工程项目157个，位居全省前列，形成覆盖重要产业链的专业布局。

南音交响《丝海南弦》亮相世界遗产大会开幕式

第44届世界遗产大会开幕式文艺演出在福州市海峡文化艺术中心举行，南音交响《丝海南弦》向海内外宾朋展示泉州文化遗产的保护成果和魅力。此次开幕式文艺演出以“福迎八方”为主题，分为“序·福源流长”“上篇·福泽家园”“下篇·福通四海”“尾声·福佑未来”四个篇章，运用舞蹈、歌唱、器乐演奏、杂技、曲艺等形式，传统南音、梨园戏曲、芭蕾舞、交响乐碰撞交融、相互辉映，在浓郁的地域文化特色中展现国风古韵、民族气派和国际表达。南音交响《丝海南弦》由泉州市南音传承中心、福建省梨园戏传承中心、泉州市闽南民间歌舞传承中心等单位上演，将泉州南音、梨园戏、闽南民间歌舞等非物质文化遗产进行创新演绎、同台呈现。现场观众可以听到南音四大名谱之一《梅花操》、闽南童谣《天黑黑》，可以欣赏到梨园戏十八步科母、拍胸舞等，同时还通过舞台LED显示屏，展示一批文化遗产点，让现场观众较全面地感受泉州文化遗产的保护情况。南音交响《丝海南弦》选取《梅花操》的精华部分，进行全新编排，演出形式也有创新，传统南音演出由南音上四管组成演奏，此次突出洞箫与琵琶，艺术个性凸显。

南音交响《丝海南弦》（图/何韶峰）

第十一届海峡两岸生物多样性研讨会在德化举行

作为第十三届海峡论坛·2021海峡科技专家论坛系列活动之一，第十一届海峡两岸生物多样性与森林保护文化研讨会在德化举行，海峡两岸院校（机构）近百名专家学者参加。研讨会主题为“生物多样性与生态修复”。与会专家学者围绕这一主题，就闽台在这一领域的研究、交流与合作进行研讨，并对采取自然恢复、人工修复、系统治理等方式实施生态修复进行理论研究、实践探索与经验总结。研讨会期间，主办方还举办“融合发展”合作项目对接会，在福建的台湾专家团队分别就九仙山森林康养项目、戴云山蛾类多样性调查与研究项目签订合作协议，并举办“加快森林碳汇发展 助力碳达峰碳中和”专题讲座。

2021年泉州市少年儿童摔跤锦标赛举行

16—17日，世界中学生运动会摔跤测试赛——2021年泉州市少年儿童摔跤锦标赛在泉州五中桥南校区体育馆举行。晋江、鲤城、安溪、南安、德化5支代表队的运动员参赛。赛事按照世界中学生运动会正式比赛的标准进行筹备，裁判队伍强大，其中国际级裁判3人、国家级裁判10人。

海外华裔青年（小语种国家）跨境电商培训在石狮举行

16—17日，由省侨联指导，泉州市侨联、泉州市商务局主办，石狮市侨联、石狮市商务局、石狮东南亚采购集散中心承办的“亲情中华·海外华裔青年（小语种国家）跨境电商培训——寻根之旅夏（冬）令营回营日活动”在石狮东南亚采购集散中心举行，1000多名海外华裔青年通过线上线下参加培训。此系全省首次对海外华裔青年开展跨境电商培训。培训旨在培养海外华裔青年的电商意识、电商思维和动手实操能力，助力更多海外华裔青年、华侨华人企业、创业者在家门口做国际生意。

随着“一带一路”建设加速推进和区域全面经济伙伴关系协定的签订，跨境电子商务得到更广阔的发展空间。泉州是著名侨乡，950多万名海外泉州籍乡亲分布在170多个国家和地区，又是“跨境电商综合试验区”“海上丝绸之路起点”，在发展跨境电商方面有得天独厚的优势。为做好历届参加过“寻根之旅”夏（冬）令营的海外华裔青少年的服务工作，促进海外华侨华人参与“一带一路”建设，对接RCEP区域全面经济伙伴关系协定，推动海上丝绸之路电商发展，泉州市侨联、泉州市商务局等部门和相关海外华侨华人社团团结协作，密切配合，举办此次跨境电商培训。历届参加过“寻根之旅”夏（冬）令营的海外华裔青年，以及对跨境电商感兴趣的海外侨胞、归侨侨眷1100多人参加培训。考虑到很多学员是第一次接触跨境电商，主办方安排了“如何从零开启跨境电商之路”和产品发布实操技巧、店铺营销工具设置、发货物流的操作流程、直播带货（小语种）分析等零基础课程，并安排泉州市跨境电商公共服务平台、跨境电商政策介绍、跨境综合服务介绍等内容，力求给学员奉上一场通俗易懂、与众不同、别开生面的专业培训。开班式上，还举行东南亚采购集散中心印尼、菲律宾海外仓签约仪式和海外华裔青年跨境电商实训基地揭牌仪式。

出生缺陷防治联盟成立

由福建医科大学附属第二医院（以下简称“福医二院”）发起的出生缺陷防治联盟成立，泉州市中医院、晋江市医院、泉州玛珂迩妇产医院等38家医疗单位近200人参加成立大会。福医二院副院长曾红华致辞。曾红华表示，预防和减少出生缺陷，是提高出生人口素质、推进健康中国建设的重要举措，但是出生缺陷防治网络尚不完善、综合防治能力不足、人才学科发展瓶颈等问题，叠加“三孩政策”所带来的高危、高龄孕产妇比例有所增加的现实因素，出生缺陷防控面临进一步挑战。建设出生缺陷防控体系、护航全周期生命健康，是包括联盟成员单位在内的医疗机构和医务同人需要共同努力的方向，福医二院将坚持公益属性，发挥省属三甲医院的核心作用和带动效能，以联盟为纽带，逐步推动联盟成员单位妇产科技术及管理质量的同质化，提高联盟成员医疗服务能力，为防控出生缺陷、提高人口素质做贡献。

大会分为成立仪式和讲座授课两部分。会议在福医二院出生缺陷防治中心宣传片中拉开序幕，福医二院作为牵头单位与联盟成员单位代表签订协议书，随后出生缺陷防治联盟在全体人员的见证下揭牌，这标志区域内出生缺陷防治工作取得重大的里程碑式进展。成立仪式后，现场举办出生缺陷防治培训班，来自福医二院的6位主任专家为联盟成员单位的与会人员授课。福医二院于2018年成立产科医学中心，已辐射泉州区域内30多家医疗机构。此次在妇幼健康保健体系及产科医学中心设置的基础上，成立出生缺陷防治联盟，是贯彻落实“健康中国”2030年规划纲要的具体体现，是推动医院高质量发展的务实举措。通过专科联盟，致力于促进出生缺陷防治优质医疗资源、人才技术、管理经验的合作共享，搭建出生缺陷防治人才学术交流平台，建立完善的出生缺陷人才培养体系，提高联盟成员单位的出生缺陷防治能力和管理服务水平，构建起检查—诊断—治疗（防治）的全链条式出生缺陷防控体系并辐射福建省，为群众提供公平可及、优质高效的出生缺陷综合防治服务，提高出生人口素质和儿童健康水平。

7月17日

农历辛丑年六月初八
星期六
温度：26℃～32℃
阴转多云

●16—17日，由省侨联指导，泉州市侨联、泉州市商务局主办的“亲情中华·海外华裔青年（小语种国家）跨境电商培训——寻根之旅夏（冬）令营回营日活动”在石狮东南亚采购集散中心举行。

●由福建医科大学附属第二医院发起的出生缺陷防治联盟成立。

7月18日

农历辛丑年六月初九
星期日
温度：26℃～32℃
阴转小雨

●全国政协常委、港澳台侨委员会副主任耿惠昌带领调研组到泉州，就“进一步促进两岸经济文化交流合作措施落实”开展专题调研。

●市防控疫情应急指挥部会议暨全市新冠病毒疫苗接种专题会议召开，学习贯彻习近平总书记关于新冠疫苗接种工作重要指示精神，落实党中央、国务院决策部署和省委、省政府工作要求，安排部署下阶段疫苗接种工作。

●由省语言文字工作委员会办公室、市教育局、洛江区政府指导，省教育学会书法教育委员会、区委宣传部、区教育局、区台港澳事务办、区文联主办的第四届“蔡襄杯”闽台中小学生书法大赛在洛江区泉州市第十一中学举行。

●由全国工商联纺织服装业商会、中国教育装备行业协会学校后勤装备管理分会、福建省教育装备行业协会主办的第三届中国校园服饰国际博览会在石狮服装城展览艺术中心开幕。

全市新冠病毒疫苗接种专题会议召开

市防控疫情应急指挥部会议暨全市新冠病毒疫苗接种专题会议召开，学习贯彻习近平总书记关于新冠疫苗接种工作重要指示精神，落实党中央、国务院决策部署和省委、省政府工作要求，安排部署下阶段疫苗接种工作。会议指出，要抓紧抓实抓细疫苗接种工作，把任务分配好、组织好、示范好。鼓励暑期返乡学生、在外旅居人员以及到泉州人士就地就近接种，发挥党员干部职工的表率作用，倡导重点行业、重点岗位人员积极响应、应种尽种。

第四届“蔡襄杯”闽台中小学生书法大赛举行

由省语言文字工作委员会办公室、市教育局、洛江区政府指导，省教育学会书法教育委员会、区委宣传部、区教育局、区台港澳事务办、区文联主办的第四届“蔡襄杯”闽台中小学生书法大赛在洛江区泉州市第十一中学举行。320名福建选手参与现场书写决赛，40名台湾入围选手通过寄送作品、视频直播的形式参赛。此次大赛被国台办列为2021年对台交流重点项目，以“弘扬中华文化，书写智慧人生”为主题。

第三届中国校园服饰国际博览会在石狮开幕

由全国工商联纺织服装业商会、中国教育装备行业协会学校后勤装备管理分会、福建省教育装备行业协会主办的第三届中国校园服饰国际博览会（以下简称“校博会”）在石狮服装城展览艺术中心开幕。该届校博会以“健康引领、美丽校园”为主题，展位总面积3万平方米，吸引300多家展商入驻。主场馆设于石狮服装城展览艺术中心一号馆，核心展区包括校园服饰展区、校服配饰及后勤用品展区、校服面辅料展区。其中，校园服饰展区的展品涵盖幼儿园园服，小学、初中、高中（含职高）、大学男女校服的春秋装、夏装、冬装，款式包括有制服、休闲服、运动服、民族服装等。校服配饰及后勤用品展区展品涵盖学生鞋、学生书包、领结领带、袜子等配饰、床上棉被等后勤用品。校服面辅料展区的展品涵盖新型安全环保校服面料、校徽辅料等。开幕式上，中国教育装备行业协会副会长、秘书长夏国明为石狮颁发“中国校园服饰名城”的牌匾。

与前两届相比，该届校博会主题活动更加精彩，内容更丰富，也更切合产业需求。2021年，全国校园服饰设计大赛面向全社会各服装生产企业、专业设计机构及个人设计师，组委会联合各界权威专家、媒体、学校组建评审团，并通过“线上评选+决赛走秀”，为中国校服品牌及个人提供展现设计水平的权威平台。新型校服面辅料流行趋势发布会邀请国内外一线面辅料商日毛集团、智选新材料、占姆士、吴江飘逸、南山智商、迪尚华绮、伟星等参与，通过“产品发布+T台展示”的形式诠释和探索校服面辅料在流行、科技、创新等方面的发展趋势。2021年全国校服及面辅料贸易对接会帮助校服企业和面辅料供应商在后疫情时代开拓行业新商机，搭建企业供需对接平台。2021年国际校园服饰时装周作为全国首个国际化校园服饰产业时尚周，组委会联合上海少儿时尚周主办机构、500多家校服品牌企业、10多个专业活动组织机构打造引领产业革新，覆盖至全国校服时尚组织的盛典。“CISUE AWARDS 2021校园服饰产业最具人气品牌评选”活动评出最具人气校园服饰品牌奖10个奖项，以及最受欢迎校服面辅料合作商10个奖项。

第三届中国校园服饰国际博览会开幕典礼（图/孙 虹）

市人大常委会党组扩大会议召开

市人大常委会党组扩大会议召开，传达学习习近平总书记在中共中央政治局第三十一次集体学习时、在“七一勋章”授颁仪式上、在参观“‘不忘初心、牢记使命’中国共产党历史展览”时、在中国共产党与世界政党领导人峰会上的重要讲话精神，《中国共产党党徽党旗条例》精神，以及省委、市委有关文件精神；听取相关工委关于市十六届人大六次会议代表建议办理年中督办情况的汇报。会议强调，要在机关营造崇尚先进、见贤思齐的氛围，激励党员干部以“七一勋章”获得者、廖俊波等新时代英雄为榜样，传承伟大建党精神、践行初心使命，为我市建设“海丝”名城、制造强市做出人大贡献。要主动对标对表，增强人大工作的前瞻性、系统性、实效性，创造性做好立法、监督、代表等各项工作。要做好代表建议办理工作，把解决问题作为第一目标，对答复基本满意的、暂时不能解决的建议，要查摆原因，督促采取有力措施，提升办理质效。

市政府党组（扩大）会议召开

市政府党组（扩大）会议暨党组理论学习中心组学习会、党史学习教育领导小组会议召开，传达贯彻习近平总书记在中央政治局第三十一次集体学习时的重要讲话精神、《用好红色资源，传承好红色基因，把红色江山世世代代传下去》重要文章以及省委常委会会议、市委常委会会议精神，部署推进市政府党组党史学习教育；传达省委全面从严治党主体责任落实情况检查集体约谈会议以及市委常委会会议精神，研究市政府党组落实2021年省委全面从严治党主体责任检查反馈问题整改有关工作。会议指出，要围绕“学党史、悟思想、办实事、开新局”总体要求，把推动经济社会高质量发展作为学习贯彻的根本落脚点，抓好民营经济发展年、营商环境提升年、城乡品质提升年等工作部署，确保“十四五”规划开局红。要注重形式创新，发挥泉州红色资源优势，打造党史学习教育生动课堂，讲好党的故事、革命故事、泉州故事，推动红色基因代代相传。要强化成果运用，把整改落实与学习习近平总书记“七一”重要讲话和到福建考察讲话精神相结合，与开展党史学习教育相结合，与落实省长王宁到泉州调研检查讲话要求相结合，在推动实现四项重点任务上展现政府担当作为。要落实新时代党的建设总要求，履行政府系统管党治党政治责任、主体责任，以高质量党建引领高质量发展，推动政府系统全面从严治党向纵深发展、向基层延伸。

市政府第一百二十三次常务会议召开

市政府第一百二十三次常务会议召开，听取上半年安全生产工作和生态环境保护工作情况汇报，研究下半年工作安排。会议强调，要拧紧责任链条，落实领导干部责任、属地管理责任、部门监管责任和企业主体责任，坚持属地网格管理和行业垂直监管相结合，加强安全隐患排查整治，防患于未然。要夯实工作基础，强化隐患源头治理，摸清应急力量底数，加强数据分析应用，对安全生产主体和隐患做到心中有数。要把牢安全关，抓好防汛抗旱工作，推进安全生产专项整治三年行动，开展安全生产执法年活动，加大房屋安全、暑期学生安全、水上安全等重点难点问题的整治攻坚。要增强生态文明建设的政治自觉，把贯彻习近平生态文明思想落实到具体的目标、措施和项目上来，推动绿色低碳发展，推进美丽泉州、生态泉州建设。要坚持问题导向，逐条对照抓好全市生态环境保护滞后指标、滞后工作以及中央生态环境保护督察交办问题的整改，以整改成效推进泉州生态环境质量改善。要落实齐抓共管，树立“大生态”“大环保”意识，守土有责、守土尽责，形成生态环境保护工作合力。会议还研究并通过《泉州市医疗卫生领域市与县财政事权和支出责任划分改革实施方案》。

7月19日

农历辛丑年六月初十
星期一
温度：26℃～33℃
阴转小雨

●市人大常委会党组扩大会议召开，传达学习习近平总书记在中共中央政治局第三十一次集体学习时、在“七一勋章”授颁仪式上、在参观“‘不忘初心、牢记使命’中国共产党历史展览”时、在中国共产党与世界政党领导人峰会上的重要讲话精神等。

●市政府党组（扩大）会议暨党组理论学习中心组学习会、党史学习教育领导小组会议召开，传达贯彻习近平总书记在中央政治局第三十一次集体学习时的重要讲话精神等。

●市政府第一百二十三次常务会议召开，听取上半年安全生产工作和生态环境保护工作情况汇报，研究下半年工作安排。

●团市委、市河长办、泉州市学联召开2021年泉州市大学生志愿者暑期社会实践“河小禹”专项行动工作动员大会。

●19—23日，世界中学生运动会击剑测试赛——2021年福建青少年击剑锦标赛、世界中学生运动会篮球测试赛——晋江市中学生篮球联赛在晋江举行。

7月20日

农历辛丑年六月十一
星期二
温度：26℃～32℃
阴转小雨

●市政协党组理论学习中心组学习（扩大）会议召开，传达学习习近平总书记重要文章《用好红色资源，传承好红色基因，把红色江山世世代代传下去》、党史学习教育中央第六指导组到泉州指导、省委党史学习教育领导小组第四次会议精神等。

●2021年科技文化拥军集中现场办公会召开，军地双方共同研究推进科技文化拥军项目。

●市防汛抗旱指挥部召开会议，部署第6号台风“烟花”防御工作。

●20—22日，由福建省食品企业商会、晋江市食品行业协会主办的第五届海峡两岸食品交易会暨第八届闽台（泉州）食品交易会在晋江举行。

●由市妇联、市委文明办、市关工委、市红十字会主办的“学党史颂党恩 守护安全伴成长”2021年暑期儿童关爱服务活动启动。

●20—22日，世界中学生运动会健美操测试赛——中国中学生健美操冠军赛在晋江陈埭民族中学体育馆举行。

●鲤城区、丰泽区民办小学计算机随机派位举行。

市政协党组理论学习中心组学习会议召开

市政协党组理论学习中心组学习（扩大）会议召开，传达学习习近平总书记重要文章《用好红色资源，传承好红色基因，把红色江山世世代代传下去》、党史学习教育中央第六指导组到泉州指导、省委党史学习教育领导小组第四次会议精神，习近平总书记在中共中央政治局第三十一次集体学习时、在“七一勋章”颁授仪式上、在参观“‘不忘初心、牢记使命’中国共产党历史展览”时、在中国共产党与世界政党领导人峰会上的重要讲话精神；传达学习《中国共产党党徽党旗条例》，以及省委、市委有关会议精神。会议强调，要学习贯彻习近平总书记重要文章讲话精神，与学习习近平总书记“七一”重要讲话精神和到福建考察讲话精神结合起来，作为党史学习教育的核心内容，用以指导推动“再学习、再调研、再落实”活动深入开展，把学习成果转化为服务全方位推进高质量超越的实际行动。要弘扬革命传统、传承红色基因，探索有效的学习教育方式，带动政协委员和机关党员干部学党史，坚定政治方向，推动政协事业创新发展。

2021年科技文化拥军集中现场办公会召开

2021年科技文化拥军集中现场办公会召开，军地双方共同研究推进科技文化拥军项目。会议指出，要务实方法举措，紧盯时限，严格规范，强化统筹督导，抓好具体项目落地，推动科技文化拥军工作高效落实。要巩固双拥工作成果，各级各部门要抓好拥军支前各项工作，强化政策落实，为部队排忧解难；驻泉州部队要牢记宗旨使命，支持地方经济建设，推进年度“拥政爱民”计划、“为民办实事”项目等。要带着感情、带着责任，抓好科技文化拥军项目，以实际成效检验军民共建成果，推动泉州市双拥工作迈上新台阶。

第五届海峡两岸食品交易会在晋江举行

20—22日，由福建省食品企业商会、晋江市食品行业协会主办的第五届海峡两岸食品交易会暨第八届闽台（泉州）食品交易会（以下简称“食交会”）在晋江举行，1000多家海内外企业参展。集产品展示、技术共享、贸易投资、文化交流于一体的食交会，已成为中国最大的休闲食品专业展会之一，是推动闽台两地食品产业协作发展的重要展会，也是深化闽台合作的前沿窗口。此次参展企业中既有久久王、雅客、蜡笔小新、亲亲等本地龙头，也有泡吧、康辉、盛香珍、华元、太祖等行业知名品牌，其中85%为外地企业，包括德国、英国、马来西亚等国家和地区的企业，展出规模及参展企业数量均创历史新高。

第五届食交会特色展区吸引市民驻足挑选
（图/第五届海峡两岸食品交易会主办方）

2021年暑期儿童关爱服务活动启动

由市妇联、市委文明办、市关工委、市红十字会主办的“学党史颂党恩 守护安全伴成长”2021年暑期儿童关爱服务活动启动，首场活动在泉州市图书馆举行。活动为“故事爸妈同阅读 红色基因共传承”亲子红色故事会、“红歌颂党恩”家庭红歌传唱活动获奖家庭颁奖。展演后，“守护童年 悦享暑期”儿童关爱服务活动启动。首场活动邀请市红十字会志愿者吴兰兰，为孩子和家长做题为“家庭应急救护”的讲座。“守护童年 悦享暑期”关爱服务活动已举办4年，旨在唤起全社会的关注与参与，凝聚强大的爱心力量，帮助孩子度过思想有引领、安全有保障、健康有呵护、情感有抚慰、困难有帮助的快乐假期。

全市领导干部会议召开王永礼任中共泉州市委书记

全市领导干部会议召开，省委常委、组织部部长杨贤金到会讲话，省委组织部分管日常工作的副部长杨国豪宣布省委关于泉州市党政主要领导调整变动的决定。省委决定：王永礼任中共泉州市委书记，康涛不再担任中共泉州市委书记、常委、委员职务；蔡战胜任中共泉州市委委员、常委、副书记。

杨贤金要求，泉州市各级党组织和党员干部要坚持以习近平新时代中国特色社会主义思想为指导，学习贯彻习近平总书记到福建考察讲话精神和省委十届十二次全会精神，传承弘扬“晋江经验”，按照省委部署要求，立足新发展阶段，贯彻新发展理念，积极服务和融入新发展格局，坚持一张蓝图绘到底，做好各项工作，当好全方位推进高质量发展超越的主力军。要学深悟透习近平总书记“七一”重要讲话精神，把学习贯彻习近平总书记“七一”重要讲话精神与学习贯彻习近平总书记到福建考察讲话精神结合起来，立足泉州“十四五”发展实际，拿出更多实招硬招，把省委的规划图转化为本地区、本部门、本单位的施工图，确保各项工作取得成效；要推动“再学习、再调研、再落实”活动往深里走实里走，把学习调研成果尽快转化为改革发展的生动实践。要贯彻新发展理念，加快建设现代化经济体系，深化改革开放，优化国际营商环境，推进绿色发展，推进安全发展，在全方位推进高质量发展超越上取得新突破。要牢记全心全意为人民服务根本宗旨，解决群众急难愁盼问题，坚持常态化疫情防控，推进乡村振兴，倍加珍惜文化和自然遗产，保障和改善民生，提高人民生活品质。要履行管党治党政治责任，弘扬伟大建党精神，贯彻新时代党的建设总要求和新时代党的组织路线，开展党史学习教育，加强干部队伍和组织体系建设，推动全面从严治党向纵深发展。

王永礼表示，将始终对党忠诚，坚决用习近平新时代中国特色社会主义思想武装头脑、指导实践、推动工作，贯彻落实习近平总书记“七一”重要讲话和到福建考察讲话精神，开展党史学习教育，弘扬伟大建党精神，推动“再学习、再调研、再落实”活动走深走实，一张蓝图绘到底，落实市委全会既定的基本战略和工作目标。坚持人民至上，坚定践行党的群众路线，高标准推动新一轮民生工程，多层面提升群众生活品质，促进共同富裕。勇于担当作为，保持紧迫感和危机感，统筹发展与安全，推动经济总量继续保持全省领先，产业集群竞争力走在全国前列，环湾中心城市聚核成型，人民生活品质稳步提高，为打造具有全国影响力的“海丝”名城、制造强市，建设现代化中心城市而努力。坚守法纪底线，履行好全面从严治党主体责任和第一责任人职责，遵守中央八项规定及其实施细则精神，自觉接受监督，让组织放心，让人民满意。

蔡战胜表示，将筑牢绝对忠诚的思想根基，以习近平新时代中国特色社会主义思想为指导，自觉把讲政治贯穿到工作全过程、各方面。勇担发展超越的重大使命，贯彻落实习近平总书记“七一”重要讲话和到福建考察讲话精神，推进“海丝”名城、制造强市建设，当好全省全方位推进高质量发展超越主力军。铭记为民服务的根本宗旨，加快补齐民生社会事业短板，千方百计增加城乡居民收入，一件接着一件办好惠民实事，让人民群众有更多获得感、幸福感、安全感。严守廉洁自律的从政底线，遵守中央八项规定精神和廉洁从政各项规定，力戒形式主义、官僚主义，要求别人做的自己带头做到，要求别人不做的自己带头不做，树立“担当、服务、创新、实干、廉洁”的政府形象。

蔡战胜部署全市防汛防台工作

市委副书记、市政府党组书记蔡战胜到市防汛抗旱指挥部，听取相关部门会商意见，部署全市防汛防台工作。市领导肖汉辉参加。蔡战胜强调，要贯彻落实习近平总书记关于防汛救灾工作的重要指示精神，克服麻痹思想和侥幸心理，加强监测预警，果断转移避险，做足应急抢险准备，确保人民群众生命财产安全。领导干部要带头“在岗、在位、在状态”，精准调度，加强联动，严防死守，确保平安。

7月21日

农历辛丑年六月十二
星期三
温度：26℃～33℃
多云

●全市领导干部会议召开，宣布省委关于泉州市党政主要领导调整变动的决定。省委决定：王永礼任中共泉州市委书记，康涛不再担任中共泉州市委书记、常委、委员职务；蔡战胜任中共泉州市委委员、常委、副书记。

●市委副书记、市政府党组书记蔡战胜到市防汛抗旱指挥部，听取相关部门会商意见，部署全市防汛防台工作。

●泉州文旅集团下属中侨集团与修正药业集团签订中侨药业公司增资扩股合作协议。

●世界中学生运动会跳绳测试赛——中国中学生跳绳冠军赛在晋江养正中学体育馆举行。

7月22日

农历辛丑年六月十三
星期四
温度：26℃～34℃
阴转小雨

●2021年上半年全市经济运行分析视频会召开，学习习近平总书记“七一”重要讲话精神，贯彻习近平总书记到福建考察讲话精神，按照省委、省政府部署要求，分析上半年经济运行情况，研究部署下阶段工作。

●市委书记、市长王永礼到市防汛抗旱指挥部，会商部署防台风工作。

●深化创建全国文明城市工作推进会召开，对创建工作进行再动员、再部署、再落实。

●市政协召开会议，听取市中级人民法院工作情况通报。

●省发改委在石狮召开直播经济发展现场会。

●省商务厅和沃尔玛（福建）商业零售有限公司在泉州举行沃尔玛跨境电商对接会。

上半年全市经济运行分析视频会召开

2021年上半年全市经济运行分析视频会召开，学习习近平总书记“七一”重要讲话精神，贯彻习近平总书记到福建考察讲话精神，按照省委、省政府部署要求，分析上半年经济运行情况，研究部署下阶段工作。市委书记、市长王永礼主持会议并讲话。市委副书记、市政府党组书记蔡战胜做具体安排。市领导陈灿辉、李转生、林万明、林锦明、刘文儒、季翔峰、洪自强、傅藏荣、李伙金、肖汉辉、朱启平在主会场参加会议。

王永礼强调，要按照省委、省政府具体部署和精准点题，增强信心干劲、勇于担当作为，做好下半年各项工作，当好全方位推进高质量发展超越主力军。要传承弘扬“晋江经验”，擦亮“海丝名城、制造强市”名片，善于在新发展阶段、新发展理念、新发展格局下抓规划引领、抓力量统筹、抓改革破题，谋划乡村振兴、产业升级、基层治理、营商环境等举措抓手，找准事关泉州高质量发展的方向定位、作为空间。要把项目抓得更牢更紧，以项目添动能、以项目看能力、以项目看成效，通过策划系列招商和比拼载体，造浓全市攻坚氛围，力促产业链招商再加力再突破、重点项目快落地快建设。要坚持问题导向抓落实，领导干部带头沉下身子、扑到一线协调解决困难，专班专人负责落实，跟进督查和绩效考核，倒逼既定的各项任务落实到位。要担当作为，扛得起活、推进得了事、守得牢底线，既谋划好下半年甚至更长时间的高质量发展，又抓好防汛防台风、疫情防控、安全生产等各项工作，确保换届工作平稳有序进行，为发展营造安定稳定的社会环境和风清气正的政治生态。

蔡战胜指出，各级政府各部门要贯彻落实习近平总书记“七一”重要讲话和到福建考察讲话精神，对照市委、市政府既定任务，开展民营经济发展年、营商环境提升年、城乡品质提升年，推进“三千”活动、“项目攻坚2021”、产业高质量发展、优质公共资源供给等工作，守住安全生产、疫情防控、生态环保底线。要前瞻思考谋划下一步工作，重点抓规划引领，对发展方向、目标、任务做到心中有数；抓项目建设，稳固投、增后劲；抓工业龙头，推进建链强链补链；抓现代服务业，推动第三产业扩量提质；抓招商引资，打造发展新引擎；抓企业服务，构建“亲”“清”政商关系；抓城市品质提升，以产兴城、以城聚产、产城融合、以城带乡；抓民生保障，加快补齐社会事业短板；抓惠企政策制定，突出务实管用，让企业对未来有预期、让群众对未来有期望。要迅速进入攻坚状态，发扬爱拼敢赢精神，敢担当、抓落实、提效率、争一流，为全方位推进高质量发展超越做出更大贡献。

王永礼会商部署防台风工作

市委书记、市长王永礼到市防汛抗旱指挥部，会商部署防台风工作。市领导季翔峰参加。王永礼强调，要强化值防值守，畅通消息发布渠道，紧盯水库、山围塘、高陡边坡、海堤、城镇内涝点等关键部位，强化高空作业、塔吊使用安全监管，做好海上船舶避风、地灾点风险排查、救援设备队伍保障等工作，确保人民群众生命财产安全。

深化创建全国文明城市工作推进会召开

深化创建全国文明城市工作推进会召开，对创建工作进行再动员、再部署、再落实。会议要求，要持续加压奋进，找准差距短板，研究细化工作措施，延伸拓展创建广度。要全力攻坚突破，聚焦背街小巷、小区环境、交通秩序等重难点问题，开展专项整治，盯紧薄弱环节逐一整改落实。要注重举一反三，全面自查自纠，健全常态管理机制。要广泛宣传发动，营造厚创城氛围，引导市民增强主人翁意识，共同守护文明整洁的城市环境。要强化责任担当，发挥党员、干部示范带头作用，把文明城市创建工作与“我为群众办实事”实践活动结合起来，确保各项创建任务落到实处、见到实效。

市委常委会学习习近平总书记贺信精神

市委常委会召开会议，学习习近平总书记向第44届世界遗产大会致贺信的精神、对防汛救灾工作的重要指示要求以及省委常委会会议精神。会议指出，要实施长效保护管理策略，落实好业主、属地和管理部门职责，推进建章立制，有序深化考古发掘，常态化保护自然空间，加强文博人才队伍建设，将珍贵遗产更好护起来。要坚持保护发展双赢，推动遗产保护与经济社会发展同行并进，转化为文旅优势，服务于乡村振兴，内化为全民自觉，让遗产价值惠及全社会。

王永礼检查创城工作和文物保护工作

22—23日，市委书记王永礼到丰泽、鲤城检查创城工作和文物保护工作。王永礼到东海街道宝秀小区、通港西街、天后路、南菜市场、幸福新村等地，查看车辆停放、环境卫生、设施更新、老旧小区改造等情况。王永礼强调，要盯紧抓实关键环节，聚焦老旧小区、农贸市场、主次干道、城中村、背街小巷等重点难点，采取针对性措施，严格落实整改，确保问题不反弹不回潮，高标准、高质量完成创城任务。王永礼走访真武庙、开元寺、德济门遗址、天后宫等文物保护单位。王永礼强调，要加大文物保护力度，强化周边环境整治，筑牢消防安全“防火墙”，呵护好老祖宗留下来的“真宝贝”。

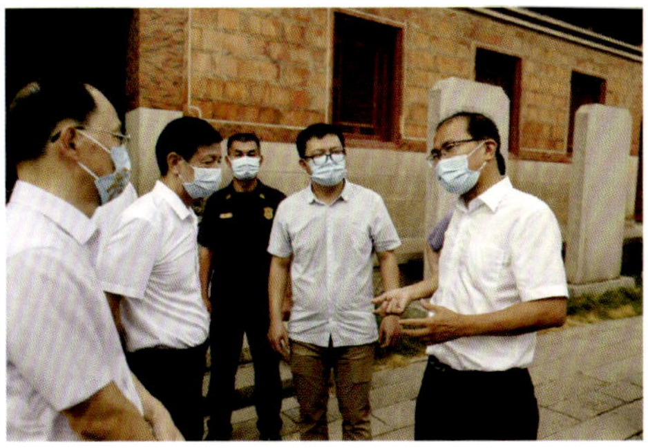

王永礼（右一）在天后宫检查文物保护工作（图/陈晓东）

市人大常委会第七十二和七十三次主任会议召开

市十六届人大常委会第七十二次主任会议召开。会议讨论泉州市人民代表大会常务委员会法官检察官履职评议办法（暂行），关于召开泉州市第十六届人民代表大会第七次会议的决定（草案），关于开展进一步壮大泉州市民族乡村集体经济的调研情况的报告。

市人大常委会第七十三次主任会议召开。会议讨论市人大常委会关于接受王永礼辞去泉州市人民政府市长职务的请求的决定（草案），关于提请审议蔡战胜代理泉州市人民政府市长职务的议案（草案）和关于蔡战胜代理泉州市人民政府市长职务的决定（草案）；讨论市人大常委会关于接受傅建飞辞去泉州市人民检察院检察长职务的请求的决定（草案），关于提请审议郑隆松代理泉州市人民检察院检察长职务的议案（草案）和关于郑隆松代理泉州市人民检察院检察长职务的决定（草案）。

市十六届人大常委会第四十次会议召开

市十六届人大常委会第四十次会议召开。会议审议决定，任命蔡战胜为泉州市人民政府副市长，郑隆松为泉州市人民检察院副检察长、检察委员会委员、检察员；接受王永礼辞去泉州市人民政府市长职务，傅建飞辞去泉州市人民检察院检察长职务，报泉州市第十六届人民代表大会第七次会议备案；决定泉州市人民政府副市长蔡战胜代理泉州市人民政府市长职务，泉州市人民检察院副检察长郑隆松代理泉州市人民检察院检察长职务。会上，蔡战胜、郑隆松分别做任前供职发言，并进行宪法宣誓。

市十六届人大常委会第四十次会议现场（图/王虎文）

7月23日

农历辛丑年六月十四
星期五
温度：26℃～34℃
多云

●市委常委会召开会议，学习习近平总书记向第44届世界遗产大会致贺信的精神、对防汛救灾工作的重要指示要求以及省委常委会会议精神。

●22—23日，市委书记王永礼到丰泽、鲤城检查创城工作和文物保护工作。

●市十六届人大常委会第七十二次主任会议召开，讨论泉州市人民代表大会常务委员会法官检察官履职评议办法（暂行）、关于召开泉州市第十六届人民代表大会第七次会议的决定（草案）等。

●市人大常委会第七十三次主任会议召开，讨论市人大常委会关于接受王永礼辞去泉州市人民政府市长职务的请求的决定（草案），关于提请审议蔡战胜代理泉州市人民政府市长职务的议案（草案）和关于蔡战胜代理泉州市人民政府市长职务的决定（草案）等。

●市十六届人大常委会第四十次会议召开。会议审议决定，任命蔡战胜为泉州市人民政府副市长。

7月24日

农历辛丑年六月十五
星期六
温度：28℃~34℃
阴转多云

●代市长蔡战胜到洛江、鲤城调研文物保护利用工作。

●市发改委对原有的《泉州市公共资源交易平台管理实施细则》进行重新修订，出台《泉州市公共资源交易平台管理规定》，规范泉州市公共资源交易平台运行、服务和监督管理。

●由环球时报社主办的中国城市高质量发展与国际合作大会在北京举行，会上发布《2021中国高质量发展评估报告》榜单，泉州台商投资区获评“高质量发展改革创新十佳园区”。

蔡战胜调研文物保护利用工作

代市长蔡战胜到洛江、鲤城调研文物保护利用工作。每到一处，蔡战胜都听取相关文物的历史脉络、文物保护工作情况介绍，与基层干部交流探讨。蔡战胜指出，这些文物保护单位是历史珍宝，是老祖宗留下来的“真宝贝”。各级政府各有关部门要学习贯彻习近平总书记关于文化和自然遗产保护工作的重要论述，根据市委统一部署，提高文物保护利用工作水平。要敬畏文物、尊重历史，引导群众参与保护历史遗存，活化利用旧砖石、老构件等建筑材料，进行保护性修缮，做到修旧如旧、精益求精，让文物“活”在当下、焕发生机。要更好搭建文化交流平台，发挥文化学者、老干部等群体的作用，讲好历史文化故事，增强泉州文化自信。

蔡战胜（右二）在洛江调研（图/林劲峰）

泉州市出台公共资源交易平台管理新规出台

市发改委对原有的《泉州市公共资源交易平台管理实施细则》进行重新修订，出台《泉州市公共资源交易平台管理规定》（以下简称“规定”），规范泉州市公共资源交易平台运行、服务和监督管理。

根据规定，依法必须招标的工程建设项目招投标、政府采购、国有土地使用权和矿业权出让、国有产权交易等均应纳入泉州市公共资源交易平台。市级及鲤城区、丰泽区、洛江区、泉州开发区公共资源交易活动统一进入泉州市公共资源交易中心交易，分别由市级及鲤城区、丰泽区、洛江区、泉州开发区行政监督部门实施监督和管理。其他县（市、区）的公共资源交易活动按照属地原则进入县（市、区）公共资源交易分中心交易，由县（市、区）行政监督部门实施监督和管理。在建立全市统一的进场交易服务流程、运行管理制度基础上，泉州市公共资源交易中心（分中心）将提供统一窗口受理、专家抽取、交易保证金、异地远程开评标、数据统计、档案管理六大服务。规定还明确，泉州市公共资源交易中心按照国家统一的技术标准和数据规范，建设泉州市公共资源交易中心电子服务系统，为全市公共资源交易活动提供服务平台。该电子服务系统主要提供业务受理、信息共享、系统对接等服务，开放对接各类主体依法建设的公共资源电子交易系统和政府有关部门的电子监管系统，同时覆盖各县（市、区）分中心，各分中心不再单独建设。

泉州台商投资区获评“高质量发展改革创新十佳园区”

由环球时报社主办的中国城市高质量发展与国际合作大会在北京举行，会上发布《2021中国高质量发展评估报告》榜单，泉州台商投资区在众多国家级经济功能园区中脱颖而出，获评“高质量发展改革创新十佳园区”。《2021中国高质量发展评估报告》是通过大数据统计、市场调研等方式，从绿色发展、创新发展、营商环境、开放发展以及民生保障5个维度构建成涵盖16个二级指标的评估体系，对园区进行评测和数据分析。在最终评选结果中，泉州台商投资区与中国（上海）自由贸易试验区临港新片区、广州南沙经济技术开发区、苏州工业园区等十个园区成为“高质量发展改革创新十佳园区”。建区以来，泉州台商投资区深化“放管服”改革，以创新机制、再造流程、压缩时限、优化服务为抓手，凝心聚力争创营商环境改革创新示范园区，取得良好成效。

“泉州：宋元中国的世界海洋商贸中心”入选世界遗产名录

联合国教科文组织第44届世界遗产委员会会议在福州举行。专家认为，“泉州：宋元中国的世界海洋商贸中心”，反映特定历史时期独特而杰出的港口城市空间结构，其所包含的22个遗产点涵盖社会结构、行政制度、交通、生产和商贸诸多重要文化元素，共同促成泉州在公元10—14世纪逐渐崛起并蓬勃发展，成为东亚和东南亚贸易网络的海上枢纽，对东亚和东南亚经济文化发展做出巨大贡献。世界遗产委员会依据《实施保护世界文化和自然遗产公约操作指南》所规定的标准，决定将“泉州，宋元中国的世界海洋商贸中心”入选世界遗产名录，成为中国第56项、福建省第5项世界遗产。省长王宁与中方代表团成员一起在会议现场见证这一时刻，随后会见联合国教科文组织世界遗产中心主任梅赫蒂尔德·罗斯勒，并出席答谢会。教育部副部长、中国联合国教科文组织全委会主任、第44届世界遗产大会主席田学军，文化和旅游部副部长、国家文物局局长李群，省领导邢善萍、林宝金、郑建闽、康涛和泉州市领导王永礼、蔡战胜、刘文儒、周真平、洪川夫等参加相关活动。

王宁表示，将以此为契机，贯彻落实习近平总书记致第44届世界遗产大会贺信精神，执行《保护世界文化和自然遗产公约》，坚持科学保护、活态传承、融合发展，把福建省的文化瑰宝和自然珍宝保护好、传承好、利用好，推动遗产保护事业再上新台阶，为促进文明交流互鉴、构建人类命运共同体做出新的更大贡献。罗斯勒表示，中国在遗产保护方面成效显著，大量文化和自然遗产被列入世界遗产名录。泉州“申遗”成功，必将吸引更多全球目光，让世界更加了解福建、了解泉州，同时也带来重大的责任和义务。相信在各方的密切合作下，福建能够很好地承担这项任务，有效做好文化遗产管理、维护和传承工作，与国际社会分享成果。田学军表示，中国愿意以举办第44届世界遗产大会为契机，与联合国教科文组织、《世界遗产公约》缔约国和专业咨询机构一道，推进世界遗产保护利用领域国际交流与合作，共同把世界遗产保护事业做得更好。李群表示，希望福建省继续加强保护管理和考古研究工作，汲取国际先进的遗产保护理念和经验，加强学术研究互动、人才培养合作、技术交流互鉴。泉州市委书记王永礼表示，将贯彻习近平总书记关于文化遗产保护利用、文化建设和文明交流互鉴等论述精神，本着对历史负责、对人民负责的态度，借鉴国内外有益经验，实施更严格的保护管理，保护好、传承好、利用好老祖宗留下的珍贵遗产，让泉州百姓、全国人民、全世界朋友共享宝贵的遗产财富。

市民在泉州府文庙广场欢庆泉州“申遗”成功（图/吴寿民）

泉州实现奥运金牌“零的突破”

东京奥运会男子举重61公斤级比赛举行，泉州南安运动员李发彬以抓举141公斤、挺举172公斤、总成绩313公斤获冠军，并打破该级别挺举和总成绩奥运纪录。这也是福建选手参加东京奥运会所获的首枚金牌，同时标志泉州实现奥运会金牌“零的突破”。李发彬出征东京，是泉州举重选手第一次参加奥运会。中华人民共和国成立后，东京奥运会前，已有15名泉州运动员参加7届奥运会。自泉州人黄云龙代表中国队参加1984年第23届洛杉矶奥运会男子篮球比赛起，经过37年，泉州终于获得首枚奥运会金牌。

7月25日

农历辛丑年六月十六
星期日
温度：28℃～37℃
阴转多云

●联合国教科文组织第44届世界遗产委员会会议在福州举行。会议审议通过，“泉州：宋元中国的世界海洋商贸中心”入选世界遗产名录，成为中国第56项、福建省第5项世界遗产。

●蔡战胜到晋江经验馆参观学习，到晋江企业开展工作调研，并与部分企业负责人、人大代表、政协委员座谈。

●东京奥运会男子举重61公斤级比赛举行，泉州南安运动员李发彬以抓举141公斤、挺举172公斤、总成绩313公斤获冠军，并打破该级别挺举和总成绩奥运纪录。

7月26日

农历辛丑年六月十七
星期一
温度：28℃～36℃
多云

●“泉州：宋元中国的世界海洋商贸中心”入选世界遗产名录新闻发布会举行。

●市人大常委会第七十四次主任会议召开，讨论市人大常委会代表资格审查委员会关于个别代表的代表资格的审查报告等。

●市十六届人大常委会第四十一次会议召开，听取市人大常委会代表资格审查委员会关于个别代表的代表资格的审查报告，审议表决通过市人大常委会公告稿、市十六届人大七次会议的日程安排和各项建议名单，及有关人事免职事项。

●由市委文明办、市志愿者协会、丰泽区文明委主办的泉州市120个社区“暑期活动营”暨丰泽区“暑期活动营”开营仪式在丰泽区文化馆举行。

●泉州市精神文明教育培训中心揭牌仪式在泉州信息工程学院举行。

●由市科协科技社团党委主办的“赞歌献给党 党在我心中”——泉州市科技工作者庆祝建党100周年学党史学经典诵读晚会在泉州大剧院举行。

●鲤城区民生项目集中开（竣）工活动举行，23个项目集中开（竣）工。

泉州“申遗”成功新闻发布会举行

“泉州：宋元中国的世界海洋商贸中心”入选世界遗产名录新闻发布会举行。国家文物局副局长宋新潮主持发布会并讲话。国家文物局文物保护与考古司司长闫亚林、市委书记王永礼出席发布会。

宋新潮指出，以城市名称来命名一项世界文化遗产，不仅是一项殊荣，更对遗产的保护管理体系提出更高的要求，需要遗产地肩负起守护遗产城市的光荣使命。希望泉州市委、市政府按照习近平总书记贺信和系列重要指示重要批示精神，履行《世界遗产公约》和“申遗”承诺，落实世界遗产委员会决议要求提出的建议，加强古城考古研究和历史文化遗产保护；抓好管理规划修订及专项规划编制实施，细化遗产区、缓冲区管理要求和控制指标，将遗产保护纳入国土空间规划体系进行统一管理；加大遗产安全监管和日常养护力度，探索活态遗产保护传承模式，为保护传承泉州城市风貌和历史文脉构建有效、管用和可持续的保护管理体系。妥善保护、永续传承世界文化遗产是中国政府对国际社会的庄严承诺。国家文物局将继续支持福建省、泉州市做好泉州系列遗产和泉州古城的研究、保护、管理与展示，共同保护好、传承好、利用好这份珍贵的历史文化遗产。

王永礼表示，“申遗”成功是新起点，对泉州而言不仅是荣誉、更是责任。泉州将贯彻习近平总书记关于文化遗产保护利用、文化建设和文明交流互鉴等重要论述精神，履行《保护世界文化和自然遗产公约》，继续保护传承遗产的突出普遍价值、真实性、完整性。要抓好建章立制，完善有关保护法规、管理规划及监测平台等，引领全市各层面常态化开展遗产保护利用。要推动专业保护与活态保护相结合，与专业机构、专家团队保持常态合作，共同开展学术研究、专题研讨，并策划多样化活态传承活动，鼓励更多力量参与遗产保护传承当中。要提升造好软硬环境，完善智能导览、服务咨询、便捷交通等参访设施配套，让泉州百姓、全国人民、世界各地朋友都感受遗产带来的文化之美、宜居之美、品质之美。

与会领导还就世界文化遗产研究、保护、申遗、管理等情况回答媒体记者提问。发布会后，与会领导参加“泉州：宋元中国的世界海洋商贸中心”系列遗产展示馆开馆仪式，并参观相关展示馆。“泉州：宋元中国的世界海洋商贸中心”展示馆、“中国舟船世界”展示馆、泉州清净寺展示馆、“直挂云帆济沧海”专题展示馆、“海内第一桥”展示馆、“泉州教育史话”展示馆、伊斯兰教圣墓展示馆、泉州古代外销陶瓷博物馆“磁灶窑：宋元泉州的外销陶瓷生产基地”主题展示馆、宋元德化窑展示馆、九日山祈风石刻展示馆、安溪青阳下草埔冶铁遗址展示馆、南外宗正司市舶司遗址综合展示馆、天后宫文物展示馆13个系列遗产展示馆开馆，并向公众免费开放。“泉州：宋元中国的世界海洋商贸中心”展示馆位于泉州海外交通史博物馆。通过501套663件文物展品，运用图版、视频、互动触摸屏、景箱、场景等多种形式进行展陈，勾勒出22个遗产点产生的历史背景及丰富的遗产价值，生动反映出泉州具有产—运—销功能高度整合的城乡一体空间结构、完备的制度体系、发达的经济水平、中外风格多元荟萃的聚落景观以及包容的文化态度，展现出历史上不同海域、不同国度、不同宗教、不同族群穿越时空阻隔，多元共存、和谐共处一城的物质和精神遗产，生动展现东亚传统农业文明与世界海洋商业文明间经济与文化发展的交流与对话。

“泉州：宋元中国的世界海洋商贸中心”入选世界遗产名录新闻发布会现场（图/陈晓东）

李群到泉州调研文化遗产保护利用工作

26—27日，文化和旅游部副部长、国家文物局局长李群到泉州调研文化遗产保护利用工作。国家文物局副局长宋新潮，副省长郑建闽，市领导王永礼、蔡战胜、周真平等参加调研。调研组到泉州海外交通史博物馆参观“泉州：宋元中国的世界海洋商贸中心”展示馆，并走访老君岩造像、南外宗正司遗址、洛阳桥、开元寺、府文庙、天后宫、德济门遗址等遗产点，了解相关遗产的历史脉络、遗产价值、保护管理情况，并就深化世界遗产保护利用工作提出指导意见。调研组指出，泉州系列文化遗产成功“申遗”，展现出泉州在文化遗产保护方面取得的成效，为中国世界文化遗产申报领域的国际合作提供范例。泉州这次世界文化遗产“申遗”成功令国人振奋，但下一步保护利用任重道远，期待泉州在世界遗产保护利用上取得更大成就。各级各有关部门要学习贯彻习近平总书记向第44届世界遗产大会致贺信精神和关于世界文化遗产工作的系列重要论述、重要指示重要批示精神，肩负起遗产保护管理的光荣使命，加强城市考古、历史研究等工作，强化遗产安全监管、日常养护，为世界遗产的保护与发展贡献泉州智慧，让遗产保护成果更多惠及人民群众。

蔡战胜到南安开展工作调研

代市长蔡战胜到南安企业和项目一线开展工作调研，并与部分企业负责人、人大代表、政协委员座谈。在泉州芯谷南安分园区，蔡战胜指出，泉州芯谷南安分园区要注重理念创新，提升规划水准，优化园区布局，完善学校、酒店等配套设施，吸引更多年轻创业人才落地，迸发创新创造活力。在英良五号仓库，蔡战胜指出，要引导企业植入文化元素、发展石材文化创意，赋予石材文化内涵，提高产品附加值，推动石材产业通过创新转型迎来新“蝶变”。在随后召开的座谈会上，蔡战胜听取与会人士的意见和建议。蔡战胜指出，南安企业家有闯劲，干部有干劲，发展有潜力。迈入新发展阶段，要学习贯彻习近平总书记到福建考察讲话精神，以更高的目标、更实的举措，全方位推进高质量发展超越。要坚持重龙头、强品牌、铸链条，大抓科技赋能，推进园区标准化建设，加快产业转型升级；要提升城乡品质，统筹兼顾促进城乡均衡发展，引进更多优质的教育医疗等资源，惠及更多人民群众；要维护社会安定稳定，抓好安全生产、房屋结构安全隐患治理、扫黑除恶等工作落实，守住安全底线。

蔡战胜（右二）在泉州芯谷南安分园区与企业家交谈
（图/陈晓东）

2021年市委人才工作领导小组第二次会议召开

2021年市委人才工作领导小组第二次会议召开，专题研究审议人才政策修订工作。会议强调，人才相关部门要树立改革创新理念，坚持正确导向，既要关注科教文卫等民生事业，更要紧贴产业发展需求，突出以产聚才、以才促产，鼓励科研创新、成果转化。要强化部门协同协作，凝心聚力，形成惠才条款办理清单，精简审批流程、明确办结时限，实现“一网通办”，造优人才生态环境。要做实宣传服务保障，借助媒体对修订后的政策进行全面、系统、精准的宣传解读，同时策划人才工作者和重点用人单位培训班，把政策要点讲清说透，尽快以政策落实带动形成新一轮人才工作热潮，为泉州全方位推进高质量发展超越集智聚力。

7月27日

农历辛丑年六月十八
星期二
温度：28℃～36℃
晴转多云

●26—27日，文化和旅游部副部长、国家文物局局长李群到泉州调研文化遗产保护利用工作。

●代市长蔡战胜到南安企业和项目一线开展工作调研，并与部分企业负责人、人大代表、政协委员座谈。

●2021年市委人才工作领导小组第二次会议召开，专题研究审议人才政策修订工作。

●全国优化生育政策电视电话会议召开，泉州市设立分会场组织收听收看。

●由市国资委党委主办，泉州交发集团、水务集团、文旅集团承办的“百年心向党，建功新时代”纪实影像作品展在泉州源和1916创意产业园艺术空间举行。

●27—28日，世界中学生运动会跳水测试赛——2021年福建省青少年跳水锦标赛在晋江第二体育中心游泳跳水馆举行。

7月28日

农历辛丑年六月十九
星期三
温度：27℃～35℃
阴转小雨

●市委书记王永礼、代市长蔡战胜与国家开发银行福建省分行行长张学峰座谈，共商“十四五”期间开发性金融合作事宜等。

●2021年上半年工作通报会召开，向老干部通报上半年全市工作情况。

●市政府第一百二十四次常务会议召开，研究并通过《泉州市政府性融资担保机构尽职免责实施意见（试行）》《泉州市中山路骑楼建筑保护专项资金管理暂行规定》。

王永礼蔡战胜与国开行福建省分行行长张学峰座谈

市委书记王永礼、代市长蔡战胜与国家开发银行福建省分行（以下简称“国开行福建省分行”）行长张学峰座谈，共商“十四五”期间开发性金融合作事宜等。座谈会上，蔡战胜介绍泉州市发展情况。市领导季翔峰、洪自强参加座谈。王永礼指出，泉州正学习贯彻习近平总书记“七一”重要讲话和到福建考察讲话精神，开展“再学习、再调研、再落实”活动，建设“海丝名城、制造强市”，一批重大产业项目、重大基础设施和重点片区开发进入集中实施阶段。国开行福建省分行与泉州既有良好的合作基础，也有携手发展的共同意愿，希望双方深化战略合作，在产业转型升级、城市更新改造、推进乡村振兴、高品质民生保障等方面，加快项目对接、促进共赢发展。泉州将营造良好的金融生态环境，系统策划梳理更多大项目好项目，创新投融资体制机制，完善常态化沟通交流，实行专班推进，为合作项目建设提供优质高效服务。张学峰表示，国开行福建省分行将发挥开发性金融机构的资源优势，结合泉州发展需求，在基础设施、片区改造、文旅开发、污水垃圾处理等领域拓展合作空间，创新金融产品，提供多层面金融支持，更好地助力泉州高质量发展。

2021年上半年工作通报会召开

2021年上半年工作通报会召开，向老干部通报上半年全市工作情况。受市委书记王永礼委托，蔡战胜向老干部做情况通报。蔡战胜指出，2021年以来，市委、市政府全面对标对表，按照省委部署要求，开展“再学习、再调研、再落实”活动，高质量高标准推进党史学习教育，办好“申遗”、世中运等大事要事，把学习贯彻习近平总书记重要讲话重要指示重要批示精神引向深入。全力攻坚克难，围绕全省部署，针对融资难、用工难、市场开拓难等问题强化政企互动精准帮扶企业，开展“项目攻坚2021”，启动实施科技创新倍增行动，拓展新基建新经济基地比拼，策划海洋经济、半导体产业、新型消费等新增长点，经济稳中加固稳中向好。聚焦环境提升，开展民营经济发展年、营商环境提升年、城乡品质提升年活动，加快制造业数字化智能化转型，加强政务、法治、市场等环境整治，完善城市综合交通体系和景观风貌建设，为高质量发展营造良好环境。推进共建共享，加大教育资源供给，推进医疗服务扩容提质，发展普惠养老服务，巩固拓展脱贫成果，守住安全稳定底线，大抓生态环境保护治理，让人民生活更有获得感、幸福感、安全感。希望大家继续发挥自身优势，一如既往地关心支持泉州各项事业发展，建言献策，为建设“海丝名城、制造强市”鼓劲出力、贡献力量。

市政府第一百二十四次常务会议召开

市政府第一百二十四次常务会议召开，研究并通过《泉州市政府性融资担保机构尽职免责实施意见（试行）》《泉州市中山路骑楼建筑保护专项资金管理暂行规定》。会议指出，要坚持政府性融资担保机构准公共定位，聚焦支农支小主业，激发市场主体活力。要落实尽职免责，做到履职尽责有章可依，缓解政府性融资担保机构和工作人员的“后顾之忧”，让政府性融资担保“能担、愿担、敢担”。要完善融资担保风险补偿、分险以及绩效考评等政策支持体系，加快发展政府性融资担保业务，助推实体经济高质量发展；同时，强化融资担保机构运营体制管理和业务能力建设，提升服务质效。要像爱惜自己的生命一样保护好城市历史文化遗产，以泉州“申遗”成功为契机，健全历史文化遗产管理机制，守护传续好历史根脉。要用准管好专项资金，市、区两级财政部门要统筹资金盘子，争取上级专项补助，提高专项资金池的滚动运作效率；各相关部门要靠前指导，确保资金用得准、管得好。要保障工程质量与安全，强化进度监管，推动中山路骑楼建筑保护工作有序开展。

市疫情防控应急指挥部部署疫情防控有关工作

市疫情防控应急指挥部召开会议，研究部署近期疫情防控有关工作。

会议指出，各级各部门要学习贯彻习近平总书记关于疫情防控的重要指示精神，落实党中央、国务院和省委、省政府关于疫情防控的决策部署，克服松懈心态、麻痹思想，坚定必胜信心和决心，全面总结行之有效的经验做法，慎终如始落实落细疫情防控各项措施。要抓实抓细各项重点工作，宁可十防九空，不可失防万一，落实客（货）运码头、国际货物集散地等口岸环境检测消毒以及从业工作人员个人卫生防护、核酸检测、疫苗接种等防控措施，筑牢疫情防控严密防线。要强化入境人员全流程闭环管理，加强对医疗机构、重点单位、社区（村居）、流动人员和零售药店等监测报告，做到早发现、早报告、早隔离、早治疗。要组织好疫苗接种工作，广泛宣传发动，尽快形成有效免疫屏障。要压紧压实各方责任，完善应急协调联动机制，落实“早、快、准、细、实”要求，做到快速响应、妥善应对、高效处置。要围绕重点领域，再排查、再过细、再整改，补短板、堵漏洞、防风险。要及时准确发布疫情信息和有关情况，引导群众增强自我防护意识。要统筹抓好常态化疫情防控和经济社会发展，做好安全生产、防汛防台风等各项工作，确保人民群众生命安全和社会大局平安稳定。

泉州市提线木偶传承保护中心
入选全国首届杰出“委员工作室”案例

泉州市提线木偶传承保护中心的老团址——泉州嘉礼馆入选全国首届杰出“委员工作室”案例，为全省唯一入选的单位。该政协委员联系点泉州嘉礼馆，位于泉州市中心通政巷，是一处文化氛围浓厚的历史建筑，每周二、四、六、日下午4点30分至5点30分常年开展公益惠民艺术演出，全年为国内外旅游者及市民提供文化服务200多场。联系点服务团队曾应邀在2008年北京奥运会开幕式，美国纽约联合国总部，中共中央、国务院元宵晚会，央视春晚等重大活动中表演，300余次到80个国家与地区文化交流演出。泉州提线木偶戏是中国首批国家级非物质文化遗产保护项目、联合国保护非物质文化遗产“优秀实践名册”。多年来，联系点发挥自身特色和宣传平台，为政协委员推广传播民族优秀传统艺术，助力社区基层文化建设，丰富市民精神文化生活。也是政协委员互相交流学习、参政议政协商、关注传统戏曲、了解基层民意的场所。

电影《悬壶人生》剧本研讨会在北京举行

由泉州台商投资区作家协会主席陈祥江原著小说改编的电影《悬壶人生》剧本研讨会在北京举行。国家广电总局、中国电影家协会、国家卫健委等单位专家，以及《悬壶人生》编剧、剧本策划、制片人、监制、艺术指导、青年演员等各抒己见，共同研讨剧本。

电影《悬壶人生》根据陈祥江章回小说《缘结万安堂》改编而成，以洛阳镇从医数十年的普通乡村医生张特鸿为人物原型。故事梗概为：出生于中医世家的乡村医生张远鸿一心想把家传的中医传承下去，不料从医学院毕业的大儿子却不甘留在农村，母子冲突不断，在一次次治病救人的过程中，儿子终于理解了母亲，认识到乡村医生和中医药传承的重要性，最终留下来成为一名乡村医生，努力传承中医药，为乡村的振兴和医疗事业奉献青春和力量。研讨会上，陈祥江分享其创作《缘结万安堂》的心路历程。陈祥江和张特鸿医生的儿子张俊阳都爱好文学，成为志同道合的朋友。一次偶然的机会，在与张特鸿交谈中，被其一生坎坷，但百折不挠，独自带着3名幼小的孩子勇敢生活、不向命运屈服，特别是其对中医药传承和研究的执着精神所感动。经过多次采访和从患者手中收集到的材料，陈祥江写下章回小说《缘结万安堂》。

7月29日

农历辛丑年六月二十
星期四
温度：27℃～33℃
阴转小雨

●市疫情防控应急指挥部召开会议，研究部署近期疫情防控有关工作。

●泉州市提线木偶传承保护中心的老团址——泉州嘉礼馆入选全国首届杰出“委员工作室”案例，为全省唯一入选单位。

●由泉州台商投资区作家协会主席陈祥江原著小说改编的电影《悬壶人生》剧本研讨会在北京举行。

●世界中学生运动会艺术体操测试赛——2021年中国中学生艺术体操锦标赛、世界中学生运动会射箭测试赛——2021年福建省青少年射箭锦标赛在晋江举行。

7月30日

农历辛丑年六月廿一
星期五
温度：27℃～33℃
小雨转中雨

●市十六届人大七次会议在泉州人民会堂开幕。会议表决通过大会选举办法。

●肖汉辉到解放军第910医院，看望医院全体官兵及驻泉州部队住院伤病员。

●泉州市惠女至菱溪黄塘引调水工程隧洞全线贯通，标志泉州市七库连通工程隧洞全线贯通。

●市教育系统新型冠状病毒感染的肺炎疫情防控工作领导小组办公室转发《福建省教育厅关于做好全省教育系统近期疫情防控工作的提醒函》，要求即日起，所有师生员工非必要不出省，已外出的做好个人防护且尽快返回。

●东京奥运会羽毛球混双决赛举行，泉州籍运动员黄东萍与队友王懿律合作，获得冠军。

市十六届人大七次会议开幕

市十六届人大七次会议在泉州人民会堂开幕。主席团常务主席、会议执行主席王永礼、陈灿辉、许文贵、吴友才、吴汉宗、黄阳春、欧阳秋虹在主席台前排就座。主席团其他成员，市委副书记、代市长蔡战胜，省人大常委会委员陈万里，市委领导孔繁军、刘文儒、傅藏荣，市政协领导蔡萌芽，市中级人民法院院长陈明，市人民检察院代理检察长郑隆松，老领导施永康、陈海基、洪泽生、潘燕燕、吕竞、朱团能、张建生、曾巍、蔡思红等在主席台就座。会议表决通过大会选举办法。此次大会选举任务为：补选泉州市人民政府市长1名，泉州市监察委员会主任1名，泉州市人民检察院检察长1名。

市十六届人大七次会议现场（图/陈起拓）

泉州市七库连通工程隧洞全线贯通

泉州市惠女至菱溪黄塘引调水工程隧洞全线贯通，标志泉州市七库连通工程隧洞全线贯通。该工程上接山美至惠女连通工程，隧洞全长40千米，是泉州七库连通工程实现向沿海地区供水的关键环节。工程于2018年3月开工建设，全线贯穿惠安县、洛江区、泉港区以及泉州台商投资区，建设内容包括进水口、输水隧洞、输水管道及管道附属建筑物、出水口等。工程建成通水后，将新增引水量1.89亿立方米，把惠女水库的新增供水量调配至泉港区、惠安县、泉州台商投资区和洛江区的接水点（水厂），满足大惠安地区中远期用水需求，保障区域大工业发展用水安全、优化泉州市水资源配置格局、缓解晋江下游供水区中远期缺水等方面均具有重大作用。

泉州市要求所有学校师生员工非必要不出省

市教育系统新型冠状病毒感染的肺炎疫情防控工作领导小组办公室（以下简称“泉教防控办”）转发《福建省教育厅关于做好全省教育系统近期疫情防控工作的提醒函》，要求即日起，所有师生员工非必要不出省，已外出的做好个人防护且尽快返回。泉教防控办要求，各地各校要启动24小时疫情防控指挥值班体系，加强暑期值班值守，确保疫情防控领导体制、应急机制、指挥体系正常运行。严控校门第一道防线，校外无关人员一律不准进校门，所有进入校园人员须查验身份、测体温、戴口罩、扫码登记。坚持“日报告”“零报告”制度，强化留校师生生活服务保障，高校留校学生外出要严格执行请假手续。各地各校要跟踪掌握师生，特别是暑假出省师生的健康状况，确保行程可追踪、健康可监测。有中高风险地区旅居史接触史的师生员工要及时主动向所在社区、单位报备相关情况，配合属地政府落实居家隔离医学观察、核酸检测等健康管理措施。正开展各类师生培训的单位，必须落实测量体温、查验健康码和行程卡（14天内旅居地）、佩戴口罩等防控措施。各单位原计划组织外出培训尚未出行的，一律取消，暑假期间不再组织外出研学、交流、培训等活动。

泉州运动员获东京奥运会羽毛球混双冠军

东京奥运会羽毛球混双决赛举行，泉州籍运动员黄东萍与队友王懿律合作，获得冠军。此系福建选手参加东京奥运会所获的第三枚奖牌。在此之前，南安运动员李发彬获男子举重61公斤级金牌，晋江运动员林超攀获体操男子团体铜牌。黄东萍此次出征东京，是泉州羽毛球选手第一次参加奥运会并夺冠，也是福建女子羽毛球队的运动员第一次参加奥运会并夺冠。

市十六届人大七次会议闭幕蔡战胜当选泉州市人民政府市长

市十六届人大七次会议第二次全体会议在泉州人民会堂举行，完成既定议程。大会采用无记名投票方式，补选蔡战胜为泉州市人民政府市长，傅藏荣为市监察委员会主任，郑隆松为市人民检察院检察长。随后，大会举行宪法宣誓仪式。

市委书记王永礼强调，全市要更加紧密地团结在以习近平同志为核心的党中央周围，学习贯彻习近平总书记“七一”重要讲话和到福建考察讲话精神，弘扬伟大建党精神，开展党史学习教育和“再学习、再调研、再落实”活动，以坐不住、慢不得、睡不着的紧迫感和危机感，统筹发展和安全，推动经济总量继续保持全省领先，产业集群竞争力走在全国前列，环湾中心城市聚核成型，人民生活品质稳步提高，打造具有全国影响力的“海丝”名城、制造强市，当好全省全方位推进高质量发展超越主力军。市委将学习贯彻习近平总书记关于坚持和完善人民代表大会制度的重要思想，继续高度重视人大工作，支持保障人大依法行使职权、开展工作。全市各级人大及其常委会要履行宪法和法律赋予的职责，做好立法、监督、决定、任免等各项工作。各级“一府一委两院”要自觉接受人大监督，提高依法行政、依法监察和公正司法水平。各级人大代表要在各自战线上履职尽责，同心同德谋发展、群策群力开新局。

王永礼和蔡战胜（左）合影（图/陈英杰）

蔡战胜当选市长后做表态讲话。蔡战胜承诺，将始终把讲政治摆在首位，学习贯彻习近平总书记“七一”重要讲话和到福建考察讲话精神，自觉把讲政治贯穿到政府工作全过程、各方面，落实好上级和市委的各项决策部署。将始终把依法行政落在实处，自觉维护宪法和法律权威，把政府工作全面纳入法治轨道，执行市人大及其常委会各项决定决议，依法接受人大监督，支持代表履职，确保代表议案、建议件件有落实、有回音。将始终把发展重任扛在肩上，常学常新“晋江经验”，推进“海丝”名城、制造强市建设，把市委定下的“十四五”发展蓝图和年初人民代表大会审议通过的各项目标任务一件一件推进落实。将始终把民生福祉放在心头，作为政府一切工作的出发点和落脚点，补齐教育、医疗、养老、环保、城乡基础设施等民生社会事业短板，让群众有更多获得感、幸福感、安全感。将始终把纪律规矩挺在前面，履行政府系统全面从严治党“第一责任人”职责，执行中央八项规定及其实施细则精神，带头树立“担当、服务、创新、实干、廉洁”的政府形象。

市十六届人大七次会议第二次全体会议现场（图/陈英杰）

泉州市“八一”军政座谈会举行

市委书记王永礼、市长蔡战胜走访慰问驻泉州海训部队某基层连队，了解官兵学习、训练和生活情况，并出席全市“八一”军政座谈会。王永礼指出，要强化国防观念，贯彻改革要求，聚焦服务部队备战打仗的主题主线，执行新实施的《中华人民共和国军人地位和权益保障法》，完善军地互办实事“双清单”、军地会商、现场办公、走访慰问等制度，推进项目拥军、科技拥军、文化拥军、教育拥军、法律拥军等活动，加强全民国防教育和国防动员，解决好军人后路、后院、后代问题。

7月31日

农历辛丑年六月廿二
星期六
温度：27℃～32℃
阴转小雨

●市十六届人大七次会议第二次全体会议在泉州人民会堂举行。大会采用无记名投票方式，补选蔡战胜为泉州市人民政府市长，傅藏荣为市监察委员会主任，郑隆松为市人民检察院检察长。

●王永礼、蔡战胜走访慰问驻泉州海训部队某基层连队，了解官兵学习、训练和生活情况，并出席全市“八一”军政座谈会。

●市文旅局印发通知，布置疫情防控工作，要求A级景区落实“限量、预约、错峰”要求，控制游客接待上限。严禁旅行社组团到中高风险地区旅游，不得开展到中高风险地区的“机票+酒店”业务。

●由市委史志研究室、市医疗保障局主办的“献礼建党百年·医保服务老区”系列活动启动暨三坪红色文化发展基金、三区茶叶产销联盟成立仪式在泉港区涂岭镇樟脚村举行。

●世界中学生运动会跆拳道测试赛——2021年福建省青少年跆拳道锦标赛在晋江市全民健身中心综合训练馆举行。

8月1日

农历辛丑年六月廿三
星期日
温度：26℃～33℃
阴转小雨

●全市新冠肺炎疫情防控工作视频会议召开。

●创建全国文明城市工作推进会召开，对深化创城工作进行再强调、再部署、再落实。

●泉州晋江国际机场新增至贵阳航班。

●打城戏传统经典剧目《真假美猴王》在泉州高甲剧院复排上演。

全市新冠肺炎疫情防控工作视频会议召开

全市新冠肺炎疫情防控工作视频会议召开。会议强调，要守牢外防输入防线，坚持“人物共防”，用好“大数据+网格化”手段，做好境外和国内中高风险地区进入人员全流程排查管控，执行冷链物品管控措施，加强常态化核酸检测“应检尽检”等。要盯紧重点场所和关键环节，对机场车站、交通工具、旅游景点、商场超市等公共场所，实行查验健康码、行程码，以及体温监测、佩戴口罩、通风消毒等措施；对集中医学观察场所、各级各类医疗机构等落实落细防疫管理，规范各项操作流程，发挥发热门诊和发热哨点监测预警作用。要推进疫苗接种工作，坚持应种尽种，加强协调配合，确保安全有序。要压实压紧各方责任，统筹安排调配人员力量，做细做实防控预案，及时开展应急演练，确保疫情防控响应及时精准灵敏。

创建全国文明城市工作推进会召开

创建全国文明城市工作推进会召开，对深化创城工作进行再强调、再部署、再落实。会议要求，要学习贯彻习近平总书记关于精神文明建设的重要论述，落实“全面创建、全域创建、全民创建、全程创建”要求，站在政治和全局的高度，全方位推进全国文明城市创建工作，提升市民文明素质、城市文明程度和群众生活品质。要坚定信心决心，提振精神状态，力量下沉一线，拿出攻坚克难的劲头，推进创城工作深入开展。要坚持精准发力，认真对标找差，聚焦交通秩序、市容市貌、农贸市场、文明行为、建筑工地、老旧小区等重点，逐一抓好排查整改落实，点面结合、举一反三，提升创城质效。要扛起责任担当，保持创城为民的初心、高标准创城的精心、常态长效创城的恒心，把创城各项工作做实做细做到位，提升城市综合品质，增强群众获得感。

泉州晋江国际机场新增至贵阳航班

泉州晋江国际机场新增至贵阳航班。该航班由多彩贵州航空执飞，每天一班，航班号为GY7109/10，航班时刻：7:30从贵阳起飞，9:40抵达泉州；10:25从泉州起飞，12:25抵达贵阳（具体航班情况以实际执行为准）。此次是多彩贵州航空首次进驻泉州民航市场，该航班的开通将贵州独有的少数民族文化与泉州的多元文化通过空中旅程相连，促进两地之间的文化共融，让每一趟旅程都有不一样的体验，同时丰富暑运期间旅客的出行选择。

多彩贵州航空员工与泉州晋江国际机场工作人员庆祝航班开通（图/廖平和）

打城戏传统经典剧目《真假美猴王》复排上演

打城戏传统经典剧目《真假美猴王》在泉州高甲剧院复排上演。打城戏传统经典剧目《真假美猴王》为该剧种观众最为喜爱的剧目之一，系被誉为“闽南猴王”的打城戏知名表演艺术家曾火成的代表剧目，其所饰演的孙悟空具有南派猴“脱形取神”，神、精、灵、巧、俏的特点。该剧着重跳跃跌扑及武打杂技，戏曲武打丰富而广博，极具打城戏表演风格。剧中讲述唐僧师徒到西天取经，在飞云岗遇劫，六耳猕猴化作孙悟空模样，以假乱真，滥开杀戒。唐僧怒将孙悟空赶回花果山，六耳猕猴又计夺唐僧关文，欲往西天取经，名扬四海。孙悟空受冤后，几经周折，双猴相斗，真假难分。后在西天如来的法力面前，贪婪骄横的六耳猕猴终于原形毕露，唐僧师徒同心直奔西方。

王永礼检查强降雨防范工作

市委书记王永礼到市防汛抗旱指挥部检查强降雨防范工作，并通过视频、电话连线惠安县防汛抗旱指挥部、泉州台商投资区洛阳镇，点对点指导防御工作，要求第一时间响应、下沉干部进村入户、及时转移危险区域群众，做好渍涝排险、局地山洪、地质灾害等防范工作。

蔡战胜到泉港惠安企业和项目一线调研

市长蔡战胜到泉港、惠安企业和项目一线开展工作调研，并与部分企业负责人、人大代表、政协委员座谈。在泉港，蔡战胜到福建联合石油化工有限公司、泉港石化工业区安全控制区项目、福海粮油公司调研，了解企业日常经营管理和项目推进情况。在随后召开的座谈会上，蔡战胜听取与会人士的意见和建议。蔡战胜指出，泉港区要学习贯彻习近平总书记到福建考察讲话精神，立足本地实际，加快提升产业链现代化水平，构筑“油头—化身—纺尾”完整产业集群；要注重产城融合，加强城市规划与产业规划协同互动，加快推进安全控制区建设，科学布局适合产业业态，做到以产兴城、以城聚产、产城融合；要坚持安全第一、环保优先，推动石化产业绿色低碳循环发展；要加强和改进民生，及时回应百姓对发展的期待和对美好生活的向往。在惠安，蔡战胜到中化泉州有限公司、达利集团等调研并召开座谈会。蔡战胜指出，惠安县要加快产业转型升级，做大做强石化主导产业，改造提升传统产业，培育发展半导体、海洋经济、数字经济等新兴产业；要加快项目投资建设，狠抓重大项目接续攻坚，增强发展后劲；要加快城乡品质提升，实施城乡品质提升年活动，提高新区规划建设水平；要加快补齐民生短板，增加教育、医疗等优质公共资源供给，守牢安全环保底线，满足人民群众多样化多层次多方面的需求。

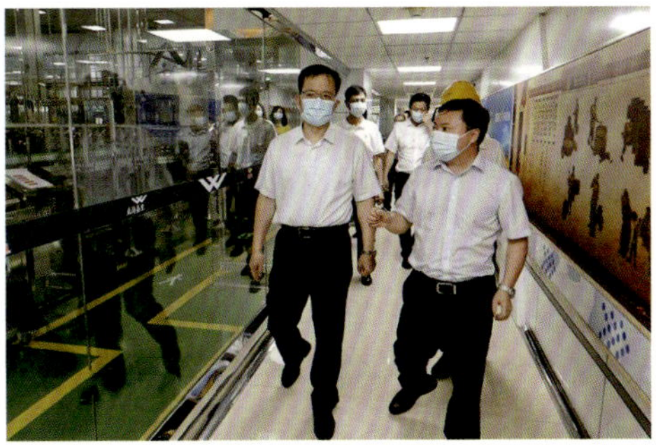

蔡战胜（左一）在福海粮油公司了解生产流程（图/陈晓东）

泉州市22个村落入选第四批省级传统村落名录

省住建厅、省文旅厅、省财政厅公布福建省第四批省级传统村落名录，156个村落列入名单，其中泉州市22个村落入选。为更好地保留住历史文化的“基因密码”，2020年以来，泉州市对全市42个“中国传统村落”实施挂牌保护，优化传统村落保护利用的实施模式、技术路径，并以“十镇百村”“历史建筑保护修缮”等省、市为民办实事项目为抓手，实施历史文化保护利用提升专项攻坚行动。至此，全市已拥有1个国家级名城，1条国家级、4条省级历史文化街区，3个国家级、10个省级历史文化名镇，5个国家级、11个省级历史文化名村，42个中国传统村落、90个省级传统村落、31个市级传统村落。22个传统村落名单：洛江区罗溪镇翁山村、罗溪镇新东村、马甲镇炉田村、虹山乡虹山村；石狮市祥芝镇古浮村、鸿山镇洪厝村；南安市眉山乡天山村、蓬华镇大演村；惠安县辋川镇更新村；安溪县芦田镇石盘村、蓬莱镇温泉村、祥华乡福洋村、感德镇龙通村；永春县蓬壶镇西昌村、石鼓镇吾江村、仙夹镇龙水村、仙夹镇山后村、湖洋镇溪西村；德化县桂阳乡溪洋村、上涌镇桂格村、上涌镇桂林村、葛坑镇湖头村。

8月2日

农历辛丑年六月廿四
星期一
温度：25℃～31℃
大雨转小雨

●市委书记王永礼到市防汛抗旱指挥部检查强降雨防范工作。

●市长蔡战胜到泉港、惠安企业和项目一线开展工作调研，并与部分企业负责人、人大代表、政协委员座谈。

●省住建厅、省文旅厅、省财政厅公布福建省第四批省级传统村落名录，156个村落列入名单，其中泉州市22个村落入选。

8月3日

农历辛丑年六月廿五
星期二
温度：27℃～34℃
阴转大雨

●市委常委会召开会议，学习贯彻习近平总书记在中央政治局常委会会议听取中国共产党成立100周年庆祝活动总结报告时的重要讲话、在西藏考察时的重要讲话精神等。

●市委理论学习中心组学习会召开，学习习近平总书记《论中国共产党历史》。

●市委、市政府就“泉州：宋元中国的世界海洋商贸中心”项目成为中国第56处世界遗产，在《泉州晚报》刊发面向全体市民的感谢信。

●市政法队伍教育整顿领导小组会议召开，听取泉州市政法队伍教育整顿总结工作情况汇报，研究部署下阶段工作措施。

●继全省视频会议结束后，全市防御南海热带低压工作视频会议召开，就防台风防暴雨工作做出具体部署。

●2021年上半年全市突出生态环境问题整改工作推进会召开，部署推动全市突出生态环境问题整改工作。

市委常委会学习习近平总书记重要讲话精神

市委常委会召开会议，学习贯彻习近平总书记在中央政治局常委会会议听取中国共产党成立100周年庆祝活动总结报告时的重要讲话、在西藏考察时的重要讲话精神，以及省委常委会会议精神；传达贯彻省委十届十三次全会精神；研究《关于全面加强公共卫生体系建设的实施意见》等。

会议强调，要结合开展“再学习、再调研、再落实”活动，汲取不懈奋进的精神力量，引导党员干部勇担当、善作为，抓紧谋划推出一批重大改革、重大项目，在高质量发展、高品质生活上跑出加速度，汇聚起勇当全方位推进高质量发展超越主力军的磅礴力量。要服从服务国家大局，找准援藏工作着力点，为做好新时代西藏工作贡献泉州力量。要推进对口支援西藏昌都市洛隆县各项工作，因地制宜谋划一批特色产业和优势项目，确保当地经济发展、社会和谐、人民幸福。要及时帮助解决泉州援藏工作队及教师、医生等专业技术人才队伍提出的困难问题，关心关怀援藏干部及人才的身体健康。要弘扬伟大建党精神，落实省委十届十三次全会部署，锤炼政治品格，坚持正确政治方向。要坚持以人民为中心的发展思想，推进“我为群众办实事”活动，解决群众急难愁盼问题。要发扬斗争精神，增强斗争本领，统筹发展和安全，在斗争中化解矛盾、应对风险、激发活力、促进发展。要把学习成效体现在为民服务的实效、推动发展的实践和确保社会安全稳定上，抓好常态化疫情防控，推进民营经济发展年、营商环境提升年、城乡品质提升年活动，确保完成全年目标任务。要认识到“人民安全是国家安全的基石”，强化底线思维、增强忧患意识，为维护人民健康提供有力保障。要从体制机制上补短板、堵漏洞，加强各部门各层面相互配合、整体运行，提升防控和救治能力，推进全生命周期健康管理等，确保防范周密周全、管理到边到角，共同织密公共卫生防护网。

市委理论学习中心组学习习近平总书记《论中国共产党历史》

市委理论学习中心组学习会召开，学习习近平总书记《论中国共产党历史》。会议指出，要注重学而真“知”，正确认识党史上的重大事件、重要会议、重要人物，把握中共百年奋斗史中的光辉成就、历史经验、伟大精神和规律性认识，在学好党史、用好党史中坚定信仰信念、汲取精神力量。要注重学而深“思”，坚持把悟思想作为学党史的关键环节和根本要求，结合开展“再学习、再调研、再落实”活动，加深对习近平新时代中国特色社会主义思想的理解和把握，把学习贯彻习近平总书记“七一”重要讲话和到福建考察讲话精神引向深入。要注重学而践“行”，坚持以人民为中心的发展思想，践行党的群众路线，开展“我为群众办实事”实践活动，解决好群众“急难愁盼”问题，让老百姓过上更高品质的生活。要注重学而奋“进”，弘扬伟大建党精神，传承红色基因、发扬革命精神，扛起全方位推进高质量发展超越的主力军担当，以“坐不住、慢不得、睡不着”的紧迫感和危机感，敢接烫手山芋、敢啃硬骨头，力促发展增后劲、民生补短板。

泉州市部署南海热带低压防御工作

继全省视频会议结束后，全市防御南海热带低压工作视频会议召开，就防台风防暴雨工作做出具体部署。会议要求，要果断转移、确保安全，按照人员转移工作要求，干部及时进村入户，指导巡查防范，加大临灾应急转移，及时启动群测群防机制，紧盯重点区域、部位，果断组织群众安全转移避险，做到应转尽转，不留一人，特别要关注贫困群众、老弱妇幼等群体，把确保人民生命安全放在第一位落到实处。要提前预备，有效处突，各地各有关部门抢险救援力量要加强值班备勤，提前做好应急抢险救援队伍、物资、设备等应急处突准备。遇到突发险情，要果断处置，第一时间组织周边人员疏散转移，避免发生二次灾害造成意外。

王永礼到晋江调研产业转型升级工作

市委书记王永礼到晋江，就产业转型升级开展调研，检查疫情防控、防汛防台风等工作。在华清电子材料科技有限公司，王永礼鼓励企业走科技创新之路，深耕细分领域，逐步扩大产值规模。在中国皮革和制鞋工业研究院（晋江）有限公司，王永礼希望加快科技成果转化和产业化步伐，打造技术创新链和新型生态圈。在泉州晋江国际机场，王永礼强调加强中高风险地区人员排查管控，升级消杀措施，加密公共场所、设施设备消杀频次。随后，王永礼主持召开座谈会。王永礼指出，要把转型目标落得更实，抓牢数字化赋能、科研攻关、技术转化，既撑起新兴产业发展，又加快传统优势产业升级。要把改革推得更深，在新基建新经济建设、园区整合提升、产城人深度融合、乡村振兴等方面，创新体制机制，加快破局开路、克难前行。

王永礼（左三）在泉州晋江国际机场检查督导疫情防控工作（图/陈起拓）

市委全面依法治市工作会议召开

市委全面依法治市工作会议召开，学习贯彻习近平法治思想和习近平总书记“七一”重要讲话、到福建考察讲话精神，贯彻落实中央全面依法治国工作会议、省委全面依法治省工作会议精神。会议要求，要树牢法治观念，弘扬宪法精神，维护宪法权威，加强全面依法治市统筹规划，一体推进法治泉州、法治政府、法治社会建设，提高运用法治思维和法治方式推动工作的能力。要把握实践路径，统筹推进科学立法、严格执法、公正司法、全民守法各项任务，提高地方立法的质量效率、针对性和实效性，培育良好法治氛围，守护社会公平正义。

市政府与省高速公路集团签署战略合作协议

市政府与省高速公路集团有限公司在泉州举行战略合作框架协议签约，双方将共同开发利用泉州境内高速公路路衍资源，助推文化旅游、商贸服务和乡村振兴事业发展。省高速公路集团董事长陈岳峰、市长蔡战胜、副市长吕刚出席签约活动。经过二十多年的投资建设，泉州市境内高速公路通车总里程已达680千米，路网密度6.17千米/百平方千米，设有服务区12对，收费站出入口53个，可开发利用的路衍资源丰富、潜力巨大。此次签约，是双方主动适应交通运输高质量发展，推动地企合作共赢的有益探索和积极尝试。按照合作协议，双方将探索高速公路与泉州地方“文化、旅游、商贸”产业融合发展新模式，依托高速公路服务区、收费站出入口等路衍资源，开展泉州名优产品展销、特色现代农业、特色餐饮、文化旅游、民宿、公共服务等领域务实合作，实现路衍经济效益和社会效益最大化。

“百年恰是风华正茂”主题档案文献展在泉州开幕

由中央档案馆、新华通讯社主办，省档案局、档案馆协办的“百年恰是风华正茂”主题档案文献展在泉州工人文化宫（东海宫）开幕，泉州成为全省首个承办该展览的设区市。国家级“百年恰是风华正茂”大型主题档案文献展在主展区展出，内容包括1个序篇及8个主篇，序篇主题为“抗争与求索”，主篇分别为“信仰的力量”“理论的力量”“组织的力量”“人民的力量”“斗争的力量”“行动的力量”“制度的力量”“万山磅礴看主峰”，展出500余份档案、照片和音视频资料，主要为中央档案馆馆藏珍贵档案资料和新华社提供的部分照片档案，有近半数为首次公开展出。

8月4日

农历辛丑年六月廿六
星期三
温度：27℃～30℃
阴转中雨

●市委书记王永礼到晋江，就产业转型升级开展调研，检查疫情防控、防汛防台风等工作。

●市委全面依法治市工作会议召开，学习贯彻习近平法治思想和习近平总书记“七一”重要讲话、到福建考察讲话精神，贯彻落实中央全面依法治国工作会议、省委全面依法治省工作会议精神，研究部署泉州市全面依法治市工作。

●在收听收看全国、全省新冠肺炎疫情防控工作电视电话会议后，泉州市随即召开全市新冠肺炎疫情防控工作视频会议，传达落实全国、全省会议精神。

●蔡战胜到市防汛抗旱指挥部，与市气象、水利、水文、海事、海洋渔业等部门会商，了解台风动态，研究部署防汛防台风工作，并到石狮检查防汛防台风和疫情防控各项工作落实情况。

●市政府与省高速公路集团有限公司在泉州举行战略合作框架协议签约。

●由中央档案馆、新华通讯社主办，省档案局、档案馆协办的“百年恰是风华正茂”主题档案文献展在泉州工人文化宫（东海宫）开幕，泉州成为全省首个承办该展览的设区市。

8月5日

农历辛丑年六月廿七
星期四
温度：26℃～27℃
大雨转暴雨

●市委书记王永礼、市长蔡战胜与省农信联社理事长李卫民、省农信联社主任王非座谈交流。

●市政府党组（扩大）会议召开，学习贯彻习近平总书记向第44届世界遗产大会致贺信的精神和在青海、西藏考察时的重要讲话精神以及省委常委会会议、市委常委会会议精神；传达贯彻省委十届十三次全会精神以及市委常委会会议精神。

●市政府第一百二十五次常务会议召开，研究并通过《泉州市高层次人才认定和团队评审及政策支持规定》。

●5—6日，由市科技局、市委人才办、泉州台商投资区管委会主办的泉台科技成果展暨中国创新创业大赛泉州市赛在泉台人力资源服务产业园举行。

王永礼蔡战胜与省农信联社负责人座谈

市委书记王永礼、市长蔡战胜与省农信联社理事长李卫民、省农信联社主任王非座谈交流，市领导季翔峰、洪自强参加座谈。市领导对省农信联社长期以来给予泉州的支持表示感谢，希望省农信联社发挥平台、资金等优势，在乡村振兴、绿色经济、海洋经济、中小微企业发展等方面加大支持力度，更好助推泉州市高质量发展。

市政府党组（扩大）会议召开

市政府党组（扩大）会议召开，学习贯彻习近平总书记向第44届世界遗产大会致贺信的精神和在青海、西藏考察时的重要讲话精神以及省委常委会会议、市委常委会会议精神；传达贯彻省委十届十三次全会精神以及市委常委会会议精神。会议要求，要完善工作机制，推动颁布实施《泉州市历史文化名城保护条例》和遗产保护配套管理办法，发挥监测平台作用，加强文博队伍建设，确保文化遗产应保尽保。要把遗产保护与发展文旅产业、推动乡村振兴、提升城市品位等紧密结合，深度策划精品路线、节庆展演、文创产品，让全社会共享文化遗产价值。要推进对口支援西藏昌都市洛隆县各项工作，走生态优先、绿色发展之路，推动巩固拓展脱贫攻坚成果同乡村振兴有效衔接，解决民生突出问题。要弘扬伟大建党精神，把握政府抓发展的第一要务，树立以人民为中心的发展思想，盯紧抓牢各项重点工作，以实干实绩推动学习贯彻走深走实。要勇于推进自我革命，履行政府系统管党治党政治责任、主体责任，打造“担当、服务、创新、实干、廉洁”政府。

市政府第一百二十五次常务会议召开

市政府第一百二十五次常务会议召开，研究并通过《泉州市高层次人才认定和团队评审及政策支持规定》。会议要求，要学习贯彻习近平总书记关于人才工作系列重要论述，把握中央、省委和市委对人才工作的新要求，立足泉州发展实际，创新人才引进、培养、使用机制，加大主导产业急需人才的引进力度，推动人才链与产业链深度融合，实现以产聚才、以才促产；要开展高层次人才政策实施情况“回头看”评估，查缺补漏，提高政策的针对性、有效性，共同打造人才服务“绿色通道”。

泉台科技成果展暨中国创新创业大赛泉州市赛举行

5—6日，由市科技局、市委人才办、泉州台商投资区管委会主办的泉台科技成果展暨中国创新创业大赛泉州市赛在泉台人力资源服务产业园举行。开幕式上4个台资项目签约，总投资4.1亿元。活动以“泉台科技融通 · 两岸资源共享”为主题，旨在完善泉台人才创新成果转化的价值实现机制，搭建泉台智企磋商交流平台，促进创新链、产业链和人才链融合。因疫情防控需要，活动采用“线下+线上”结合方式进行。其中，线下活动设开幕式、中国创新创业大赛泉州市赛两大板块；线上活动设泉州科技大讲堂、泉台人才沙龙、黎明职业大学科技成果推介会、“设计之声”分享会、高新技术企业培训、展览洽谈六大板块，活动首日即吸引上千人在线收看。此次泉台科技成果展展出80项科技成果，包含企业、高校、研究院所及往年创新创业大赛获奖作品，涵盖智能装备、医学检测、食品加工等领域，其中涉及在泉州台资企业的个人式咖啡机、肝癌ctDNA甲基化检测等多项成果。

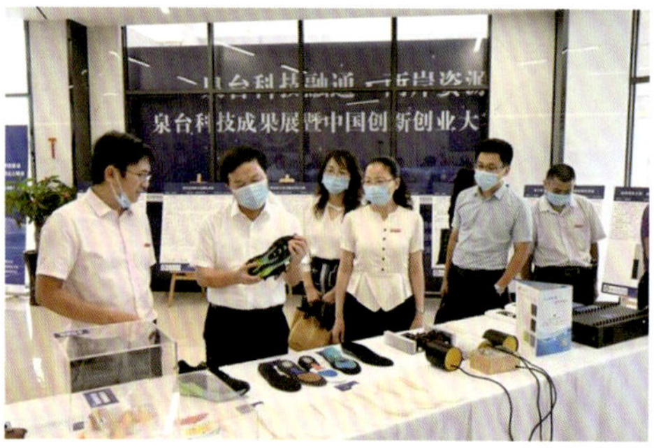

泉台科技成果展现场（图/郭慧杰）

全市政法队伍教育整顿总结大会召开

泉州市以视频会议形式召开全市政法队伍教育整顿总结大会。市委书记、市政法队伍教育整顿领导小组组长王永礼，省政法队伍教育整顿第四指导组组长蔡小伟出席会议并讲话。省政法队伍教育整顿第四指导组副组长林义劲、陈一龙及有关人员，市领导林锦明、傅藏荣、李伙金，市中级人民法院院长陈明、市人民检察院检察长郑隆松等在主会场参加会议，各县（市、区）设分会场。会议通报全市政法队伍教育整顿工作情况、泉州市“十大扫黑除恶先锋”及提名人选，并向“十大扫黑除恶先锋”颁奖。

蔡小伟强调，常态化、机制化推进政法队伍建设依然任重道远。各政法单位要学习贯彻习近平法治思想、习近平总书记“七一”重要讲话和到福建考察讲话精神，筑牢政治忠诚。要坚持和加强党对政法工作的绝对领导，坚持以人民为中心，发挥政法队伍在推进平安泉州、平安福建、法治福建建设中的重要作用，增强人民群众的获得感幸福感安全感。要保持教育整顿常态化，加快查办剩余问题线索，持之以恒整治顽瘴痼疾，开展“我为群众办实事”实践活动，加强政法队伍建设，打造一支党和人民信得过、靠得住、能放心的政法铁军。王永礼强调，要学习贯彻习近平法治思想和习近平总书记“七一”重要讲话、到福建考察讲话精神，落实中央、省委决策部署和省第四指导组要求，巩固深化教育整顿成果，锻造一支党和人民信得过、靠得住、能放心的政法铁军，凝心聚力建设更高水平的平安泉州、法治泉州。要加强政治建设，结合开展党史学习教育和“再学习、再调研、再落实”活动，推进思想政治、业务能力、纪律作风建设，永葆忠诚纯洁可靠的政治本色。要立足常治长效，推动中央督导组和省指导组反馈问题整改、案件线索办理、顽瘴痼疾整治清仓见底，推进建章立制，确保教育整顿成果长效化。要勇于自我革命，坚定不移全面从严管党治警，深化构建亲清新型政商关系，营造法治化营商环境。要提振干劲士气，把教育整顿成果转化为工作动力，在新征程中展现政法队伍更加有为的姿态，为泉州当好全方位推进高质量发展超越主力军保驾护航。

市政协党组理论学习中心组学习（扩大）会议召开

市政协党组理论学习中心组学习（扩大）会议召开，传达学习习近平总书记向第44届世界遗产大会致贺信精神、对防汛救灾工作做出的重要指示精神、在中央政治局常委会会议听取中国共产党成立100周年庆祝活动总结报告和在西藏考察时的重要讲话精神；传达学习省委十届十三次全会精神，以及省委常委会会议、市委常委会会议精神。会议要求，要把握泉州“申遗”成功契机，立足政协职责和工作实际，开展调研视察，积极建言献策，为保护好、传承好、活态利用好世界遗产项目贡献政协智慧和力量。要坚持履职为民，结合开展“我为群众办实事”实践活动，推动党史学习教育往深里走、往实里走、往心里走，助推就业、教育、医疗、养老等民生实事落细落实。要坚持围绕中心、服务大局，创新方式方法，提升质量实效，扎实履职尽责，助力泉州市全方位推进高质量发展超越。

福厦客专泉州湾跨海大桥主桥合龙

国内首座跨海高速铁路桥——福厦客专泉州湾跨海大桥主桥合龙。图为福厦客专泉州湾跨海大桥主桥最后一榀钢箱梁吊装现场。

（图/陈起拓）

8月6日

农历辛丑年六月廿八
星期五
温度：26℃～31℃
大雨转暴雨

●泉州市以视频会议形式召开全市政法队伍教育整顿总结大会，通报全市政法队伍教育整顿工作情况、泉州市“十大扫黑除恶先锋”及提名人选，并向“十大扫黑除恶先锋”颁奖。

●市政协党组理论学习中心组学习（扩大）会议召开，传达学习习近平总书记向第44届世界遗产大会致贺信精神、对防汛救灾工作做出的重要指示精神、在中央政治局常委会会议听取中国共产党成立100周年庆祝活动总结报告和在西藏考察时的重要讲话精神等。

●国内首座跨海高速铁路桥——福厦客专泉州湾跨海大桥主桥合龙。

8月7日

农历辛丑年六月廿九
星期六
温度：27℃～30℃
小雨

●市长蔡战胜到丰泽企业和项目建设一线走访调研，并与部分企业负责人、人大代表、政协委员座谈。

●市纪委办公室、市监委办公室印发《全市纪检监察机关分地域分领域分层级治“四风”树新风专项工作实施方案》，要求全市各级纪检监察机关结合实际贯彻落实。

●泉州市出台《关于进一步推进泉州市开发区水土保持区域评估工作优化营商环境的意见》，并在全省范围内率先配套制定《泉州市水土保持区域评估报告编制技术要点》。

蔡战胜到丰泽企业和项目建设一线走访调研

市长蔡战胜到丰泽企业和项目建设一线走访调研，并与部分企业负责人、人大代表、政协委员座谈。副市长朱启平参加相关活动。在南威软件集团，蔡战胜鼓励企业加强自主创新，为产业升级、城市数字智能转型多作贡献，嘱咐相关部门围绕龙头企业和优势产业建平台、造园区，精准招商、延链补链，营造产业生态圈，形成集聚优势。在东海后埔片区改造项目和城东南滨江片区改造项目现场，蔡战胜了解项目攻坚进展情况并指出，要优化整合资源，坚持以产兴城、以城聚产、产城融合，高水平规划、高标准建设，提升中心城区品质。座谈会上，蔡战胜指出，丰泽城市颜值高，干部精气神足，企业家有爱拼敢赢精神，要学习贯彻习近平总书记到福建考察讲话精神，立足本地实际，在推进产城人融合发展、做大做强现代化城市核心区中彰显新担当、新作为。要突出聚产业，以二产带三产、以三产促二产，抓征迁交净地、抓招商要落地，推进工业园区标准化建设，做优高端制造业，做强现代服务业，发展高附加值、高质量的都市型产业。要突出聚资源，发挥中心城区的区位优势，加快建设标杆片区、标杆街区，打造高颜值“城市会客厅”。要突出聚人气，完善引才落户政策，补齐民生短板，增加优质公共服务供给，让人民群众更有获得感、幸福感、安全感。

蔡战胜（左三）在丰泽调研（图/林劲峰）

泉州市出台实施方案分地域分领域分层级治“四风”树新风

市纪委办公室、市监委办公室印发《全市纪检监察机关分地域分领域分层级治“四风”树新风专项工作实施方案》（以下简称“实施方案”），要求全市各级纪检监察机关结合实际贯彻落实。实施方案指出，要把握新时代新阶段深化作风建设的规律、形势和任务，坚持把严的主基调贯穿始终，把“见人见事见效”理念贯穿始终，推动作风建设取得新成效。实施方案明确提出三项工作重点，即持之以恒整治享乐主义、奢靡之风，精准靶向纠治形式主义、官僚主义，以“1+X”监督推动长效机制建设。为推动该项工作落实落细，实施方案制定四项具体举措。实行“一县一清单”、落实“一批一督办”、做好“一季一研判”、开展“一年一评估”，整治“四风”问题；设立基层减负“前哨岗”、打好年节假期“组合拳”、用足明察暗访“点穴式”，严肃查处突出问题；列明“正负面清单”、开具“四风建议书”，筑牢廉洁自律防线；分领域、分行业提炼具有历史传统、群体特性、区位特征、时代特点的干部新风正气“泉州名片”，亮出干部新风正气。

泉州市推进水保区域评估

泉州市出台《关于进一步推进泉州市开发区水土保持区域评估工作优化营商环境的意见》（以下简称“意见”），并在全省范围内率先配套制定《泉州市水土保持区域评估报告编制技术要点》。该意见的出台，标志泉州市水土保持区域评估工作由试点转向全面推进。意见规范统一水土保持区域评估工作，优化完善区域内生产建设项目的水土保持审批、监测、验收和监管制度，实现由企业入驻时单体评估变为片区开发前整体评估、由审批制管理变为备案制管理的转变，简化相应申请材料，节省开发区项目的落地时间和水土保持相关费用，促进营商环境的优化提升，让园区企业享受实实在在的政策红利。

邢善萍到晋江调研文明城市创建工作

省委常委、宣传部部长邢善萍到晋江调研文明城市创建工作。泉州市委书记王永礼参加调研。邢善萍指出，要贯彻落实习近平总书记到福建考察讲话精神和关于精神文明建设的重要论述，把文明城市创建作为“一把手”工程来抓，完善全域、全民、全程的创建机制，坚持任务项目化、项目清单化、清单具体化，敢拼会赢、动真碰硬，高标准高质量推动文明城市创建向纵深推进。要用好新时代文明实践中心，创设各类志愿服务平台，调动群众积极性，形成人人关心、人人支持、人人参与文明创建的局面。

泉州市3个污染治理项目获中央资金补助

省发改委转下达污染治理和节能减碳专项（污染治理方向）2021年中央预算内投资2.21亿元，泉州3个项目获5750万元中央资金支持，占比26%。其中，永春县污水处理厂扩建配套管网三期工程、安溪县湖头镇污水处理厂提标及配套污水收集管网工程分别获补助2000万元，石狮市垃圾综合处理厂提级改造项目获补助1750万元。按照建设安排，永春县污水处理厂扩建配套管网三期工程于2019年1月开工，此次获补资金用于新建污水管网52.47千米。安溪县湖头镇污水处理厂提标及配套污水收集管网工程此次获补资金用于新建污水管网41.94千米，项目建成投用后，可有效改变当地污水无序排放的现状，改善区域水质。石狮市垃圾综合处理厂提级改造项目获批资金主要用于新建2台日处理生活垃圾600吨的机械炉排焚烧炉及配套系统设备，确保建成后符合国家污染控制标准。

泉州市3个项目获卫生健康领域中央补助

省发改委转下达卫生健康领域第一批中央预算内投资资金，泉州市3个项目位列其中，获补助7000万元。具体补助情况为：安溪县疾病预防控制中心检测能力提升工程获补助1000万元，其中总建筑面积400平方米，并购置设备14台（套）；南安市疾控中心迁建项目获补助1000万元，其中总建筑面积28000平方米；南安市总医院梅山院区获补助5000万元，将进行迁建，总建筑面积13500平方米。根据要求，县级疾控中心要加快具备辖区常见传染病病原体、健康危害因素和国家卫生标准实施所需的检验检测能力，满足新形势下有效应对重大疾病及突发公共卫生事件需要；县级医院提标扩能项目要提高发展质量，加强与省内高水平医院建立医联体、医共体等合作关系，短时间内提高医疗水平。

2020年度泉州创新金融产品名单出炉

2020年度泉州创新金融产品名单出炉，在泉州的13家金融机构的15项金融产品分获“原创奖”和“创新应用奖”。在泉州银行业机构金融产品创新日益活跃，推出一大批符合实体经济发展需求的新型金融产品，取得显著成效，一批创新产品在全国、全省推广。为鼓励各金融机构推出更多符合实体经济发展需求的新型金融产品和服务，市金融监管局、市财政局、人行泉州市中心支行、泉州银保监分局组织开展四届创新金融产品（项目）认定工作，对相关金融机构兑现奖励资金312万元。泉州市创新金融产品（项目）评定设“原创奖”和“创新应用奖”两类，评定范围为各金融机构近已投放市场实施、具有较好应用价值的金融创新产品（项目）。为力求客观公正，活动需经机构申报、协会推荐、微信投票、专业评审、社会公示等环节。2020年度评定中，晋江农商银行的“信e贷”等5项金融产品（项目）获“原创奖”，市中小企业融资担保公司的“助保贷2.0”等10项金融产品（项目）获“创新应用奖”，市政府对上述获奖单位按等次分别给予10万元、5万元、3万元的奖励资金。

8月8日

农历辛丑年七月初一
星期日
温度：26℃～31℃
阴转小雨

●省委常委、宣传部部长邢善萍到晋江调研文明城市创建工作。

●省发改委转下达污染治理和节能减碳专项（污染治理方向）2021年中央预算内投资2.21亿元，泉州3个项目获5750万元中央资金支持，占比26%。

●省发改委转下达卫生健康领域第一批中央预算内投资资金，泉州市3个项目位列其中，获补助7000万元。

●2020年度泉州创新金融产品名单出炉，在泉州的13家金融机构的15项金融产品分获“原创奖”和“创新应用奖”。

8月9日

农历辛丑年七月初二
星期一
温度：27℃～32℃
阴转小雨

●9—10日，中央文明办二局局长薛松岩带领调研组到泉州调研全国文明城市创建工作，并召开调研座谈会。

●市人大常委会党组扩大会议召开，传达学习习近平总书记在中央政治局常委会会议听取中国共产党成立100周年庆祝活动总结报告和在西藏考察时的重要讲话精神、向第44届世界遗产大会致贺信精神、对防汛救灾工作做出的重要指示精神等。

●市人大常委会党组理论学习中心组学习会议召开，专题学习研讨习近平总书记《论中国共产党历史》。

●市长蔡战胜到泉州台商投资区开展工作调研。

●泉州籍运动员李发彬、黄东萍获“中国青年五四奖章”。

中央文明办调研组到泉州调研全国文明城市创建工作

9—10日，中央文明办二局局长薛松岩带领调研组到泉州调研全国文明城市创建工作，并召开调研座谈会。省委宣传部副部长、文明办主任陈添贵主持座谈会。市委书记王永礼出席并讲话，市长蔡战胜汇报创建全国文明城市工作情况。市领导刘文儒、朱启平参加相关活动。在泉州期间，调研组到鲤城、丰泽调研，考察泉州市农贸市场环境改善、老旧小区改造、背街小巷提升、社区文明建设等工作情况。

市人大常委会党组扩大会议召开

市人大常委会党组扩大会议召开，传达学习习近平总书记在中央政治局常委会会议听取中国共产党成立100周年庆祝活动总结报告和在西藏考察时的重要讲话精神、向第44届世界遗产大会致贺信精神、对防汛救灾工作做出的重要指示精神，以及省委、市委有关会议精神；传达学习省委十届十三次全会精神和省委有关文件精神；讨论《泉州市历史文化名城保护条例（草案）》。会议指出，要落实省委十届十三次全会部署要求，锤炼政治品质，增强斗争本领，在统筹发展与安全、有序推进市县乡人大换届选举等工作中找准定位、发挥作用。要认识保护好、传承好、利用好文化遗产的重要意义和使命担当，按照市委“科学保护、活态传承、融合发展”具体要求，高质高效做好历史文化名城保护立法工作，以法治力量守护好城市文脉，放大世界遗产效应，推动遗产保护与经济社会发展同行并进、实现双赢。

蔡战胜到泉州台商投资区开展工作调研

市长蔡战胜到泉州台商投资区开展工作调研。在海上丝绸之路公园，蔡战胜指出，泉州台商投资区要从区位优势出发，围绕城市副中心科学精准定位，通盘考虑自然生态资源与历史文化特质，精雕细琢民生工程，高水平做好日常运营维护，把好山好水好风光引入城市生活，实现海上丝绸之路文化与绿色生态和谐共融。在烯石新材料生产车间，蔡战胜要求相关部门树立“干部服务群众、政府服务企业”理念，落细落实惠企政策，加强要素协调保障，为企业发展提供暖心服务。

李发彬黄东萍获“中国青年五四奖章”

共青团中央、全国青联做出决定，授予中国女子乒乓球队、中国男子乒乓球队2个青年集体“中国青年五四奖章集体”称号，授予39名青年运动员“中国青年五四奖章”，其中包括泉州籍运动员李发彬、黄东萍。决定指出，在刚刚落幕的第32届奥林匹克运动会上，中国体育健儿牢记党和人民嘱托，敢于挑战、勇于争先，作风顽强、技艺精湛，斗志昂扬、品德高尚，勇夺38枚金牌、32枚银牌、18枚铜牌，取得竞赛成绩和比赛道德双丰收，极大激发全体中华儿女的爱国热情，为全党全国各族人民在全面建设社会主义现代化国家新征程上团结奋斗注入强劲动力。尤其是中国青少年运动员自信自强、包容达观，敢于胜利、战绩骄人，向全世界展现新时代中国青少年的良好形象和勃勃生机。共青团中央、全国青联号召全国青少年向中国体育健儿学习。学习他们勇担使命、团结奋斗的精神，恪守初心、坚毅笃行，厚植爱国主义情怀；学习他们敢于争先、敢于争冠的精神，勇立潮头、不断突破，砥砺永久奋斗品格；学习他们不畏艰难、苦练本领的精神，埋头钻研、扎实工作，创造青春无悔业绩。

家乡代表迎接李发彬（中）凯旋 （图/吴宗宝）

全市水利“十四五”规划印发

泉州市“十四五”水利规划印发实施，该规划以项目建设为首要抓手，完善水利基础设施网络，打造高速、高效、生态、智慧的泉州水网。“十四五”期间，泉州市谋划生成水利项目245个，总投资761.88亿元，“十四五”期间计划完成投资404.9亿元，占全省计划完成投资2103亿元的19.25%。推进水灾害防治工程、水资源保障工程、水生态保障工程和其他四大类项目建设。

泉州市部署地质灾害防范与应对工作

市防汛抗旱指挥部发出紧急通知，要求各县（市、区）防汛抗旱指挥部、市防汛抗旱指挥部有关成员单位在台风过后仍不能放松警惕，要加强灾害隐患巡查排险，做好持续性强降雨诱发地质灾害的防范与应对工作。市防汛抗旱指挥部要求，各级资源规划部门要加强对地质灾害防治的组织、协调、监督和指导工作，水利、交通、公路、铁路、住建、文旅、应急、供电、通信等部门和各乡镇（街道）要按照职责分工，分别组织指导做好相关领域的地质灾害隐患排查巡查、监测预警和排危除险工作。要迅速开展隐患再排查，重点针对可能引发地质灾害的屋前屋后、高陡边坡、人员聚集区、公路、铁路等交通沿线区域以及重大线性工程项目施工区等，迅速组织人员开展地质灾害隐患再排查工作，发现有险灾情征兆，应立即采取应急防范措施。要落实监测预警，对所有威胁群众和重要设施的地质灾害隐患点、高陡边坡和潜在地灾隐患区域，加大巡查监测频率，一旦发生险情征兆第一时间发出预警。要强化应急处置措施，发现有地质灾害险灾情征兆或已经发生滑坡、溜方的区域，要第一时间赶赴现场，组织群众转移并妥善安置，落实交通疏导与管制措施，第一时间设置警戒线，竖立警示牌，防止车辆、群众进入发生意外。

中国国际商会泉州商会与泰国石狮商会举行签约授权仪式

中国国际商会泉州商会（以下简称“泉州国际商会”）与泰国石狮商会在石狮东南亚采购集散中心举行签约授权仪式。泉州市贸促会与泰国石狮商会签署合作谅解备忘录，并授权泰国石狮商会设立泉州国际商会驻泰国联络处。根据《中国国际商会泉州商会关于在泰国设立联络处的授权协议书》约定，泉州国际商会支持泰国石狮商会在泰国乃至东南亚地区开展经贸促进工作，并为其无偿提供泉州和国内最新经贸信息和市场动态；泰国石狮商会应本着对泉州国际商会负责的态度，遵守《福建省贸促会驻外联络处管理办法》有关规定，宣传推介泉州市投资环境、优惠政策和重点招商项目，配合泉州国际商会在泰国组织的贸易展览、商品展销、招商推介以及经贸考察等商务活动。

泉州一学生获中国女子数学奥林匹克竞赛金牌

10—14日，由中国数学会主办的2021年中国女子数学奥林匹克竞赛在吉林长春举行，泉州五中黄芷昕与福师大附中3名学生组成的福建省代表队获2金1银1铜，黄芷昕获1枚金牌。中国女子数学奥林匹克是特别为女学生而设的数学竞赛。设立目的在于鼓励女学生学习数学和参与竞赛，培养数学兴趣并增强信心。全国各省、自治区、直辖市，以及香港特别行政区和澳门特别行政区的33支代表队136名选手参赛，角逐团体总分第一名和个人金、银、铜牌。黄芷昕从小喜欢数学，专注、沉稳，富有学习天赋。其所在的数学竞赛组指导老师许华军介绍，黄芷昕勇于探索、钻研、质疑，勤奋努力，具有良好的学习品质。平时利用周末、寒暑假时间刻苦训练，经过前期的精心准备，配合现场的完美发挥，最终代表省队获得1枚金牌。

8月10日

农历辛丑年七月初三
星期二
温度：27℃～31℃
阴转小雨

●泉州市“十四五”水利规划印发实施。

●市防汛抗旱指挥部发出紧急通知，要求各县（市、区）防汛抗旱指挥部、市防汛抗旱指挥部有关成员单位在台风过后仍不能放松警惕，要加强灾害隐患巡查排险，做好持续性强降雨诱发地质灾害的防范与应对工作。

●中国国际商会泉州商会与泰国石狮商会在石狮东南亚采购集散中心举行签约授权仪式。

●10—14日，由中国数学会主办的2021年中国女子数学奥林匹克竞赛在吉林长春举行，泉州五中黄芷昕与福师大附中3名学生组成的福建省代表队获2金1银1铜，黄芷昕获1枚金牌。

8月11日

农历辛丑年七月初四
星期三
温度：27℃～31℃
小雨转多云

●市政府党组书记、市长蔡战胜参加所在的市政府办第一党支部第一党小组党史学习教育专题组织生活会。

●省工信厅公布新一代信息技术与制造业融合发展典型应用案例名单，全省78个典型应用案例进入名单，其中泉州市12家企业的12个典型应用案例入选。

●泉州市职工庆祝中国共产党成立100周年暨学习宣传贯彻习近平总书记“七一”重要讲话精神主题演讲与朗诵比赛（决赛）在泉州市工人文化宫（东海宫）举行。

蔡战胜参加市政府办第一党支部第一党小组组织生活会

市政府党组书记、市长蔡战胜参加所在的市政府办第一党支部第一党小组党史学习教育专题组织生活会，与党员交流学习习近平总书记“七一”重要讲话精神和党史学习教育系列教材的心得体会，深入查摆问题，剖析思想根源，明确整改措施和努力方向，并开展严肃认真的批评与自我批评。党史学习教育市委第九巡回指导组成员列席会议。

泉州市12个案例入选省信息技术与制造业融合发展典型案例

省工信厅公布新一代信息技术与制造业融合发展典型应用案例名单，全省78个典型应用案例进入名单，其中泉州市12家企业的12个典型应用案例入选。从公布的案例看，一批企业通过新一代信息技术应用，解决自动排产、生产溯源、设备预警预测、能耗实时监测等实际问题，实现提质、降本、增效。在类别上，泉州市此次入选的新一代信息技术与制造业融合发展典型应用案例涵盖了、5个5G+工业互联网、1个服务化延伸、1个网络协同、2个数字化管理、1个工业互联网、1个企业上云、1个大数据等。

其中，福建省铁拓机械股份有限公司针对现场员工管理难度大、公司能耗不能精准管控、数据采集传输难度大等“痛点”，借力5G+工业互联网，从辅助生产环节入手，成功、、试点5G+员工远程管理、能耗实时控制；扩展实施5G+激光切割机器人、5G+智能监控、5G+设备数据采集、5G+工业看板等。围绕企业数据多，单个模块系统多、系统运行不稳定，关键设备是国外企业设备、部分关键数据采集难度大等问题，福建百宏聚纤科技实业有限公司引入工业互联网，建设国内领先的涤纶长丝熔体直纺智能制造数字化车间，通过生产工艺仿真与优化、纺丝—加弹等生产环节基于模型的先进控制、产品质量智能在线检测、生产工艺数据自动采集与可视化、工厂互联互通网络架构与信息模型、现场数据与生产管理软件信息集成等，实现企业经营、管理和决策的智能优化。陶瓷工艺品生产工序多、工艺复杂，福建省德化同鑫陶瓷有限公司推动数字化管理，通过打造陶瓷制造业信息化管理平台与数控设备的结合兼容，实现研发设计、开发、生产成型、烧成、采购、质量管理、财务管理、业务管理等工序的信息化覆盖、数字化管控。面对客户订单小批量、下单频繁、交期要求紧的行业趋势，信泰（福建）科技有限公司通过建设工业物联网平台，打通MES（生产管理系统）、ERP（企业资源计划系统）、WMS（仓储管理系统）和质量追溯系统，实施网络化协同，实现制造计划、排产、生产、检验全过程数据采集分析和闭环管理，生产数据和产品质量追溯。在服务化延伸上，泉州佰源机械科技有限公司通过大圆机设备溯源上云；整合及共享全国渠道大圆机专修师傅上云；提供在线设备保修响应；为下游设备采购商提供设备运行监测及维保预警群控系统等，解决设备运行状态无法集中管控、设备故障处理无法通过系统进行报单和响应等行业痛点。

泉州市职工庆祝中国共产党成立100周年主题演讲与朗诵决赛举行

泉州市职工庆祝中国共产党成立100周年暨学习宣传贯彻习近平总书记“七一”重要讲话精神主题演讲与朗诵比赛（决赛）在泉州市工人文化宫（东海宫）举行。决赛现场，选手围绕“永远跟党走·建功新征程”主题，结合自身工作实际讲故事、谈心得、抒情怀，以泉州职工之声讴歌党的百年光辉历程，讲好百年奋斗路上的动人故事，讲出泉州职工永远跟党走、建功新征程的决心。此次比赛是市总工会庆祝建党100周年“永远跟党走·建功新征程”系列活动之一。活动设置初选、初赛和决赛三个环节，历时2个月左右。市总工会相关负责人表示，将完善便于职工群众参与的平台，继续引领全市职工群众学习党史，团结带领职工听党话、跟党走，凝聚建功“十四五”的奋斗力量。

王永礼到泉港调研石化产业

市委书记王永礼到泉港，进企业、看项目、访人才，就石化产业链条延伸拓展、科技创新赋能等开展调研，并督促指导生态环保、疫情防控、安全生产等责任落实。在清源创新实验室，王永礼鼓励继续高标准建设实验室，创新体制机制，解决好人才后顾之忧。在福建百宏石化有限公司，王永礼要求当地党委、政府梳理产业链缺失环节，及时帮助企业对接，针对性开展招商引资。在宝牛能源公司，王永礼指出，要学习借鉴先进地区做法，从体制机制层面科学考虑统筹开发、空间出让等问题，抓好工程技术、施工安全等。王永礼还检查氯碱片区搬迁情况，要求当地党委、政府和企业按照既定工作方案倒排时间节点，科学安排停产搬迁，妥善保障员工权益。在随后召开的座谈会上，王永礼指出，要突出科技创新赋能产业转型升级，把石化产业链条筑牢、筑强、筑出优势，在泉州高质量发展中走前列。

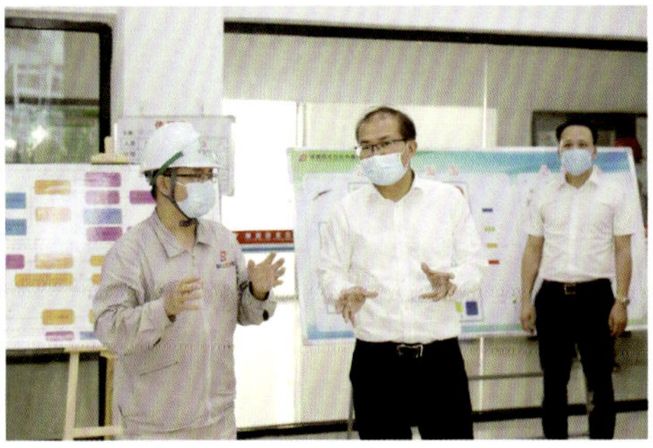

王永礼（中）在福建百宏石化有限公司了解项目情况
（图/陈起拓）

蔡战胜到鲤城企业和项目建设一线调研

市长蔡战胜到鲤城企业和项目建设一线走访调研，并与部分企业负责人、人大代表、政协委员座谈。在鲤城高新技术产业开发区，蔡战胜指出，要对标对表国内先进园区，集中精力推进园区标准化建设，实现园区扩区升级。在福建火炬电子科技有限公司，蔡战胜希望企业增强自主创新能力，加强“卡脖子”技术攻关，主动融入以国内大循环为主体、国内国际双循环相互促进的新发展格局，增强发展后劲。在座谈会上，蔡战胜指出，要推进古城保护提升，立足定位，做好总体规划与风貌管控，更加注重业态注入，打造海上丝绸之路文化精品街区，做到“吃住行游购娱”一体布局。要抓好新城产城融合发展，加快推进纺织鞋服、机械汽配、电子信息产业转型升级，发展楼宇经济、总部经济、平台经济。

市政协听取市人民检察院工作情况通报

市政协召开会议，听取市人民检察院工作情况通报。市政协主席李转生，副主席王祖耀、陈益、洪川夫、刘志平、王春金、蔡萌芽、戴仲川，秘书长黄碧煌参加。市人民检察院检察长郑隆松通报2021年以来全市检察机关工作情况。李转生指出，要依法监督、彰显社会公平正义，以贯彻中央印发的《关于加强新时代检察机关法律监督工作的意见》为契机，健全完善检察工作制度体系，加强检察机关在治理体系和治理能力现代化方面的探索和实践，提升法治建设整体水平。

市文旅局与携程集团签订战略合作框架协议

市文旅局与携程集团签订战略合作框架协议，约定双方本着政府引导、市场运作、资源共享、创新驱动原则建立全面战略合作关系。携程集团是国内知名的一站式旅游平台。此次与市文旅局签订框架协议，携程将围绕推出“世遗泉州”精品旅游线路、共建旅游营销枢纽、培育新型住宿业态、深化大数据应用与合作、打造乡村旅游示范工程、联合培养文化旅游产业人才六个方面，支持泉州文旅高质量发展。

市文旅局与携程集团战略合作框架协议签约仪式
（图/市文旅局）

8月12日
农历辛丑年七月初五
星期四
温度：27℃～32℃
阴转中雨

● 市委书记王永礼到泉港，就石化产业链条延伸拓展、科技创新赋能等开展调研，并督促指导生态环保、疫情防控、安全生产等责任落实。

● 市长蔡战胜到鲤城企业和项目建设一线走访调研，并与部分企业负责人、人大代表、政协委员座谈。

● 市政协召开会议，听取市人民检察院工作情况通报。

● 市文旅局与携程集团签订战略合作框架协议，约定双方本着政府引导、市场运作、资源共享、创新驱动原则建立全面战略合作关系。

8月13日

农历辛丑年七月初六
星期五
温度：26℃~31℃
阴转小雨

●市委常委会召开会议，重温习近平总书记在担任福建省省长期间对泉州筹建古代船舶发展史陈列馆的重要批示精神，研究推进泉州市文化和自然遗产保护工作等。

●泉州军分区党委第一书记任职大会召开，宣读省军区党委任职决定并颁发任职通知书。王永礼任泉州军分区党委委员、常委、第一书记。

●市委理论学习中心组学习会召开，学习研讨采访实录《习近平在福建》。

●市长蔡战胜到洛江企业一线开展工作调研，并与部分企业负责人、人大代表、政协委员座谈。

●泉州市新生儿“秒参保”便民服务项目启动仪式在泉州市妇幼保健院·儿童医院举行，标志泉州市依托“泉州医疗保障”微信公众号和“支付宝”生活号打造的新生儿医保参保系统投用，在线提供新生儿医保参保和缴费等医保服务。

市委常委会研究文化和自然遗产保护工作等

市委常委会召开会议，重温习近平总书记在担任福建省省长期间对泉州筹建古代船舶发展史陈列馆的重要批示精神，研究推进泉州市文化和自然遗产保护工作；学习习近平总书记对推进农村厕所革命做出的重要指示精神及省委常委会会议精神；研究《泉州市历史文化名城保护条例（草案）》《泉州市医疗卫生领域市与县财政事权和支出责任划分改革实施方案》等。会议强调，要维护好更新好古代船舶发展史陈列馆等遗产展示项目，加强考古工作和历史研究，推动多维度文明交流对话。要因地制宜做好规划，统筹推进农村厕所革命任务落实，坚持改厕与保障供水、污水处理共同推进，健全长效管护机制。要尽快颁布实施《泉州市历史文化名城保护条例》，做好配套制度、宣传解读、执法检查等工作，用法治力量保护利用好文化遗产。要组织推进医疗卫生领域市与县财政事权和支出责任划分改革，理清权责、高效运作，建立医疗卫生领域可持续的长效投入保障机制。

蔡战胜到洛江企业一线开展工作调研

市长蔡战胜到洛江企业一线开展工作调研，并与部分企业负责人、人大代表、政协委员座谈。座谈会上，蔡战胜指出，要聚焦智造产业，紧盯高端智能装备、新材料等“卡脖子”问题开展研发攻关，推进工业园区标准化建设，加快传统产业数字化、网络化、智能化升级。要统筹城乡发展，坚持规划引领，用好“申遗”效应，集中力量打造海上丝绸之路文化街区，高水平建设城市新区；突出项目抓手，发挥生态资源优势，串点成线建成若干个乡村振兴示范村、示范线路。要树立以人民为中心的发展思想，加强民生事业投入和优质公共服务供给，为群众办实事、解难题、增福祉，提高人民生活品质。

蔡战胜（左三）在铁拓机械公司了解企业发展现状、产品技术研发及智能制造等相关情况（图/陈晓东）

泉州市新生儿“秒参保”便民服务项目启动

泉州市新生儿“秒参保”便民服务项目启动仪式在泉州市妇幼保健院·儿童医院举行，标志泉州市依托“泉州医疗保障”微信公众号和“支付宝”生活号打造的新生儿医保参保系统投用，在线提供新生儿医保参保和缴费等医保服务。以往，新生儿出生后须在父母办理落户后，才能办理城乡居民基本医保参保登记、缴费、制卡等，在此之前如产生医疗费用只能由新生儿父母先行垫付，直到落户参保后，才能到医保经办服务窗口按规定进行人工报销，还要先办理出生医学证明、参保登记、银行缴费、制作社保卡等手续，需要跑多个部门、提交各类材料。为减轻群众负担，市医保局创新推出新生儿“秒参保”医保便民服务项目，开发新生儿网上参保功能，以新生儿母亲参保信息为识别方式，实现新生儿落户前也能参加居民医保。首批试点在市第一医院、福建医科大学附属第二医院和全市各县级医院等12家医院的医保服务站进行。参保新生儿收到一张临时社保卡，可凭该卡在全市所有定点医院报销住院等相关医疗费用。医保登记缴费后，家长可凭医保登记缴费记录到已开通“秒参保”服务项目的医疗机构医保服务站办理新生儿临时社保卡（新生儿临时社保卡有效期为3个月），并进行住院医疗费用“一站式”报销结算。

蔡战胜到永春德化企业和项目建设一线走访调研

14—15日，结合开展党史学习教育和“再学习、再调研、再落实”活动，市长蔡战胜到永春、德化企业和项目建设一线走访调研，并分别召开座谈会，与部分企业负责人、人大代表、政协委员摆问题、谈发展、谋转型。在九牧智慧制造产业园，蔡战胜鼓励企业发扬实干精神，更加突出企业管理创新，打造行业转型示范。在世界瓷都·德化国际陶瓷艺术城项目现场，蔡战胜叮嘱相关部门强化要素保障，提高服务质量水平。在座谈会上，蔡战胜指出，要做大做强做优特色产业，坚持重龙头、强品牌、铸链条，推进标准化工业园区建设，推动传统产业提质提效，布局发展新经济、新业态，实现产业高质量发展。要坚持创新驱动，推进观念创新、产品技术创新、商业模式创新和企业管理创新，发掘文化底蕴，增加文化内涵，为产业发展注入新动能。要全面推进乡村振兴，深化农村人居环境整治，推动全域旅游发展，打造示范引领的新路径、好样本。

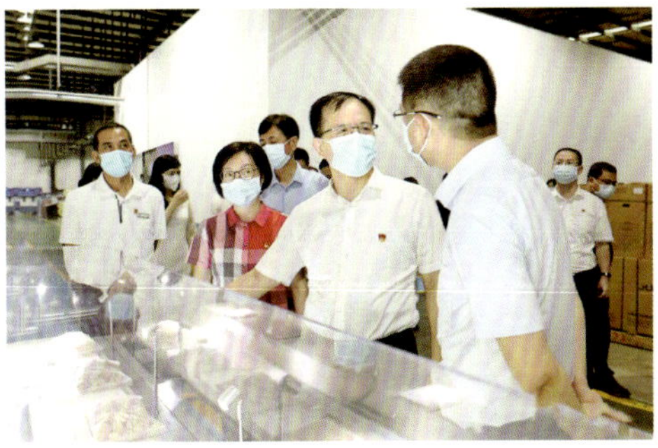

蔡战胜（右四）在位于永春的九牧智慧制造产业园调研（图/张九强）

央视《开讲啦》栏目关注世界遗产地泉州

中央电视台综合频道《开讲啦》栏目播出国际古迹遗址理事会（ICOMOS）副主席、中国海交史研究会副会长姜波讲述世界遗产地泉州，带领观众探索泉州在世界航海史上的影响力，领略这座城市的魅力。姜波认为，作为海上丝绸之路上的东方明珠，泉州在世界航海史上的地位，足以比肩哥伦布的故乡热那亚、马可·波罗的家乡威尼斯和伊本·白图泰的启航地丹吉尔。南海1号沉船是研究海上丝绸之路的绝佳案例，临港经济是泉州发展成为东方贸易大港的条件，丰富多元的宗教建筑遗迹展示泉州包容的城市氛围。泉州申遗成功不是终点，而是保护、传承这份珍贵的航海遗产的起点，要像爱护自己的眼睛一样呵护着这份珍贵而独特的遗产。姜波主要研究领域为水下考古、海上丝绸之路研究与汉唐都城考古，代表作有《汉唐都城礼制建筑研究》（专著）、《中国古代都城考古学研究》（专著、合作）、《从泉州到锡兰山》（论文）等。

中央广播电视总台一套《开讲啦》栏目现场（资料图片）

全省首个红十字生命教育体验馆落地晋江

晋江红十字生命教育体验馆对外开放，标志晋江成为全省首个建立红十字生命教育体验馆的县（市）。晋江红十字生命教育体验馆位于金井镇内的晋江中小学生示范性综合实践基地，设有传播区、培训区（教学区）和体验区，配有心肺复苏模拟人（成人）、AED（自动体外除颤器）训练仪、头部固定器、多功能颈托、急救包以及VR体验眼镜等高科技设备。该馆的日常教学及讲解服务由4名取得红十字应急救护师培训资格的专职工作人员担任。该馆作为晋江青少年学生开展生命健康安全教育提供综合性体验场所，为学校实施红十字体验式生命教育提供有效平台。按照规定，晋江全市中小学生从小学四年级起到初中、高中三个学年段，要在该体验馆经历三次集中研习活动，重点学习生命教育、水上安全、消防安全、地震逃生等相关技能。

8月14日

农历辛丑年七月初七
星期六
温度：26℃～31℃
阴转小雨

●14—15日，结合开展党史学习教育和“再学习、再调研、再落实”活动，蔡战胜到永春、德化企业和项目建设一线走访调研，并分别召开座谈会，与部分企业负责人、人大代表、政协委员摆问题、谈发展、谋转型。

●中央电视台综合频道《开讲啦》栏目播出国际古迹遗址理事会（ICOMOS）副主席、中国海交史研究会副会长姜波讲述世界遗产地泉州。

●晋江红十字生命教育体验馆对外开放，标志晋江成为全省首个建立红十字生命教育体验馆的县（市）。

8月15日

农历辛丑年七月初八
星期日
温度：26℃~31℃
阴转小雨

●市司法局组建泉州市规范性文件审核专家库。

●省发改委、省水利厅下达福建省“五江一溪”防洪工程第二批中央预算内投资。其中，泉州的闽江防洪工程德化段（二期）和晋江防洪工程（二期）项目分别获补5000万元。

●泉州市淋巴瘤诊疗中心成立仪式暨泉州淋巴瘤论坛在泉州市第一医院举行。

市司法局组建泉州市规范性文件审核专家库

市司法局组建泉州市规范性文件审核专家库，为规范性文件合法性审核提供人才保障和智力支持。泉州市的规范性文件合法性审核有专家“智囊团”协审，增强了审核的专业性、权威性和公众参与度。规范性文件实行备案审查，是维护宪法法律尊严、保障宪法法律实施、保证国家法制统一的重要制度安排，具有很强的政治性、政策性、法治性和专业性。

2019年以来，市司法局备案审查县（市、区）政府和市直各部门规范性文件690件，审查工作量大、时限紧、专业性强，对法律审核人员提出更高要求。县级层面，也存在行政规范性文件备案审查机构人员不足等问题。为建立一个更加科学、规范、专业的审查工作机制，市司法局创新成立泉州市规范性文件审核专家库。经过公开选聘、单位推荐、初步审核、集体复核、党组审议、公示公告等遴选程序，泉州市最终确定陈慧艺等46名专业领域人才为专家库成员，涵盖高校、行政机关、医疗机构、企业、律师所等单位，其中，拥有博士学位7人、拥有硕士学位20人。专家库分为卫生医药、城乡建设、环境保护、社会法学、商务等11个专业领域，将为规范性文件的合法性审核、清理、理论研究、咨询、论证和听证等提供智力支持。为保障专家库工作的规范、有序开展，市司法局制定《泉州市规范性文件审核专家库管理规定》，对专家库成员的入选条件、解聘情形、工作内容、权利义务、聘任期限等做出具体规定，确保专家协审的工作质量。

泉州市2个防洪工程注入1亿元中央资金

省发改委、省水利厅下达福建省“五江一溪”（闽江、九龙江、晋江、汀江、赛江、木兰溪）防洪工程第二批中央预算内投资。其中，泉州的闽江防洪工程德化段（二期）和晋江防洪工程（二期）项目分别获补5000万元。此次下达的中央预算内投资用于两个防洪工程项目的堤防护岸加固、土建施工。两个项目建成后，将有效提升泉州市闽江、晋江流域沿岸城镇防洪能力，保护人民生命财产安全。

泉州市淋巴瘤诊疗中心成立

泉州市淋巴瘤诊疗中心成立仪式暨泉州淋巴瘤论坛在泉州市第一医院举行。淋巴瘤是常见的血液系统恶性肿瘤，是发病率增长速度最快的恶性肿瘤之一（国内十大高发恶性肿瘤），因好发于人体的各个部位且分型复杂，因此也被称为“千面肿瘤”。恶性淋巴瘤呈现出发病率迅速升高、发病年龄趋于年轻化两大特点。随着靶向治疗、免疫治疗、细胞治疗、造血干细胞移植等技术的发展，淋巴瘤治疗效果越来越好，其中霍奇金淋巴瘤的早期患者治愈率可达80%以上，晚期患者治愈率也可达50%以上。但据权威医学期刊《柳叶刀》2018年的统计数据，中国淋巴瘤患者五年生存率仅约38.4%，远低于韩国、美国、日本。造成这一明显差异的主要原因是诊断不明确、治疗不规范、病程管理不规范以及患者依从性等。

为让淋巴瘤患者得到更精准的诊断、更规范的治疗、更全面的管理，经市卫健委批准，泉州市淋巴瘤诊疗中心成立。中心将以该院血液内科淋巴瘤亚专科为主体，联合病理科、影像科、核医学科、超声医学科，以及肿瘤放疗科、腹部外科、消化内科、耳鼻咽喉科、口腔科等相关临床科室组成。这些科室实力雄厚，多数是泉州市或院内的重点学科，能为淋巴瘤诊疗提供强有力的技术保障。在成立仪式上，中国医学科学院血液病医院淋巴瘤诊疗中心主任邱录贵教授在线致辞，祝贺泉州市淋巴瘤诊疗中心成立。邱录贵表示，淋巴瘤可能发生在除头发和指甲之外的全身任何一个地方，需要多学科共同诊疗。淋巴瘤诊疗既需要专业性，也需要综合性，泉州市淋巴瘤诊疗中心的成立有助于提高诊断、治疗和愈后评估水平，提高治愈标准，给当地乃至全省淋巴瘤病人带来更多福音。

王永礼蔡战胜与兴业银行董事长吕家进座谈

市委书记王永礼、市长蔡战胜与兴业银行董事长吕家进座谈，就深化政银合作进行交流。市领导季翔峰、洪自强参加。王永礼表示，泉州市正学习贯彻习近平总书记“七一”重要讲话和到福建考察讲话精神，开展“再学习、再调研、再落实”活动，建设“海丝名城、制造强市”。希望兴业银行一如既往支持泉州，在产业转型升级、绿色金融、城市更新、乡村振兴、文化旅游开发等方面，加大金融支持力度，落地金融服务平台，更好服务泉州新一轮发展。泉州将永葆拼劲再出发，推动高质量发展迈出坚实步伐。吕家进表示，兴业银行取得的成绩离不开泉州长期以来的支持，泉州“十四五”时期发展前景令人深受鼓舞。兴业银行将聚焦服务泉州全方位推进高质量发展超越主题，学好“晋江经验”，在重点项目建设、产业升级、企业发展、乡村振兴、居民理财、城市更新改造、数字政务、绿色金融、金融生态场景构建等领域深化合作，让企业受益，让百姓得利，共同绘就泉州发展新篇章。

王永礼到南安调研文化和科技工作

市委书记王永礼到南安项目一线和企业车间，就打造成功文化交流平台、科技创新赋能等开展调研。市领导季翔峰参加调研。在位于石井镇的南安市成功文化园，王永礼要求当地要找准定位，融入闽西南协同发展区和南翼新城，做好规划衔接，同步提升周边环境，打造好高品质湾区城市景观；要加强生态保护和文化传承，保护利用好历史建筑、传统村落，引导植入既保留文化韵味，又符合游客需求的文化旅游业态。在泉州芯谷南安分园区，王永礼要求当地党委、政府要主动靠前服务，在人才住房、子女教育等方面为企业提供支持和保障。在座谈会上，王永礼与基层干部围绕发展规划、重点工作和困难问题共同理思路、议良策。王永礼指出，南安干部精气神足、发展势头好，谋划发展有站位、有格局、有成效。要学习贯彻习近平总书记“七一”重要讲话和到福建考察讲话精神，开展党史学习教育和“再学习、再调研、再落实”活动，巩固良好的发展势头。要力求持续，上下拧成一股绳，同心协力干事创业，通过科技赋能、数字赋能推动产业转型升级，筑牢石材陶瓷、电子信息、机械装备、水暖卫浴、日用轻工等产业链条。要力求提升，高起点规划，高水平运作，加快城市片区更新改造，逐步提升城乡环境，打造城市亮丽名片。要力求品质，统筹推进教育、科技、文化、生态景观等各项民生事业，加快建设南翼新城。

王永礼（左四）了解成功文化园项目情况（图/陈起拓）

泉州辖区伏季休渔期结束

是日12时起，泉州辖区伏季休渔期结束，2875艘渔船全面开渔。是日，全市有1325艘渔船出海作业。为筑牢海上疫情防控安全防线，各级渔业行政主管部门督促指导船东船长落实进出港报告制度，配齐配全防疫物资，协调组织船员、渔工全面开展核酸检测和疫苗接种。

渔船出海作业（图/陈起拓）

8月16日

农历辛丑年七月初九
星期一
温度：27℃ ~ 33℃
多云

●市委书记王永礼、市长蔡战胜与兴业银行董事长吕家进座谈，就深化政银合作进行交流。

●市委书记王永礼到南安项目一线和企业车间，就打造成功文化交流平台、科技创新赋能等开展调研。

●蔡战胜到市信访局接访。

●是日12时起，泉州辖区伏季休渔期结束，2875艘渔船全面开渔。

8月17日

农历辛丑年七月初十
星期二
温度：26℃～33℃
阴转小雨

●由市政府采购中心组织的泉州市环境卫生中心车辆维修服务采购项目远程开标在市公共资源交易中心内完成，此系全省首例政府采购“不见面开标项目”。

●市住建局启动公租房租后管理点题整治工作。

●2021年度省级众创空间认定名单出炉，全省71家单位被认定为省级众创空间，其中泉州市17家。

泉州市完成全省首例政府采购远程开标

由市政府采购中心组织的泉州市环境卫生中心车辆维修服务采购项目远程开标在市公共资源交易中心内完成，此系全省首例政府采购“不见面开标项目”。

这是一场借助省政府采购网上公开信息系统远程开标模块，全程电子化的“屏对屏”采购。与以往的采购开标不同，开标室里没有供应商，在监督人员现场见证下，市政府采购中心工作人员打开计算机，通过远程开标模块，选择对应的采购项目进行开标，线上公布已经提交电子投标文件的投标人、开标须知，核验有效投标人信息，开启远程解密通道、设置解密时长。屏幕那一侧的供应商，不再需要为了开标，专程到交易现场。他们或者在家，或者在办公场所中，线上进入省政府采购网上公开信息系统对应的采购项目区域，查看开标信息，在规定解密时限内远程解密，实时参加开标。全流程电子化将是政府采购新时代的“标配”。市财政局、市纪委监委驻市财政局纪检监察组加快推进“互联网+政府采购”运行模式，以此次远程电子开标为起点，“远程不见面开标”逐步推广，9月1日起，市直预算单位新开展的达到公开招标数额标准以上、通过公开招标方式采购的货物和服务类政府采购项目，全面推行远程电子开标。依托大数据、云计算等现代信息技术，泉州市实现发布采购公告、供应商获取招标文件与上传投标响应文件、开标评审、评审结果公告等全流程无纸化操作，推动政府采购“网上办、不见面”，既减轻企业负担，又提高政府采购质量和效率。

泉州市开展公租房租后管理点题整治

为整治公租房承租人不再符合承租资格、转租出借等突出问题，完善公租房租后管理长效机制，市住建局启动公租房租后管理点题整治工作，持续到9月底。按照省、市纪委监委《关于“点题整治”群众身边腐败和不正之风突出问题的方案》要求，该局对因家庭住房、收入、资产等条件发生变化，不再符合配租条件且没有主动申报，及在承租过程中承租人将公租房转租、转借等违法违规行为进行重点整治。在整治过程中，根据经济社会发展情况，住建部门按照规定，根据市统计局、市民政局等相关部门公布的数据，对泉州市中心市区保障性住房保障标准进行调整。低收入家庭标准：家庭年收入由46101.6元以下调整为89838元以下；家庭资产总额由17万元以下调整为22.49万元以下；单身家庭年收入由13680元以下调整为37906.33元以下。中等偏下家庭标准：家庭年收入由84134.07元以下调整为127748.99元以下；家庭资产总额由47万元以下调整为59.98万元以下；单身家庭年收入由31207元以下调整为53902.53元以下。中等收入家庭标准：家庭年收入由105167.59元以下调整为159686.24元以下；家庭资产总额由58万元以下调整为74.97万元以下；单身家庭年收入由31207元以下调整为67378.16元以下。持有民政部门出具的低收入家庭证明，且家庭人均住房建筑面积低于20平方米（含）的，可认定为廉租住房保障家庭。

17家泉州企业入选省级众创空间

2021年度省级众创空间认定名单出炉，全省71家单位被认定为省级众创空间，其中泉州市17家。根据《福建省科学技术厅关于开展2021年度省级科技企业孵化器备案和评估及省级众创空间申报工作的通知》，申报省级众创空间运营机构成立时间和众创空间实际对外运营时间均在1年以上。具有完善的基本服务配套设施，可自主支配场地建筑面积原则上不少于500平方米，工位不少于30个；属租赁场地的，租期应在5年以上；同时具备公共服务场地和设施；提供的创业办公（工位）与公共服务场地面积之和不低于总面积的75%。其中，公共服务场地是指众创空间提供给创业者共享的活动场所，包括公共接待区、项目展示区、会议室、休闲活动区、专业设备区等配套服务场地。公共服务设施包括免费或低成本的互联网接入、公共软件、共享办公设施等基础办公条件。

邢善萍到德化调研基层党史学习教育工作

省委常委、宣传部部长，省委党史学习教育领导小组副组长、办公室主任邢善萍到德化，调研基层党史学习教育工作。市领导孔繁军参加调研。邢善萍考察中共德化支部旧址、进城党群城市家园等，参观“红色记忆”德化陶瓷艺术作品展，对德化县创新开展党史学习教育予以肯定。邢善萍强调，要把学习宣传贯彻习近平总书记“七一”重要讲话精神引向深入，弘扬伟大建党精神，深化拓展庆祝中国共产党成立100周年成果，深化“永远跟党走”群众性主题宣传教育，把干部群众的爱党爱国爱社会主义热情，转化为推动“十四五”规划开好局、起好步的强大精神力量。要坚持学党史与悟思想相结合，把牢感悟思想伟力这个首要，组织《习近平在福建》学习宣传，推动新思想深入基层、入脑入心。要落实省委部署，把开展向孙丽美学习与开展党史学习教育和“再学习、再调研、再落实”活动结合起来，与学习谷文昌、廖俊波等先进典型结合起来，营造崇尚、学习、争当先进的氛围。要坚持高标准，加强分类指导，抓好检视整改，开好专题组织生活会。要抓细抓实“我为群众办实事”实践活动，确保学史力行体现到锤炼党性、为民服务、推动发展中去。

王永礼到永春调研产业和乡村工作

市委书记王永礼到永春企业和乡村，就促进一、二、三产业融合发展，推动乡村振兴开展调研。在座谈会上，王永礼与基层干部谈问题、讲举措、谋发展。王永礼指出，永春资源禀赋好，发展基础扎实，干部干事创业精气神足，要学习贯彻习近平总书记“七一”重要讲话和到福建考察讲话精神，开展党史学习教育和“再学习、再调研、再落实”活动，坚持绿色发展、科技创新，促进一、二、三产业深度融合，实现高质量发展。要善于借势发展，用好生态优势、自然资源禀赋，借势泉州产业发展和“申遗”成功带来的品牌效应，扩大本地产品影响力。要做大做强特色产业，深度挖掘产品附加值，延伸产业链条，打响文旅品牌，以产业蓬勃发展带动乡村全面振兴。要夯实基层基础，发挥党组织战斗堡垒作用，锤炼务实担当作风，提振为民服务精神，抓住重点难点逐项推动解决，满足群众对美好生活的向往。

第18届世界中学生夏季运动会延期至2022年举行

国际中学生体育联合会宣布，受新冠肺炎疫情影响，原定于2021年10月16—23日举办的晋江2020年第18届世界中学生夏季运动会延期至2022年11月26日至12月3日举行。国际中学生体育联合会、中国中学生体育协会、第18届世界中学生运动会执行委员会在联合声明中表示，各赛事组织方始终把青年运动员和所有参与者的安全摆在首位，综合全球新冠肺炎疫情形势及国际中体联各会员单位反馈的意见，经三方共同商议，决定推迟举办赛事。2017年10月，福建晋江获得2020年第18届世界中学生夏季运动会举办权，原定于2020年10月17—24日举行，这也是该赛事再次被延期举行。世界中学生运动会是国际中学生体育联合会主办的最高水平赛事。该赛事创办于1974年，中国上海于1998年举办第11届世界中学生运动会。

市场监管系统执法稽查技能竞赛举行

18—20日，由市市场监督管理局、市总工会、市人社局主办的市场监管系统执法稽查技能竞赛举行。全市各县（市、区）市场监管执法人员组成队伍参赛。竞赛旨在加强市场监管执法干部队伍建设，提升执法办案能力，促进全市市场监管与执法工作再上新台阶。竞赛分为理论知识、队伍风貌及实践操作三大模块，内容涵盖食品、药品、产品质量、特种设备、广告、知识产权等领域。

8月18日

农历辛丑年七月十一
星期三
温度：25℃~31℃
阴转中雨

●省委常委、宣传部部长，省委党史学习教育领导小组副组长、办公室主任邢善萍到德化，调研基层党史学习教育工作。

●市委书记王永礼到永春企业和乡村，就促进一、二、三产业融合发展，推动乡村振兴开展调研。

●国际中学生体育联合会宣布，受新冠肺炎疫情影响，原定于2021年10月16—23日举办的晋江2020年第18届世界中学生夏季运动会延期至2022年11月26日至12月3日举行。

●18—20日，由市市场监督管理局、市总工会、市人社局主办的市场监管系统执法稽查技能竞赛举行。

8月19日

农历辛丑年七月十二
星期四
温度：26℃～32℃
阴转多云

●市委常委会召开会议，传达学习习近平总书记在7月30日中央政治局会议、中央政治局第三十二次集体学习、党外人士座谈会上的重要讲话精神以及省委常委会会议精神等。

●市委理论学习中心组学习会召开，学习贯彻习近平总书记给廖俊波母亲季平英的回信精神，围绕“弘扬廖俊波精神、践行为民初心”，结合工作实际，进行专题学习研讨。

●市十六届人大常委会第七十五次主任会议召开，讨论《泉州市历史文化名城保护条例（草案二审稿）》，关于泉州市新基建新经济基地建设情况、渔业绿色规模养殖情况、科技创新平台建设工作情况等。

●蔡战胜带队到石狮一线走访调研，与部分企业负责人、人大代表、政协委员座谈。

●由市委人才办、市人社局、团市委指导，泉州市人才发展促进会主办的2021年首批“校园引才大使”聘任仪式举行，聘任58位泉州市“校园引才大使”。

●由省文联、省教育厅主办，省曲艺家协会承办的“在阳光下说唱——庆祝中国共产党成立100周年”第四届福建省曲艺丹桂奖少儿大赛评奖揭晓，泉州市两作品获一等奖，包括南音《咏梅》和评书《烈火金刚》。

市委常委会学习习近平总书记重要讲话精神

市委常委会召开会议，传达学习习近平总书记在7月30日中央政治局会议、中央政治局第三十二次集体学习、党外人士座谈会上的重要讲话精神以及省委常委会会议精神；传达学习习近平、李克强对疫情防控工作的指示批示精神和孙春兰在全国新冠肺炎疫情防控工作电视电话会议上的讲话以及省委有关会议要求，研究部署相关工作。

市十六届人大常委会第七十五次主任会议召开

市十六届人大常委会第七十五次主任会议召开。会议讨论《泉州市历史文化名城保护条例（草案二审稿）》，关于泉州市新基建新经济基地建设情况、渔业绿色规模养殖情况、科技创新平台建设工作情况、泉州古城旅游发展情况的调研报告和审议意见稿，泉州市2021年1—7月国民经济和社会发展计划、预算执行情况的审议意见稿，关于2021年地方政府债券转贷收支调整市本级预算的审查报告，市人大常委会关于开展第八个五年法治宣传教育的决议（草案），关于开展2021年度法官、检察官履职评议工作的实施方案，《泉州市市容和环境卫生管理条例》实施情况、关于泉州市2020年度企业国有资产管理情况的专题调研方案，关于开展《中华人民共和国消防法》及《福建省消防条例》执法检查方案，关于市十六届人大六次会议代表建议、批评和意见办理工作情况的视察方案，以及对部分代表建议办理情况进行满意度测评的实施方案。

市十六届人大常委会第七十五次主任会议现场（图/王虎文）

泉州市聘任58名“校园引才大使”

由市委人才办、市人社局、团市委指导，泉州市人才发展促进会主办的2021年首批“校园引才大使”聘任仪式举行，聘任58位泉州市“校园引才大使”。为深耕人才“港湾计划”，加强与国内高校交流合作，推动建立常态化校地对接平台，更好地传播泉州城市品牌，吸引更多高校毕业生到泉州就业创业，6月初，泉州市2021年首批“校园引才大使”招募活动启动。经过两个多月的征集、筛选、考核，产生58位泉州市“校园引才大使”。活动负责人表示，希望这58名“校园引才大使”一方面当好泉州人才工作“代言人”，发挥桥梁和纽带作用，多渠道、多途径宣传泉州城市品牌、人才政策和用人需求，让学生了解泉州、选择泉州、扎根泉州，推动校地合作再上新台阶；另一方面，希望这些青年学生勤于学习、增强本领，将来更好地报效祖国、服务人民、建设家乡，争当新时代“追梦人”。

泉州市两作品获省曲艺丹桂奖一等奖

由省文联、省教育厅主办，省曲艺家协会承办的“在阳光下说唱——庆祝中国共产党成立100周年”第四届福建省曲艺丹桂奖少儿大赛评奖揭晓，泉州市两作品获一等奖，包括南音《咏梅》和评书《烈火金刚》。曲艺丹桂奖系全省唯一的曲艺类专业赛事品牌，此次大赛共有266个曲艺节目报名参赛，经过各地海选，省曲艺家协会收到113个少儿曲艺作品进行最后角逐。

南音《咏梅》演出现场（图/陈智勇）

泉州市恢复全国文明城市资格

中央文明办印发通知，经中央文明委领导批准，自19日起，恢复泉州市全国文明城市资格。市委、市政府高度重视文明创建工作，全市齐心协力攻坚克难，把停牌压力转化为整改提升的动力，推进创城整改工作，坚持全面创建、全域创建、全民创建、全程创建，紧盯城中村、背街小巷、农贸市场、老旧小区、城乡接合部等薄弱环节，补短板强弱项，城市品质显著提升、社会文明程度达到新高度，整改工作取得明显成效。

李建辉任市人大常委会党组书记

市人大常委会党组扩大会召开，宣布李建辉任市人大常委会党组书记。图为会议现场。

（图/陈意鸣）

《泉州市高技能人才直接认定暂行规定》印发

为深耕人才“港湾计划”，优化营商环境，构建适应泉州高质量发展的高技能人才多元评价体系，泉州市印发《泉州市高技能人才直接认定暂行规定》，对符合条件的技能人才，予以直接认定为泉州高技能人才（高级工或技师），并给予相应的扶持措施。这是泉州在全省率先探索直接认定泉州高技能人才（高级工或技师），有利于加快推进高技能人才队伍建设。高技能人才直接认定范围指的是，在泉州用人单位生产实践中具有精湛专业技能，业绩突出、贡献较大，被行业或企业公认达到高级工（三级）或技师（二级）水平的技能人才。认定中，将坚持弘扬工匠精神，坚持打破年龄、学历、资历、身份的限制原则，突出职业能力和工作业绩，注重评价科技成果转化应用、执行操作规程、解决生产难题、参与技术改造革新、工艺改进、传技带徒等方面的能力和贡献。高技能人才直接认定工作由用人单位统一组织实施，采取网上审核。在政策扶持上，经认定的用人单位与个人均有奖励。同时，用人单位可从已认定的泉州高技能人才（技师）择优设立“首席技师”，并推荐“首席技师”单列参评各县（市、区）技能大师，享受县级技能大师有关优惠政策及待遇。

泉州市首次开展“组团式”医疗援藏

泉州市“组团式”援藏医疗人才一行8人抵达西藏洛隆，开启医疗援藏之旅。该批援藏医疗队队长、泉州市第一医院胸外科副主任医师、援藏医疗队队长李旭表示，此次医疗援助任务更加繁重，各项管理会更加严格，但是8名援藏医生一定会不辱使命，完成援藏任务。此次泉州援藏医疗人才，分别来自市区、南安、晋江、石狮、安溪等多家综合医院：泉州市第一医院胸外科副主任医师李旭、泉州市第一医院团委副书记陈孙郴、泉州市儿童医院·妇幼保健院妇外科片区副主任护师吴婉艺、南安市南侨医院内科副主任医师陈曙煌、晋江市安海医院普外科主治医师曾国清、安溪县医院产科主治医师林素琴、泉州市中医院检验科主管检验师许限水、石狮市医院医学影像科主治医师李伟瞳。其中，3人具有高级职称，5人具有中级职称，涵盖胸外科、内科、儿（产）科、影像科、生化检验科等科室。为做好西藏地区医疗卫生工作，自2021年起，国家卫健委开展“组团式”医疗援助西藏部分县人民医院工作，在援助过程中，明确一家医院牵头负总责，同时实施“以院包科”，由内地一所医院负责帮扶受援医院一个或几个科室，实现医疗援助从“输血式”支援向“造血式”支援转变，泉州是首批开展此项工作的地区。

8月20日

农历辛丑年七月十三
星期五
温度：27℃～33℃
阴转多云

●中央文明办印发通知，经中央文明委领导批准，自19日起，恢复泉州市全国文明城市资格。

●市人大常委会党组扩大会召开，宣布李建辉任市人大常委会党组书记。

●泉州市印发《泉州市高技能人才直接认定暂行规定》，对符合条件的技能人才，予以直接认定为泉州高技能人才（高级工或技师），并给予相应的扶持措施。

●泉州市“组团式”援藏医疗人才一行8人抵达西藏洛隆，开启医疗援藏之旅。

8月21日

农历辛丑年七月十四
星期六
温度：26℃~33℃
阴转多云

●全市首批23个“无欠薪标杆项目”公布。

●泉州市5家新设立的价格争议调解处理工作站授牌。

●由泉州华侨历史博物馆编辑的《故土情深——泉籍华侨华人奉献史》画册由福建人民出版社出版。

●泉州市观鸟学会会员在石狮湿地公园拍摄到国家一级保护动物——彩鹮，此系泉州市首次发现彩鹮。

●泉州市说文解字研究会暨许慎学术研究会举行2021年奖学助学仪式，为30名考取博士生及高考成绩优异的许姓学生进行奖学、助学。

全市首批23个“无欠薪标杆项目”公布

泉州市公布厦门银行泉州分行大厦（主体工程）等首批23个“无欠薪标杆项目”和郑淑兰等10名优秀劳资专管员。5月，市人社局等七部门印发《关于深化创建“无欠薪项目部”活动有关工作的通知》，提升创建活动质量。根据通知，创建“无欠薪项目部”活动实施范围包括：泉州市行政区域内房建市政（含装修装饰）、交通运输、水利、铁路、通信、电力、地下管网等工程建设项目，投资额在100万元以下（含）或建筑面积在500平方米以下（含）或施工期在90天以内（含）的工程建设项目，可不参与创建活动。同时，要求建立无欠薪标杆项目认定评选机制，按照《无欠薪标杆项目认定评选细则》对工程项目进行评分，得分在95分以上（含）的，可认定为“无欠薪标杆项目”，可享受提前全额返还工资保证金、表扬奖励、信用管理加分等激励政策。

泉州市新设立5家价格争议调解处理工作站

泉州市5家新设立的价格争议调解处理工作站授牌。这5家工作站分别设在泉州市纺织服装商会、泉州市建协建筑装饰分会、泉州市金银珠宝协会、泉州清源山风景名胜区、泉州新华都丰泽店，可将价格争议化解在基层，提高价格争议处理效率。按照有关要求，各工作站要按照有关规定规范人员组成、工作职责和工作流程等内容，同时贯彻落实《福建省价格争议调解处理办法》《关于深入开展价格争议多元化解机制建设的实施意见（试行）的通知》等文件精神，化解价格争议，处理各种价格矛盾。

《故土情深——泉籍华侨华人奉献史》画册出版

由泉州华侨历史博物馆编辑的《故土情深——泉籍华侨华人奉献史》画册由福建人民出版社出版。画册以泉州华侨历史博物馆2016年推出的同名展览大纲为蓝本，筛选、增补部分内容，分为“革命志士 抗战英豪”“侨界翘楚 群星璀璨”“投资家乡 发展经济”“情系桑梓 热心公益”四个部分，以丰富的历史和实物图片，展现从清末民初到改革开放时期，泉州籍华侨华人参与的重大事件，以及泉州籍华侨华人当中的杰出代表、做出的巨大贡献等。华侨史专家、厦门大学南洋研究院副院长施雪琴教授为画册撰写导言。施雪琴认为，泉州籍华侨华人的历史不仅是一部海外移民努力拼搏、艰苦创业的移民史与奋斗史，还是一部海外华侨华人情系桑梓、回馈家乡、建设祖国（祖籍国）的革命史与贡献史。画册的编撰与出版，不仅有助于增进社会各界对泉籍华侨华人历史与贡献的深度了解，也将对传承弘扬泉州籍华侨华人情系桑梓、胸怀家国的文化精神产生积极影响。

泉州市首次发现彩鹮

泉州市观鸟学会会员在石狮湿地公园拍摄到国家一级保护动物——彩鹮。此系泉州市首次发现彩鹮，也是福建省继4月在霞浦发现彩鹮后的第二次影像记录。中国记录有4种鹮类，即朱鹮、彩鹮、黑头白鹮、白肩黑鹮，其中朱鹮为中国特有。因其数量稀少、濒临绝迹，彩鹮也被称为“鸟类大熊猫”。泉州市观鸟学会会长吴轲朝表示，此次拍摄到的这只彩鹮应该是未成年的亚成鸟，体长40多厘米，其头顶、前喉处还有些许白羽，羽毛暂未生长到最佳的栗紫色光泽，不排除更早的时候，已有彩鹮在石狮或泉州范围出现。从2020年鸟类“活化石”白鹤首现泉州打破“鹤不入闽”的历史，到“鸟类大熊猫”彩鹮首现泉州，泉州国家一级保护鸟类已增加至16种，体现泉州市生态及湿地环境的持续向好。据统计，泉州市有各种鸟类314种，其中国家一级保护鸟类16种，国家二级保护鸟类67种。

蔡战胜到安溪开展工作调研

市长蔡战胜到安溪开展工作调研，走企业、访园区，并与部分企业家、人大代表、政协委员座谈交流，共商安溪高质量发展大计。在八马百茶园，蔡战胜了解茶叶品种及种植技术，观摩制茶工艺，叮嘱企业要在专注提升茶叶品质的同时，加强宣传策划，提高品牌美誉度，推动茶业品牌提升，谱写茶产业和茶文化的发展新篇章。在数字福建（安溪）产业园，蔡战胜肯定园区发展思路，指出要开展园区标准化建设，打造数字经济核心竞争力，加快产业集聚发展。在座谈会上，蔡战胜听取与会人士对安溪发展的意见和建议。蔡战胜指出，安溪发展观念新、工作亮点多，爱拼敢赢的精气神足，走出一条从贫困摘帽到全国百强的发展新路。要学习贯彻习近平总书记“七一”重要讲话和到福建考察讲话精神，开展党史学习教育和“再学习、再调研、再落实”活动，按照省委、省政府和市委部署要求，苦干实干快干，为全市大局多贡献、多担当。经济发展要争先进位，立足本地资源和特色优势，通过抓项目来促发展，力争全年各项经济指标在全市走前头。转型升级要提质增效，以建设园区标准化为契机，通过观念创新、产品技术创新、商业模式创新和企业管理创新，推动产业数字化、智能化转型。城乡品质要加快提升，推动新型城镇化与乡村振兴全面对接，集中力量打造一批示范街区、示范乡村。底线红线要牢牢守住，加强和保障民生，统筹抓好疫情防控、安全生产、生态保护等各项工作，维护社会安定稳定。

蔡战胜（右三）在安溪县八马茶业有限公司调研（图/张九强）

《中国共产党成立100周年泉州经济社会发展系列报告》发布

市统计局与国家统计局泉州调查队联合发布《中国共产党成立100周年泉州经济社会发展系列报告》（以下简称“报告”）。报告显示：中共建党百年来，泉州市消费品市场发生历史性变化，特别是中共十八大以来，泉州消费结构升级换代，新业态新模式引领新型消费加快发展，多元化、个性化消费格局加速形成，消费成为全市经济持续快速增长的重要驱动力。

1921—1949年，全市商品市场秩序混乱，消费能力严重不足，商品市场几近崩溃。中华人民共和国成立后，通过社会主义改造，泉州国民经济和商品市场初步形成。“一五”期末（1957年），全市实现社会消费品零售总额2.29亿元，比1952年增加0.78亿元，增长51.7%。1978年，全市实现社会消费品零售总额4.57亿元，比1949年增长2.9倍。中共十一届三中全会做出改革开放的历史性决策，消费品市场从计划管理向自由流通转变，步入快速发展轨道。而随着社会主义市场经济体制建立，以及中国加入世贸组织等利好，消费品市场快速发展。2012年，全市社会消费品零售额总额达2232.74亿元。1979—2012年，全市社会消费品零售额总额年均增长20.0%。中共十八大以来，新业态新模式企业层出不穷。2020年，全市淘宝镇、淘宝村分别达72个、238个，占全省的47%、54%，数量分别位居全国城市首位和第五位。2020年，泉州社会消费品零售总额5228.87亿元，比2012年增长134.2%，年均增长11.2%。泉州居民消费结构也在持续优化。居民用于购买食物的支出比例下降，城镇、农村居民恩格尔系数分别从1990年的65.2%和56.6%，降至2020年的32.0%和43.3%。

8月22日

农历辛丑年七月十五
星期日
温度：27℃～33℃
阴

●市长蔡战胜到安溪开展工作调研，走企业、访园区，并与部分企业家、人大代表、政协委员座谈交流，共商安溪高质量发展大计。

●市统计局与国家统计局泉州调查队联合发布《中国共产党成立100周年泉州经济社会发展系列报告》。

8月23日

农历辛丑年七月十六
星期一
温度：26℃～33℃
阴转多云

●市委常委会（扩大）会议召开，传达贯彻全省下半年工作推进会精神，贯彻落实全省加强景区和非景区景点安全管理与基层社会治理会议精神。

●由中国高等教育培训中心主办的首届全国高校教师教学创新大赛成果巡讲（首期）公益直播活动举行，泉州师范学院音乐与舞蹈学院副院长、硕士生导师陈恩慧应邀做专题讲座，分享南音进高校成功教学经验。

●福建省第八批援疆医疗卫生人才启程赴新疆。此次参加福建省第八批援疆中期轮换工作的专业技术人才，有10人来自泉州医疗卫生系统。

●中国人民解放军第910医院的10名泉州医务人员，结束在江苏南京的集中隔离后，返回泉州，完成支援南京抗疫一线的任务。

●由鲤城区委统战部主办，泉州通淮关岳庙董事会、区工商联承办的“爱在鲤城·情满金秋”助学活动暨助学金发放仪式在市区通淮关岳庙广场举行。

市委常委会传达全省下半年工作推进会精神

市委常委会（扩大）会议召开，传达贯彻全省下半年工作推进会精神，贯彻落实全省加强景区和非景区景点安全管理与基层社会治理会议精神。

会议指出，要做好常态化疫情防控，落实“外防输入、内防反弹”各项措施，主动找漏洞补短板，加快疫苗接种进度，织密织牢疫情防控网。要强化目标意识、问题导向、节点概念，加快实施重点专项，项目化、清单化、具体化推进各项工作，扩投资、拓市场、促创新、抓潜力，确保完成全年目标任务。要妥善处理效率和公平的关系，鼓励勤劳创新致富，让发展成果更多更公平惠及群众。要贯彻落实总体国家安全观，统筹好发展和安全。坚持“一把手”靠前，算好安全发展的长远账、整体账、综合账，扛起属地管理、行业管理的第一责任。始终绷紧弦，关键抓平时，抓好政治安全、意识形态安全、经济安全、生产安全、社会安全等各领域安全工作，摸清风险底数，加强风险研判，把安全隐患消除在萌芽状态。盯紧节骨眼，抓好防汛防台风、学校开学、海上渔船、景区和非景区景点安全管理等，维护社会安定稳定。要坚持以党的政治建设为统领，加强各级领导班子建设。抓好市党代会筹备、代表和委员选举等工作，严明换届选举纪律，确保全过程清朗、清正、清新。坚持民主集中制，维护班子团结，形成心往一处想、劲往一处使的局面。高质量推进村（社区）“两委”换届工作，夯实基层基础。领导干部要带头保持政治本色，发扬务实为民作风，当好示范表率。

南音进高校成功经验全国分享

由中国高等教育培训中心主办的首届全国高校教师教学创新大赛成果巡讲（首期）公益直播活动举行，泉州师范学院音乐与舞蹈学院副院长、硕士生导师陈恩慧应邀做专题讲座，分享南音进高校成功教学经验。此次活动吸引复旦大学教师教学发展中心主任陆昉、浙江大学机器人研究院常务副院长陆国栋、北京科技大学数理学院教授赵鲁涛等参加公益直播，分享各自领域成功的教学经验。陈恩慧以“教学创新 不忘初心 育人传薪”为题，分享《南音演唱》课程教学创新改革经验。陈恩慧表示，将《南音演唱》开设成高校的一门专业课，本身就是一种创新，具有鲜明的学科特色。早在2003年，泉州师范学院就把南音引入高校专业设置，在海内外首创南音本科专业，自此，南音不仅仅只是一个地方乐种，而成为高校的一个音乐专业，在中国音乐教育史上具有划时代的意义。此次陈恩慧能应邀参加全国性公益直播，得益于其在7月底举行的首届全国高等院校教学创新大赛中脱颖而出。此次大赛吸引全国各地上千所高校5万多名教师选手参与角逐，陈恩慧的《南音演唱》课程不仅获得地方院校副高组一等奖第一名，还获得教学活动创新奖和教学学术创新奖，备受瞩目。《南音演唱》课程教学创新改革，是秉承“以学生为本”的育人理念，以学生的需求为导向，围绕教学目标来设计教学活动，通过创新教学设计，让古老南音与新教学理念有机融合，更好地培养南音人才。

泉州市10名医疗卫生人才启程援疆

福建省第八批援疆医疗卫生人才启程赴新疆。此次参加福建省第八批援疆中期轮换工作的专业技术人才，有10人来自泉州医疗卫生系统，他们分别是石狮市医院呼吸与危重症医学主治医师林火、晋江市医院口腔科主治医师曾伟峰、泉州市第一医院病理科主治医师何佩、泉州市正骨医院推拿科中医副主任医师苏霄乐、德化县医院无痛诊疗小组主治医师颜跃全、泉州台商投资区医院骨科主治医师蔡培钦、安溪县医院肿瘤内科主治医师蔡景富、南安市疾控中心副主任医师黄种方、泉州市中医院口腔科主治医师邱张顺（继续选派）、惠安县妇幼保健院儿科主治医师朱庆阳。

阮诗玮到泉州开展“传承发展福建戏曲艺术”对口协商调研

23—24日，省政协副主席阮诗玮到泉州开展“传承发展福建戏曲艺术”对口协商调研，了解泉州市木偶戏、南音、梨园戏、高甲戏、打城戏等戏曲艺术的保护传承现状，分析存在的困难问题，探讨相关对策建议。调研组强调，要加强组织领导，建立完善传承保护长效机制，激活戏曲文化市场，出精品、出人才，让传统文化在赓续传承中焕发新生机。

2021年泉州市“小桔灯”关爱困境儿童主题活动举行

由市妇联、市妇儿工委办公室主办，泉港区妇联、区民政局等承办、协办的2021年泉州市“小桔灯”关爱困境儿童主题活动在泉港区涂岭镇前欧村举行，爱心单位、爱心企业、爱心个人为困境儿童提供助学、助养、助教等关爱服务。2021年的关爱困境儿童主题活动是继2019年“小桔灯点亮计划”、2020年“小桔灯曙光行动”之后的爱心助力延续，也是落实“我为群众办实事”，切实关爱、守护困境儿童的具体举措。活动现场，主办方为20名困境儿童送上“小桔灯”爱心包和成长金，希望孩子们把党和政府的关怀、社会各界的关爱，转化为学习的动力，以乐观向上的精神迎接学习、生活中的各种困难和挑战，争做新时代好少年；泉港区职业女性联谊会给峰尾镇慈德堂和界山镇清莲庵捐设“小桔灯读书角”，为生活在庵堂的困境儿童提供学习资源；福建省玲珑集团向泉港区特殊教育学校捐款，为特殊孩子奉献爱心；泉港区各级巾帼文明岗的“爱心家长”，主动认捐助养10名困境儿童；一方扶贫济困公益服务中心成立“小桔灯”巾帼志愿服务队，从感恩孝亲、心理健康、安全自护等多方面守护困境儿童健康成长。

第22届“海交馆之友”世遗研学夏令营开营

泉州海外交通史博物馆主办的第22届“海交馆之友”世遗研学夏令营开营。夏令营以“守护遗产 拥抱未来”为主题。全市各地20名青少年一起进行为期4天的研学之旅，通过参观博物馆、走访世遗点、听讲座、手工体验等方式领略泉州世遗魅力。

“泰兴号”沉船出水文物特展在上海开幕

由中国航海博物馆和德化陶瓷博物馆等主办的“泰兴号”沉船出水文物特展在位于上海浦东新区的中国航海博物馆开幕，400余件“泰兴号”出水文物参展。展览持续至2022年1月3日。清道光二年（1822年）1月，“泰兴号”从福建出发后，在印度尼西亚触礁沉没。1999年5月被打捞出水，出水瓷器超过35万件，是海洋考古中发现的最大中国木帆船，也是打捞完整文物最多的沉船。此次展览以“远帆归航”为主题，不仅为现场参观者展示陶瓷珍品，还通过博物馆独特的呈现方式，揭开“泰兴号”神秘的面纱，解答一系列大众关注的问题，诸如传统航线，为何更改航向？巨型船舶，何以触礁沉没？惊世海难，怎得百人生还？海底宝库，如何重见天日？

展览分为“茫茫探海舶”“熠熠有瓷珍”和“悠悠访瓷都”三大展区，其中“茫茫探海舶”展区分为起航·触礁、探险·打捞、拍卖·回购、研究·复原四个部分。这里模拟的“泰兴号”水密隔舱中，陈列丝绸、茶叶、瓷器等海上丝绸之路贸易中常见的商品。“泰兴号”沉船出水器物丰富多彩，其中绝大多数为陶瓷器，瓷器中绝大部分为青花瓷，还有一部分白釉、酱釉、青黄釉瓷器以及宜兴紫砂等。“泰兴号”沉船中出水的瓷器以德化窑为主，在“悠悠访瓷都”展区中，宋、元、明、清乃至当代的100余件德化窑精品在这里集中呈现。这里有千年古窑中各个朝代的瓷器精品，有远销世界的生活器皿，还有当代陶瓷工艺大师的创新作品，参观者可以感受世界瓷都千年的发展脉络。

8月24日

农历辛丑年七月十七
星期二
温度：26℃～33℃
阴转多云

●23—24日，省政协副主席阮诗玮到泉州开展“传承发展福建戏曲艺术”对口协商调研。

●市委统战部主办的泉州市“同心工程”捐赠活动举行。

●由市妇联、市妇儿工委办公室主办，泉港区妇联、区民政局等承办、协办的2021年泉州市“小桔灯”关爱困境儿童主题活动在泉港区涂岭镇前欧村举行。

●泉州海外交通史博物馆主办的第22届“海交馆之友”世遗研学夏令营开营。

●由中国航海博物馆和德化陶瓷博物馆等主办的“泰兴号”沉船出水文物特展在位于上海浦东新区的中国航海博物馆开幕。

8月25日

农历辛丑年七月十八
星期三
温度：26℃~33℃
阴转多云

●市政府第一百二十六次常务会议召开，研究并通过《泉州市“十四五”特色现代农业发展专项规划》等。

●全国文明城市网上申报材料工作推进会召开，对第七届全国文明城市年度测评检查网上申报材料工作进行再动员再部署。

●省科技厅2021年科技特派员助力产业转型（泉州）现场观摩暨经验交流研讨活动在晋江举行

●“我履职我担当·学党史颂党恩办实事”——泉州市2021年妇联执委履职展示活动在晋江举行。

●叶飞将军题字捐赠仪式在南安市金淘镇举行。

市政府第一百二十六次常务会议召开

市政府第一百二十六次常务会议召开，研究并通过《泉州市“十四五”特色现代农业发展专项规划》等。会议指出，要学习贯彻习近平总书记关于“三农”工作重要论述，按照省委、省政府和市委部署，坚持农业农村优先发展，突出以城带乡、以工促农、乡村振兴，以更加具体有力举措，把目标任务转化为年度计划和项目支撑，推动“三农”工作取得新成效。要促进农业高质高效，立足全市产业基础，聚焦各地特色优势，按照“一县一园、一镇一业、一村一品”思路，因地制宜、科学规划，建设一批特色产业集群、现代农业产业园、农业产业强镇和特色村，推动聚集发展。要带动农民增收致富，发展壮大农业龙头企业，引进培育优秀农村实用人才、新型职业农民，健全农民收入持续增长机制。要高度重视秋粮生产，精准预判、科学调度，多措并举保障粮食安全，确保粮食生产各项工作有序推进。

全国文明城市网上申报材料工作推进会召开

全国文明城市网上申报材料工作推进会召开，对第七届全国文明城市年度测评检查网上申报材料工作进行再动员再部署。会议指出，要对标对表，分析研判，精准把握材料申报工作的重点和要求；聚焦问题，补齐短板，力争重难点取得新成效新突破；积极引导，宣传发动，营造良好创建氛围；树立导向，落实责任，建立健全奖惩机制。各单位要履行主体责任，落实责任制和责任链条，按照任务项目化、项目清单化、清单具体化的要求，严谨细致地收集整理报送材料，确保材料不漏项、不偏差、不凌乱，同时根据各阶段材料报送的要求，及时做好补充修改和完善，提高网上申报材料质量。

省科技厅2021年科技特派员助力产业转型（泉州）现场观摩活动举行

省科技厅2021年科技特派员助力产业转型（泉州）现场观摩暨经验交流研讨活动在晋江举行，科技特派员和各级专家到晋江纺织服装、制鞋、机械等传统产业转型示范点观摩研讨，总结福建省科技特派员助力产业转型升级、服务全方位推动高质量发展超越的措施。科技特派员制度是习近平总书记总结提升的农村科技工作机制创新。晋江紧扣“学党史、悟思想、办实事、开新局”的要求，开展“我为企业解难题”再落实活动，把深化科技特派员制度与推动产业转型升级有机结合，将高科技人才资源精准导入本地产业发展中，实现人才下沉、科技下乡。

叶飞将军题字捐赠仪式在南安市金淘镇举行

叶飞将军题字捐赠仪式在南安市金淘镇举行。金淘镇党委、政府，向泉州华侨革命历史博物馆捐赠一幅约50厘米见方，由叶飞书写并盖章的书法作品。金淘镇占石村是开国上将叶飞的故乡。此前，占石村老支书叶万苍曾在怀念叶飞将军的文章中提到该幅书法作品——20世纪90年代，身在北京的叶飞多次关心过问家乡发展。1997年，叶万苍与金淘镇负责人到北京，汇报占石村发展计划，叶飞一再叮嘱“一定要把老区经济搞上去”，并为金淘镇题词寄语：“发挥优势 振兴金陶”。该幅作品中，“金淘”写作“金陶”，并非笔误，而是镇名历史沿革。早前镇名“金淘”和“金陶”两者并用，后来才以镇域内金刚山和淘溪各取首字为由统一为“金淘镇”。

叶飞将军题字捐赠仪式（图/张九强 林志东）

市委专题研究推进制造业数字化转型工作

市委召开专题会议，学习习近平总书记关于数字经济发展的重要论述，听取泉州市制造业数字化转型情况汇报，了解存在的堵点难点，研究加大推进制造业数字化转型的政策举措。会议分析泉州制造业转型升级的现状，认为数字化是当前和今后一段时期的重要战略抓手，各级各相关部门要贯彻落实省委书记尹力的批示和省委、省政府有关部署要求，结合开展“再学习、再调研、再落实”活动，摸清规模以上企业、规模以下工业企业，以及不同行业企业的现状、问题、需求，采取针对性措施，动员企业加快智能化改造、数字化转型。会议明确，加快推进制造业数字化转型要加强系统策划，梳理阶段性主要目标，明确各阶段的具体任务和工作重点，制订三年行动方案，既完善硬件建设，也强化软件提升。要坚持分行业分领域推进，选树龙头示范，打造可复制可推广样板，带动更多企业走好转型之路，驱动泉州产业数字化、数字产业化更好赋能实体经济。要健全技术保障和政策支撑体系，开展园区标准化建设，整合高校、科研院所等人才资源，组建数字化专家咨询团队，推广科技特派员制度，创新金融支持产品，探索新型商业模式，逐步形成全方位多层次的保障体系。

第七届福建省“互联网+”大学生创新创业大赛决赛在泉州举行

由省教育厅等主办的第七届福建省“互联网+”大学生创新创业大赛高教主赛道、“青年红色筑梦之旅”赛道、萌芽赛道决赛在泉州师范学院举行。该届大赛参赛人数和项目数再创新高，全省296所学校的56.22万名师生、14.97万个项目报名参赛，分别比上届大赛增加11.39万人和3.37万个项目。经过角逐，231个项目入围决赛，最终产生高教主赛道金奖75个、“青年红色筑梦之旅”赛道金奖30个、萌芽赛道创新潜力奖10个及最佳创业奖等多个单项奖。

第七届福建省“互联网+”大学生创新创业大赛决赛动员部署会现场（图/黄向文）

泉州市第三代社会保障卡第二批合作银行签约仪式举行

泉州市第三代社会保障卡第二批合作银行签约仪式举行。为增加便民服务渠道，拓展社保卡服务网络，在原有工商银行、农业银行2家合作银行基础上，新准入中国银行、建设银行、邮储银行、农信社（农商行）、泉州银行、兴业银行、中信银行、光大银行8家合作银行，共同参与泉州市第三代社保卡发行，助推社会保障卡应用和服务进入新阶段。第三代社会保障卡除具备第二代的所有功能外，新增非接触式读卡功能，在使用上更加方便。在安全性上，新卡采用国产密码算法，更为安全可靠。同时，新卡的芯片容量更大，可扩展更多的服务项目。新卡发行后，第二代卡可继续使用，无须特意换卡。

泉州台商投资区2021年产业链招商暨要素供给保障签约活动举行

泉州台商投资区2021年产业链招商暨要素供给保障签约活动举行，44个项目集中签约，总投资额超127亿元，涵盖智能电力、智能制造、数字包装、机械装备、城市板块等领域。活动现场，驻泉州台商投资区金融机构与泉州台商投资区招商局公司签订智能电力、数字包装产业链金融服务合作框架协议，总授信金额140亿元；与7家企业分别授信，总授信金额约18亿元；要素保障单位与项目代表签署土地平整、通水通电保障服务承诺。

8月26日

农历辛丑年七月十九
星期四
温度：25℃～35℃
多云转晴

●市委召开专题会议，学习习近平总书记关于数字经济发展的重要论述，听取泉州市制造业数字化转型情况汇报，了解存在的堵点难点，研究加大推进制造业数字化转型的政策举措。

●泉州市省政协委员小组组长、市政协主席李转生带领在泉州的省政协委员围绕“非遗文化保护与传承”开展专题调研。

●市政协党组理论学习中心组学习（扩大）会议召开，传达学习习近平总书记对深入推进农村厕所革命做出的重要指示精神，在7月30日中央政治局会议、中央政治局第三十二次集体学习时和在党外人士座谈会上的讲话精神，以及省委、市委有关会议精神。

●由省教育厅等主办的第七届福建省“互联网+”大学生创新创业大赛高教主赛道、“青年红色筑梦之旅”赛道、萌芽赛道决赛在泉州师范学院举行。

●泉州市第三代社会保障卡第二批合作银行签约仪式举行。

●市防控疫情应急指挥部医疗救治组会同鲤城区、丰泽区、洛江区、泉州开发区组织开展中心市区大规模人群核酸检测应急演练。

●泉州台商投资区2021年产业链招商暨要素供给保障签约活动举行，44个项目集中签约，总投资额超127亿元，涵盖智能电力、智能制造、数字包装、机械装备、城市板块等领域。

8月27日

农历辛丑年七月二十
星期五
温度：26℃～32℃
晴

●市委书记王永礼到泉州台商投资区调研洛阳桥保护和“亲清家园”智慧服务平台建设。

●由泉州市乡村振兴促进会和泉州长安投资有限公司主办的2021年帮扶困难大学生座谈会暨“爱心助学金”发放仪式举行，为40名受资助困难学生每人发放5000元助学金。

●27—30日，由市文旅局主办的“宋元中国看泉州”“网络大V”探秘计划营销活动举行，全国各地14名“网络大V”参加活动。

●由市民政局主办，鲤城区民政局、开元街道办事处协办，泉州市海西社工事业发展中心、泉州市鲤城区致和社工事务所承办的“情暖蔷薇·助爱童行”暑期儿童关爱保护活动营在市区开元街道新时代文明实践所开营。

王永礼到泉州台商投资区调研洛阳桥保护工作等

市委书记王永礼到泉州台商投资区调研洛阳桥保护和“亲清家园”智慧服务平台建设。在洛阳桥，王永礼要求，要加强遗产点监测和日常维护，管控好建筑风貌、第五立面、周边环境，做好遗产区、缓冲区保护管理各项工作；要围绕古桥古街古镇，挖掘历史、文化、艺术价值，加强旅游线路及最佳观赏时点、参访打卡点整体策划，做优参访配套设施，引入合适业态，做好文旅发展文章。王永礼查看“亲清家园”智慧服务平台前端界面和后台数据并指出，要打通数据壁垒，集成更多服务模块，做好平台维护和优化，提升惠企便民程度；要立足台商区定位，针对台胞台企需求，提供个性化服务，打造两岸一家亲的智慧服务平台。

王永礼（左四）在泉州台商投资区行政服务中心了解“亲清家园”智慧服务平台建设情况（图/陈起拓）

2021年帮扶困难大学生座谈会暨“爱心助学金”发放仪式举行

由泉州市乡村振兴促进会和泉州长安投资有限公司主办的2021年帮扶困难大学生座谈会暨“爱心助学金”发放仪式举行，为40名受资助困难学生每人发放5000元助学金。从2020年起，泉州市乡村振兴促进会从原建档立卡贫困户家庭中选择40名困难大学新生，每人每年资助5000元，直至他们完成四年大学学业。泉州市乡村振兴促进会相关负责人寄语受资助学生在新征程上扬帆起航，争做品学兼优的新时代大学生，学成归来为家乡的振兴和发展添砖加瓦。受资助学生表示，要在大学期间努力学习，奋力拼搏，以更优异的成绩回报家乡的关爱和支持。

“宋元中国看泉州”“网络大V”探秘计划营销活动举行

27—30日，由市文旅局主办的“宋元中国看泉州”“网络大V”探秘计划营销活动举行，国内14名不同领域的KOL达人参加活动。此次活动借助同程作为全球顶尖OTA（在线旅游电子商务平台）平台影响，以全媒体矩阵开展内容创作、专题线路策划、热点挖掘，筑营销闭环，谋划事件营销，生成泉州“爆款软文”。同时，加大精品线路、网红打卡点推介力度，激活泉州和周边游市场，加强闽西南协同发展区、闽粤赣十三市等区域协作，瞄准广东、浙江、上海、江苏等重要客源地市场，加强产品精准推送、客源互送，营造全域文旅氛围，讲好“泉州故事”。KOL指的是关键意见领袖，通常被定义为“拥有更多、更准确的产品信息，且为相关群体所接受或信任，并对该群体的购买行为有较大影响力的人”。14名达人包括抖音验客“幻想家japaul”，视频验客、同程签约明星验客、微博故事红人“钢小侠”，视频验客、原创自媒体、独立摄影师“咱厝人——陈陈”等，这些达人大多拥有数量庞大的粉丝群体，如“幻想家japaul”其抖音粉丝超830万人、微博粉丝逾215万人，拥有“同程明星验客”“2020年度金牌验客”“生活旅游博主”“大学讲师”等头衔。活动中，14名达人走访开元寺、中山中路、九日山祈风石刻群、清源山、老君岩、泉州府文庙、蟳埔民俗渔村、真武庙、天后宫、德济门遗址、崇武古城等遗产点及景区（点）。

参加活动的网络“大V拍摄”蟳埔女传统发型——簪花围（图/市文旅局）

泉州市启动2022届毕业生求职创业补贴发放工作

为做好困难高校毕业生就业帮扶，按照省人社厅要求，泉州市启动2022届毕业生求职创业补贴发放工作。符合条件的高校毕业生可申请一次性求职创业补贴2000元/人。根据方案，泉州辖区内的全日制普通高校、全日制中等职业学校（含技工院校）和特殊教育院校职业教育类毕业学年内的5类人员可申请一次性求职创业补贴，这5类人员包括：城乡居民最低生活保障家庭毕业生；残疾毕业生；已获得国家助学贷款毕业生；脱贫户家庭毕业生（即原建档立卡贫困家庭毕业生、建档立卡贫困残疾人家庭毕业生）；特困人员毕业生。毕业生只可按一种身份申领求职创业补贴，已享受过求职创业补贴的不得重复享受。

泉州市开展A级景区和旅行社安全管理专项整治行动

按照省、市关于景区和非景区景点安全管理部署要求，市文旅在全市范围内组织开展为期3个月的A级景区安全排查和旅行社安全管理专项整治。文旅部门建立定期会商会议制度，及时分析研判；建立定期通报工作制度，定期收集A级景区问题清单，及时函告行业监管部门督促整改销号；完善考评机制，在A级景区质量等级评定和复核等工作中将旅游安全列入一票否决项，夯实A级景区企业主体责任。此外，全市公安机关将51家A级景区、22个遗产点和沿海一线沙滩作为第一批风险隐患排查重点，主动会同镇村两级组织、文旅等部门和景区管理单位，全面开展拉网式隐患排查，建立问题清单、责任清单，督促限期整改。全市公安机关还聚焦沿海沿江沿湖等重点部位，摸清监控探头布建、警示牌设立、隔离带安装、网络信号覆盖等重点要素，及时提出新增监控探头、增设警示牌等建议。

专项整治期间，文旅部门全面摸清全市A级景区底数，全面排查安全隐患。主动配合景区主管部门督促A级景区健全完善安全风险评估、安全应急管理制度，制定切实可行的安全预案；配合行业相关部门开展A级景区内特种设备、食品安全、疫情防控、火灾、地质灾害等各类安全隐患排查治理；配合相关部门强化对A级景区内玻璃栈道、高空秋千、漂流、滑道等旅游新业态项目安全管理。市文旅局成立专项整治工作专班，组成13个工作小组，到各县（市、区）开展专项督促检查，及时建立问题清单、责任清单、整改清单，做到隐患见底清零。专项整治期间，文旅部门重点检查旅行社租用的包车是否符合资质、是否与游客签订合同、合同中是否包含安全条款、旅游线路是否符合安全条件、旅行社是否开展安全教育培训等。文旅部门还依托“双随机”检查，排查旅行社安全隐患，补短板、堵漏洞。严禁旅行社组织游客到存在安全隐患，以及未开放的景点和未开发的区域旅游；加强导游等从业人员培训，督促导游落实游客安全告知事项，提醒游客遵守各项安全规定，加强个人安全防范，特别是加强节假日、旅游旺季等游客密集时段团队安全管理。

山美灌区续建配套改造工程
入选“十四五”重大农业节水供水工程

水利部、国家发改委印发方案，实施一批国家“十四五”重大农业节水供水工程，泉州市山美灌区续建配套与现代化改造工程作为福建省唯一入选实施项目。山美灌区作为福建省最大的灌区，同时担负城乡生活、工业和生态环境供水的重要任务，涉及鲤城、丰泽、洛江、南安、晋江、石狮、惠安、泉州台商投资区8个县（市、区）。“十四五”规划改造灌溉面积2.8万公顷，骨干工程投资2.59亿元，此次入列预计可获中央补助资金1.8亿元。山美灌区续建配套与现代化改造工程通过实施灌溉水源工程改造、输配水工程改造、排水工程改造、信息化工程等灌区续建配套与现代化改造项目建设，基本消除规划范围内骨干工程安全隐患，推进灌区信息化建设，大幅提高灌溉供水保障能力、灌溉用水效率。

8月28日

农历辛丑年七月廿一
星期六
温度：26℃～33℃
多云转晴

●泉州市启动2022届毕业生求职创业补贴发放工作。符合条件的高校毕业生可申请一次性求职创业补贴2000元/人。

●市文旅部署开展全市A级景区和旅行社安全管理专项整治行动。

●水利部、国家发改委印发方案，实施一批国家“十四五”重大农业节水供水工程，泉州市山美灌区续建配套与现代化改造工程为福建省唯一列入实施项目。

8月29日

农历辛丑年七月廿二
星期日
温度：26℃～34℃
多云

●市文旅局编印“泉州：宋元中国的世界海洋商贸中心”旅游导览图。

●全市首部巾帼故事微电影《致敬了不起的她》发布仪式举行。

●“新学年拜孔子送红蛋”活动在泉州府文庙举行。

“泉州：宋元中国的世界海洋商贸中心”旅游导览图出炉

“泉州：宋元中国的世界海洋商贸中心”成功申报世界遗产后，为方便游客游览22个遗产点及其周边的旅游资源，市文旅局编印“泉州：宋元中国的世界海洋商贸中心”旅游导览图。导览图发放到各旅行社、酒店等，供游客免费取阅。

“泉州：宋元中国的世界海洋商贸中心”是公元10世纪到14世纪产生并留存至今的一系列文化遗产，分布于以泉州城区为核心的泉州湾地区，包括九日山祈风石刻、市舶司遗址、德济门遗址、天后宫、真武庙、南外宗正司遗址、泉州府文庙、开元寺、老君岩造像、清净寺、伊斯兰教圣墓、草庵摩尼光佛造像、磁灶窑址（金交椅山窑址）、德化窑址（尾林—内坂窑址、屈斗宫窑址）、安溪青阳下草埔冶铁遗址、洛阳桥、安平桥、顺济桥遗址、江口码头、石湖码头、六胜塔、万寿塔22个遗产点，具有鲜明的海上贸易和东西方文明交融特征，古老、生动，甚至世所罕见，见证“刺桐”这座古代东方大港的地位、奉献和风韵。导览图详细介绍22个遗产点，图文并茂，直观性强，易于理解。中英文同步编排，方便海内外游客。导览图可以方便游客，还能推介泉州。导览图还标注“泉州：宋元中国的世界海洋商贸中心”展示馆、“中国舟船世界”陈列馆、泉州清净寺展示馆、“直挂云帆济沧海”专题展示馆、“海内第一桥”展示馆、泉州府文庙“泉州教育史话”专题展示馆、伊斯兰教圣墓展示馆、“磁灶窑：宋元泉州的外销陶瓷生产基地”主题展示馆等的具体位置。

全市首部巾帼故事微电影《致敬了不起的她》发布

全市首部巾帼故事微电影《致敬了不起的她》发布仪式举行。由泉州市妇联、晋江市妇联出品的首部泉州巾帼故事微电影《致敬了不起的她》，挑选新民主主义革命时期、社会主义建设时期、改革开放时期、社会主义现代化建设时期四位体现不同时期的优秀女共产党员故事进行拍摄。她们分别是离家出走投身革命，被捕后不幸壮烈牺牲的富家千金叶老洗；投身惠女水库建设，用身体挡洪流、堵决口，和姐妹们创造“万女锁蛟龙”奇迹的杨亚赏；爱国拥军无私奉献，开通拥军专线服务军人军属的女企业家施丽容；主动报名驰援武汉，在武汉市金银潭医院两个重症病区参加新冠肺炎疫情阻击战的白衣天使谢宝缘。市妇联相关负责人表示，希望通过讲述一百年来不同时期泉州女性党员的巾帼故事，致敬巾帼“她”力量的同时，激励更多女性爱党、爱国、奉献社会、成就自我，引领新时代女性争做伟大事业的建设者、文明风尚的倡导者、敢于追梦的奋斗者，共同谱写凝聚妇女力量的时代新篇章。

巾帼故事微电影《致敬了不起的她》发布仪式
（图/龚翠玲 林 晖）

“新学年拜孔子送红蛋”活动举行

“新学年拜孔子送红蛋”活动在泉州府文庙举行，众多家长带着孩子在“开笔石”上“开笔”。“新学年拜孔子送红蛋”是泉州的传统习俗，参加开学祭孔仪式的孩子在拜完孔子像后可直接到“开笔石”上“开笔”，并得到2个红鸡蛋。

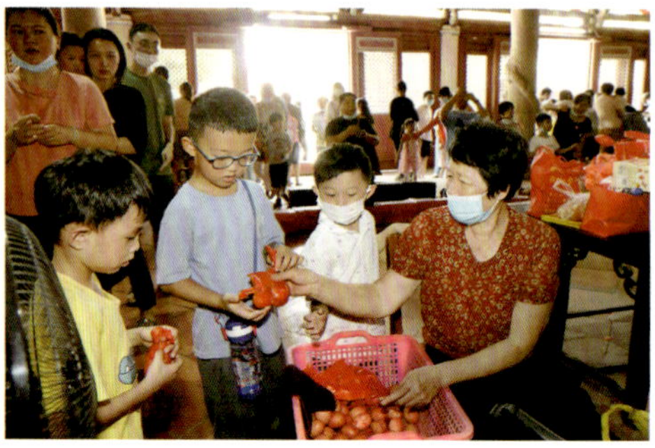
参加活动的孩子领取红鸡蛋（图/陈英杰）

8月30日

农历辛丑年七月廿三
星期一
温度：26℃～33℃
多云

●市十六届人大常委会第七十七次主任会议召开，讨论《泉州市历史文化名城保护条例（草案表决稿）》。

●市十六届人大常委会第四十二次会议召开，听取市人大法制委关于《泉州市历史文化名城保护条例（草案二审稿）》审议结果的报告，审议通过《泉州市历史文化名城保护条例》等。

●宿利南到晋江了解传承创新发展“晋江经验”所取得的成效，就产业发展、农业龙头企业培育、非公党建等工作，调研晋江经验馆、盼盼饮料、鸿官通信以及利郎文创园。

●《蔡其矫全集》由海峡文艺出版社出版发行。

市十六届人大常委会第四十二次会议召开

市十六届人大常委会第四十二次会议召开。会议听取市人大法制委关于《泉州市历史文化名城保护条例（草案二审稿）》审议结果的报告，审议通过《泉州市历史文化名城保护条例》；听取和审议市政府关于新基建新经济基地建设情况、科技创新平台建设工作情况、渔业绿色规模养殖情况的报告；听取和审议市政府关于“七五”普法决议执行情况，审议通过《泉州市人大常委会关于开展第八个五年法治宣传教育的决议》；听取和审议市政府关于泉州古城旅游发展情况的报告，并开展专题询问；听取和审议市政府关于1—7月国民经济和社会发展执行情况、关于1—7月预算执行情况的报告；听取和审议关于提请审议2021年地方政府债券转贷收支市本级预算调整方案的议案，并表决通过相关决议；听取和审议市政府研究处理市人大常委会《关于〈中华人民共和国野生动物保护法〉实施情况的审议意见》情况的报告，并进行满意度测评，测评结果为满意；听取和审议市政府研究处理市人大常委会《关于我市公立医院“暖心服务”工作情况的审议意见》情况的报告，并进行满意度测评，测评结果为满意；听取和审议市政府研究处理市人大常委会《关于加快全市垃圾分类处理利用工作情况的审议意见》情况的报告，并进行满意度测评，测评结果为基本满意；通过一批人事任免事项，任命陈小辉为泉州市人民政府副市长，任命汪志红为泉州市人民政府副市长，免去肖汉辉的泉州市人民政府副市长职务。

市十六届人大常委会第四十二次会议现场（图/王虎文）

宿利南到晋江调研产业发展和农业龙头企业培育等工作

市委副书记宿利南到晋江开展“再学习、再调研、再落实”活动，了解晋江传承创新发展“晋江经验”所取得的成效，就产业发展、农业龙头企业培育、非公党建等工作，调研晋江经验馆、盼盼饮料、鸿官通信以及利郎文创园。宿利南指出，晋江要坚持以人民为中心的发展思想，加快补齐民生短板，优化营商环境，开展“再学习、再调研、再落实”活动，用群众的满意度和发展的实际效果检验活动成效。

《蔡其矫全集》出版

《蔡其矫全集》由海峡文艺出版社出版发行。该全集由国家一级作家、中国冰心研究会原会长王炳根选编，收入蔡其矫一生创作的诗歌1299首，其中首次面世的诗作510首。全集共8册，其中诗歌5册，译文1册，随笔、序跋、诗论等1册，日记、书信等1册。民国7年（1918年）蔡其矫生于晋江，为中国当代著名诗人，生前留下《雾中汉水》《川江号子》《子弟兵歌》等一大批代表作品，影响一代又一代的诗人。舒婷的名篇《致橡树》就是写给蔡其矫的。蔡其矫早年奔赴延安，投入抗日，经历战火，中华人民共和国成立后，游历祖国南北，阅尽大江大海，晚年独自行走大地，被人称为“华侨诗人”“老革命诗人”“海洋诗人”“爱情诗人”“行吟诗人”，有《迎风集》《双虹集》《福建集》等文学作品传世。

《蔡其矫全集》（图/陈智勇）

8月31日

农历辛丑年七月廿四
星期二
温度：26℃～34℃
多云转晴

●市人大常委会党组扩大会议召开，传达学习习近平总书记在7月30日中共中央政治局会议、中央政治局第三十二次集体学习、党外人士座谈会上的重要讲话精神等。

●市人大常委会党组理论学习中心组召开会议，专题学习研讨《习近平在福建》。

●宿利南到南安调研产业发展、乡村振兴、基层党建等工作。

●泉州市第四次下调新冠病毒检测临时项目价格。

市人大常委会党组扩大会议召开

市人大常委会党组扩大会议召开，传达学习习近平总书记在7月30日中共中央政治局会议、中央政治局第三十二次集体学习、党外人士座谈会上的重要讲话精神，习近平总书记对推进农村厕所革命做出的重要指示精神，习近平总书记、李克强总理对疫情防控工作的指示批示精神和孙春兰在全国新冠肺炎疫情防控工作电视电话会议上的讲话，以及省委、市委有关会议精神。会议指出，要把思想和行动统一到党中央、省委、市委的决策部署上来，发挥人大职能作用，创造性做好立法、监督和代表工作，助推泉州市经济社会发展各项部署要求落到实处。要关注常态化下疫情防控工作，注重防范化解安全风险，维护社会安定稳定。要坚持以人民为中心，深化拓展代表工作，督促解决教育、医疗、住房等民生领域急难愁盼问题，在全方位推进高质量发展超越中奋力担当作为。

市人大常委会党组专题学习研讨《习近平在福建》

市人大常委会党组理论学习中心组召开会议，专题学习研讨《习近平在福建》。会上，党组成员结合工作实际进行交流研讨。大家一致认为，《习近平在福建》一书生动再现习近平总书记在福建工作期间的重要理念和重大实践，为学习领会习近平新时代中国特色社会主义思想提供鲜活教材。市人大常委会将掀起学习宣传贯彻热潮，把理论学习成果转化为对党忠诚的政治自觉、为民履职的扎实举措。会议强调，要抓好理论武装，把学习《习近平在福建》与学习贯彻习近平总书记“七一”重要讲话和到福建考察讲话精神结合起来，与学习贯彻习近平总书记关于坚持和完善人民代表大会制度的思想结合起来，感悟思想伟力，彰显制度优势，推动人大工作提质增效。要推进党史学习教育，以“我为群众办实事”等实践活动为抓手，督促解决一批热点难点问题，把人大工作做到群众心坎上。要强化担当作为，紧扣新基建新经济基地建设、平台经济发展等市委重点工作，从立法、监督、重大事项决定等各环节发力，为建设“海丝”名城、制造强市贡献人大智慧和力量。

宿利南到南安调研产业发展和乡村振兴等工作

市委副书记宿利南到南安调研产业发展、乡村振兴、基层党建等工作。在泉州芯谷南安分园区，宿利南了解三安高端半导体系列项目建设、产品研发、生产线投产等情况，要求各级各有关部门主动靠前服务，帮助企业解决实际难题，推动项目产能提升。在英良五号仓库，宿利南了解企业品牌升级、产业转型等情况，勉励企业加大科技创新、技术攻关，推动石材产业数字化转型。在朴一村，宿利南指出，要贯彻中央《关于加强基层治理体系和治理能力现代化建设的意见》，增强基层党组织政治功能和组织力，以乡村善治助力乡村振兴。宿利南强调，要学习贯彻习近平总书记“七一”讲话和到福建考察讲话精神，落实好党中央决策部署和省委、泉州市委工作要求，开展“再学习、再调研、再落实”活动，推进高质量发展超越。

泉州市第四次下调新冠病毒检测临时项目价格

为做好新冠肺炎疫情常态化防控工作，提升新冠病毒检测能力和效率，减轻群众检测费用负担，根据省医保局文件通知精神，从是日起，泉州市第四次下调新冠病毒检测临时项目价格。下调后，新冠病毒核酸1人1检测项目价格调整为每人次53元，5混1检测项目价格调整为每人次22元，10合1混采检测项目价格调整为每人次12元。新冠病毒核酸5混1检测、新冠病毒核酸10合1混采检测适用于大规模核酸检测。新冠病毒抗体检测项目价格调整为每人次30元。

市委全面深化改革委员会第二十次会议召开

市委全面深化改革委员会第二十次会议召开，传达学习中央、省委深改委会议精神；听取部分改革任务、改革试点进展情况，部署相关改革工作。会议强调，要衔接中央、省委深改委会议决策部署及审议通过的各项改革文件，建立健全对接落实机制，细化具体行动方案，明确推进举措，确保落地见效。会议还听取建设国家产教融合首批试点城市、减轻义务教育阶段学生作业负担和校外培训负担、深化晋江市县域集成改革、在城乡建设中加强历史文化保护传承、深化流域生态补偿制度改革等有关情况汇报。

王永礼到安溪调研产教融合和交通工程等工作

市委书记王永礼到安溪高校和项目一线，就产教融合、交通工程等开展调研。市委常委、秘书长施宇辉参加调研。王永礼指出，要主动对标对表，找准工作切入点和结合点，善于选题、推陈出新，巩固良好的发展势头。要统筹推进常态化疫情防控和经济社会发展，做大做强特色产业，做好民生保障，高压严打涉赌涉诈违法犯罪，增强人民群众的获得感、幸福感、安全感。要坚持党的全面领导，强化党建引领，做好村级组织换届工作，更好发挥基层党组织战斗堡垒作用。

王永礼（左二）在福建农林大学安溪茶学院调研产教融合等工作（图/陈起拓）

二手车交易登记“跨省通办”在泉州实施

为促进二手车交易行业发展，便利群众办理二手车交易登记手续，公安部会同商务部、税务总局部署推行二手车交易登记“跨省通办”。异地交易二手车的，可就地直接办理车辆查验、登记，无须返回登记地验车、提取档案、办理转出，减少群众两地往返。是日起，这项便民措施在泉州实施。二手车交易转移登记“跨省通办”便利措施适用于非营运小型、微型载客汽车。对于二手小型、微型非营运载客汽车，现机动车所有人（二手车买方）住所不在登记地车辆管理所管辖区域内的，可直接到住所地（转入地）交易并申请机动车转移登记，无须再到原登记地（转出地）车辆管理所交验车辆。二手车档案资料实行电子化网上转递，无须再提取纸质实物档案。对二手车在转入地交易的，可通过公安交通管理互联网服务平台提出申请，也可直接到转入地车辆管理所业务窗口提出申请。二手车在转出地交易的，可向转出地车辆管理所业务窗口提出申请。

“全闽乐购·鲤想生活”主题活动启动

由市商务局指导，中国人民银行泉州市中心支行、中国银联福建分公司、各商业银行、商超、电商平台等多方联动开展的“全闽乐购·鲤想生活”主题活动启动。系列主题活动延续至11月30日。活动期间，泉州市银联用户可享受多项福利，包括：使用“云闪付”App乘坐泉州公交车，即可享受最低1分钱乘车优惠；使用各银行App、“云闪付”App、手机闪付二维码用户在指定商户消费即可享受满额立减优惠，每周六、周二满20元立减5元；使用各银行App、“云闪付”App、手机闪付二维码用户在指定商户消费即可享受最高100元满减优惠；用户通过达标条件后，即可获抽奖资格，在“云闪付”App参与幸运大转盘抽奖活动，最高可得888元大红包。

9月1日

农历辛丑年七月廿五
星期三
温度：25℃～33℃
多云

●市委全面深化改革委员会第二十次会议召开，传达学习中央、省委深改委会议精神；听取部分改革任务、改革试点进展情况，部署相关改革工作。

●市委书记王永礼到安溪高校和项目一线，调研产教融合、交通工程等工作。

●蔡战胜与中国银行福建省分行行长黄新斌座谈交流。

●公安部会同商务部、税务总局部署推行二手车交易登记“跨省通办”。异地交易二手车的，可就地直接办理车辆查验、登记，无须返回登记地验车、提取档案、办理转出，减少群众两地往返。是日起，这项便民措施在泉州实施。

●由市商务局指导，中国人民银行泉州市中心支行、中国银联福建分公司、各商业银行、商超、电商平台等多方联动开展的“全闽乐购·鲤想生活”主题活动启动。

9月2日

农历辛丑年七月廿六
星期四
温度：26℃～32℃
晴

●8月31日至9月2日，省委常委、省纪委书记、省监委主任李仰哲到挂钩联系的乡村振兴重点县德化，围绕学习贯彻习近平总书记到福建考察讲话精神，推动高质量发展、落实乡村振兴战略、加强基层党建进行调研。

●泉州市组织收听收看全省深化集体林权制度改革暨全面推行林长制视频会议。

●市政府与市政协开展重点提案督办活动。

●华侨大学海上丝绸之路司法研究中心实践基地、法律硕士实践基地揭牌仪式在鲤城法院海丝史迹保护巡回法庭举行。

李仰哲到德化调研乡村振兴等工作

8月31日至9月2日，省委常委、省纪委书记、省监委主任李仰哲到挂钩联系的乡村振兴重点县德化，围绕学习贯彻习近平总书记到福建考察讲话精神，推动高质量发展、落实乡村振兴战略、加强基层党建进行调研。李仰哲听取德化县有关工作情况汇报，到2家企业和九仙山气象站、宋元德化窑展示馆、进城党群城市家园，了解产业发展、文物保护、联系服务群众等情况，并到挂点村葛坑镇龙塔畲族村，与干部群众座谈交流，共商发展之策。李仰哲要求，要结合基础条件、产业优势和“大城关”等特点，科学谋划高质量发展的思路举措，探索符合实际的乡村振兴路子。要贯彻新发展理念，统筹发展与安全、开发与保护，抓好安全生产、常态化疫情防控以及生态环境、历史文物、基本农田等保护工作。要加强基层党的建设，用好进城党群城市家园这一创新平台，抓好农村党员的教育管理，增强党员身份意识，提升基层党组织的存在感和影响力。

市政府与市政协开展重点提案督办活动

市政府与市政协开展重点提案督办活动。此次督办的4件重点提案，包括《关于对接沿福厦泉轴线科技创新走廊、沿海科技创新带建设的建议》《关于提高我市现代纺织服装制造业智能化数字化的几点建议》《关于加快推进科技创新工作的建议》《关于争创国家工业设计研究院推动国家重大创新平台落户泉州的建议》。督办组察看利郎（中国）有限公司、晋江三创园、中国科学院海西研究院泉州装备制造研究所等，并召开座谈会，围绕提案相关内容进行探讨。

会上，大家一致认为，科技创新是助力泉州高质量发展的第一动力。市科技局有关负责人表示，泉州市着力实施“四个倍增”计划和四个创新工程。其中，“四个倍增”计划为：全社会研发投入、高新技术企业、高水平科研平台和高层次人才团队倍增计划，力争“十四五”期间全社会研发经费投入年均增长20%；每年筛选储备1000家以上高企培育种子企业并实行动态跟踪管理；到2025年，力争高水平科研平台总量达36家，实现高水平科研平台对主导产业全覆盖；力争到2025年，引进100个高层次人才团队。而四个创新工程，则包括科技成果转化加速工程、国家高新区建设提升工程、创业创新生态营造工程和科技政策体系构建工程，力争到2025年，全省省级以上技术服务机构达50家以上，泉州半导体高新区建设成为全国重要的半导体产业基地，每年实施“揭榜挂帅”重大技术攻关项目3～5项。市工信局有关负责人表示，泉州市以产业数字化为抓手，聚焦解决传统产业转型升级问题，创新建设模式，建成全省第二个工业互联网标示解析二级节点，引进SAP、华为2个区域级工业互联网平台，培育“鞋创云”等3个行业级平台，5个省级“5G+工业互联网”试点示范项目，打造18个省级工业互联网示范标杆平台，3000家企业上云。

华侨大学海上丝绸之路司法研究中心实践基地揭牌

为推进涉海上丝绸之路诉讼理论与实务研究高质量发展，华侨大学海上丝绸之路司法研究中心实践基地、法律硕士实践基地揭牌仪式在鲤城法院海丝史迹保护巡回法庭举行。实践基地设立后，双方将在海丝诉讼理论研究与实务、法律人才培养、案例分析、法制宣传等方面展开合作，不定期举行研讨交流会，共享优质资源，共创双赢局面。双方一致表示，在泉州“申遗”成功的背景下，华侨大学海上丝绸之路司法研究中心实践基地和法律硕士实践基地落户鲤城法院海丝史迹保护巡回法庭正当其时，将提升鲤城法院与华侨大学在涉海丝诉讼方面的理论与实务研究水平，加强双方人才队伍建设，也有助于推动泉州古城保护乃至泉州海上丝绸之路核心区治理体系和治理能力的现代化建设。

全市市县乡三级人大换届选举工作会议召开

全市市县乡三级人大换届选举工作会议召开。市委书记王永礼出席并讲话。市委副书记、市长蔡战胜，市人大常委会党组书记李建辉和市领导傅藏荣、许文贵、吴友才、洪川夫出席会议。市人大常委会主任陈灿辉主持会议。市委常委、宣传部部长陈辉宗，市委常委、组织部部长卢秀萍在会上做具体部署。会议指出，要把党的领导贯穿换届选举全过程、各方面，强化各级党组织在换届选举工作中的主导作用，党组织主要负责人要当好第一责任人，各级各相关部门要履职尽责、协调配合，把好人大代表政治关、素质关、结构关，把握换届选举的正确方向。要坚持人民主体地位，坚持民主集中制，尊重和保障人民群众的选举权和被选举权，推荐在脱贫攻坚、乡村振兴、疫情防控、文化复兴、产业转型、科技进步等重大任务中表现突出的优秀分子作为代表人选，保证代表先进性、代表性和广泛性。坚持严格依法办事，抓住关键环节，依法保障选民权利，加强学习培训，强化宣传引导，严谨细致推进换届选举每项工作。要把纪律规矩挺在前，营造风清气正的换届选举环境。结合党史学习教育和省委“再学习、再调研、再落实”活动，坚持教育在先、警示在先、预防在先，严肃换届纪律，加强全过程监督，确保换届选举清朗、清正、清新。

王永礼、蔡战胜调研中心市区城市规划建设工作

市委书记王永礼、市长蔡战胜就中心市区城市规划建设工作等开展调研座谈，市领导施宇辉、朱启平、陈小辉参加活动。在清源山，王永礼、蔡战胜了解城市功能布局、交通要道衔接等规划情况，叮嘱要顺应泉州山水格局，细化城市规划设计方案，打通环清源山交通堵点，科学布局富有闽南建筑风格的公共配套设施。在西华洋片区，王永礼、蔡战胜听取片区城市设计、防洪排涝治理、组团征迁进度等情况汇报，询问项目推进存在的难点，要求着眼长远、统筹规划区域功能，集中力量攻坚征迁扫尾，因地制宜引入多元业态，更好推动产城人融合发展。随后，王永礼、蔡战胜与鲤城、丰泽、南安、市直相关部门、部分国企主要负责人座谈交流，一起理思路、明方向、谋抓手、促落实。市领导强调，要学习贯彻习近平总书记“七一”重要讲话和到福建考察讲话精神，顺应城市发展规律，高标准、高质量推进片区更新改造，实施“聚城畅通”工程，促进人口人气集聚。要坚持在发展中保护、在保护中发展，在城市建设中留出视线廊道、塑造独有风貌，为群众创造高品质生活空间。要完善运作开发、要素保障等机制，倡导项目工作法，在一线考核评价干部，激发干事创业精气神，把城市规划建设各项工作做深做细做实。

王永礼（右二）、蔡战胜（左五）在清源山调研（图/陈起拓）

市政府第一百二十七次常务会议召开

市政府第一百二十七次常务会议召开，听取2021年度泉州市“教育世家”审核情况汇报等。会议指出，评选公布“教育世家”有利于营造尊师重教的风尚。要贯彻落实习近平总书记关于教育的重要论述，坚持教育公平，优化资源配置，推进教育高质量发展，办好人民满意的教育。要宣传“教育世家”先进典型事迹，提高教师社会地位，引导激励教师和教育工作者爱岗敬业、献身教育事业。

9月3日

农历辛丑年七月廿七
星期五
温度：26℃～33℃
小雨转多云

●全市市县乡三级人大换届选举工作会议召开。

●市委书记王永礼、市长蔡战胜就中心市区城市规划建设工作等开展调研座谈。

●市政府第一百二十七次常务会议召开，听取2021年度泉州市“教育世家”审核情况汇报等。

9月4日

农历辛丑年七月廿八
星期六
温度：26℃～34℃
多云转晴

●中国侨联党组书记、主席万立骏到泉州调研。

●市市场监督管理部门开展秋季开学食品安全检查，保障师生饮食安全。

●由市教育局主办，黎明职业大学承办，泉州市职业教育研究所和泉州市职业院校联盟协办的泉州市高水平职业院校和专业建设能力提升培训班在黎明职业大学开班。

●4—7日，由市体育局、泉州市老年人体育协会主办，市老年人体育工作中心、市老干部活动中心承办的泉州市第十一届老年人体育健身大会棋牌项目比赛暨第六届老年人智力运动会举行。

万立骏到泉州调研侨务工作

中国侨联党组书记、主席万立骏到泉州调研，市领导肖汉辉、汪志红陪同调研。万立骏走访调研泉州华侨历史博物馆、南洋华裔族群寻根谒祖综合服务平台、泉州海外交通史博物馆、晋江城市展馆晋江经验馆等。万立骏指出，泉州侨资源丰富，要创新发展“晋江经验”，打好“侨”牌，深度挖掘、丰富侨文化内涵，讲好“一带一路”故事，传承和弘扬华侨精神，凝聚侨心侨力，同圆共享中国梦。

中国侨联调研组在泉州调研（图/泉州侨联）

泉州市开展开学食品安全检查

市市场监督管理部门开展秋季开学食品安全检查，保障师生饮食安全。市市场监管局联合市教育局制定印发《关于开展2021年秋季学校及校园周边食品安全等风险隐患排查工作的通知》，督促指导各地市场监管部门、教育部门对辖区学校食堂、供校集体用餐配送单位及校园周边经营单位开展检查。对于检查中发现的隐患及问题，列出问题清单、建立整改台账、实施销账式整改。市市场监管局、市教育局组成工作专班，对各县（市、区）的秋季开学食品安全工作情况开展监督抽查。

泉州市高水平职业院校和专业建设能力提升培训班开班

由市教育局主办，黎明职业大学承办，泉州市职业教育研究所和泉州市职业院校联盟协办的泉州市高水平职业院校和专业建设能力提升培训班在黎明职业大学开班。培训班邀请有丰富的国家“双高计划”（高水平职业院校和专业建设计划）和省级示范现代职业院校项目建设经验的黎明职业大学副校长余大杭、教务处处长李云龙、财务处处长陈乙江和南安职业中专学校校长林晓丹，分别就福建省“双高计划”项目建设任务与指标解读、项目建设方案和任务书编写、项目资金预算绩效编制等开展专题讲座。实施“福建省高水平职业院校和专业建设计划”项目建设，是福建省深化职业教育改革，推进职业教育高质量发展的重要举措。泉州市有3所高职院校入选高水平高职院校，8个专业群入选高水平高职专业群；7所中职学校入选高水平中职学校，24个专业群入选高水平中职专业群，中高职立项的总数量占全省的22.1%，位居全省前茅。此次培训班的举办，契合泉州市加快职业发展的要求，呼应泉州市职业教育同仁的迫切需求，有效推动泉州市相关职业院校以省“双高计划”建设为契机，立足职业教育新阶段新使命，谋划推进“十四五”高质量发展，取得较好效果。

泉州市第六届老年人智力运动会举行

4—7日，由市体育局、泉州市老年人体育协会主办，市老年人体育工作中心、市老干部活动中心承办的泉州市第十一届老年人体育健身大会棋牌项目比赛暨第六届老年人智力运动会举行。全市各县（市、区）、泉州台商投资区、市直机关和华侨大学共13支代表队，运动员、裁判员、工作人员等150余人参赛。比赛设象棋、围棋、桥牌、扑克80分四个项目。经过角逐，永春县、丰泽区、鲤城区、安溪县获桥牌项目前四名；鲤城区、市直机关、惠安县获围棋项目团体前三名，鲤城区李亮、市直机关粘松柏、惠安县苏建平获围棋项目个人前三名；南安市、永春县、石狮市获象棋项目团体前三名，永春县邱志强、南安市杨永东、市直机关王健获象棋项目个人前三名；丰泽区、华侨大学、惠安县、市直机关获扑克80分前四名。

泉州市惠企政策线上直达兑现平台上线

为破解营商环境痛点、堵点、难点问题，提升惠企政策精准服务质效，市数字办会同市财政局开发建设惠企政策线上直达兑现平台，建立全市统一的惠企政策信息资源汇聚宣传和服务管理载体，方便企业线上和掌上对接，实现惠企政策精准推送，提高惠企政策知晓率的覆盖面，方便企业了解使用。惠企政策线上直达兑现平台主要实现各惠企主管部门政策线上审核发布、实时更新、审批等功能，以及企业在线申请惠企政策兑现等功能。该平台包括惠企政策发布和惠企政策兑现两部分。其中惠企政策发布于5月上线，并于5月18日开展市直相关单位培训工作。在调研市科技局、工信局2个试点单位惠企政策兑现业务需求后，惠企兑现功能上线试运行，并完成泉州市、县两级科技、工信和财政部门的培训工作。同时，惠企政策兑现与闽政通“泉服务”对接，入驻闽政通“泉服务”法人端。企业使用法人用户，点击“泉服务”，即可实现掌上惠企政策兑现服务。

泉州市启动砖瓦行业大气污染专项整治

为践行绿色发展理念，推进泉州市大气环境质量改善，泉州市启动砖瓦行业大气污染专项整治，打击砖瓦行业企业环境违法行为。专项整治要求，年底前，砖瓦行业企业要完成一轮整治，大气污染物全面达标排放。此次专项整治的整治对象为全市范畴内的砖瓦行业企业，包括以黏土、页岩、煤矸石、粉煤灰为主要原料的砖瓦烧结制品生产企业和以砂石、粉煤灰、石灰及水泥为主要原料的砖瓦非烧结制品生产企业，旨在通过对全市砖瓦行业现状的摸底调查，明确整治清单、整治范围和工作任务，运用规范整治、重点督办和淘汰关停等手段，打击砖瓦行业企业环境违法行为，有效地解决全市砖瓦行业大气污染问题。方案要求，对未经环评批准擅自开工的建设项目，对超标排放污染物的违法企业，对未采取有效措施控制和减少颗粒物排放的违法企业，对存在自动监控设施弄虚作假或者不正常运行污染防治设施等逃避监管的方式违法排放污染物的企业，按照相关法律法规进行查处。

泉州市第十三个“全民健身日”活动启动

2021年泉州市第十三个“全民健身日”活动启动仪式在洛江举行。市委常委、宣传部部长陈辉宗，市人大常委会副主任许文贵，副市长陈小辉，市政协副主席王祖耀参加启动仪式。此次活动的主题为“全民健身与奥运同行”。启动仪式上，活动相关负责人表示，将以此次活动为契机，倡导和践行运动健身理念，带动更多人群加入健身行列，科学锻炼、强身健体，增强全民身体素质，推动全社会形成更加健康文明的生活方式，为建设体育强国打下基础。随后，武术表演“少年强，中国强”拉开文体节目表演序幕，健身秧歌、少儿篮球操、太极拳、啦啦操等表演轮番上演，大型歌舞表演“新时代 新泉州”将活动气氛推向高潮。一个个文体节目，展现全民健身的氛围和拼搏向上的精神面貌。文体节目表演结束后，泉州第十一中学、泉州市双阳中学足球队举行足球友谊赛，营造校园足球的氛围。

泉州市第十三个“全民健身日”活动启动仪式文艺表演现场
（图/吴宗宝 郭思婧）

9月5日

农历辛丑年七月廿九
星期日
温度：26℃～34℃
多云

●泉州市惠企政策线上直达兑现平台上线。

●泉州市启动砖瓦行业大气污染专项整治。

●2021年泉州市第十三个“全民健身日”活动启动仪式在洛江举行。

●泉州历史文化中心第三次换届暨成立38周年纪念会在市区承天寺举行。

9月6日

农历辛丑年七月三十
星期一
温度：26℃～33℃
多云转阴

●市委副书记宿利南到安溪调研产业发展、园区建设等工作。

●泉州市召开创城年度迎检部署会，部署第七届全国文明城市年度测评迎检工作。

●全市安全生产标准化提升专项行动市、县、乡三级监管人员业务培训会举行。

●首期宁夏盐池县乡村振兴示范培训班在石狮开班。

●第十四届全国运动会蹦床项目女子网上个人决赛在西北大学长安校区体育馆举行，泉州选手林倩麒获冠军。

宿利南到安溪调研产业发展和园区建设等工作

市委副书记宿利南到安溪调研产业发展、园区建设等工作。宿利南到天电光电公司、中科生物、数字福建（安溪）产业园，了解光电、植物工厂、数字经济等产业发展以及南翼新城总体规划、基础设施配套、企业项目入驻情况，与干部群众、企业负责人交流，共商发展之策。宿利南要求，要学习贯彻习近平总书记“七一”重要讲话和到福建考察讲话精神，推进“再学习、再调研、再落实”活动，科学谋划高质量发展的思路举措。要贯彻新发展理念，利用区位、产业基础、服务优势，探索符合实际的高新产业发展道路，加快新产业集聚，延伸上下游产业链条，推动数字经济与实体经济深度融合。要以务实举措解决好企业急难愁盼问题，为企业发展、项目落地营造优质营商环境。

创城年度迎检部署会召开

泉州市召开创城年度迎检部署会，部署第七届全国文明城市年度测评迎检工作。会议强调，要学习贯彻习近平新时代中国特色社会主义思想、习近平总书记“七一”重要讲话和到福建考察讲话精神，坚持“人民城市人民建，人民城市为人民”的理念，落实全面创建、全域创建、全民创建、全程创建要求，提振精神状态，拧紧责任链条，倒排时间节点，倒逼目标任务，做好迎检各项工作。要开展拉网式对标自查，直面问题短板，采取有力措施，推进重点难点攻坚，延伸覆盖广度、消除死角盲区。要树牢全市一盘棋思想，强化“一把手”工程指挥部体系，整合部门力量，加强上下互动、条块联动、部门协同，形成握指成拳、拧线成绳的工作合力，实现创城工作常态长效化。要凝聚志愿者、社会组织等社会力量，用好线上线下平台，丰富活动载体，营造创城氛围，树立培养市民群众自我管理意识，让群众在共治共享中提升文明素养和行动自觉。

全市安全生产标准化提升专项行动培训会举行

全市安全生产标准化提升专项行动市、县、乡三级监管人员业务培训会举行。培训会对《泉州市安全生产标准化提升专项行动方案》进行解读，并进行安全生产标准化提升专项行动相关业务知识培训，演示安全生产标准化信息管理系统操作。开展企业安全生产标准化建设是落实企业安全生产主任责任、筑牢安全生产基础的必要途径。1日实施的新《中华人民共和国安全生产法》明确规定生产经营单位要开展标准化建设，并将其列为生产经营单位主要负责人第一条职责，市政府也将其列入2021年十大重点工作之一。市政府下发《全市安全生产标准化提升专项行动方案》，从即日起至2023年年底，在全市范围内开展新一轮安全生产标准化提升专项行动，提升全市安全生产标准化水平，推动企业落实安全生产主体责任，构建安全生产长效机制。

首期宁夏盐池县乡村振兴示范培训班在石狮开班

首期宁夏盐池县乡村振兴示范培训班在石狮开班。培训班旨在落实闽宁协作模式的有效举措，同时也是推动福建石狮与宁夏盐池两地结对协作、全面推进乡村振兴的具体实践。自1996年福建省对口帮扶宁夏领导小组成立以来，闽宁两地25年来从单向扶贫发展到产业对接，从经济援助发展到社会事业多领域深度合作，形成独具特色的“闽宁模式”，开创出一条具有示范意义的扶贫协作道路，成为激励两地干部群众风雨同舟、不懈奋斗的巨大精神力量。培训班为期5天，邀请省委党校、泉州市委党校以及泉州师范学院的专家学者，开展乡村振兴、现代农业发展等专题授课。

市委常委会学习习近平总书记重要讲话精神

市委常委会召开会议，传达学习贯彻习近平总书记在2021年秋季学期中央党校（国家行政学院）中青年干部培训班开班式上的重要讲话精神，贯彻落实省委书记尹力在2021年秋季学期省委党校（福建行政学院）开学典礼上的讲话精神。会议强调，要把握干部成长规律，加强专题培训和实践历练，既要关心关爱，又要多压担子，帮助干部特别是年轻干部练好内功、提升修养、增强本领，成为可堪大用、能担重任的栋梁之才。

泉州世界遗产宣传片亮相美国纽约时代广场

美国纽约时代广场作为全球最受瞩目的商业核心地段，广场大屏被誉为“世界第一屏”。是日起，泉州世界遗产宣传片亮相纽约时代广场大屏，持续播出近一周时间，此系泉州首次以世界遗产之名在“世界第一屏”亮相。该宣传片以30秒和1分钟两个不同版本在美国纽约时代广场大屏上滚动播出。宣传片浓缩世界文化遗产泉州的珍贵价值和历史风貌，凝练地展现泉州开放包容、多元共赢的精神禀赋和人文特质。与此同时，印有泉州标志性建筑东西塔、写着“泉州：宋元中国的世界海洋商贸中心”“中国历史文化名城泉州欢迎您”的巨幅海报，也同步在纽约时代广场大屏上展出。这是泉州城市形象一次全面完整的国际展示，更是一次力度空前的城市推广。通过展示，让世界看见泉州，也让更多的人从泉州看见宋元中国。

“世遗”泉州精品旅游线路对接会举行

7—10日，由市文旅局主办的“宋元中国看泉州”2021年全国主要客源地旅行商踩线采购暨“世遗”泉州精品旅游线路对接会举行，全国主要客源地的旅行商代表100多人与会。悠扬的南音、惟妙惟肖的提线木偶戏表演，展示泉州非物质文化遗产文化；现场推介采取“体验式”营销模式，以“看、听、闻、品、触、心”六感体验，调动与会人员的感受体验；闽南茶文化、美食文化、民俗文化和伴手礼展示，还有蟳埔女“簪花围”和闽南特色中秋博饼等令人耳目一新。现场设置泉州人的生活艺术活动体验区、“世遗”泉州文旅资源展示区，活动采用文旅资源推介和旅游线路推介的形式，集中展现泉州丰富的“世遗”旅游资源和深厚的历史文化底蕴。此外，泉州“世遗”宣传片展播、文旅宣传资料发放、特色伴手礼抽奖等互动环节，加深与会人员对泉州旅游资源的印象。国内旅行商代表还到清源山、开元寺、府文庙、清净寺、泉州海外交通史博物馆等进行考察，并举行交流座谈会、采购签约等系列活动。

第十四届海峡两岸（泉州）农产品采购订货会在南安开幕

第十四届海峡两岸（泉州）农产品采购订货会（以下简称“农订会”）在南安成功国际会展中心开幕。该届农订会以“两岸携手、以农为媒、融合发展”为主题，突出展示两岸优质农产品、农业技术、农业机械和新营销模式等，设有3个线下展馆、708个国际标准展位，其中台胞台商企业展位302个、大陆展位406个。新增设的展区体现两岸“农人”交流合作的新趋势。现场增设泉台农业技术合作成果展区，展示台湾现代农业科学技术、管理理念、经营模式；乡村产业振兴主题展区展示县域、乡村、农渔产业园以及市场、农业合作社等运营模式及成果；福建农业品牌馆侧重展示福建特色的农业品牌、旅游品牌。

第十四届海峡两岸（泉州）农产品采购订货会现场
（图/陈小阳）

9月7日
农历辛丑年八月初一
星期二
温度：26℃～34℃
多云

●市委常委会召开会议，传达学习贯彻习近平总书记在2021年秋季学期中央党校（国家行政学院）中青年干部培训班开班式上的重要讲话精神，贯彻落实省委书记尹力在2021年秋季学期省委党校（福建行政学院）开学典礼上的讲话精神。

●泉州世界遗产宣传片亮相纽约时代广场大屏，持续播出近一周时间。

●7—10日，由市文旅局主办的“宋元中国看泉州”2021全国主要客源地旅行商踩线采购暨“世遗”泉州精品旅游线路对接会举行。

●第十四届海峡两岸（泉州）农产品采购订货会在南安成功国际会展中心开幕。

●市区城东至北峰快速通道最重要的控制性节点以及重难点工程——五台尾隧道实现双向试通车，标志该通道主线双向六个车道实现通行。

9月8日

农历辛丑年八月初二
星期三
温度：26℃～33℃
多云

●8—9日，全国人大常委会委员、社会建设委员会副主任委员邓凯到泉州开展无障碍环境建设专题调研。

●8—9日，中央广播电视总台英语环球节目中心（CGTN）以泉州市区的涂门街、木偶戏剧社、蟳埔社区和德化等地为直播点，在西街、德化白瓷窑架设慢直播点位，在CGTN全球平台，多语种向全球直播，全方位展示泉州元素。

●第21届中国国际投资贸易洽谈会在厦门开幕，由泉州市委、市政府主办的2021年泉州市侨资专场招商推介会同期举行。

●宿利南到洛江和泉州台商投资区调研集成电路等产业项目。

●陈辉宗调研世界遗产保护工作，并与文保部门、专家学者、市民代表等座谈交流。

●由全国铸造机械标准化技术委员会基础通用分会（SAC/TC186/SC4）主办《铸造机械 安全要求》强制性国家标准研讨会议在南安中机标准化研究院召开。

●8—9日，第四届泉州市工艺美术（综合类）现场创作考评活动在泉州非物质文化遗产馆举行。

中央广播电视总台英语环球节目中心直播展示泉州元素

8—9日，中央广播电视总台英语环球节目中心（CGTN）以泉州市区的涂门街、木偶戏剧社、蟳埔社区和德化等地为直播点，在西街、德化白瓷窑架设慢直播点位，以“直播+慢直播+短片”的形式，在CGTN全球平台，包括FACEBOOK、TWITTER、YOUTUBE以及央视新闻客户端、央视频、学习强国等平台，多语种向全球直播，全方位展示泉州元素。节目宣传片、前期拍摄的清净寺、蟳埔等短片先期在各个平台、央视频道播出。在先导片里，用中英双语介绍清净寺、海交馆、草庵等文化地标。在幕后踩点视频中，记者身着蟳埔女服饰，盘头插花，戴着丁香耳坠，在别具特色的民居里沉浸式体验当地风情，带领观众感受泉州多元包容文化的魅力。CGTN 2021年策划推出“海上看中国”大型主题报道，全景式展现中国沿海地区的自然生态、历史人文和社会经济等方面的发展现状。感受海上丝绸之路起点城市的文化底蕴。

2021年泉州市侨资专场招商推介会同期举行

第21届中国国际投资贸易洽谈会（以下简称“投洽会”）在厦门开幕，由泉州市委、市政府主办的2021年泉州市侨资专场招商推介会同期举行。泉州市市长蔡战胜参加推介会并致辞。蔡战胜指出，泉州正主动扛起福建全方位推进高质量发展超越主力军担当，打造“海丝”名城、制造强市、品牌泉州。海外侨亲是泉州发展的重要力量，侨资是泉州外资的主力军，真诚邀请大家到泉州干事创业、投资兴业，多为泉州发展牵线搭桥、建言献策。泉州将坚持“以诚相待、普惠共享”的合作宗旨，诚心诚意为大家提供优越的产业生态、优惠的政策措施和优良的营商环境，让投资者在泉州投资创业放心、舒心、安心。

推介会上，市发改委结合“十四五”规划，就重点产业招商项目等作推介。鲤城区、泉港区、晋江市、永春县分别宣传政策优势，推介投资商机，对接侨商需求。26个重点外资项目上台签约。这些签约项目涉及智能制造、现代物流、新材料、文创旅游等领域，投资总额194.1亿元，其中拟利用外资129.5亿元。此外，泉州市还有4个项目参加福建省重大项目签约仪式，投资总额65亿元。迪拜石材商代表再次携手南安石材企业，谋划在阿曼设立石材加工及销售基地，开拓国际市场。经过前期考察、谈判，此次落地泉州台商投资区的儒鸿智能纺织新材料项目已完成设计方案。立足公司开发的自主知识产权专业机器设备，项目总投资1.8亿元，建设集化妆品、消毒品及相关配套产品研发、生产、销售、物流于一体的科技创新园，同时还引入上下游产业链供应商入驻园区。未来BOPP（双向拉伸聚丙烯薄膜）和BOPET（双向拉伸聚酯薄膜）新材料科技生产线落地南安市石井镇。项目总投资20亿元，项目量产后将满足光电行业市场的发展需求，逐年实现产值45亿元，实现产能30万吨。投洽会会前及会议期间，泉州组织小分队实行点对点“敲门”招商，将面对面招商与云招商相结合，做好全流程对接洽谈和服务延伸，对接生成签约项目53个，投资总额近400亿元，拟利用外资275.5亿元，涉及电子信息、石油化工、新材料、高端装备制造、纺织服装和现代服务业等。

2021年泉州市侨资专场招商推介会签约仪式（图/林富榕）

王永礼到晋江调研国家创伤区域医疗中心建设等工作

市委书记王永礼到晋江，调研推动国家创伤区域医疗中心建设、村级组织换届等工作。在上海六院福建医院，王永礼到名医工作室，与上海六院派驻专家互动交流。王永礼叮嘱，要加快上海六院品牌、管理、技术平移，力促医学理念更先进、医疗服务更精细、医院管理更规范，让更多老百姓在家门口享受一流医疗资源。要全方位提供服务保障，从住房、子女教育、配偶就业等方面入手，用心用情解决专家团队及其家属的后顾之忧。在青阳街道高霞社区党群服务中心，王永礼了解村级组织换届选举准备工作进展和困难问题。王永礼强调，要高质量做好村级组织换届选举工作，把选民登记好、把群众发动好，选优配强新班子，选出政治素质高、一心为公、为民办事的带头人。要发挥老党员、老干部的经验优势和感召作用，以老带新做好“传帮带”，把基层党组织建成抓党建、聚合力、促发展、筑和谐的战斗堡垒。

蔡战胜与恒丰银行监事长张淑敏座谈

市长蔡战胜与恒丰银行监事长张淑敏、副行长沈健座谈，并见证市政府与恒丰银行签订战略合作协议，恒丰银行福州分行与泉州城建、晋江城投签订金融服务合作协议。市领导洪自强参加活动。蔡战胜表示，泉州经济韧性强、发展环境好，希望深化政银企对接，在产业转型、城市建设等领域加强合作，更好服务实体经济、助推高质量发展。

“华大讲堂”第92讲举行

“华大讲堂”第92讲举行。中国翻译协会会长、中国翻译研究院院长、中国外文局原局长周明伟做“大变局下讲好中国故事的新思考”专题报告，为新形势下国际传播工作提供理论启发和实践指导。市领导宿利南、陈辉宗、周真平，市直有关单位负责人，华侨大学领导和部分师生等参加报告会。

宿利南向周明伟颁发“华大讲堂”主讲嘉宾纪念牌
（图/张为健）

泉州世界遗产保护与城市更新专家研讨会举行

由中国城市规划协会专家工作部主办的泉州世界遗产保护与城市更新专家研讨会在泉州举行。与会专家学者结合老城区“申遗”和江南组团城市更新项目实践，围绕泉州“申遗”成功后遗产保护与城市更新两大议题各抒己见，针对泉州在城市更新中遇到的生态、交通、产业、历史人文、公共服务等典型问题联合“把脉”，共同探讨可行的遗产保护与城市更新技术路线。以“泉州城市历史景观认知与管理方法讨论”为主题，中国建筑设计研究院有限公司建筑历史研究所副所长傅晶从新近被除名的世界遗产项目“利物浦海上商城”所带来的警示谈起，提出应从整体和跨学科的角度去认知城市的动态变化，并实现对“变化”的管理。泉州市城市规划设计研究院院长林劲松分享泉州古城保护的发展历程，并结合小山丛竹、中山路、旧车站案例，道出古城更新中的保护与活化经验，同时提出对古城保护的思考：以保护为先，以整体保护为主，在传承保护的同时适应时代发展的需求。中国城市发展规划设计咨询有限公司副总经理杨一帆以紧密连接泉州老城和周边市县、泉州西向的重点发展地区——江南组团为例展开演讲。 中国城市发展规划设计咨询有限公司主任规划师赵斐围绕江南组团城市更新策略与问题展开探讨，畅谈对城市存量空间调整的思路，针对村庄更新和工业空间更新提出建议。

9月9日

农历辛丑年八月初三
星期四
温度：26℃～33℃
多云

●市委书记王永礼到晋江调研推动国家创伤区域医疗中心建设、村级组织换届等工作。

●市长蔡战胜与恒丰银行监事长张淑敏、副行长沈健座谈，并见证市政府与恒丰银行签订战略合作协议，恒丰银行福州分行与泉州城建、晋江城投签订金融服务合作协议。

●“华大讲堂”第92讲举行。中国翻译协会会长、中国翻译研究院院长、中国外文局原局长周明伟做“大变局下讲好中国故事的新思考”专题报告，为新形势下国际传播工作提供理论启发和实践指导。

●全市第一次扫黑除恶常态化暨四大行业领域整治推进会召开，贯彻落实全国、全省第一次扫黑除恶常态化推进会精神，通报泉州市扫黑除恶常态化工作有关情况，部署下阶段重点任务。

●全市宣传思想文化工作培训班举行。

●由中国城市规划协会专家工作部主办的泉州世界遗产保护与城市更新专家研讨会在泉州举行。

9月10日

农历辛丑年八月初四
星期五
温度：27℃~34℃
多云转晴

●2021年尊师重教座谈会在泉州府文庙明伦堂召开。

●继全省会议后，泉州市召开防御第14号台风“灿都”视频工作会议，就具体防御工作作出部署。

●市政府党组（扩大）会议召开，传达贯彻习近平总书记在2021年秋季学期中央党校（国家行政学院）中青年干部培训班开班式上的重要讲话精神，贯彻落实省委书记尹力在2021年秋季学期省委党校（福建行政学院）开学典礼上的讲话精神，以及市委常委会会议精神。

●市政府党组理论学习中心组学习会召开，学习研讨《习近平在福建》。

●“红色记忆——中共泉州革命历史专题展”VR云展馆上线。

●由市创城办、市委文明办、市志愿者协会、洛江区创城指挥部主办的“四全”创建接续发力·“十城”目标争创佳绩——泉州市深化第七届全国文明城市创建志愿服务动员大会在洛江居然之家广场举行。

2021年尊师重教座谈会召开

2021年尊师重教座谈会在泉州府文庙明伦堂召开。市领导王永礼、蔡战胜、施宇辉、许文贵、周真平、王春金等，与各级优秀教师（优秀教育工作者）、“桐江学者”、泉州市“教育世家”、离退休教师、学生代表一起，学习领会习近平总书记给全国高校黄大年式教师团队代表的回信精神，围绕“赓续百年初心，担当育人使命”主题进行交流。市委书记王永礼指出，教师和教育工作者要贯彻落实党的教育方针，以更大热忱担起为党育人、为国育才使命，当好学生实现人生梦想的“筑梦人”；要当好塑造学生品格、品行、品位的“大先生”，把为学、为事、为人统一起来，以高尚人格魅力成为学生尊敬爱戴之人，用言传身教打开学生心灵之门、智慧之门；要善于研究真问题，把教学作为一门科学、一门艺术，潜心治学、因材施教，成为业务精湛、学生喜爱的高素质教师。

泉州市2021年尊师重教座谈会现场（图/陈晓东）

“中共泉州革命历史专题展”VR云展馆上线

“红色记忆——中共泉州革命历史专题展”VR云展馆上线。云展馆分为序厅、革命星火、土地革命时期、抗日战争、解放战争、尾声等部分，以百年时间轴贯穿5个经典历史场景，精选各个时期革命文物270件（套），以3D数字虚拟云展馆技术整合文字、图片、视频、音频等红色资料，采用VR720°环绕画面、3D效果呈现历史物件、“+VR画面”、“图文展示+音频解说”等形式，把泉州在长期革命、建设和改革进程中形成的红色资源，活化为可听可看、可读可感的网络传播产品，再现百年来泉州人民在中国共产党领导下从胜利走向辉煌的历程，以及泉州恢宏壮阔的革命历史、革命斗争中涌现出的共产党人感人事迹等。从传统的实地参观到“云”参观，云展馆通过手机、计算机跟随指向箭头，可戴上VR眼镜切换VR阅读模式，用手指一点就能获得沉浸式体验。为增强体验感，云展馆还根据实地参展路线提供自动逛展功能，点击按钮即可一键智能漫游各展区。此外，云展馆各展区还设置答题互动环节，只要完成各展区答题，逛馆结束后，用户即可获得个人五星满分证书。VR云展馆由市委组织部、市委宣传部、市委市直机关工委、市委史志室、市文旅局联合建设，通过网络手段，全要素呈现主题展览，打造永不落幕的网上红色教育基地，突破时间和空间的限制，为扩大党史学习教育群众性和覆盖面、强化影响力和传播力，提供便捷载体和鲜活教材。

志愿服务动员大会举行

由市创城办、市委文明办、市志愿者协会、洛江区创城指挥部主办的“四全”创建接续发力·“十城”目标争创佳绩——泉州市深化第七届全国文明城市创建志愿服务动员大会在洛江居然之家广场举行。市直机关、志愿服务组织的300余名志愿者参加活动。志愿者还在现场开展各种志愿服务。

泉州市深化第七届全国文明城市创建志愿服务动员大会现场（图/刘楷彬）

第21届投洽会泉州分团签约45个项目

第21届中国国际投资贸易洽谈会（以下简称“投洽会”）在厦门闭幕。该届投洽会泉州分团签约45个项目，总投资225.4亿元，拟利用外资147亿元（比2020年增长44.3%）。其中，合同项目35个，总投资166.7亿元，合同外资97亿元（比2020年增长35.5%），实现会前预定工作目标。以“新发展格局下国际投资新机遇”为主题的第21届中国国际投资贸易洽谈会布展10万余平方米，吸引近100个国家和地区、800多个经贸团组、5000多家企业线上线下参展参会。泉州企业带着项目参与其中，除在福建展馆泉州分团主展位展示区现场展出一批产业成果，在“丝路投资”园区开发对接会、2021“丝路电商”政企对话会暨国际合作论坛（厦门）、第四届“一带一路”发展高层论坛、区域全面经济伙伴关系投资新机遇研讨会、中国企业“走出去”对接会、商务部投资促进事务局并购项目发布会等场合也积极参与，展现泉州市全方位推进高质量发展超越的精气神。

泉州市卫健系统244名医护人员驰援莆田

泉州市卫健系统派出244名医护人员，支援莆田市仙游县执行核酸采样、标本检测、流调等医疗援助任务。10日，莆田市仙游县发现6例核酸检测呈阳性者。仙游县连夜启动核酸检测预案。泉州市卫健委在接到省卫健委通知后，迅速抽调福建医科大学附属第二医院、泉州市第一医院、安溪县医院、安溪县中医院、安溪县妇幼保健院、晋江市医院、安海医院、泉州市疾控中心、泉州台商投资区疾控中心等多家医疗卫生机构244名核酸采样、检测、流调骨干，驰援仙游县核酸检测工作。10日，莆田需要支援的消息传来，泉州市第一医院核酸采样应急队迅速发布消息，队内医务人员纷纷报名集结，并于当晚进行加固培训，准备物资。11日，55名医护人员出发驰援莆田。11日，福建医科大学附属第二医院核酸采样应急队紧急出发至莆田支援。应急队一共57人，其中包括队员50人，队长、副队长、联络员、院感专员、护理组组长、后勤保障等7人。10日，接到通知后，安溪县迅速集结，快速响应，紧急组建外援医护核酸采集人员梯队55人，于11日集结出发。10日，晋江市卫健系统紧急抽调69名医务人员支援莆田仙游县执行流调、核酸采样、标本检测等任务。

福建医科大学附属第二医院医护人员出发驰援莆田
（图/福建医科大学附属第二医院）

自动除颤仪搭上社区公交车

第22个“世界急救日”，主题为“做学校、社区的急救英雄”。一台自动体外除颤器（AED）被安装到泉州社区公交车“小白”上。这台AED将跟着“小白”穿行于泉州古城。此前有爱心市民匿名购买50台AED，并委托泉州市急救科普教育基地向社会无偿捐赠，这台AED就是其中之一。泉州市急救指挥中心和泉州市公交集团有限责任公司温陵分公司举行“我为群众办实事：交通安全‘救’在身边”共建签约。温陵分公司配合急救指挥中心需求，利用“小白”灯箱展板加大宣传教育；让大家掌握急救常识，在危急时刻做到心中有数，不慌乱、不害怕。此外，在“小白”营运低峰期，为急救指挥中心提供用车服务。急救指挥中心也将加快温陵分公司“驾驶员成才计划”之“急救培训”步伐，在学员急救证有效期满两年后，再次组织“小白”驾驶员及管理人员到急救指挥中心进行复训、考核。

9月11日

农历辛丑年八月初五
星期六
温度：27℃～35℃
多云

●第21届中国国际投资贸易洽谈会在厦门闭幕。该届投洽会泉州分团签约45个项目，总投资225.4亿元，

●泉州市卫健系统派出244名医护人员，支援莆田市仙游县执行核酸采样、标本检测、流调等医疗援助任务。

●泉州市妇幼保健机构座谈会暨妇幼健康服务联合体成立大会在泉州市妇幼保健院·儿童医院举行。

●第十四届全国运动会皮划艇激流回旋男子单人划艇决赛在四川省攀枝花市米易县举行，泉州籍运动员陈芳佳获冠军。

●第22个“世界急救日”，主题为“做学校、社区的急救英雄”。一台自动体外除颤器（AED）被安装到泉州社区公交车“小白”上。

9月12日

农历辛丑年八月初六
星期日
温度：26℃～34℃
多云

●市委常委会会议暨市疫情防控应急指挥部会议召开，传达国务院联防联控机制综合组福建工作组工作要求、省应对新冠肺炎疫情工作领导小组第七十七次会议精神，研究部署泉州市疫情防控工作。

●在收听收看全省新冠肺炎疫情防控工作视频会后，泉州市随即召开会议对疫情防控工作再部署、再落实。

●泉港区新冠肺炎疫情应急指挥部办公室发布通告，经核酸采检复核，泉港区确认4例新冠病毒核酸检测呈阳性者，其中确诊病例3例、无症状感染者1例。

●由省工信厅、省教育厅、省商务厅指导，以“健康引领·美丽校园”为主题的福建省校园服饰产业推介对接会启动仪式在石狮国际轻纺城举行。

市委常委会会议暨市疫情防控应急指挥部会议召开

市委常委会会议暨市疫情防控应急指挥部会议召开，传达国务院联防联控机制综合组福建工作组工作要求、省应对新冠肺炎疫情工作领导小组第七十七次会议精神，研究部署泉州市疫情防控工作。会议指出，要提高政治站位，强化责任担当，贯彻落实国务院联防联控机制关于疫情处置和防控的部署，落实省委、省政府具体要求，坚持人民至上、生命至上，落实各项防控举措。要“快”字当头，加紧“大数据+网格化”排查，做细流调溯源工作，落实好密切接触者管控，加强核酸检测、医疗救治等。要科学精准、形成合力，实施好分类管控措施，科学调度人员力量，加强应急物资保障。要盯紧重点场所、公共交通、工业园区等，落实人员健康监测、环境消杀等措施，加强医疗机构感染防控，抓好学校疫情防控工作。要做好宣传引导，及时发布权威信息，回应社会关切，提醒群众做好自我防护。10日以来，泉州市启动疫情防控应急机制，密集部署流调溯源、人员排查等工作，调派专业力量参与防控；市委书记王永礼向国务院联防联控机制综合组福建工作组汇报疫情防控情况及下一步工作安排，市长蔡战胜及相关市领导在泉港现场调度。

在收听收看全省新冠肺炎疫情防控工作视频会后，泉州市随即召开会议对疫情防控工作再部署、再落实，市领导蔡战胜、林万明、洪自强、施宇辉、周真平、陈小辉分别在泉州分会场、泉港分会场参会。会议强调，要根据省委、省政府部署要求，突出“快”“实”，与病毒赛跑，严而又严抓好各项防控工作落实，确保人民群众生命安全和身体健康。

泉州市确认4例新冠病毒核酸检测呈阳性者

泉港区新冠肺炎疫情应急指挥部办公室发布通告，经核酸采检复核，泉港区确认4例新冠病毒核酸检测呈阳性者，其中确诊病例3例、无症状感染者1例。通告称，11日14时至20时陆续接到莆田市疾病预防控制中心“关于移交新冠病毒核酸阳性者的函”，泉州市、泉港区疾控中心开展调查处置。经采检复核，确认4例阳性，其中确诊病例3例、无症状感染者1例，其工作地和感染地均为莆田市，住址在与枫亭镇相邻界山镇的村。4例均送泉州定点医院隔离诊治。同时，按有关规程对相关场所和人员采取封闭管理及环境消杀、开展流行病学调查、扩大核酸检测等处置措施。泉港区新冠肺炎疫情应急指挥部办公室敬请市民文明上网，关注权威渠道发布的相关信息。有关疫情信息，政府信息公开平台、官方新闻媒体会第一时间发布，对未经证实的消息不发布、不传播、不评论，做到不信谣、不造谣、不传谣；减少不必要出行，不去疫情重点地区，尤其是中高风险地区；在日常生活中坚持做好勤洗手、戴口罩、常通风、“一米线”等个人防护措施；如有发热、干咳、乏力、咽痛等不适症状，立即到就近的发热门诊就诊，就诊时避免乘坐公共交通工具，并全程佩戴口罩。

福建省校园服饰产业推介对接会启动仪式在石狮举行

由省工信厅、省教育厅、省商务厅指导，以“健康引领·美丽校园”为主题的福建省校园服饰产业推介对接会启动仪式在石狮国际轻纺城举行。活动采取线上线下同步联动的形式，并通过微信视频号（石狮校园服饰专业市场）、抖音号（狮城儿童）同步进行现场直播。活动内容包括校园服饰产业推介对接会启动仪式、校园服饰品牌企业线上直播，以及参观中国校园服饰专业市场等。此次校园服饰产业推介对接会旨在宣传福建校园服饰产业发展的最新成果和未来趋势，推进石狮与其他重点产业集群地区开展交流合作，为将石狮打造成全国校园服饰产业发展示范引领区创造更好的条件，对接会活动从12日持续到30日。

王永礼到洛江检查疫情防控工作

市委书记王永礼到洛江检查基层疫情防控工作落实情况。在位于洛江区马甲镇的洛江区医院，王永礼在询问医院预检分诊、核酸检测等工作开展情况后，向一线医护人员表示感谢，叮嘱大家在做好自身防护的同时，把疫情防控措施落细落实，对进行核酸检测的人员和就诊的群众，要设立单独进出通道，严防院内交叉感染。王永礼还到洛江区马甲镇梧峰村，察看基层联防联控情况。王永礼与村干部交谈，了解疫情防控工作情况，叮嘱村干部做好防疫防暑和个人防护。王永礼强调，要把工作做得再细一点，构筑起联防联控的严密防线，汇聚起群防群治的强大合力。要选优配强新班子，做好“传帮带”工作，发挥基层党组织在疫情防控中的战斗堡垒作用和党员先锋模范作用。

市人大常委会党组理论学习中心组学习会议召开

市人大常委会党组理论学习中心组学习会议召开，学习贯彻习近平总书记给廖俊波母亲季平英的回信精神，并结合工作实际开展学习研讨。党组成员结合工作实际进行交流研讨。大家一致表示，要学习贯彻习近平总书记回信精神，从廖俊波精神中汲取不断前行的精神动力，以实际行动践行初心使命、彰显担当作为。会议强调，要领会习近平总书记回信的意义和内涵，结合学习贯彻习近平总书记到福建考察讲话精神，把向廖俊波学习作为党史学习教育和“再学习、再调研、再落实”活动的重要内容，在真学真信中坚定理想信念、永葆政治本色。要把学习成果转化为新时代人大工作的强大动力，坚持以人民为中心，立足人大职能，增强监督实效，依法推动解决教育、医疗、养老等老百姓“急难愁盼”的问题，用心用情回应代表和群众关切。要坚持作风建设永远在路上，落深落细落实全面从严治党主体责任，加强作风锤炼，凝聚起全方位推进高质量发展超越的强大力量。

泉州市新冠肺炎疫情防控新闻发布会召开

市政府新闻办公室召开新冠肺炎疫情防控新闻发布会，市防控新冠肺炎疫情应急指挥部、市卫健委、泉港区相关负责人在会上介绍疫情防控工作情况。截至12日24时，泉州市确认确诊病例6例，同时发现1例莆田确诊病例的关联病例，7例确诊病例全部用负压车辆转运至泉州市传染病防治医院隔离治疗，病情稳定。疫情发生后，市委、市政府立即启动应急指挥体系，成立前线指挥中心，开展应急处置工作。根据部署，市公安、卫健、工信等部门密切配合，依法有效开展流调，截至12日24时，密切接触者153人、次密切接触者216人，均落实健康管理措施。同时，扩大核酸检测范围，在对密切接触者、次密切接触者逐一进行核酸检测的基础上，统筹调配全市核酸采样队伍，组织全市1000名卫技人员参与核酸检测工作，从10日起，连续3天对重点区域开展全员核酸检测，扩大并完成泉港区界山镇全镇核酸检测，加快推进泉港区全域核酸检测。截至12日24时，采集124894人份样本。科学实施分级分类管控。按照国务院应对新冠肺炎疫情联防联控机制关于科学划分、精准防控要求，经专家研判，自12日起，将界山镇界山村的东丘自然村划定为中风险区，按规范落实管控措施，加强环境消杀。对病例居住地及停留较长时间的相关区域室内外环境采样并进行全面消杀，完成物体表面消毒近1.5万平方米。

泉州市新冠肺炎疫情防控新闻发布会现场（图/陈英杰）

9月13日

农历辛丑年八月初七
星期一
温度：26℃～37℃
多云

●王永礼到洛江检查基层疫情防控工作落实情况。

●市人大常委会党组理论学习中心组学习会议召开，学习贯彻习近平总书记给廖俊波母亲季平英的回信精神，并结合工作实际开展学习研讨。

●市人大常委会党组扩大会议召开，传达学习习近平总书记在2021年秋季学期中央党校（国家行政学院）中青年干部培训班开班式上的重要讲话精神等。

●市疫情防控指挥部召开视频会议，传达贯彻国务院联防联控机制综合组福建工作组会商会议精神，部署疫情防控工作。

●市政府新闻办公室召开新冠肺炎疫情防控新闻发布会，市防控新冠肺炎疫情应急指挥部、市卫健委、泉港区相关负责人在会上介绍疫情防控工作情况。

●市教育局、市卫健委印发《关于进一步做好秋季学期学校疫情防控工作的通知》，要求各地各校抓好学校疫情防控工作，举一反三，补漏洞、强弱项，做好2021年秋季学期学校公共卫生工作，保障师生生命安全和身体健康。

9月14日

农历辛丑年八月初八
星期二
温度：26℃～34℃
多云

●市委常委会（扩大）会议暨市防控疫情应急指挥部视频会议召开，传达省委常委会会议暨省应对新冠肺炎疫情工作领导小组第七十九次会议精神，研究部署泉州市疫情防控工作。

●市政府与市政协开展重点提案督办活动，围绕“提升政务服务水平”“提升‘第三产业’聚集辐射效率”“为高成长企业创新创业创造发展环境”提案课题开展调查研究。

●市政协党组理论学习中心组学习会议召开，传达学习习近平总书记、李克强总理对疫情防控工作的指示批示精神和副总理孙春兰在全国疫情防控工作电视电话会议上的讲话精神等。

●市体育局发出关于加强疫情防控有关工作的通知，要求即日起全市公共体育场馆暂停对外开放，暂停各类体育赛事，加强全市体育系统疫情防控工作，保障群众生命安全和身体健康。

市委常委会（扩大）会议召开

市委常委会（扩大）会议暨市防控疫情应急指挥部视频会议召开，传达省委常委会会议暨省应对新冠肺炎疫情工作领导小组第七十九次会议精神，研究部署泉州市疫情防控工作。

会议指出，要落实省委、省政府工作要求，坚持人民至上、生命至上，更加坚决果断、科学精准地落细落实各项防控举措。疫情防控形势严峻复杂，处在最关键、最吃紧阶段，要把抓好疫情防控工作作为头等大事，做好打大仗、打硬仗、打苦仗的准备。要加强组织领导，全部市领导挂钩下沉各县（市、区）指导疫情防控工作。各级党委、政府要扛起属地责任，加强对疫情趋势走向研判，逐项落实国家工作组指导意见。要发挥基层党组织战斗堡垒和党员先锋模范作用，做到宣传动员到位、防控措施到位、责任落实到位，把防控措施落到每个岗位、每个环节、每个人，举全市之力阻断疫情扩散蔓延。要坚持“快、严、实”，科学精准落实防控措施，同时间较量，同病毒赛跑，抓薄弱、补短板、堵漏洞。要落实分区分级精准防控要求，做好“大数据+网格化”排查、隔离管控、核酸检测筛查、流调溯源、社区管控、重点场所管理、医疗救治、环境消杀等工作。要完善院感防控制度并严格落实，做到重点人群、普通人群核酸检测筛查以及正常门诊通道分开，防止院感发生。要强化校园安全管理，迅速开展全面摸排、健康筛查，健全完善校地联防、家校协防、全员共防机制。要科学调配人员，合理安排基层防疫一线人员轮班值守，做好防暑降温、防疫防护工作，保障一线防控人员健康安全。要组织好物资保障，打击囤积居奇、趁机抬价等扰乱市场行为，确保重点物资供给充裕、市场物价平稳。

市政协党组理论学习中心组学习会议召开

市政协党组理论学习中心组学习会议召开，传达学习习近平总书记、李克强总理对疫情防控工作的指示批示精神和副总理孙春兰在全国疫情防控工作电视电话会议上的讲话精神；传达学习习近平总书记在中央党校（国家行政学院）中青年干部培训班开班式上的重要讲话精神和省委书记尹力在2021年秋季学期省委党校（福建行政学院）开学典礼上的讲话精神；传达学习全省组织工作推进会精神、省委宣传部调研组到泉州调研主要精神和全省民主党派市级组织换届工作座谈会精神，以及省委、市委有关会议精神。会议强调，要加强政协机关干部特别是年轻干部业务培训和实践历练，在政协工作岗位上履职尽责、建功立业。

全市公共体育场馆暂停对外开放

市体育局发出关于加强疫情防控有关工作的通知，要求即日起全市公共体育场馆暂停对外开放，暂停各类体育赛事，加强全市体育系统疫情防控工作，保障群众生命安全和身体健康。根据通知要求，即日起，全市体育系统全体干部职工和教练员、学生、运动员非必要不离开泉州，严禁到省内外中、高风险地区；如确需外出的，必须按照管理权限提前报批，并务必做好个人防护，准确记录个人活动轨迹；到达后，配合当地，落实好疫情防控各项措施；返回后，必须第一时间主动向所在社区和单位报备相关情况，配合落实相关健康管理措施。各级体校和市体工队原则上在19日前组织全体师生员工完成新一轮核酸检测工作。其中纳入登记造册的重点人群和来自厦门、莆田、泉港的师生员工在间隔4天后再做一次核酸检测。加强体育场所管控。即日起全市公共体育场馆暂停对外开放，做好清洁消毒卫生工作。场馆重新开放后，要求各地体育部门要督促本地区公共体育场馆落实好各项防疫措施，落实测温、戴口罩、不聚集、“一米线”和通风消毒等常态化防控措施，科学设置进出通道，做好应急准备，设置应急隔离区，储备必要的防护物资。暂停各类体育赛事。即日起全市范围内暂停举办各级各类体育赛事活动。特殊情况确需举办的，需优先考虑线上方式。

省市领导检查督导疫情防控工作

省长王宁到泉州检查督促疫情防控工作，并召开现场协调会。市领导王永礼、蔡战胜、洪自强、施宇辉、周真平参加相关活动。王宁检查泉港区集中医学观察点，了解隔离人员身体状况、防护措施、食宿保障等情况，强调要落实省委会议要求，根据疫情严重程度，因地制宜实施就地就近集中隔离，上足技术手段和管理力量，严管严控，规范管理。在泉港区锦绣广场核酸检测点，王宁察看采样流程，了解现场保障、检测能力等情况，强调要分批分时开展检测，缩短群众等待时间，加强现场组织管理，严格执行防控要求，杜绝交叉感染。

市领导分别到各自疫情防控工作挂钩联系县（市、区），督导检查疫情防控工作，动员各地压实责任、严把关口、守牢阵地，抓好抓实疫情防控各项措施，筑牢严密防线。

市人大常委会主任陈灿辉、市人大常委会党组书记李建辉分别到丰泽、鲤城督导疫情防控工作，到街道、社区和卫生机构了解当地防控人员配备、管控措施落实、应急处置、医疗和生活物资储备等方面情况。市领导要求，要学习贯彻习近平总书记关于新冠肺炎疫情防控工作重要指示重要批示精神，把思想和行动统一到党中央、国务院决策部署上来，落实省、市工作要求，思想再绷紧、措施再严密、责任再压实，从快从严、精准高效抓好各项疫情防控工作。要加强组织领导，坚持联防联控、群防群控，激活疫情防控指挥体系，提高快速反应能力。要科学精准落实防控措施，紧盯重点环节，严密快速有力抓好核酸检测、流调溯源、隔离监管、学校疫情防控、院感防控、环境消杀、市场稳定等工作落实。要组织好物资储备保障，确保重点物资供给充裕，市场物价平稳。要加强宣传引导，提升自我防护意识，筑牢疫情防控的坚固防线。要狠抓责任落实，调动各方力量，打赢疫情防控阻击战。

市政协主席李转生、市人大常委会党组成员高向荣，市政协党组书记肖汉辉、副主席王春金分别到永春、南安，听取当地疫情防控工作情况，查看医学集中观察点，与疫情防控工作专班会商。市领导要求，要学习贯彻习近平总书记关于新冠肺炎疫情防控工作重要指示重要批示精神，按照党中央、国务院和省委、市委决策部署，强化责任担当，落实各项疫情防控措施。要高效有序开展核酸检测，做好集中隔离场所建设，规范集中隔离场所管理，从快从严从实科学精准防控。要加强酒店、商铺、村镇、高速公路等重点场所的管控，落实“测温、验码、戴口罩”等措施，对出现异常的场所，立即进行封闭管控。要加大流调力度，强化“网格化+大数据”“线上+线下”重点人员摸排管控，及时把相关人员追溯到位，并落实居家健康管理，形成闭环。要常态化开展爱国卫生运动，做好公共环境消杀，防止交叉感染。要配足配齐各类防疫物资，加大巡查管控，防止发生哄抬物价等现象，打赢疫情防控歼灭战。

市委常委刘文儒到晋江检查、督促各项防疫工作落实情况。市人大常委会党组成员李文生、市政协一级巡视员骆沙鸣到泉州开发区检查超市、集中隔离点、学校疫情防控工作。副市长、公安局局长李伙金到丰泽查看集中隔离场所硬件设施、安保措施、勤务安排，慰问执勤民警、医护人员。副市长汪志红到德化察看集中隔离点、物资储备仓库、核酸检测采样点等场所，了解当地疫情防控措施落实情况。市政协副主席陈益到洛江督导疫情防控工作，了解人员登记、核酸检测、防疫措施落实和物资储备等情况，慰问坚守岗位工作人员。

全市大部分学校从线下教学转为线上教学

全市大部分学校从线下教学转为线上教学，学生进入“居家学习”时间。市教育局发出《关于疫情防控期间组织做好中小学教育教学管理工作的通知》，按照“属地管理、科学统筹、一县一策、一校一案”的原则和“不增加学生课业负担、不增加家庭经济负担、不增加教师教学负担”的要求，迅速行动、科学组织、精准施策，合理高效管理好教育教学。

9月15日

农历辛丑年八月初九
星期三
温度：26℃～33℃
多云转小雨

●省长王宁到泉州检查督促疫情防控工作，并召开现场协调会。

●市领导分别到各自疫情防控工作挂钩联系县（市、区），督导检查疫情防控工作，动员各地压实责任、严把关口、守牢阵地，抓好抓实疫情防控各项措施，筑牢严密防线。

●市委办发出通知，决定在疫情防控一线全面成立临时党支部。

●福建省应对新冠肺炎疫情工作指挥部疫情防控与医疗救治组派驻泉州工作组抵达泉州。

●全市大部分学校从线下教学转为线上教学，学生进入“居家学习”时间。

9月16日

农历辛丑年八月初十
星期四
温度：26℃～32℃
多云转小雨

●国家卫健委副主任李斌带领国务院联防联控机制综合组福建工作组到泉港检查疫情防控工作。

●市领导继续到各自疫情防控工作挂钩联系县（市、区），督导检查疫情防控工作。

●市应急防疫指挥部办公室发布通告要求，保障疫情防控期间公路交通畅通，确保生产生活物资运输车辆正常通行，满足企业、群众需求，维护社会经济正常秩序。

●市委文明办下发通知，要求全市各地文明办、新时代文明实践中心（所、站）、全市各级各类文明单位行动起来，开展“汇聚文明力量、携手防控疫情”行动。

国务院联防联控机制综合组福建工作组到泉州检查疫情防控工作

国家卫健委副主任李斌带领国务院联防联控机制综合组福建工作组到泉港检查疫情防控工作。副省长李德金，市领导王永礼、洪自强参加检查。李斌到泉港南埔镇隔离点，检查隔离点区域划分、健康监测、物资配送、值班值守等情况，要求加强隔离场所规范管理，做细工作、优化流程、保障安全，把防控措施落细落实落到位。李斌强调，要提高站位、强化担当，坚持人民至上、生命至上，把工作组带来的防控经验和科学指导应用到实际工作中，做好疫情防控各项工作。要坚持科学精准、规范有序防控，利用好“大数据+网格化”，全面摸排重点人员，及时调整扩大核酸检测范围，提升核酸检测效率，做好流调溯源工作，配强疾控队伍，尽最大可能发现排除潜在风险，阻断疫情扩散蔓延。要落实分区分级精准防控，建立健全“人防+技防+物防”保障体系，做好隔离人员管理、社区管控，确保应隔尽隔、不漏一人。要盯紧环境消杀、医疗救治、院感防控等工作，以更大决心、更大力度、更实举措打赢疫情防控歼灭战。

市领导到各地督导检查疫情防控工作

市领导继续到各自疫情防控工作挂钩联系县（市、区），督导检查疫情防控工作。

市委常委、宣传部部长陈辉宗，市政府党组成员刘林霜到洛江开展疫情防控督导工作。市领导到金威酒店、三盛小区、泉州第十一中学等检查集中隔离点、物业小区及校园疫情防控工作，要求把严把牢防控关口，争分夺秒开展核酸检测、流调溯源、隔离管控等工作，从严从紧落实佩戴口罩、测量体温等防控措施。要做好师生服务管理，统筹做好线上和线下教学有效衔接，加强部分留校师生的管理与服务，筑牢教育领域疫情防控安全线。要强化防疫宣传引导，聚焦镇村、企业等重点部位，加强疫情防控知识和健康知识普及，增强“每个人都是一道防线”的意识，营造全民战“疫”浓厚氛围。

市委常委、组织部部长卢秀萍，市人大常委会党组成员赖清正到惠安开展疫情防控督导工作。市领导到沈海高速黄塘互通口、汾阳酒店集中隔离点、螺城镇中新社区核酸检测点、县总医院察看，要求坚定信心、扎实工作，严之又严、细之又细抓好疫情防控工作。要坚持问题导向，紧盯入口管控、核酸检测、隔离场所、物资保障等关键环节，筑牢疫情防控安全屏障。要坚持党建引领，全面成立临时党支部，推行一线考察识别干部。要加强宣传引导，传递正能量,形成人人参与、家家尽责、共同抗疫的局面。

市委常委、市纪委书记傅藏荣到安溪东高速出入口交通检查站、福建农林大学安溪茶学院、参内镇集中医学隔离观察点、安溪县医院、便民核酸采集点、超市等场所，检查督导核酸检测、环境消杀、院感防控、物资供应等疫情防控工作落实情况，看望慰问一线工作人员。座谈会上，市领导强调，要提高政治站位，落实省委、省政府、市委、市政府工作要求，层层压实责任，备齐备足防疫物资，落实各项防控措施，筑牢“外防输入”屏障，统筹抓好疫情防控和经济社会发展；要坚持以人民为中心，科学调配人员，传递身边正能量，引导全社会配合做好防控工作，保障人民群众生命健康安全。

市人大常委会副主任吴汉宗、市政协党组成员庄灿霞到泉州台商投资区听取疫情防控工作情况汇报，了解人员摸排与管理、核酸检测、重点场所和重点人群防控措施落实、防疫物资储备等情况。副市长朱启平、市政协副主席洪川夫到石狮湿地公园、祥芝国家中心渔港、东南亚采购集散中心、锦尚健康家园等地指导疫情防控工作，听取当地疫情防控工作落实情况。市政协副主席刘志平到德化查看南埕镇集中隔离点、西门车站等地，了解隔离点管理等情况。市政协副主席蔡萌芽到晋江走访瑞景小区、晋江万达商场，了解当地疫情防控措施落实情况。

市领导到各地督导检查疫情防控工作

市领导到各县（市、区）督导检查疫情防控工作。

市委书记王永礼到晋江、南安调研检查疫情防控工作，市领导施宇辉参加。王永礼到晋江市池店镇、南安市石井镇，察看核酸采样点组织情况，检查高速出入口、村道交会口疫情防控工作，并代表市委、市政府向日夜坚守的一线工作人员表示慰问，叮嘱大家做好防暑降温、自身防护。王永礼指出，要学习贯彻习近平总书记关于新冠肺炎疫情防控工作的重要指示重要批示精神，贯彻国务院联防联控机制决策部署，落实省委、省政府工作要求，坚持人民至上、生命至上，突出“快”“严”“实”的要求，做好疫情防控各项工作。要精心组织、规范有序，开展好核酸检测的现场组织、登记、采样等工作，重视生物安全管理，做好流量控制，加强舆情引导，科学制定应急预案，确保高质量完成检测任务。要科学防控、精准施策，结合中秋、国庆“两节”将至，人员流动和集聚加大的特点，用好“大数据+网格化”全面摸排重点区域、重点单位、重点场所、重点人群，落细落实城市社区和农村防控工作，补短板、堵漏洞、防风险，筑牢联防联控、群防群控防护线，防止疫情蔓延，维护好人民群众生命安全和身体健康。

市人大常委会主任陈灿辉、市人大常委会党组书记李建辉和市人大常委会副主任许文贵分别到丰泽、鲤城督导疫情防控工作。市领导察看海峡体育中心核酸检测采样点、群石实验小学核酸检测采样点、丰泽公安分局指挥中心、常泰街道上村社区核酸检测采样点、鲤中街道防控疫情应急指挥部，了解采样点布设、采样流程、服务保障等情况。市领导要求，要高效有序开展核酸检测工作，优化检测流程和操作规范，加强专业指导和人员培训，提升核酸检测效率，做到应测尽测、应检尽检、不漏一人。要加强组织引导和服务保障，落实好测温、戴口罩、“一米线”间隔、查验八闽健康码等防控要求，引导群众分批次、分时段有序进行核酸采样，严防人员扎堆、聚集，阻断疫情传播。要通过流调溯源及时查明源头和传播途径，做好密接、次密接的滚动摸排管理，通过隔离管控阻断疫情传播。要调动各方力量，加强协同配合，形成防控疫情的强大合力，分秒必争，落实好各项防控措施，打赢疫情防控歼灭战。

市委副书记宿利南到石狮检查疫情防控工作。宿利南察看石狮女装网批中心、仁里社区等核酸检测采样点，检查采样点工作情况，并在石狮市疫情防控指挥部碰头会商。宿利南要求，要按照“快”“严”“实”的要求，稳步有序推进大规模核酸检测各项工作。要强化组织领导，网格化发动、组织群众，维护好现场秩序，落实工作人员自身防护，管控检测点各类风险。要科学精准调控，配足配齐采样人员、转运力量和检测设施，确保各检测点物资充足、保障有序。要强化信息化技术保障，提高大数据运用的能力水平，确保核酸检测信息平台平稳高效运行。要发挥基层党组织战斗堡垒作用和党员先锋模范作用，让党旗在战疫一线高高飘扬。

市文旅局发布中秋国庆假期安全提醒

市文旅局下发《关于做好中秋国庆假期安全生产和疫情防控工作的通知》，要求丰富线上线下文化和旅游产品供给，及时发布和转发各类旅游安全风险预警提示，提醒游客合理安排旅游线路，主动规避风险。通知要求，疫情防控形势复杂严峻，全市文旅系统要落实相关工作部署，压紧压实防控责任，落实疫情防控措施，确保一旦发现疫情，能够快速启动，高效处置。全市文旅系统督促旅行社并配合景区主管部门指导A级旅游景区开展专项整治，完善安全设施设备和防范措施，确保游客安全。开展安全隐患大排查大整治，排查星级饭店、文保单位、博物馆、公共文化场所、剧院、网吧、KTV等人员密集场所用火用电用气、特种设备、食品卫生等方面的安全隐患。县（市、区）文旅部门综合运用现场检查、视频调度、电话督促和短信微信提醒等形式，督促责任落实；开展市场整治行动，打击市场违法违规行为，保障消费者合法权益。

9月17日

农历辛丑年八月十一
星期五
温度：25℃～31℃
多云

●市委书记王永礼到晋江、南安调研检查疫情防控工作。

●市领导继续到各自疫情防控工作挂钩联系县（市、区），督导检查疫情防控工作。

●市文旅局下发《关于做好中秋国庆假期安全生产和疫情防控工作的通知》，要求丰富线上线下文化和旅游产品供给，及时发布和转发各类旅游安全风险预警提示，提醒游客合理安排旅游线路，主动规避风险。

●第十四届全国运动会羽毛球混双决赛在陕西西安电子科技大学举行，泉州运动员黄东萍与队友王懿律合作，获得冠军。

9月18日

农历辛丑年八月十二
星期六
温度：25℃～32℃
多云转晴

●国务院联防联控机制综合组福建工作组到泉州督导检查核酸检测工作。

●市委常委会召开会议，传达学习习近平总书记在8月31日中央政治局会议、河北承德考察、陕西榆林考察时的重要讲话精神等。

●市长蔡战胜到惠安督导检查疫情防控工作。

●泉州市第24次组织防空警报试鸣。

国务院工作组到泉州督导检查核酸检测工作

国务院联防联控机制综合组福建工作组到泉州督导检查核酸检测工作，市疫情防控指挥部领导蔡战胜、宿利南、周真平、李伙金、陈小辉、蔡天守等参加相关活动。工作组强调要提升核酸检测能力，科学制定检测方案，统筹做好核酸检测采集、物资储备、实验室建设、信息化支撑等工作，做到应检尽检、不漏一人，阻断疫情扩散蔓延。

市委常委会学习习近平总书记重要讲话精神

市委常委会召开会议，传达学习习近平总书记在8月31日中央政治局会议、河北承德考察、陕西榆林考察时的重要讲话精神，2021年中国国际服务贸易交易会全球服务贸易峰会、第六届东方经济论坛全会开幕式上的致辞，向“菌草援外20周年暨助力可持续发展国际合作论坛”、可持续发展大数据国际研究中心成立大会暨2021年可持续发展大数据国际论坛致贺信以及省委常委会会议精神；传达学习中央民族工作会议精神。

会议指出，要加快推进乡村振兴，建设宜居宜业美丽乡村。加强生态文明建设，抓好生态环保督察反馈问题整改，开展污染防治行动。加强文化遗产保护利用，推进文旅融合，塑造城市品牌。落实教育改革部署，建设高素质专业化的教师队伍，推进教育高质量发展。深化对外交流合作，推动服务贸易创新发展，在服务和融入新发展格局上展现更大作为。要落实国务院联防联控机制、省应对新冠肺炎疫情工作领导小组部署要求，坚持在快、严、实上下功夫，落实外防输出、内防扩散各项措施。开展核酸检测、流调溯源、隔离管控等工作，做好防疫科普、心理疏导和人文关怀。筑牢联防联控、群防群控防护线，抓好重点区域、重点场所、重点部位管控，落细落实城市社区和农村防控工作，维护好人民群众生命安全和身体健康。要铸牢中华民族共同体意识，履行主体责任，做好新时代民族工作。要高质量做好泉州市与民族地区的对口支援工作，推动项目援建、产业合作。要推动少数民族村寨乡村振兴，做好城市少数民族流动人口服务管理工作，促进广泛交往交流交融。会议还研究《泉州市生态环境领域市与县财政事权和支出责任划分改革实施方案》《泉州市应急救援领域市与县财政事权和支出责任划分改革实施方案》《泉州市行政复议体制改革实施方案》等。

蔡战胜到惠安督导检查疫情防控工作

市长蔡战胜到惠安督导检查疫情防控工作。蔡战胜指出，要落实国务院联防联控机制决策部署，按照省委、省政府和市委工作要求，坚持“快”“严”“实”，织密织牢疫情防控安全网。要加强核酸检测全流程管理，做好现场组织和环境消杀，落实“边采、边送、边检”模式，提升核酸采集、转运、检验速度和效率。要优化交通管控措施，在落实好分区分级防控要求基础上，保畅通、保供应。

蔡战胜（左五）在惠安督导检查疫情防控工作（图/陈 挥）

泉州市第24次组织防空警报试鸣

泉州市连续第24次组织防空警报试鸣。是日上午9时，全市13个县（市、区）300多台防空警报器同时鸣响。警报试鸣信号，首先是预先警报信号：鸣36秒，停24秒，反复3遍，时间3分钟。接着是空袭警报信号：鸣6秒，停6秒，反复15遍，时间3分钟。最后是解除警报信号：连续鸣放3分钟。整个试鸣从上午9时至9时30分进行。

孙春兰到厦门、莆田、泉州调研疫情防控工作

18—19日，中共中央政治局委员、国务院副总理孙春兰到厦门、莆田、泉州调研疫情防控工作，考察厦门同安区晨明工艺品有限公司、厦门大学附属第一医院杏林分院和莆田仙游县枫亭镇铺头小学、集中隔离点酒店及泉州泉港区界山镇界山村封控小区，了解核酸筛查、流调溯源、隔离管控、物资保障及医疗救治等情况，听取省、市和国务院联防联控机制综合组福建工作组的汇报，与一线专家座谈，视频连线了解患者救治工作，并看望慰问一线防控工作者，部署疫情防控重点任务。省委书记尹力，省长王宁分别参加有关活动。孙春兰指出，要重点防止疫情外溢，树立全局意识，加强区域协查力度，运用信息化提高流调效率，整合公卫、工信、公安等力量，及时推送相关信息，严防疫情在省内跨区扩散、向省外溢出。要做到应隔尽隔，执行对重点人员的集中隔离，抓紧增加隔离点和隔离床位，限时完成人员转运，确保把风险人员全部管住、隔离到位、规范管理，避免隔离点交叉感染。落实社区管控措施，坚持群防群控，既管控到位，又分级分类、精准施策，发动群众共同创建“无疫”小区，用“快刀”斩断疫情传播链。要加强医务人员培训，规范医疗垃圾处置，对院感实行零容忍。要做好医疗救治，坚持关口前移、中西医结合，推进治疗同质化、规范化，重视关注儿童和老年患者，实施“一人一策”精准治疗，加强心理疏导和悉心呵护，医者仁心、敬佑生命，全力以赴救治患者。

第七届泉州市道德模范名单公布

市委文明办公布第七届泉州市道德模范名单，张丽碟等30人获评第七届泉州市道德模范。为弘扬向上向善正能量，树立文明和谐新风尚，推进泉州市公民道德素质和社会文明程度不断提高，3月起，市委宣传部、市委文明办、市总工会、团市委、市妇联、泉州军分区政治工作处开展第七届泉州市道德模范暨第八届全国、第七届福建省道德模范推选活动。按照推选办法，经过广泛推选、核查上报、推选会和组委会投票、公示公告、审核确定等程序，泉州市推选的黄明水、林和辉、林志军、黄秀红4人获第七届福建省道德模范称号，同时评选出30名第七届泉州市道德模范。其中，助人为乐模范8名、见义勇为模范5名、诚实守信模范4名、敬业奉献模范9名、孝老爱亲模范4名。

相关链接： 第七届泉州市道德模范名单：

一、助人为乐模范（8名）

张丽碟（女）晋江市中医院急诊医学部护士长

林闽婷 惠安县小岞镇老年人协会会长

蔡飞昌 福建省智善慈航公益服务中心理事长

冯金添 德化县憨鼠爱心小分队副队长

叶原原（女）泉州东湖中心幼教集团创始人、总园长

郭建家 德化县兰花草志愿服务队队长

连建良 泉港区助老服务志愿者协会常务会长

林富榕（女）石狮日报社记者、石狮市阳光太太志愿者协会秘书长

二、见义勇为模范（5名）

庄松彬 泉州台商区张坂镇前见村村民

泉州市安捷海岸救援服务中心（群体）

林海原 泉州百世快递北峰分部快递员

肖全勇 福建省闽东南地质大队退休职工

张泽虎 福建明兴渔业有限公司董事长、晋江市义务救援协会会长、晋江市社会治安综合治理协会副会长

三、诚实守信模范（4名）

李天培 石狮正源水产科技开发有限公司董事长

杨庆聪 惠安县洛阳庆达石雕艺术有限公司艺术总监

陈主义 安溪县山格淮山专业合作社理事长

泉港区南埔镇惠屿村（群体）

四、敬业奉献模范（9名）

庞素秋（女）中国人民解放军第九一O医院疾病预防控制科主任兼党支部书记

杨 杰 泉州晚报社总编室主任

陈欣然 中国人民解放军陆军排长

王桂珍（女）泉州市特殊教育学校教师

叶昆平 安溪县殡仪馆火化组组长

庄婉瑜（女）原泉州市温陵实验幼儿园园长、副书记

赖辉煌 福建省德化九仙山气象站工程师

李惠琼（女）南安市社会福利中心主任、南安市救助管理站站长

巫文重 中国人民解放军消防员

五、孝老爱亲模范（4名）

张松子 中国人民解放军三级军士长

庄丽珠（女）泉港区前黄镇凤阳村村民

胡秀为（女）安溪县蓬莱镇温泉村村民

张利梅（女）惠安县净峰镇村民

9月19日

农历辛丑年八月十三

星期日

温度：26℃～32℃

晴

●18—19日，中共中央政治局委员、国务院副总理孙春兰到厦门、莆田、泉州调研疫情防控工作。

●市政府新闻办公室召开泉州市新冠疫情防控工作第四场新闻发布会，通报泉州市新冠疫情最新情况：18日0时至19日12时，泉州市新增确诊病例3例，均在安溪县。

●市委文明办公布第七届泉州市道德模范名单，张丽碟等30人获评第七届泉州市道德模范。

9月20日

农历辛丑年八月十四
星期一
温度：27℃～34℃
晴转多云

●19—20日，副省长李德金到泉州安溪、泉港、晋江等地调研，检查疫情防控工作，看望慰问一线工作人员。

●市长蔡战胜到南安检查督促疫情防控工作，了解基层疫情防控形势，协调解决疫情防控中碰到的实际困难和问题，并向节日期间坚守岗位的一线工作人员送上慰问。

●市委、市政府发布“致海内外泉州人”短视频。

●全市各地1200名医务人员抵达晋江支持核酸检测工作。

●第十四届全国运动会击剑男女花剑团体决赛在天津举行，泉州运动员陈海威、陈伟全、施嘉洛、陈情缘与队友合作，分别夺得男女花剑团体冠军。

李德金到泉州调研疫情防控工作

19—20日，副省长李德金到泉州安溪、泉港、晋江等地调研，检查疫情防控工作，看望慰问一线工作人员。泉州市领导王永礼、蔡战胜、洪自强、傅藏荣、周真平等参加调研。李德金强调，要贯彻落实党中央、国务院决策部署，按照国务院联防联控机制要求，坚持人民至上、生命至上，与时间赛跑、与病毒赛跑，采取快速果断措施，阻断疫情扩散。要分区分级精准防控，科学划定封控区、管控区、防范区，强化信息技术支撑，落实重点区域、重点单位、重点场所及重点人群防控措施。要精心组织、规范有序，抓紧抓实抓好核酸检测，科学高效开展流调溯源，落实社区防控，规范化管理集中隔离场所，确保应检尽检、应转尽转、应隔尽隔。要落实院感零容忍，做好医疗救治、环境消杀、废弃物处置等工作，确保医院零感染。要倾听群众诉求，做好心理疏导、情绪安抚、健康监测。要统筹抓好生产生活服务保障，确保重点物资供应充裕，维护正常经济社会秩序。要发挥基层党组织战斗堡垒和党员先锋模范作用，各级干部下沉一线、靠前指挥，用好各方面专业力量，关心关爱一线疫情防控工作者，打赢这场疫情防控阻击战、歼灭战。

蔡战胜到南安检查督促疫情防控工作

市长蔡战胜到南安检查督促疫情防控工作，了解基层疫情防控形势，协调解决疫情防控中碰到的实际困难和问题，并向节日期间坚守岗位的一线工作人员送上慰问。

为有效应对新形势，统筹疫情防控和经济社会发展，南安市组建专班工作小组，乡镇党政干部与当地派出所、交警、交通执法等相关部门工作人员联动，在交通重点部位实施24小时全天候监控检测，同时面向辖区内规模以上企业，主动对接物资运输等需求，工信、公安交警无缝衔接，构建保障生产的运输“绿色通道”。蔡战胜到水头西高速出入口、国道228线菊江村2个疫情防控检查站，察看车流情况，了解防控检查工作流程，并对保障生产物资运输畅通的做法予以肯定，勉励大家严格防控、暖心服务，树好泉州形象。在金明国际酒店集中隔离点，蔡战胜察看设施设备，了解隔离人员入住、日常消杀、管理服务等工作流程，要求加强隔离场所防控管控工作，同时体现人文关怀，提升服务水平，确保隔离工作有序开展。就下阶段工作，蔡战胜强调，要学习贯彻习近平总书记重要指示精神，落实副总理孙春兰到泉州调研要求，按照省委、省政府和市委工作部署，坚持人民至上、生命至上，咬紧牙关、严防死守，打好疫情防控的大仗、硬仗、苦仗。要加强流调溯源与核酸检测协同发力，完善核酸检测“采、送、检”全流程管理，确保“应检尽检、不漏一人”。要规范集中隔离点管理，对风险人员服务到位、隔离到位，避免发生交叉感染。要绷紧院感防控这根弦，实行院感零容忍。要及时总结经验做法，查找弥补短板不足，以高效管用的扁平化防控体系，以坚定意志和充沛干劲，打赢疫情防控阻击战，确保人民群众生命安全和身体健康。

市委市政府发布“致海内外泉州人”短视频

市委、市政府发布“致海内外泉州人”短视频。由市委宣传部指导、泉州广播电视台制作的短视频，送上中秋节日祝福，也带着大家回顾泉州市9个多月来的建设成果：生产总值首次突破万亿元大关、“泉州：宋元中国的世界海洋商贸中心”申报世界遗产成功、体育健儿奥运夺冠；展现众志成城抗击疫情的感人瞬间：海外侨胞捐赠医疗物资、医疗工作者挥汗如雨核酸采样、消杀人员为车辆喷洒消毒水等。泉州通客户端、《泉州晚报》、泉州网、《东南早报》和泉州广播电视台新闻中心泉媒体等公众号发出视频后，迅速引起反响，在海内外泉州人的朋友圈刷屏。

省市领导看望慰问一线疫情防控人员

省委书记尹力到泉州安溪县集中医学隔离点，代表省委、省政府向坚守一线的防控人员致以中秋问候，并检查隔离点工作。省领导李仰哲、崔永辉、李德金和市领导王永礼、蔡战胜、施宇辉、傅藏荣、周真平参加检查。在安溪县海西茶机具产业园内的集中医学隔离点，尹力听取有关情况介绍，询问隔离人员生活保障、日常健康监测等情况。尹力指出，防控工作必须科学精准，突出快严实细，坚定信心、争分夺秒，把各项防控措施落实落细落到位。隔离是切断疫情传播的最有效手段，要做到应隔尽隔，对重点人员严格执行集中隔离，备足隔离点和隔离床位，规范隔离点管理，避免发生隔离点交叉感染。要做好隔离人员的服务保障工作，加强心理疏导和人文关怀。尹力代表省委、省政府向大家致以节日的问候和祝福。尹力表示，中秋节是中国传统佳节，是合家团圆的日子，大家因疫情防控需要坚守岗位、履职尽责，舍小家、为大家，为全省疫情防控大局付出艰辛努力、做出特殊贡献，希望一起努力，共同打赢这场疫情防控歼灭战。

市委书记王永礼到市疾控中心和鲤城、丰泽、洛江三地的区防控新冠疫情应急指挥部，看望慰问坚守岗位的工作人员，代表市委、市政府向他们及其家人致以节日的祝福和诚挚的问候。市委常委、秘书长施宇辉参加。每到一处，王永礼都与工作人员交谈，了解值班值守和人员调派情况，询问社区防控、核酸检测、物资保障、隔离人员服务保障等情况，对大家主动担当、在疫情防控一线连续奋战给予肯定。王永礼指出，疫情防控一线工作人员舍小家为大家，不辞辛劳、坚守岗位，日夜奋战在疫情防控第一线，为全市疫情防控做出重要贡献。王永礼希望大家坚定必胜信心，再接再厉、同心协力，力争早日打赢疫情防控歼灭战；在履职尽责的同时，注意科学轮班、劳逸结合，做好自身防护和防暑防雨。王永礼强调，要学习贯彻习近平总书记关于新冠肺炎疫情防控工作的重要指示重要批示精神，落实副总理孙春兰到福建调研讲话精神，按照省委、省政府工作部署，突出“快、严、实、细”要求，落实好科学精准防控措施，巩固疫情防控成果。要抓好生产生活保障工作，服务保障好封控区、管控区及隔离点人员，加强物资供应、心理疏导、人文关怀等工作，守护好人民群众生命安全和身体健康。

19—21日，市委常委、市纪委书记傅藏荣到安溪三德酒店、白玉兰酒店的集中隔离点，以及中国（安溪）茶都、新景小区、阳光城小区、龙涓乡检查督导疫情防控工作，并慰问干部群众，叮嘱做好自身防护。傅藏荣要求，各个集中隔离点要完善闭环管理链条，到岗到人压实责任，做好全天候值班值守、全方位监控监测，以及生活服务、环境消杀等工作，确保集中隔离的各项要求不折不扣落实；各个社区要落实联防联控、群防群控，发挥基层党组织作用，凝聚干部群众合力，织密扎牢基层疫情防控网；全市纪检监察机关要紧盯重点关键跟进监督、精准监督，确保各项疫情防控措施落到实处。

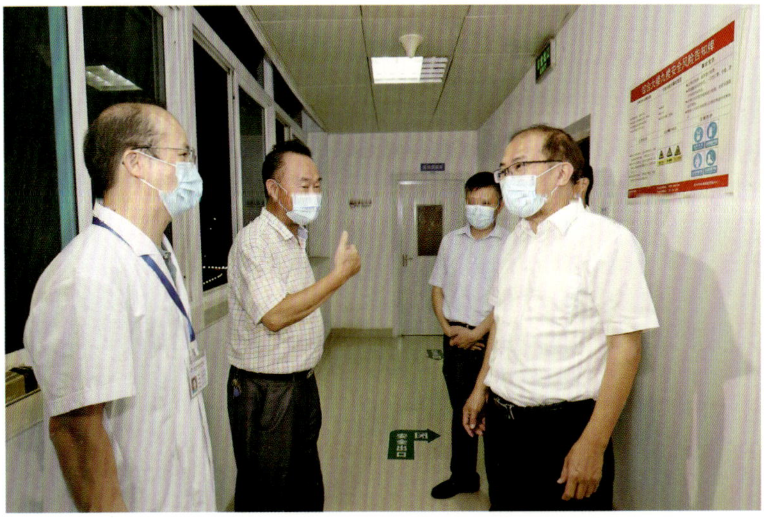

王永礼（左四）在市疾控中心看望慰问中秋坚守岗位的工作人员（图/陈起拓）

9月21日

农历辛丑年八月十五
星期二
温度：26℃～35℃
阴转小雨

●省委书记尹力到泉州安溪县集中医学隔离点，代表省委、省政府向坚守一线的防控人员致以中秋问候，并检查隔离点工作。

●市委书记王永礼到市疾控中心和鲤城、丰泽、洛江三地的区防控新冠疫情应急指挥部，看望慰问坚守岗位的工作人员。

●19—21日，傅藏荣到安溪三德酒店、白玉兰酒店的集中隔离点，以及中国（安溪）茶都、新景小区、阳光城小区、龙涓乡检查督导疫情防控工作，并慰问干部群众。

●第十四届全国运动会举重男子61公斤级决赛在陕西渭南举行，泉州运动员李发彬获冠军。

9月22日

农历辛丑年八月十六
星期三
温度：26℃～33℃
多云转小雨

●市防控疫情应急指挥部视频会议召开，传达学习中共中央政治局委员、国务院副总理孙春兰到福建到泉州调研讲话精神，贯彻落实省应对新冠肺炎疫情工作领导小组会议精神及省委、省政府主要领导到泉州检查指导要求，部署泉州市疫情防控有关工作。

●市长蔡战胜到市应急管理局调研，听取安全生产监管、防灾减灾救灾、应急体系建设等汇报，研究部署下阶段工作。

●泉州市开展危化品等行业标准化提升行动。

市防控疫情应急指挥部视频会议召开

市防控疫情应急指挥部视频会议召开，传达学习中共中央政治局委员、国务院副总理孙春兰到福建到泉州调研讲话精神，贯彻落实省应对新冠肺炎疫情工作领导小组会议精神及省委、省政府主要领导到泉州检查指导要求，部署泉州市疫情防控有关工作。

会议强调，全市各级各部门要按照省应对新冠肺炎疫情工作领导小组具体要求，坚定信心、连续奋战，以最快的速度、最果断的措施，为全省打赢疫情防控歼灭战做出贡献。要突出快严实细，做到快检测快流调快排查快隔离，加强各环节统筹衔接和力量协同，抓紧补短板堵漏洞强弱项，优化工作流程、提高组织效率，确保相关人员及时追溯到位、判定到位、管理到位。要落实好应隔尽隔，科学规范管理隔离场所，完善院感防控措施，落实医疗垃圾规范处置等要求，做好隔离人员服务保障。要实行分区分级分类，对封控区、管控区、防范区等实施精准防控，一级一级下沉力量抓实工作，构筑联防联控、群防群控的坚实防线。要科学统筹配置力量，合理组织抗疫一线工作人员轮班值守，加强卫生防护培训和心理疏导，让他们保持足够精力和良好状态。要统筹抓好疫情防控和经济社会发展，快捷高效做好物资调度，保持交通运输顺畅，确保生产生活平稳有序和社会大局安定稳定。各级指挥部要扁平高效运转，执行24小时值守、重大事项立即上报等纪律；属地、部门、单位、个人要共同扛起责任，把防控措施和各项工作落实到“最后一米”，汇聚起齐心协力抗击疫情的强大合力。

蔡战胜到市应急管理局调研

市长蔡战胜到市应急管理局调研，听取安全生产监管、防灾减灾救灾、应急体系建设等汇报，研究部署下阶段工作。蔡战胜强调，要学习贯彻习近平总书记关于安全生产重要论述，坚持人民至上、生命至上，树立“大安全”观念、健全“大应急”体系、构建“大联动”格局，统筹发展和安全、疫情防控和安全生产、生产生活领域风险防范和自然灾害防灾减灾，完整、准确、全面贯彻新发展理念，当好党和人民的“守夜人”。要压紧压实属地管理责任、部门监管责任和企业主体责任，做好安全生产工作。重点推进企业安全生产标准化提升专项行动，分行业打造标杆企业，组织制定检查清单、隐患清单、整改清单“三张清单”，分级分类严防严控，实行差异化、精准化、清单化动态监管，提升安全生产标准化水平。要提升应急管理能力，各级领导干部要带头学业务、走流程、带队伍，对各自领域的安全生产风险和防范处置工作，做到心中有数、手上有招。要重视应急队伍建设，强化科技和人才支撑，加强日常风险防范和培训演练，关心关爱应急管理人员，建设一支讲政治、敢担当，强业务、抓主体，作风硬、本领强的应急管理队伍。

泉州市开展危化品等行业标准化提升行动

泉州市开展危险化学品、烟花爆竹、非煤矿山和冶金等行业（领域）安全生产标准化提升专项行动，建立健全“提档一批、规范一批、约束一批、淘汰一批”的标准化动态管理机制，夯实企业安全管理基础，提升全行业（领域）本质安全水平。2021年年底前，危险化学品、非煤矿山、工贸等行业（领域）各至少培植打造5家标准化标杆示范企业，每个县（市、区）至少培植打造10家标准化标杆示范企业；金属冶炼企业、规模以上工贸企业落实安全生产主体责任20项检查要点，并完成标准化创建和自评工作。2022年年底前，全市所有工贸企业原则上落实安全生产主体责任20项检查要点，并完成标准化创建和自评工作；全市所有危险化学品、烟花爆竹、非煤矿山和冶金等行业（领域）企业完成标准化提升工作达80%以上。2023年年底前，全市所有危险化学品、烟花爆竹、非煤矿山和冶金等行业(领域)企业100%完成标准化提升工作。

王永礼到德化调研农业生产情况

市委书记王永礼到德化县调研农业生产情况，并检查基层疫情防控工作。市委副书记宿利南、市政府党组成员蔡天守参加调研。在上涌镇曾坂村，王永礼察看水稻长势，了解耕地流转、粮食产量、田间管理等情况。王永礼指出，在第四个“中国农民丰收节”到来之际，习近平总书记向全国农民和工作在“三农”战线上的人们致以节日祝贺和诚挚慰问，要学习领会，落实好党中央关于“三农”工作的大政方针，按照省委部署要求，鼓励引导农村土地流转，探索多元经营模式，打造特色农产品品牌，推进乡村振兴，让农民生活芝麻开花节节高。在曾坂村一处度假民宿，王永礼向负责人了解防疫期间游客入乡入村主动报备情况。王永礼还到汤头乡疫情防控指挥部，与基层干部交流，查看疫情防控工作台账，询问大数据推送、网格化摸排、健康管理等情况。王永礼强调，各级要发挥基层党组织战斗堡垒作用，突出快严实细，把区域协查、流调溯源、人员排查、居家隔离等措施落实到位，构筑联防联控、群防群控的坚实防线。

宿利南到安溪检查防疫工作落实情况

市委副书记宿利南到安溪官桥高速公路出口、官桥镇善益村、安溪核酸便民采集点，检查道路管控、人员执勤、文明劝导等防疫工作落实情况并督导安溪大规模核酸检测工作。宿利南强调，各县（市、区）要高度重视大规模核酸检测，压实责任、优化流程、提高效率，确保安全高效完成核酸采样工作。要盯住重点，组织对重点单位、重点场所、重点人群、重点区域和病例活动轨迹开展新一轮核酸检测。要加强统筹调度，落实人员分流、精准预约、分时分批等措施，强化物资保障，有序开展采集。要运用好信息化手段，密切监测采样进度，加快数据核查分析，确保应检尽检、不漏一人。

泉州市做好防御天文大潮工作

市防汛抗旱指挥部发出紧急通知，要求沿海各地各有关部门加强值班值守，密切关注潮位变化，及时预报预警，重点做好沿海景区与非景区景观点、生产作业点的防潮应急工作，把防御天文大潮各项措施落到实处。 市晋江堤防河道运行中心接到紧急通知后，第一时间部署沿线重点河段、人员密集临水带、水闸出口处大排查大整治，并补充增设安全防护措施和警示标识牌；加强值班值守，根据天文大潮潮汐规律及晋江潮水位情况适时关闭沿江13座水闸，防止潮水倒灌；派出工作队伍到滨江公司、泉州大桥拓宽工程项目部、泉州冬泳协会笋江桥游泳点、鲤城区江滨物业公司，督促落实各项防御措施。

泉州火车站启用智能防疫检票设备

泉州火车站出站口投入6台智能防疫检票设备，加大疫情防控力度，利用科技防疫，实现人脸识别、人证比对、体温检测、健康码核验“四合一”，极大方便旅客，又可避免作业人员与旅客近距离接触，真正实现不摘口罩，人证码温“四合一”。旅客只需将身份证或健康码打开，放置在防疫检票闸机口，设备将自动对信息进行核验。6台设备同时开启，与之前人工查验通道相比，大大缩短旅客排队的时间，降低聚集风险。除这6台智能防疫检测系统外，泉州站仍保留4个人工通道，设置绿色通道，以方便老年人、孕妇、残障等重点旅客出站。

相关链接：根据福建省《关于进一步做好省内发生本土疫情地区交通出行疫情防控工作的通知》要求，发生本土疫情地区的群众，乘坐火车、动车、飞机等公共交通工具出省的，应持有健康码绿码和48小时内核酸检测阴性证明，进出火车站、机场等交通场站应科学佩戴口罩，主动配合测体温、查验健康码和48小时内的核酸检测阴性证明。

9月23日

农历辛丑年八月十七
星期四
温度：26℃～33℃
多云

●市委书记王永礼到德化县调研农业生产情况，并检查基层疫情防控工作。

●市委副书记宿利南到安溪官桥高速公路出口、官桥镇善益村、安溪核酸便民采集点，检查道路管控、人员执勤、文明劝导等防疫工作落实情况并督导安溪大规模核酸检测工作。

●市防汛抗旱指挥部发出紧急通知，要求沿海各地各有关部门加强值班值守，密切关注潮位变化，及时预报预警，重点做好沿海景区与非景区景观点、生产作业点的防潮应急工作，把防御天文大潮各项措施落到实处。

●泉州火车站启用智能防疫检票设备。

9月24日

农历辛丑年八月十八
星期五
温度：25℃～31℃
多云转晴

●市委书记王永礼到安溪县龙涓乡检查管控区疫情防控工作。

●市长蔡战胜到丰泽和泉州台商投资区调研城市建设工作。

●市政府第一百二十九次常务会议召开，研究并通过《泉州市“十四五”海洋强市建设专项规划》《泉州市“十四五”生态环境保护规划》等。

●市政府党组理论学习中心组学习会召开，学习贯彻习近平总书记给廖俊波母亲季平英的回信精神，围绕“弘扬廖俊波精神、践行为民初心”开展专题学习研讨。

●全市秋冬季森林防灭火工作会议召开，部署森林防灭火工作。

王永礼到安溪检查疫情防控工作

市委书记王永礼到安溪县龙涓乡检查管控区疫情防控工作。王永礼随机查询封控点、管控区、隔离点健康管理措施的落实情况，了解核酸检测的间隔、实施与结果，关心封控区域的生活保障，特别是对老弱孤残病幼人员的照料。王永礼强调，要坚持科学精准，突出快严实细，抓好大数据推送、区域协查、中高风险地区旅居史人员排查管控等工作。要发挥基层党组织战斗堡垒作用，在战疫一线精准考察识别干部，关心关爱抗疫一线工作人员；引导和动员干部群众戴着口罩抓生产，组织好秋茶采制、企业复工复产等工作，统筹推动经济社会安全平稳有序发展。

蔡战胜到丰泽和泉州台商投资区调研城市建设工作

市长蔡战胜到丰泽和泉州台商投资区调研城市建设工作，副市长朱启平参加调研。蔡战胜指出，要学习贯彻习近平总书记“七一”重要讲话和到福建考察讲话精神，统筹推进疫情防控和经济社会发展，加快城市建设，提升城市品质。要坚持以规划引领城建，提升规划水平，加强规划管控，做好景观风貌设计，打造良好的城市天际线。要统筹区域功能布局，因地制宜发展适合业态，完善市政设施配套，增加优质公共服务供给，促进人口人气集聚，推动产城人融合发展。要保护好城市底色，通盘考虑自然生态资源与历史文化特质，做好生态廊道建设，把好山好水好风光引入城市生活。要集中力量攻坚征迁扫尾，用心用情做好群众安置工作，为未来发展腾挪出空间。

市政府第一百二十九次常务会议召开

市政府第一百二十九次常务会议召开，研究并通过《泉州市“十四五”海洋强市建设专项规划》《泉州市“十四五”生态环境保护规划》《泉州市“十四五”现代综合交通运输体系专项规划》《泉州市“十四五”人力资源和社会保障事业发展专项规划》《泉州市口袋健身公园建设三年行动实施方案》《泉州市原水一体化运营工作方案》。会议指出，要扛起生态环保政治责任，立足问题导向，协同推进污染防治攻坚战和碳排放达峰行动，既为子孙后代留下绿水青山，又为未来发展腾出更多生态环境容量空间。要实施“聚城畅通”工程、加强“高快一体”衔接，打造海上丝绸之路重要门户、国家物流枢纽、闽台融合重要通道。要坚持就业优先，完善社会保障体系，加强人才队伍建设，推进人力资源和社会保障事业高质量发展。口袋健身公园建设是泉州市党史学习教育“我为群众办实事”项目，要协同发力、加快推进，利用城市绿地、空地，做细做实选址、建设、维护等工作，见缝插针打造一批精品项目，为群众创造更多休闲活动空间。要坚持“一盘棋”思想，局部服从整体、短期服从长远，开展原水一体化运营改革，推动水资源可持续发展。要履行好政府职责，严守水资源管理红线，强化水源保护、管网建设维护、排水排污达标等全流程闭环管理，让群众喝上可靠、安全、高品质的水。

市政府党组理论学习中心组学习会召开

市政府党组理论学习中心组学习会召开，学习贯彻习近平总书记给廖俊波母亲季平英的回信精神，围绕“弘扬廖俊波精神、践行为民初心”开展专题学习研讨。会议要求，要弘扬优良作风，站稳群众立场，践行群众路线，分口推进“我为群众办实事”实践活动项目清单，推动解决群众“急难愁盼”问题，用心用情用力为民办实事、谋福祉。要扛起责任担当，落细落实市委部署要求，有序推进市政府“抓项目、促发展”专项行动，更好统筹疫情防控和经济社会发展。

泉州市出台绿色数字技改专项行动方案

为落实泉州市碳达峰、碳中和以及制造业数字化转型等重点专题决策部署，《泉州市绿色数字技改专项行动方案》（以下简称“方案”）出台，支持企业实施技术改造，加快产业绿色化、智能化转型，推动制造业高质量发展。方案明确，每年实施省、市级重点技术改造项目200项以上，力争每年全市技改投资增速10%以上。方案明确，聚焦绿色化、数字化，实施绿色化发展、智能化改造、信息化建设、数字化应用四大重点工程。

在绿色化发展工程方面，方案鼓励企业选用绿色工艺和设备，采用轻量化、模块化、集成化、智能化等绿色设计共性技术，构建高效、清洁、低碳、循环的绿色制造体系，推动绿色产品、绿色工厂、绿色园区和绿色供应链发展。每年实施以省级绿色工厂为示范的10个绿色制造项目。到2023年，全市创建省级以上绿色制造项目100个以上，绿色制造水平明显提升，企业绿色发展理念显著增强。实施节能减碳项目，方案鼓励工业企业实施节能减碳改造。推动石化、钢铁、水泥、火电等重点行业开展能效对标达标行动；实施锅炉（窑炉）节能改造，电机系统能效提升、能量系统优化等节能重点工程。每年实施以火力发电机组节能技改、炼化厂余热回收利用为示范的节能减碳项目50个，到2023年，全市实施150个项目，实现节能量10万吨标煤。在智能化改造工程上，方案推动生产方式向柔性、智能、精细转变应用，推广应用型智能制造、个性化定制、远程运行维护等智能制造发展新模式，每年推广数字化生产线100条。到2023年，全市力争推广数字化生产线550条。

4家泉州企业上榜中国制造业民企500强

全国工商联发布2021年中国民营企业500强、制造业民营企业500强、服务业民营企业100强榜单。泉州市1家企业入围2021年中国民营企业500强，4家企业入围2021年中国制造业民营企业500强。泉州市安踏体育用品集团有限公司以营业收入355.12亿元位列中国民营企业500强第292位。同时，安踏体育用品集团有限公司、福建恒安集团有限公司、达利食品集团有限公司、福建百宏聚纤科技实业有限公司分别以营收355.12亿元、223.74亿元、209.62亿元、172.23亿元，位列2021中国制造业民营企业500强榜单的第167位、第293位、第306位与第343位。福建省共有阳光龙净、融侨集团、永辉超市、大东海实业、恒申控股、永荣控股、时代新能源、三盛集团、融信投资、金纶高纤、盛屯矿业、正荣地产、安踏体育、名城控股、三宝集团、三安集团、福信集团17家企业入围中国民营企业500强，另有16家企业入围制造业民营企业500强、6家企业入围服务业民营企业100强。从营业收入来看，2021年全国民营企业500强入围门槛235.01亿元，比上年增加32.97亿元；制造业民营企业500强入围门槛100.51亿元，比上年增加11.33亿元；服务业民营企业100强入围门槛322.76亿元，比上年增加33.25亿元。

建行泉州分行落地全国首笔电子办理跨境人民币客户便利化业务

建设银行泉州分行落地全国银行业首笔通过电子渠道办理跨境人民币白名单客户便利化业务，标志建设银行电子渠道集约化运营水平更精进、便利化服务再提速，发挥出跨境人民币业务服务实体经济的作用。9月以来，建设银行泉州分行一手抓疫情防控不松懈，一手抓业务发展上台阶。面对突如其来的新冠肺炎疫情，该行立足国际结算电子渠道等“非接触式”服务方式积极为客户提供跨境结算服务，并以建设银行总行“跨境人民币白名单客户便利化结算业务”试点为契机，在完成多次模拟测试和案例演练的基础上，完成白名单客户嵌入电子渠道的系统测试工作。在了解到该行跨境人民币白名单客户某供应链公司因进口燕窝，要向东南亚的境外客户支付货款15.24万元的业务需求后，该行及所辖经办支行上下联动，迅速通过网银渠道为该客户办理全国首笔电子渠道跨境人民币白名单便利化业务，业务处理平均时长由原来的半小时缩短至2分钟。

9月25日

农历辛丑年八月十九
星期六
温度：24℃～30℃
晴

●泉州市出台绿色数字技改专项行动方案。

●全国工商联发布2021年中国民营企业500强、制造业民营企业500强、服务业民营企业100强榜单。泉州市1家企业入围2021年中国民营企业500强，4家企业入围2021年中国制造业民营企业500强。

●建设银行泉州分行落地全国银行业首笔通过电子渠道办理跨境人民币白名单客户便利化业务。

9月26日

农历辛丑年八月二十
星期日
温度：23℃～31℃
晴

●“两江一带”生态水系建设专题会议召开，学习贯彻习近平生态文明思想，听取“两江一带”（晋江、洛阳江和市域海岸带）生态水系规划思路与举措汇报，研究部署下阶段工作。

●市长蔡战胜到鲤城调研新区城市更新与古城保护提升工作。

●市委副书记宿利南到永春调研疫情防控、乡村振兴等工作。

●省文旅厅公布13项“福建文化标识”，泉州文化标识“郑成功”“德化白瓷”“泉州古城”和关联的“妈祖信俗”入选。

“两江一带”生态水系建设专题会议召开

泉州市首个“河长日”，“两江一带”生态水系建设专题会议召开，学习贯彻习近平生态文明思想，听取“两江一带”（晋江、洛阳江和市域海岸带）生态水系规划思路与举措汇报，研究部署下阶段工作。会议指出，要加强规划统筹，坚持全市“一盘棋”，分类落实规划管控，明确功能分区，留足布局空间。要树牢系统思维，实行项目化推进，强化水岸一体、上下游联动、跨域协同，提升生态水系建设实效。要聚焦需要解决的问题，高质量生成项目，抓好晋江下游清淤方案落地实施，同步考虑城市绿化、交通、供水、排污、地下管网等建设；要分级、分期、分区域有序推进生态水系建设，调动各方资源和积极性，增强整体工作合力，确保“十四五”期间生态水系建设取得实效。

蔡战胜到鲤城调研城市更新与古城保护工作

市长蔡战胜到鲤城调研新区城市更新与古城保护提升工作，副市长朱启平、市政府党组成员蔡天守参加调研。蔡战胜指出，要坚持规划引领，加强市区联动，把城市功能做强、品质做优、环境做美，提升城市精细化管理水平。要善用市场化思维，拓宽投融资渠道，增强成本意识、风险意识，实现城市建设管理良性可持续发展。蔡战胜沿途走访龙头山文化中心项目、源和1916创意产业园，以及西街、中山路、花巷、金鱼巷、天后宫前广场等，了解街区保护建设与街巷综合提升工程进展。蔡战胜强调，要学习贯彻习近平总书记关于文化和自然遗产保护工作的重要论述，听取国家文物局及相关专家学者意见建议，总结梳理前期好经验好做法，尊重历史、保护文物，推进历史街区、背街小巷的沿街立面提升、传统建筑保护修缮、市政管网改造、功能业态优化等工作，让古城在保护中发展、在发展中保护。

蔡战胜（左三）在西街游客服务中心听取西街东段综合提升设计方案介绍（图/陈晓东）

宿利南到永春调研疫情防控和乡村振兴等工作

市委副书记宿利南到永春调研疫情防控、乡村振兴等工作。宿利南指出，要做大做优做强特色产业，传承发扬传统技艺，提升产学研合作水平，加快产品标准化步伐，合理布局产业链、供应链，稳步扩大生产规模。要整合乡村特色旅游资源和相关产业要素，串点成线、以线带面，探索建立旅游资源大数据服务平台，加强宣传推介，精细化对接旅游消费需求，完善配套设施，打响乡村旅游品牌。

泉州市4项文化标识入选“福建文化标识”

省文旅厅公布13项“福建文化标识”，泉州文化标识“郑成功”“德化白瓷”“泉州古城”和关联的“妈祖信俗”入选。“福建文化标识”评选活动由省文旅厅主办，由各设区市文旅部门向省文旅厅报送推荐名单近200个。其中，泉州报送55个。活动邀请故宫博物院原院长单霁翔、中央美术学院院长范迪安等20位专家评委，从近200个标识中遴选出21个入围候选标识，按人文荟萃、匠心独运、名胜风光三大类进行网络投票，最终评选出13项“福建文化标识”。

南安市石井镇郑成功纪念馆前的郑成功半身像（图/吴寿民）

市委常委会部署统筹疫情防控和经济社会发展各项工作

市委常委会（扩大）会议暨市防控疫情应急指挥部会议召开，贯彻落实26日省应对新冠肺炎疫情工作领导小组会议精神，研究部署泉州市统筹疫情防控和经济社会发展各项工作。

会议指出，疫情发生以来，在党中央领导下，在国务院联防联控机制和国家工作组、省委、省政府指导下，全市干部群众全员发动、担当作为，疫情防控取得阶段性明显成效。要继续做好防输入、防反弹各项工作，织密扎牢社区防控网，防止院内感染、隔离点交叉感染，抓好重点场所、重点人群防控工作；落实解除隔离人员的健康医学管理，同步抓好特殊人群生活救助、环境消杀等工作，做到解封不解防。要全面加强常态化疫情防控，严防人群聚集，落实测温、验码、戴口罩等措施，巩固扩大防控成果；要提升疫情防控和社会治理水平，健全平急结合、上下联动、部门联通机制，把各项工作做得更扎实。要戴着口罩抓发展，加强经济运行调度，冲刺全年目标任务。要稳步恢复正常生产生活秩序，突出抓好企业复产增产、项目建设提速增效、产业链招商、征迁百日攻坚、消费市场回暖复苏、能耗双控等重点工作，把疫情影响降到最低程度，夺取疫情防控和经济社会发展双胜利；要齐心协力推动工作落实，统筹抓好市第十二次党代会筹备、党史学习教育、政法队伍教育整顿问题整改、村级组织换届选举、生态环保督察反馈问题整改、安全生产专项整治等工作，落实国庆期间疫情防控、交通出行安全、景区和非景区景点安全管理等措施。

市政协十二届三十八次主席会议召开

市政协党组（扩大）会议和市政协十二届三十八次主席会议召开，听取“加快推进南翼新城规划建设”专题协商议题进展情况，研究协商市政协十二届三十一次常委会会议相关事宜。会议指出，做好这个专题协商议题，意义重大，要集思广益、群策群力，提出具有战略性、前瞻性和较强可操作性的意见建议。要统筹推进、精心组织市政协常委会会议，确保把各项筹备工作做实做细做到位。

宿利南到泉州开发区和晋江调研园区管理体制等工作

市委副书记宿利南到泉州开发区、晋江调研园区管理体制、基层疫情防控等工作。宿利南察看锐驰集团、清濛医院核酸检测点、基层治理服务中心、泉州综合保税区。宿利南指出，泉州开发区在抓好招商的同时，要重视培育本土企业，引导企业不仅加快资金积累，更要加大技术研发、整合上下游配套、做大区域品牌，完善产业链，打造产业“共同体”，提高抗风险能力，争取涌现更多行业龙头。保税区等功能园区要与工业园区紧密融合，服务产业转型，辐射周边乃至更大区域。要主动融入海上丝绸之路建设，激活政策、机制的“催化剂”作用，学习借鉴先进地区经验，在科技创新、对外合作等方面更好发挥园区的功能。要统筹疫情防控与经济社会发展，推进各项疫情防控措施的落实，做好大数据摸排，完善常态化防控措施，加强隔离点、企业、医院等重点场所的管理，巩固扩大防控成果。

泉州市开设“黄码”人员专用采样点

为回应社会关切，解决健康码“黄码”人员（以下简称“黄码人员”）核酸检测难的问题，市卫健委决定在全市设置“黄码人员”核酸检测专用采样点（采样通道）。所有来自境外、国内中高风险地区，医学观察期未满人员（含集中隔离、居家隔离等）不得自行到黄码人员专用核酸采样点（采样通道）采样检测。到核酸检测专用采样点（采样通道）参加采样的人员，应实行黄码人员、绿码“愿检尽检”人员双通道分流、分开采样，避免交叉感染。

9月27日

农历辛丑年八月廿一
星期一
温度：24℃～31℃
晴

●市委常委会（扩大）会议暨市防控疫情应急指挥部会议召开，贯彻落实26日省应对新冠肺炎疫情工作领导小组会议精神，研究部署泉州市统筹疫情防控和经济社会发展各项工作。

●市政协党组（扩大）会议和市政协十二届三十八次主席会议召开，听取“加快推进南翼新城规划建设”专题协商议题进展情况，研究协商市政协十二届三十一次常委会会议相关事宜。

●市委副书记宿利南到泉州开发区、晋江调研园区管理体制、基层疫情防控等工作。

●泉州市设置“黄码人员”核酸检测专用采样点（采样通道）。

9月28日

农历辛丑年八月廿二
星期二
温度：24℃～33℃
晴

●市委书记王永礼到惠安、泉港调研推进能耗双控和疫情防控工作。

●继全省会议之后，泉州市召开第四季度防范重特大安全生产事故暨安全生产标准化建设提升工作视频会议，总结分析前8个月安全生产形势，部署下阶段工作开展。

●市政府节约能源办公室、国网福建省电力有限公司泉州供电公司发出《致全市电力用户错峰用电、节约用电倡议书》，倡议全社会共克时艰，共同开展错峰用电、节约用电工作。

王永礼到惠安泉港调研能耗双控和疫情防控工作

市委书记王永礼到惠安、泉港调研推进能耗双控和疫情防控工作，市委常委、秘书长施宇辉参加调研。在泉惠石化园区，王永礼强调，要主动适应绿色低碳发展要求，对园区规划的实施、招商项目的布局、环境要素的容量等进行再评估、再论证、再完善，强化用地、用水、交通运输等要素保障，推动产城人融合，打造绿色环保安全的石化园区。要科学制定产业转型升级的路径，通过技术创新提升资源利用率，谋划和引进更多精细化工、新材料、新能源等轻量化项目，调整产业结构、淘汰落后产能，为推动全市高质量发展提供新引擎。在泉港区疫情防控指挥部，王永礼要求，要做好疫情防控后续工作，精准研判形势，依法依规、科学细致、系统规范地做好解封工作，落细落实解除隔离人员的健康医学管理，及时解决群众实际困难，做好特殊人群生活救助、环境消杀、垃圾废弃物处置等工作。要戴着口罩抓发展，保障交通物流畅通，精心组织复工复产、复商复市，逐步恢复正常生产生活秩序。

王永礼（右二）在泉惠石化园区调研（图/陈起拓）

泉州市部署第四季度安全生产工作

继全省会议之后，泉州市召开第四季度防范重特大安全生产事故暨安全生产标准化建设提升工作视频会议，总结分析前8个月安全生产形势，部署下阶段工作开展。会议指出，要扛起安全生产责任，以安全生产专项整治三年行动为抓手，开展各行业、各领域安全风险隐患排查整治，重点做好旅游、道路交通、消防、建筑施工、燃气、危险化学品、工贸企业、矿山、海洋渔业、森林防灭火、次生风险防范11项重点行业领域的安全监管。

泉州市发出电力用户倡议书

市政府节约能源办公室、国网福建省电力有限公司泉州供电公司发出《致全市电力用户错峰用电、节约用电倡议书》（以下简称“倡议书”），倡议全社会共克时艰，共同开展错峰用电、节约用电工作。倡议书呼吁：

一、机关单位示范带动。全市各级党政机关、事业单位要做好办公设备科学用电、节约用电管理，带动全社会形成节约用电习惯。控制办公楼装饰景观照明；停开办公场所三层楼以下电梯，提倡高层建筑电梯分段运行或隔层停开；除办事服务窗口外，全部关闭空调，做好通风；利用自然光照明，合理使用照明灯具,尽可能减少照明数量和时间。

二、公共照明科学合理。各县（市、区）政府、市直有关单位要科学制定公共照明规划，在保障安全前提下，关闭景观照明和大型建筑物装饰性景观照明，压减公共场所、公共设施照明，减少亮灯时间和数量。

三、工商企业合理用电。各工业企业要合理安排生产计划，通过错峰生产、有序用电缓解供电压力。各商业体空调设置温度不低于26℃，进出口使用风帘或门帘。中央空调主机上午晚开一小时，晚上早关一小时。缩短广告、景观灯亮灯时间或减少亮灯区域，在用电高峰时段减少使用或停用大功率用电设备和非必要照明灯具。走廊、楼道等公共区域照明做到“随走随关”。

四、家庭社区节俭用电。居家照明尽量利用自然光，少开长明灯，鼓励空调设置温度不低于26℃，尽量使用能效等级高的电器，离家前及时关闭电源，减少待机耗电。

市防控疫情应急指挥部会议召开

在收听收看省应对新冠肺炎疫情领导小组会议后，市防控疫情应急指挥部会议召开，就贯彻落实省应对新冠肺炎疫情领导小组会议精神作出部署。会议强调，要做好防输入防反弹工作，抓好封控区、管控区、防范区扫尾工作，加大重点地区、重点人群筛查，实施入境人员全流程闭环管理，跟踪做好隔离期满、治愈出院人员健康管理。要依法依规、科学细致、系统规范地做好解封工作，按规定逐步调整封控管控区域的防控政策，实施好解除通道管控工作，科学评估、有序放开社会面管控。

市十六届人大常委会第七十八次主任会议召开

市十六届人大常委会第七十八次主任会议召开。会议讨论市人大常委会代表资格审查委员会关于个别代表的代表资格的审查报告稿，关于开展市政府研究处理市人大常委会关于泉州市农村人居环境整治情况审议意见的调研情况；提出第七十九次、八十次主任会议建议议题，确定市十六届人大常委会第四十三次会议的召开时间和建议议程，初定市十六届人大常委会第四十四次会议的召开时间和建议议程。

市十六届人大常委会第七十八次主任会议现场（图/王虎文）

泉州市地理标志商标质押融资试点工作启动

由泉州市市场监督管理局、省农信联社泉州办事处主办的“乡村振兴 助农惠农”暨泉州市地理标志商标质押融资试点工作启动仪式在石狮市祥芝镇举行。泉州市拥有地理标志商标50件。为发挥地理标志商标品牌价值，泉州市市场监管局联合省农信联社泉州办事处，在全省范围内首次推出地理标志商标质押融资产品，率先推动知识产权质押融资领域从传统的商标、专利向地理标志商标拓展，破解地理标志商标所有权和使用权“两权分离”的质押融资难点，拓宽地理标志企业和农户融资渠道，推动地理标志商标开发利用及价值转化。仪式现场，石狮农商银行向石狮市古浮紫菜协会预授信首笔地理标志商标质押融资3000万元，助力古浮紫菜特色产业提质升级。

安溪秋茶产销对接大会举行

安溪秋茶产销对接大会举行，5199吨安溪秋茶被签约订购，单价比2020年略有上升。大会首先举行线上签约。厦门市安溪商会、深圳市茂雄集团、广东省福建安溪商会、东莞市安溪商会、泉安企业商会、福建凯越茶业有限公司、汕头市仙海峰茶业有限公司、安溪山东茶业发展促进会、安溪福州茶业发展促进会、安溪河南茶业发展促进会、安溪吉林茶业发展促进会、安溪南安茶业发展促进会等部分在外安溪商会、茶业发展促进会、茶企分四批次与相关乡镇茶业发展促进会、茶叶专业合作社签订2021年安溪秋茶产销合同，订购1507吨秋茶。随后举行现场签约。八马茶业、安溪邮政、高建发茶业、日春茶业、兴溪茶业、华源茶业、裕园茶业、禅心缘茶业、青津茶业、陈一凡茶业、安溪县新的社会阶层人士联谊会、安溪县党外知识分子联谊会等部分企业和机构分四批次与相关茶叶专业合作社及乡镇茶业发展促进会签订2021年安溪秋茶购销合同，订购3692吨秋茶。

安溪秋茶产销对接大会现场（图/刘伯怡）

9月29日

农历辛丑年八月廿三
星期三
温度：25℃～33℃
晴

●在收听收看省应对新冠肺炎疫情领导小组会议后，市防控疫情应急指挥部会议召开，就贯彻落实省应对新冠肺炎疫情领导小组会议精神作出部署。

●市十六届人大常委会第七十八次主任会议召开，讨论市人大常委会代表资格审查委员会关于个别代表的代表资格的审查报告稿等。

●市十六届人大常委会第四十三次会议召开，听取和审议市人大常委会代表资格审查委员会关于个别代表的代表资格的审查报告，表决通过有关人事任免事项。

●由泉州市市场监督管理局、省农信联社泉州办事处主办的“乡村振兴 助农惠农”暨泉州市地理标志商标质押融资试点工作启动仪式在石狮市祥芝镇举行。

●兴业银行泉州分行为泉州市贝多立电子商务有限公司发放泉州市首笔小微企业创业担保贷款100万元。

●安溪秋茶产销对接大会举行。

9月30日

农历辛丑年八月廿四
星期四
温度：25℃～32℃
晴转大雨

●市委十二届十八次全体会议召开，听取市第十三次党代会筹备工作情况，审议并表决通过十二届市委报告（讨论稿）、十二届市纪委工作报告（讨论稿），酝酿通过十三届市委委员、候补委员和市纪委委员候选人预备人选名单。

●市委常委会召开会议，学习领会习近平总书记在中央人才工作会议上和近期系列重要讲话重要指示精神，以及省委常委会会议精神，研究泉州市各项具体贯彻落实措施。

●泉州市向革命烈士纪念碑敬献花篮仪式在革命烈士陵园举行。

●由市委文明办、泉州市志愿者协会、丰泽区新时代文明实践中心、丰泽区志愿服务总队主办的“迎国庆 颂党恩 文明游 扬美德”——泉州市、丰泽区文明家庭最美家庭爱“家”行动志愿服务活动，在市区山线绿道大坪山停车场广场举行。

市委常委会学习习近平总书记重要讲话指示精神

市委常委会召开会议，学习领会习近平总书记在中央人才工作会议上和近期系列重要讲话重要指示精神，以及省委常委会会议精神，研究泉州市各项具体贯彻落实措施。会议强调，要拓展人才“港湾计划”，做好引才、育才、用才、留才文章，立足泉州产业、文化、城市发展所需，培养引进一批技术人才、产业人才、管理经营人才、实用人才，建立强大人才队伍。要坚持党对人才工作全面领导，深化人才发展体制机制改革，让人才发挥专长，在泉州建功立业。要扛稳粮食安全全政治责任，把耕地保障和粮食生产、加工、收储、流通等各环节抓细抓实，守好群众的“米袋子”“菜篮子”。要顺应信息化、数字化、网络化、智能化发展趋势，突出科技赋能、数字赋能、绿色赋能，统筹推进产业数字化、数字产业化和智慧城市建设。要实施科技赋能计划，优化创新载体布局，加快环清源山科创走廊落点布子，融入福厦泉科创走廊建设。要推动制造业高质量发展，围绕专精特新培育新动能，重龙头、强品牌、铸链条，注重推进质量创新，倡导“工匠精神”，提升产品附加值和产品质量，提高全市质量总体水平。

泉州市向革命烈士纪念碑敬献花篮仪式举行

泉州市向革命烈士纪念碑敬献花篮仪式在革命烈士陵园举行。市四套班子领导、泉州军分区领导，烈士遗属、老战士代表，市中级人民法院、市人民检察院以及市直有关单位，鲤城区、丰泽区、洛江区的干部群众等参加活动。上午9时，敬献花篮仪式开始，全体人员面向纪念碑整齐列队，静静肃立，齐唱中华人民共和国国歌。国歌唱毕，全场肃立，向为中国人民解放事业和共和国建设事业献身的烈士默哀。默哀毕，《我们是共产主义接班人》歌声响起，表达当代青少年继承革命传统、追求远大理想的信念。纪念碑基座前，5个花篮整齐摆放。市委书记王永礼、市长蔡战胜、市人大常委会主任陈灿辉、市政协主席李转生等登上纪念碑基座，在花篮前驻足凝视。王永礼上前整理花篮缎带。随后，参加仪式人员依次登上基座缓步绕行，瞻仰革命烈士纪念碑，并用鲜花寄托哀思与敬意。

泉州市向革命烈士纪念碑敬献花篮仪式（图/陈晓东）

泉州市文明家庭最美家庭爱“家”行动志愿服务活动举行

由市委文明办、泉州市志愿者协会、丰泽区新时代文明实践中心、丰泽区志愿服务总队主办的“迎国庆 颂党恩 文明游 扬美德”——泉州市、丰泽区文明家庭最美家庭爱“家”行动志愿服务活动，在市区山线绿道大坪山停车场广场举行。省、市、区级文明家庭、最美家庭及各单位、志愿组织的近百名志愿者代表参加活动。市委文明办相关负责人为当天成立的丰泽区爱“家”志愿服务队授旗。服务队由各级文明家庭、最美家庭、文明单位和志愿服务组织的志愿者组成。这种以“家”为单位成立志愿服务队伍、开展爱“家”志愿服务的形式，在泉州市还是首次。市委文明办相关负责人表示，家庭是社会的细胞，家庭的文明是整个社会文明和谐的基础。无论是在常态创城工作还是疫情防控一线，都能看到夫妻搭档、亲子搭档和全家总动员，他们以小家带动大家，做到让文明从家庭出发，做文明人、行文明事。授旗仪式后，志愿者分批次走上绿道、进入公园，开展文明旅游、爱家行动徒步宣传。

市直机关升国旗仪式举行

市委、市政府在市行政中心广场举行市直机关升国旗仪式，庆祝中华人民共和国成立72周年。市四套班子领导王永礼、蔡战胜、陈灿辉、李建辉、李转生、肖汉辉、宿利南、林万明、林锦明、洪自强、施宇辉、陈辉宗、傅藏荣等，市中级人民法院、市人民检察院和市直各部门主要负责人，市直机关干部职工代表，公安民警、消防指战员代表和市民群众参加仪式。上午8时30分，升旗仪式开始。在《歌唱祖国》歌声中，由市消防救援支队27名消防指战员组成的国旗护卫队护送国旗走向升旗台。随后，中华人民共和国国歌响起，升旗手振臂一挥，五星红旗冉冉升起。全体人员向国旗行注目礼，齐唱国歌，共同祝愿祖国更加繁荣昌盛、人民生活更加幸福美好。干部群众纷纷表示，将把对祖国的热爱转化为全方位推进高质量发展超越的实际行动，谱写全面建设社会主义现代化国家的泉州篇章。

国旗护卫队护送国旗走向升旗台（图/陈起拓）

王永礼看望慰问节日期间一线值守人员

9月30日至10月1日，市委书记王永礼分别到泉州高速交警支队指挥中心、市公安局指挥中心、晋江陈埭集中医学观察点，看望慰问坚守岗位的公安民警和医护人员。在高速交警支队指挥中心、市公安局指挥中心，王永礼调阅高速出入口、高速公路主要路段、学校、医院、景区景点等重点区域实时监控视频，了解高速公路车流、社会治安、道路交通管控等情况，并连线泉港分局指挥中心、鲤城分局执勤现场及一线执勤干警。王永礼强调，要在抓好常态化疫情防控的前提下，做好安保维稳、执勤巡逻、道路交通秩序维护、应急处突等工作。在晋江陈埭集中医学观察点，王永礼与医护人员交谈，了解值班值守人员调配、隔离人员生活保障等情况。王永礼指出，要落实防控措施，做好隔离人员服务保障工作，加强心理疏导、人文关怀和后续健康管理。要科学合理安排轮班值守，做足后勤服务保障，让大家保持良好精神状态。

王永礼（右四）在市公安局指挥中心通过视频连线方式与一线民警通话（图/陈起拓）

全市各地举行国庆活动

全市各地举行各种各样的活动庆祝中华人民共和国成立72周年。

泉州市特殊教育学校举行一场特殊的升旗仪式，学校教师与8名响应就地过节的莆田、泉港籍学生共同升起五星红旗。

鲤城公安分局民警合唱团在古城西街唱响歌曲《我爱你中国》，表达对祖国真挚的热爱，祝愿祖国更加繁荣昌盛。

“迎国庆 庆解封”快闪活动在泉港区后龙镇栖霞社区广场举行。伴随着《歌唱祖国》曲调，100多名镇村干部及社区群众纷纷举起手中小红旗，一起唱响歌曲、献礼祖国，同时也庆祝当地解封。

由泉州市党内政治生活体验馆和永春县美术家协会主办的“老少同乐、共庆国庆”共绘十米长卷活动在永春举行。绘画作品以“桃源华彩 礼赞祖国”为主题，以天安门和永春爱国新地标——泉州市党内政治生活体验馆等为主要元素，由1名93岁的老年画家和10名小学生创作，一起用手中画笔表达对祖国对家乡的热爱。

10月1日

农历辛丑年八月廿五
星期五
温度：25℃～31℃
多云

●市委、市政府在市行政中心广场举行市直机关升国旗仪式，庆祝中华人民共和国成立72周年。

●9月30日至10月1日，市委书记王永礼分别到泉州高速交警支队指挥中心、市公安局指挥中心、晋江陈埭集中医学观察点，看望慰问坚守岗位的公安民警和医护人员，感谢他们的劳动和付出，并送上节日祝福。

●全市各地举行各种各样的活动庆祝中华人民共和国成立72周年。

10月2日

农历辛丑年八月廿六
星期六
温度：23℃～32℃
多云转晴

●市长蔡战胜到高速出入口、企业生产一线、城市综合体、项目建设现场，检查疫情防控、安全生产、市场供应、食品安全等工作，慰问坚守岗位的基层工作者。

●市长蔡战胜到晋江、德化检查疫情防控、项目建设、安全生产等工作，并向坚守岗位的基层工作者致以节日问候。

蔡战胜检查疫情防控和安全生产等工作

市长蔡战胜到高速出入口、企业生产一线、城市综合体、项目建设现场，检查疫情防控、安全生产、市场供应、食品安全等工作，慰问坚守岗位的基层工作者。每到一处，蔡战胜都向假期仍坚守岗位的干部群众送上节日祝福。

在沈海高速泉州出入口，蔡战胜询问人流车流量、人员值班值守安排；在南方路面机械公司生产车间、东海悦华酒店施工现场，蔡战胜了解企业、项目安全生产具体措施；在中骏世界城，蔡战胜走进商场、超市，检查疫情防控工作落实情况，察看节日市场供应、食品安全保障等。

蔡战胜强调，要克服麻痹思想、侥幸心理和松劲心态，落实安全生产责任，完善常态化疫情防控机制，保障人民群众生命健康安全和经济社会正常运行。要绷紧疫情防控这根弦，坚持“外防输入、内防反弹”，加大重点地区、重点人群筛查，实现精准防控、闭环管理，巩固扩大疫情防控成果。要坚持安全第一，强化人员安全培训与值班值守，做好实战性演练，完善应急预案，善用智能化、信息化手段，加强重点部位、关键节点监管，防范遏制各类事故发生。要加强节日供应保障与食品安全监管，科学精准组织调度物资，确保市场供应充足、价格稳定、质量安全可靠，让人民群众过好平安祥和的国庆节。

蔡战胜还到晋江、德化检查疫情防控、项目建设、安全生产等工作，并向坚守岗位的基层工作者致以节日问候。

蔡战胜到德化石牛山景区，到游客服务中心、智慧指挥中心、玻璃栈道和空中索道中转站检查疫情防控、安全生产措施落实情况。蔡战胜强调，景区要将安全第一的理念落实落细，加强员工培训和安全巡查检查，做好特种设备的维护和保养，在落实各项管控措施的同时做足准备，确保解封后安全有序开放。

在德化县浔中镇城东雷峰环岛路段，蔡战胜了解该交通隐患点的整治情况，要求相关部门要在实施道路改造、增设灯控的基础上，采取增设减速带等措施，消除道路交通安全隐患，保障群众出行安全。在晋江，蔡战胜察看晋江市第二体育中心、福州大学晋江科教园等重点项目，了解项目建设运营等情况。蔡战胜指出，晋江市第二体育中心要将赛事功能和赛后综合利用有机结合，强化场馆运营，深化专业运作，带动全民健身事业发展。福州大学晋江科教园要加强校地双方的协调联动，提升办学水平，深化产学研交流合作，办出成绩、办出成效。要推动晋江两岸联动发展、一体发展，增强交通、产业等要素互融互通，做优高端制造业，做强现代服务业，完善城市功能配套，推进产城人融合发展。

在晋江梧林传统村落和德化屈斗宫、宋元德化窑展示馆，蔡战胜指出，对待历史文化遗产要有珍爱之心、尊崇之心，以成功“申遗”为契机，在保护的前提下对世界遗产点进行合理开发利用，传承历史文脉，留住美丽乡愁；要挖掘古建筑、老宅子、老街区的文化底蕴，发挥传统村落的文化价值，延伸文化旅游产业链，让传统村落焕发新的生机。

蔡战胜（左）在中心市区生态连绵带水线调研（图/陈英杰）

蔡战胜调研疫情防控和生态连绵带建设等工作

市长蔡战胜到泉州台商投资区、中心市区，调研疫情防控、项目建设、生态连绵带建设等工作，向坚守一线的基层工作者致以节日问候。市政府党组副书记黄景春，副市长朱启平分别参加调研。蔡战胜走访八仙过海园区和雕艺馆，检查疫情防控措施落实情况和项目建设进展，与企业家、非物质文化遗产传承人共话未来。蔡战胜叮嘱，要戴着口罩抓发展，守牢安全生产底线，加强市、区两级协同联动，优化供水、交通、通信等要素服务保障，主动解决企业复工复产中存在的困难问题。要引导文旅项目融入“世遗”泉州，串联旅游资源，打造精品路线，辐射带动文旅产业高质量发展。要传承弘扬木雕技艺，推进园区标准化建设，合理布局雕艺文化产业园物理空间，营造艺术感、慢生活氛围浓厚的街区环境，集聚市场人气。每到一处，蔡战胜都听取项目规划、实施进展、存在困难等情况汇报，与基层干部共商下一步工作重点。蔡战胜强调，要统筹市、区两级生态连绵带建设，突出“生态优先、最小干预”，保护利用好自然资源。要杜绝“重建轻管、建管分离”现象，抓好后期养护管理，提升公共服务功能，科学栽种适宜本地生长的乡土树种，合理引进满足游客需求的特色业态，让老百姓“进得来、留得住、玩得好”。

泉州市获评国家“轻工业先进产业集群”

中国轻工业联合会授予泉州市“轻工业先进产业集群”称号，这也是继“中国工艺美术之都·泉州”之后，泉州市工艺美术产业获得的又一国家级荣誉。泉州传统工艺美术源远流长，独具特色，改革开放后形成具有闽南特色的工艺制品产业集群，并逐渐发展成为泉州市三大特色产业、十大文化产业之一，跻身千亿产业集群。全市有陶瓷、石玉雕、藤铁等37项技艺品种。其中，入选国家、省级、市级非物质文化遗产保护名录的分别有12项、27项、35项。庞大产业集群也催生各类能工巧匠、名人名师。数据显示，全市有工艺美术企业6000多家，从业人员40多万人，其中中国工艺美术大师7人、福建省工艺美术大师193人、泉州市工艺美术大师303人。“十三五”以来，泉州市围绕“构建中华优秀传统文化传承体系，加强文化遗产保护，振兴传统工艺”目标，加快推动工艺美术产业转型升级。2020年，全市规模以上工艺制品企业销售产值1206亿元，出口交货值530亿元，成为福建省乃至全国工艺美术的重点产区和出口基地。

泉州市首批乡村振兴精品示范线评选结果出炉

泉州市公布晋江金井示范线等6条首批乡村振兴精品示范线。6条精品示范线分别为：晋江金井线（金井镇围头村—塘东村—南江村—三坑村）、洛江虹山线（虹山乡前坂村—苏山村—虹山村—松角山村—白凤村）、永春岵山—仙夹线（岵山镇和林村—铺下村—茂霞村—塘溪村—仙夹镇山后村—龙水村）、安溪虎邱线（虎邱镇湖坵村—湖西村—芳亭村—石山村）、泉港涂岭线（涂岭镇前欧村—小坝村—樟脚村—黄田村）、南安梅山线（梅山镇鼎诚村—蓉中村—新蓝村—灯光村）。为深化乡村振兴“串点连线成片”工作内涵，2020年7月，泉州市在全省率先出台《创建乡村振兴示范线指导意见》，制定《泉州市乡村振兴示范线创建导览》，筛选确定第一批23条市级乡村振兴示范线（涵盖31个乡镇，覆盖115个村，由39个省级乡村振兴试点村串联带动沿线76个行政村）。2021年7—8月，市委乡村振兴办在全市范围组织开展创建乡村振兴示范线“拉练比拼”活动。23条在建示范线中期成效评估“优秀”等次16条。同时，组织评选乡村振兴精品示范线活动，采取网络投票、实地评估、综合评定等方式，评选出晋江金井线等6条泉州市第一批乡村振兴精品示范线。

10月3日

农历辛丑年八月廿七
星期日
温度：25℃～31℃
晴转多云

●市长蔡战胜到泉州台商投资区、中心市区，调研疫情防控、项目建设、生态连绵带建设等工作，向坚守一线的基层工作者致以节日问候。

●中国轻工业联合会授予泉州市“轻工业先进产业集群”称号，这也是继“中国工艺美术之都·泉州”之后，泉州市工艺美术产业获得的又一国家级荣誉。

●泉州市首批乡村振兴精品示范线评选结果出炉。

10月4日

农历辛丑年八月廿八
星期一
温度：25℃~32℃
多云转晴

●市委书记王永礼到晋江、安溪、泉港三地疫情防控指挥部及部分在建工地，看望慰问坚守岗位的工作人员。

●是日0时起，泉州市全域调整为新冠疫情低风险区。

●泉州市相关部门多措并举，统筹做好国庆期间和疫情防控生活物资保障工作。

王永礼看望慰问疫情防控工作人员

市委书记王永礼到晋江、安溪、泉港三地疫情防控指挥部及部分在建工地，看望慰问坚守岗位的工作人员。在三地指挥部，王永礼逐一走访指挥部各工作组，并连线泉港防控前线指挥部。王永礼对全体工作人员的付出表示肯定和感谢，并通过他们向一段时间来连续奋战的医护人员、基层干部、社区工作者、志愿者等致以敬意，叮嘱大家注意劳逸结合，科学合理安排调休轮休，以饱满的精神状态投入到常态化疫情防控工作中去。王永礼还到位于泉港的一处教育项目在建工地，了解复工情况，看望施工人员，指导施工方组织力量，在抓好疫情防控、守好安全生产底线的前提下，尽快恢复正常施工节奏，把耽误的工期抢回来。王永礼强调，疫情防控形势仍然严峻，解封不等于解防，要绷紧疫情防控这根弦，抓好重点人群健康监测、大数据推送、社区防控、防境外疫情输入、冷链食品监管、环境消杀、防院感等工作，巩固疫情防控成果。要拿出恢复正常生产生活秩序的具体措施，组织复工复产、复学复市，主动挂钩帮扶困难企业，畅通产业链供应链，最大限度降低疫情带来的损失和影响。要对照年度目标任务，攻坚冲刺第四季度，加快推进项目建设、加速消费回补，特别要突出抓好阶段性有序用电、秋冬季安全生产等工作，夺取疫情防控和经济社会发展双胜利。

王永礼（右一）在晋江市疫情防控指挥部看望慰问坚守岗位的工作人员（图/陈英杰）

泉州市全域调整为新冠疫情低风险区

根据国务院联防联控机制有关规定，经专家组综合评估研判，泉州市防控新型冠状病毒感染的肺炎疫情应急指挥部决定，自是日0时起，安溪县龙涓乡长新村、晋江市陈埭镇苏厝村部分区域由中风险区调整为低风险区。调整后，泉州市全域均为低风险区。

泉州市统筹做好国庆期间和疫情防控生活物资保障工作

泉州市相关部门多措并举，统筹做好国庆期间和疫情防控生活物资保障工作，确保群众度过一个平安祥和的节假日。发改部门督促指导全市28家应急加工企业、190家应急供应网点继续执行粮油库存、生产、销售每日一报制度，及时掌握粮油供需情况。自第二轮疫情以来，各粮食加工、经营企业从泉州区域外调粮9.2万吨，充实粮食库存，提升保供稳市能力，全市粮油市场价格稳定，粮油加工、供应正常有序。市商务部门指导全市各连锁超市、农贸市场等根据节日市场特点，提前增加粮油、肉蛋和水产品等生活必需品备货量，重点增加门店存储货量，确保市场需求。此外，针对商超等场所人流相对密集，商务部门在开展相应督导检查工作的同时，也督促企业落实主体责任，确保各项防控措施落实到位，为群众创造安全舒适的购物环境。

2020年省市高新技术企业奖励资金下达

市财政局、市科技局、市工信局发布通知，对2020年度高新技术企业奖补省级资金及市级资金进行清算，下达省级、市级奖补资金9384.94万元，508家高新技术企业受益。此次奖补资金作为泉州市惠企直达资金，通过“免申即享”方式直达企业，简化财政资金审批环节，提高兑现拨付效率，直接惠企利民。泉州市多措并举推进高新技术企业“增量扩面”专项行动。在政策激励方面，对重新认定或直接认定的国家高新技术企业给予每家20万元奖励，对市级及以上众创空间、孵化器每培育一家高新技术企业，奖励运营单位5万元。在培训辅导方面，实施“百企千家万次”高企培训计划，组建高企科技特派员服务团队，创新推广高企培育预诊断系统。2020年，全市高新技术企业数量达1037家，比2019年度净增352家，增长51.4%，高新技术企业申报数量比2019年增长56.7%。2021年以来，全市申报高新技术企业916家，增长51.4%，入库种子培育库企业1200家。“十四五”期间，泉州市高新技术企业数量力争突破3500家，比2020年增长两倍。为此，全市高新技术企业培育政策持续加码。《泉州市抓创新促应用专项行动扶持措施》推出新政策：对规模以上企业首次认定为高新技术企业的，在原有高新技术企业奖励的基础上，再给予20万元奖励（再奖励金额不超过该企业上年度税收贡献额），市、县两级按1∶1比例分摊。力争到2025年，推动500家传统优势规模企业发展为高新技术企业。

安溪铁观音国家地理标志产品保护示范区获批筹建

国家知识产权局公布2021年国家地理标志产品保护示范区筹建名单，泉州市安溪铁观音国家地理标志产品保护示范区入选。泉州市帮扶指导具有地方特色、符合保护条件的“名、特、优、稀”农副产品注册和运用地理标志商标，将产品优势转化成为商标品牌优势和市场竞争动能。“十三五”期间，全市新增26件地理标志商标；2021年以来，又新增“小岞虾仁”“小岞紫菜”“小岞鱿鱼”“南安蜂蜜”“南安高茹芋头”5件地理标志商标。全市的地理标志商标总量达到50件，覆盖“渔、果、蔬、茶、禽、薯、艺（手工艺品）”等各个品类，为发挥山海交汇的区位优势，打好区域“蓝色”（海洋渔业）、“绿色”（茶果蔬薯业）、“白色”（德化白瓷业）经济牌提供品牌支撑。“安溪铁观音”作为全国茶产业首件地理标志驰名商标，创造茶业总产值、茶业受益人口、茶业从业人员和茶叶产业化程度等多项全国产茶县领先记录。

全市有效注册商标总量达58.3万件，居全国地级市首位（其中“十三五”期间，新增注册商标近32万件，约占注册商标总量的55%，2021年上半年新增注册商标7万多件）；全市市场主体总量达118万户，每百户市场主体拥有注册商标49件，远高于全国平均水平；马德里商标国际注册总量达1200件，驰名商标数量达159件，均居全国地级市前列。专利申请量、授权量连续10年居全省设区市首位。同时，民营经济、县域经济、产业集群经济的蓬勃发展，激发企业打造商标品牌、运用专利保护技术创新成果的热情，而知识产权事业的发展，又提升泉州企业的产品竞争力、产业层次，知识产权与产业发展形成高度契合、互促互进格局，如以茶兴县的安溪，仅茶叶类注册商标就达3万多件。此外，通过引导支持龙头企业和中小企业通过商标许可使用、贴牌加工等方式进行“大手拉小手”合作，泉州市商标品牌在引领经济发展中的作用日益凸显。如百怡服饰有限公司通过贴牌加工等形式，与安踏公司相配套，每年可获得其80万件以上的服装订单；南安洁通管业公司与九牧集团配套，2020年获得其1.58亿元订单。据统计，2020年，全市协作配套产能达810亿元。

市市场监管局相关负责人介绍，泉州市知识产权工作基础扎实、特色明显，先后获得国家商标战略实施示范城市、国家知识产权示范城市、国家知识产权运营服务体系建设重点城市等多项“国字号”荣誉。下阶段，市场监管部门将围绕市委、市政府工作部署，做好知识产权支撑创新经济、品牌经济、特色经济发展三篇文章，让知识产权更好地支撑和赋能经济社会发展。

10月5日

农历辛丑年八月廿九
星期二
温度：25℃～31℃
晴转多云

●2020年省、市高新技术企业奖励资金下达。

●安溪铁观音国家地理标志产品保护示范区获批筹建。

10月6日

农历辛丑年九月初一
星期三
温度：25℃~31℃
多云

●副省长康涛到泉州调研古城保护发展情况，并召开座谈会听取工作汇报。

●2021年福建省科技小巨人企业名单公布，1458家企业入选。其中，七星电气股份有限公司等301家泉州企业上榜。

●市属国企泉州金控集团发起设立总规模50亿元的泉州创新母基金，基金管理人由其权属企业泉州市创业投资有限责任公司担任。

●省教育厅公布新一批省级中小学人工智能教育试点校名单，在各地遴选申报的基础上，经审核并公示，确定84所学校为新一批省级中小学人工智能教育试点校。其中，泉州市13所学校入选。

康涛到泉州调研古城保护发展情况

副省长康涛到泉州调研古城保护发展情况，并召开座谈会听取工作汇报。市领导王永礼、蔡战胜、朱启平参加相关活动。在泉州海外交通史博物馆、南外宗正司遗址，康涛到“泉州：宋元中国的世界海洋商贸中心”系列遗产展示馆、“中国舟船世界”陈列馆以及南外宗正司遗址陈列馆，了解世界遗产保护、展示及考古研究情况。康涛还到中山路、西街，到背街小巷、传统建筑等察看古城提升项目进展。座谈会上，康涛对泉州市干部群众发挥凝聚力、战斗力，共同推进古城提升和文化遗产保护表示肯定。康涛指出，要学习贯彻习近平总书记关于文化和自然遗产保护工作的重要论述，按照省委、省政府部署要求，发掘和保护历史文化遗存，弘扬传统优秀文化，打造“见人见物见生活，留人留形留乡愁”的活态保护样本。要以“绣花”功夫抓好古城提升工作，遵循微干扰、低冲击原则，坚持原真性保护，保留古城历史风貌和原生态生活场景，高标准推进立面整治、基础设施提升等工作，做好传统建筑保护修缮、活化利用，打造“世界的古城、活着的古城”。要以更高站位、更宽视野做好文化遗产保护工作，借助高校机构、专家学者力量，提高城市考古、历史研究水平，加强专业团队建设，保护好、传承好、利用好文化瑰宝。要加强宣传推广，善于总结梳理前期做法，探索创新保护发展的有效途径，讲好泉州古城提升、文化遗产保护故事。

泉州市301家企业入选2021年福建省科技小巨人名单

2021年福建省科技小巨人企业名单公布，1458家企业入选。其中，七星电气股份有限公司等301家泉州企业上榜。为支持一批高成长创新型企业成长为科技小巨人企业，省科技厅、发改委、工信厅、财政厅决定2021年至2023年期间重新遴选一批科技小巨人企业，重点遴选新一代信息技术、高端装备、新材料、新能源、生物与新医药、节能环保、海洋高新等战略新兴产业领域的企业。此次省科技小巨人企业认定首次采取网络申报形式，泉州市组织345家企业申报省科技小巨人企业，经专家评审推荐317家上报省科技厅评选，最终301家企业通过认定。

泉州创新母基金成立

市属国企泉州金控集团发起设立总规模50亿元的泉州创新母基金，基金管理人由其权属企业泉州市创业投资有限责任公司担任。母基金的设立将发挥国有资本运营平台作用，创新国有资本投融资方式，通过基金市场化运作方式，引导资本投入经济社会发展的重点领域和薄弱环节，更大限度提高国有企业资金使用效率的同时落实招商引资、招才引智等工作，助推泉州产业转型发展新战略落地生根。

泉州市13所学校入选省人工智能教育试点校

省教育厅公布新一批省级中小学人工智能教育试点校名单，在各地遴选申报的基础上，经审核并公示，确定84所学校为新一批省级中小学人工智能教育试点校。其中，泉州市13所学校入选，包括晋江市实验小学、泉州市晋光小学、泉州师范学院附属小学、丰泽区实验小学、泉州市通政中心小学、泉州市第二实验小学、泉州第十一中学、泉港区第五中学、石狮市第一中学、永春县第一中学、南安市华侨中学、安溪县凤城中学、晋江市慎中实验学校。省教育厅要求，各地各校要结合实际加强中小学人工智能教育试点校建设，发挥示范引领作用。各地要依托人工智能教育实验区和试点校，完善本地区中小学人工智能教育工作规划，细化工作分工，健全扶持政策，加快推进中小学校人工智能教育普及化，提升中小学人工智能教育水平，助力福建省教育信息化和教育现代化发展。

泉州市出台金融政策为疫情受困企业纾困解难

泉州市出台《关于金融支持疫情受困企业的十条措施》（以下简称“措施”），从实施贷款贴息支持、争取纾困专项贷款、用好用足货币政策工具、推广各类优惠贷款、保持信贷稳定性、实行差异化金融服务、推动股权融资、加强保险保障、优化地方金融组织融资服务、运用各类平台十个方面，为企业纾困解难。

措施提到，注册地在泉港区、晋江市、安溪县的受疫情影响行业的小微企业，包括制造业（含茶业企业）、批发零售业、交通运输、餐饮、住宿、旅游（指旅行社及相关服务、旅游景区管理）六大类，自9月1日至年底前新发放（含展期）的优惠利率贷款（不含省中小企业纾困专项资金贷款），可享受0.5个百分点贴息，贴息期限为6个月，单家最高贴息10万元。银行业机构发放利率不超过一年期贷款市场报价利率上浮0.5个百分点。上述三个县（市、区）受疫情影响困难的中小微企业，已享受前三期省纾困专项资金贷款，可再获得一次纾困贷款支持。措施提出，人民银行泉州市中心支行增加再贷款资金35亿元，再贴现资金45亿元，优先用于金融机构支持受疫情影响较大的民营企业、小微企业和农业经营主体，并继续运用好普惠小微企业延期支持工具和普惠小微企业信用贷款支持计划两项货币政策直达工具，支持地方法人银行对受疫情影响较大到期还本付息困难的普惠型小微企业实施延期还本付息、发放更多信用贷款。措施要求，各银行业机构要为企业办理科技贷、科创贷、外贸贷、助保贷、创业担保贷、银担批量担保等优惠贷款品种，符合政策要求的优先将纳入人民银行支小再贷款支持范围。其中创业担保贷款利率不超过一年期贷款市场报价利率上浮0.5个百分点。措施明确，不对受疫情影响暂时困难的企业盲目抽压贷，不随意降低风险分类等级，保持企业信贷稳定性，用好用足政府应急周转资金。各银行业机构要将优化营商环境与支持企业纾困相结合，“特事特办”“急事急办”，最大限度满足融资需求，提高贷款审批效率，并公布优化营商环境监督电话。同时鼓励银行、证券、基金等各类机构为泉州企业引入股权融资，按比例给予资金奖励。

泉州市部署重点领域和重点行业节约用电

市节能办下发《关于开展重点领域和重点行业节约用电的通知》（以下简称“通知”），按照省里统一部署，泉州市在部分工业企业启动有序用电，民生用电需求不受影响。9月以来，泉州市用电继续保持高速增长，叠加持续高温以及发电机组出力严重受限，给电力供应带来压力和挑战。为推动重点领域和重点行业节约用电，通知提出，公共机构要带头节约用电；工矿企业和中央、省属在泉州单位要做好有序用电和节约用电；市属国有企业要强化节约用电工作。通知指出，关停户外景观照明灯、射灯、彩灯等非必要照明用电；全市大、中、小学等教育机构要关停校园景观照明灯、射灯、彩灯等非必要照明，节约图书馆等公共场所的空调和照明用电；全市各类商场、超市要减少空调及照明开启时间，做好节约用电；有序关停城市综合体中央空调，结合天气情况，全市城市综合体非必要不开中央空调。

为确保电力供应安全，尽可能减轻有序用电对我市影响，泉州市还发出《致全市电力用户错峰用电、节约用电倡议书》（以下简称“倡议书”），倡议全社会共克时艰，共同开展错峰用电、节约用电。倡议书提出，机关单位要发挥示范带动，停开办公场所三层楼以下电梯，提倡高层建筑电梯分段运行或隔层停开；除办事服务窗口外，全部关闭空调，做好通风；利用自然光照明，合理使用照明灯具，尽可能减少照明数量和时间。倡议书倡导各工商企业合理用电。各商业体空调设置温度不低于26℃，进出口使用风帘或门帘。中央空调主机上午晚开一小时，晚上早关一小时。走廊、楼道等公共区域照明做到“随走随关”。倡议书还呼吁家庭社区节俭用电。居家照明尽量利用自然光，少开长明灯，鼓励空调设置温度不低于26℃，尽量使用能效等级高的电器，离家及时关闭电源，减少待机耗电。

10月7日

农历辛丑年九月初二
星期四
温度：25℃～31℃
多云

●泉州市出台《关于金融支持疫情受困企业的十条措施》，从十个方面为企业纾困解难。

●泉州市部署重点领域和重点行业节约用电。

10月8日

农历辛丑年九月初三
星期五
温度：27℃~31℃
阴转多云

●中国共产党泉州市第十三次代表大会预备会议在泉州人民会堂召开，听取大会筹备工作情况的报告，表决通过大会主席团和秘书长名单、代表资格审查委员会名单和市第十三次党代会议程，观看严肃换届纪律教育警示片《警钟长鸣》。

●中国共产党泉州市第十三次代表大会主席团第一次会议在泉州人民会堂召开，表决通过主席团常务委员会和大会副秘书长名单等。

●截至是日，全市44家A级景区恢复对外开放，所有景区均实行“限量、预约、错峰”的措施。

●工业和信息化部产业政策与法规司公示首批国家工业设计研究院名单。位于泉州市德化县的国家陶瓷工业设计研究院（福建）有限公司作为5家首批国家工业设计研究院之一入选。这也是福建省入选的唯一一家。

中国共产党泉州市第十三次代表大会预备会议召开

中国共产党泉州市第十三次代表大会（以下简称“市第十三次党代会”）预备会议在泉州人民会堂召开，听取大会筹备工作情况的报告，表决通过大会主席团和秘书长名单、代表资格审查委员会名单和市第十三次党代会议程。市第十三次党代会议程为：听取和审查中国共产党泉州市第十二届委员会报告；审查中国共产党泉州市第十二届纪律检查委员会工作报告；选举中国共产党泉州市第十三届委员会；选举中国共产党泉州市第十三届纪律检查委员会；选举出席中国共产党福建省第十一次代表大会代表。市委书记王永礼指出，要讲担当、履好职，以极端负责的态度和严谨细致的作风，参加大会各项活动，履行好党代表的民主权利和所担负的职责。要讲党性、守纪律，严守政治纪律和政治规矩，严格执行换届纪律要求，落实疫情防控要求，遵守组织纪律、保密规定和会议纪律，确保大会风清气正。

全市44家A级景区恢复对外开放

截至是日，全市44家A级景区恢复对外开放，所有景区均实行“限量、预约、错峰”的措施。全市A级景区落实“限量、预约、错峰”要求，控制游客接待上限；落实门票预约制度，确保游客信息可查询可追踪；落实“戴口罩、亮码或扫码、一米线、体温筛检、卫生保洁、通风消毒”等各项疫情防控措施；落实景区内重点场所、重点设施防控要求，对容易形成人员聚集的项目和场所，强化局部卫生管理和防控措施；落实人流引导和疏导措施，防止人员瞬时聚集。A级景区入园须提前一天在线实名预约。预约是为有效实施限量游景区。预约通道有泉州市智慧旅游平台小程序、海上丝绸之路泉州文旅之声公众号、各景区公众号。市博物馆、泉州非物质文化遗产馆、泉州海外交通史博物馆、泉州市科技馆等恢复对外开放。各博物馆、科技馆等实行观众总量控制、分时限流入馆。如市博物馆每日参观总量控制在1500人次内，瞬时人流量最高200人，实时在馆预约参观人数达到则不得入馆。观众提前凭有效身份证件通过“泉州市博物馆”微信公众号进行实名网上预约申请入馆。

德化国家陶瓷工业设计研究院入选首批国家工业设计院名单

工业和信息化部产业政策与法规司公示首批国家工业设计研究院名单。位于泉州市德化县的国家陶瓷工业设计研究院（福建）有限公司（以下简称“研究院”）作为5家首批国家工业设计研究院之一入选。这也是福建省入选的唯一一家。国家“十三五”规划纲要中提出，要设立国家工业设计研究院。2018年9月，工信部印发关于《国家工业设计研究院创建工作指南》的通知，全面启动创建国家工业设计研究院的工作。按照指南要求，一个行业只认定一家国家工业设计研究院。2018年，国家陶瓷工业设计研究院（福建）有限公司研究院成立。它由迪特国家工业设计中心和中国制造冠军陶瓷企业陆升（福建）集团有限公司共同出资，立足陶瓷产业，以打造具有世界影响力和竞争力的陶瓷产业工业设计公共服务示范平台为目标。研究院的科学研究得到政府部门的大力支持，德化县委、县政府成立《创建国家陶瓷工业设计研究院工作领导小组》，并给予扶持资金1000万元。

首批国家工业设计院发布现场（图/王宇静 刘银燕）

中国共产党泉州市第十三次代表大会开幕

中国共产党泉州市第十三次代表大会在泉州人民会堂开幕。在主席台前排就座的大会执行主席有王永礼、蔡战胜、宿利南、林万明、林锦明、刘文儒、洪自强、施宇辉、陈辉宗、卢秀萍、傅藏荣、黄景春、黄文胜、张文贤、高宏、黄世界。王永礼代表中国共产党泉州市第十二届委员会向大会做题为《创新发展“晋江经验”扛起全方位推进高质量发展超越主力军担当 奋力建设海丝名城智造强市品质泉州》的报告。大会主题是：坚持以习近平新时代中国特色社会主义思想为指导，大力弘扬伟大建党精神，创新发展“晋江经验”，坚决扛起全方位推进高质量发展超越主力军担当，奋力建设“海丝”名城、智造强市、品质泉州，谱写全面建设社会主义现代化国家的泉州篇章。

王永礼在报告中指出，实现建设“海丝”名城、智造强市、品质泉州的美好愿景，今后五年至关重要。要坚持以习近平新时代中国特色社会主义思想为指导，贯彻中共十九大和十九届二中、三中、四中、五中全会精神，贯彻习近平总书记在庆祝中国共产党成立100周年大会上的重要讲话和到福建考察讲话精神，弘扬伟大建党精神，坚持稳中求进工作总基调，立足新发展阶段，完整、准确、全面贯彻新发展理念，服务和融入新发展格局，创新发展“晋江经验”，勇当福建全方位推进高质量发展超越主力军，实现“五个双提升”，即经济总量与产业层次双提升、城市能级与城乡品质双提升、创新活力与港澳台侨优势双提升、民生福祉与城市文明双提升、法治泉州与平安泉州双提升。完成既定目标任务，要创新发展“晋江经验”，加力做好高新技术、大企业、无形通道、城市能级和新型服务型政府等“后半篇文章”，重点实施五大工程，即制造业高质量发展工程、世界遗产典范城市创建工程、新区新城有机集聚工程、“聚城畅通”工程、共同富裕先行工程。要以“大统筹”聚合力，以“新格局”展未来，以“拼智勇”抓落实，树强节点概念、清单意识、项目思维，一件一件做实做细做成做好。要勇当发展现代产业体系主力军，突出科技赋能、数字赋能、绿色赋能，加速打造区域性创新高地，推动智能化改造数字化转型、产业强链建链补链、低碳集约绿色发展，建设全球先进制造基地；勇当区域协调发展主力军，突出区划重构、聚城畅通、聚湾强心，加快环泉州湾中心城区建设、推进区域同城化发展、以交通圈拓展生活圈产业圈，做好世界文化遗产活态保护传承利用，共同守护“两江一带”，建设代表中国海洋文明的区域中心城市；勇当深化改革开放主力军，突出扩大内需、释放潜力、激发活力，丰富泉州特色改革实践，优化“遵法度、有温度”的营商环境，建设海上丝绸之路重要门户，打造台胞台企登陆第一家园，建设21世纪海上丝绸之路先行区；勇当促进共同富裕主力军，突出共建共享、共管共治、共同缔造，创新先富带后富帮后富机制，办好人民满意的教育，强化健康与社会保障兜底，推进乡村社区治理现代化，打造法治泉州平安泉州，建设美丽宜居的幸福家园。

王永礼强调，要加强党的全面领导和党的建设，汇聚敢拼会赢的强大合力；争创海上丝绸之路先锋星级组织，筑牢坚强有力的战斗堡垒；勇当改革促进派实干家，锻造专业拼搏的干部队伍；甘为勤政廉政好公仆，营造风清气正的政治生态。

中国共产党泉州市第十二届纪律检查委员会工作报告和全市党费收缴使用管理情况报告以书面形式提请大会审议。

王永礼代表中国共产党泉州市第十二届委员会向大会作报告（图/陈英杰）

10月9日

农历辛丑年九月初四
星期六
温度：25℃～31℃
多云

●中国共产党泉州市第十三次代表大会在泉州人民会堂开幕，王永礼代表中国共产党泉州市第十二届委员会向大会做题为《创新发展“晋江经验”扛起全方位推进高质量发展超越主力军担当 奋力建设海丝名城智造强市品质泉州》的报告。

●王永礼到市第十三次党代会丰泽区、市委教育工委、高校代表团，惠安县、中化公司代表团，晋江市代表团，石狮市、解放军、武警代表团，市直代表一团，鲤城区、银行、保险、海关代表团等，与代表共同审议十二届市委报告、市纪委工作报告，听取大家意见建议。

●王永礼到中央、省驻泉州媒体及市直媒体工作室，看望慰问媒体工作者，了解党代表及市民群众关注话题。

●蔡战胜到市第十三次党代会南安市代表团，德化县代表团，安溪县代表团，惠安县、中化公司代表团，永春县代表团，与代表一起审议十二届市委报告、市纪委工作报告，共商泉州发展大计。

10月10日

农历辛丑年九月初五
星期日
温度：26℃～32℃
多云

●中国共产党泉州市第十三次代表大会主席团第二次、第三次、第四次和第五次会议召开，听取各代表团审议十二届市委报告、市纪委工作报告和全市党费收缴使用管理情况报告有关情况的汇报；通过全市党费收缴使用管理情况报告等。

●中国共产党泉州市第十三次代表大会主席团常务委员会委员到各代表团会议室，看望与会党代表。

●泉州市启动地理标志商标质押融资试点。

市第十三次党代会主席团二次三次四次五次会议召开

中国共产党泉州市第十三次代表大会主席团第二次、第三次、第四次和第五次会议召开。

大会主席团第二次会议听取各代表团审议十二届市委报告、市纪委工作报告和全市党费收缴使用管理情况报告有关情况的汇报；通过全市党费收缴使用管理情况报告；听取关于十三届市委委员、候补委员、市纪委委员和泉州市出席省第十一次党代会代表候选人预备人选产生经过及情况的说明；酝酿通过十三届市委委员、市纪委委员和泉州市出席省第十一次党代会代表候选人预选建议名单；提出大会选举办法（草案）和关于十二届市委报告决议（草案）、市纪委工作报告决议（草案）；布置各代表团推选分团预选和正式选举监票人。

大会主席团第三次会议听取各代表团酝酿十三届市委委员、市纪委委员、泉州市出席省第十一次党代会代表候选人预选建议名单和讨论关于十二届市委报告决议（草案）、市纪委工作报告决议（草案）、表决大会选举办法（草案）情况的汇报；审议确定十三届市委委员、市纪委委员和泉州市出席省第十一次党代会代表候选人预选名单；审议通过关于十二届市委报告决议（草案）、市纪委工作报告决议（草案）、大会选举办法和总监票人、监票人名单。

大会主席团第四次会议听取十三届市委委员、市纪委委员和泉州市出席省第十一次党代会代表候选人预选结果的汇报；审议通过十三届市委委员、候补委员、市纪委委员和泉州市出席省第十一次党代会代表候选人建议名单。

大会主席团第五次会议听取各代表团讨论十三届市委委员、候补委员、市纪委委员和泉州市出席省第十一次党代会代表候选人建议名单情况的汇报；审议确定十三届市委委员、候补委员、市纪委委员和泉州市出席省第十一次党代会代表候选人名单。

中国共产党泉州市第十三次代表大会现场（图/陈小阳）

市第十三次党代会主席团常务委员看望与会党代表

中国共产党泉州市第十三次代表大会主席团常务委员会委员到各代表团会议室，看望与会党代表。市委书记王永礼向各位党代表长期以来对市委工作的支持和泉州经济社会发展所做的贡献表示感谢，希望各位代表肩负起全市党员干部群众的期盼和重托，履行好党代表的民主权利和职责，确保大会取得圆满成功。

泉州市启动地理标志商标质押融资试点

"古浮紫菜"地理标志商标所有人石狮市古浮紫菜协会预授信首笔地理标志商标质押融资3000万元，标志泉州市地理标志商标质押融资/贷款工作进入实质运作阶段。长期以来，由于地理标志商标的特殊性，许多农户或中小企业在地理标志商标质押贷款中面临不小的障碍。与普通商标或专利可以直接作为出质标的物获得贷款不同，地理标志商标注册人是对该产品具备检测监测能力的行业协会或其他公益组织，使用人为分散的诸多农户或涉农中小企业。前者多为公益性非营利组织，后者迫切需要资金融通渠道，拓展生产经营，但因后者不是商标所有人无法通过商标质押来获得贷款。为破解这一难题，市市场监管局会同泉州农信，探索开展地理标志商标质押融资试点工作。经地理标志商标所有权人同意，地理标志商标使用人（企业或农户）以地理标志商标所有权为质押，由泉州农信下辖的各农商银行、农信联社向其发放贷款。

中国共产党泉州市第十三次代表大会闭幕

中国共产党泉州市第十三次代表大会完成预定议程，在泉州人民会堂闭幕。闭幕式前，大会举行选举。大会执行主席王永礼主持选举。在总监票人和监票人监督下，党代表以无记名投票的方式，选举出中国共产党泉州市第十三届委员会委员51名，候补委员9名，中国共产党泉州市第十三届纪律检查委员会委员42名，省第十一次党代会代表54名。大会一致通过《中国共产党泉州市第十三次代表大会关于中国共产党泉州市第十二届委员会报告的决议》《中国共产党泉州市第十三次代表大会关于中国共产党泉州市第十二届纪律检查委员会工作报告的决议》。王永礼在闭幕式上致辞。王永礼表示，全市各级党组织要迅速行动起来，把已经绘就的蓝图变成一项项计划、行动方案、项目清单和工作安排，凝心聚力共同推进泉州经济社会各项事业更好更快发展。

中国共产党泉州市第十三次代表大会现场（图/张九强）

中国共产党泉州市第十三届委员会第一次全体会议召开

中国共产党泉州市第十三届委员会第一次全体会议召开。全会以无记名投票方式，选举王永礼、蔡战胜、宿利南、施宇辉、陈辉宗、卢秀萍、傅藏荣、黄景春、黄文胜、张文贤、高宏为市委常委；选举王永礼为市委书记，蔡战胜、宿利南为市委副书记。全会通过中国共产党泉州市第十三届纪律检查委员会第一次全体会议选举结果的报告。

选举结束后，王永礼代表新一届市委领导班子在会上讲话。王永礼强调，市委领导班子要争做五个表率。一是争做政治过硬、对党忠诚的表率。自觉用习近平新时代中国特色社会主义思想武装头脑、指导实践、推动工作，提高政治判断力、政治领悟力、政治执行力，确保党中央重大决策部署在泉州一贯到底、落地见效。二是争做善作善成、奋发有为的表率。带头“举旗、提纲、落目”，聚焦“海丝名城、智造强市、品质泉州”战略目标，以“大统筹”聚合力，以“新格局”展未来，以“拼智勇”抓落实，把党代会描绘的宏伟蓝图变成现实，干出一番带动全局、决定泉州长远发展的事业。三是争做践行宗旨、为民造福的表率。传承习近平总书记在福建工作期间留下的优良作风，坚持走好新时代党的群众路线，同人民站在一起、想在一起、干在一起，多用改革的思维和办法解决群众“急难愁盼”问题，在高质量发展超越中促进共同富裕。四是争做精诚团结、和衷共济的表率。把市委班子建设成为思想同心、目标同向、行动同步、责任同担的领导集体。执行民主集中制，落实集体领导下的分工负责制。发挥好市委总揽全局、协调各方的领导核心作用，营造心齐气顺、政通人和、上下同欲、同舟共济的氛围。五是争做清正廉洁、克己奉公的表率，履行全面从严治党主体责任，执行中央八项规定及其实施细则精神，带头践行亲清新型政商关系，自觉接受党内监督、法律监督和社会监督，共同守护好、巩固好风清气正的政治生态。

十三届市委常委会第一次会议召开

十三届市委常委会第一次会议在晋江经验馆召开，学习习近平总书记对泉州的重要指示重要批示精神，审议《中共泉州市委关于新形势下加强市委常委会自身建设的意见》。会议指出，要创新发展“晋江经验”，把习近平总书记对泉州的关怀和嘱托，转化为建设“海丝”名城、智造强市、品质泉州的愿景和动力。

10月11日

农历辛丑年九月初六
星期一
温度：26℃～31℃
多云转小雨

●中国共产党泉州市第十三次代表大会完成预定议程，在泉州人民会堂闭幕。

●中国共产党泉州市第十三届委员会第一次全体会议召开，选举王永礼、蔡战胜、宿利南、施宇辉、陈辉宗、卢秀萍、傅藏荣、黄景春、黄文胜、张文贤、高宏为市委常委，选举王永礼为市委书记，选举蔡战胜、宿利南为市委副书记。

●十三届市委常委会第一次会议在晋江经验馆召开，学习习近平总书记对泉州的重要指示重要批示精神，审议《中共泉州市委关于新形势下加强市委常委会自身建设的意见》。

●中国共产党泉州市第十三届纪律检查委员会第一次全会召开，选举产生新一届市纪委领导班子，傅藏荣当选中国共产党泉州市第十三届纪律检查委员会书记。

●由中华全国工商业联合会评选的“2021民营企业研发投入500家”“2021民营企业发明专利500家”榜单在2021年粤港澳大湾区民营企业科技创新峰会暨民营企业科技成果对接会上发布，安踏、恒安、百宏等泉州企业入选“2021年中国民营企业500强榜单”。

10月12日

农历辛丑年九月初七
星期二
温度：27℃～28℃
阴转多云

●2021年市直老干部祝寿会举行。

●王永礼与到泉州考察产学研合作的福州大学党委书记张天明座谈。

●市人大常委会党组扩大会议召开，传达学习中国共产党泉州市第十三次代表大会精神，并研究贯彻意见。

●市人大常委会党组扩大会议召开，传达学习习近平总书记在8月31日中央政治局会议、中央人才工作会议、中央民族工作会议上和近期系列重要讲话重要指示精神，以及省委、市委有关会议精神。

●市政协党组扩大会议召开，传达学习中国共产党泉州市第十三次代表大会精神，研究贯彻意见。

●市政协党组理论学习中心组学习扩大会议召开，传达学习习近平总书记在8月31日中央政治局会议、河北承德考察、陕西榆林考察时的重要讲话精神等。

●市纪委常委会（扩大）会议召开，传达学习市第十三次党代会精神，研究具体贯彻意见。

●由省民族与宗教事务厅、市委宣传部、市委统战部指导，市民族与宗教事务局、全市性宗教团体主办的福建省宗教爱国故事陶瓷艺术展泉州分展在泉州承天寺广钦图书馆开幕。

●12—14日，由福建省陶瓷行业协会、德化县陶瓷发展委员会主办，德化县陶瓷办承办的福建省第四届“闽艺杯”陶瓷艺术创意设计大赛在德化举行。

2021年市直老干部祝寿会举行

2021年市直老干部祝寿会在市老干部活动中心举行。市委书记王永礼指出，全市正学习贯彻习近平总书记“七一”重要讲话和到福建考察讲话精神，创新发展“晋江经验”，实施制造业高质量发展、世界遗产典范城市创建、新区新城有机集聚、“聚城畅通”、共同富裕先行“五大工程”，建设“海丝”名城、智造强市、品质泉州。希望各位老干部继续关心指导，建言献策，助推泉州各项事业越来越好、越走越远。各级各部门要学习习近平总书记关于老干部工作的重要论述，落实好各项惠老政策，帮助老干部解决好日常生活、医疗康养、社会活动等需求，让他们对美好生活的期盼更加可亲可及可感。

2021年市直老干部祝寿会现场（图/郭雅莹）

市人大常委会和市政协党组传达市第十三次党代会精神

市人大常委会党组扩大会议召开，传达学习中国共产党泉州市第十三次代表大会精神，并研究贯彻意见。会议指出，要坚持党的全面领导，执行向市委请示报告制度，把牢人大工作正确政治方向。要发挥人大制度优势，围绕环泉州湾中心城区建设、创建世界遗产典范城市等重点任务，健全完善与发展定位相适应的地方性法规框架；要综合运用宪法和法律赋予的职权，督促“一府一委两院”执行市委决策部署，将党代会描绘的宏伟蓝图转变为生动实践；要加大宣传力度，号召各级人大代表在乡村振兴、实现共同富裕等方面当先锋、作表率。要准确定位、锐意进取，高效务实做好各项工作，为扛起主力军担当、再写“晋江经验”时代风流做出人大贡献。

市政协党组扩大会议召开，传达学习中国共产党泉州市第十三次代表大会精神，研究贯彻意见。会议要求，要坚持建言资政和凝聚共识双向发力，开展专题协商、调研考察、视察督办等工作；引导政协委员多到一线了解情况，形成一批高质量、能转化、有成效的履职成果；坚持大团结大联合，做好港澳社团、海外侨商、华侨新生代等群体工作；把推进共同富裕、反映社情民意贯穿于履职过程，围绕民生领域重点工作和群众关注的焦点问题开展民主监督，做到大局中有政协声音，大事中有委员身影。要结合落实市党代会部署的新任务新要求，研究提出新一年工作思路和履职重点。

福建省宗教爱国故事陶瓷艺术展泉州分展开幕

由省民族与宗教事务厅、市委宣传部、市委统战部指导，市民族与宗教事务局、全市性宗教团体主办的福建省宗教爱国故事陶瓷艺术展泉州分展在泉州承天寺广钦图书馆开幕。福建省宗教爱国故事陶瓷艺术展是全省首次集中用超百件陶瓷精品讲述宗教爱国故事，此前该展览已在福州、厦门等地巡展，泉州分展为期2个月，至12月12日结束。展览分“一片丹心图报国”“红土地协奏曲”“与新中国一起走过”“情系两岸一家亲”“‘宗教中国化’的今天”“坚持以人民为中心的价值理念”6个篇章，展出作品121件（组），均是国家级、省级陶瓷艺术大师和陶瓷艺术新秀创作的作品。

福建省宗教爱国故事陶瓷艺术展泉州分展现场（图/陈智勇）

2021年第三季度全市经济运行分析视频会召开

2021年第三季度全市经济运行分析视频会召开，分析前三季度经济运行情况，研究部署第四季度经济社会发展工作。会议指出，要高举旗帜、提高站位，创新发展“晋江经验”，扛好全方位推进高质量发展超越主力军重任，以“功成不必在我”的境界和“功成必定有我”的担当，把市第十三次党代会明确的发展蓝图和目标任务，一件件做实做细做成做好，确保“十四五”规划开好局起好步。要突出实干实绩，以项目为抓手，坚持任务项目化、项目清单化、清单具体化，加强形势分析研判、政策解读运用、问题协调解决，加紧策划推进攻坚落地一批大项目好项目，冲刺年度目标。要统筹发展和安全，抓好常态化疫情防控各项措施，做好防汛防台风和森林防火工作，防范化解财政金融风险，确保社会安定稳定。各级各部门要按照市委部署，冲刺第四季度目标任务，把疫情影响降到最低。要推进工业稳产提效，做好有序用电工作，开展“重龙头、强品牌、铸链条”行动，试点推动工业园区标准化建设；要强化项目投资攻坚，抓好绿色数字技改，推进抓征迁交净地百日攻坚和产业链招商季，开展行政审批服务“局长走流程”活动；要稳住外贸外资基本盘、促进消费回补和潜力释放；要力促建筑业健康发展，推动建筑企业梯队培育；要优化提升政务服务，打造“干部服务群众、政府服务企业、机关服务一线”的服务型政府。

全市创城工作推进会召开

全市创城工作推进会召开，对创城工作进行再动员、再部署、再落实。会议强调，要按照中央文明委十个方面的要求，对照测评指标体系，做细做好创城迎评工作。要坚持全链条推进，把握迎检各个点位、环节，精准精细作业，强化督查反馈，形成完整工作闭环。要围绕短板弱项，精准制定举措，抓实问题整改。要树牢全市一盘棋思想，坚持上下互动、条块联动、部门协作，形成强大创建合力。

泉州四县（市）入列省经济实力“十强”县（市）

省政府发展研究中心发布2021年度福建省县域经济实力“十强”县（市）、经济发展“十佳”县（市）和城市发展“十优”区评价结果。其中，城市发展“十优”区评价为首次发布。泉州市晋江、石狮、南安、惠安入列经济实力“十强”县（市），泉港入列城市发展“十优”区。经济实力“十强”县（市）排名依次为晋江市、石狮市、福清市、闽侯县、南安市、惠安县、上杭县、连江县、永安市、福安市。经济发展“十佳”县（市）排名依次为将乐县、清流县、永泰县、武平县、建宁县、明溪县、闽清县、连城县、福安市、福清市。城市发展“十优”区排名依次为思明区、鼓楼区、湖里区、台江区、蕉城区、集美区、海沧区、长乐区、泉港区、新罗区。

泉州市举行庆祝少先队建队72周年系列主题活动

泉州市举行庆祝中国少年先锋队建队72周年主题队日活动。此次主题队日活动以“红色”为主线串联整体，全方位多维度彰显党团队一体化建设的重要意义，展示泉州市少先队的时代面貌，引领少先队员团结奋进，积极向上。建队节期间，全市各级少先队组织开展“红领巾心向党 争做新时代好队员”庆祝中国少年先锋队建队72周年系列主题活动，通过党史学习教育、升旗仪式、入队仪式、主题队会、少先队活动课、红色经典故事会、红歌传唱等活动，引导少先队员坚定理想信念、激发爱国情感、弘扬少先队文化、努力向上向善，做共产主义事业接班人。全市各地各校的少先队工作者、少先队辅导员、少先队员共5万多人通过线上线下等形式参加活动。

10月13日

农历辛丑年九月初八
星期三
温度：26℃～31℃
多云转阴

●2021年第三季度全市经济运行分析视频会召开，分析前三季度经济运行情况，研究部署第四季度经济社会发展工作。

●王永礼、蔡战胜在《泉州晚报》发布《致全市老年朋友的慰问信》。

●全市创城工作推进会召开，对创城工作进行再动员、再部署、再落实。

●省政府发展研究中心发布2021年度福建省县域经济实力“十强”县（市）、经济发展“十佳”县（市）和城市发展“十优”区评价结果。泉州市晋江、石狮、南安、惠安入列经济实力“十强”县（市），泉港入列城市发展“十优”区。

●泉州市举行庆祝中国少年先锋队建队72周年主题队日活动。

10月14日

农历辛丑年九月初九
星期四
温度：25℃～28℃
多云转小雨

●市政府党组（扩大）会议召开，传达贯彻市第十三次党代会精神。

●市政府党组理论学习中心组学习会召开，集中学习研讨习近平总书记《论中国共产党历史》一书。

●市政府第一百三十次常务会议召开，研究并通过《泉州市“十四五”战略性新兴产业发展专项规划》《泉州市“十四五”粮食和物资储备发展规划》《加快建设“海上泉州”推进海洋经济高质量发展实施方案》《泉州市行政审批服务“局长走流程”专项活动方案》等。

●位于古城核心区——中山路陈光纯故居的泉州侨批馆开馆，成为首个“福建侨批展示基地”。

●由市旅局主办的“情暖金秋 敬老孝亲”——2021年泉州市新时代文明实践志愿服务活动在泉州市艺术馆剧场举行。

●惠安县产业链招商活动暨项目签约仪式举行，集中签约16个项目，总投资额264亿元。

市政府党组（扩大）会议召开

市政府党组（扩大）会议召开，传达贯彻市第十三次党代会精神。会议指出，要聚焦党代会确定的各项目标任务，逐项梳理研究，转化为路线图、施工图，落实到五年规划、年度目标，细化成专项方案、政策措施，一件件做实做细做成。要将贯彻落实党代会精神与开展市政府“抓项目、促发展”系列专项行动相衔接，结合推进产业链招商季活动，策划引进更多大项目、好项目，找准找实贯彻落实的项目支撑和工作抓手；要与做好当前工作相衔接，落实全市第三季度经济运行分析会部署要求，逐个梳理滞后指标，补短板、强弱项，冲刺第四季度，确保实现“十四五”规划良好开局。

市政府第一百三十次常务会议召开

市政府第一百三十次常务会议召开，研究并通过《泉州市“十四五”战略性新兴产业发展专项规划》《泉州市“十四五”粮食和物资储备发展规划》《加快建设“海上泉州”推进海洋经济高质量发展实施方案》《泉州市行政审批服务“局长走流程”专项活动方案》等。

会议指出，新兴产业是泉州未来发展重要增长极。要铸链条，聚焦新一代信息技术、新材料、高端装备、新能源、生物与新医药等产业，建立链长制，专班式推进。要重招商，引进一批质量高、效益好、后劲足、潜力大的项目，保障资源要素，力促项目尽快开工、建设、投产。要强支撑，引进领军人物和团队，加快重大科技成果转化，赋能战略性新兴产业高质量发展。要高度重视粮食和物资储备工作，加强协同联动，与粮食主产区建立产销协作关系，推进“引粮入泉”。要落细落实保障能力、设施提升、产业升级和应急短板等重点任务，推进生产、储备、流通全过程安全保障能力建设，构建粮食安全和物资储备高质量发展格局。要把海洋经济作为招商的重点方向，集聚资本和创新要素，滚动生成更多具体项目。要把生态文明建设理念融入海洋经济发展各方面和全过程，加强海洋生态红线管控。“局长走流程”是落实全省“再学习、再调研、再落实”活动和优化营商环境的重要方式。部门“一把手”要把自己摆进去，“沉浸式”体验办事流程，感受企业群众急难愁盼。要把问题找出来，形成整改清单，采取整改措施，促进行政审批服务更规范、标准、便利。要把制度建起来，对共性问题举一反三、建章立制。要把氛围营造起来，通过领导带头示范，一级做给一级看，提升业务水平、服务质效，打造“干部服务群众、政府服务企业、机关服务一线”的服务型政府。

泉州侨批馆开馆

位于古城核心区——中山路陈光纯故居的泉州侨批馆开馆，成为首个“福建侨批展示基地”。侨批是旅居海外的侨胞寄送国内侨眷的书信与汇款的合称，又称“银信”。泉州侨批馆通过图文并茂的展板、多媒体放映、实物展陈等形式，展示泉州侨批历史。展馆由1个序厅、4个主展厅和1个互动室组成，布置展板105块，展出侨批及相关照片图片304张、侨批实物92份，许多馆藏侨批实物为首次对外公开展出。是日还举行首届“世界记忆遗产·侨批”主题文学创作大赛颁奖仪式。大赛旨在“以侨架桥、以文聚魂”，加强海内外文化交流，展现泉州作为福建省侨批主要集中地的侨乡优势、文化优势，挖掘侨批所蕴含的精神内核和文化内涵。

泉州侨批馆开馆仪式（图/吴寿民）

市生态环境保护委员会专题会议召开

市生态环境保护委员会专题会议召开，听取全市生态环境保护工作情况汇报，部署推动泉州市生态环境保护相关工作。会议指出，各级各部门要提高政治站位，贯彻习近平生态文明思想，抓好生态环境保护工作，扛起政治责任，推动碳达峰、碳中和重大战略部署落地见效，以最坚决的态度、最迅速的行动、最有力的措施，把党代会明确的生态文明建设各项任务落实到位，用良好生态环境体现城市价值，增强人民群众的环境获得感。要抓好突出问题的攻坚整改，树强节点概念、清单意识、项目思维，把问题清单转化为整改的动态清单，明确问题整改进展情况、责任单位、具体责任人，挂图作战、对账销号，严禁借整改搞商业开发，严防整改过程发生事故，全面彻底抓好问题整改。要以实干实效检验干部的能力作风，发挥好生态环境保护的倒逼、引导、优化和促进作用，推动生态环境保护各项任务落到实处、取得实效，以生态环境高水平保护助推经济高质量发展，为建设“海丝”名城、智造强市、品质泉州提供有力支撑。

宿利南到石狮宣传贯彻市第十三次党代会精神

14—15日，市委副书记宿利南到石狮宣传贯彻泉州市第十三次党代会精神，调研海洋经济、乡村振兴、基层治理等工作。宿利南走访古浮湾、东大垵海湾、祥芝中心渔港、华宝海洋生物公司、石湖港、保税物流中心、泉州海洋职业学院、国际贸易服务中心、东南亚采购集散中心、凤里派出所等，了解有关工作进展和碰到的困难问题，并在祥芝中心渔港、泉州海洋职业学院与部分市党代表座谈。宿利南要求，要把学习宣传贯彻市第十三次党代会精神作为一项重要政治任务，深入学思践悟，把握党代会的精神实质和战略任务，把思想和行动统一到市委决策部署上来。要发挥滨海资源优势，稳步推进项目建设，做大做强港口经济，支持泉州海洋职业学院等职业院校加快发展，为全省、全市海洋事业培养更多专业人才。要多深入企业，辅导企业用足用好市场采购贸易方式试点的政策红利，让中小企业在家门口“动动口、动动手”就能实现进出口。要提升基层社会治理水平，完善矛盾纠纷多元化解机制，注重邻里关系的调解，把矛盾主动化解在基层、化解在源头，同时，要做好外国人服务管理工作。

福建省核酸应急检测泉州队结束休整返回泉州

由泉州市各医院、疾控中心的25名检验师组成的福建省核酸应急检测泉州队结束莆田核酸检测驰援任务，经过14天休整和健康监测后返回泉州。这意味着泉州驰援莆田的抗疫医护人员全部归队。该队伍于9月11日出发到莆田枫亭镇，与省立方舱实验室人员共同配合完成核酸检测后，又转战至莆田城厢区，经过20天的奋战，与省立队、漳州队配合检测标本21万多管，总检测人数131万人。

泉州市12家企业入选2021年福建省民企百强榜

省工商联发布2021年福建省民营企业百强榜单，安踏等12家泉州企业入选。泉州市上榜的12家企业，包括安踏、恒安、达利、百宏、闽南建筑工程、特步、路港、匹克、惠东建筑工程、东霖建设工程、通达电器、方圆建设。榜单显示，2021年福建民营企业百强规模总量不断壮大，还呈现出头部企业优势明显、质量效益总体平稳、区域分布差异明显、社会贡献更加彰显、产业结构持续优化等特点，彰显民营经济是福建发展的特色所在、活力所在、优势所在。2021年，福建民营企业百强入围门槛为35.41亿元，比上年增加17.41亿元。

10月15日

农历辛丑年九月初十
星期五
温度：25℃～31℃
多云

●市生态环境保护委员会专题会议召开，听取全市生态环境保护工作情况汇报，部署推动泉州市生态环境保护相关工作。

●市政府、市政协召开“加快推进南翼新城规划建设”专题协商会。

●市委财经委员会第九次会议暨市财政金融风险防范化解工作领导小组第一次会议召开，贯彻中央财经委员会会议精神，落实省委财经委员会会议部署。

●14—15日，宿利南到石狮宣传贯彻泉州市第十三次党代会精神，调研海洋经济、乡村振兴、基层治理等工作。

●由泉州市各医院、疾控中心的25名检验师组成的福建省核酸应急检测泉州队结束莆田核酸检测驰援任务，经过14天休整和健康监测后返回泉州。

●省工商联发布2021年福建省民营企业百强榜单，安踏等12家泉州企业入选。

●由市工信局、市金融局指导，市中小企业服务中心主办的泉州市“专精特新”中小企业高质量发展系列服务活动通过网络直播方式启动。

10月16日

农历辛丑年九月十一
星期六
温度：21℃～31℃
晴转多云

●由市发改委（市粮食和物资储备局）、市农业农村局、市教育局、市科技局、市妇联主办的2021年世界粮食日暨全国粮食安全宣传周活动在市区东海泰禾广场举行。

●由中国大学生体育协会主办，黎明职业大学、北京工业职业技术学院承办，东方瑜伽国际教育研究院、中国瑜伽职业标准建设委员会协办的2021年中国高等职业院校瑜伽锦标赛（云比赛）在黎明职业大学开幕。

●16—17日，由中国动物致伤防治联盟、中华急诊医学培训工程、中国医学救援协会动物伤害救治分会、晋江市医院主办的2021年动物致伤规范化防治培训班在晋江举行。

●泉州市培元中学高二（六）班与菲律宾侨中学院高二年段甲乙班的学生开展友好班级云端交流会。

全国粮食安全宣传周活动举行

第41个“世界粮食日”，由市发改委（市粮食和物资储备局）、市农业农村局、市教育局、市科技局、市妇联主办的2021年世界粮食日暨全国粮食安全宣传周活动在市区东海泰禾广场举行。

2021年世界粮食日的主题为“行动造就未来。更好生产、更好营养、更好环境、更好生活”。泉州是人口大市，也是全省最大的粮食销区。主办方发起爱粮节粮倡议，希望全市各级牢记习近平总书记关于保障国家粮食安全的重要指示精神，贯彻国家粮食安全战略，扛稳粮食安全政治责任，在全社会营造居安思危、惜粮如金、节粮成习的风尚，以实际行动为保障全市粮食安全做出贡献。主办方组织粮油安全知识咨询和优质粮油产品展销展示活动，现场公布2021年新评选的“放心粮油经销店”。经企业自愿申报，县级粮储行政管理部门审核推荐，在市发改委指导下，市粮食行业协会组织对企业申报材料进行审核并开展核查，共有泉州康泉食品有限公司、泉州市致远贸易有限公司、福建一亩良田信息科技有限公司、南安市溪美品粮商贸行、泉州市鸿野农业发展有限公司、晋江市新塘麦浪面粉经营部、安溪县城厢大同路田园粮油店7家企业新晋“放心粮油经销店”。

相关链接：1979年，联合国粮食及农业组织（简称“粮农组织”）第20届大会决定，从1981年起，把每年的10月16日（粮农组织创建纪念日）定为“世界粮食日”，以唤起全世界对发展粮食和农业生产的高度重视。

2021年动物致伤规范化防治培训班举行

16—17日，由中国动物致伤防治联盟、中华急诊医学培训工程、中国医学救援协会动物伤害救治分会、晋江市医院主办的2021年动物致伤规范化防治培训班在晋江举行。培训班邀请国内知名专家授课，指导泉州市相关医务人员规范地进行动物致伤防治工作。全市疾控中心相关人员和各医疗机构从事急诊、外科、狂犬病门诊、动物致伤科等动物致伤相关专业医务人员参加培训。会上宣布，晋江市医院成为中国动物致伤防治联盟、中华急诊医学培训工程授予的动物致伤防治中心及规范化救治培训基地。中国动物致伤防治联盟主席王传林希望，晋江市医院推动动物致伤病诊治技术的研究与发展，为提高动物致伤的诊治水平继续做出贡献。为做好疫情防控工作，培训班及授牌、揭牌仪式以线上形式进行。培训通过线上的理论授课方式，将破伤风、狂犬病、动物致伤疾病的规范化防治标准有机高效结合，提高基层医院的规范化防治能力和医疗救治水平。

泉州和菲律宾中学生开展友好班级云端交流会

泉州市培元中学高二（六）班与菲律宾侨中学院高二年段甲乙班的学生开展友好班级云端交流会。活动开始前，菲律宾侨中学院高中甲班的三名学生演唱欢迎歌，表达对培元中学同学的友好之情。菲律宾侨中学院许靖凯主持菲律宾方的交流活动，他们通过幻灯片图文并茂地介绍菲律宾独特的地理风貌、民族风情、美食风味、建筑风格、交通工具、家庭观念。该校副校长蔡艺术认为，这样的交流活动对于菲律宾学生寻找祖籍地文化根源，学习中文都有重要意义。同时，她期待通过友好班级交流活动的顺利开展，能够更好地推动友好学校活动的开展。

培元中学以“我的家乡——泉州”为题开展此次的交流介绍，由高二（六）班班主任黄霞兰主持。培元同学分享“泉州的建筑风格”“泉州的宗教文化特色”“泉州的美食文化”“我的培元我的家”等，用全新的方式演绎泉州的非物质文化遗产特色和新时代培元多彩的校园生活。交流活动的第三个环节是线上视频分组讨论。两个学校的学生分别分成8个小组分组交流，根据不同的组别，进入不同的讨论组，分别交流学习方式、考试制度、兴趣爱好、日常生活等。

泉州市4个节能减碳项目获中央资金补助

省发改委转下达福建省污染治理和节能减碳专项（节能减碳方向）2021年中央预算内投资6680万元。泉州市4个项目获4600万元中央资金支持，补助金额占全省近七成。4个项目分别是：福建凤竹纺织科技股份有限公司高档针织面料生产线综合能效提升改造项目，获补助1090万元，用于全面提升生产装置能效；石狮热电公司综合节能减排改造工程，获补助760万元，用于对现有脱硫塔的提效改造；国能（泉州）热电有限公司基于能级匹配的大容量机组高参数工业供热系统研究与工程示范项目，获补助1840万元，用于降低热耗及煤耗率，实现能量梯级利用；泉州市年产15万吨再生塑料制品项目，获补助910万元，项目投产后可年处理废料17万吨，年产塑料颗粒、塑料制品15万吨。

泉州市新增4家省级新型研发机构

省科技厅公布第六批省级新型研发机构名单，泉州市的中纺检测（福建）有限公司、西人马联合测控（泉州）科技有限公司、南威软件股份有限公司、泉州市铁通电子设备有限公司入选。至此，泉州市有新型研发机构78家，其中省级新型研发机构有21家，涵盖传统制造业、新一代数字通信技术、新材料和高端智能制造等领域。泉州市补强科技创新平台“短板”，面向传统产业转型升级、新经济发展需求，除发展新型研发机构，还加快实施“大院大所大平台”计划，引进共建18家大院大所。这些大院大所为泉州市引进各类人员800余名，承担各级各类科研项目559项，获授权专利632项，服务企业近5000家，为企业解决技术难题645项，获横向技术服务收入1.49亿多元。

“同怀家国情·共筑英才梦”人才主题研讨会举行

由市委人才办、市人社局指导，泉州市人才发展促进会主办的“同怀家国情·共筑英才梦”人才主题研讨会举行，逾70名各行业各领域的人才参加。市委人才办组织高层次人才共同学习习近平总书记在中央人才工作会议上的重要讲话精神和市第十三次党代会精神，呼吁高层次人才要发挥专业特长，初心如磐再出发，守正创新向未来，在实现自身价值的同时，为申报世界遗产成功后的泉州打造“海丝名城、智造强市、品质泉州”贡献才智、勇立新功，扛起全方位推进高质量发展超越主力军担当。永悦科技总经理、市高层次人才徐伟达表示，作为一名科技工作者，深刻体会到党和国家对科技和人才的高度重视和亲切关心，希望通过自身不懈努力和刻苦钻研，在科技创新突破和成果转化领域做出更好的业绩，以实绩回报社会、回报祖国。安腾集团董事长、泉州市人才发展促进会会长许清水表示，将发挥泉州市人才发展促进会功能，坚持以“实现人才价值，服务泉州发展”为宗旨，主动当好“伯乐”，“以才引才”邀请更多海内外高端人才加入泉州，与泉州共成长。与传统的会议交流方式不同，此次活动以“世界咖啡”的会议模式进行，全市不同行业、不同领域的高层次人才分成7个小组，每组围绕“为了建设品质泉州，人才如何发挥领航作用”，结合自身专业特长和独到见解，在思维交锋中碰撞出创新创造的“火花”，并用富有新意的图像和简练的文字把讨论结果呈现在一张海报上。

泉州市启动新冠疫苗“加强针”接种

泉州市出台新冠病毒疫苗加强免疫接种工作方案，启动新冠疫苗“加强针”接种工作。此次加强免疫接种对象为全程接种新冠疫苗满6个月后18岁以上无接种禁忌证的常住人口和流动人口，优先在感染高风险人群、保障社会基本运行的关键岗位人员、感染后导致重症风险高的高危人群、传播风险高人群等13类重点人群中开展加强免疫。

10月17日

农历辛丑年九月十二
星期日
温度：19℃～24℃
多云

●省发改委转下达福建省污染治理和节能减碳专项（节能减碳方向）2021年中央预算内投资6680万元。泉州市4个项目获4600万元中央资金支持，补助金额占全省近七成。

●省科技厅公布第六批省级新型研发机构名单，泉州市的中纺检测（福建）有限公司、西人马联合测控（泉州）科技有限公司、南威软件股份有限公司、泉州市铁通电子设备有限公司入选。

●由市委人才办、市人社局指导，泉州市人才发展促进会主办的“同怀家国情·共筑英才梦”人才主题研讨会举行。

●泉州市出台新冠病毒疫苗加强免疫接种工作方案，启动新冠疫苗“加强针”接种工作。

10月18日

农历辛丑年九月十三
星期一
温度：20℃～24℃
多云转晴

●2021年泉州市招商大会暨项目签约活动举行。449个重大项目落户泉州，合同金额超3800亿元。

●王永礼、蔡战胜与中建七局党委书记、董事长方胜利座谈。

●泉州市启动行政审批服务“局长走流程”专项活动。

●2021年国家网络安全宣传周泉州市活动在泉州工人文化宫（东海宫）开幕。

●由市委宣传部指导，市委网信办、市委文明办、市文旅局主办的2021年“世遗泉州”网络文化节启动。

●由市残联主办，泉州市肢体残疾人协会、泉州市聋人协会协办的全市残疾人飞镖比赛在泉州市残疾人康复中心举行。

2021年泉州市招商大会暨项目签约活动举行

2021年泉州市招商大会暨项目签约活动举行。市领导王永礼、蔡战胜、宿利南、施宇辉、黄景春、洪自强、吕刚、刘林霜、汪志红等在主会场参加活动。此次活动联动线上、线下，设置“1个主会场+13个县域分会场+北京、上海、深圳、成都4个驻外分会场”，面向市民、异地商会等进行直播，通过现场签约、“云上”签约，449个重大项目落户泉州，合同金额超3800亿元。其中，14个重大投资项目在主会场进行集中签约，总投资716.3亿元，项目涵盖新一代信息技术、智能装备、生物医药、现代物流、文化旅游、电商商贸等领域。市委书记王永礼指出，泉州将打造“遵法度、有温度”的营商环境，把闽南人浓浓的人情味转化为厚厚的竞争力，实行专人专班服务保障，让每一个签约项目都能付诸实施、结出累累硕果。市长蔡战胜指出，各级政府各部门将坚持“政府服务企业、干部服务群众、机关服务一线”的理念，拿出针对性政策，提供全周期服务，以实际行动回馈大家对泉州的信任。市发改委（市招商办）现场推介泉州经济社会发展、产业招商方向和重点、投资创业环境等情况；泉州半导体高新区管委会、丰泽区、晋江市、永春县主要负责人分别分享招商经验。

2021年泉州市招商大会暨项目签约活动启动仪式（图/陈林森）

2021年国家网络安全宣传周泉州市活动开幕

2021年国家网络安全宣传周泉州市活动在泉州工人文化宫（东海宫）开幕。即日起，泉州市围绕“网络安全为人民，网络安全靠人民”主题，组织举办“万屏共闪”、“云安全”网络安全应急演练、网络安全主题展览、网络安全知识线上答题、网络安全进基层、公益广告等系列活动。教育、公安、人民银行、总工会、团市委、妇联等部门还在全市集中开展校园日、电信日、法治日、金融日、青少年日、个人信息保护日等主题日活动，在各个领域掀起网络安全宣传教育热潮。

2021年国家网络安全宣传周泉州市活动启动仪式（图/陈晓东）

2021年“世遗泉州”网络文化节启动

由市委宣传部指导，市委网信办、市委文明办、市文旅局主办的2021年“世遗泉州”网络文化节启动。2021年“世遗泉州”网络文化节采取线上为主、线上线下相结合的形式，分为“魅力世遗”“网络文明”“县域风采”三个篇章，组织开展“寻找泉州世遗的中国之最”、“风度泉州”抖音短视频城市形象展播、“世遗泉州推荐官”抖音挑战赛、“世遗泉州行”采风、“侨乡党史故事”网络文明传播、县域风采展播等多项活动，通过制作专题网页，采用图文、视频、音频、H5等各种形式，推出形式多样的网络文化作品，展示泉州市网络发展成果和优秀传统文化，弘扬时代主旋律，传播网上正能量。此次网络文化节持续到12月底，除线上活动外，线下还专门组织开展“世遗”泉州和网络文明建设宣传图片巡展、网络名人采风行等活动，旨在多角度、立体化展示“世遗”泉州的文化魅力，讲好泉州故事，传播泉州声音，弘扬优秀网络文化，引领网络文明风尚。

“勇当主力军、机关我先行”论坛开幕

市委市直机关工委举行“勇当主力军、机关我先行”论坛开幕式暨第一期“学习宣传贯彻市第十三次党代会精神”专场。首期专场邀请市委组织部、市委改革办、市发改委、市资源规划局、市政府发展研究中心5个市直部门相关负责人，解读阐释市党代会报告，引领市直机关单位学习领会和推动落实市委决策部署。市直机关和驻泉州省部属单位党组织负责人和党员干部近200人参加。市委市直机关工委负责人表示，该论坛是机关党员干部展示才华智慧、交流体会感悟、分享经验成果的学习平台，也是市直机关创建“模范机关”，跑好落实市委决策部署“第一棒”的先锋平台，更是全市各级党组织促进党建与业务深度融合，勇当全方位推进高质量发展超越主力军的展示平台。论坛的举办，将推动市直机关干部职工坚持系统观念学在深处、创新思维谋在新处、大局意识想在要处、目标导向干在实处。论坛也将打造成人才集聚、思想交流的“大熔炉”和党建工作、业务工作融合发展的“试验田”，为“海丝名城、智造强市、品质泉州”建设提供更多智力支持。

市妇联开展“碳汇科技助农巾帼行”活动

福建农业职业技术学院园艺园林学院院长袁亚芳带领“碳汇科技助农巾帼行”泉州小分队，到南安市蓬华镇山城村泉新四季家庭农场、永春县岵山镇利鹏园艺场，了解两个省级巾帼示范基地发展情况，并与相关负责人座谈，开展技术指导，提出发展建议。为响应全国妇联推进科技创新巾帼行动要求，市妇联组织“碳汇科技助农巾帼行”泉州小分队开展系列活动，发挥女科技工作者在助力乡村振兴中的作用，加速科技赋能，帮助更多妇女以“科技梦”助力“共富梦”。系列活动中，“碳汇+女科技特派员联盟”成员、福建农业职业技术学院园艺园林学院院长袁亚芳教授团队与泉新四季家庭农场、利鹏园艺场结对。泉州市妇联分别在两个基地成立碳汇科技助农妇女微家，南安市妇联成立女科技工作者协会蓬华工作站，搭建女科技工作者参与生态文明建设、助力乡村振兴的活动平台，以科技创新赋能农业农村发展，指导农民走绿色发展、循环发展、低碳发展道路。此外，南安市妇联还与福建农业职业技术学院开展合作，共建“女大学生教育实践基地+乡村振兴巾帼素质提升培训基地”双基地。

泉州市妇联希望，女科技工作者依托科技小分队、共建实践基地、女科协工作站、妇女微家等平台，在乡村振兴、科技助农各条战线施展才华，到农业企业、基地和农村田间地头，讲好“绿水青山就是金山银山”故事。新成立的科技助农妇女微家发挥技术指导、培训助力、创业创新等职能作用，辐射服务周边妇女群众，提升科技致富能力。各级妇联组织加强与女科技工作者、巾帼示范基地、女农民、女大学生、农村女能人之间的沟通协调，定期组织举办巾帼绿色科技赋能培训和高素质女农民培训班，培育推荐一批科技含量高、经营规模大、综合效益好、示范带动强的巾帼示范基地，为科技赋能乡村振兴搭建桥梁。

泉州市新增一处国家AAAA级景区

省旅游资源规划开发质量等级评定委员会发布公告，评定石狮宝盖山景区为国家AAAA级旅游景区。根据《旅游景区质量等级管理办法》和《旅游景区质量等级评定与划分》国家标准（GB/T17775—2003）及《旅游度假区等级划分》国家标准（GB/T26358—2010），参照《国家级旅游度假区管理办法》，经泉州市旅游资源规划开发质量等级评定委员会推荐，省旅游资源规划开发质量等级评定委员会组织评定，石狮宝盖山景区被评定为国家AAAA级旅游景区。石狮宝盖山景区门票免费，景区以万寿塔为核心，布局有石窟公园、虎岫寺宗教园林、花海谷公园、学府公园、水库漫游道、观海台等多个区块，文体展演活动不时上演，兼具自然生态、人文遗迹与民俗风情，是世界海上丝绸之路航标文化旅游目的地之一。

10月19日

农历辛丑年九月十四
星期二
温度：22℃～27℃
多云

- 市委市直机关工委举行“勇当主力军、机关我先行”论坛开幕式暨第一期“学习宣传贯彻市第十三次党代会精神”专场。
- 市妇联开展“碳汇科技助农巾帼行”活动。
- 省旅游资源规划开发质量等级评定委员会发布公告，评定石狮宝盖山景区为国家AAAA级旅游景区。

10月20日

农历辛丑年九月十五
星期三
温度：20℃～24℃
多云转小雨

●市委书记王永礼到惠安调研“聚城畅通”工程和重点项目推进等情况。

●市总工会十六届六次全委（扩大）会议召开，选举产生主席和两名副主席。卢秀萍当选市总工会第十六届委员会主席。

●全市绿色数字技改、抓创新促应用专项行动动员现场会暨视频部署会举行。

●“百年风华——视听共享”2021年菲律宾·中国福建（泉州）电视周活动暨电视剧《山海情》在菲律宾播出启动仪式在泉州和菲律宾马尼拉同步举行。

●第五批国家组织药品集采结果在泉州市所有公立医院落地实施，此次实施的国家集中采购中选药品共61种，平均降价56%。

王永礼到惠安调研“聚城畅通”工程

市委书记王永礼到惠安调研“聚城畅通”工程和重点项目推进等情况。在国道324改线工程（联十一线惠安段）项目施工现场，王永礼了解道路路线规划布局方案，询问道路走向、枢纽互通等情况，协调解决问题和困难。王永礼强调，要着眼环湾向心集聚、市域直联速达，在路线设计中考虑城市长远发展，科学合理优化方案；要紧盯节点抓进度，加强施工力量调度，拓宽融资渠道，推进各项工作。市、县两级要强化节点意识和责任意识，相互协作、密切配合，按时序、高质量推进项目建设。在位于青兰山的泉州船厂，王永礼指出，泉州有深水区域大、离岸近的天然良港，打造船舶工业产业链有基础、有优势。要借鉴国内先进做法，推进资产交接、运作盘活等工作，促进项目早落地早见效。

市总工会十六届六次全委（扩大）会议召开

市总工会十六届六次全委（扩大）会议召开，选举产生主席和两名副主席。市委常委、组织部部长卢秀萍当选市总工会第十六届委员会主席，韩卫华、林东阳当选副主席。会议要求，全市各级工会组织要凝聚奋进力量，融入市委战略部署，凝聚职工的智慧和力量，下大力气培养合格的产业工人大军，造就更多的劳动模范、泉州工匠，更好地发挥职工群众的主力军作用；要坚持职工为本，维护好职工群众的合法权益，更加主动地顺应职工群众对美好生活的向往；要大胆创新创造，推动形成“一工会一亮点、一区域一特色”的良好工作格局。

全市绿色数字技改专项行动动员会举行

全市绿色数字技改、抓创新促应用专项行动动员现场会暨视频部署会举行。全市各县（市、区）分管负责人，科技、工信部门有关负责人及龙头企业代表，分组到福建华昂体育用品有限公司、福建盼盼饮料有限公司、信泰（福建）科技有限公司、中国皮革和制鞋工业研究院（晋江）有限公司考察，学习智能化改造、绿色化改造、数字化转型、科技体制创新等方面的先进做法。视频会议上，九牧集团、中国皮革和制鞋工业研究院（晋江）有限公司相关负责人分享经验做法，市工信局、市科技局有关人员作政策发布。会议要求，实施绿色数字技改、抓创新促应用专项行动，是贯彻落实市第十三次党代会精神的重要举措，也是推动“十四五”泉州制造业高质量发展的重要抓手。各级各有关部门务必提高思想站位，认清形势、正视危机，抓紧抓实专项行动；要坚持靶向施策、精准发力，加快推动工业绿色低碳发展、智能化改造、信息化融合、数字化转型；要坚持目标导向和问题导向，紧盯科技资源配置、创新主体活力、创新创业生态等薄弱环节，优化科技创新营商环境；要强化各司其职、协同合作的工作机制，形成领导层面靠前指挥“管”起来、部门层面分工协作“干”起来、属地层面竞相发力“动”起来的干事创业氛围。

2021年菲律宾·中国福建（泉州）电视周活动启动

“百年风华——视听共享”2021年菲律宾·中国福建（泉州）电视周活动暨电视剧《山海情》在菲律宾播出启动仪式在泉州和菲律宾马尼拉同步举行。在为期一个月的展播时间内，包括电视剧《山海情》（英文版）、纪录片《重返刺桐城》《泉州：宋元中国的世界海洋商贸中心》《中餐中国》《瑰宝——文化自然遗产在福建》、融媒体视频《刺桐范儿》《文化的力量》等在内的14部“闽派”优秀电视作品，登上菲律宾电视荧屏，通过菲律宾国家电视台、菲中电视台、菲龙网、华人头条（菲律宾站）等媒体平台，向菲律宾观众展示美丽中国、清新福建和“世遗”泉州，展现中国、福建和泉州的发展成就。

国家发改委推广泉州市支持民营企业创新举措

国家发改委召开专题新闻发布会，邀请包括泉州市在内的3座城市介绍支持民营企业改革发展的典型经验做法，向社会释放支持民营企业改革发展的信号。在国家发改委此前梳理总结并印发全国推广的部分地区典型经验做法中，泉州市13条创新举措在列。新闻发布会透露，国家发改委开展“民营经济示范城市”创建工作，把包括泉州在内的8个城市作为首批创建城市，同时会同各省选择一批创建联系点城市，形成支持民营企业改革发展工作的“第一梯队”。此次，国家发改委推广的典型做法共72条，来自青岛、成都、常州、温州、台州、泉州、佛山、江阴8个地方。这些典型经验做法，都是针对民营企业在改革创新中遇到的突出问题推出的创新举措，且在工作实践中取得显著成效，基本涵盖支持民营企业发展的各个重点领域。泉州13条举措包括：简化企业加计扣除政策申报流程，推行以保险、保函等替代现金缴纳涉企保证金，开展企业注销“少跑腿”改革，推行无还本续贷，建设数字金融服务平台，设立公益性金融公共服务机构，防范化解涉企金融风险，“建立包容审慎监管机制，推行涉企柔性执法，对轻微违规‘首次不罚’”，支持民营企业开展职工技能培训，支持民营企业自主评价高层次和高技能人才，开展民营企业家培训培育，设立民营企业维权平台，推动民营企业“党建入章”等。根据要求，各地方结合实际创造性开展工作，力争在此基础上形成更多、更具有普遍性、更有针对性的创新做法。

市委常委会学习习近平总书记重要讲话精神

市委常委会召开会议，学习领会习近平总书记在中央人大工作会议、纪念辛亥革命110周年大会、中共中央政治局第三十三次集体学习等会议上的重要讲话精神，以及近期系列指示精神和省委常委会会议精神；听取开展2021年全面从严治党主体责任落实情况检查有关工作汇报。

会议指出，要加强和改进新时代人大工作，发展全过程人民民主。要支持人大及其常委会依法履职、开展工作，结合实际创造性做好立法、监督、代表工作等，做好市县乡三级人大换届选举工作。要继承和弘扬辛亥革命精神，扛起全方位推进高质量发展超越主力军担当，以实实在在的发展成果彰显制度优势。要做好新时代统战工作，汇聚推动发展的强大合力。要在探索海峡两岸融合发展新路上迈出更大步伐，做好“通”“惠”“情”三篇文章，在促进祖国统一大业上积极发挥作用。要落实总体国家安全观，加快生物安全治理体系建设，把生物安全建设重点任务抓实抓好。要落实生物安全工作责任，开展全面摸排，及时消除风险隐患，完善生物安全风险研判预警、应急反应、协同工作、平战结合的工作机制。要抓好常态化疫情防控，守住来之不易的防控成果。要走绿色、低碳、可持续发展之路，推进生态保护修复。要加快推进“聚城畅通”工程，融入国内、国际交通大格局。要用好重要进出口平台，促进外贸高质量发展。把积极老龄观、健康老龄化理念融入发展全过程，加快健全养老服务体系、健康支撑体系。要担负起管党治党政治责任，把各级党组织建设得更加坚强有力。要突出政治监督，以开展责任制检查为抓手，找准问题、督促整改，举一反三健全制度机制，提高党的建设质量。

市委理论学习中心组学习会召开

市委理论学习中心组学习会召开，学习孙丽美、潘东升先进事迹。会议指出，要宣传弘扬孙丽美、潘东升的先进事迹和崇高精神，挖掘、宣传各条战线涌现出来的先进典型和感人事迹，掀起对标先进、学习先进、争当先进的热潮。要激励党员干部从先进典型身上汲取精神力量，忠诚履职、奋勇争先，把学习贯彻市第十三次党代会精神落实到具体的工作和行动上，为群众办实事、办好事、解难事，把学习成果转化为扛起全方位推进高质量发展超越主力军担当的强大动力。

10月21日

农历辛丑年九月十六
星期四
温度：18℃～19℃
小雨

●国家发改委召开专题新闻发布会，邀请包括泉州在内的3座城市介绍支持民营企业改革发展的典型经验做法。

●市委常委会召开会议，学习领会习近平总书记在中央人大工作会议、纪念辛亥革命110周年大会、中共中央政治局第三十三次集体学习等会议上的重要讲话精神，以及近期系列指示精神和省委常委会会议精神；听取开展2021年全面从严治党主体责任落实情况检查有关工作汇报。

●市委理论学习中心组学习会召开，学习孙丽美、潘东升先进事迹。

●王永礼与中国中化控股有限责任公司副总经理、中化能源股份有限公司总经理钟韧座谈。

●宿利南到泉港、洛江宣传贯彻市第十三次党代会精神，调研粮食安全、乡村振兴等工作。

10月22日

农历辛丑年九月十七
星期五
温度：16℃～20℃
阴

●省十三届人大常委会第二十九次会议对泉州市人大常委会报请批准的《泉州市历史文化名城保护条例》进行审查，决定予以批准。

●市人大常委会党组扩大会议召开，传达学习中央人大工作会议精神，研究提出贯彻意见。

●市政协党组扩大会议召开，传达学习全国政协系统党的建设工作经验交流会精神和省委贯彻落实意见及全省市县政协主席工作座谈会精神，研究党组贯彻意见。

●市政协组织部分政协委员，围绕泉州市经济社会发展情况开展年度视察。

●宿利南到安溪宣传贯彻市第十三次党代会精神，调研重点项目建设、乡村振兴、茶学院发展等工作。

●全市新冠肺炎疫情防控工作视频会议召开，传达贯彻国务院联防联控机制防控会议及省上会议精神，部署泉州市近期疫情防控工作。

●泉州网信人才培养示范基地揭牌仪式在泉州信息工程学院举行。

●由丰泽区政府、泉州晚报社主办，区商务局、文化体育和旅游局、市场监督管理局、商贸业行业协会和泉州晚报社全媒体运营中心承办的，以“美好丰泽 乐购商圈”为主题的第九届丰泽购物节在城东万达广场启动。

●晋江市东石镇“图书馆小镇”建设启动仪式举行，系全国首个以“图书馆小镇”命名的项目。

市人大常委会党组学习中央人大工作会议精神

市人大常委会党组扩大会议召开，传达学习中央人大工作会议精神，研究提出贯彻意见。会议指出，要把学习贯彻中央人大工作会议精神作为首要政治任务，增强做好新时代人大工作的思想自觉、政治自觉和行动自觉。要贯彻落实坚持党的领导这一最高政治原则，确保人大各项工作都在党的领导下进行。要推动人大工作高质量发展，让人大制度优势更好转化为国家治理效能。要丰富代表联系群众的内容和形式，更好接地气、察民情、聚民智、惠民生。要完善人大的民主民意表达平台和载体建设，确保在决策、执行、监督落实各个环节都能听到来自人民的声音。要加强人大自身建设，打造让党放心、让人民满意的政治机关、国家权力机关、工作机关、代表机关，为建设“海丝名城、智造强市、品质泉州”做出人大贡献。

市人大常委会党组扩大会议现场（图/陈意鸣）

市政协党组学习全国政协系统党的建设工作经验交流会精神

市政协党组扩大会议召开，传达学习全国政协系统党的建设工作经验交流会精神和省委贯彻落实意见及全省市县政协主席工作座谈会精神，研究党组贯彻意见。会议强调，要强化引领力，抓好政治建设。注重政治理论学习，巩固提升党史学习教育成果，结合“书香政协”建设，创新开展学习活动。要提升组织力，注重党建质量。坚持和完善上下贯通的组织体系，探索党员发挥作用的载体和形式，探索“互联网+党建”等方式。要增强凝聚力，务实履职尽责。立足党政中心工作建言资政，深化实施“党建+协商”“党建+履职”，对照市党代会明确的发展思路和路径确定政协工作重点。

全市新冠肺炎疫情防控工作视频会议召开

全市新冠肺炎疫情防控工作视频会议召开，传达贯彻国务院联防联控机制防控会议及省上会议精神，部署泉州市近期疫情防控工作。会议强调，要总结经验教训，加强隔离场所管理、储备，提升核酸检测能力，抓好院感防控工作，加强公共卫生体系建设，加快推进疫苗接种工作，加强常态化疫情监测，巩固扩大疫情防控成果。要完善指挥体系，按照“快、严、实、细”的原则，逐步建立完善平急转换机制，专班化推进日常防控工作，提升指挥调度效率，提高防控信息化、智慧化、专业化水平。

第九届丰泽购物节启动

由丰泽区政府、泉州晚报社主办，区商务局、文化体育和旅游局、市场监督管理局、商贸业行业协会和泉州晚报社全媒体运营中心承办的，以“美好丰泽 乐购商圈”为主题的第九届丰泽购物节在城东万达广场启动，持续到2022年1月16日。该届购物节落实“10大商圈提档行动”，深化提升浦西万达商圈、泉州商城商圈、东海大街商圈、城东商圈、领SHOW天地商圈五大成熟商圈，着重培育东海总部商圈、华大商圈、浦西时尚街区商圈、动车站商圈、云山商圈五大新商圈。活动期间举办线上购物狂欢嘉年华、非物质文化遗产进商圈、伯勒文化周、婚博会、美食嘉年华、汽车文化节、直播带货、夜经济和发放消费券等系列活动。

第九届丰泽购物节启动仪式（图/陈小阳）

泉州市出台房地产新政调控保障刚需购房

泉州市下发《关于进一步做好房地产市场调控工作的通知》，从房地联动、供需双向调节、房地产金融、住房保障建设、市场监管等方面入手，促进房地产市场健康发展。新政重新界定刚需、非刚需，提高刚需房源比例和非刚需摇号门槛，支持刚需购房。同时，强化房地产市场管理，整顿二手房市场，集中打击炒房等市场乱象。泉州市户籍家庭于所在县（市、区）（含泉州开发区、泉州台商投资区）新购买的商品住房（包括二手商品住房），取得不动产权证满2年后方可转让；非泉州市户籍家庭在泉州市和泉州市户籍跨中心市区（鲤城区、丰泽区、泉州开发区）、县（市、区）新购买的商品住房（包括二手商品住房）,须取得不动产权证满5年后方可转让。新政最大的亮点在于对泉州中心市区（鲤城区、丰泽区、泉州开发区，下同）的摇号机制进行调整，特别是提高刚需房源比例。调整后，中心市区新楼盘在优先安排10%住房套数供高层次人才和产业实用人才购买后，剩余的90%房源，从原规定按刚需60%、非刚需40%分配，调整为按刚需70%、非刚需30%分配。新政还加强二手住宅挂牌价格的动态监测，要求及时下架挂牌价格明显异常的房源。对存在发布虚假广告、发布虚假房源信息、恶意哄抬房价、捏造和散布房价上涨不实言论等违法违规行为的中介机构及从业人员，依法依规采取约谈、公开通报、暂停网签、列入行业失信“黑名单”等处理措施，涉嫌犯罪的移交司法机关处理。

第十五届“欢乐泉州”才艺大比拼文艺竞赛举行

23—24日，由市委宣传部、市文旅局、《东南早报》主办，泉州市艺术馆、泉州府文庙文物保护所承办，泉州市音乐家协会、泉州市舞蹈家协会、泉州市曲艺家协会协办的第十五届“欢乐泉州”才艺大比拼文艺竞赛举行。现场每个节目表演完后，经5名专业权威的评委当场打分，去掉1个最高分和最低分后，取平均分。根据每个类别的节目数量不同，设置的金、银、铜奖的数量也不同。舞蹈类、声乐类、器乐类、曲艺类四个类别决出金、银、铜奖。该届获奖选手多数为少儿，其中8岁女童陈诗情包揽声乐和语言两类的金奖。

泉州美术家惠安小岞生活艺术岛写生行活动举行

23—27日，由泉州晚报社、泉州市美术家协会、泉州画院、惠安小岞生活艺术岛建设指挥部主办，中共小岞镇委员会、小岞镇政府、惠安文旅集团承办的“画家走基层·丹青绘小岞”——泉州美术家惠安小岞生活艺术岛写生行活动举行。15名省、市骨干画家到基层描绘美丽泉州，以创作展现“大美小岞”。此次活动旨在通过知名画家实地采风，以艺术写生创作为媒，展现小岞自然风光、惠女风情、渔耕文化，宣传小岞文旅融合成效，打响“大美小岞”品牌。画家了解小岞艺术慢道项目建设进展情况，走访小岞原生态海岸线，感受由海滩、礁石、渔村、盐田、惠安女等自然和文化元素共同造就的原生态、原生产、原生活的情调，并用画笔展示这一美丽风景。除采风写生，画家还将举行学术座谈研讨，并提供写生作品供小岞美术馆举办专题展览。

泉州美术家惠安小岞生活艺术岛写生行活动启动
（图/泉州美术）

10月23日

农历辛丑年九月十八
星期六
温度：18℃～21℃
晴

●泉州市下发《关于进一步做好房地产市场调控工作的通知》，从房地联动、供需双向调节、房地产金融、住房保障建设、市场监管等方面入手，促进房地产市场健康发展。

●23—24日，由市委宣传部、市文旅局、东南早报主办，泉州市艺术馆、泉州府文庙文物保护所承办的第十五届“欢乐泉州”才艺大比拼文艺竞赛举行。

●23—27日，由泉州晚报社、泉州市美术家协会、泉州画院、惠安小岞生活艺术岛建设指挥部主办，中共小岞镇委员会、小岞镇政府、惠安文旅集团承办的“画家走基层·丹青绘小岞”——泉州美术家惠安小岞生活艺术岛写生行活动举行。

10月24日

农历辛丑年九月十九
星期日
温度：19℃～23℃
多云

●由市文旅局、泉州古城办主办的“志愿讲解 有你有我”分享会暨泉州古城讲解员聘用仪式举行。

●由泉州古城办、泉州文旅集团主办的“小山学堂·泉州学讲座”文史系列首场在市区小山丛竹开讲。

●“我们的中国梦·文化进万家”系列活动之泉州市作协、书协洛江创作基地揭牌仪式暨采风创作活动在洛阳江畔举行。

“志愿讲解 有你有我”分享会暨泉州古城讲解员聘用仪式举行

由市文旅局、泉州古城办主办的“志愿讲解 有你有我”分享会暨泉州古城讲解员聘用仪式举行，新受聘的第六、第七、第八届古城讲解员和往期古城讲解员一起参加分享会。分享会上，中国闽台缘博物馆资深讲解员范怡婷朗诵《战士自有战士的告别 你永远不会倒下》，歌颂林俊德院士“无私忘我、以身许国、淡泊名利、甘愿奉献”的爱国情怀，激励讲解员不忘初心，继续为古城文化旅游事业贡献自己的智慧和力量。主办方为丰富古城讲解员的文化内涵，鼓励大家提高知识储备，向参会古城讲解员赠送《泉州：宋元中国的海洋商贸中心导游词》《印象古泉州》《海丝泉州自由行旅游攻略》《泉州美食》《寻梦刺桐系列口袋书》《七老丛书》等书刊。分享会让新晋古城讲解员对讲解的意义有了更深刻的理解。主办方表示，希望大家将培训所学运用到今后的志愿讲解中，展现泉州古城讲解员精神风貌的同时，讲好古城文化泉州故事。

“小山学堂·泉州学讲座”文史系列首场开讲

由泉州古城办、泉州文旅集团主办的“小山学堂·泉州学讲座”文史系列首场在市区小山丛竹开讲，原副市长、泉州城市规划建设专家顾问组组长、《泉州文库》整理出版委员会执行副主任、国家级非物质文化遗产五祖拳传承人周焜民做题为《泉州历史文化名城保护》的讲座，与大家共同探讨历史文化名城保护路径。周焜民从泉州历史文化名城保护、世界文化遗产保护两方面讲座。周焜民表示，保护、建设泉州这座优美的城市，要将历史文化与城市现代化进程关系处理好，要把山水城的自然环境与人文环境的关系处理好。秉承正确的古城保护理念，真实性与完整性并重，保护好并发挥其历史文化价值，至关重要。保护历史文化名城，要考虑地方文化和民族特色，文化应当是视为发展灵感的直接源泉，文化同样也是社会的调节器。世界文化遗产具有特殊重要性、珍稀性、脆弱易损性，保护是第一位的。要活化利用泉州丰厚的非物质文化遗产资源，展现“世遗泉州”文化多样性的独特魅力，增强文化影响力，促进泉州历史文化名城保护提升与发展。

“小山学堂·泉州学讲座”文史系列首场讲座现场（图/泉州文旅）

泉州市作协和书协采风创作活动在洛江举行

“我们的中国梦·文化进万家”系列活动之泉州市作协、书协洛江创作基地揭牌仪式暨采风创作活动在洛阳江畔举行。采风活动吸引全市数十位知名作家、书法家参与，数十位文艺家与群众交流，通过采风和笔会，力争创作更多优秀的文艺作品。活动现场，还举行青春诗会诗集发布暨诗歌分享会，泉州市知名诗人叶燕兰携新作《爱与愧疚》与现场读者交流。叶燕兰是泉州市首次参加诗刊社青春诗会的诗人，创办于1980年的“青春诗会”是中国作家协会诗刊社打造的经典品牌。每一届“青春诗会”在全国范围内选择约20位创作实力突出、发展潜力大的青年诗人，集中在一起进行研讨改稿，并邀请诗坛前辈与会分享创作心得，助力青年诗人成长。《爱与愧疚》第37届青春诗会诗丛，由诗刊社编辑出版，收入叶燕兰近年创作的近百首诗作，分为“相遇”“睡前故事”“微颤的生活”“小镇青年”“成为母亲”等部分。

文都建设泉州经验获第二届“东亚文化之都”城市峰会好评

由日本文化厅、北九州市主办的第二届“东亚文化之都”城市峰会在日本北九州市举行。泉州市作为“东亚文化之都”城市代表，以视频连线方式参会，介绍泉州市“文化艺术对城市可持续发展的作用”的经验做法，获得与会城市代表的认可和好评。该届峰会主题为“以东亚文化之都，创造新文化价值”。中、日、韩“东亚文化之都”及“欧洲文化之都”“东盟文化之都”等28座城市代表通过线上线下相结合的形式参会，重点聚焦“新冠肺炎疫情发生后，如何借助科技创新与数字化推动城市文化交流”及“文化艺术对城市可持续发展的作用”等话题展开讨论。

“东亚文化之都”是东亚区域文化合作品牌。自2013年启动以来，中日韩先后有23座城市获此荣誉，中国有11座城市当选。泉州是中国首个当选“东亚文化之都”的城市。自当选以来，泉州市以文都建设为抓手，重塑城市文化体系，履行文化外交使命，高水平、高质量完成“东亚文化之都·泉州活动年”确定的各项任务，举办海上丝绸之路国际艺术节、亚洲艺术节、世界闽南文化节、中日韩东亚文化之都摄影交流展等一系列国际文化交流活动及上万场文化惠民活动，建设影响东亚、面向世界的多元文化都市。泉州制定闽南文化生态保护区行动方案，挖掘地方特色文化艺术资源，为城市公共文化服务体系建设注入新动力。特别是2021年，以“泉州：宋元中国的世界海洋商贸中心”入选世界文化遗产为契机，泉州市推动文化艺术与城市融合发展，打造世界遗产典范城市。在此次城市峰会上，市文旅局副局长作为泉州市代表在视频连线时指出，泉州将以“海丝泉州”为主体、以闽南文化为主要内容，优化文化艺术服务体系，创新文化艺术培育、发展新途径，统筹推进文化资源保护、整合利用、产业融合、品牌营销、公共文化艺术服务管理等工作，让文化艺术为城市可持续发展注入新鲜血液，扩大和提升“东亚文化之都”城市影响力，推动文都城市建设更加艺术化、国际化。

市区通港东街快捷化改造工程启动

泉州市丰泽区通港东街（东海立交至后渚大桥）快捷化改造工程项目指挥部揭牌仪式举行。通港东街（东海立交至后渚大桥）快捷化改造工程项目是中心市区19个“聚城畅通”项目之一，也是泉州市“抓征迁交净地百日攻坚”专项行动的重要项目。该项目工程路线全长约3.5千米，主车道双向八车道，设计时速80千米，辅道双向四车道，设计时速40千米；还包括两段匝道桥建设（疏港路左转和后渚段掉头），分别长78米、62米。

10座市级户外劳动者驿站投用

福建省第26届环卫工人节，市总工会在泉州台商投资区举行“学史筑梦·从驿站起航”关爱环卫工人系列活动暨户外劳动者驿站启用仪式，投用10座泉州市户外劳动者驿站。泉州台商投资区1万名户外劳动者歇脚、喝水、躲雨、如厕等有了专属场所。户外劳动者刷一下工会组织发放的“户外劳动者驿站服务卡”，就能推门进入驿站内休息。驿站里配备有桌椅、空调、饮水机、微波炉、储物柜、维修工具箱、应急药箱（配常用药）等。

“学史筑梦·从驿站起航”关爱环卫工人系列活动暨户外劳动者驿站启用仪式（图/市总工会）

10月25日

农历辛丑年九月二十
星期一
温度：20℃～24℃
多云

●由日本文化厅、北九州市主办的第二届“东亚文化之都”城市峰会在日本北九州市举行。泉州市作为“东亚文化之都”城市代表，以视频连线方式参会，介绍泉州市“文化艺术对城市可持续发展的作用”的经验做法。

●泉州市丰泽区通港东街（东海立交至后渚大桥）快捷化改造工程项目指挥部揭牌仪式举行。

●市总工会在泉州台商投资区举行“学史筑梦·从驿站起航”关爱环卫工人系列活动暨户外劳动者驿站启用仪式，投用10座泉州市户外劳动者驿站。

10月28日

农历辛丑年九月廿三
星期四
温度：20℃～25℃
多云转晴

●市长蔡战胜到石湖港区、泉州晋江国际机场，调研港口机场建设工作，并召开座谈会，协调解决问题、推进项目建设。

●文旅部、国家发改委、财政部公布第二批国家文化和旅游消费试点城市名单，包括泉州市在内的55个城市入选。

●由市政府、福建省品牌建设促进会主办，市工信局、福建省国立品牌发展中心承办的“2021泉州品牌培育与价值提升集结行动”举行。

●市委党史学习教育领导小组办公室召开“我为群众办实事”实践活动专题新闻发布会，通报泉州市开展“我为群众办实事”实践活动情况。

●由市创城办、市委文明办主办的泉州市民文明礼仪宣传周启动暨《泉州市民文明手册》发布仪式在丰泽区丰泽街道淮源社区云谷小区举行。

蔡战胜调研港口机场工作

市长蔡战胜到石湖港区、泉州晋江国际机场，调研港口机场建设工作，并召开座谈会，协调解决问题、推进项目建设。座谈会上，蔡战胜指出，要站位泉州未来发展大格局，按照市委统一部署，加快推进交通重点项目建设，构建现代综合立体交通体系，为经济社会发展提供交通保障。要抢抓发展机遇，立足区域协同发展、交通一体化，推动交通基础设施项目建设，力促港口、机场建设有新突破。要结合产业发展实际，科学精准谋划项目、规划布局、招商引资，做大做强港口、机场经济圈，促进周边人流、物流、资金流、信息流等高效集聚，提升城市功能品质，推动产城融合发展。

蔡战胜（右三）在石湖港区调研港口建设工作（图/陈晓东）

泉州市入选国家文化和旅游消费试点城市

文旅部、国家发改委、财政部公布第二批国家文化和旅游消费试点城市名单，包括泉州市在内的55个城市入选。泉州市作为经济总量连续22年保持全省第一的城市，综合经济实力强劲，文化旅游资源丰富，会展节庆活动等多种多样，特别是步入“世遗”梯队后，泉州文旅产业市场发展势头日益强劲，旅游经济水平处在全省前列。全市有A级景区51家，省级旅游度假区3家，省级观光工厂34 家，省级旅游村118个，福建省星级乡村旅游休闲集镇6个、星级乡村旅游村17个、金牌旅游村8个，省级养生旅游休闲基地5个，省级体育旅游休闲基地4个；有各级文保单位945处，其中全国重点文物保护单位44处，省保104处。泉州市围绕建设“文化强市”战略目标，逐步形成文化产业“文化+旅游+创意+科技+金融+X”融合发展的新格局。截至2020年年底，全市有文化法人企业8000多家，规模以上文化产业企业634家。其中，产值亿元以上的文化企业有310家。此外，泉州市的工艺美术产业也处在全国领先地位，2020年全市规模以上工艺美术企业完成销售产值1206亿元，约占全国的7%，出口交货值548.61亿元，约占全国的16%，均居福建地级市首位。

《泉州市民文明手册》发布

由市创城办、市委文明办主办的泉州市民文明礼仪宣传周启动暨《泉州市民文明手册》发布仪式在丰泽区丰泽街道淮源社区云谷小区举行。此次发布的《泉州市民文明手册》，精选文明礼仪、文明健康、新时代文明实践中心、应知应会4个部分内容集中推介，围绕文明礼仪、文明用餐、文明上网、垃圾分类、疫情防控、志愿服务、移风易俗等主题，配合漫画、温馨小提示等形式，通过电子书、H5、宣传手册等线上线下方式进行宣传展示。市创城办相关负责人表示，礼仪礼节是道德素养的体现，也是道德实践的载体。《泉州市民文明手册》突出泉州元素，既体现社会主义核心价值观，又贴近市民生活日常，涵盖生活诸多方面，内容突出重点，注重实践性，很有针对性。主办方现场分发500册《泉州市民文明手册》供市民阅读。考虑到年轻人喜欢电子阅读，主办方还制作电子版文明手册，并在现场设置多个二维码，供市民扫码阅读。许多居民翻看学习《文明礼仪手册》后，纷纷表示，手册虽小，却蕴含大文明，不仅自己要学文明礼仪，更要带动身边家人朋友一起学，说文明话、办文明事、做文明人。

全市乡村振兴现场会召开

市委、市政府在德化召开全市乡村振兴现场会，贯彻习近平总书记关于乡村振兴的重要论述和到福建考察讲话精神，落实中央、省委关于乡村振兴工作部署，落实市第十三次党代会精神，推动泉州市乡村产业、人才、文化、生态、组织全面振兴。

会议指出，要落实中央、省委关于“三农”工作的决策部署，扛稳粮食安全这个重任，推进农业供给侧结构性改革，树牢绿色发展理念，补齐农村基础设施这个短板，夯实乡村治理这个根基，用好深化改革这个法宝，把各项任务措施有条不紊地落实到位。要推进泉州市乡村振兴十三大行动重点任务，有抓手、有实招，确保取得实实在在成效，让群众看得见、更有感。要科学制定好乡村振兴规划，发挥规划统筹引领作用，明确乡村发展重点、布局、路径等，因地制宜分类推进。要完成粮食稳产保供任务，培育特色现代农业，做好农村土地流转，走好农业产业化、规模化、绿色化经营之路，打响一批优质特色农产品品牌。要推进巩固拓展脱贫攻坚成果同乡村振兴有效衔接，落实好防止返贫动态监测和帮扶机制，深化落实对口协作任务。要实施乡村建设系列行动，留住特色乡村风貌，健全农村建房管理、公共服务投入长效机制，推进农村人居环境整治提升，发动社会力量参与乡村建设。要加强和改进乡村治理，建强党组织，选准带头人，建好农村集体经济组织、村民自治组织，推进清资产、清矛盾、清“村霸”，培树文明乡风。要推进农村改革，探索乡村运营新模式，开展“千企兴千村”活动，发挥好先进示范、典型引路，释放农业农村发展新动能。要坚持一线工作法，做到“问题在一线发现、矛盾在一线解决、工作在一线推动、形象在一线树立”，高质量推进乡村振兴。

泉州市第二届“同心杯”留学人员创新创业大赛启动

由市委统战部、丰泽区政府主办的泉州市第二届“同心杯”留学人员创新创业大赛启动。自8月底启动预报名以来，大赛征集到来自北京、上海、四川、浙江、江苏、深圳、广州、厦门等地的报名项目113个。大赛分为初创组和孵化组，分别决出金奖、银奖、铜奖、优秀奖，同时举行培训、沙龙、高峰论坛等活动，打造成宣传泉州创新创业环境和人才政策发布的窗口，以及创新项目成果产融对接、引进孵化、培育转化的平台。大赛启动仪式上，泉州市留学人员联谊会会长许清水介绍泉州留联助力留学人员创新创业的情况；泉州留学人员联谊会常务副会长郑理玲、晋江留学人员联谊会会长许金升、丰泽留学人员联谊会会长陈超新分别做“留学报国，创新创业”主题分享。活动还表彰了、丰泽区2020年度优秀留学生工作者，并举行海归E谷创业园一期入驻代表项目签约仪式和招商推介活动。

《泉州湾百鸟专题（二）》明信片在泉州首发

福建省第三十一届保护野生动物宣传月暨《泉州湾百鸟专题（二）》明信片全国首发宣传活动在泉州海丝动物世界举行。该活动旨在提高民众保护湿地、鸟类和生物多样性的意识。《泉州湾百鸟专题（二）》明信片选取卷羽鹈鹕、旅鸟中华凤头燕鸥、迷鸟彩鹮、猛禽黑鸢、留鸟白鹇、留鸟岩鹭、冬候鸟小杓鹬7种国家重点保护野生动物鸟类作为“主角”，向全国宣传展示生态美丽泉州的鸟类名片。

活动中展示《泉州湾百鸟专题（二）》明信片（图/刘杰斌）

10月29日

农历辛丑年九月廿四
星期五
温度：19℃～25℃
多云转小雨

●市委、市政府在德化县召开全市乡村振兴现场会，贯彻习近平总书记关于乡村振兴的重要论述和到福建考察讲话精神，落实中央、省委关于乡村振兴工作部署，落实市第十三次党代会精神，推动泉州市乡村产业、人才、文化、生态、组织全面振兴。

●由市委统战部、丰泽区政府主办的泉州市第二届“同心杯”留学人员创新创业大赛启动。

●福建省第三十一届保护野生动物宣传月暨《泉州湾百鸟专题（二）》明信片全国首发宣传活动在泉州海丝动物世界举行。

10月30日

农历辛丑年九月廿五
星期六
温度：19℃～25℃
多云转晴

●2021年市政府第二次全体会议召开，传达贯彻省政府全体会议精神，部署下阶段政府工作和政府自身建设。

●26—30日，泉州市举行《习近平新时代中国特色社会主义思想学生读本》暨泉州市思政课一体化建设研训活动，贯彻习近平总书记在学校思想政治理论课教师座谈会上的重要讲话精神，深化大中小学思政课一体化建设交流研讨，提升思政课教学质量。

2021年市政府第二次全体会议召开

2021年市政府第二次全体会议召开，传达贯彻省政府全体会议精神，部署下阶段政府工作和政府自身建设。

会议强调，政府全体成员要学习贯彻习近平总书记重要讲话重要指示重要批示精神，贯彻落实党中央、国务院决策部署和省委、省政府工作要求，围绕市党代会描绘的建设“海丝名城、智造强市、品质泉州”美好愿景，齐心协力推动宏伟蓝图落地落实，为全省全方位推进高质量发展超越做出更大贡献。“一分部署，九分落实”，各级政府各部门要把抓落实作为政府本职，自觉把讲政治、抓落实贯穿政府工作全过程、各方面，坚持项目工作法、典型引路法、一线工作法，提振干事创业精气神。各级政府各部门要把抓经济、促发展作为第一要务。要抓好当前，加快项目攻坚、工业生产、消费回暖，冲刺第四季度。要长短结合，推进抓项目、促发展系列专项行动，为未来发展增后劲拓空间。要倡导“干部服务群众、政府服务企业、机关服务一线”的工作作风，做到“快、严、实、早”，解决群众、企业、基层一线反映的困难和问题。要统筹安全和发展，把牢疫情防控关口，筑牢安全生产防线，夯实社会稳定基础。要守住廉洁从政底线红线，坚持用制度管权管事管人，营造风清气正的良好政治生态。

泉州市思政课一体化建设研训活动举行

26—30日，泉州市举行《习近平新时代中国特色社会主义思想学生读本》暨泉州市思政课一体化建设研训活动，贯彻习近平总书记在学校思想政治理论课教师座谈会上的重要讲话精神，深化大中小学思政课一体化建设交流研讨，提升思政课教学质量。活动采用线上线下相结合的方式，组织各地各校思政课专兼职教师1万多人次参加，至此，泉州市已完成《习近平新时代中国特色社会主义思想学生读本》任课教师全员培训。活动内容丰富，形式多样，其中主题教学展示围绕《习近平新时代中国特色社会主义思想学生读本》中“构建人类命运共同体”主题，分别开设3节小学、初中、高中公开课，探讨同一主题在不同学段的教学方略。专题讲座部分分别邀请省内外专家做《习近平新时代中国特色社会主义思想学生读本的使用建议》《思政课一体化建设的构建路径与实施策略》《新变局 新时代 新作为》等专题讲座，并围绕《习近平新时代中国特色社会主义思想学生读本》教学心得及思政课一体化建设作经验交流研讨。同时，组织部分教师参加“四史”社会实践教育，参观考察南平市闽北革命历史纪念馆、廖俊波纪念馆、武夷山洋庄乡坑口革命历史陈列馆、建阳考亭书院、南平大安中央苏区等教育基地，促进思政课教师坚定正确政治方向，坚定理想信念。

泉州市积极推进学校思政课建设，建立大中小学思政课一体化建设协作机制，开展形式多样的教学研讨活动，推动学校思政课改革创新。把思政课开设情况纳入文明校园考评和教育督导内容，开足上好相应课程；结合庆祝建党百年和党史学习教育活动，创办“中小学德育学堂”新闻专栏，开设每周1期的时事政治教育；举办学科德育精品课程评选，挖掘各门课程蕴含的德育资源，使各门课程与思政课形成协同效应。在师资队伍建设方面，泉州市成立大中小学思政课一体化建设协作指导组和6个“1+1+N”大中小学思政课建设联盟，促进不同学段教师之间的交流互动和全面协作。学年初组织13期近5000名教师参加第一批《习近平新时代中国特色社会主义思想学生读本》课程培训，定期举办大中小学“思政课一体化建设”研训活动和教学观摩，组织思政课教师参加社会实践。市教科所立项60个市级思政课专项研究课题，开展思政课教师教学技能比赛、录像课展播、优秀教案评选、质量监测研训等系列活动。举办泉州市班主任基本功和思政课教学基本功展示交流活动，推广40个典型经验和教学案例。加强8个省级中小学思政课学科基地校建设，每年评选100堂思想政治理论课示范课，定期组织各级中小学思政课名师工作室到基层学校送培送教、示范教学，在课堂教学、课题研究、师资培养等方面发挥示范引领作用，促进全市思想政治理论课教学水平和质量整体提升。

市政府与源昌集团签署协议

泉州市政府与源昌集团在南安举行共建泉州高水平大学框架协议签约。副省长李德金出席，市委书记王永礼、市长蔡战胜、副市长周真平、市政协党组成员黄世界，省、市教育、卫健部门负责人，泉州师范学院、泉州医学高等专科学校主要负责人等参加签约仪式。协议签署前，李德金会见源昌集团董事长侯昌财，向源昌集团对福建教育事业的支持表示感谢和敬意。李德金指出，侯昌财和源昌集团兴办实业，情系桑梓，慷慨解囊捐资助学，展现强烈的社会责任感，是社会力量支持教育的典范。希望泉州市、省直有关单位贯彻习近平总书记重要讲话重要指示重要批示精神，落实省委、省政府工作部署，全力支持，加快项目落地，把好事办好。希望全社会继续关心支持教育发展，凝聚合力办好人民满意的教育，为全方位推进高质量发展超越提供人才支撑和智力保障。根据协议，泉州市政府将与源昌集团合作，按照“集中力量、提质培优、整合资源、做强做大”的原则，重点支持泉州师范学院、泉州医学高等专科学校等高校建设。源昌集团捐资60亿元，在南安市慈善总会设立专项资金，用于泉州高水平大学建设，其中20亿元用于建设泉州医学高等专科学校南安新校区。

共建泉州高水平大学框架协议签约仪式（图/泉州商报）

泉州市强化县域教育督导

泉州市发布《泉州市县级人民政府履行教育职责督导评估工作实施方案》《泉州市县（市、区）党政主要领导干部抓教育工作督导考核实施方案》，旨在推动县级党委、政府和主要领导干部履行教育职责的工作实效，同时强化问题整改和工作问责，推动教育发展中热点难点问题的解决。由市政府教育督导委员会印发的《泉州市县级人民政府履行教育职责督导评估工作实施方案》和由市委组织部、市委教育工委、市教育局印发的《泉州市县（市、区）党政主要领导干部抓教育工作督导考核实施方案》，主要是依据2021年8月福建省印发的“对县督导”及“督导考核”评估办法和标准，并结合实际制订实施方案。“对县督导”对象为11个县（市、区）政府、泉州台商投资区管委会，其在“十四五”期间至少接受一次泉州市级的综合督导或专项督导。县域内的各级各类学校（含培训机构）纳入属地评估。“督导考核”对象为各县（市、区）党委和政府及泉州台商投资区党工委和管委会主要领导干部，其在“十四五”期间至少接受一次泉州市级的督导考核。“对县督导”主要聚焦县级政府及相关职能部门领导、管理、保障、推进、落实本行政区域内教育事业改革发展工作情况，而“督导考核”重点考察县级党委、政府主要领导干部对县域教育改革发展稳定的领导力、对贯彻教育法律法规和落实教育决策部署的执行力、对履行“党政双责”既抓党建工作又抓教育业务的推进力等。

全国中青年获奖书法家26人精品展在南安开幕

由福建省书法家协会、泉州市文联、南安市委宣传部主办的“书焕武荣”全国中青年获奖书法家26人精品展在南安市行政服务中心开幕，展览至11月30日结束。参展书法家均在中国书法家协会主办的全国书法展中获得过奖项，是当代中青年书法家中热心书法艺术研究和创作实践的代表人物。78件参展作品均为六尺“国标”大件，书风各异，涵盖篆、隶、楷、草、行五种书体。

10月31日

农历辛丑年九月廿六
星期日
温度：19℃～25℃
多云转小雨

●泉州市政府与源昌集团在南安举行共建泉州高水平大学框架协议签约。

●泉州市强化县域教育督导。

●由福建省书法家协会、泉州市文联、南安市委宣传部主办的“书焕武荣”全国中青年获奖书法家26人精品展在南安市行政服务中心开幕。

11月1日

农历辛丑年九月廿七
星期一
温度：19℃～22℃
多云转晴

●全市抓防疫促发展座谈会暨市防控疫情应急指挥部工作会议召开，传达全省九市一区党政主要负责人座谈会和省应对新冠肺炎疫情工作领导小组会议精神，部署下阶段泉州市统筹疫情防控和经济社会发展工作。

●是日起，乘坐航班到达泉州的旅客可免费游览泉州所有A级景区。

●经学校自主申报、县级教育部门推荐、专家评审，泉州市认定11所学校为第三批“泉州市闽南文化传承基地学校”。

全市抓防疫促发展座谈会召开

全市抓防疫促发展座谈会暨市防控疫情应急指挥部工作会议召开，传达全省九市一区党政主要负责人座谈会和省应对新冠肺炎疫情工作领导小组会议精神，部署下阶段泉州市统筹疫情防控和经济社会发展工作。

会议指出，要认识疫情防控和经济社会发展形势的复杂性，抓防疫促发展，推动各项工作取得新进展新成效。要把省委、省政府具体部署和精准点题，落到“海丝名城、智造强市、品质泉州”战略布局中，谋划产业转型升级、科技创新赋能、城市环境提升、片区有机更新、“世遗”效应发挥等举措抓手，专题研究、集中突破。要强化作风意识、拼抢意识，稳工业、抢投资、扩需求，加码攻坚第四季度，把干事的状态提起来、把耽误的时间抢回来、把工作的进度赶上来。要及早谋划2021年项目盘子和重点工作，统筹抓好换届、安全生产、安定稳定、保供稳价等各项工作。要紧绷疫情防控这根弦，坚持外防输入、内防反弹，发挥发热门诊等多点监测哨点作用，提升“大数据”“网格化”融合应用水平，完善重点人群动态数据库，做好域外进入人员摸排、健康审查和隔离工作。要加快推进疫苗接种工作，扩大覆盖面；完善全员核酸检测工作预案，加快建设核酸检测基地和移动检测实验室，提升核酸检测能力；做好集中隔离点改造、建设、人员培训、物资储备等，加强流调队伍建设，形成跨区域联动合作的防控体系。要完善平急结合机制，保持常态沟通、扁平化管理，确保一旦发生疫情就能快速开展检测、流调、转运、隔离、救治等工作。要加大督促检查力度，落实一日一评估、巡回督导等常态化疫情防控机制，确保各项防控措施落细落实。

全市A级景区向航空乘客免费开放

为加快推动泉州文旅市场复苏、促进文旅消费，市文旅局组织开展全市文旅消费季活动。经协调，从是日至12月31日，乘坐到达泉州晋江国际机场航班的旅客，可免费游览泉州市所有A级旅游景区。旅客凭本人到泉州航班登机牌或机票在指定日期内（航班到达之日起7天内）免费兑换景区门票（首道门票）。景区落实各项疫情防控要求，做好卫生消杀、实名登记、体温检测和查看健康码等各项疫情防控措施。游客旅游期间要注意加强个人防护，自觉规范佩戴口罩，保持“一米线”距离，不扎堆、少聚集。

泉州市认定第三批“泉州市闽南文化传承基地学校”

经学校自主申报、县级教育部门推荐、专家评审，泉州市认定11所学校为第三批“泉州市闽南文化传承基地学校”。申报对象为在开展闽南文化进校园活动，传承闽南语、南音、南戏、南拳、南建筑、南派工艺等方面做出突出贡献、取得显著成绩的泉州市中学（含中职）、小学。申报要求包括组织管理、教育教学、师资队伍、条件保障。其中，比较重要的基本要求是将传承项目纳入校本课程，面向全体学生组织开展传承项目艺术实践活动，建立多种类型的传承项目兴趣小组、学生社团和工作坊，保证活动时间和活动效果，定期开展传承项目成果展示。建立相对稳定的传承项目专兼职师资队伍，根据本校传承项目的需要，发掘和利用当地资源，聘请校外专家、非物质文化遗产传承人或民间艺人担任体育美育兼职教师，提高该传承项目的教育教学水平。定期开展传承项目教研活动，支持教师参加各级各类体育美育培训和交流研讨，提高师资队伍素质。这11所学校的传承项目为泉州华侨职业中专学校的刻纸，泉州市通政中心小学的泉州提线木偶，泉州师范学院第二附属小学的泉州传统戏曲传承（梨园戏、高甲戏），泉州市第十一中学的南音，泉港区第二中学的泉州北管，石狮市凤里街道宽仁小学的贡球舞，晋江市安海镇养正中心小学的唆啰嗹，南安市南翼实验中学的高甲戏，惠安县西头小学的南音，安溪县第二十小学的安溪竹藤编，泉州台商投资区玉坂小学的南音。

市委常委会学习习近平总书记重要讲话精神

市委常委会召开会议，传达学习习近平总书记在10月18日中央政治局会议、中央政治局第三十四次集体学习、推动黄河流域生态保护和高质量发展座谈会等会议上的重要讲话精神，以及近期系列重要指示精神和省委常委会会议精神，学习《中共中央 国务院关于完整准确全面贯彻新发展理念做好碳达峰碳中和工作的意见》；部署推进公安工作及禁毒、打击治理电信网络新型犯罪等工作；研究泉州市“八五”普法规划、乡村振兴整镇推进等工作。会议强调，要推动数字经济持续健康发展，强化关键技术创新应用，加速智能化改造数字化转型，促进数字技术与实体经济深度融合。走绿色低碳发展道路，加快构建抵御自然灾害防线，实施生态保护行动，落实好能耗双控措施。实施科技创新倍增行动，完善科技成果转化体系，加快打造区域性创新高地。推进考古工作体系化建设，加强水下考古和历史研究，提升文化和自然遗产保护利用水平。要主动跟进落实国家政策，明确泉州市产业转型方向和阶段性任务，制定招商引资项目负面清单和产业限期提升、淘汰目录，探索工业、建筑业节能降碳的有效路径，确保如期实现目标。要坚持预防为先、教育在前，落实综合治理措施，多措并举筑牢禁毒防线。要巩固深化打击治理电信网络诈骗犯罪工作成效，强化源头治理，加强反诈预防宣传教育，把打防管控各项措施落实落细落到位。要探索并拓展富有“泉州味”的普法思路、载体、模式和方法，提升普法针对性和实效性。要加强整镇推进发展，发挥党建统领作用，确保抓实抓细抓出成效。

蔡战胜到晋江干流巡河并调研河长制工作

市长蔡战胜到晋江干流巡河并调研泉州市河长制工作情况。蔡战胜沿岸巡查晋江干流水质状况，并到金鸡拦河闸桥头，听取相关部门介绍泉州市水资源现状、水利工程进展、河长制工作情况、金鸡拦河闸概况等。蔡战胜指出，要加强组织领导，加快推进白濑水利枢纽工程、七库连通工程、泉州市金门供水水源保障工程等重点项目建设，科学规划中心城区水系联排联调，让引进来的水活起来、动起来，提升供水保障能力。

蔡战胜（右二）在晋江干流巡河并调研河长制工作情况（图/陈晓东）

福建省全国文明城市创建暨结对帮建交流活动在惠安举行

福建省全国文明城市创建暨结对帮建现场交流活动在惠安举行。座谈会上，有关单位签订创建全国文明城市结对帮建协议；泉州市、厦门市、宁德市、福清市、惠安县文明委有关代表分别做经验交流发言。会议指出，要把握创建内涵，建设信仰坚定、崇德向善、文化厚重、和谐宜居、人民满意的城市。要完善创建机制，推进文明城市创建工作深化拓展。与会人员到全国文明社区、全国最美志愿服务社区惠安聚龙社区，惠安县城市管理综合考评中心，省级文明社区北关社区等处参观考察，了解惠安在文明城市创建方面的经验做法和成效。

福建省全国文明城市创建暨结对帮建现场交流活动（图/惠安速报）

11月2日

农历辛丑年九月廿八
星期二
温度：19℃～23℃
多云转晴

●市委常委会召开会议，传达学习习近平总书记在10月18日中央政治局会议、中央政治局第三十四次集体学习、推动黄河流域生态保护和高质量发展座谈会等会议上的重要讲话精神，以及近期系列重要指示精神和省委常委会会议精神等。

●市长蔡战胜到晋江干流巡河并调研泉州市河长制工作情况。

●市政府与市政协开展“关于创新我市农产品营销新模式的建议”“关于加快智慧农业发展助力乡村振兴的建议”“关于加快发展农产品精深加工产业助力乡村振兴的建议”“关于进一步推进我市乡村振兴工作的几点建议”4个重点提案督办活动。

●福建省全国文明城市创建暨结对帮建现场交流活动在惠安举行。

●由市商务局主办的2021年泉州电商创新创业创造大赛暨首届跨境电商大赛启动。

11月3日

农历辛丑年九月廿九
星期三
温度：20℃～23℃
多云

●中央驻闽媒体、省直和驻泉州新闻单位等19家媒体应邀到泉州开展调研采访活动。王永礼、蔡战胜与媒体采访团座谈。

●市政协党组理论学习中心组学习会议召开，传达学习习近平总书记在纪念辛亥革命110周年大会、中共中央政治局第三十三次集体学习时的重要讲话精神等。

●市政协党组扩大会议召开，研究《市政协十三届一次会议建议方案》和《泉州市政协换届工作方案》。

●2020年度国家科学技术奖励大会在北京人民大会堂举行。泉州市企业和个人参与的3个项目获2020年度国家科技进步奖。

●由市文联主办、泉州市作家协会承办的“名家进泉州”公益讲座（文学类）王干小说创作专场讲座举行。

王永礼蔡战胜与媒体采访团座谈

中央驻闽媒体、省直和驻泉州新闻单位等19家媒体应邀到泉州开展调研采访活动。市委书记王永礼、市长蔡战胜与媒体采访团座谈。蔡战胜向媒体代表介绍泉州经济社会发展情况。市领导施宇辉、陈辉宗参加座谈。王永礼表示，市第十三次党代会描绘了泉州未来发展的蓝图，泉州创新发展“晋江经验”，勇当全方位推进高质量发展超越主力军，实施制造业高质量发展、世界遗产典范城市创建、新区新城有机集聚、“聚城畅通”、共同富裕先行“五大工程”，建设“海丝”名城、智造强市、品质泉州。泉州将打造“石化—纺织鞋服”两万亿级的产业链群及“建材—家居”“机械—电子”两个万亿级的产业链群，围绕城市品牌塑造、“世遗”效应发挥、营商环境优化等策划一系列具体工作抓手，让产业层次更高、城市品质更靓、民生保障更强、社会治理更精。希望大家用更多鲜活的笔触、生动的镜头宣传报道，多提意见。泉州各级党委、政府将全力支持、搭建平台，为媒体采访报道提供更好服务保障。与会媒体代表表示，泉州经济发展活跃、文化底蕴深厚，是长期以来的新闻富矿和报道重点。泉州市第十三次党代会提出的发展目标定位准确、令人鼓舞。采访团将发挥自身优势，加大报道力量、拓展宣传领域，用心用情为泉州发展鼓与呼，更好地讲好泉州故事、传递泉州声音。

采访团在德化石牛山景区观看舞蹈表演（图/陈智勇）

泉州市三项目获国家科技进步奖

2020年度国家科学技术奖励大会在北京人民大会堂举行。泉州市企业和个人参与的3个项目获2020年度国家科技进步奖，其中福建炼油化工有限公司参与完成的“复杂原料百万吨级乙烯成套技术研发及工业应用”获一等奖、泉州佰源机械科技有限公司参与完成的“高性能无缝纬编智能装备创制及产业化”项目获二等奖、清源创新实验室鲍晓军教授作为第一完成人的“催化裂化汽油超深度加氢脱硫—烯烃分段调控转化成套技术”项目获二等奖。2019年，中国乙烯自给率仅49%，乙烯工业发展对先进的乙烯成套技术有巨大需求，但引进技术存在复杂原料适应性差等不足。“复杂原料百万吨级乙烯成套技术研发及工业应用”攻克相关技术难题，使中国率先成为全面掌握复杂原料乙烯成套技术的国家。“催化裂化汽油超深度加氢脱硫—烯烃分段调控转化成套技术”项目首创在加氢脱硫过程中将烯烃分段调控转化为高辛烷值双支链异构烷烃的技术路线，破解烯烃含量降低和辛烷值保持这一制约FCC汽油清洁化的难题。“高性能无缝纬编智能装备创制及产业化”项目主要针对针织数字化车间智能生产关键技术进行研究，开发通用性针织智能控制系统平台，设计基于云服务的针织数字化车间信息管理系统平台，将数字化车间联网通信协议和智能控制技术标准化。

王干小说创作专场讲座举行

由市文联主办、泉州市作家协会承办的“名家进泉州”公益讲座（文学类）王干小说创作专场讲座举行。图为讲座现场。

（图/郑新川）

王永礼到惠安企业乡镇一线调研

市委书记王永礼到惠安企业、乡镇一线，围绕产业发展、基层治理等开展专题调研，并召开座谈会。在位于惠东工业区的家世比科技有限公司，王永礼鼓励企业秉承绿色发展理念，加大产品创新力度，加快生产线智能化改造，提高企业环保和管理水平，增强国内外市场竞争力。随后王永礼到涂寨镇，与镇村干部交流。王永礼指出，要以问题为导向，主动梳理短板弱项，综合运用法律、政策、经济、行政等手段和教育、调解、疏导等办法，把矛盾纠纷化解在苗头、化解在村镇。座谈会上，王永礼与基层干部谈思路、谋发展。王永礼指出，要按照省委、省政府要求和市党代会明确的目标任务，在打造“海丝名城、智造强市、品质泉州”战略布局中找准定位、展现作为。要把握经济发展主线，攻坚第四季度，狠抓科技赋能、数字赋能及产业转型升级，确保完成全年目标任务；要加快补齐教育、医疗等民生短板，推进城乡环境整治，提升群众的获得感、幸福感、安全感；要提高基层治理能力和治理水平，发动、依靠社会力量，依法依规维护群众合法权益，保障经济社会高质量发展和人民群众安居乐业。

市人大常委会视察代表建议办理情况

市人大常委会对市十六届人大六次会议代表建议办理情况进行视察。视察分两组进行，重点对《关于对泉州白濑水利枢纽工程建设项目进行完善的建议》《关于加快推进泉州市片区更新改造建设的建议》《关于营商环境攻坚提质的建议》等8件代表建议的办理情况进行实地察看、跟踪督查。视察组强调，各承办单位要履行代表建议办理的法定义务与责任，出实招、用硬招，在解决实际问题上下功夫，提高代表建议的落实率、满意率；要发挥代表作用，把人大代表的参与和支持作为推动建议办理工作的有效途径，提高办理工作的公开化和透明度，提升代表建议办理质效。

视察组在安溪白濑水利枢纽工程现场（图/陈意鸣）

“乡村记忆文化”项目建设示范村授牌

泉州市“乡村记忆文化”项目建设总结会在惠安县东岭镇湖埭头村举行。全市50个示范村全部建设完成并通过验收，获现场授牌。项目建设以来，全市50个村（社区）收集和挖掘传统工艺、闽南古建筑、历史名人、名胜古迹（宫观寺庙、古厝宗祠等）、民风民俗等能反映当地特色文化的文件资料200多卷，图片1000余张，制作影视纪录60多件，实物3600多件；规范建立150多个地方特色记忆文化档案数据专库；收集当地有关姓氏族（家）谱及涉及本村的文史书籍（资料）200多册（卷），收集整理当地乡规民约、家风、家训和乡贤故事等作品300余篇（首）；收集整理出村（社区）民在农业生产、农民生活及自治管理过程中形成的档案资料2万余卷；设立乡村书屋和方志专柜，提供各类史志书籍、历史典籍和书刊，重新编撰或修订村史村志50部，打造出一批特色乡村记忆品牌。

第十五届“书香泉州”全民阅读月暨2021年图书展会启动

泉州市第十五届“书香泉州”全民阅读月暨2021年图书展会启动。图为小学生参观书展。（图/雷秀婷）

11月4日

农历辛丑年九月三十
星期四
温度：20℃～25℃
多云转晴

●市委书记王永礼到惠安企业、乡镇一线，围绕产业发展、基层治理等开展专题调研，并召开座谈会。

●市人大常委会对市十六届人大六次会议代表建议办理情况进行视察。

●在收听收看全国全省冬春农田水利暨高标准农田建设电视电话会议后，泉州市紧接着召开视频会议，对下阶段工作做出安排部署。

●泉州市中级人民法院举行全国法院“数助决策”深度应用单位和福建法院司法数助治理中心泉州分中心揭牌仪式。

●泉州市“乡村记忆文化”项目建设总结会在惠安县东岭镇湖埭头村举行。全市50个示范村全部建设完成并通过验收，获现场授牌。

●泉州市第十五届“书香泉州”全民阅读月暨2021年图书展会启动。

●由省乡村振兴研究会、省政府发展研究中心评价服务中心编制的“福建省乡村振兴热度指数”在福州发布。其中，安溪县在2021年福建省乡村振兴热度指数“反响度”位列全省第一。

11月5日

农历辛丑年十月初一
星期五
温度：22℃～29℃
晴转多云

●在第四届中国国际进口博览会举行期间，蔡战胜出席泉州市（上海）招商恳谈会，与在上海的企业家代表交流，共谋发展大计。

●市委人才工作领导小组专题会议召开，传达学习中央人才工作会议、省委人才工作领导小组专题会议以及市委常委会有关精神，部署下阶段任务。

●市教育局举行2022年初中毕业升学体育与健康考试项目现场公开抽号，确定2022年体育中考的抽考类项目和抽选考类项目。

●由市委老干局、鲤城区委老干局、鲤城区海滨街道党工委发起的泉州市“文化遗产 守护传承”银龄志愿行动启动。

●5—7日，由泉州市政府和闽台交流协会主办、南安市政府承办的第十三届海峡论坛·第八届南安（国际）凤山文化旅游节在南安举行。

泉州市（上海）招商恳谈会举行

在第四届中国国际进口博览会举行期间，泉州市市长蔡战胜出席泉州市（上海）招商恳谈会，与在上海的企业家代表交流，共谋发展大计。会上，参会企业家代表纷纷发言，为泉州高质量发展建言献策，表达投资泉州、合作共赢的愿望。蔡战胜指出，泉州正按照市第十三次党代会的部署，大抓项目、大抓招商，开展“抓征迁交净地百日攻坚”“产业链招商季”等系列专项行动，扛起全方位推进高质量发展超越主力军担当，建设“海丝”名城、智造强市、品质泉州。希望企业家把握时代发展机遇，一如既往关心泉州、投资泉州，为泉州经济社会发展牵线搭桥、建言献策、贡献力量。泉州市将树立“企业投资、政府服务”理念，广交新朋友、不忘老朋友，善待企业、服务企业，为企业投资提供优质的城市环境、优越的产业生态、优惠的政策措施、优良的营商环境。

市委人才工作领导小组专题会议召开

市委人才工作领导小组专题会议召开，传达学习中央人才工作会议、省委人才工作领导小组专题会议以及市委常委会有关精神，部署下阶段任务。会议指出，要奋楫笃定前行，学习贯彻习近平总书记关于新时代人才工作的新理念新战略新举措，以高质量人才工作引领保障高质量发展。要突出顶层设计，强化人才工作战略谋划；要突出产才融合，推动人才与产业相互赋能、彼此成就；要突出工程牵引，破解人才工作重难点问题。

泉州市“文化遗产 守护传承”银龄志愿行动启动

由市委老干局、鲤城区委老干局、鲤城区海滨街道党工委发起的泉州市“文化遗产 守护传承”银龄志愿行动启动，8支由离退休老干部组成的守护文化遗产“银龄”志愿服务队，将在古城讲解、文明引导、青少年“海丝文化”宣教等方面开展志愿服务。此次行动，旨在贯彻落实泉州市第十三次党代会精神，做好世界文化遗产活态保护传承利用，在建设“海丝”名城、智造强市、品质泉州中发挥离退休老干部的优势作用。主办方介绍，未来该行动还将延伸到全市各地，计划用一年时间逐渐建立起一支管理规范的遗产保护队伍，开展队伍培育、宣传推广、遗产保护、文旅公益、联动共建“五项行动”，并以“宋元中国·海丝泉州”为主题，常态化开展非物质文化遗产传承、公益讲解、文艺演出、文化论坛、诗书画影展等活动，为守护好“世遗”、讲好泉州故事奉献老干部力量。

第十三届海峡论坛·第八届南安凤山文化旅游节举行

5—7日，由泉州市政府和闽台交流协会主办、南安市政府承办的第十三届海峡论坛·第八届南安（国际）凤山文化旅游节在南安举行。该届文化旅游节首次被列为海峡论坛活动之一。活动以“同叙凤山缘，祈福共安康”为主题，弘扬广泽尊王“忠孝仁义”传统美德，增强凤山文化连接两岸同胞及海内外侨胞的桥梁纽带作用，推动两岸经贸、文化、旅游等方面的交往交流再上新台阶。活动期间举行闽南“成年礼”民俗活动、海西寻梦·溯源之旅、凤山寺系列民俗活动等。在疫情防控新常态背景下，为提高活动的覆盖面和影响力，开幕式通过互联网进行全球直播，获得台湾各界及海内外南安乡亲关注，海内外乡贤、宫庙、社团组织代表通过互联网发来贺电及祝福语。

第八届南安（国际）凤山文化旅游节开幕式
（图/许钹钹 黄瑜鹏）

王永礼到德化乡镇一线调研

4—6日，市委书记王永礼到德化乡镇一线，围绕产业发展、农村土地流转、基层党建、基层社会治理等工作开展调研。王永礼指出，镇村干部要主动对接村民需求，合理整合盘活土地资源，打破农业生产小的格局，支持对农业有感情、懂技术、善经营的村民成为带头人，发挥科技特派员的作用，打造全县优质特色农产品品牌，走好农业产业化、规模化、绿色化经营之路，让产业能发展，农民得实惠。在龙门滩镇和德化生态林场南埕分场，王永礼指出，要探索党建引领下的公共服务共建共享机制，整合护林员、河道专管员、国土资源协管员等力量资源，建立专业化应急保障队伍，实行全覆盖网格化管理，提高农村公共服务的有效性。要落实林长制，紧盯秋冬关键节点，加强管控、加密巡查，严防盗采林木，做好森林防火。在位于水口镇的中共福建省委旧址（坂里）陈列馆等红色史迹，王永礼指出，要挖掘整合革命文物、革命旧址、陈列馆等红色资源，串联起老一辈革命家开展斗争、艰苦奋斗的历史足迹，开展好党史教育和爱国主义教育，打造红色旅游品牌。要加快文化名人的资料考证、研究，推进孝道文化建设，促进乡风文明。王永礼还走访水口镇梨坑村、盖德镇动车站等地。

王永礼（右二）在德化生态林场南埕分场了解林场日常管理情况（图/陈起拓）

王永礼（左一）在位于水口镇的中共福建省委旧址（坂里）陈列馆考察（图/陈起拓）

第三届中国脆性骨折医联体年会在晋江举行

由中国健康促进基金会、中国健康促进基金会脆性骨折医联体主办、上海市第六人民医院福建医院、晋江市医院承办的第三届中国脆性骨折医联体年会暨2021年度上海市第六人民医院福建医院骨科高峰论坛在晋江举行。受疫情影响，此次会议通过线上+线下的方式举行。上海、云南、北京、山东等国内骨质疏松诊疗领域的权威专家，围绕着“脆性骨折数据库的建立”“脆性骨折的诊疗和预防”“脆性骨折护理规范”等领域展开学术交流。中国脆性骨折医联体主席、上海六院福建医院骨科主任施慧鹏介绍，中国脆性骨折医联体年会此前分别在上海、广州举办过。上海六院福建医院的目标是打造国家创伤骨科医疗区域中心，因此，2021年决定将举办地点定在晋江。这也是上海六院进驻晋江后首次举办的国家级医疗学术会议。希望通过此次会议，提升上海六院福建医院的品牌影响力，提升晋江乃至福建区域内骨科队伍的医疗技术水平。

惠安县2021年“博士菁英汇”启航活动举行

惠安县2021年“博士菁英汇”启航活动在该县聚龙小镇举行。活动以“泉心泉意 惠才惠安”为主题，设置“局长来讲咱厝好政策”、县政府特邀顾问聘任仪式、产学研合作签约仪式及主题演讲等系列活动，促成3个合作意向项目，聘任9名博士作为县政府特邀顾问。惠安县委人才办负责人表示，搭建“博士菁英汇”高端人才交流平台，旨在集聚各领域各行业的优秀博士专家人才，为加快打造海上丝绸之路现代化工贸港口旅游城市贡献才智。

11月6日

农历辛丑年十月初二
星期六
温度：21℃～32℃
多云

●4—6日，市委书记王永礼到德化乡镇一线，围绕产业发展、农村土地流转、基层党建、基层社会治理等工作开展调研。

●由中国健康促进基金会、中国健康促进基金会脆性骨折医联体主办、上海市第六人民医院福建医院、晋江市医院承办的第三届中国脆性骨折医联体年会暨2021年度上海市第六人民医院福建医院骨科高峰论坛在晋江举行。

●惠安县2021年“博士菁英汇”启航活动在该县聚龙小镇举行。

●中国共产党党员、原泉州市（现鲤城区）人大常委会副主任、离休干部李信逝世，享年103岁。

11月7日

农历辛丑年十月初三
星期日
温度：15℃～28℃
多云转小雨

●为提高政府行政效能和公共服务水平，泉州市推动“互联网+政务服务”发展，运用大数据技术实现数据实时传输，促进数据互通共享。

●市人社局等15个部门转发福建省《关于进一步促进高校毕业生自主创业八条措施的通知》。

●市金融监管局、市财政局、市国资委印发《泉州市政府性融资担保机构尽职免责实施意见（试行）》。

泉州市推进政务数据汇聚与共享

为提高政府行政效能和公共服务水平，泉州市推动“互联网+政务服务”发展，运用大数据技术实现数据实时传输，促进数据互通共享。泉州市政务数据汇聚与共享应用平台为部门提供数据共享交换的总记录达442亿多条，发布身份证、机动车、养老保险、企业法人、个体工商户等服务相关的数据接口200多个。政务数据汇聚共享工作致力于打破数据壁垒，为全面实现“一窗办理”、解决“二次录入”提供基础数据支撑，解决群众办事堵点难点问题，让百姓有更多的获得感。例如，在便民服务工作上，通过数据共享为行政服务中心提供港、澳、台居民和华侨人员收养登记相关业务的数据，减少办事群众和企业等候时间，提升窗口审批服务质量和办事效率；在惠企暖企工作上，通过市数据汇聚共享平台为“中小微企业信贷直通车”提供数据接口服务，企业简单填写基础信息和贷款需求，平台智能匹配企业信用信息并推送至企业意向贷款银行，由银行对接受理企业需求，实现中小微企业融资需求申请、对接、受理、审核、反馈一站式服务。

泉州市促进高校毕业生自主创业

市人社局等15个部门转发福建省《关于进一步促进高校毕业生自主创业八条措施的通知》（以下简称“通知”），推行一系列政策措施，打造双创工作“升级版”。为引导鼓励高校毕业生投身乡村振兴，通知提出，对于返乡入乡创业的高校毕业生，正常经营6个月以上（含6个月）的，有条件的地方可在场租、水、电、气等费用以及高校毕业生创业生活方面给予适当补贴。通知明确，支持遴选一批高校毕业生创业创新优秀项目，给予资金扶持。对获国家级创业创新大赛金、银、铜奖（或前三名相当奖项）并在泉州落地发展6个月以上（含6个月）的创业项目可给予补贴，其中金奖30万元、银奖25万元、铜奖20万元。在创业担保贷款方面，鼓励银行按照小微企业标准发放创业担保贷款，最高额度为300万元。同时，从创业融资、政府采购扶持和税收优惠扶持等方面加大对高校毕业生自主创业的支持力度。通知还明确加强创业安居保障，统筹商品住房、市场租赁住房等社会资源和人才公寓、公共租赁住房、保障性租赁住房等公共产品，多渠道解决高校毕业生创业居住需求。由政府投资开发的孵化基地等创业载体原则上安排不低于20%的场地，免费向高校毕业生提供。

泉州市政府性融资担保机构实行“尽职免责”制度

市金融监管局、市财政局、市国资委印发《泉州市政府性融资担保机构尽职免责实施意见（试行）》（以下简称“意见”）。政府性融资担保机构在融资担保业务出现代偿损失后，根据实际情况，可以免除其全部或部分责任，包括内部考核扣分、行政处分和经济处罚的责任。意见明确“尽职免责”的各项认定程序，规定可以减轻责任、可以免除责任、不得免除责任的各种情形。其中，可以减轻责任的情形主要包括：相关工作人员无舞弊欺诈、违规违纪等行为，虽因工作失误造成损失，但按机构内部管理制度积极采取追索措施，已基本挽回损失的；法律、法规、规章以及国家、省政府规范性文件规定的其他情形。相关人员在无过错的前提下，可以免除责任的情形主要包括：为维护社会稳定和防范风险，对特定对象进行政府扶持的担保业务，依法依规办理仍出现风险造成损失的；按照各级政府支持类政策对特定行业开展担保业务，依法依规办理仍造成损失的；因国家行业产业政策调整，使整体行业、产业出现风险，导致借款人经营困难而造成担保损失的；因工作调整等移交的存量担保业务，移交前已暴露风险，后续接管的工作人员在风险化解及业务管理过程中无违规失职行为的；移交前未暴露风险，后续接管的工作人员及时发现风险并采取措施减少损失的。

王永礼调研宣传思想工作并看望慰问新闻工作者

第22个中国记者节，市委书记王永礼到市委宣传部、市委网信办、泉州晚报社、泉州广播电视台，调研宣传思想工作，并看望慰问一线新闻工作者。王永礼到市委党史学习教育办、市网络安全应急指挥中心调研，了解党史学习教育推进落实、网络安全应急指挥能力建设等情况。王永礼还与宣传文化系统党员干部座谈交流。王永礼强调，要加强党对宣传思想工作的全面领导，坚定理想信念，坚守人民情怀，赓续红色血脉，更好扛起举旗帜、聚民心、育新人、兴文化、展形象的使命任务。要把握提高人民精神生活品质这个出发点和落脚点，坚持文化事业、文化产业双轮驱动，满足人民群众日益增长的精神文化需求。要围绕市委中心工作，聚焦市党代会宣传贯彻、“世遗”泉州建设发展、创城创卫、为民办实事等工作，一体推进理论舆论、内宣外宣、网上网下，全方位、接地气开展宣传。王永礼还察看泉州晚报社采编平台、新媒体中心，以及泉州广播电视台演播大厅、全媒体高清新闻演播中心等。

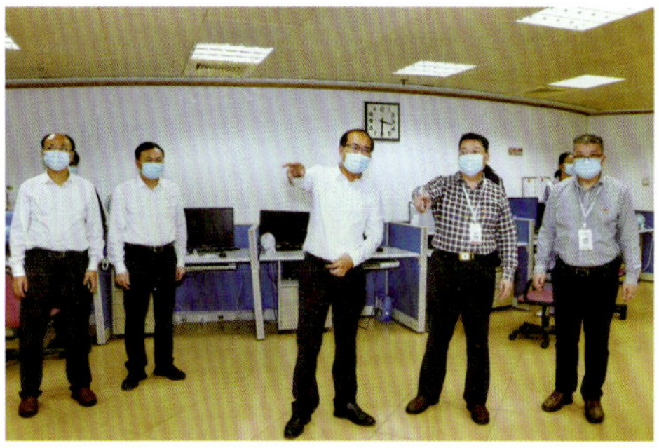

王永礼（中）在泉州晚报社看望慰问一线新闻工作者（图/陈英杰）

市政府党组（扩大）会议召开

市政府党组（扩大）会议召开，传达贯彻习近平总书记在10月18日中共中央政治局会议、中共中央政治局第三十四次集体学习、参观国家“十三五”科技创新成就展时的重要讲话、致仰韶文化发现和中国现代考古学诞生100周年贺信精神以及省委常委会会议、市委常委会会议精神。会议强调，要聚焦建设“数字泉州”，加速推进产业智能化改造、数字化转型，打造一批数字产业园、互联网小镇、工业互联网园区、智能制造园区，争做产业数字化的领跑者、数字产业化的生力军，推动数字经济持续健康发展，更好赋能全方位推进高质量发展超越。要坚持创新核心地位，实施科技赋能计划，汇聚创新资源，力争取得更多科技创新成果；同时，拓展人才“港湾计划”，精准引才、科学育才、用心留才，为建设智造强市提供创新支撑和人才支撑。要推进考古工作体系化建设，建好考古和遗产研究基地，加强考古成果挖掘整理、研究阐释、交流展示，坚持科学保护、活态传承、融合发展，整体提升遗产保护利用水平，加快推动泉州建设世界遗产典范城市。

泉州市“119”消防宣传月启动

泉州市“119”消防宣传月暨第二届消防救援文化节活动启动仪式举行。启动仪式上，泉州基层消防工作站专属标识发布，该标识的启用标志泉州市消防安全治理工作踏上新征程。活动现场还向中心城区消防队伍配发新到位的特种车辆和消防机器人，并启动2021年泉州市消防行业职业技能竞赛。“119”消防宣传月期间，全市开展“我与‘火焰蓝’”线上有奖征集、行业部门“消防安全送教”等系列活动，提高公众消防安全意识和抵御火灾能力，营造“落实消防责任，防范安全风险”的消防安全环境。

泉州市“119”消防宣传月暨第二届消防救援文化节活动启动仪式（图/许振塔）

11月8日

农历辛丑年十月初四
星期一
温度：13℃～18℃
小雨转晴

●市委书记王永礼到市委宣传部、市委网信办、泉州晚报社、泉州广播电视台，调研宣传思想工作，并看望慰问一线新闻工作者。

●市政府党组（扩大）会议召开，传达贯彻习近平总书记在10月18日中共中央政治局会议、中共中央政治局第三十四次集体学习、参观国家“十三五”科技创新成就展时的重要讲话、致仰韶文化发现和中国现代考古学诞生100周年贺信精神等。

●市政府第一百三十二次常务会议召开，研究关于推荐评选2021年度泉州市见义勇为模范和推荐参评福建省第二十八次见义勇为英雄模范有关工作等。

●8—10日，由市民政局、市老区办主办的全市老区基层实用人才培训班举行。

●泉州市“119”消防宣传月暨第二届消防救援文化节活动启动仪式举行。

●中国共产党党员、泉州市公安局原代局长、离休干部郑世华逝世，享年92岁。

11月9日

农历辛丑年十月初五
星期二
温度：15℃~20℃
多云转阴

●泉州市第十一届老年人体育健身大会在市区侨乡体育馆开幕。

●蔡战胜到惠安国道324改线工程建设现场，了解项目进展，并召开座谈会，推动解决困难问题。

●李转生组织部分市政协委员到晋江、石狮开展年度视察。

●泉州市第二届“工行杯”退役军人创业创新大赛闭幕。

●电影《石狮爱情故事》全国首映礼在石狮举行。

泉州市第十一届老年人体育健身大会开幕

泉州市第十一届老年人体育健身大会在市区侨乡体育馆开幕。市委书记王永礼宣布市第十一届老年人体育健身大会开幕。福建省老体协副主席陈震在开幕式上致辞。市领导施宇辉、许文贵、周真平、王春金，部分原任地厅级老干部等参加开幕式。在国旗、会旗方阵引领下，市直机关、华侨大学、各县（市、区）以及泉州台商投资区等14个老年体育代表团伴着运动员进行曲入场。开幕式上，各级老体协的老年演出队伍为全场观众献上腰鼓、朗诵、太极拳、健身秧歌、柔力球操、健身球操、五祖拳操等文体展演，展现泉州市老年人积极向上、健康快乐的精神风貌。作为四年一届老年人展示健康风采的盛会，该届大会比赛时间从6月底持续到11月，设有门球、棋牌、太极拳、高智尔球等17个比赛项目，1200多名老年运动员参赛。

泉州市第十一届老年人体育健身大会开幕式（图/谢 曦）

市政协开展年度视察

市政协主席李转生组织部分市政协委员到晋江、石狮开展年度视察。视察组察看梧林传统村落保护发展项目、泉州石湖港保税物流中心（B型）和美佳爽（中国）有限公司。在梧林传统村落，视察组指出，梧林传统村落保护发展项目是一项传承历史文脉、留住乡愁记忆、造福子孙后代的文化保护工程，要平衡处理好保护和发展的关系，在保护中发展，在发展中保护；注重自然景观和人文景观的有机结合，让游客能够切身感受历史、体验传统文化。在石湖港保税物流中心，视察组了解该项目的招商运营进展并强调，要服务和融入泉州新发展格局，突出保税功能、强化保税主业，发挥临港优势，为泉州千亿产业集群转型升级提供新型国际业务服务支撑。

李转生（右二）在晋江开展年度视察（图/晋江政协）

泉州市第二届退役军人创业创新大赛闭幕

泉州市第二届“工行杯”退役军人创业创新大赛闭幕。经过角逐，14名退役军人所带领的企业（团队）脱颖而出，分获优胜奖、优秀奖、创业先进奖。为贯彻落实习近平总书记关于退役军人工作的重要论述精神，实施创新驱动发展战略，2021年初，泉州市启动第二届“工行杯”退役军人创业创新大赛。开赛以来，收到报名项目38个，涵盖新兴产业、传统产业、生活服务业、现代农业等多个领域。

电影《石狮爱情故事》首映

电影《石狮爱情故事》全国首映礼在石狮举行。图为该电影演职人员。（图/石狮网）

蔡战胜到永春调研乡村振兴工作

市长蔡战胜到永春岵山镇、桃城镇，围绕当地特色产业发展、人居环境整治、撂荒地治理等乡村振兴工作展开调研。在岵山镇，蔡战胜指出，要强化宣传策划，深挖产品卖点，讲好品牌故事，提升产品附加值；要加强古民居、古树木等保护力度，挖掘古村落历史价值、文化内涵、旅游元素，打造产业、文化、旅游深度融合的活力乡村；要提升农村教育、医疗卫生、居家养老等公共服务水平，补齐民生短板，提高生活品质。在桃城镇，蔡战胜强调，要完善土地流转机制，开展撂荒复耕，促进土地资源的集约利用和优化配置；要培育发展龙头企业、农民专业合作社等新型经营主体，鼓励推广科学环保种植，做优做强多元产业。

第五届“人才福建周”（上海站）泉州引才引智活动举行

10—11日，泉州市委组织部牵头到上海举办第五届“人才福建周”（上海站）泉州引才引智系列活动。活动期间，跟随省委组织部走访上海交通大学、复旦大学、同济大学，看望福建籍院士专家，与3所高校领导进行交流。同时，举行福建（上海）“海纳百川”人才驿站暨泉州市“人才之家”启用仪式、泉沪校地合作项目签约仪式暨研讨会、“泉城似锦·邀您来创”泉州市校园引才（上海专场）等有关活动。10日，福建（上海）“海纳百川”人才驿站暨泉州市人才之家——沪闽人才交流中心启用。该中心系依托上海市福建青年商会、上海医师志愿者联盟建设的全省、全市首家异地人才之家，建筑面积1654.2平方米，设有综合服务、文化展示、政策宣传、项目洽谈等功能区。中心将发挥链接泉沪两地的桥梁纽带作用，挖掘上海丰富的人才资源，扮演专家“经纪人”、人才服务“中转站”以及高校智力“转换器”，为泉州市拓宽引才引智渠道。

在校地合作方面，泉州市与上海签约3项校地合作项目，分别为：上海医师志愿者联盟与福建省引进人才服务中心签订的福建省医师人才“师带徒”战略合作项目；上海美术学院与南安市政府、上海大学南安研究院三方签订的乡村振兴产学研一体化合作项目；上海同济城市规划设计研究院与南安市政府签订南安市水头镇奎峰北路沿线及高速出口节点城市设计规划项目。同时，举行同济大学建筑与城市规划学院与南安市政府共建规划设计专业人才实践基地揭牌仪式，以及世界遗产名录古迹宣传动画片《安平桥》首发仪式。市委组织部负责人还与上海大学校长、中科院院士等上海专家研讨座谈，交流深化校地合作有关事宜。活动期间，泉州市还举办泉州市校园引才（上海专场）活动，聘任3名在沪专家学者、2名泉州籍商会负责人、31名在沪高校优秀学生担任泉州市引才大使。市委人才办专门宣讲推介泉州市引才引智政策和环境，并邀请上海高校往届优秀毕业生交流在泉州的工作感悟，同时征集31家在泉州医疗单位、科研平台、国有企业、上市公司以及部分龙头民营企业的350个招聘岗位，依托“毕业生云面试”小程序同步举行云招聘活动。市委组织部负责人表示，上海是全国一流高校最密集的城市之一，也是泉州最主要的引才引智目标城市，将整合在上海的泉州企业家、泉州籍专家、泉州籍学生等优势资源，拓展引才引智渠道、创新引才引智模式，提高引才引智实效。

泉州市开展公共资源交易数字证书与电子印章改革

泉州市公共资源交易中心开展电子认证服务机构互认对接工作，通过鼓励竞争提升服务水平，打破“CA垄断”（CA即数字证书）困境。泉州市通过建设“瑞证通”系统，分别应用在工程建设招标投标平台与产权交易平台，创新融入“CA掌上证书”，招投标人只需通过智能手机、平板等移动客户端操作即可代替传统CA实体介质，辅以人脸识别、公安部人证比对等技术，实现“专家实名认证电子签名”“不见面招标投标”“产权交易全流程电子化”。

11月10日

农历辛丑年十月初六
星期三
温度：13℃～22℃
多云转晴

●市长蔡战胜到永春岵山镇、桃城镇，围绕当地特色产业发展、人居环境整治、撂荒地治理等乡村振兴工作展开调研。

●10—11日，泉州市委组织部牵头到上海举办第五届“人才福建周”（上海站）泉州引才引智系列活动。

●泉州市公共资源交易中心开展电子认证服务机构互认对接工作，通过鼓励竞争提升服务水平，打破“CA垄断”（CA即数字证书）困境。

11月11日

农历辛丑年十月初七
星期四
温度：15℃～23℃
晴

●由省科协、市政府主办，以“点燃科创中国新动能 助力民营企业新发展”为主题的第二十一届福建省科协年会在泉州开幕。

●由省文旅厅、市委宣传部指导，市文旅局、市文改办主办的2021年泉州市文化和旅游消费季在泉州府文庙前广场启动。

●由泉州古城办、市文旅局打造的金鱼巷非物质文化遗产驻地计划启动。

●泉州市《关于推动巡游出租汽车和网络预约出租汽车行业健康融合发展的指导意见》开始实施。

第二十一届福建省科协年会在泉州开幕

由省科协、市政府主办，以“点燃科创中国新动能 助力民营企业新发展”为主题的第二十一届福建省科协年会在泉州开幕。省委常委周联清，中国科协副主席、中国工程院院士陈学东，全国人大常委会委员、中国科学院院士姚建年，全国政协常委、省科协主席、中国科学院院士郑兰荪，中国科学院院士谢华安、焦念志、孙世刚、岳建民，市领导王永礼、蔡战胜、陈灿辉、李转生、施宇辉、汪志红，中国科协“海智”专家，省、市有关部门负责人，民营企业代表等300余人参加。

周联清在讲话中指出，期盼各位院士专家到福建高校、科研院所开展课题研究和技术攻关，帮助企业提升自主创新能力；欢迎企业家到福建投资兴业，共享发展机遇，实现更好更快发展；希望全省科技工作者面向经济建设主战场，创造更多科技成果，参与闽台科技交流合作，促进两岸科技融合发展。郑兰荪在致辞中寄望福建科技工作者，找准服务经济建设主战场的切入点，聚焦福建省特别是泉州的智能制造、数字经济和绿色发展，围绕产业链提档升级，以及科创走廊、创新实验室、泉州科学城、创新联合体等建设内容，加强科研攻关、学术交流和建言献策，推动更多科技创新成果在泉州落地生根、开花结果。

开幕式上，泉州“科创中国”试点城市获授牌；部分国家级学会与泉州民营企业共建学会服务站、省级学会与泉州县（市、区）科技创新战略合作现场签约；晋江市等3个2021—2025年度第一批全国科普示范县（市、区）、晋江市医院院士专家工作站等10个2020年福建省示范院士专家工作站、福建永春芦柑科技小院等5个2021年度福建省优秀科技小院获授牌。随后举行的特邀报告会上，姚建年、焦念志、陈学东做主旨报告。年会还设置“科创中国·泉州”“数字经济”“海洋经济”“绿色经济”“旅游经济”5个专题板块，包括院士专家与泉州党政领导座谈会、院士专家服务民营企业技术攻关签约活动、高端装备与智能制造发展专题论坛等12场专项活动。

第二十一届福建省科协年会现场（图/孙 虹）

2021年泉州市文化和旅游消费季启动

由省文旅厅、市委宣传部指导，市文旅局、市文改办主办的2021年泉州市文化和旅游消费季在泉州府文庙前广场启动。此次活动以“世遗泉州·惠享生活”为主题，活动内容包括府文庙主会场和各县（市、区）分会场活动两大板块，推出消费季“百项活动、百家优惠、百场秀”主题系列线上线下活动，涵盖演出、展览、非物质文化遗产、数字文化、文化娱乐、旅游等。主会场活动至14日结束。启动仪式现场，同步举办海上丝绸之路泉州文创市集，汇聚非物质文化遗产文创、创意生活、传统手作、特色美食、文化旅游等10多个领域90余个优秀文旅商家，展示泉州“世遗”之美、非物质文化遗产之美。活动现场还陆续开展百件名家书法作品赠送、百款传统手作“一元抢购”、百姓大舞台特色文艺表演，以及直播带货、发放线上线下文旅惠民消费券等惠民活动。

2021年泉州市文化和旅游消费季启动仪式（图/吴炯雯）

2021年度民主监督专题协商会议召开

市委、市政府与市政协召开会议，围绕“重视科技创新，助推高质量发展超越”民主监督议题开展专题协商。市长蔡战胜指出，要围绕市党代会目标任务，实施科技赋能计划，开展“抓创新促应用”专项行动，完善顶层设计，系统梳理科技创新配套政策和体制机制，加速打造区域性创新高地。要加快构建创新主体成长加速机制，加大“初创型科技企业—科技型中小企业—高新技术企业—科技小巨人企业”进阶培育力度，重点支持工业企业“规升高，高升规”。要注重科技成果转化应用，有针对性地引进高水平科技创新平台，加强成果转化平台、中介机构建设，畅通成果转化渠道，让科研成果能转化、能利用、能形成生产力。要发展高新技术产业，既要聚焦传统产业中的高新领域，也要聚焦半导体、新能源、生物医药等战略性新兴产业，还要聚焦数字产业培育发展。市政协主席李转生指出，要强化科技创新战略谋划，把科技创新摆在更加突出的位置，举全市之力重视科技创新，深化科技改革，勇当发展现代产业体系主力军，再创“晋江经验”新优势。要增强科技创新能力，促进创新要素高度集聚、创新机制不断优化、创新主体活力迸发、创新载体加速崛起，为加快建设智造强市提供强大动能。

第三届泉州市文化创意产品展启动

由市委宣传部、市文旅局、市城镇集体工业联合社主办，泉州网、泉州市非物质文化遗产保护中心承办的“世遗泉州 海丝文创”第三届泉州市文化创意产品展暨传统工艺美术精品展在泉州非物质文化遗产馆启动。这是泉州“申遗”成功后首场以“世遗泉州”为主题的大型文创展，持续至19日。该届文创展以“世遗泉州 海丝文创”为主题，主要内容包含作品评选、现场展览、线上市集和文化产业游四个板块。启动仪式上，还为2019—2020年“泉州市文化产业发展十佳企业”授牌。展览集中展示泉州文创奖·非物质文化遗产文创大赛100件入围复评作品、泉州传统工艺美术100多件大师作品，同时还邀请电商平台、文化企业、工艺大师等产业链各环节的从业人士共同参与，通过现场展览推进业界交流。该届文创展同步开设“第三届泉州市文化创意产品展”线上云展馆，涵盖“泉州文创奖”线上市集，导入部分文创产品的购买链接，拓展泉州文创产业的网络传播空间。

第三届泉州市文化创意产品展暨传统工艺美术精品展现场（图/吴寿民）

泉州开放大学揭牌

经福建开放大学审核同意，市政府批准，福建广播电视大学泉州分校更名为泉州开放大学。是日，泉州开放大学揭牌。泉州开放大学前身福建广播电视大学泉州分校，创办于1979年2月，是泉州市唯一一所公办成人高等学校，下辖鲤城、南安、石狮3个学院和晋江、惠安、安溪、永春、德化、泉港6个工作站。创办42年来，该校培养5万多名毕业生，开展非学历教育20多万人次，成为泉州市“远程教育的先锋、成人教育的主力、继续教育的基地、终身教育的骨干”。

泉州开放大学揭牌仪式（图/泉州开放大学）

11月12日

农历辛丑年十月初八
星期五
温度：16℃～22℃
晴转小雨

●市委、市政府与市政协召开会议，围绕“重视科技创新，助推高质量发展超越”民主监督议题开展专题协商。

●省科协、省气象局、市政府举行气象·生态·旅游论坛暨科普联合行动，发布2021年“清新福建·气候福地”首批气候康养福地名单，泉州市4个气候康养福地通过认定，分别为南安市向阳乡、永春县苏坑镇、德化县国宝乡与永春县牛姆林生态旅游区。

●由市委宣传部、市文旅局、市城镇集体工业联合社主办，泉州网、泉州市非物质文化遗产保护中心承办的“世遗泉州 海丝文创”第三届泉州市文化创意产品展暨传统工艺美术精品展在泉州非物质文化遗产馆启动。

●由市委文明办、市工商联与鲤城区新时代文化实践中心主办的第一届“新泉商游古城”徒步暨“烟头不落地 停车要有序”志愿服务活动在中心市区举行。

●泉州开放大学揭牌。

11月13日

农历辛丑年十月初九
星期六
温度：14℃~21℃
多云转晴

●12—13日，王永礼到安溪多个镇、村，围绕基层治理、乡村振兴、疫情防控等工作开展调研。

●2021年度行政执法资格综合法律知识考试举行。全市4122人报名，实考人员3643名，参考率88.4%，是2016年以来参考人数最多的一次。

●由国家语委丝路语言文化研究中心、暨南大学汉语方言研究中心主办，泉州师范学院文学与传播学院承办的第八届海外汉语方言学术研讨会在泉州举行。

●12—13日，惠安县2021年中国农民丰收节暨首届“崇武鱼卷”文化节在崇武文化广场举行。

王永礼到安溪调研基层治理等工作

12—13日，市委书记王永礼到安溪多个镇、村，围绕基层治理、乡村振兴、疫情防控等工作开展调研。王永礼强调，要聚焦共同富裕，实施乡村振兴战略，推动民生福祉和社会治理效能双提升。要聚力产业兴旺，科学合理整合盘活农村土地资源，实现规模化种植、产业化发展、集约化经营，打造地域特色农产品品牌。聚力生态宜居，推进农村人居环境整治，建设人与自然和谐共生的美丽乡村。聚力乡风文明，深化农村精神文明建设，引导乡贤发挥移风易俗“头雁”作用，巩固深化打击治理电信网络诈骗犯罪工作成效，加强反诈预防宣传教育，形成文明和谐社会新风尚。聚力治理有效，抓好返贫监测和帮扶工作，完善公共服务共建共享机制，办好“长者食堂”“村民客厅”等，提升农村公共服务可及性、有效性。聚力生活富裕，多措并举促进村民增收、村财壮大，共建幸福美好家园。同时，要坚持“外防输入、内防反弹”，抓好常态化疫情防控工作，为打造具有茶乡特色的共同富裕发展新路营造安全稳定的环境。

全市3643人参加行政执法资格考试

为落实行政执法人员持证上岗制度，提升执法人员素质，规范执法行为，促进法治政府、法治泉州建设，泉州市举行2021年度行政执法资格综合法律知识考试。全市4122人报名，实考人员3643名，参考率88.4%，是2016年以来参考人数最多的一次。此次考试对象为全市行政机关在岗在职拟从事行政处罚、行政许可、行政强制、行政征收征用、行政确认、行政检查等各类行政执法工作但尚未取得福建省行政执法资格的人员。考试内容主要包括习近平法治思想及宪法、地方各级人民代表大会和地方各级人民政府组织法、立法法、行政处罚法、行政许可法、行政强制法、行政复议法、行政诉讼法、国家赔偿法、行政复议法实施条例、福建省行政执法条例等通用法律法规知识。

第八届海外汉语方言学术研讨会在泉州举行

由国家语委丝路语言文化研究中心、暨南大学汉语方言研究中心主办，泉州师范学院文学与传播学院承办的第八届海外汉语方言学术研讨会在泉州举行。国内各大高校的60多名专家学者参会。会议研讨的主题包括海外汉语方言源流分布、流变因素、传播途径等。因疫情防控需要，研讨会采取线上、线下相结合的方式举行。

惠安县2021年中国农民丰收节举行

12—13日，惠安县2021年中国农民丰收节暨首届“崇武鱼卷”文化节在崇武文化广场举行。此次文化节以“庆丰收 感党恩”为主题。活动期间，50多家有关农业企业、食品加工企业到场展示展销鱼卷、鱼签、鱼露、墨鱼丸、虾排、余甘蜜饯等各式各样特色农产品。其中，闽宁协作惠安县对口帮扶红寺堡区助农产品展区的宁夏特产红酒和枸杞，惠安—光泽山海协作农产品展区的火龙果、九制黄精等农特产品，吸引众多市民及游客购买。为期2天的直播带货活动，吸引196万人次互动点购，成交销售额105万元。参展商线下销售额86万元，线下达成意向销售额300余万元。活动期间，举行瑞芳鱼卷、客记鱼卷和福州大学，曼玲食品和集美大学合作的专家工作站成立意向签约仪式以及惠安县农村信用联社与崇武镇食品加工行业协会的金融授信签约仪式。

首届“崇武鱼卷”文化节活动现场（图/崇武镇）

市委常委会学习中共十九届六中全会精神

市委常委会（扩大）会议召开，传达学习中共十九届六中全会精神以及省委常委会（扩大）会议要求，研究泉州市贯彻落实措施。会议要求，要在学习领会全会精神上下真功夫，精研细读全会公报原文，系统掌握全会精神丰富内涵与核心要义，学习领会中共百年奋斗的重大历史意义，以及对中国人民、对中华民族、对马克思主义、对人类进步事业以及马克思主义政党建设做出的新的历史性贡献，学习领会百年奋斗积累的宝贵经验，学习领会走好实现第二个百年奋斗目标新的赶考之路要把握的原则遵循。学习宣传贯彻中共十九届六中全会精神，是当前和今后一个时期全市上下的重要政治任务，要精心组织部署，迅速掀起学习热潮。要在宣传宣讲上求实效，领导干部要带头学习、带头宣讲，根据不同对象采取多种形式，开展进企业、进农村、进机关、进校园、进社区、进军营、进网站，集中组织做好宣传报道，确保全会精神深入人心。要在贯彻落实上有硬举措，把学习贯彻全会精神与学习贯彻习近平总书记到福建考察讲话精神结合起来，创新发展“晋江经验”，把习近平总书记在福建工作期间的重要理念和重大实践以及对泉州指示批示精神做实做细；以学习全会精神为重点，巩固党史学习教育成果，深化拓展“再学习、再调研、再落实”活动，结合贯彻即将召开的省第十一次党代会精神，落实市第十三次党代会精神，统筹抓好疫情防控和经济社会发展，打好年底收官战，守牢风险底线，完成全年经济社会发展目标任务，谋划好2022年各项工作。

泉州市“双11”期间网络零售额165.4亿元

市商务部门相关数据表明，1—11日，根据多渠道监测，泉州市网络零售额165.4亿元，全省排名仅次厦门，位居第2位，占全省比重36%。2021年网络零售相关数据的获得入口较往年更加多元。数据来源分别为实物平台上的淘宝网、天猫商城、京东商城、拼多多、苏宁易购、网易严选，还有来自服务平台的美团（到店）、大众点评、飞猪、猫眼，以及最具热点关注的淘宝直播、抖音直播平台。根据相关数据分析表明，虽然有拼多多及其他直播渠道的冲击，但2021年“双11”网络零售额排名前三的平台依然是天猫商城、淘宝网和京东商城，其中天猫商城保持优势，占比为38.7%。“双11”期间，石狮市、晋江市和丰泽区网络零售额位居泉州市前三，网络零售额占比分别为24.6%、16.3%和15.0%，合计占比达55.9%。从泉州各县（区、市）的优势品类及相关热销产品来看，泉州市网络零售前三实物商品大类分别为服装鞋帽针纺织品、日用品、家具，占比分别为48.9%、26.1%、7.0%，合计占比为82.0%。从农产品大类网络零售占比情况看，茶叶占比最大，达71.6%；其次为休闲食品和滋补食品。全省网络零售额超过1000万元的企业有84家，其中排名前十的分别为安踏、九牧、特步、匹克、恒安、鸿星尔克、361度、乔丹、奥佳华、金牌橱柜等，多数为泉州品牌。

第七届中国（惠安）国际雕刻艺术品博览会举行

11—14日，由惠安县政府、中国海峡人才市场和中国工艺美术学会主办的第七届中国（惠安）国际雕刻艺术品博览会在惠安雕艺文创园举行。图为开幕式。

（图/惠安雕艺文创园）

11月14日

农历辛丑年十月初十
星期日
温度：15℃~21℃
多云

●市委常委会（扩大）会议召开，传达学习中共十九届六中全会精神以及省委常委会（扩大）会议要求，研究泉州市贯彻落实措施。

●市商务部门相关数据表明，1—11日，根据多渠道监测，泉州市网络零售额165.4亿元，全省排名仅次厦门，位居第2位，占全省比重36%。

●11—14日，由惠安县政府、中国海峡人才市场和中国工艺美术学会主办的第七届中国（惠安）国际雕刻艺术品博览会在惠安雕艺文创园举行。

11月15日

农历辛丑年十月十一
星期一
温度：17℃~21℃
多云转晴

●在收听收看省委传达学习贯彻中共十九届六中全会精神视频会后，泉州市随即召开会议，对学习贯彻落实全会精神进行再动员再部署。

●市人大常委会党组扩大会议召开，传达学习中共十九届六中全会精神，研究市人大常委会党组贯彻意见。

●市政府党组会议召开，传达学习中共十九届六中全会精神，以及省委常委会（扩大）会议、省政府党组会议和市委常委会（扩大）会议精神，研究市政府党组贯彻落实工作。

●市政府第一百三十三次常务会议召开，研究并通过《泉州市“十四五”应急体系建设专项规划》《泉州市“十四五”消防救援事业发展专项规划》《泉州市“十四五”金融业发展专项规划》。

●市长蔡战胜到市信访局接访。

●15—17日，李转生带领泉州市省政协委员小组成员到南平，围绕“学习南平市生态文明建设和传统文化保护管理经验”主题开展年度考察。

●市委副书记宿利南到鲤城调研基层党建、电子信息产业发展、创城等工作。

●安溪县重点项目开竣工活动举行。此次开竣工项目27个，总投资28.47亿元，其中开工项目8个，总投资7.01亿元；竣工项目19个，总投资21.46亿元。

泉州市部署学习贯彻中共十九届六中全会精神

在收听收看省委传达学习贯彻中共十九届六中全会精神视频会后，泉州市随即召开会议，对学习贯彻落实全会精神进行再动员再部署。

会议指出，各级各部门要落实省委部署和市委常委会（扩大）会议要求，掀起学习宣传贯彻热潮。要原汁原味领会，用习近平新时代中国特色社会主义思想武装头脑、指导实践、推动工作，用实绩实效体现对党忠诚。要真心实意认同，把对习近平总书记的崇敬之情、爱戴之情，转化为抓学习领会、抓高质量发展的精神动力。要以上率下带动，各级领导干部带头先学一步、学深一层，学出使命、学出担当，各级党委（党组）理论学习中心组要把学习全会精神作为专题学习的重要内容，把中共百年奋斗重大成就和历史经验转化为建设“海丝”名城、智造强市、品质泉州的强大动力。要多形式、多渠道抓好全会精神的传达学习、宣讲宣传、教育培训、研究研讨、落细落实，组织媒体宣传，开展社会宣传，开展基层宣传，推动全会精神家喻户晓、入脑入心。要把学习贯彻中共十九届六中全会精神与统筹做好各项工作相结合，在新时代新征程上展现泉州的担当作为。要紧扣上级部署，把学习贯彻全会精神与学习贯彻习近平总书记到福建考察时提出的新要求及四项重点任务、党史学习教育和“再学习、再调研、再落实”活动结合起来，引导党员干部深入基层、服务群众、做好工作。要结合泉州实际，做好传承弘扬，创新发展“晋江经验”，把习近平总书记在福建工作期间的重要理念和重大实践以及对泉州指示批示精神，特别是关于高质量发展、乡村振兴、历史文化遗产保护等一系列论述，持续深化拓展。

蔡战胜到市信访局接访

市长蔡战胜到市信访局接访。蔡战胜强调，群众利益无小事，各级政府各有关部门要强化责任担当，围绕群众反映的征迁、教育等困难问题，加强沟通协调，深入剖析原因，找准关键环节，厘清工作思路，举一反三、以点带面有效化解矛盾问题；要按照法定权限和程序履职尽责，规范高效推进安置小区、配套学校等项目落地见效，维护群众合法权益。

宿利南到鲤城调研基层党建等工作

市委副书记宿利南到鲤城调研基层党建、电子信息产业发展、创城等工作。宿利南到海滨街道新门社区、源和1916、七星电气、鲤城高新区科创中心项目、火炬电子，了解社区治理、中心城区创城、园区党建、产业园区建设及相关产业发展等情况。宿利南指出，要加快电子信息等高新技术产业发展步伐，学习借鉴先进经验，科学规划、高标准推进产业项目建设，加强要素保障和功能配套，做强载体、做响品牌，推动辖区内产业高质量发展。各级各部门要强化服务意识，加强对高新企业指导服务，帮助企业解决发展难题，提升核心竞争力，做优做强。要压实创城主体责任，聚焦中心城区农贸市场、停车管理等短板，密切配合通力协作，加强日常环境卫生整治，建立健全长效机制，提升城市精细化管理水平，解决好老百姓关切的问题。

安溪县重点项目开竣工活动举行

安溪县重点项目开竣工活动举行。此次开竣工项目27个，总投资28.47亿元，其中开工项目8个，总投资7.01亿元；竣工项目19个，总投资21.46亿元。同德大桥是其中一个竣工项目。该项目于2019年5月开工建设，起点位于安溪县北二环路，上跨蓝溪西路、河滨西路，终点位于兴安路，项目全长1.14千米，总投资1.87亿元。项目按二级公路兼城市主干路的标准建设，设计行车速度40千米/小时，双向六车道，大桥全长461米。

全市纺织鞋服产业座谈会召开

市委书记王永礼到晋江主持召开全市纺织鞋服产业座谈会，研究推动产业协同创新，加快转型升级步伐，开拓国内外市场。市领导施宇辉、张文贤、汪志红参加。会前，王永礼、施宇辉、汪志红等及市委办、改革办有关负责人到晋江三创园石墨烯研究院，分别与纺织鞋服企业、平台、行业协会代表负责人交流，了解纺织鞋服产业发展中需要协调解决的实际问题。在随后召开的座谈会上，晋江、石狮、泉州开发区及市直有关单位负责人就企业、平台、行业协会负责人提出的问题，现场回应相关扶持政策。党政干部与企业家围绕研发新材料、升级新工艺、开发新产品、挖潜新市场、引进新人才等工作畅所欲言，共同研究解决问题的务实举措。王永礼指出，纺织鞋服产业是泉州乃至福建省引以为豪的优势产业，集结一批有拼劲、有战斗力、有洞察力的优秀企业家，在全国打响名声。泉州正学习贯彻习近平总书记到福建考察讲话精神和中共十九届六中全会精神，落实省委、省政府部署要求和市第十三次党代会明确的目标任务，实施科技创新倍增计划，加快建设新国货之都和世界纺织鞋服基地。希望企业家坚定发展信心，心无旁骛做实业，突出科技赋能、数字赋能、绿色赋能，挖掘培育新增长点，再创产业新优势。各级党委、政府将与企业一道，围绕融入新发展格局、智能化改造数字化转型、补齐产业链关键环节等，制定扶持政策，搭建对接平台，举办专业展会，促进产学研深度合作，及时解决企业遇到的困难和问题，以实际行动助推全市纺织鞋服产业高质量发展，为打造“石化—纺织鞋服”两万亿级产业链群做出贡献。

市领导参加“军事日”活动

市四套班子领导王永礼、蔡战胜、陈灿辉、肖汉辉等到驻泉州基层部队参加“军事日”活动，带头落实党管武装责任，体验军事生活，接受国防教育，强化国防意识，密切军政、军地关系。在驻南安某部队，市领导听取部队情况介绍，了解营区建设情况，观看国防教育视频，并参观体验部队新装备。在训练场地，市领导观摩部队官兵科目演练。格斗演示、模拟伞降训练、攀登演示、精英小队战术演示等科目演练依次进行。市委书记王永礼指出，领导干部参加“军事日”活动，既是党管武装制度的一项重要内容，也是泉州市一直坚持的优良传统。要践行习近平新时代中国特色社会主义思想和习近平强军思想，学习贯彻中共十九届六中全会精神，从中共百年奋斗历程中汲取强军智慧和力量，向部队官兵学习特别能奉献、特别能吃苦、特别能战斗的精神，提振敢拼会赢和干事创业的精气神，转化为建设“海丝”名城、智造强市、品质泉州的强大动力和行动。泉州市将贯彻落实拥军政策，拿出更多优质资源解决官兵“后路、后代、后院”问题，让军人成为受人尊崇的职业，巩固和发展军政军民团结良好局面。

市政协党组扩大会议召开

市政协党组扩大会议召开，传达学习中共十九届六中全会精神，以及省委、市委贯彻意见，研究市政协党组贯彻意见。会议指出，全会通过的决议集中展现百年来中共的实践探索和理论创造，确立习近平同志党中央的核心、全党的核心地位，确立习近平新时代中国特色社会主义思想的指导地位，反映全党全军全国各族人民共同心愿。要认识总结中共百年奋斗重大成就和历史经验的重大意义，把思想和行动统一到全会精神上来。要立足新时代人民政协新使命，加强专门协商机构建设，围绕市委中心工作，在建言资政和凝聚共识上双向发力，发挥政协“重要阵地”“重要平台”“重要渠道”作用，肩负起大团结大联合的政治责任，为全方位推进高质量发展超越凝心聚力。要把学习贯彻全会精神作为党史学习教育的重要内容，把学习成果转化为履职尽责的强大动力，做好年度各项工作。

11月16日

农历辛丑年十月十二
星期二
温度：18℃～22℃
多云转小雨

●王永礼到晋江主持召开全市纺织鞋服产业座谈会，研究推动产业协同创新，加快转型升级步伐，开拓国内外市场。

●王永礼、蔡战胜、陈灿辉、肖汉辉等到驻泉州基层部队参加“军事日”活动。

●市政协党组扩大会议召开，传达学习中共十九届六中全会精神，以及省委、市委贯彻意见，研究市政协党组贯彻意见。

11月17日

农历辛丑年十月十三
星期三
温度：18℃~21℃
多云转小雨

●市委理论学习中心组学习（扩大）会召开，学习贯彻中共十九届六中全会精神。

●市委书记王永礼到晋江开展2021年全面从严治党主体责任落实情况检查并进行集体约谈。

●市委副书记、市长蔡战胜到南安开展2021年全面从严治党主体责任落实情况检查并进行集体约谈。

●宿利南到石狮开展2021年全面从严治党主体责任落实情况检查并进行集体约谈。

●泉州市召开金融服务城市建设及国企发展专题宣讲会。

市委理论学习中心组学习（扩大）会召开

市委理论学习中心组学习（扩大）会召开，学习贯彻中共十九届六中全会精神。会议强调，各级各相关部门要学习中共十九届六中全会精神，贯彻习近平总书记到福建考察讲话精神，落实市第十三次党代会部署要求，把中共百年奋斗重大成就和历史经验转化为建设“海丝”名城、智造强市、品质泉州的强大动力。

王永礼蔡战胜开展全面从严治党主体责任落实情况检查

市委书记王永礼到晋江，开展2021年全面从严治党主体责任落实情况检查并进行集体约谈。市委常委、秘书长施宇辉参加活动。王永礼听取晋江市委工作汇报和市委第一检查组的检查情况通报。王永礼指出，晋江市紧抓全面从严治党主体责任落实落地，步子走得稳、发展势头好、队伍干劲足。站在中国共产党成立100周年的新起点上，要弘扬伟大建党精神，落实新时代党的建设总要求，创新发展“晋江经验”，推进全面从严治党向纵深发展、向基层延伸，为晋江持续走在泉州前列提供政治保障。要把政治建设摆在首位，学习贯彻中共十九届六中全会精神，通过学习提高政治判断力、政治领悟力、政治执行力。要坚持以党建为引领，把晋江人善于改革、大胆创新的好传统发扬光大，把干部敢拼会赢的精气神激发出来，解决好历史问题，闯出发展新路子。要担起管党治党政治责任，一体推进不敢腐、不能腐、不想腐，落实中央八项规定及其实施细则精神，整治群众身边腐败和不正之风，完善监督机制和制度建设，提升基层治理效能。要坚持问题导向，把反馈问题整改当成一项政治任务，对照清单，从体制机制层面抓好整改落实。此前，根据市委统一部署，市委第一检查组通过明察暗访、查阅资料、谈话了解、重点剖析等方式，对晋江市进行检查，形成问题清单。

市委副书记、市长蔡战胜到南安，开展2021年全面从严治党主体责任落实情况检查并进行集体约谈。此前，市委第二检查组对南安市委落实全面从严治党主体责任情况进行全面检查，形成问题清单，提出问责建议。蔡战胜指出，南安市委主体责任落实比较到位，但同时也存在一些不足和短板。针对检查反馈问题，南安市委要扛起整改落实主体责任，真改实改，全面整改，确保全面从严治党主体责任落实到位。要提高政治站位，把学习贯彻中共十九届六中全会精神作为首要政治任务，同学习贯彻习近平总书记“七一”重要讲话和到福建考察讲话精神结合，开展党史学习教育，从中共百年奋斗重大成就和历史经验中汲取智慧和力量。要坚持长管长严，盯住“关键少数”，管住重点领域，守牢底线红线，推动管党治党责任层层落实、压力层层传导，把“严”的主基调长期坚持下去。要强化担当作为，贯彻落实市党代会精神，攻坚冲刺第四季度，推进“抓项目、促发展”专项行动，高站位、高质量谋划2022年工作，提振干部干事创业精气神，继续在泉州发展中挑大梁、走前列，扛起全方位推进高质量发展超越主力军担当。

泉州市召开金融服务城市建设及国企发展专题宣讲会

泉州市召开金融服务城市建设及国企发展专题宣讲会。宣讲会上，围绕片区开发普遍关注的融资模式、避免误区等问题，来自中信建发、中信建投证券、中信银行的3名专家开展专题宣讲。3名专家分别围绕政企合作片区开发模式、融资建议、国企整合及地方国有企业资本市场综合融资方案等问题，列举各地实操案例，分享典型经验，让与会者了解城市建设、片区开发融资工作重点和抓手、金融机构信贷政策和金融产品。市金融监管局相关负责人表示，推进城市建设及国企发展在泉州市全方位推动高质量发展超越进程中意义重大，而金融服务是重要抓手。此次宣讲会旨在加深泉州市相关单位对此的认识，提升大家掌握金融知识、用好金融资源和金融工具的能力，以此推动泉州市城市建设及国企发展工作。

市领导参加丰泽区人大代表换届选举投票

丰泽区第六届人民代表大会代表换届选举投票日，市四套班子领导在丰泽区人大代表选举市直（一）、市直（二）选区投票站参加选举投票。市委书记王永礼到投票站，听取有关投票选举事项说明，拿出选民证交给工作人员核验，领取一张选票，在写票处填写选票后，走到票箱前投下自己的一票。市委、市人大常委会、市政府、市政协领导蔡战胜、李建辉、肖汉辉、宿利南、施宇辉、陈辉宗、卢秀萍、傅藏荣、黄景春、黄文胜、林万明、林锦明、刘文儒等，分别参加所在选区的投票或委托他人投票。

市委民族工作会议召开

市委民族工作会议召开，学习中共十九届六中全会精神，贯彻中央民族工作会议精神，落实省委民族工作会议暨第九次民族团结进步表彰大会要求，对做好泉州市民族工作进行部署。会议强调，要把铸牢中华民族共同体意识作为民族工作的主线，深化民族理论和政策的教育、宣传、阐释，让中华民族共同体根基更加坚实、纽带更加牢固。要立足泉州实际，主动适应民族工作的新形势，在聚力建设“海丝”名城、智造强市、品质泉州的进程中，健全机制、完善举措、搭建平台，推动新时代全市民族工作高质量发展。要把新时代党的民族工作做好做细做扎实，项目化、节点化抓出成效。要继续加大对民族乡村扶持力度，开展新一轮挂钩帮扶民族村工作，深挖各地资源禀赋，融合发展特色产业、乡村旅游等载体，增强发展内生动力。要促进各民族交往交流交融，深化民族团结进步创建工作，丰富形式、创新方法、选树模范，让各民族像石榴籽一样紧紧抱在一起。要推进民族事务治理体系和治理能力现代化，用心用情用功做好城市少数民族服务管理，推动基本公共服务均等化，依法保障各族群众合法权益。要做好民族地区对口支援，落实各重点实施项目，有序开展产业协作、项目援建、人才培养等，为促进各民族共同繁荣发展贡献力量。

全省普通高校音乐美术教育专业学生基本功展示在泉州举行

18—19日，由省教育厅主办、泉州师范学院承办的2021年全省普通高校音乐教育、美术教育专业学生基本功展示在泉州师范学院举行。此次展示是福建省普通高等学校艺术类教育等级最高、规模最大的一次全面展示活动。此次专业基本功展示包括教学能力和“微课”展示两个部分，全省11所本科院校、4所专科学校的150余名师生参加。

泉州市首届优质水稻品种品质鉴评活动举行

泉州市首届优质水稻品种品质鉴评活动在位于泉州台商投资区的泉州市现代农业科技示范园区举行。经过田间考察、稻谷DNA（脱氧核糖核酸）检测和统一加工等初选程序，最终有22个品种进入鉴评活动，代表泉州地面上的优质品种。活动现场，24台电饭煲准备就绪，工作人员用电子秤备米、兑水，为追求公平，要求参评品种米的重量、兑水量、水温都一致。经过数十分钟的熬煮，现场米香四溢，紧接着进入鉴评环节。市农科所、市农业农村局、市科协、市种子站等10多位专家依次打开标有号码的电饭煲，辨别米饭香气，观察米饭外观色泽，然后品尝米饭的适口性、滋味和回味感。经过品评，按照口感占比60分、外观和香气各占比20分的评比标准，专家陆续打出分数，交由工作组统计。最终，活动评出金奖1个、银奖2个、铜奖5个。其中，德化顺天福种养农民专业合作社选送的“隆两优黄莉占”品种获金奖，而陈生发选送的“荃优967”“五乡优丝占”品种分获银奖和铜奖。

11月18日

农历辛丑年十月十四
星期四
温度：17℃～20℃
小雨转多云

●丰泽区第六届人民代表大会代表换届选举投票日，市四套班子领导在丰泽区人大代表选举市直（一）、市直（二）选区投票站参加选举投票。

●市委民族工作会议召开，学习中共十九届六中全会精神，贯彻中央民族工作会议精神，落实省委民族工作会议暨第九次民族团结进步表彰大会要求，对做好泉州市民族工作进行部署。

●18—19日，由省教育厅主办、泉州师范学院承办的2021年全省普通高校音乐教育、美术教育专业学生基本功展示在泉州师范学院举行。

●泉州市首届优质水稻品种品质鉴评活动在位于泉州台商投资区的泉州市现代农业科技示范园区举行。

11月19日

农历辛丑年十月十五
星期五
温度：17℃～23℃
多云

●省人大常委会副主任、省总工会主席梁建勇到泉州调研职工法律服务“园区枫桥”机制工作，并召开“园区枫桥”机制建设座谈研讨会，部署下一步工作。

●市委书记王永礼到永春镇村一线，围绕生态及水系保护、产业发展、土地流转、基层党建和基层治理等工作开展调研。

●市委常委会召开会议，传达全国文明城市创建工作培训班精神，研究泉州市贯彻意见；听取妇联工作情况汇报。

●2021年泉州市山地生态旅游节在南安市蓬华镇香草世界开幕。

梁建勇到泉州调研职工法律服务工作

省人大常委会副主任、省总工会主席梁建勇到泉州调研职工法律服务“园区枫桥”机制工作，并召开“园区枫桥”机制建设座谈研讨会。调研组走访石狮宝盖、泉州台商投资区两地的职工法律服务一体化基地，了解泉州工会先行先试的职工维权服务新模式；看望中建五局海湾大道项目工地职工，向一线职工宣讲中共十九届六中全会精神。

王永礼到永春调研生态及水系保护等工作

市委书记王永礼到永春镇村一线，围绕生态及水系保护、产业发展、土地流转、基层党建和基层治理等工作开展调研。在呈祥乡雪山之腹，王永礼察看东溪源头和生态林建设，了解河林长制、生态保护及水资源综合治理等情况。王永礼指出，要在保护好晋江水资源的同时，挖掘当地生态资源的价值所在，补齐农村基础设施短板，促进农业高质高效、乡村宜居宜业、农民富裕富足。在桂洋镇，王永礼指出，要推进科技兴农，寻求与高校农科所的合作，由科技特派员为种植技术问题把关把脉，为农产品注入科技元素。同时，要紧跟电商直播趋势，让山区特色农产品“走出去”。调研中，王永礼强调，全市各级各有关部门要做好村级党组织新老班子交替交接工作，发挥老村干部群众基础广泛扎实、组织管理经验丰富的优势，通过以老带新，提升基层组织凝聚力和战斗力，推进乡村治理体系和治理能力现代化建设。

市委常委会研究文明城市创建等工作

市委常委会召开会议，传达全国文明城市创建工作培训班精神，研究泉州市贯彻意见；听取妇联工作情况汇报。会议指出，要结合举办世中运、文化遗产保护传承利用等重点工作，谋划高质量创建，提高工作标杆，拓展广度深度，提升社会治理水平。要开展“巾帼建功”活动，发挥妇女在高质量发展、乡村振兴、基层治理、文明城市创建、家庭家教家风工作中的独特作用。要强化妇女儿童权益保障，编制实施新一轮妇女儿童发展纲要，多谋划惠及妇女儿童的实事项目，健全农村妇女、留守儿童关爱服务体系。

2021年泉州市山地生态旅游节在南安开幕

2021年泉州市山地生态旅游节在南安市蓬华镇香草世界开幕。活动期间，泉州市发布15条山地生态旅游精品线路，8个山地旅游相关项目签约。该届山地生态旅游节以“宋元中国·海丝泉州——畅游泉州山地 乐享生态南安”为主题，现场发布清源山—九日山—泉州少林寺—茗山茶文化园、桃花山公园—泉州森林公园—泉州台商投资区海丝生态公园、灵应寺—乐峰印山森林康养基地—九都镇金奎村—向阳乡坑头村、蓬华镇—眉山乡观山村—金淘镇占石村等15条泉州山地生态旅游精品线路。现场还举办蓬华镇“脐橙王”颁奖仪式、各县（市、区）文旅资源展、旅游助推乡村振兴成果展、山地户外装备展、特色伴手礼市集等活动。2021年泉州市山地生态旅游节文化旅游优选项目招商推介会暨“品质泉州·健康旅游”主题对话活动上，泉州市通过直播互动方式，向异地商会优选推介28个相关旅游项目，8个项目现场签约。山地生态旅游节期间，南安多个乡镇举行配套活动，如蓬华脐橙文化旅游周、向阳乡文化旅游节、九都镇滑翔伞定点精英邀请赛、乐峰镇康养文旅节等。

2021年泉州市山地生态旅游节开幕式（图/陈梅萍 庄子豪）

蔡战胜到丰泽调研工业园区标准化建设工作

市长蔡战胜到丰泽调研工业园区标准化建设工作。蔡战胜到泉州市建筑服务产业园、北峰工业区和泉州软件园，了解丰泽区工业园区总体规划及标准化建设、产业发展、生活配套设施等情况。蔡战胜强调，要坚持以产兴城、以城聚产、产城融合，高质量推进工业园区标准化建设。要高起点规划，明确产业发展方向，梳理园区主导产业，以商招商、以链招商，快速集聚关联项目，形成上下游产业生态圈。要高标准配套，既要做好水、电、气、路等基础设施配套，也要科学布局建设居住、教育、医疗、休闲等生活设施，让产业项目和人才引得进、留得住、发展好。

蔡战胜（中）在泉州软件园调研工业园区标准化建设工作（图/林劲峰）

泉州市设立全省首个早产儿救助专项慈善基金

泉州市妇幼保健院·儿童医院设立“早产儿防治与研究慈善基金”，企业家现场捐赠66万元用于早产儿防治和研究。此系省内首个专门救助早产儿群体的专项慈善防治和研究基金。据世界卫生组织（WHO）报告显示，全球每年出生1500多万名早产儿。每年的11月17日是“世界早产儿日”，“有爱，有未来”是世界早产儿日的永恒主题，旨在呼吁社会共同关注早产儿群体，为早产儿家庭提供支持。市慈善总会会长沈耀钦介绍，为让更多的早产儿能得到有效的防治和健康地成长，在爱心人士的倡导、努力下，成立泉州市妇幼保健院·儿童医院“早产儿防治与研究基金”，并筹集善款，该基金项目的成立意义非凡，希望该基金未来在早产儿防治和研究方面发挥作用，多渠道为早产儿提供便捷、急需的防治与研究支持。现场，市慈善总会捐赠10万元，民革企业家联谊会捐赠50万元，其中莲花集团捐赠30万元，广东小老谢食品有限公司总经理谢梓生捐赠6万元。早产儿发病率逐渐升高，面对高额治疗费，有些家庭不得不放弃治疗。早产儿救助项目可以减轻家庭负担，提高家属治疗的信心。

泉州老兵上央视讲述用南音传播红色文化的故事

由省退役军人事务厅与中央广播电视总台录制的退役军人典型事迹访谈节目第四集在中央电视台国防军事频道《老兵你好》栏目播出。泉州德化籍老兵王咏今讲述用南音传播红色文化的故事。王咏今1976年入伍，退休前是原解放军后勤工程学院土木工程学院的教授，2012年退休后在闽南科技学院担任土木工程教授。王咏今从小喜欢音乐，喜欢南音，后来创办南音女子乐坊，弘扬南音文化，传播红色文化。南音女子乐坊原创剧目南音说唱《解放军“庙”》，被中国曲协选为进京的优秀节目。在节目中，王咏今讲述《解放军“庙”》背后的故事：1949年，国民党反动派派飞机轰炸崇武镇，原第三野战军第十兵团28军发现后主动暴露自己，吸引火力。在炸弹扔下来的时候，4名战士扑上去解救一名13岁的小女孩，小女孩安然无恙，4名战士当场牺牲。此战，崇武镇无百姓伤亡，却有24名解放军战士牺牲。这名13岁的小女孩原名曾阿兴，母亲为让她记住仇人，为其改名曾恨。曾恨从小就知道是解放军给了她第二次生命，退休后倾其所有盖了一所解放军庙。如今的小女孩已经是87岁的阿婆，她每天早上起来打扫卫生，祭拜英烈，和牺牲的解放军说说话。王咏今听说后，便创作了《解放军“庙”》这个剧目，希望能让更多的人知道这个故事。

11月20日

农历辛丑年十月十六
星期六
温度：18℃～23℃
多云

●市长蔡战胜到丰泽调研工业园区标准化建设工作。

●泉州市妇幼保健院·儿童医院设立“早产儿防治与研究慈善基金”，企业家现场捐赠66万元用于早产儿防治和研究。此系省内首个专门救助早产儿群体的专项慈善防治和研究基金。

●由省退役军人事务厅与中央广播电视总台录制的退役军人典型事迹访谈节目第四集在中央电视台国防军事频道《老兵你好》栏目播出。德化老兵王咏今讲述用南音传播红色文化的故事。

11月21日

农历辛丑年十月十七
星期日
温度：18℃～26℃
多云转小雨

●晋江市安海镇坝头村溪边自然村举行乡村振兴首批成果展示暨书藏楼美术馆开馆、能琴公园开放仪式。

●在2021年省级数字经济专项资金申报工作中，泉州市推荐上报项目22个，较上年增长29%。

●泉州市卫健委选送的石狮市、安溪县和德化县3个县域典型经验介绍入选国家卫健委典型案例汇编。

●由中国体育舞蹈联合会和中国移动主办、中国移动咪咕承办的“动感地带2021中国街舞联赛校园赛”华南赛区（泉州站）海选赛在泉州领SHOW天地乐天广场举行。

晋江安海坝头溪边村举行乡村振兴首批成果展示

晋江市安海镇坝头村溪边自然村举行乡村振兴首批成果展示暨书藏楼美术馆开馆、能琴公园开放仪式。省政协副主席、省工商联主席王光远，中央政府驻澳门特别行政区联络办公室协调部副部长王建峰，泉州市领导蔡战胜、肖汉辉、张文贤等参加活动。溪边自然村是宝龙集团董事局主席许健康的家乡。2016年，许健康通过中国光彩事业基金会定向捐赠1亿元，用于支持溪边美丽乡村建设项目及实施可持续发展项目，并于2019年再次追加捐赠2500万元，以慈善帮扶项目的方式推动新农村建设，带动乡亲共同致富。溪边自然村旧村改造项目首期规划改造总用地面积4.67公顷，拆除房屋69栋，均为石结构房，通过“拆旧建新”，提升村民的居住环境及品质。旧村改造项目住宅小区一期独栋住宅及配套道路、管线等全部完工。同时，以许健康父亲名字命名的书藏楼美术馆、以许健康母亲名字命名的能琴公园等项目也全部完工，村庄面貌焕然一新，开创出共同富裕、乡村振兴的新模式、新典范。

泉州市推荐22个项目申报省级数字经济专项资金

泉州市推动数字经济重大项目建设及储备，发挥政策引领作用，激发企业创新活力。在2021年省级数字经济专项资金申报工作中，泉州市推荐上报项目22个，较上年增长29%。以5G、云计算、大数据、工业互联网、人工智能等新一代信息技术为支撑的数字经济加快发展，新型工业化进程加快，催生出许多新业态、新模式，为传统制造业转型升级注入新动能。泉州市入选国家智能制造新模式与标准化项目和试点示范项目11个，入选省级智能制造示范企业和样板工厂67家，培育数字化车间133个。建成数字化生产线近800条、智能车间超100个。泉州市在全国范围内率先推动龙头企业与本地通信运营商合作开展5G试点应用，促进纺织鞋服、建材家居、机械装备等传统产业转型升级，如九牧5G智慧制造示范产业园、乔丹体育智慧工厂等。此外，泉州市还组建以三大通信运营商、用友、金蝶为主的云服务商技术团队，引导中小企业将数据及业务模块向云端迁移，解决企业信息化成本递增、信息化能力不足等痛点。泉州市上云企业超2600家。

泉州市3个县域经验入选国家卫健委典型案例汇编

泉州市卫健委选送的石狮市、安溪县和德化县3个县域典型经验介绍入选国家卫健委典型案例汇编。其中，石狮市《精绣“体制机制”花 全力构建整合型医疗卫生服务体系》和安溪县《组建中医联盟 实现协作共享》入选国家卫健委基层卫生健康司、卫生发展研究中心编写的《紧密型县域医疗卫生共同体建设典型案例2021》，全省4篇入选。德化县《“三个三”机制 夯实基层医疗服务保障体系》入选国家卫健委基层卫生健康司、卫生发展研究中心编写《基层卫生综合改革典型案例.2021》，全省3篇入选。

“动感地带2021中国街舞联赛校园赛”华南赛区（泉州站）海选赛举行

由中国体育舞蹈联合会和中国移动主办、中国移动咪咕承办的“动感地带2021中国街舞联赛校园赛”华南赛区（泉州站）海选赛在泉州领SHOW天地乐天广场举行。作为官方认可的街舞领域赛事，大赛以“动感地带，共舞未来”为传播主题，联动西南、华中、华东、华北东北和华南五大区域近20个省份的重点高校，并设置校园海选赛、排位赛、冠军赛等。62名街舞少年参赛，大多数来自省内各大高校。经过角逐，黎明职业大学学生张朕尧获海选赛冠军。

市领导与奥运会全运会泉州市运动员代表座谈

市委书记王永礼与泉州市参加东京奥运会、残奥会及第十四届全运会和残运会的运动员代表座谈。市委副书记、市长蔡战胜主持座谈会。市领导李建辉、肖汉辉、卢秀萍、周真平、黄世界参加座谈。王永礼指出，希望运动员保持“走下领奖台、一切从零开始”的心态，在事业和人生的新赛场，再添浓墨重彩的一笔，同时关注家乡变化、参与家乡建设，让激扬斗志转化为推动泉州发展的实际行动。各级党委、政府要加强运动员就业就学和残疾人权益保障，优化提升训练环境，用心用情用功做好服务，宣传体育健儿的拼搏精神，凝聚干部群众团结奋斗的强大力量。

市十六届人大常委会第八十一次主任会议召开

市十六届人大常委会第八十一次主任会议召开。会议讨论关于《泉州市海上丝绸之路史迹保护条例》立法后的评估报告和审议意见稿，关于开展2021年度法官检察官履职评议工作情况的报告和评议意见稿，关于召开泉州市第十七届人民代表大会第一次会议的决定（草案）；确定市十六届人大常委会第四十五次会议的召开时间和建议议程，提出第八十二次主任会议建议议题，初定市十六届人大常委会第四十六次会议的召开时间和建议议程。会议指出，要通过开展海上丝绸之路条例立法后评估，分析总结成效和不足，适时启动条例修改程序，有针对性地进行修改完善。要通过开展法官检察官履职评议工作，加强任后监督，推动依法履职、规范用权。

市十六届人大常委会第八十一次主任会议现场（图/王虎文）

泉州市部署冬春季常态化疫情防控工作

市防控新冠疫情应急指挥部召开工作会议，对冬春季常态化疫情防控工作进行再部署、再推进、再落实。会议指出，要以防控稳大局。紧绷疫情防控这根弦，紧盯重点地区、重点人员、重点场所，精准做好机场、港口、车站、隔离点、医院、冷链等重点区域和关键节点的排查管控，堵塞防控漏洞，防范疫情输入性风险，筑牢疫情防控屏障。要以整改促提升。结合省疫情防控督导发现的问题，盘点分析，查缺补漏，确保整改到位，尤其要做好隔离点建设管理、核酸检测能力提升、疫苗接种等工作，完善平战结合应急指挥体系。要以落实见成效。压紧压实属地责任和部门监管责任，总结好经验，借鉴好做法，结合本地实际，细化工作方案，形成项目清单，从严从实强措施，健全督导检查工作机制，巩固来之不易的防疫成果。

新时代文明实践“三下乡”示范活动启动

由市委宣传部、市委讲师团、泉州晚报社、泉州广播电视台主办的新时代文明实践“三下乡”示范活动启动。活动主题是“为了更加伟大的胜利和荣光——泉州市学习宣传党的十九届六中全会精神新时代文明实践示范活动”，主要采取“1+1+1（微宣讲+文艺宣讲+现场咨询）”形式进行。微宣讲包括宣讲中共十九届六中全会精神、科普泉州“世遗”知识，以小切口、讲故事形式进行，宣讲员从市委讲师团、“‘泉’民开讲”主讲人和基层优秀理论宣讲员中选取。文艺宣讲包括以曲艺、快板、歌舞等地方特色节目，宣传中共十九届六中全会精神、宣传孙丽美等先进典型和抗疫精神等，还有“学习强国”学习平台线下推广等。现场咨询则由承办地组织，开展新时代中国特色社会主义思想和法治、禁毒、安全生产等主题宣传。

11月22日

农历辛丑年十月十八
星期一
温度：13℃～17℃
中雨转多云

●泉州市组织收听收看在福州举行的学习贯彻中共十九届六中全会精神中央宣讲团报告会。

●市委书记王永礼与泉州市参加东京奥运会、残奥会及第十四届全运会和残运会的运动员代表座谈。

●市十六届人大常委会第八十一次主任会议召开，讨论关于《泉州市海上丝绸之路史迹保护条例》立法后的评估报告和审议意见稿等。

●22—23日，陈灿辉、李建辉分别到丰泽、安溪召开座谈会，学习宣传贯彻中共十九届六中全会精神，谋划新一年人大工作。

●市防控新冠疫情应急指挥部召开工作会议，对冬春季常态化疫情防控工作进行再部署、再推进、再落实。

●由市委宣传部、市委讲师团、泉州晚报社、泉州广播电视台主办的新时代文明实践“三下乡”示范活动启动。

●泉州台商投资区举行旅游发展大会，宣传推介旅游资源，推动文旅产业融合发展，加快打造全域旅游发展新格局。5个文旅项目在会上签约，总投资超100亿元。

11月23日

农历辛丑年十月十九
星期二
温度：12℃～17℃
多云转晴

●市委常委会召开会议，学习习近平总书记在18日中央政治局会议、第三次“一带一路”建设座谈会和亚太经合组织第二十八次领导人非正式会议上的重要讲话、在亚太经合组织工商领导人峰会和第四届中国国际进口博览会开幕式上的主旨演讲精神等。

●市委理论学习中心组学习会召开，专题学习中共十九届六中全会精神。

●王永礼到泉州师范学院，与师生一起学习领会中共十九届六中全会精神，并讲了一堂思政课。

●市政府第一百三十四次常务会议召开，研究并通过《泉州市生态环境保护综合行政执法事项目录》《泉州市“十四五”教育发展专项规划》《泉州市全民健身实施计划（2021—2025年）》《泉州市进一步支持企业改制挂牌上市实现高质量发展的若干措施》等。

●市政府党组理论学习中心组学习会召开，专题学习研讨中共十九届六中全会精神。

●“为了更加伟大的胜利和荣光——泉州市学习宣传党的十九届六中全会精神新时代文明实践示范活动”鲤城区专场在泉州府文庙举行。

●由永春县委、县政府主办的2021年中国永春芦柑文化旅游节暨芦柑开采活动在永春县达埔镇国有猛虎柑橘场举行。

市委常委会学习习近平总书记重要讲话精神

市委常委会召开会议，学习习近平总书记在18日中央政治局会议、第三次“一带一路”建设座谈会和亚太经合组织第二十八次领导人非正式会议上的重要讲话、在亚太经合组织工商领导人峰会和第四届中国国际进口博览会开幕式上的主旨演讲精神以及省委常委会会议精神；传达中宣部、全省宣传文化系统学习宣传贯彻中共十九届六中全会精神电视电话会议精神和中宣部学习贯彻中共十九届六中全会精神研讨班、全省理论骨干学习贯彻中共十九届六中全会精神培训班精神。会议指出，要坚持总体国家安全观，绷紧防范安全风险这根弦，做好国家安全各项工作，推动经济社会发展安全、稳定、可持续。要主动融入“一带一路”倡议，强化泉州在海上丝绸之路核心区建设中的担当，打造海上丝绸之路先行区和战略支点城市，深化贸易畅通、互联互通、人文交流，加快跨境电商、市场采购等快速发展。学习宣传贯彻中共十九届六中全会精神，是当前和今后一个时期的重要政治任务。全市各级各部门要按照中央、省委要求，加强组织领导，进一步统一思想、凝聚共识、坚定信心、增强斗志，兴起学习宣传贯彻中共十九届六中全会精神热潮，为建设“海丝”名城、智造强市、品质泉州汇聚力量。要把全会精神作为党史学习教育的重要内容，深化认识理解，把握精髓要义，把学习成效转化为“我为群众办实事”“我为企业解难题”“我为社会做好事”的具体行动，一件一件做实做细做成做好。

市政府第一百三十四次常务会议召开

市政府第一百三十四次常务会议召开，研究并通过《泉州市生态环境保护综合行政执法事项目录》《泉州市“十四五”教育发展专项规划》《泉州市全民健身实施计划（2021—2025年）》《泉州市进一步支持企业改制挂牌上市实现高质量发展的若干措施》等。会议强调，要推行生态环境保护综合行政执法改革，落实统一实行生态环境保护执法要求，形成齐抓共管、相互补台的高效执法机制。要合理配置执法力量和执法资源，科技赋能智慧执法，构建规范、公正、文明的执法体系。要统筹指导全市教育资源合理布局，谋划建设科教集聚区，推进城乡教育一体化发展。要狠抓教育公平与教育质量，提高教育服务经济社会发展能力。要落实近中远期项目的有效衔接，突出项目带动，抓紧推进2021—2023年基础教育、职业教育、高等教育三个行动方案落地落实。要补齐设施措施短板，结合“抓城建提品质”专项行动，谋划一批高品质体育设施项目，构建“政府主导、社会协同、公众参与、法治保障”的全民健身大格局。要做强体育产业，培优做大龙头企业，提升锻造品牌品质，推动体育事业、体育产业高质量发展。要对标先进地区，实行政策动态更新，提高支持企业改制挂牌上市等重点领域政策措施的吸引力、有效性。要聚焦企业需求，坚持依法依规，提供全链条、全要素、全周期服务，确保企业改制挂牌上市工作规范高效。要注重梯队培育，完善重点上市挂牌后备企业资源库，探索打造上市（挂牌）企业聚集区，促进产融合作，形成集聚效应。

2021年中国永春芦柑文化旅游节举行

由永春县委、县政府主办的2021年中国永春芦柑文化旅游节暨芦柑开采活动在永春县达埔镇国有猛虎柑橘场举行。图为开幕式。

（图/许永华 叶国强）

蔡战胜会见新加坡驻厦门总领事吴俊明

市长蔡战胜会见到访的新加坡驻厦门总领事吴俊明，副市长汪志红参加会见。蔡战胜表示，泉州与新加坡历史渊源深厚、经贸往来频繁。希望双方发挥各自优势，在智能制造、城建、数字经济、绿色低碳、金融、港口等领域深度对接、合作共赢。在泉州期间，吴俊明考察“泉州：宋元中国的世界海洋商贸中心”“世遗”总展示馆等，并与泉州市相关部门座谈，了解泉州“十四五”发展规划、产业布局及重点招商项目等。

泉州市第五次下调新冠病毒核酸检测项目价格

为做好新冠肺炎疫情常态化防控工作，提升新冠病毒检测能力和效率，减轻群众检测费用负担，根据省医保局、省应对疫情工作指挥部疫情防控与医疗救治组通知精神，是日起，泉州市第五次下调新冠病毒核酸检测项目价格。调整后，新冠病毒核酸1人1检测项目价格为每人次39元，5混1检测、10合1混采检测项目价格统一为每人次8元。单纯进行核酸检测的，无须挂号费，公立医疗机构不得收取门诊诊查费。属于“应检尽检”的，按照规定采用多人混检；属于“愿检尽检”且检验机构单日检测人数较多的，可以应用多人混检，也可按单人单检方式检测并计费。按要求对入境人员、密切接触者、次密接等高风险人员在集中隔离期间严格落实单人单检。通知要求，各相关公立医疗机构提供核酸检测服务，应设置专门窗口、开辟独立区域，优化内部管理流程，采取电子化、信息化的方式，为群众提供核酸检测结果推送服务。

2021年泉州市妇女干部培训班举行

22—24日，2021年泉州市妇女干部培训班在华侨大学举行。市妇联班子成员、市县乡村四级妇联执委及“三新组织”（新经济组织、新社会组织、新媒体行业）妇联负责人参加培训。培训班邀请市委党校教授，市农业农村局有关负责人，华侨大学法学院、公共管理学院、旅游学院教师，医疗工作者，围绕中共十九届六中全会精神、乡村振兴、家庭教育促进法、泉州非物质文化遗产、家庭健康等主题，做《中共中央关于党的百年奋斗重大成就和历史经验的决议》导读、《乡村振兴政策解读及操作实务》、《中华人民共和国家庭教育促进法》解读、《泉州有效保护管理与活化利用世界遗产资源》等专题讲座。

丰泽首批街头艺人“持证上岗”

丰泽区街头艺人交流展演评选活动暨领SHOW天地示范街区启动仪式在领SHOW天地举行。丰泽区首批街头艺人“持证上岗”，领SHOW天地获得首批“丰泽区街头艺人交流展演示范街区”称号。2021年，丰泽区推进街头艺人展演展示活动，制定《丰泽区街头艺人管理办法（试行）》。丰泽区的街头艺人必须申请并持有丰泽区街头艺术表演证后方可上岗演出，其表演内容也必须通过指定授权单位或示范点审核后方可演出。此次展演评选不仅是街头艺人间的一次交流演出，也是对申报街头艺术表演证的街头艺人的一次业务考核。是日，共有14位街头艺术表演个人及团队参加交流展演评选活动，节目类型包括歌曲演唱、乐器演奏、乐队表演、技艺展示、近景魔术、舞蹈表演等。丰泽区文化馆为通过此次艺术水平考核的每位表演个人及团队颁发丰泽区街头艺术表演证，让他们“持证上岗，规范演出”。展演活动主要在领SHOW天地、世贸酒店、浦西万达广场、南益广场等商圈、创意园区及旅游景点进行。作为首批丰泽区街头艺人交流展演示范街区，领SHOW天地设置多个街头艺人表演展示点位，已有十余名街头艺人及文艺爱好者定期在各点位上献艺献技。

11月24日

农历辛丑年十月二十
星期三
温度：14℃～19℃
晴转多云

● 市长蔡战胜会见到访的新加坡驻厦门总领事吴俊明。

● 泉州市第五次下调新冠病毒核酸检测项目价格。

● 22—24日，2021年泉州市妇女干部培训班在华侨大学举行。

● 丰泽区街头艺人交流展演评选活动暨领SHOW天地示范街区启动仪式在领SHOW天地举行。

11月25日

农历辛丑年十月廿一
星期四
温度：15℃~22℃
晴

●中国共产党福建省第十一次代表大会泉州代表团全体会议召开，推选王永礼为泉州代表团团长，蔡战胜、宿利南为副团长。

●市人大常委会党组理论学习中心组学习会召开，专题学习研讨中共十九届六中全会精神。

●泉州泉商发展促进会第二届第一次会员代表大会召开，苏小青当选第二届理事会会长。

●25—26日，由中国闽台缘博物馆、福建省闽南文化研究会主办的“闽台民间交流与两岸家书”研讨会在泉州举行。

●“为了更加伟大的胜利和荣光——泉州市学习宣传党的十九届六中全会精神新时代文明实践示范活动”丰泽专场在市区西湖公园举行。

●全省首个“校地合作”新时代文明实践公园在洛江揭牌。

●泉州市第34届戏剧会演开幕式暨现代高甲戏《围头新娘》首演仪式在泉州影剧院举行。

泉州泉商发展促进会换届

泉州泉商发展促进会第二届第一次会员代表大会召开，总结第一届理事会工作，明确新一届理事会目标任务，选举产生第二届理（监）事会组成人员。市领导陈灿辉、李转生、肖汉辉、陈辉宗、吴汉宗、汪志红、刘志平参加会议。林荣取任第二届泉州泉商发展促进会创会会长、许连捷任永远荣誉会长。经大会选举，苏小青当选第二届理事会会长，黄文集当选监事长。

“闽台民间交流与两岸家书”研讨会在泉州举行

25—26日，由中国闽台缘博物馆、福建省闽南文化研究会主办的“闽台民间交流与两岸家书”研讨会在泉州举行。研讨会以“闽台民间交流与两岸家书”为主题。北京、广东、浙江、福建等地的研究专家及文史研究者，采取“线下+线上”相结合方式，聚集一堂，为两岸家书研究提供更加广阔的思路。中国闽台缘博物馆、中国人民大学家书博物馆、潮汕侨批馆、福建省闽南文化研究会等专家学者做主旨报告。与会专家学者和地方文史研究者、对台工作者进行分组讨论，就更好地发挥祖地文化资源优势，挖掘历史上闽台家书等民间文献资源，围绕留住海峡两岸同胞的历史记忆、闽台家书等两岸家书收集与整理利用、值得挖掘的史料“富矿”闽台批信等议题展开学术研讨、讨论交流。

“闽台民间交流与两岸家书”研讨会现场（图/吴寿民）

全省首个“校地合作”新时代文明实践公园在洛江揭牌

洛江举行学习宣传贯彻中共十九届六中全会精神暨马甲镇新时代文明实践公园揭牌仪式。马甲镇新时代文明实践公园是全省首个以“校地合作”为特色的新时代文明实践公园，基于马甲镇与仰恩大学共同探索新时代文明实践“校地合作”机制建设而成。

泉州市第34届戏剧会演开幕

泉州市第34届戏剧会演开幕式暨现代高甲戏《围头新娘》首演仪式在泉州影剧院举行。会演时间为11月25日至12月8日。每三年一届的戏剧会演是泉州市展示优秀戏剧创作成果的重要平台。该届会演是历届参演剧目最多、规模最大的一届，戏剧名家荟萃，演出阵容强大。参演的14台新创剧目是从2020年以来全市各文艺院团创作、抢救和复排剧目中优选出来的。题材丰富，形式多样，既有革命历史题材作品，也有现实题材作品。其中优秀现代戏占据半壁江山，如高甲戏《围头新娘》《莫耶·延安颂》《许书记借金记》《惠女颂》，舞剧《南侨机工》，梨园戏《英雄虎胆》，掌中木偶戏《黄继光》等作品都具有鲜明的时代性、群众性。《围头新娘》《南侨机工》《倪氏教子》等剧目入选国家艺术基金年度资助项目、福建省舞台艺术精品工程重点扶持剧目。开幕式后，现代高甲戏《围头新娘》首演，该剧目聚焦海峡两岸题材，宣扬和印证“两岸一家亲”，反映海峡两岸民众寻求和平发展的愿望。该剧入选2021年度国家艺术基金资助项目、福建省舞台艺术精品工程重点剧目，受到省内外专家肯定。

新编高甲戏《围头新娘》演出现场（图/周健行）

尹力参加省第十一次党代会泉州代表团审议

出席省第十一次党代会的泉州团代表，集中审议十届省委报告。省委书记尹力到泉州代表团参加审议，听取代表意见。

尹力指出，泉州在全省发展大局中举足轻重，过去五年走过极不平凡的历程，取得新的重大成就，为未来发展奠定基础。未来五年，泉州大有可为。要弘扬“晋江经验”，加快数字化转型发展，推进新型工业化和城镇化，建设21世纪“海丝名城”，当好高质量发展的主力军。要发挥泉州民营经济发达的优势，加大科技创新力度，做大做强民营经济，鼓励引导民营企业心无旁骛办实业，掀起新一轮创业高潮。加快建设智造强市，提升产业链供应链现代化水平，促进一、二、三产业融合发展，在建设现代化经济体系上取得更大进步。

李仰哲、张兆民、叶双瑜、陈义兴、刘群英等代表认为，省委报告以习近平总书记重要讲话重要指示精神和党中央决策部署统揽全篇、指导全局，主题鲜明、思路清晰、举措务实。报告全面总结过去五年的非凡成就，同时对未来发展进行谋篇布局，具有较强的战略性、前瞻性和可操作性。希望泉州弘扬“晋江经验”，在高质量发展中注重创新能力提升和加强，加快经济社会全面转型升级，打造数字经济、海洋经济、绿色经济和文旅经济，继续当好福建发展的排头兵。

王永礼代表表示，省委报告通篇贯穿习近平新时代中国特色社会主义思想，举旗好、方向明、文风实、接地气。泉州将贯彻省党代会精神，弘扬“晋江经验”，勇当新发展阶段新福建建设主力军。启动创新发展“晋江经验”先导区，加快产业数字化、科技化、链条化、生态化，促进民营经济高质量发展。实施世界遗产典范城市创建工程，打造泉商侨商回归大平台，建设21世纪“海丝名城”。深化两岸融合发展，做好“通”“惠”“情”文章，打造台胞台企登陆第一家园。整镇推进乡村振兴，抓好山区薄弱领域补短板，拓展农村致富之路。

蔡战胜代表表示，省委报告为泉州未来发展精准破题领方向，泉州将抓项目、促发展，为新发展阶段新福建建设多作贡献。一是持续精准施策、增产增效，攻坚冲刺全年目标任务；二是加快数字化转型，推进新型工业化，实施“绿色数字技改”“抓创新促应用”“工业园区标准化建设”等7个专项行动，提升制造业竞争力；三是推进新型城镇化，实施“抓城建提品质”专项行动，高水平开展城市规划设计，促进聚城畅通，建设21世纪“海丝名城”；四是实施“惠民生补短板”专项行动，增进民生福祉。

宿利南代表表示，省委报告着眼于在两个大局中找准方位，以大手笔谋划新发展阶段新福建建设，吹响开新局、启新程的号角，必将激励我们拉满弓、铆足劲，加快全方位推进高质量发展超越。将在省委领导下、在市委带领下，拿出主力军的精神状态、奋斗姿态，加快数字化创新发展，走具有福建特色的乡村振兴之路，推进新时代党的建设新的伟大工程，共同推动省党代会部署在泉州落地生根、开花结果。

审议中，各条战线的党代表踊跃发言，结合各自工作实际，就推动乡村振兴、打造创新人才高地、做大做强做优数字经济、文化遗产保护传承利用、县区医院提质扩容等方面提出具体意见建议。

黄文胜检查市公安局与基层法院工作

市委常委、政法委书记黄文胜检查市公安局与基层法院工作开展情况。黄文胜调研市反诈中心、市公安局指挥情报中心、鲤城区人民法院海上丝绸之路巡回法庭、丰泽区人民法院法院、丰泽区人民法院东海法庭等单位，听取相关工作情况汇报。黄文胜要求，要聚焦社会治安、信息网络领域难点乱点，常态化开展扫黑除恶，高压打击电信网络新型违法犯罪；要加大部门和行业间的沟通力度，创新基层矛盾纠纷多元化解机制，推动社会力量参与人民调解，实现源头治理、基层化解；要以高质量司法守护自然和文化遗产，增强文化遗产保护案件审判的专业性和统一性，服务保障泉州文化遗产的保护和传承。

11月26日

农历辛丑年十月廿二
星期五
温度：15℃～21℃
多云转晴

●出席省第十一次党代会的泉州团代表，集中审议十届省委报告。省委书记尹力到泉州代表团参加审议，听取代表意见。

●市委常委、政法委书记黄文胜检查市公安局与基层法院工作开展情况。

●市人大常委会与市政府召开《泉州市历史文化名城保护条例》颁布实施新闻发布会。

●2021年“专精特新”企业数字化转型论坛在泉州举行。泉州“专精特新”企业专项服务平台发布上线。

●由鲤城区政府与泉州金控集团主办的金融服务暨企业改制上市专题会议召开。

11月27日

农历辛丑年十月廿三
星期六
温度：17℃~21℃
多云转阴

●省第十一次党代会泉州代表团召开领导干部会议，学习大会精神和省委书记尹力参加泉州代表团审议时的讲话要求，落实省委有关工作部署，研究具体措施。

●省第十一次党代会泉州代表团召开会议，审议十届省纪委工作报告，审议全省党费收缴、使用和管理情况的报告，讨论大会选举办法（草案），推荐分团预选和大会选举监票人，酝酿省委委员、候补委员和省纪委委员候选人预选建议名单。

●全市消防安全工作紧急视频会召开，部署全市消防安全工作。

●由市工信局主办、市中小企业服务中心承办的泉州市职业经理人高级研修班开班。

●泉州欧乐堡海洋王国乐园开园。

省第十一次党代会泉州代表团召开领导干部会议

省第十一次党代会泉州代表团召开领导干部会议，学习大会精神和省委书记尹力参加泉州代表团审议时的讲话要求，落实省委有关工作部署，研究具体措施。王永礼、宿利南、卢秀萍、傅藏荣、黄景春、张文贤、李文生等参加会议。会议指出，尹力对泉州经济总量领先、民营经济发达、海洋商贸历史成就、文化底蕴深厚等高度肯定，对泉州发展寄予殷切期望，提出具体方向、目标和要求。要坚定信心决心，弘扬“晋江经验”，建设21世纪“海丝名城”，在新发展阶段新福建建设中当好主力军。要站位全局，横向比较国内先进城市、纵向梳理发展脉络，厘清产业转型升级、科技创新赋能、城市能级提升、基础设施完善、公共服务优化等路径，明确发展方向。要找准抓手，紧扣省委对泉州加快数字化转型发展、推进新型工业化和城镇化、加大科技创新力度、提升产业链供应链现代化水平等具体要求，加紧策划推出具体项目抓手，确保一项项做实做细做成做好。要守好底线，凡事多想一层、多考虑一步，把各领域安全和安定稳定工作抓到位，提升人民群众的获得感、幸福感、安全感。

全市消防安全工作紧急视频会召开

全市消防安全工作紧急视频会召开，部署全市消防安全工作。会议指出，正值冬春火灾防控期，各地各部门要认识面临的消防安全形势，树立底线思维，强化问题导向，采取务实措施，筑牢安全屏障，确保全市火灾形势高度稳定。要严格对标找差，严抓隐患排查，盯紧自建房加工场所等重点领域、薄弱环节，深查、细查、严查，防止问题反弹回潮。要针对火灾防控特点深化专项排查，特别要聚焦高风险场所、敏感场所、小单位小场所等，加强电源火源管理，抓好突出问题整治，筑牢消防安全防线。要把住森林防火关口，严控火源、严防火患，加强防火巡查看护，做好森林防火工作。要肩负起保安全护稳定的政治责任，严明各级消防监管责任，以责任倒逼消防安全落细落实。要加强信息联动和值班值守，执行领导干部下沉一线、全时段值守和事故信息报告制度，杜绝漏报、迟报和瞒报。

泉州市职业经理人高级研修班开班

由市工信局主办、市中小企业服务中心承办的泉州市职业经理人高级研修班开班。研修班旨在提升泉州市企业管理者在复杂的国内外经济、社会和技术环境下执行企业发展战略，进行经营管理决策，领导企业参与国内外竞争的专业知识和能力，培养一批具备现代管理技能和职业修养的高素质管理人才。培训内容涵盖企业财务管理、企业战略管理、职业经理人素养、涉企法务知识、精益生产助推企业赢利增效、人力资源管理、直播带货操作实务、营销管理等。培训形式上，研修班采取“专家培训辅导+定期到企业回访+咨询对接+现场观摩”相结合的方式，通过专题讲授、案例分析、分组研讨、情景教学、循环授课、沙盘演练等形式展开多元化教学。泉州市制造业企业总经理、副总经理、总监、各专业部门经理等中高级经营管理人员等超百人参与研修班。开班仪式上，华侨大学工商管理学院教授衣长军围绕“财务分析与财务管理”，分享财务信息生成、成本管理、税务筹划、预算管理、资本运营、风险控制、盈利模式、战略决策等内容。

泉州欧乐堡海洋王国乐园开园

泉州欧乐堡海洋王国乐园开园。该园位于泉州台商投资区八仙过海旅游度假区内，是一所集珍稀海洋极地动物繁育展示、大型游乐设备体验、海洋科普研学、国际马戏等特色演艺表演于一体的大型海洋主题乐园，被列入国家优选旅游项目名录、福建海洋强省在建重大项目。

泉州市新增161家省科技型中小企业

省科技厅公布福建省2021年第十一批入库科技型中小企业名单，共有333家入选。其中，泉州市有161家企业上榜，数量占全省近半。至此，2021年以来，泉州市已有1528家企业入库省科技型中小企业，数量居全省第二位。科技型中小企业是指依托一定数量的科技人员从事科学技术研究开发活动，取得自主知识产权并将其转化为高新技术产品或服务，从而实现可持续发展的中小企业。省科技厅在科技创新券补助工作方面支持科技型中小企业。创新券专项资金用于补助科技型中小企业在研发过程中向高校、科研院所、企业等机构购买技术（开发、转让、咨询、服务）、检验检测、科研仪器设备使用、技术数据分析等科技创新服务的费用，以及大型科研仪器产权单位向相关服务机构支付的设备维修、测试技术咨询等科技创新服务费用。

泉州市三项目入选2021年中华体育文化优秀项目

26—28日，由国家体育总局文化发展中心主办的2021年中国体育文化博览会、中国体育旅游博览会在广州举行，会上公布“2021年中华体育文化优秀项目”评选结果，泉州市送审的6个传统体育文化项目有3个入选，其中晋江安海“水上掠鸭”入选传统节庆项目，“南少林武术”“石狮狮阵”入选民俗民间项目。中华体育文化优秀项目评选是上述两个博览会的重要内容之一，包括中华体育文化优秀节庆项目、中华体育文化优秀民俗民间项目和中华体育文化优秀民族项目。此次评选，专家组从300多个项目中评审出39项，其中优秀节庆项目12项、优秀民俗民间项目19项、优秀民族项目8项。

水上掠鸭是流传于晋江安海古镇的端午节水上竞技运动，相传始于郑成功在安海港操练水师的练兵活动，已有300多年历史。掠鸭开始前，在安平桥墩或船上横架一根涂抹油脂的长竹竿，末端悬挂一个内放白鸭的篾笼子。参赛者在众人的鼓劲声中，小心翼翼地赤足走过圆滑的竹竿，谁能够走到尽头并探笼取鸭，即挑战胜利。此活动集健身、冒险与娱乐于一体，备受人们喜爱。南少林武术历史悠久，远肇晋唐，盛于两宋。明清以来，传播到东南亚、冲绳以及大洋洲、美洲、欧洲等地。南少林武术拳种繁多，主要有五祖拳、太祖拳、白鹤拳、地术拳、罗汉拳、少林花拳、五枚花拳、龙尊拳、南派螳螂拳等多种传统拳术，其中2008年五祖拳被国务院命名为国家级非物质文化遗产保护项目。石狮狮阵俗称“刣狮”,源自宋明时期的军事阵法和武艺演练，包括阵法操演、武术演练、弄狮盘打三大部分,成为中华武术体系中“他人无、我独有”的大型集体综合武术操演形式。石狮卢厝狮阵历经300余年的传承发展，依然保留古朴恢宏的兵战阵法，是狮阵武术传承的核心区，在节庆酬神和大型文体活动常有表演。“刣狮”入选第五批国家级非物质遗产名录。

2021年福建省青少年网球锦标赛在泉州举行

24—28日，由省体育局主办，福建省乒羽网运动管理中心、市体育局承办的2021年福建省青少年网球锦标赛在泉州职业技术大学举行。全省9个地市200多名运动员参赛，竞赛项目分为标网和短网，其中标网组设有甲、乙、丙组男、女单打、双打；短网组设有丁组（9岁以下）男、女单打等项目，比赛采用国家体育总局审定的最新《网球竞赛规则》，根据报名人数第一阶段以小组循环的方式进行比赛，第二阶段进行淘汰附加赛。泉州代表队派出35名选手参与角逐，获得4金6银5铜，并获女子团体总分第一名和男子团体总分第二名，提前为泉州市体育代表团获得福建省运动会网球比赛1枚金牌和1枚银牌。

相关链接：福建省青少年网球锦标赛作为省内较高级别的网球赛事，已成为省内运动员切磋交流技术和崭露头角的舞台。同时，网球锦标赛也是全省范围内优秀网球运动员的选拔通道，是福建省网球事业发展从“普及”到“高水平运动员培养”的重要平台。

11月28日

农历辛丑年十月廿四
星期日
温度：18℃~21℃
多云转阴

●省第十一次党代会泉州代表团召开会议，宣读大会选举办法，宣布总监票人、监票人、总计票人、计票人名单，预选省委委员、省委候补委员、省纪委委员候选人。经大会主席团会议通过后，代表团通告省委委员、省委候补委员、省纪委委员候选人名单。

●省科技厅公布福建省2021年第十一批入库科技型中小企业名单，共有333家入选。其中，泉州市有161家企业上榜，数量占全省近半。

●26—28日，由国家体育总局文化发展中心主办的2021年中国体育文化博览会、中国体育旅游博览会在广州举行，会上公布“2021年中华体育文化优秀项目”评选结果，泉州市3个传统体育文化项目入选。

●24—28日，由省体育局主办，福建省乒羽网运动管理中心、市体育局承办的2021年福建省青少年网球锦标赛在泉州职业技术大学举行。

11月29日

农历辛丑年十月廿五
星期一
温度：17℃～25℃
多云

●市十六届人大常委会第四十五次会议召开，听取和审议市人大常委会关于《泉州市海上丝绸之路史迹保护条例》立法后的评估报告等。

●市十六届人大常委会第八十二次主任会议召开，讨论市人大常委会代表资格审查委员会关于个别代表资格的审查报告稿。

●“世界遗产 泉州荣耀”——泉州“世遗”纪念版5G定制手机发布会举行。此系国内首款融合城市世界遗产IP与新一代移动通信技术的5G定制手机。

●29—30日，由市总工会、市人社局、市科协、市市场监督管理局主办的泉州市第二届机器人焊接技能大赛在位于洛江的国家特种机器人产品质量监督检验中心举行。

●由团市委、市教育局、市少工委主办的泉州市首届少先队辅导员职业技能大赛暨少先队辅导员骨干培训班在泉州职业技术大学举行。

市十六届人大常委会第四十五次会议召开

市十六届人大常委会第四十五次会议召开。会议听取和审议市人大常委会关于《泉州市海上丝绸之路史迹保护条例》立法后的评估报告；听取和审议关于开展2021年度法官检察官履职评议工作情况的报告，听取市中级人民法院、市人民检察院被评议人的履职情况汇报，并对其进行履职评议；表决通过市人大常委会关于召开泉州市第十七届人民代表大会第一次会议的决定，市人大常委会代表资格审查委员会关于个别代表的代表资格的审查报告，以及有关人事任免事项。会议指出，要把海上丝绸之路条例立法后评估成果转化为工作动力，强化法规实施后监督，督促政府及有关部门加快法规配套制度建设，加大法规宣传力度，确保法规有效实施。

市十六届人大常委会第四十五次会议现场（图/王虎文）

泉州市发布全国首款“城市世遗IP” 5G定制手机

“世界遗产 泉州荣耀”——泉州“世遗”纪念版5G定制手机发布会举行。此系国内首款融合城市世界遗产IP与新一代移动通信技术的5G定制手机，以手机为传播载体，呈现人们熟悉的妙音鸟、福船、东西塔、红砖厝燕尾脊等元素，彰显海上丝绸之路文化特色。泉州“世遗”纪念版5G手机，从内到外，包括定制礼盒、开机画面、个性铃音、壁纸等，都有海上丝绸之路元素。打开“世遗”纪念版5G手机，开机动画背景就是熟悉的刺桐红，此后，福船、妙音鸟、闽南红砖厝燕尾脊等渐次呈现，当飘带从燕尾脊后飘出，东西双塔轮廓的海丝泉州LOGO映入眼帘。除开机动画体现泉州味，“世遗”纪念版手机的设置与预装应用程序等，也都成为世界遗产展示载体——壁纸图库中，有“泉州：宋元中国的世界海洋商贸中心”22个遗产点图片供选择；南音四大名谱中流传广泛的《梅花操》，作为开机铃音、来电铃音、通知铃音等，让用户共赏千年传承的悠扬古韵；预装泉州晚报社的泉州通，以及无线泉州、泉州智慧旅游云平台等本地手机客户端，便捷市民日常生活。纪念版手机的专属礼盒、机壳、贴膜均系定制，从内到外打造手机版泉州“世遗”纪念品。为覆盖不同人群，纪念版手机有多种主流机型供选择。泉州移动联合荣耀、OPPO等主流手机厂家，推出荣耀MAGIC3系列、OPPO RENO6系列、OPPOFindX3系列、OPPOA93s等机型。上述机型均围绕泉州“世遗”元素进行设计。

泉州“世遗”纪念版5G定制手机发布会现场（图/泉州移动）

泉州市第二届机器人焊接技能大赛举行

29—30日，由市总工会、市人社局、市科协、市市场监督管理局主办的泉州市第二届机器人焊接技能大赛在位于洛江的国家特种机器人产品质量监督检验中心举行。各县（市、区）21位选手参赛。大赛内容包括手工点焊比赛工件、机器人编程示教焊接、理论知识考核三个环节。其中在机器人编程示教焊接环节，选手认真编程、设置参数，设计机器人运动轨迹，瞄准机器人末端焊枪位置，以此控制机器人按照既定轨迹焊接试件。竞赛评出一等奖1名、二等奖2名、三等奖3名。

市委市政府传达贯彻省第十一次党代会精神

市委常委会（扩大）会议召开，传达省第十一次党代会和省委十一届一次全会精神，部署泉州市学习宣传和贯彻落实工作。会议指出，要从省委部署和对泉州工作的点题中，把握发展方向，弘扬“晋江经验”，加快建设“海丝”名城、智造强市、品质泉州，在新发展阶段新福建建设中扛起主力军担当。要掌握科学方法，在融入全国全省大局中找定位，坚持市场导向、需求导向和问题导向，研究谋划泉州产业转型升级、科技创新赋能、城市能级提升、基础设施完善、公共服务优化等方面的路径；在分析比较中找差距，纵向梳理历史、现在、未来的发展脉络，横向对比体量相当的地级市，明确各项工作的突破口。要突出项目抓手，着眼做大做强制造业、民营经济高质量发展、整镇推进乡村振兴、海上丝绸之路先行区建设等，加紧策划一批具体项目，确保一项项做实做细做成做好。要加速冲刺第四季度，稳工业、抢投资、扩需求，打好收官战；要守牢底线红线，抓实抓细常态化疫情防控、安全生产、社会稳定等；要谋划2022年工作，做足重点项目、资金盘子、要素保障等支撑。

市政府党组（扩大）会议召开，传达贯彻省第十一次党代会和省委十一届一次全会精神、市委常委会（扩大）会议精神。会议指出，全市各级政府各部门要按照市委统一部署，统筹谋划、担当作为，以开展市政府“抓项目、促发展”系列专项行动为抓手，一体推进省党代会和市党代会部署要求落地落实。重点要聚焦弘扬“晋江经验”、加快数字化转型、推进新型工业化和新型城镇化、建设21世纪“海丝名城”以及发展民生社会事业、推进乡村振兴、探索海峡两岸融合发展新路等任务，研究谋划，项目化、清单化、责任化推动各项工作落到实处。要按照“严、实、细”要求抓好安全生产工作，推进安全生产标准化提升与工业园区标准化建设相结合，实行“红橙黄蓝”差异化监管，压紧压实企业安全生产主体责任。要咬紧目标精准施策，全力攻坚年终冲刺，谋划2022年工作思路和项目抓手，确保完成全年目标任务，实现“十四五”规划良好开局。

福厦客专泉州湾跨海大桥全桥贯通

国内首座跨海高速铁路桥——福厦客专泉州湾跨海大桥全桥贯通，进入无砟轨道施工，进入施工最后冲刺阶段。根据最新施工时序，福厦客专将于2023年建成通车。届时，福州、厦门两地将实现“一小时生活圈”，福建南平、福州、莆田、泉州、厦门、漳州6个市可实现“高铁进京”。泉州湾跨海大桥全长20.287千米，跨越泉州湾的主桥长800米、主跨400米，为双塔双索面钢混结合梁半漂浮体系斜拉桥。

福厦客专泉州湾跨海大桥全桥贯通（图/陈起拓）

泉州市第五届广场舞锦标赛总决赛举行

由市体育局主办、市体育舞蹈协会承办的泉州市第五届广场舞锦标赛总决赛在市区侨乡体育中心广场举行。比赛分各县（市、区）海选赛和市级复赛、总决赛3个阶段。全市各地28支代表队近500名选手参加复赛，13支代表队进入总决赛，总决赛分中老年组和青壮年组两个组别。经过角逐，晋江市夕阳红艺术团代表队的舞蹈《幸福梦圆·献礼百年》、鲤城区滨海街道风轻云淡舞蹈队的舞蹈《唐印》分获中老年组和青壮年组一等奖。

11月30日

农历辛丑年十月廿六
星期二
温度：11℃～25℃
多云转晴

●市委常委会（扩大）会议召开，传达省第十一次党代会和省委十一届一次全会精神，部署泉州市学习宣传和贯彻落实工作。

●市政府党组（扩大）会议召开，传达贯彻省第十一次党代会和省委十一届一次全会、市委常委会（扩大）会议精神。

●市政协党组理论学习中心组（扩大）学习会议召开，传达贯彻省第十一次党代会和省委十一届一次全会及市委常委会（扩大）会议精神。

●市政协党组（扩大）会议和市政协十二届第三十九次主席会议召开，听取市政协十三届一次会议各筹备组工作进展情况汇报等。

●全市理论骨干学习贯彻中共十九届六中全会精神培训班举行，对泉州市宣讲工作进行动员部署。

●国内首座跨海高速铁路桥——福厦客专泉州湾跨海大桥全桥贯通，进入无砟轨道施工，进入施工最后冲刺阶段。

●由市体育局主办、市体育舞蹈协会承办的泉州市第五届广场舞锦标赛总决赛在市区侨乡体育中心广场举行。

●由泉州、厦门、漳州、龙岩、三明五地市的文旅局主办的2021年闽西南五地市骨干导游专题培训班在石狮开班。

●南安文体旅产业发展大会举行，南安市成功体育人才培养基金会成立。

12月1日

农历辛丑年十月廿七
星期三
温度：10℃～16℃
多云转晴

●省委常委、泉州市委书记王永礼结合宣传贯彻省第十一次党代会和省委十一届一次全会精神，到石狮调研，推动相关工作落地落细落实。

●1—2日，省人大常委会党组书记、副主任雷春美到泉州开展《中华人民共和国消防法》及《福建省消防条例》执法检查。

●市人大常委会党组扩大会议召开，传达学习省第十一次党代会和省委十一届一次全会精神，以及市委常委会（扩大）会议精神，研究贯彻落实意见。

●蔡战胜到市委党校上《感悟百年史 奋进新征程》专题党课。

●市发改委启动“抓项目、促发展”冬季攻坚活动，派出6个工作组分赴各县（市、区）开展项目一线协调调度服务，帮助推动项目建设。

●在扑救晋江市陈埭镇鹏头村一厂房火灾中牺牲的烈士张晓杰遗体告别仪式在泉州市殡仪馆举行。

●由市体育局主办、泉州市篮球协会承办的福建省全民健身运动会泉州市第25届“匹克杯”百队千场篮球赛在泉州市侨乡体育中心开幕。

●泉州市启用多乘员车辆专用车道。

王永礼到石狮宣传贯彻省党代会和省委全会精神

省委常委、泉州市委书记王永礼结合宣传贯彻省第十一次党代会和省委十一届一次全会精神，到石狮调研，推动相关工作落地落细落实。副市长汪志红参加活动。在泉州石湖港保税物流中心，王永礼了解运营4个多月来的情况和存在的难点堵点后，鼓励中心立足泉州产业集群优势，围绕需求导向，强化与国家级市场采购贸易方式试点、预包装食品出口试点相衔接，拓展保税加工、保税展销等新功能，丰富业态、集聚人气。在位于永宁镇的观音山滨海片区，王永礼叮嘱，要科学合理对标国际品质，优化片区更新改造规划设计方案，保留原生态风景，用活海岸线资源，再添旅游好去处，让老百姓共享高品质美好生活。在宝盖山顶的万寿塔，王永礼向当地干部询问该遗产点的保护管理、周边规划等情况，强调要本着对历史负责、对人民负责的态度，加强遗产本体保护，统筹好常态监测、日常维护和规划设计，管控好建筑风貌、周边环境，讲好遗产故事，做好文旅文章。调研中，王永礼强调，石狮各级各部门要把学习贯彻中共十九届六中全会精神与学习贯彻省党代会和省委全会精神结合起来，拓宽国际视野，在全国全省全市发展大局中找准定位，壮大城市经济，提升城市能级，集聚商气人气，擦亮“世界遗产”“商贸文旅”等新名片，为泉州加快数字化转型发展，推进新型工业化和城镇化，建设21世纪“海丝名城”做出新的更大贡献。

王永礼（右三）在石湖港保税物流中心调研（图/陈晓东）

“抓项目、促发展”冬季攻坚活动启动

市发改委启动“抓项目、促发展”冬季攻坚活动，派出6个工作组分赴各县（市、区）开展项目一线协调调度服务，帮助推动项目建设。此次一线协调调度服务重点围绕最新政策解读、签约转化落地、前期审批服务、项目进度督导、项目投资提升五方面内容展开。为确保每个项目都做到有跟踪有落实，活动启用半月跟踪机制，每半个月报送进展情况，跟紧跟实，解决存在问题，加快开工投产，尽早发挥效益。

泉州市启用多乘员车辆专用车道

泉州市对中心市区部分道路车道功能进行调整，设置多乘员车辆专用车道。从是日起，坪山路辅道（北起坪山路与丰泽街路口，南至坪山路与泉秀街路口）双向最外侧机动车道设置为多乘员车辆专用车道，专用时间为每日7：00至9：00和17：00至19：00。多乘员车辆专用车道只允许核定载客人数为5人及以上且车辆乘员为2人及以上的载客汽车、公交车辆、校车和大型载客汽车通行。多乘员车辆专用车道也称“HOV车道”“高乘载车道”，是指专供乘载至少某一规定乘客数汽车所行驶的车道，该车道可提高道路使用效率、缓解交通拥堵、降低交通污染。该车道设置于20世纪60年代在美国兴起，并得到广泛应用。之后，加拿大、英国、澳大利亚等多个国家也相继采用，国内无锡、深圳等城市已实施“HOV车道”。根据与普通车道间是否有分隔，在国外一般将“HOV车道”分为三类——物理分隔、缓冲标线分隔、无分隔。其最大的特点就是高效率，有利于在有限的道路空间运输更多的乘客，减少高峰时间内车辆对有限道路空间供给的竞争，提高车辆行驶速度，节省时间，减少行驶压力。

李德金到泉州调研医疗卫生和学校建设等工作

副省长李德金到华侨大学、泉州医高专、泉州五中、上海六院福建医院、泉州市中医院调研，看望一线教师、医务人员，指导疫情防控、医疗卫生和学校学科建设、师资培养等工作。李德金强调，要坚持党的教育方针，落实立德树人根本任务，深化教育改革，加强校园文化建设，提升办学质量。要加强教师队伍建设，优化教学管理，推进教育评价改革，提高教育质量。要加快国家创伤区域医疗中心建设，加强医疗人才建设，实施师带徒制度，推动优质医疗资源下沉，提升区域医疗服务水平。要完善公共卫生服务体系，防治重大传染病。

省委宣讲团到泉州宣讲中共十九届六中全会精神

学习贯彻中共十九届六中全会精神省委宣讲团报告会在泉州举行。省委宣讲团成员、省委改革办分管日常工作的副主任黄建清做宣讲报告。省委常委、市委书记王永礼主持报告会并讲话。会前，王永礼会见宣讲团。市四套班子领导蔡战胜、陈灿辉、李建辉、李转生、肖汉辉等分别参加会见、报告会。黄建清围绕习近平总书记在中共十九届六中全会上的重要讲话和全会决议精神，结合省第十一次党代会、省委十一届一次全会精神和泉州市发展实际，对全会精神进行解读和阐释。王永礼指出，全市各级各部门要结合落实省第十一次党代会、省委十一届一次全会精神，推动学习宣传贯彻走深走实。要学深学透学到位，把学习贯彻全会精神与党史学习教育结合起来，各级领导干部带头学、深入学，带动全市从中共百年奋斗中汲取智慧力量。要求准求活求实效，全市各级宣讲团要精心组织备课、开展高质量宣讲，推动全会精神深入人心。要抓深抓细抓落地，推动全会精神转化为干事创业的动力和敢拼会赢的具体行动，统筹常态化疫情防控和经济社会发展，真抓实干冲刺全年目标任务，在新发展阶段新福建建设中扛牢主力军担当。

泉州市动员部署城镇燃气安全排查整治工作

继收听收看全国、全省城镇燃气安全排查整治动员部署电视电话会议后，泉州市召开会议对相关工作再部署再强调。会议强调，要齐抓共管、密切配合，针对性加强燃气管网和使用环节的巡查监管，严防第三方施工破坏燃气管网，督促餐饮等行业用户依法安装可燃气体报警装置，加密入户安检排查频次，及时消除安全隐患。要强化瓶装液化石油气充装监管，督促各充装场站落实防雷、防静电措施，规范空瓶分区堆放、倒残作业、瓶装气溯源管理等环节，打击无证经营、非法充装、非法经营等行为，让“黑气点”无所遁形。

泉州市与广州市签署宣传文化合作框架协议

作为2021年“读懂中国”国际会议（广州）的专题活动之一，由泉州市委宣传部与广州市委宣传部主办的“岭南文化与闽南文化：广州对话泉州”活动在广东广州举行。论坛上，围绕“岭南文化与闽南文化”话题，双方代表就遗产保护、城市宣传、文化产业等方面展开对话。为促进泉州、广州两地宣传文化合作，叠加形成粤港澳大湾区和海峡西岸文化高地和宣传倍增效应，实现优势互补、互利共赢，双方签订《广州泉州宣传文化合作框架协议》，将在城市宣传、影视产业、文旅开发等领域深度交流合作，提升城市发展新形象、激活文旅融合新业态、促进文化发展新繁荣。

“岭南文化与闽南文化：广州对话泉州”活动现场（图/庄丹丹）

12月2日

农历辛丑年十月廿八
星期四
温度：10℃～19℃
多云转晴

●副省长李德金到华侨大学、泉州医高专、泉州五中、上海六院福建医院、泉州市中医院调研，看望一线教师、医务人员，指导疫情防控、医疗卫生和学校学科建设、师资培养等工作。

●学习贯彻中共十九届六中全会精神省委宣讲团报告会在泉州举行。

●继收听收看全国、全省城镇燃气安全排查整治动员部署电视电话会议后，泉州市召开会议对相关工作再部署再强调。

●福建医科大学附属第二医院建院140周年文化建设与发展论坛举行。蔡战胜出席论坛并致辞。

●由泉州市委宣传部与广州市委宣传部主办的“岭南文化与闽南文化：广州对话泉州”活动在广东广州举行。

●泉州市多部门举行2021年“全国交通安全日”主题活动暨“泉州好司机”竞赛颁奖仪式，向18名“泉州好司机”（其中含2名行业好司机）代表和最佳贡献奖获奖者颁奖。

●泉州市第一医院和泉州市儿童医院分别签订协议，成为“八闽助医”——福建省儿童青少年大病救助项目定点医院。

12月3日

农历辛丑年十月廿九
星期五
温度：12℃～19℃
多云转晴

●全市工业（产业）园区标准化建设推进会召开。

●由中国新闻社指导、中国新闻周刊主办的2021年度活力城市大会在广东广州举行，泉州市获评“2021年度活力城市”。

●由市委文明办、市住建局、市残联主办的“大美泉州·有爱无碍”无障碍环境主题影像作品展线上颁奖暨主题分享会举行。

●泉州市第二十次见义勇为模范表彰大会举行，表彰2020年以来全市涌现的见义勇为模范和先进个人（群体）37人。

●2021年第三届泉州智能装备博览会在南安成功国际会展中心开幕。

●记录安溪发展巨变的纪实文学作品——《中国“差生”逆袭》新书首发式举行。

全市工业（产业）园区标准化建设推进会召开

全市工业（产业）园区标准化建设推进会召开。会上，各县（市、区）、泉州开发区、泉州台商投资区以及市工信局、市资源规划局交流工业（产业）园区标准化建设的规划设计、实施路径、推进进度等情况。会议指出，各级政府各有关部门要落实省第十一次党代会、市第十三次党代会部署，聚焦“加快数字化转型发展，推进新型工业化和城镇化”要求，学习借鉴先进经验，结合实际推进工业（产业）园区标准化建设。要抓规划引领，按照“规模化、集约化、产业化、品牌化、绿色化、数字化、融合化”原则，统筹规划基础设施、公共服务配套、产业方向等，推进产城融合发展。要抓标准规范，做好园区业态整治、景观整治，一体推进安全生产标准化提升。要抓改造提升，盘活低效用地，重塑物理空间，提高亩产效益。要抓试点先行，集中精力推进试点园区标准化建设，形成经验，进而带动全市范围的园区标准化提升。要抓同步招商，开展产业链招商行动，引进充实更多优质项目。

泉州市获评“2021年度活力城市”

由中国新闻社指导、中国新闻周刊主办的2021年度活力城市大会在广东广州举行，泉州市与天津市、广州市、成都市、南京市、福州市、长沙市、常州市、扬州市、烟台市、潍坊市、珠海市等12座城市共同入选“年度活力城市”案例。这12座年度活力城市，是由大会主办方从人口活力、产业活力、生态活力、人文活力和空间活力五个维度综合评选而出。泉州城市的活力蕴藏在人口、产业、生态、人文、空间等方方面面，存在于街头巷尾的人间烟火气，存在于海外游子对家乡的依恋，更存在于人民对城市宜居宜业的新期待。市第十三次党代会提出，建设品质泉州，着力在高品质开放创新、生态环境、公共服务上实现更大突破，让城市文明有序，烟火味、包容性十足，建设居者自豪、来者依恋、闻者向往的圆梦之城、幸福之城，再现“市井十洲人”的新盛况。

2021年度活力城市大会现场（图/市文旅局）

泉州市第二十次见义勇为模范表彰大会举行

泉州市第二十次见义勇为模范表彰大会举行。会议表彰2020年以来全市涌现的见义勇为模范和先进个人（群体）37人，其中，见义勇为模范11人、见义勇为先进个人（群体）26人。惠安县东岭镇许山头村村民许桂芳代表第二十次全市见义勇为模范和先进个人发言。会议指出，见义勇为模范的事迹，诠释社会主义核心价值体系的丰富内涵，集中展现崇德向善的社会主义道德风尚，彰显新时代泉州人的良好精神风貌。

《中国“差生”逆袭》首发

记录安溪发展巨变的纪实文学作品——《中国“差生”逆袭》新书首发式举行。安溪是世界名茶铁观音的原产地、世界藤铁工艺之都、中国乌龙茶之乡。由于历史、地理等多方面原因，直到1985年，安溪仍然是全省最大的国定贫困县。多年来，海内外安溪人负重拼搏，闯出一条特色发展之路，最终告别贫困，并“逆袭”成为中国县域经济综合实力百强县。《中国“差生”逆袭》忠实记录安溪各个时期主要的历史事件和背后的故事，分为“突破困境”“突飞猛进”“跨越赶超”和“进位逆袭”4个篇章，读者从中不仅能理解一个县域艰难的探索实践，还可以更深刻地理解中国的改革开放。

泉州在广州文化产业交易会进行世界遗产城市推介

2021年广州文化产业交易会在广州开幕。新晋世界文化遗产城市泉州也在活动中展示城市文化魅力。水密隔舱福船造型，镶嵌着富有泉州特色的红砖古厝元素，此次广州文化产业交易会上，泉州别出心裁的展区外观设计，向观众展示泉州的市井风貌。108平方米的泉州展区设有泉州花灯、惠安石雕、江加走木偶头、安溪竹藤编6个非物质文化遗产工坊，非物质文化遗产传承人现场展示技艺。南音、木偶、惠安女服饰及蟳埔女习俗等也在互动体验区参与互动。除在文交会上布展，泉州还同时受邀进行“宋元中国·海丝泉州”世界遗产城市推介，通过荧屏+现场演出的形式介绍泉州的自然风光和文化遗韵，展示世界文化遗产城市魅力。

广州文化产业交易会泉州展区（图/庄丹丹）

泉州市国家宪法日法治宣传主场活动举行

第八个国家宪法日，由市委依法治市办、市委宣传部、市人大办、市司法局主办的泉州市“12·4”国家宪法日暨“八五”普法规划启动法治宣传主场活动在洛阳桥举行。现场文艺会演紧扣法治宣传主题，包括提线木偶、歌曲、舞蹈等一系列节目，并穿插法律知识问答。市、区两级30多家“谁执法谁普法”责任单位工作人员还通过发放宣传资料、布置宣传展板、宣讲宪法小知识、提供法律咨询服务等形式，宣传法律知识、解答法律难题。

泉州市2021年社会科学普及宣传周启动

由市委宣传部、市社科联、鲤城区委宣传部、区社科联主办的泉州市2021年社会科学普及宣传周启动仪式在市区府文庙广场举行。2021年科普周以庆祝中国共产党成立100周年、推动习近平新时代中国特色社会主义思想深入人心为主线，以“永远跟党走、谱写新篇章”为主题，采用市、县、乡三级联动举办的形式进行。全市社科界立足区域特色，组织策划“十九届六中全会精神知识竞答”“社会科学在你身边”“社科专家带你游古城”“社科专家进企业”“非遗文化互动展示”等一批烟火气足、包容性强、群众喜闻乐见的社科普及活动。启动仪式现场还有非物质文化遗产展示、健康义诊、法律知识咨询等。活动周期间还举行各类讲坛讲座、展览展示等特色科普活动268场，通过各类形式多样的科普活动，促进社科普及走深走实，推动社科普及惠及民生。

泉州市2021年社会科学普及宣传周启动仪式（图/吴寿民）

首届泉台两地职工法律实务研讨会在泉州举行

首届泉台两地职工法律实务研讨会在泉州台商投资区举行。泉州和台湾两地168名律师通过“云视频”方式，围绕在泉州的台湾职工权益维护与法律实务合作进行研讨交流。泉州、台湾的知名律师轮流进行专题报告，阐述相关法律问题，并现场与律师同行进行交流研讨，内容涉及两岸职工亲属权益保障、劳动调解、不动产法等。福建闽荣律师事务所主任、泉州民革台湾同胞法律服务中心主任郑奇伟表示，两地的法律法源相同，但还存在一定的差异，通过研讨交流，可以提升两地律师的业务水平、专业水平，加强沟通交流，更好地服务在泉州的台湾职工。

12月4日

农历辛丑年十一月初一
星期六
温度：13℃～18℃
多云转晴

●2021年广州文化产业交易会在广州开幕。新晋世界文化遗产城市泉州在活动中展示城市文化魅力。

●由市委依法治市办、市委宣传部、市人大办、市司法局主办的泉州市“12·4”国家宪法日暨“八五”普法规划启动法治宣传主场活动在洛阳桥举行。

●由市委宣传部、市社科联、鲤城区委宣传部、区社科联主办的泉州市2021年社会科学普及宣传周启动仪式在市区府文庙广场举行。

●首届泉台两地职工法律实务研讨会在泉州台商投资区举行。

12月5日

农历辛丑年十一月初二
星期日
温度：14℃～20℃
多云转晴

●2—5日，由省体育局主办，福建省武术运动管理中心、市体育局、洛江区文化体育和旅游局承办的2021年福建省青少年武术散打锦标赛在泉州南少林国际学校举行。

●2021年度泉州市“我为群众办实事”典型人物集中宣传活动启动。

●泉州市出台新型农业经营主体贷款贴息实施方案。

●由市文旅局、市文明办主办的3场“与文明相伴 与健康同行”主题活动分别在市区清源山老君岩、西街小西埕广场、觅鲤文化园区举行。

●4—5日，由华侨大学中华文化与世界文明研究院、华侨大学文学院主办的“华侨华人文学与中外文明交流：理论创新与文本阐释”学术研讨会在泉州举行。

2021年福建省青少年武术散打锦标赛在泉州举行

2—5日，由省体育局主办，福建省武术运动管理中心、市体育局、洛江区文化体育和旅游局承办的2021年福建省青少年武术散打锦标赛在泉州南少林国际学校举行。全省10支代表队参赛。近400名运动员参加8个单元331场次的比赛，泉州、厦门、南平代表队分获男子团体总分前三名，厦门、福州、莆田代表队分获女子团体总分前三名。

泉州市启动典型人物集中宣传

为深化党史学习教育，发挥廖俊波、孙丽美、潘东升等先进典型示范引领作用，挖掘宣传一批奋力担当作为的先进典型，推动“我为群众办实事”实践活动走深走实，2021年度泉州市“我为群众办实事”典型人物集中宣传活动启动。此次“我为群众办实事”集中宣传活动重点从村居工作者、项目攻坚人、医务工作者、企业帮扶人、平安守护人、文化传播者、身边热心人七个类别中进行宣传和推介。其中，“村居工作者”类别从村（社区）“两委”班子成员、驻村工作人员、“三支一扶”、大学生村官、村务工作者、网格专干等村（社区）工作者中产生；“项目攻坚人”从在民营经济发展年、营商环境提升年、城乡品质提升年“三个年”行动中，负责重点项目建设谋划、调度、征迁等项目攻坚事务的乡镇（街道）、机关事业单位、国企的基层党员干部中产生。根据安排，从2021年12月下旬起至2022年1月，组织市级主流媒体采访报道宣传对象的先进事迹。党史学习教育开展以来，泉州市各级各部门贯彻落实中央、省委、市委决策部署，全市党员干部用心用力用情解决广大群众“急难愁盼”问题，取得阶段性成果。市委党史学习教育领导小组办公室持续创新建立完善机制，先后推出实践活动工作项目库、实践活动工作推进机制、主题月活动等，受到各界广泛关注。

泉州市出台新型农业经营主体贷款贴息实施方案

市财政局会同市农业农村局出台《泉州市新型农业经营主体贷款贴息实施方案》，将农业贷款贴息对象，从原来局限于市级以上农业产业化龙头，拓展到所有新型农业经营主体，同时，贴息资金被列入惠企直达资金监管平台，实时监控、限时兑现，撬动银行资金、社会资本更多投向农业农村，降低涉农贷款融资成本，激发新型农业经营主体新活力。

“与文明相伴 与健康同行”主题活动举行

由市文旅局、市文明办主办的3场“与文明相伴 与健康同行”主题活动分别在市区清源山老君岩、西街小西埕广场、觅鲤文化园区举行。活动旨在通过深入景区、近距离切入市民生活，诠释“与文明相伴 与健康同行”的文明旅游新风尚，以全新、活力的形象宣传展示泉州古城魅力。

“华侨华人文学与中外文明交流”学术研讨会在泉州举行

4—5日，由华侨大学中华文化与世界文明研究院、华侨大学文学院主办的“华侨华人文学与中外文明交流：理论创新与文本阐释”学术研讨会在泉州举行。海内外华侨华人文学以及相关研究领域的知名学者刘登翰、赵稀方、刘小新、刘大先、白杨、游俊豪、伍燕翎、袁勇麟、朱崇科、金进、张羽、朱文斌、张磊等与会。与会学者认为，华侨华人是中华文化在海外的重要继承者与传播者，华侨华人文学在不同历史时期，与全球不同国度、不同区域、不同文明文化发生碰撞、融合，是中华文化在全球化境遇下的文本形式及其回应方式，也是不同文明交流、互鉴的历史见证。

市政府第一百三十五次常务会议召开

市政府第一百三十五次常务会议召开，研究并通过《泉州市“十四五”民政事业发展专项规划》《泉州市养老领域惠民生补短板专项行动方案（2021—2025年）》。会议要求，要践行“民政为民、民政爱民”理念，把省第十一次党代会、市第十三次党代会对民政工作的部署要求落实落细落到位，推动泉州民政事业持续走在全省前列。要坚持民政工作兜底线、基础性定位，紧盯提升养老机构护理型床位占比、县级未成年人保护机构覆盖率等薄弱环节，集中力量补短板强弱项，更好履行基本民生保障职责。各级政府各相关部门要各司其职、各尽其责，加强沟通、高效推进，同时发挥社会组织、社会工作者、志愿者等多方资源力量，支持参与民政事业。要以满足老年人全方位全周期和多层次多样化的养老服务需求为导向，完善居家社区机构相协调、医养康养相结合的养老服务格局，发展普惠型养老服务，让老年人享有更加舒心的幸福生活。要从最突出的短板补起，推进养老服务设施提档升级、提质增量，结合实际制定基本养老服务清单，对健康、失能、经济困难等不同老年人群体，分类提供养老保障、生活照料、康复照护、社会救助等适宜服务。要规范和完善事中事后监管，健全部门协调配合机制，主动防范消除建筑、消防、食品、医疗卫生等方面的安全风险隐患，做到责任清晰、无缝衔接、管理到位。

宿利南到南安调研非公党建和乡村振兴等工作

市委副书记宿利南结合宣传贯彻省第十一次党代会精神和省委十一届一次全会精神，到南安市洪濑镇顺景科技、码头镇诗南村、山美水库、南安市行政服务中心、官桥镇粮食城、石井镇联东U谷、成功文化产业园，调研非公党建、乡村振兴、水利项目、基层治理、粮食生产、电子信息、文化产业等工作。宿利南要求，南安各级各部门要把学习贯彻中共十九届六中全会精神与学习贯彻省党代会和省委全会精神结合起来，在建设现代经济体系、探索两岸融合发展新路等方面展现先锋作用，为泉州加快数字化转型发展，推进新型工业化和城镇化，建设21世纪“海丝名城”做出新的更大贡献。要注重发挥非公党建在推动民营经济发展的重要作用，以党建工作引领企业高质量发展。要贯彻落实省党代会做大做强数字经济要求，深化制造业数字化转型，加快培育经济发展新动能。要秉承高起点规划、高水平管理的理念，高质量推进工业园区标准化建设。要推进乡村振兴、文化产业发展，发挥群众在乡村振兴中的主体作用，以项目建设带动文化产业突破发展。要强化水库运行管理，落实水源地保护各项措施，提升水源地保护管理水平。要完善基层社会治理网格化工作，整合资源、解决问题，提高群众的满意度与幸福感。

全省老年大学思政教育现场推进会在泉州举行

全省老年大学思政教育现场推进会在泉州老年大学举行。活动现场，泉州老年大学揭牌成立时政、艺术2个学院，以加强专业办学力量，提高学员的政治思想素质及教研能力，促进老年大学从学习活动型向教育型转变。时政学院成立后，学校将面向全校学员开设时政公开课；指导县（市、区）老年大学开展时政课教学的相关工作；举办学员论坛等，做好建言献策工作；依照每学期的教学需要，特邀市委市政府、有关部门领导及专家学者授课。而艺术学院也将配合教务处加强研修工作，指导相关学会如艺术团工作，适时创设非物质文化遗产（艺术类）研习中心，并承担理论研究任务及学校其他工作。推进会上还交流泉州老年大学、德化县老年大学、泉州市老警官大学3所学校思政教育的典型经验。与会者参观泉州老年大学、晋江市老年大学，听取相关思政工作以及智慧校园环境创设的介绍，并观看泉州老年大学校园文化艺术节暨非物质文化遗产献演。

12月6日

农历辛丑年十一月初三
星期一
温度：14℃～22℃
多云转晴

●市政府第一百三十五次常务会议召开，研究并通过《泉州市“十四五”民政事业发展专项规划》《泉州市养老领域惠民生补短板专项行动方案（2021—2025年）》。

●市委副书记宿利南结合宣传贯彻省第十一次党代会精神和省委十一届一次全会精神，到南安调研非公党建、乡村振兴、水利项目、基层治理、粮食生产、电子信息、文化产业等工作。

●全省老年大学思政教育现场推进会在泉州老年大学举行。

●网络电影《围头新娘》在爱奇艺独家首映，该部电影为国家广电总局2020年网络视听节目精品创作传播工程扶持项目。

12月7日

农历辛丑年十一月初四
星期二
温度：13℃～19℃
多云转晴

●王永礼与中科院国家授时中心主任张首刚座谈。

●市委常委会召开会议，传达学习纪念中央革命根据地创建暨中华苏维埃共和国成立90周年座谈会精神。

●市防控新冠肺炎疫情应急指挥部会议召开，传达全国、全省疫情防控工作视频会精神，研究部署泉州市疫情防控有关工作。

●高精度地基授时系统泉州站建设启动暨时空科创基地入驻仪式举行，全省首个大科学装置落地，转入建设阶段。

●泉州市“万企兴万村”行动启动仪式暨现场推进会在石狮举行。

●全省老年教育工作会议在泉州召开。

●由市委宣传部、市发改委、市工信局、市商务局、市金融监管局、市数字办、市总工会、市工商联、市城联社、市企业与企业家联合会、泉州晚报社主办的，以“创新发展‘晋江经验’勇当高质量发展主力军”为主题的2021年泉州经济年会启动。

●由省总工会主办，市总工会、市人社局、市林业局、永春县政府承办的首届福建省盆景行业职业技能竞赛在永春举行。

●泉州市闽南民间歌舞传承中心新址——泉州歌舞剧院揭牌仪式举行。

市委常委会学习纪念中华苏维埃共和国成立90周年座谈会精神

市委常委会召开会议，传达学习纪念中央革命根据地创建暨中华苏维埃共和国成立90周年座谈会精神。会议指出，要传承红色基因，始终艰苦奋斗，挖掘和利用泉州红色文化资源，把光荣传统和优良作风继承好发扬好。要牢记初心使命，坚持为民情怀，解决好群众急难愁盼问题，促进共同富裕。要扶持老区苏区加快振兴发展，落实各项政策措施，健全完善帮扶机制，促进老区苏区完善基础设施、公共服务保障、特色产业提升、红色旅游发展等，提高群众幸福感获得感。

市防控新冠肺炎疫情应急指挥部会议召开

市防控新冠肺炎疫情应急指挥部会议召开，传达全国、全省疫情防控工作视频会精神，研究部署泉州市疫情防控有关工作。会议强调，要抓好常态化疫情防控，总结固化行之有效的经验做法，优化体制机制，补齐短板弱项，筑牢疫情防控严密防线。要用好“大数据+网格化”手段，完善入境人员动态管控数据库，强化运输管理、社区管控，排查境外进入人员，严查偷私渡链条。要规范集中隔离场所管理，落实通道划分，强化人员管控，严防交叉感染。要完善指挥运行体系，科学精准、规范有序防控，统筹做好信息报送、分析研判、应急准备等工作。

高精度地基授时系统泉州站建设启动

高精度地基授时系统泉州站建设启动暨时空科创基地入驻仪式举行，全省首个大科学装置落地，转入建设阶段。市长蔡战胜，中科院国家授时中心主任张首刚出席，副市长汪志红主持仪式，市政协党组成员黄世界参加。市直有关部门、丰泽区主要负责人，以及时空产业领域相关专家、入驻基地企业家代表等参加。蔡战胜指出，在泉州落地建设作为国家重大科技基础设施的高精度地基授时系统，有利于衍生孵化时间大数据、智能产品、检测认证、应用服务等高新技术产业，促进泉州产业转型升级，并以泉州为支点，延伸覆盖服务海峡两岸以及东南亚等海丝沿线重点城市，推动与海上丝绸之路沿线国家（地区）的交流合作。泉州将按照省、市党代会部署要求，开展科技赋能计划，实施“抓创新促应用”专项行动，支持高精度地基授时系统泉州站和时空科创基地建设，为所有科研团队和入驻企业提供全方位服务，致力将泉州打造成为时空产业新高地。希望国家授时中心一如既往关心支持泉州时空产业发展，给予泉州更多指导、更大帮助。是日，申源电子科技、福建云扬科技等5家企业入驻泉州市时空科创基地。

高精度地基授时系统泉州站建设启动仪式（图/陈起拓）

2021年泉州经济年会启动

由市委宣传部、市发改委、市工信局、市商务局、市金融监管局、市数字办、市总工会、市工商联、市城联社、市企业与企业家联合会、泉州晚报社主办的，以“创新发展‘晋江经验’勇当高质量发展主力军”为主题的2021年泉州经济年会启动。该届年会发布年度经济人物、年度优化营商环境“最具获得感”十大举措、年度赋能营商环境十大数字化应用、年度十大智能装备、年度十佳5G应用项目、年度抗疫保供十佳企业、年度企业社会责任奖、年度十佳工匠精神企业、年度十佳工艺美术大师、年度优秀泉州属异地商会等榜单，并举办泉州经济年会年度峰会。

蔡战胜到泉州医学高等专科学校上思政课

市长蔡战胜到泉州医学高等专科学校上思政课，与师生一道学习领会中共十九届六中全会精神。市领导黄世界参加活动。蔡战胜勉励学生要感悟中共百年奋斗历程，秉持“报国之心”“明德之心”“崇学之心”，知史爱党、知史爱国，把个人理想追求融入党和国家事业发展中，争做担当民族复兴重任的时代新人。

泉州市启动中共十九届六中全会精神集中宣讲

学习贯彻中共十九届六中全会精神市委宣讲团开始分赴全市各地开展集中宣讲。

在市委市直机关工委专场宣讲报告会上，泉州师范学院马克思主义学院副教授郑长青围绕十九届六中全会精神，通俗易懂、深入浅出地阐述中国共产党百年奋斗重大成就和历史经验的深刻内涵、精神实质，为市直机关干部把握全会精神，推动党史学习教育走深走实提供借鉴。在丰泽专场，市直机关工委委员、组织部部长、“新时代宣讲师”王志强以《回望百年路 领航新征程——学习贯彻党的十九届六中全会精神》为题做宣讲报告，围绕把握中共十九届六中全会的主题和重大意义，百年奋斗的初心使命和重大成就，新时代的历史性成就和历史性变革，百年奋斗的历史意义、历史经验，以史为鉴、开创未来的重要要求，从百年奋斗历程中汲取智慧和力量等方面，对全会精神进行阐释。在洛江专场，市委宣讲团成员、市委组织部常务副部长蔡永生以《百年奋斗的重大成就和历史经验》为主题，站在政治和全局的高度，结合省第十一次党代会精神，从百年奋斗的历史考量、百年奋斗的重大成就、百年奋斗的历史经验三个方面展开，对中共十九届六中全会精神进行宣讲和阐释。在泉州台商投资区专场，市委宣讲团成员、华侨大学社会科学研究处处长、教授、博士生导师薛秀军从中国共产党的百年奋斗与中国现代化道路的探索、中国共产党的使命担当与百年奋斗的历史经验、中国共产党百年奋斗的历史意义与未来发展的根本保障3个方面，对中共十九届六中全会精神进行解读和阐释。

学习贯彻中共十九届六中全会精神市委宣讲团组成13个宣讲小组，在一周时间内，分赴11个县（市、区）、泉州开发区、泉州台商投资区和市直机关、在泉州高校、市属国企、台资企业、工青妇、民主党派，以及面向离退休老干部开展22场集中宣讲。

市纪委监委工作务虚会召开

市纪委监委工作务虚会召开，谋划2022年工作思路。会议要求，要坚持“政治方向、事业航向、民心所向”三个方向，高标准严要求推进工作，发挥监督保障执行、促进完善发展作用，实现“政治效果、纪法效果、社会效果”三个效果有机统一。要精准聚焦，明确着力点切入点；精实谋划，创新理念思路；精耕细作，扎扎实实推进；精心打磨，不断完善提升；精彩跨越，争创一流标杆。

戴玉强和金钟奖青年歌唱家音乐会在泉州举行

知名歌唱家戴玉强和金钟奖青年歌唱家音乐会在泉州大剧院举行。戴玉强为北京大学歌剧研究院教授，中国知名男高音歌唱家之一，主演过《托斯卡》《图兰朵》《野火春风斗古城》等中外歌剧；曾获中国戏剧最高奖“梅花奖”、“五个一工程奖”、“文华表演奖”等中外大奖。整场演出由《我爱你中国》拉开序幕，紧接着中外名曲轮番上演，既有观众熟知的《托斯卡》《茶花女》《弄臣》《阿依达》等西方著名歌剧和经典歌剧桥段，也有《我的太阳》等外国民歌。最后，戴玉强携手王泽南、尹悦联唱《达坂城的姑娘》《凤阳花鼓》《草原上升起不落的太阳》等中国民歌，将演出推向高潮。

12月8日

农历辛丑年十一月初五
星期三
温度：14℃~20℃
晴

●市长蔡战胜到泉州医学高等专科学校上思政课，与师生一道学习领会中共十九届六中全会精神。

●学习贯彻中共十九届六中全会精神市委宣讲团开始分赴全市各地开展集中宣讲。

●市纪委监委工作务虚会召开，谋划2022年工作思路。

●由市密码管理局主办、中国电信泉州分公司承办的泉州市2021年信息系统密码应用培训在泉州迎宾馆举行。

●语言文化研究与“海丝”名城建设论坛暨泉州市语言文字学会学术年会在泉州师范学院举行。

●知名歌唱家戴玉强和金钟奖青年歌唱家音乐会在泉州大剧院举行。

12月9日

农历辛丑年十一月初六
星期四
温度：15℃～23℃
晴

●全市政协主席工作座谈会召开，传达学习全国政协系统党的建设工作经验交流会，省委书记尹力参加福建省第十一次党代会泉州代表团审议时的讲话，全省市县政协主席工作座谈会精神，以及省委、市委有关贯彻落实要求等。

●学习贯彻省第十一次党代会精神省委宣讲团报告会在泉州举行。

●全市安全生产防范暨冬春火灾防控工作视频会议召开，通报全市安全生产工作情况，部署下阶段工作。

●9—10日，由市委政法委、市司法局、市妇联主办的“弘扬法治精神 共建平安家庭——2021年泉州市平安家庭专项活动”在南安举行。

●由市生态环境局、晋江市政府主办的2021年泉州市晋江辐射事故应急演练在恒安（中国）纸业有限公司举行。

●2021年携程年度口碑榜公布，选出20个中国人爱去的城市，泉州市入选“最佳新晋目的地”。

全市政协主席工作座谈会召开

全市政协主席工作座谈会召开，传达学习全国政协系统党的建设工作经验交流会，省委书记尹力参加福建省第十一次党代会泉州代表团审议时的讲话，全省市县政协主席工作座谈会精神，以及省委、市委有关贯彻落实要求；听取各县（市、区）对市政协常委会工作报告（征求意见稿）和提案工作报告（征求意见稿）的意见建议等。各县（市、区）政协交流党建引领履职好做法好经验。会议强调，要按照新时代党的建设总要求，坚持以党的政治建设为统领，推进各级政协组织加强党的各项建设，强化引领力、抓好政治建设，提升组织力、注重党建质量，增强凝聚力、务实履职尽责，彰显执行力、全面从严治党，力促新时代政协党建工作高质量发展。要强化融合提升，以党建引领推动履职实践，紧扣市第十三次党代会精神和市委、市政府中心工作，围绕产业转型升级、城市能级提升、“海丝”名城建设、推动共同富裕等内容建言资政。要加强领导指导，形成推动政协党建工作的强大合力，把党的建设主责主业抓好、抓出成效；市、县两级政协党组加强统筹协调，探索建立有效的工作机制，共同为建设“海丝”名城、智造强市、品质泉州尽职责、做贡献。

全市政协主席工作座谈会现场（图/惠安融媒）

省第十一次党代会精神省委宣讲团报告会在泉州举行

学习贯彻省第十一次党代会精神省委宣讲团报告会在泉州举行。省委宣讲团成员、福建社会科学院党组成员、副院长李鸿阶做宣讲报告。省委常委、市委书记王永礼主持报告会并讲话。王永礼指出，要在组织领导上抓紧抓实，发挥“头雁效应”，结合开展党史学习教育，把省党代会精神作为各级党委（党组）理论学习中心组学习的重点内容，推动党员干部把思想和行动统一到省党代会精神上来。要在宣传宣讲上务求实效，全方位、多层次宣传解读省党代会精神，用群众喜闻乐见的方式讲清楚、讲透彻。要在联系实际上落地见效，统筹疫情防控和经济社会发展，统筹发展和安全，凝心聚力、心无旁骛抓好年终岁首各项工作，在新发展阶段新福建建设中扛牢主力军担当。市四套班子领导，市中级人民法院院长、市人民检察院检察长，市直各单位、驻泉州省部属有关单位主要负责人，在泉州高校负责人等在泉州会场聆听宣讲报告；各县（市、区）、泉州开发区、泉州台商投资区设视频分会场。

2021年泉州市平安家庭专项活动在南安举行

9—10日，由市委政法委、市司法局、市妇联主办的“弘扬法治精神 共建平安家庭——2021年泉州市平安家庭专项活动”在南安举行。活动命名12户家庭为2021年泉州市“平安家庭”示范户，聘任12名优秀“法律明白人”，组织与会人员参观南安市妇女援助中心、芸知道工作室，开展《中华人民共和国家庭教育促进法》等相关业务知识培训。

2021年泉州市晋江辐射事故应急演练举行

由市生态环境局、晋江市政府主办的2021年泉州市晋江辐射事故应急演练在恒安（中国）纸业有限公司举行。此次演练以“生产二号车间意外起火，引起放射源失控的一般辐射事故”为模拟背景展开，通过对辐射事故的应急指挥决策、信息传输、舆情监测处置、应急监测、放射源搜寻、污染区划定、现场处置等环节进行全过程演练，提升辐射事故应急处置能力。

2021年“海丝泉州”数字文创大会举行

10—11日，由市政府主办，鲤城区政府、市发改委、市文旅局、市工信局、市古城办、市数字办、泉州文旅集团承办的2021年“海丝泉州”数字文创大会在鲤城区源和1916创意产业园举行。大会以“数字文创”为主线，设置“丝海扬帆·创动鲤城”开幕式、数字文创主旨研讨和文旅推介活动、“闽南美好生活嘉年华”文创展三大板块，同期举办项目招商、文创推介、文旅消费等系列活动。10日，“丝海扬帆·创动鲤城”开幕式暨泉州古城创建国家级文化生态旅游度假区启动仪式举行，鲤城超级城市IP——“海丝家族”亮相。“海丝家族”分别选取鲤鱼、福船、提线木偶、东西塔、聚宝街五大泉州标志性元素，融入开放包容的海上丝绸之路精神与爱拼敢赢的闽南精神打造而成。其中，聪颖坚韧的“泉泉”是“鲤鱼”的化身，象征美好生活；敢为人先的“和和”是“福船”的化身，象征和平发展；开放包容的“阿木”是“提线木偶”的化身，象征文化自信；顶天立地的“宋哥”是“东西塔”的化身，象征国泰民安；恢宏大度的“阿宝”则是“聚宝街”的化身，象征公平交易。“海丝家族”将作为世界遗产时代鲤城文化新标杆，在政务系统、产业发展、文化传承等领域推广。开幕式现场还举行泉州古城品牌IP标识及导视导览系统发布会，发布古城品牌IP标识和古城LOGO导视导览系统。古城品牌IP标识取材于闽南建筑中“出砖入石”建筑特色，由22块石砖组合成为“刺桐”二字，形成一个朴实方形印章，深深地雕刻在石上；印章还象征着容器，包裹泉州古城的文化记忆，展现泉州开放包容的文化特征。大会还举行项目签约仪式。此次大会签约项目40个，总投资113.65亿元。其中，27个项目进行现场签约，涵盖影视、文旅、金融、数字平台、数字文创、生物医疗等领域。

2021年“海丝泉州”数字文创大会现场（图/吴寿民）

国内首档世界遗产探访体验类节目到泉州拍摄录制

国内首档世界遗产探访体验类节目《万里走单骑——遗产里的中国》到泉州拍摄录制。中国文物学会会长、故宫博物院原院长单霁翔与演员周韵、肖央、牛骏峰以及歌手谭维维一起登上泉港峰尾的“黑舶五青案水密隔舱福船”，与当地专家、市民交流，揭秘“泉州：宋元中国的世界海洋商贸中心”与“泉港水密隔舱福船制造技艺”背后的故事。

德化国际陶瓷艺术城首届瓷艺文化节举行

德化国际陶瓷艺术城（以下简称“瓷艺城”）首届瓷艺文化节举行，标志定位“全球陶瓷聚散地·瓷都文化会客厅”的德化高端陶瓷展销平台启用。瓷艺城是德化推动陶瓷产业提档升级的重点项目，立足德化陶瓷产业超千亿品牌价值，按国家AAAA级文化旅游景区建设，配套陶瓷博物馆、陶瓷博览中心、旅游集散服务中心、陶瓷文化体验中心等。瓷艺文化节包括何朝宗艺术交流会、中华家园·曾成钢雕塑作品展、首届福建省“福茶杯”茶器具创意设计大赛参赛作品展等，多维度、多层次、多场景展示德化陶瓷魅力。

德化国际陶瓷艺术城首届瓷艺文化节现场（图/林良标）

12月10日

农历辛丑年十一月初七
星期五
温度：17℃~23℃
晴转阴

●宿利南到晋江宣讲中共十九届六中全会、省第十一次党代会、市第十三次党代会精神，调研向金门供水工程、制造业转型升级、乡村振兴等工作。

●10—11日，由市政府主办，鲤城区政府、市发改委、市文旅局、市工信局、市古城办、市数字办、泉州文旅集团承办的2021年“海丝泉州”数字文创大会在鲤城区源和1916创意产业园举行。

●10—12日，由中国华侨历史学会、福建社会科学院、省侨联、晋江市委主办的“华侨华人与中国高质量发展”研讨会在晋江召开。

●由市文旅局主办、泉州市旅游发展服务中心承办的2021年泉州市“导游之星”技能大赛决赛举行。

●国内首档世界遗产探访体验类节目《万里走单骑——遗产里的中国》到泉州拍摄录制。

●德化国际陶瓷艺术城首届瓷艺文化节举行。

12月11日

农历辛丑年十一月初八
星期六
温度：14℃～22℃
多云转晴

●在泉州市根治拖欠农民工工资工作领导小组办公室组织下，泉州市统一开展12场“根治欠薪法治宣传暨集中接访日”活动。

●由市委宣传部等主办的泉州市学习宣传中共十九届六中全会精神暨欢乐泉州走进泉州信息工程学院文艺演出举行。

●9—11日，由市体育局主办、永春县文旅局承办的2021年泉州市体育系统全民健身运动会在永春举行。

●11—12日，由市体育局、市教育局主办，泉州体育运动学校承办的2021年泉州市少年儿童武术套路锦标赛在泉州市剑影实验学校武术馆举行。

●8—11日，2021年泉州市教科研开放日活动暨教育教学成果展示在泉州五中城东校区举行。

泉州市开展根治欠薪法治宣传暨集中接访日活动

在泉州市根治拖欠农民工工资工作领导小组办公室组织下，泉州市统一开展12场“根治欠薪法治宣传暨集中接访日”活动。活动包括开展根治欠薪冬季专项行动宣传、劳动法律法规普法等，形成根治欠薪舆论氛围。同时，到项目部、企业、工厂、社区，结合工作实际采取多种方式开展普法活动，宣传《中华人民共和国劳动法》《中华人民共和国劳动合同法》《保障农民工工资支付条例》等劳动用工法律法规，发挥典型案例警示教育作用，提高企业依法支付农民工工资的自觉性，增强农民工依法理性维权的意识。现场发放各类宣传资料11100份，提供法律咨询1540人次，为19名劳动者解决被拖欠工资11.85万元。2021年以来，泉州市实施根治欠薪“1234”工程，全市保障农民工工资支付工作取得明显成效，劳动关系持续保持和谐稳定。根治欠薪各项数据长期保持在较低水平，欠薪涉及人数约占全市用工人数0.1%，低于全国全省比例。福建省公布2020年度保障农民工工资支付工作考核结果，泉州市获评A级，成绩再列全省第二，得到全省通报表扬。

2021年泉州市体育系统全民健身运动会在永春举行

9—11日，由市体育局主办、永春县文旅局承办的2021年泉州市体育系统全民健身运动会在永春举行。运动会设有集体跳绳、气排球、羽毛球、乒乓球、一分钟计数跳绳、男女飞镖、男女定点投篮等8个项目，全市体育系统19支代表队130多名运动员参赛。

2021年泉州市体育系统全民健身运动会开幕式（图/市体育局）

2021年泉州市少年儿童武术套路锦标赛举行

11—12日，由市体育局、市教育局主办，泉州体育运动学校承办，泉州市剑影实验学校协办的2021年泉州市少年儿童武术套路锦标赛在泉州市剑影实验学校武术馆举行。全市各地7支代表队200多名运动员、教练员参赛。此次比赛是2022年省运会的热身赛，也是选拔武术苗子的测试赛。全市武术小将在比赛中展开竞争，长拳、南拳、刀、剑、棍、枪等轮番上演，展现泉州少年儿童武术运动员的英姿与风采。市少年儿童武术套路锦标赛是泉州市最高水平、最高规格的年度少儿武术套路比赛。此次比赛除可以推动青少年武术项目在全市的普及和推广，更是发掘优秀武术后备人才的重要平台。

2021年泉州市教科研开放日活动向全省开放

8—11日，2021年泉州市教科研开放日活动暨教育教学成果展示在泉州五中城东校区举行。教科研开放日期间，泉州五中每天举行一个年级专场活动，内容丰富多彩：有“双新”（新课程、新教材）背景下学校发展策略研讨，有高考学科落实课程思政专题研讨，有落实“一课一育”劳动教育融合课，有网络环境下“混合教学”成果展示，有“思政课一体化”爱国主题班会，有毓才青年科技主题论坛，有信息化2.0工程课堂教学展示，有18个社团俱乐部学生活动，更有高雅艺术展演等等，全方位展示泉州五中教育教学改革的有效措施和“五育”（德、智、体、美、劳）办学成果。泉州五中展示的近20门校本课程内容丰富，极具特色，体现“双减”（减轻学生作业负担和压减学科类校外培训机构）背景下，学生丰富的校园课程和校园生活。

刘建洋任泉州市委书记

全市领导干部大会召开，宣布省委关于泉州市委主要领导调整变动的决定。省委书记尹力出席并讲话。省委常委、组织部部长邢善萍宣读省委关于泉州市委主要领导调整变动的决定：刘建洋任中共泉州市委委员、常委、书记，王永礼不再担任中共泉州市委书记、常委、委员职务。省委常委、秘书长吴偕林，省委组织部分管日常工作的副部长冀萌新参加会议。省委常委王永礼主持会议。市委副书记、市长蔡战胜做表态发言。

尹力指出，泉州市各级党组织和党员干部要学习贯彻中共十九届六中全会精神，按照省第十一次党代会部署要求，稳字当头、稳中求进，凝聚力量、振奋精神、埋头苦干，做好全市经济社会发展和党的建设各项工作，当好全方位推进高质量发展超越主力军。要贯彻新发展理念，加快推动高质量发展。坚持把发展经济着力点放在实体经济上，实施科技赋能计划，加快制造业数字化改造，推动传统优势产业优化升级，加快电子、石化等重点产业延链补链强链，打造一批领军企业、头部企业和产业集群。发挥民营经济活跃的优势，优化营商环境，引导民营企业心无旁骛做实业，带头掀起新一轮民营企业创新创业创造热潮。要发挥侨乡优势，服务和融入新发展格局。立足泉州经济结构特点、侨胞优势，更好地知侨情、聚侨力、解侨困，发挥“侨”的作用，做新福建建设的参与者，做祖国统一、民族团结的促进者，做爱国爱乡精神的传承者，让更多国内外资源、技术、人才、资金汇聚起来，推动泉州制造和服务走向全国、走向世界。要提高人民生活品质，打造世界遗产保护利用的典范城市。在历史文化保护中促进城市发展，突出海上丝绸之路、闽南滨海特色，培育城市精神、城市文化、城市品格，让在泉州、到泉州的人都感受到历史文化遗产之美。抓好以人为核心的新型城镇化，解决好群众急难愁盼问题，加快补齐教育、医疗、养老、城乡基础设施等民生事业短板，增强群众的获得感幸福感安全感。要推进全面从严治党，以高质量党建引领保障经济社会高质量发展。加强领导班子思想政治建设，提高政治判断力、政治领悟力、政治执行力。深化党史学习教育，拓展“再学习、再调研、再落实”活动成果，深学细悟笃行习近平新时代中国特色社会主义思想，推进非公党建，把各领域党组织打造成坚强的战斗堡垒。落实新时代好干部标准，公道正派选人用人，关心关爱基层一线干部，抓好党风廉政建设和反腐败斗争。

王永礼表示，在新岗位上，将始终情系泉州，竭尽所能支持泉州的各项工作，祝愿泉州明天更美好、泉州父老乡亲生活更幸福。刘建洋表示，将永葆忠诚之心，旗帜鲜明讲政治，贯彻落实习近平总书记重要讲话重要指示精神和党中央决策部署、省委省政府工作要求；永葆进取之心，勇于担当、尽职尽责，弘扬“晋江经验”，发扬爱拼敢赢精神，汇聚侨商侨智侨力，建设“海丝”名城、智造强市、品质泉州；永葆感恩之心，增进民生福祉，坚持以人民为中心的发展思想，让泉州发展更有温度、民生福祉更有质感；永葆敬畏之心，履行好管党治党政治责任和第一责任人责任，贯彻落实新时代党的建设总要求，巩固和发展良好政治生态，永葆清正廉洁的政治本色。蔡战胜表示，将主动接受、全力维护市委组织领导，执行市委决策，落实市委决定，认真履职尽责，主动担当、积极作为，做好政府各项工作，确保党中央国务院、省委省政府以及市委的各项决策部署落到实处。

2021年省青少年皮划艇激流回旋锦标赛在南安举行

9—12日，由省体育局主办，省皮划赛艇运动管理中心、市体育局承办，南安市文旅局协办的2021年福建省青少年皮划艇激流回旋锦标赛在南安市省皮划艇激流回旋训练基地举行。9支代表队180名运动员参赛。赛事设置6个组别、20个项目。皮划艇激流回旋项目具有专业性高、难度大、观赏性强等特点，由于水域场地限制，国内赛场数量极少。此次比赛场地是福建省第一个符合国际比赛标准的人工激流赛场，河道全程水流落差为5.5米。

12月12日

农历辛丑年十一月初九
星期日
温度：13℃～22℃
晴转多云

●全市领导干部大会召开，宣布省委关于泉州市委主要领导调整变动的决定。

●9—12日，由省体育局主办，省皮划赛艇运动管理中心、市体育局承办，南安市文旅局协办的2021年福建省青少年皮划艇激流回旋锦标赛在南安市省皮划艇激流回旋训练基地举行。

●由市委网信办、市委文明办、市教育局主办，泉州五中、泉州微公益协会、泉州市互联网文化协会承办的2021年泉州市首届中小学创客网络公益大赛总决赛暨颁奖仪式在泉州五中举行。

●泉州晋江国际机场通航25周年成果展示暨“一齐飞”项目合作签约活动举行，机场创新推出的“一齐飞”线上平台启动。

12月13日

农历辛丑年十一月初十
星期一
温度：13℃～18℃
晴

●刘建洋带领市委常委班子成员到晋江市展馆，重温习近平同志在福建工作期间调研总结的“晋江经验”。

●全市“八五”普法动员部署电视电话会议召开。

●由市林业局、市人社局和市总工会主办的全市林业职工花卉应用技能大赛在泉州森林公园广场举行。

刘建洋带领市委常委班子成员重温“晋江经验”

到任第一天，省委常委、泉州市委书记刘建洋带领市委常委班子成员到晋江市展馆，重温习近平同志在福建工作期间调研总结的“晋江经验”。市人大常委会主任陈灿辉、党组书记李建辉，市政协主席李转生、党组书记肖汉辉参加有关活动。在晋江市展馆内，市领导通过一段段影像、一幅幅图片、一个个场景，系统了解“晋江经验”的诞生背景、提炼过程、实践探索和理论思考，并与晋江当地党政干部及丁世忠、粟琼、吴金程、刘海舟等“晋江经验”亲历者、践行者座谈交流，感悟“晋江经验”魅力，汲取奋进前行力量。

刘建洋指出，习近平总书记当年调研总结的“晋江经验”，极具前瞻性、战略性、指导性，至今仍闪耀着真理光芒和实践力量，具有十分重要的现实指导意义。要带着感情，传承弘扬、创新发展“晋江经验”。要带着使命，落实省第十一次党代会部署和省委书记尹力在全市领导干部大会上的讲话要求，坚持把发展经济着力点放在实体经济上，汇聚侨资侨智侨力助推高质量发展超越，打造世界遗产保护利用的典范城市，以高质量党建引领保障经济社会高质量发展，把习近平总书记当年开创的各项事业推向前进。特别要加快数字化转型，培育更多高新技术企业，坚持产业、城市双轮驱动，推进新型工业化和城镇化，提升城市教育医疗水平和营商环境，掀起新一轮民营企业创新创业创造热潮。要带着责任，保持爱拼敢赢精气神，昂首阔步迈向新征程。把各项工作放在全国、全省大局中审视，鼓足“在顽强拼搏中取胜”这股气、“立足本地优势选择最佳方式加快经济发展”这股劲，先行先试、开拓创新，扛起全方位推进高质量发展超越主力军担当，建设“海丝”名城、智造强市、品质泉州，提升泉州知名度、首位度、美誉度和城市综合竞争力。

刘建洋（左二）带领市委常委班子成员在晋江市展馆重温“晋江经验”
（图/陈英杰）

全市“八五”普法动员部署电视电话会议召开

全市“八五”普法动员部署电视电话会议召开。会议要求，各级各部门要增强政治自觉，坚持用习近平法治思想统领全民普法工作；要突出重点特点，加强领导干部的学法用法工作、加强对青少年的法治教育，推动实践养成，提升公民法治素养，要打造亮点，探索拓展“泉州味”的普法实践，增强普法针对性和实效性，提升质效。各级各部门要健全完善“党委领导、政府主导、人大监督、政协支持、部门各负其责、社会广泛参与、人民群众为主体”的法治宣传教育领导体制和工作机制，压实普法责任，加强基层基础工作，开创普法工作新局面，为全方位推进泉州高质量发展超越营造良好的法治环境。

全市林业职工花卉应用技能大赛举行

由市林业局、市人社局和市总工会主办的全市林业职工花卉应用技能大赛在泉州森林公园广场举行，全市各县（市、区）10支代表队50名选手参赛。比赛分理论考试和实际操作两个阶段举行。在实操竞赛现场，参赛选手以“创享未来·绿色生活”为主题，以花卉与植物为载体，在3小时内独立完成花境设计和施工。

市委常委会传达习近平总书记重要讲话精神

市委常委会召开会议，传达中央经济工作会议精神，学习习近平总书记重要讲话精神；学习省委书记尹力在泉州市领导干部大会上的讲话精神，研究贯彻落实措施；研究《泉州市人大常委会2022年立法计划和2022—2026年立法规划》。

会议强调，要学习贯彻习近平总书记在中央经济工作会议、6日中央政治局会议和2日党外人士座谈会上的重要讲话精神，把思想和行动统一到党中央决策部署和省委工作要求上来。要把握稳字当头、稳中求进的总基调，科学谋划全市2022年经济工作，找准战略布局和关键路径，培育更多新增长点和突破口。要抢抓政策机遇，向上对接，争取更多项目纳入国家盘子。要学习贯彻习近平法治思想和习近平总书记在中央政治局第三十五次集体学习时的重要讲话精神，把握法治建设正确方向，推动全面依法治市迈上新台阶。要推进科学立法、严格执法、公正司法、全民守法，加强重要领域立法，深化司法体制综合配套改革，巩固政法队伍教育整顿成果，实施“八五”普法计划。要担起主体责任，提高工作法治化水平，提高运用法治思维和法治方式解决问题、推动发展的能力。要学习贯彻习近平总书记在全国宗教工作会议上的重要讲话精神，贯彻新时代党的宗教工作理论和方针政策，引导宗教与社会主义社会相适应。要加强和改进党对宗教工作的领导，把握宗教工作主动权，构建党委领导、政府管理、社会协同、宗教自律的宗教事务治理格局。要挖掘泉州宗教文化资源，加强“申遗”后宗教文化遗产传承保护。要学习贯彻省委书记尹力讲话精神，当好新发展阶段新福建建设主力军，加快建设21世纪“海丝名城”，再创“晋江经验”新辉煌。要加快制造业数字化转型，优化营商环境，打好“新侨牌”，打造世界遗产典范城市。要抓好岁末年初各项工作，抓好疫情防控，维护社会安定稳定。要凝聚干事创业精气神，把握有利时机，大抓项目攻坚、招商引资、城市更新建设，推动经济社会高质量发展。

十三届市委第一轮巡察工作动员部署会召开

十三届市委第一轮巡察工作动员部署会召开，学习贯彻习近平总书记关于巡视工作的重要论述，部署十三届市委第一轮巡察工作。会议强调，十三届市委第一轮巡察工作要坚持以习近平新时代中国特色社会主义思想为指导，学习贯彻中共十九届六中全会精神，落实省第十一次党代会和市第十三次党代会部署要求，把握政治巡察定位，突出“见人见事见效”，推进政治监督，为奋力建设“海丝”名城、智造强市、品质泉州提供政治保障。要提高政治站位，领会巡察工作新要求，树立以人民为中心价值取向，发动群众参与巡察，发现并推动解决群众“急难愁盼”或反映强烈的突出问题；要贯彻巡视工作方针，加强协作、规范实施，精准发力，发挥巡察标本兼治战略作用；要深化落实巡察整改责任，做深做细做实巡察整改“后半篇文章”；要抓好巡察干部监督管理，打造可亲可信可敬的巡察干部队伍。

全市危险化学品安全生产标准化提升工作推进现场会召开

全市危险化学品安全生产标准化提升工作推进现场会在泉港召开，旨在落实市委、市政府安全生产标准化提升专项行动工作部署，以观摩促学习、以交流促提升，推进全市危险化学品安全生产标准化提升。各县（市、区）应急局、泉港石化园区、泉惠石化园区、危险化学品生产使用企业等相关人士参加会议。与会人员观摩泉州华尔宝树脂有限公司、福建炼化林德气体有限责任公司两家公司标准化创建和提升情况，随后就安全生产标准化提升工作进行交流。会议要求，各地应急管理部门、各危险化学品企业要抓紧抓好标准化提升工作，督促、指导企业按照“一企一策”落实，使企业做到对风险、隐患“自我辨识、自我发现、自我整改”，最终达到“控事故，保安全”。

12月14日

农历辛丑年十一月十一
星期二
温度：15℃～22℃
晴

●市委常委会召开会议，传达中央经济工作会议精神，学习习近平总书记重要讲话精神；学习省委书记尹力在泉州市领导干部大会上的讲话精神，研究贯彻落实措施；研究《泉州市人大常委会2022年立法计划和2022—2026年立法规划》。

●十三届市委第一轮巡察工作动员部署会召开，学习贯彻习近平总书记关于巡视工作的论述，部署十三届市委第一轮巡察工作。

●全市危险化学品安全生产标准化提升工作推进现场会在泉港召开。

12月15日

农历辛丑年十一月十二
星期三
温度：17℃～25℃
晴

●14—15日，省委常委、市委书记刘建洋看望慰问老干部。

●平安中国建设表彰大会在北京召开，泉州市在连续五届获评“全国社会治安综合治理优秀市”后，又一次获“2017—2020年度平安中国建设示范市”称号，第四次获平安建设最高奖项“长安杯”。

●全市创城年度迎检部署会召开，部署全国文明城市年度测评迎检工作。

●在收听收看国务院安全生产委员会办公室副主任、应急管理部国家安全科学与工程研究院院长孙华山做的《中华人民共和国安全生产法》法治讲座后，泉州市随即对岁末年初安全生产工作进行部署。

●15—17日，2021年度世界遗产保护利用和文物安全培训班在德化举行。

刘建洋看望慰问老干部

14—15日，省委常委、市委书记刘建洋看望慰问老干部。刘建洋看望施永康、胡美金、朱明、李建国、尤垂镇、薛祖亮、傅圆圆、林荣取等老干部，并通过各种形式向林大穆、王继超、陈海基、林文麟、杨俊峰等老干部转达问候。刘建洋表示，要虚心向老干部学习，继承发扬老干部的高尚精神和优良传统，在历届班子打下的基础上，一张蓝图绘到底，一任接着一任干，在新发展阶段新福建建设中展现更大作为，再创“晋江经验”新辉煌。希望老干部一如既往关心支持泉州发展，为泉州市各项工作建言献策，共同把泉州各项事业继续推向前进。老干部们表示，衷心拥护省委决定，真诚欢迎刘建洋到泉州工作。

泉州市四获全国平安建设最高奖“长安杯”

平安中国建设表彰大会在北京召开，泉州市在连续五届获评“全国社会治安综合治理优秀市”后，又一次获“2017—2020年度平安中国建设示范市”称号，第四次获得平安建设最高奖项“长安杯”。市委副书记、市长蔡战胜代表泉州在北京接受大会表彰，与全国其他获奖城市代表一起受到习近平总书记的接见并合影留念。

全市创城年度迎检部署会召开

全市创城年度迎检部署会召开，部署全国文明城市年度测评迎检工作。会议强调，创城年度迎检是对泉州市城市治理水平的综合检测，各级各有关部门务必高度重视，迅速进入攻坚状态，认识要十分清醒、问题要心中有数、行动要坚决迅速。要逢点必夺，全面查缺补漏，一把手“亲自抓”、全面巩固提升，对老旧小区、背街小巷、城中村、农贸市场和车站周边等薄弱点位、薄弱项目再自查自纠、补缺补漏，集中开展专项整治行动，全面宣传发动。要压实责任，拉紧工作链条，责任落实到人、落实到点，把责任压实到“最后一米”。市创城办要加强对基层的业务指导，对开出的问题清单全面对账销号，对责任不到位，协同不到位、问题整改不力的部门和责任人，要严肃追责问责。

泉州市组织收听收看新安全生产法法治讲座

在收听收看国务院安全生产委员会办公室副主任、应急管理部国家安全科学与工程研究院院长孙华山做的《中华人民共和国安全生产法》法治讲座后，泉州市随即对岁末年初安全生产工作进行部署。会议强调，要压紧压实责任，从体制机制、源头管控、长效管理上下功夫，查找漏洞、完善制度、从严监管，把安全风险管控措施落到实处。要抓好岁末年初安全生产工作，推进危险化学品、消防安全、道路交通等重点领域排查整治，突出抓好风险隐患化解消除、人员密集场所和大型活动安全等重点工作，织密织牢安全生产事故防控网，防范和遏制各类事故的发生。

2021年度世界遗产保护利用和文物安全培训班在德化举行

15—17日，2021年度世界遗产保护利用和文物安全培训班在德化举行。各县（市、区）文旅局和泉州文博系统的工作人员，以及德化县各乡镇街道文物分管负责人参加培训。国际古迹遗址理事会副主席姜波、北京大学考古文博学院教授孙华，以及福建省文物局、省文保中心、省考古研究院等知名文物保护与考古专家采取“线上+线下”结合方式授课。授课内容既有理论课程，也有实践课程，内容包括增强敬畏之心守护文物安全、文物保护单位安全防护工程实施与管理、对标国际理念提升文物保护水平、世界遗产经典案例与保护实践、文化遗产展示利用、考古工地现场教学等。

12月16日

农历辛丑年十一月十三
星期四
温度：16℃～27℃
晴转多云

●市委副书记宿利南到市委党校上题为《学习六中全会精神 落实省、市党代会部署 全面推进乡村振兴“七个抓手”》的党课。

●全市百万大手牵小手“十大工程”联席会议召开，回顾总结近两年“十大工程”和精准关爱落实情况，交流研讨下阶段工作。

●由中国侨联主办，省侨联、市侨联、丰泽区侨联承办的2021年“亲情中华·为你讲故事”网上冬令营福建营（第10期）开营式在泉州举行。

●由市创城办、市委文明办、市志愿者协会、丰泽区新时代文明实践中心、丰泽区新时代文明实践志愿服务总队主办的“文明创城·志愿同行”——泉州市持续深化“我为社会做好事”主题志愿服务系列活动在市区真武庙广场举行。

宿利南到市委党校上党课

市委副书记宿利南到市委党校上题为《学习六中全会精神 落实省、市党代会部署 全面推进乡村振兴“七个抓手”》的党课，与学员共同学习中共十九届六中全会精神、习近平总书记关于乡村振兴的重要论述和新发展阶段新福建建设部署，勉励学员学深悟透，激发主力军担当，为建设“海丝”名城、智造强市、品质泉州贡献力量。

宿利南在市委党校上党课（图/苏展辉）

全市百万大手牵小手“十大工程”联席会议召开

全市百万大手牵小手“十大工程”联席会议召开，回顾总结近两年“十大工程”和精准关爱落实情况，交流研讨下阶段工作。会议指出，2022年是百万大手牵小手“十大工程”创新提升和精准关爱提质增效的关键之年。各级关工委要坚持立德树人，从党的事业后继有人、兴旺发达的高度，认识做好新时代关心下一代的重要意义，引领青少年听党话、跟党走；要坚持党的领导，各级党委、政府要及时研究解决开展关爱活动中遇到的困难和问题，各部门要把开展关爱工作与履职有机结合起来，确保各项任务落到实处、抓出成效，凝聚关心下一代工作强大合力；要坚持品牌驱动，丰富“十大工程”的内涵和外延，推动形成“一关工委一亮点、一区域一特色”的工作格局。

泉州市持续深化“我为社会做好事”主题志愿服务活动举行

由市创城办、市委文明办、市志愿者协会、丰泽区新时代文明实践中心、丰泽区新时代文明实践志愿服务总队主办的“文明创城·志愿同行”——泉州市持续深化“我为社会做好事”主题志愿服务系列活动在市区真武庙广场举行。市委宣传部、市创城办、市委文明办、相关活动牵头单位的负责人，泉州市志愿服务工作协调小组31个成员单位，市直机关“交通路口文明引导”牵头单位，市创城办、丰泽区创城办有关人员，丰泽区新时代文明实践志愿服务总队常备队伍，丰泽区8个街道新时代文明实践所志愿服务支队，以及社会志愿服务组织共300余人，参加活动。

活动现场宣布，调整充实泉州市志愿服务工作协调小组，并于即日起实施《泉州市志愿服务工作协调小组办事机构工作规则》。2009年，泉州市志愿服务协调小组成立。13年来，协调小组在指导全市志愿服务工作、开展各类志愿服务活动、践行社会主义核心价值观中发挥重要作用，在全国文明城市创建工作中做出示范，在济困扶弱中担当表率，在服务大型赛事中贡献力量，在弘扬传统文化中走在前面，在急难险重面前义无反顾，泉州市志愿服务工作呈现蓬勃发展的态势。为适应新时代志愿服务的新形势、新任务、新要求，依据中央文明委印发的《全国志愿服务工作协调小组及其办事机构工作规则》和《全国文明城市测评体系》要求，结合泉州市创城、疫情防控、文明实践、古城文脉传承等工作，市文明委对市志愿服务协调小组进行调整充实，成员单位增至31个，并对工作职责进行明确。市创城办相关负责人表示，开展持续深化“我为社会做好事”主题志愿服务系列活动，调整充实泉州市志愿服务工作协调小组，旨在号召和动员干部群众，以志在必得的信心和决心，深化精神文明创建。活动还在鲤城区、洛江区、泉港区新时代文明实践中心设立分会场，与主会场同步开展活动。主场活动结束后，志愿者分头开展“理论宣讲”“骑行宣传”“文明劝导”三项志愿服务活动。

12月17日

农历辛丑年十一月十四
星期五
温度：10℃～18℃
多云

●省委常委、市委书记刘建洋到基层调研检查疫情防控工作，看望慰问一线基层干部、医护人员、公安民警。

●潘东升先进事迹报告会泉州专场举行。

●15—17日，由市总工会、市人社局主办的第六届泉州和台湾两地雕艺行业职工技能竞赛在泉州台商投资区举行。

刘建洋调研检查疫情防控工作

省委常委、市委书记刘建洋到基层调研检查疫情防控工作，看望慰问一线基层干部、医护人员、公安民警。市领导洪自强、李伙金、陈小辉分别参加。刘建洋到泉州动车站、丰泽区疫情防控医学隔离集中观察点、市公安局指挥中心，检查各处人员进出信息登记、隔离点管理、重点人群排查等措施落实情况，并在市疫情防控指挥部召开会议，了解相关工作进展情况。刘建洋向一线防控人员表示感谢，希望大家慎终如始、持之以恒做好疫情防控工作，守好每一道关口，守护好人民群众生命安全和身体健康。

刘建洋指出，各级各部门要学习贯彻习近平总书记关于统筹推进疫情防控和经济社会发展工作的重要论述，落实中央和省里部署，绷紧疫情防控这根弦，按照“快、严、实、细”要求，根据新情况新问题和可能出现的风险点，有针对性地补短板、强弱项，突出重点、精准施策，把各项措施落实落细落到位，不能让针尖大的窟窿漏进斗大的风。要加强源头管控，紧盯重点人员，以及集中隔离点、医疗机构、交通场站等重点场所，采取“大数据+网格化”手段，用好协同机制，做到提前防范、迅速发现、有效管控。要加快能力提升，加强核酸检测、流调、医学救治等能力建设，适时开展演练，做到有备无患。要采取更加精准有力的措施，健全平急结合机制，按照“市县有专班、镇街有专干、村居有专员”，选优配强专门力量，夯实基层基础，把防控落到“最后一公里”。要压实责任，加强对单位、企业的指导督促和出差返回人员的健康监测，强化多点触发监测预警体系，发挥好发热门诊、药店等“哨点”作用，科学精准织密疫情防控网。

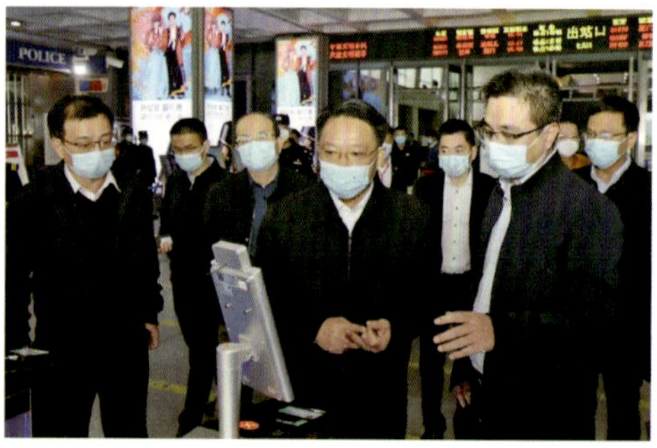

刘建洋（前排中）在基层调研检查疫情防控工作（图/陈起拓）

潘东升先进事迹报告会泉州专场举行

潘东升先进事迹报告会泉州专场举行。报告会首先通过视频短片，回顾潘东升一生。随后，福州市公安局党委委员、政治部主任潘臻颖，福州市公安局民警陈淦峰、陈蕾，三明市公安局党委委员、政治部主任江长青，潘东升儿子潘键民，省广播影视集团记者胡敬轩6名报告人，分别以“用生命守护平安的好局长”“他总是冲在最前面”“为了人民满意”“潘局长，三明想念您”“我的父亲潘东升”“矗立的丰碑”为题，讲述潘东升事迹。

潘东升先进事迹报告会泉州专场现场（图/张九强）

第六届泉州和台湾两地雕艺行业职工技能竞赛举行

15—17日，由市总工会、市人社局主办的第六届泉州和台湾两地雕艺行业职工技能竞赛在泉州台商投资区举行。竞赛通过云直播方式，打破空间壁垒，连接起泉州赛场和台湾赛场，为近百名雕艺人才打造在线竞技、交流、学习的平台。竞赛分为木雕类、漆线雕及彩绘类两个项目，选手分别在泉州、台湾两个赛区进行现场创作，获各项目第一名的选手按相关程序被授予“五一劳动奖章”和“泉州市技术能手”称号；获各项目第二、三名的选手按相关程序被授予“金牌工人”称号。

12月18日

农历辛丑年十一月十五
星期六
温度：9℃～14℃
多云转晴

●安踏集团和敏基金捐建上海市第六人民医院福建医院（福建和敏医院）签约仪式举行。

●《泉州市进一步推动高新技术企业培育发展若干措施》出台。

●由市委宣传部、市文联等主办的“我们的中国梦·文化进万家”泉州市作家协会走进聚龙小镇文艺采风举行。

●18—19日，2021年晋江市“人才杯”羽毛球赛在晋江市全民健身中心举行。

安踏集团和敏基金捐建上海六院福建医院签约活动举行

安踏集团和敏基金捐建上海市第六人民医院福建医院（福建和敏医院）签约仪式举行。省委常委、泉州市委书记刘建洋，市长蔡战胜见证签约。市领导宿利南、施宇辉、张文贤等出席活动。在安踏集团成立30周年之际，安踏创始人丁和木家族投入价值100亿元的现金及股票，成立“和敏基金会”，主要用于医疗救助、体育事业、乡村振兴、环境保护四大领域公益项目。该基金会首个项目即捐赠20亿元用于建设上海六院福建医院（福建和敏医院），助力国家区域医疗中心项目加快推进，提升区域医疗服务水平。受刘建洋委托，蔡战胜在致辞中代表市委、市政府，向安踏集团、丁和木家族致以敬意。蔡战胜指出，泉州商人自古就有“商行天下，善行天下”的传统，在纵横商海的同时，热心公益、造福社会。泉州正学习贯彻中共十九届六中全会精神，按照省第十一次党代会、市第十三次党代会部署要求，传承弘扬“晋江经验”，加快建设“海丝”名城、智造强市、品质泉州，谱写全面建设社会主义现代化国家泉州篇章。希望安踏集团、丁和木家族一如既往支持家乡强产兴城、共同富裕等事业，把和敏基金做成品牌、做成标杆，同时厚植根脉文化，与党委、政府一道，共同把家乡建设好、发展好，携手再创“晋江经验”新辉煌。市领导与该项目政、企、院有关负责人座谈交流，并到安踏永不止步博物馆了解企业发展历程。

安踏集团和敏基金捐建上海市第六人民医院福建医院（福建和敏医院）签约仪式（图/陈英杰）

《泉州市进一步推动高新技术企业培育发展若干措施》出台

《泉州市进一步推动高新技术企业培育发展若干措施》（以下简称“若干措施”）出台。若干措施针对泉州实际，新增一些扶持高新技术企业培育发展的“新政”，并明确到2023年年底，实现全市高新技术企业数量“倍增”，到2025年，全市高新技术企业突破3500家。若干措施对新入库的省级高新技术企业和从省级高新技术企业出库成为国家高新技术企业的，在省级补助基础上，市财政按不低于原有补助标准，给予6万元配套奖励。同时在落实省上政策的基础上，加大高新技术企业培育力度，对重新认定或直接认定的国家高新技术企业给予每家20万元奖励，市、县两级按1∶1比例分摊。在加强创新型企业招引力度方面，对引进（指泉州市外引进）的高新技术企业，已完成相关变更手续且高新技术企业资格有效期内在泉州完成营业收入超过2000万元的，给予一次性补助100万元，市、县两级按1∶1比例分摊。

泉州市作家协会走进聚龙小镇文艺采风举行

由市委宣传部、市文联等主办的“我们的中国梦·文化进万家”泉州市作家协会走进聚龙小镇文艺采风举行，泉州市众多知名作家组团到基层采风，为创作积累文学素材。此次采风内容丰富多彩，有读书、美术分享活动，也有公益志愿服务，还与当地文艺爱好者举行邻里文艺会演活动。活动期间，举行泉州市作协2021年度常务理事（扩大）会议，研究发展一批市作协会员，为泉州文学事业繁荣发展补充新活力。

12月19日

农历辛丑年十一月十六
星期日
温度：11℃～16℃
多云

●位于清源山景区千手岩主出入口势至岩西北侧的泉州四大书院之一的欧阳书院复建完成，对外开放。

●丰泽区2021年产业链招商季园区招商专场签约大会举行，签约49个项目，总投资超94亿元。

●丰泽区第四季度部分重点项目集中开（竣）工活动举行，涉及产业园、总部楼宇、教育项目等领域，总投资额近32亿元。

清源山欧阳书院对外开放

位于清源山景区千手岩主出入口势至岩西北侧的泉州四大书院之一的欧阳书院复建完成，对外开放。欧阳书院投入日常运营是响应市委、市政府有关“恢复、建设、活化”书院要求，以及《泉州市人民政府办公室关于印发泉州古代书院复兴复建工作方案的通知》文件的精神，挖掘和传播书院文化。同时，为贯彻落实2021年省文旅厅的重点工作部署，增设清新福建大众茶馆进景区，依托清源山AAAAA级景区的独特资源优势，开设清源山欧阳书院“大众茶馆”。茶馆环境幽雅，价格亲民，是市民、游客品茶、话仙的好去处。宋、元、明时期，欧阳书院、泉山书院、小山书院、石井书院并称泉州四大书院。欧阳书院的复建是古代书院精神的一种继承和发扬，有利于深入挖掘并传播泉州历史悠久的书院文化。

丰泽区2021年产业链招商季园区招商专场签约大会举行

丰泽区2021年产业链招商季园区招商专场签约大会举行，签约49个项目，总投资超94亿元。此次招商签约活动分3个专场。东海总部经济区规划建设商务办公及总部大楼28栋，是泉州地区商务楼宇最密集、品质最高、未来发展环境最优越的区域，2021年以来吸引近百家企业入驻。在此专场，共有21个项目签约入驻东海总部经济区，涵盖金融证券、环保科技、生物医药、工程建设等领域，总投资27.6亿元。泉州软件与工业设计基地专场，共有泉州信息工程学院—工业设计中心项目等14个项目签约入驻泉州软件与工业设计基地，涉及新能源汽车、工业设计、人工智能等领域，总投资42.5亿元。泉州知创产业园专场，共有14个项目签约入驻泉州知创产业园，涉及知识产权、数字技术、智能科技等领域，总投资24.3亿元。

丰泽区第四季度部分重点项目集中开（竣）工活动举行

丰泽区第四季度部分重点项目集中开（竣）工活动举行，涉及产业园、总部楼宇、教育项目等领域，总投资额近32亿元。项目包括丰泽区机器人产业园项目开工、泉州软件园展厅启用、金鹿集团总部大厦项目开工、中渌广场项目竣工、真武庙文商旅融合产业园升级改造开工、丰泽区影视服务中心揭牌、东美幼儿园项目竣工。该批项目的开竣工、揭牌和启用，将推动构建现代都市产业体系，加快补齐教育等民生短板，为丰泽区高质量发展增添新的动力。

真武庙文商旅融合产业园区升级改造启动仪式暨丰泽区影视服务中心揭牌仪式在真武庙广场举行。丰泽区以真武庙遗产保护区为依托，规划发展特色影视文旅+AR增强现实体验特色街区。真武庙文商旅融合产业园区升级改造以真武庙庙宇为中心，在保护遗产的基础上，规划占地13.33公顷的综合性产业园区，建筑面积1.7万平方米，整个项目预计投资20亿元。项目规划“世遗”示范街区、文旅发展区、影视产业集聚区、综艺竞赛街区、其他配套区五大区域。“世遗”示范街区内将做好世界遗产的保护与活化，恢复庙会盛景与古时祭海仪式表演；文旅发展区将发展特色文创、数字文化博物馆、本土美食市集等特色文旅项目；影视产业聚集区将涵盖影视演员培训、影视片场、AR数字产业等业态。综艺竞赛街区将引入定制综艺节目《我想开个店》，打造“真武庙战队”IP，重现古刺桐港雄风。丰泽区影视服务中心也挂牌成立，为到丰泽拍摄的剧组提供全方位的配套服务。丰泽区东美实验幼儿园位于丰泽区津淮街东段东美花苑内，占地987平方米。项目对原三层教学楼危房进行拆除重建，重建后幼儿园主楼为四层，其中1～3层为幼儿教学用房，第4层设计为教学辅助用房，总投资1700多万元。新校舍设计为幼儿喜爱的梦幻城堡风格，外墙颜色与小区周边楼栋外墙统一色系，与整个小区环境融为一体。校舍融入自然生态与现代科技，室内外设施设备齐全、富有特色。校舍建成后，幼儿园的教学设置由原来6个教学班增至9个教学班。

全国文明城市创建工作推进会召开

全国文明城市创建工作推进会召开，对创城工作再动员、再部署、再落实。

会议指出，高标准蝉联全国文明城市，既是建设“21世纪海丝名城”的题中之义，也是全市人民群众的共同期望。全市各级各部门要提高认识、统一思想，克服麻痹心态、侥幸心理，拿出志在必得的信心决心，齐心协力、全力以赴，以更高的政治站位、更强的责任担当、更实的工作举措，打好新一轮创建全国文明城市开局之战。要采取更加精准有力的措施，逐项对照测评体系，补短板、强弱项、建机制，答好每一道“考题”，建设更高品质、更高水平的文明之城。要聚焦问题抓整改，解决好当下痛点难点，紧盯农贸市场、背街小巷、城乡接合部、交通场站等，一项一项抓好整治提升。要实行线上监测与线下巡查相结合，及时发现问题、及时处理问题，做到“监测吹哨、管养报到”，提高城市管理水平和治理能力。要坚持创建为民、创建惠民、创建靠民，深化群众性精神文明创建活动，提高群众对创建工作的知晓率、参与率、支持率和满意率。要压实责任、强化调度，全民参与、上下齐心。主要领导要以上率下、靠前指挥；各级各部门要齐抓共管、担当尽责；党员干部要扑下身子、下沉一线；挂钩联系的市直部门要到基层帮助开展整治和创建工作，条块结合、上下联动，凝聚创建工作的强大合力。要细化任务清单、责任清单，加大督导力度，制定奖惩机制，确保“事事有人抓、件件有着落”。要强化常态长效机制，推进城市管理法治化、标准化、制度化、精细化，加强城市治理制度创新、模式创新，用“绣花功夫”提升城市功能品质。

市政府党组（扩大）会议召开

市政府党组（扩大）会议召开，传达贯彻习近平总书记在中央经济工作会议、6日中央政治局会议和2日党外人士座谈会上的讲话精神，以及省委经济工作会议、省委常委会会议、市委常委会会议精神；传达贯彻省委书记尹力在泉州市领导干部大会上的讲话精神，以及市委常委会会议精神。

会议强调，要把思想和行动统一到习近平总书记、党中央对国内外形势的科学研判上来，更加自觉地把泉州放到全国、全省大局中审视和考量，从讲政治的高度做好经济工作，确保党中央决策部署在泉州落地见效。要把握党中央关于做好2022年经济工作的总体要求和政策取向，突出稳字当头、稳中求进，以超前思维系统谋划2022年全市经济工作思路，对接国家重大战略、重大规划、重点投向，加强项目策划和政策储备，推动“有为政府”和“有效市场”协同发力，确保经济发展实现量的快速增长和质的稳步提升。要注重抓好当前工作，统筹疫情防控和经济社会发展，统筹发展和安全，保障群众生产生活，确保2021年顺利收官、2022年良好开局。要学习领会省委书记尹力到泉州讲话精神，聚焦推动经济高质量发展、服务和融入新发展格局、提高人民生活品质等重点工作部署，找准贯彻落实的思路、项目、抓手，讲政治、敢担当、抓落实、提效率、比成绩、争一流，扛起全方位推进高质量发展超越主力军担当。同时，要落实全面从严治党主体责任、政治责任，践行“亲”“清”新型政商关系，营造“想干事、干成事、不出事”的政治生态。

省重点网络剧《炽道》在泉州开机

福建省备案的重点网络剧《炽道》开机仪式在泉州晋江少体校举行。省、市有关部门领导和《炽道》导演伊峥、领衔女主演金晨、领衔男主演王安宇等主创团队代表为摄像机揭幕。特别出演《炽道》的运动员代表、第十四届全运会男子跳高冠军王振等参加开机仪式。26集现实题材网络剧《炽道》，由省广电局、省体育局指导，讲述一个热爱跳高运动的少年历经磨砺与挑战，逐渐成长为国家队预备役运动员的青春励志故事，旨在通过展现新时代年轻运动员奋斗圆梦的历程，传达顽强拼搏的体育精神。

12月20日

农历辛丑年十一月十七
星期一
温度：13℃～17℃
多云转小雨

●全国文明城市创建工作推进会召开，对创城工作再动员、再部署、再落实。

●市政府党组（扩大）会议召开，传达贯彻习近平总书记在中央经济工作会议、6日中央政治局会议和2日党外人士座谈会上的讲话精神，以及省委经济工作会议、省委常委会会议、市委常委会会议精神等。

●市政府第一百三十六次常务会议召开，研究并通过《泉州市“十四五”文化和旅游改革发展专项规划》《“泉州：宋元中国的世界海洋商贸中心”世界遗产保护管理办法（草案）》《泉州市“十四五”制造业高质量发展专项规划》《泉州市人民政府关于促进知识产权高质量发展的若干意见》。

●中央广播电视总台发布2021年度国内十大考古新闻和国际十大考古新闻，福建泉州成功申报世界遗产入选“国内十大考古新闻”。

●福建省备案的重点网络剧《炽道》开机仪式在泉州晋江少体校举行。

12月21日

农历辛丑年十一月十八
星期二
温度：13℃～15℃
大雨转小雨

●省委副书记、政法委书记罗东川到南安调研，进企业、看项目、访农村。

●20—21日，刘建洋走访市人大常委会、市政府、市政协、市纪委监委机关，及市委办、市委组织部、市委宣传部、市委统战部、市委政法委等部门。

●宿利南到基层调研检查疫情防控工作。

●2022年中国金鸡百花电影节八闽电影巡展主宾城市交接仪式举行，泉州市成为2022年八闽电影巡展主宾城市。

●泉州原水运营有限公司成立。

●由中国科学技术协会主办，中国流行色协会、泉州市科学技术协会承办的“科创中国”产学融合会议——中国国际时尚创意论坛暨泉州纺织鞋服产业时尚发展论坛在石狮举行。

泉州市成为2022年八闽电影巡展主宾城市

2022年中国金鸡百花电影节八闽电影巡展主宾城市交接仪式举行，泉州市成为2022年八闽电影巡展主宾城市。交接仪式上，福州作为2021年八闽电影巡展的主宾城市，把八闽电影巡展的旗帜交给泉州。作为2022年八闽电影巡展主宾城市，泉州将用电影架起桥梁，构筑起推动产业发展的优质平台，让更多福建群众享受优秀电影盛宴，也让更多影视文化企业和影视从业者从中了解福建、泉州电影，推动电影文化交流发展。交接仪式还特设“福建重点电影项目”推介环节。作为国内首部高甲戏电影，泉州高甲戏电影《玉珠串》备受瞩目，它通过新时代电影艺术表现手法，展现高甲戏经典剧目，对推动和传承闽派文化起到一定促进作用。全国首部青少年禁毒题材的院线电影《一念殊途》是根据发生在永春县的真实刑事案件改编，影片直面校园毒品危害，具有现实教育意义。同时推介的另三部电影为《诗巫风云》《听见光》《让这首歌作证》。

2022年中国金鸡百花电影节八闽电影巡展交接仪（图/陈智勇）

泉州原水运营有限公司成立

泉州原水运营有限公司（以下简称“原水公司”）揭牌成立。原水公司分别与有关水管单位、取水单位签订运营保障费用协议、供水协议。此举标志泉州市原水工作改革取得重大突破，进入泉州国资国企担当全市原水“一体化”运营管理的时代。市政府印发了《泉州市原水一体化运营工作方案》，授权泉州水务集团成立“泉州原水运营有限公司”。2022年1月1日起，随着该原水公司的正式运营，从泉州市水利原水工程（包括彭村、龙门滩、山美、惠女、菱溪、陈田和泗洲等大中型水库）引入各地自来水厂或工业用水企业的水，均由该公司负责统一调度、优化配置、运营管理和统收统配原水费。原水公司由市本级及各县（市、区）13家股东共同组建，系市国资委监管的水务集团权属一级国有全资企业，将按照“政府主导、公益属性、城乡统筹、强化管理”的原则，推行“统一调度、统一管理、统一水价、统一收取原水费、统一建设新项目”的“五统一”管理模式，提高原水利用效率。

中国国际时尚创意论坛在石狮举行

由中国科学技术协会主办，中国流行色协会、泉州市科学技术协会承办的“科创中国”产学融合会议——中国国际时尚创意论坛暨泉州纺织鞋服产业时尚发展论坛在石狮举行，200多名企业家、设计师参与。论坛以“纺织鞋服的时尚发展”为主题，邀请中国、法国、意大利10名业内重量级嘉宾以“线下+线上”的形式演讲。论坛携手国内外时尚品牌，集聚前沿资讯信息，围绕泉州纺织鞋服产业，将时尚设计与科技、文化、商业等创新要素深度融合。作为首批“科创中国”试点城市，泉州先后获批国家自主创新示范区、国家创新型城市、国家知识产权示范城市。活动负责人表示，此次论坛有利于推动纺织鞋服企业在商品策划、产品设计、品牌建设、市场营销、色彩管理等方面创新发展，提升泉州纺织鞋服产业的时尚竞争力和话语权。论坛开幕式上，中国流行色协会与石狮市政府签订战略合作协议。双方在色彩人才培训、产业咨询与规划、技术应用推广、专家智力服务、标准研究制定、科技成果鉴定等方面开展具体合作，助力泉州建设“智造强市”。

泉州市部署下阶段疫情防控工作

市疫情防控指挥部召开工作会议，研究部署下阶段疫情防控工作。会议指出，国内外疫情防控形势依然严峻复杂，加之元旦、春节临近，“外防输入、内防反弹”的压力增加，各级各单位要清醒认识、高度重视，克服麻痹思想，层层压实责任，做好各项疫情防控工作。要紧盯源头防控，抓好境外进入人员、国内中高风险地区进入人员、非法偷私渡人员等重点人群精准排查、管控，筑牢疫情防线。要抓牢关键环节，做好口岸防输入、多点出发监测预警、疫苗接种、“人、物”同防、社区防控等重点工作，提升发现“1”的能力。要复盘短板弱项，做好打持久战的思想准备，强化底线意识和风险意识，抓紧抓实抓细核酸检测、隔离场所、社区防控、院感防控等能力建设，加速推进、加快建设、加紧磨合，完善应对处置能力。各级各单位要按照《关于加强今冬明春和2022年元旦春节期间新冠肺炎疫情防控工作的通知》，落实各项防控措施，营造和谐稳定节日环境。

泉州市部署岁末年初安全生产工作

全市消防安全和森林防灭火工作会召开，部署岁末年初安全生产工作。会议要求，要增强工作责任感和紧迫感，重点关注厂房仓库火灾、小火亡人火灾、草地和废品收购站火灾、部分县（市、区）森林火灾，分类施策、精准防范、综合治理，化解重大安全隐患，遏制安全事故。要抓紧抓实消防安全工作，抓好高风险场所排查治理，开展排查整治，同时要加强火灾防控基础建设，开展形式多样的宣传提醒，提高群众安全防火意识。要做好森林防灭火工作，加强火源管控、排查巡查、会商研判、应急处置和对森林火灾扑救的统一指挥，落实各项安全防护措施，避免救火人员伤亡。各县（市、区）和各行业主管部门的负责人要组织开展安全隐患大排查大整治，围绕燃气、矿山、道路运输、危险化学品、水上安全等领域开展精准安全治理，及时消除隐患，确保全市安全生产形势平稳。

泉州市加强家庭家教家风建设工作推进会召开

市委文明办、市妇联举行泉州市加强家庭家教家风建设工作推进会，传达全国、全省加强家庭家教家风建设工作推进会精神，部署下阶段工作。推进会上，鲤城区妇联、泉港区妇联、晋江市妇联、南安市委文明办、惠安县委文明办交流推进家教家风建设的经验做法：鲤城区整合利用古城人文史迹资源、名人家风故事和本地家庭美德事迹，建成台魁巷、水沟巷两条“古城家风家教示范巷”，打造百姓身边的家风家教传承课堂；泉港区在各镇（街道）设立“家风故事汇”展示墙，将辖区典型优秀家风故事、《中华人民共和国家庭教育促进法》、移风易俗等内容上墙；惠安县编排“家+文化”主题文艺节目，组织本土学者和民间艺人创作《阿母》《心结》《警察的责任与誓言》等富有地域特色的文艺作品。

会议指出，家庭家教家风建设是国家建设、社会建设的基础工程，做好新时代家庭文明建设工作，使命光荣、意义深远。市委宣传部、文明办以及市妇联等7个部门印发《关于进一步加强家庭家教家风建设的通知》。各地各相关部门要认识家庭家教家风建设的重要性，将家庭家教家风建设摆上重要议事日程。各地文明办、妇联、工会、共青团、关工委以及教育、民政等部门要加强协同配合，主动担当，各司其职，形成多方联动、各展所长、共建家庭文明的局面。活动期间，主办方向毛娟文家庭颁发全国文明家庭荣誉证书，向吴秀梨家庭、刘宗训家庭、黄泉福家庭颁发全国最美家庭荣誉证书，向家庭教育优秀论文、案例获奖者代表颁发证书；组织与会人员到鲤城区家风家教示范基地正音书院、金鱼巷妇联执委履职示范点、鲤城区家风家教示范巷水沟巷、家事文化馆（市级家风家训馆）参观调研。

12月22日

农历辛丑年十一月十九
星期三
温度：14℃～18℃
多云转阴

●市疫情防控指挥部召开工作会议，研究部署下阶段疫情防控工作。

●宿利南到基层调研高校党建、职业技能人才培养和水利项目建设运行等工作。

●全市消防安全和森林防灭火工作会召开，部署岁末年初安全生产工作。

●市委文明办、市妇联举行泉州市加强家庭家教家风建设工作推进会，传达全国、全省加强家庭家教家风建设工作推进会精神，部署下阶段工作。

●《中国新闻周刊》发布2021年度影响力榜单，泉州市获评“2021年度城市”。

12月23日

农历辛丑年十一月二十
星期四
温度：16℃～17℃
多云

●第四季度全省重大项目视频连线集中开工活动举行。刘建洋在主会场参加，蔡战胜在泉州分会场通过视频向省委、省政府报告泉州市重点项目集中开工情况。此次泉州市列入全省集中开工的重大项目26个，总投资200亿元。

●刘建洋会见澳门福建同乡总会访问团。

●市委常委会召开会议，传达省委经济工作会议精神，研究泉州市贯彻落实措施；研究《关于加强泉州世界文化遗产保护管理工作的实施意见》。

●2021年全市新闻发言人培训班举行。

泉州市26个项目参加四季度全省重大项目集中开工

第四季度全省重大项目视频连线集中开工活动举行。省委常委、泉州市委书记刘建洋在主会场参加，市长蔡战胜在泉州分会场通过视频向省委、省政府报告泉州市重点项目集中开工情况。市领导黄景春、洪自强、刘林霜参加。此次泉州市列入全省集中开工的重大项目26个，总投资200亿元。其中，产业项目20个、占近八成、总投资113亿元，涵盖智能制造、高端纺织、现代仓储、工程机械等方面。

泉州台商投资区海峡雕艺文化园项目现场连线开工。该项目总投资20亿元，系泉州市首批工业园区标准化建设的试点之一，包括海峡雕艺产业园、大师文化创意园及木雕文创产品交易市场三部分。项目以打造国家级标准化园区为目标，分3期建设标准化厂房、雕艺博物馆、原材料集散中心、线下交易市场。该项目建成投用后，有利于传承源自唐朝、获评国家地理标志商标的“张坂木雕”非物质文化遗产技艺，打通上游中游下游侧游各环节，形成集供应、设计、生产、销售的雕艺全产业链集群优势。该项目计划2022年年底部分建成投产，全部建成后预计导入木雕企业、大师工作室、工艺作坊、设计机构超百家，辐射带动就业5000余人，年产值可达10亿元。总投资10亿元的鲤城区火炬电子泉州智慧总部基地项目选址鲤城高新区，建设企业智慧总部基地及四号生产基地，解决企业发展关键期用地、创新支撑和产地分散等问题，保障持续稳定发展。项目建设后，可达到年产1亿只各类超级电容，为数十个领域的企业提供清洁的快速储能工具，满足各行业的需求。石狮市通达创智石狮智能制造基地建设项目，总投资5亿元，建设生产车间、仓库及办公楼，引进国内外先进生产设备，建成智能家居生产园区，为宜家等世界500强企业提供家居产品研发和制造。南安市恒利达工程机械配件产业园生产项目总投资2.69亿元，分3期建设，拟建成工程机械、汽车配件网带炉热处理、轨面热处理、链条压装、履带总成拧紧均为一体化自动化生产流水线，投产后可年生产锻件10万吨。

市委常委会传达省委经济工作会议精神

市委常委会召开会议，传达省委经济工作会议精神，研究泉州市贯彻落实措施；研究《关于加强泉州世界文化遗产保护管理工作的实施意见》。会议强调，要突出稳字当头、稳中求进，科学谋划安排2023年发展目标任务，坚持大抓项目、抓大项目，支撑经济高质量发展。要统筹各级各部门协同发力，完善考核评价机制，树立比学赶超的鲜明导向，确保各项工作做实做细做成。要按照省委对泉州提出的培育城市精神和城市文化、打造世界遗产保护利用典范城市等要求，高标准活态保护传承利用世界遗产，延续好泉州的历史文脉。要完善长效机制，细化分级分类管控措施，加强遗产日常保护管理工作。要深挖历史富矿，推动水下考古，规划建设考古遗址公园等系列展示平台。要加强策划宣传，培育“遗产+”“文化+”跨界融合新业态，推动文旅融合发展，打响“宋元中国·‘海丝’泉州”城市品牌。

2021年全市新闻发言人培训班举行

2021年全市新闻发言人培训班举行。开班动员讲话指出，各级各部门要站在政治和全局的高度，学习贯彻习近平总书记关于新闻舆论工作的重要论述，认识做好新闻舆论工作的重要性，提高新闻发布、舆论引导工作水平。要健全新闻发言人制度，建机制、强网络、多实训、增实效，加强和改进新闻发布工作。要坚持线上线下同步联动，规范信息发布流程，提升媒体协同水平。要锤炼过硬本领，建设一支政治过硬、本领高强、求实创新、能打胜仗的新闻发言人队伍，为建设“海丝”名城、智造强市、品质泉州贡献力量。培训班以视频会议形式举行，邀请有关专家围绕新闻发布等工作做专题讲座。

市管干部学习中共十九届六中全会精神专题研讨班举行

市管干部学习贯彻中共十九届六中全会精神专题研讨班举行。省委常委、市委书记刘建洋做开班式讲话暨主题宣讲报告。市委副书记、市长蔡战胜主持。市领导陈灿辉、李建辉、李转生、肖汉辉、宿利南、施宇辉、陈辉宗、卢秀萍、傅藏荣、黄景春、高宏等出席。刘建洋指出，要以习近平总书记对福建工作的重要要求和党中央决策部署统揽各项工作，按照省党代会各项部署，推动改革再深入、实践再创新、工作再落实，加快数字化转型发展，推进新型工业化和城镇化，建设21世纪"海丝名城"，再创"晋江经验"新辉煌。把对习近平总书记的崇敬之情、爱戴之情，转化为抓学习、抓进一步发展的精神动力，在爱拼敢赢中开创新局面。坚定历史自信，筑牢信仰之基，补足精神之钙，把稳思想之舵；践行初心使命，加快民生补短板，解决好群众急难愁盼问题；勇于自我革命，增强忧患意识，强化底线思维，勇当改革促进派实干家，干出一番带动全局、决定泉州长远发展的事业。

市政协十二届三十二次常委会会议召开

市政协十二届三十二次常委会会议召开，听取市政府关于市政协十二届五次会议以来提案办理情况的通报，协商通过十三届市政协委员建议名单、《关于召开市政协十三届一次会议的决定（草案）》、市政协《常委会工作报告》报告人草案和《提案工作情况报告》报告人草案、市政协《常委会工作报告（草案）》和《提案工作情况报告（草案）》以及有关人事事项。会议强调，要担使命、聚共识，紧扣中心工作精准发力，推动建言资政和凝聚共识双向发力。要守规矩、作表率，把严肃会风会纪作为重要标尺，严明政治纪律和政治规矩，严肃各项会议纪律。

第七届中国（泉州）海上丝绸之路国际品牌博览会举行

24—26日，由中国国际商会主办，中国国际商会会展部、中国国际贸易促进委员会福建省委员会、泉州市政府承办的第七届中国（泉州）海上丝绸之路国际品牌博览会（以下简称"'海丝'品博会"）在中国石狮服装城举行。该届"海丝"品博会以"新丝路、新格局、新业态"为主题，展会面积1万平方米，规划泉州"海丝"精品展区、主宾国"海丝"精品展区、"海丝"品牌企业展区、保税区进口酒类展区、海洋经济展区、元宇宙体验馆、闽宁品牌馆、闽西南协作展区、石狮食品城展区、跨境电商品牌馆、服务贸易区、综合服务区、旅游推介馆13个展区，设置322个国际标准展位，展出商品逾万种，20个国家和地区的150家企业参展。

第七届中国（泉州）海上丝绸之路国际品牌博览会现场
（图/李荣鑫）

第三届福建省水彩画展在泉州开幕

由福建省美术家协会、泉州信息工程学院、泉州画院主办的"泉信杯"第三届福建省水彩画展在泉州信息工程学院开幕。画展以"奋进新征程、建功新时代"为主题，旨在提升福建水彩画的精品意识，推进福建省美术创作高质量发展。自征稿以来，受到全省美术工作者关注，经过评选，画展展出131件作品。画作内容形式多样，展示福建水彩画创作的成就和实力。画家在呈现积极向上主题的同时，关注水彩艺术语言与其他画种的借鉴与融合，在形式语言和风格面貌上更加自由、多元。

12月24日

农历辛丑年十一月廿一
星期五
温度：13℃～19℃
多云

●市管干部学习贯彻中共十九届六中全会精神专题研讨班举行。

●市政协十二届三十二次常委会会议召开，听取市政府关于市政协十二届五次会议以来提案办理情况的通报等。

●24—26日，由中国国际商会主办，中国国际商会会展部、中国国际贸易促进委员会福建省委员会、泉州市政府承办的第七届中国（泉州）海上丝绸之路国际品牌博览会在中国石狮服装城举行。

●由福建省美术家协会、泉州信息工程学院、泉州画院主办的"泉信杯"第三届福建省水彩画展在泉州信息工程学院开幕。

●泉州市急诊急救学会急诊外科学组成立，泉州市动物致伤防治联盟同时成立。

12月25日

农历辛丑年十一月廿二
星期六
温度：9℃～16℃
多云

●泉州城建集团有限公司与天津大学建筑学院签订战略合作框架协议，并举办设计大师论坛活动。

●泉州市全社会用电量数值更新至600.85亿千瓦时，在全省率先突破600亿千瓦时大关，比上年同期增长17.49%，连续25年居全省首位。

●“文启‘海丝’·艺荟晋江”2021年晋江文化创意和艺术节开幕。

●由南安市石井镇党委政府、泉州半导体高新技术产业园区管委会南安分园区办事处和联东U谷主办的南安芯谷入驻项目集中签约仪式暨产业服务专题发布会举行。

●由中国小说学会主办的“中国小说学会2021年度好小说”揭晓，泉州籍知名作家、上海市作协副主席潘向黎的《荷花姜》入选短篇小说排行榜。

泉州城建集团与天津大学建筑学院签订战略合作框架协议

按照市委、市政府关于提升泉州城市规划设计服务水平战略部署，泉州城建集团有限公司与天津大学建筑学院签订战略合作框架协议，并举办设计大师论坛活动。天津大学建筑学院有84年的历史，在国内外建筑界享有很高的学术声誉。泉州城建集团与天津大学建筑学院联合在泉州建立“天津大学大师工作室”，在课题研究、产学融合、人才培养、文化传播等领域开展全方位合作。签约仪式还设置大师论坛环节，梁思成建筑奖获得者、全国工程勘察设计大师周恺教授做“场所·空间·建造 人文—艺术—相融共生理念下的建筑设计”专题讲座。天津大学建筑学院院长孔宇航教授和周恺教授等专家学者与业界共话泉州城市规划建设的过去与未来，为泉州城市规划设计事业建言献策。作为泉州市属规模最大、主体资信评级最高的国有企业，泉州城建集团组建泉州城市规划设计集团，定位为担当市委、市政府城市规划建设的参谋和智库。

2021年晋江文化创意和艺术节开幕

“文启‘海丝’·艺荟晋江”2021年晋江文化创意和艺术节启动，以“线上+线下”活动相结合形式，通过线上举办抖音嘉年华、文创设计大赛，线下开展“白毫墨涛”张瑞图书法特展、“晋善晋美”2021年晋江市抖音嘉年华、“世遗晋江·多彩文创”2021年晋江市文化创意设计大赛、“大美晋江”文化惠民演出、“美丽中国”电影剧作家走进晋江、“古厝达人秀”2021年海峡两岸街头艺人大赛、“炫彩晋江”2021年晋江城市音乐节、“遇见晋江·风正好扬帆”2022年晋江市迎新春文艺慰问演出八大专场活动，搭建宣传展示平台，推动文化和各产业融合创新，提升城市文化品质。其中，“白毫墨涛”张瑞图书法特展在晋江博物馆举行，持续至2022年2月15日。张瑞图是中国艺术史上杰出的书法家，晋江作为张瑞图的故乡，举办此次展览有利于挖掘晋江人文内涵，打造城市文化品牌。此次书法特展展出张瑞图的书法作品及碑刻67件，囊括手卷、册页、立轴、八条屏各种形式，绫本、绢本、纸本和石碑各种材质，涵盖张瑞图各个时期书法精品，是晋江首次对张瑞图书法作品的系统汇总和全面展示，具有非常高的历史价值和艺术价值。

相关链接：张瑞图，明代著名书画家，泉州晋江（今福建泉州）人，明神宗万历三十五年（1607年）探花，官至武英殿大学士。张瑞图与董其昌、邢侗、米万钟一起并称“泉州明末四大书法家”，他还与董其昌并称“南张北董”。

南安芯谷入驻项目集中签约仪式举行

由南安市石井镇党委政府、泉州半导体高新技术产业园区（以下简称“泉州芯谷”）管委会南安分园区办事处和联东U谷主办的南安芯谷入驻项目集中签约仪式暨产业服务专题发布会举行，总投资4亿元、预计年产值5.4亿元的12个项目集中签约。会上，泉州芯谷南安分园区、联东U谷·南安半导体科技产业港项目分别做项目推介和服务推介。众芯成科技有限公司、应友光电科技有限公司、合肥全色光显科技有限公司等12家优质企业入驻泉州芯谷南安分园区，其中高成长性的科技型企业11家（瞪羚企业1家，专精特新企业4家，国省高新技术企业6家）、服务型企业1家。联东集团创立于1991年，是一家集产业园区开发运营和金融投资为一体的集团化公司，旗下核心品牌“联东U谷”在全国73座城市投资运营园区350个，引进、服务新兴制造业企业和科技型企业超过1.4万家，连续十年获得国务院发展研究中心发布的产业园区运营商排名第一位的成绩。联东U谷·南安半导体科技产业港占地13公顷，总建筑面积23万平方米，计划总投资超12亿元，打造集聚半导体终端应用、电子信息、半导体辅材辅料及产业链上下游配套企业的高标准产业园区，形成集研发中试、加速器和产业基地为一体的产业集群。项目达产后，年产值预计超20亿元。

泉州市管干部学习中共十九届六中全会精神专题研讨班结业

泉州市管干部学习贯彻中共十九届六中全会精神专题研讨班结业。蔡战胜结合贯彻落实省委、市委经济工作会议部署要求，做年度经济工作主题报告。会议指出，此次研讨班得到市委高度重视，内容充实、组织到位。大家带着问题认真学、联系实际深入研讨，武装头脑，明确方向，凝聚共识，达到预期目的。要把学习宣传贯彻中共十九届六中全会精神作为重要政治任务，按照党中央以及省委、市委的决策部署，结合重点工作，大兴学习之风，力求思想境界有新面貌；大兴调研之风，力争解决问题有新办法；大兴落实之风，力促干事创业有新成效，锚定目标、脚踏实地，埋头苦干、勇毅前行，续写敢拼会赢的新故事新业绩新篇章。研讨班举行期间，泉州市还邀请省委党校、省文物局、省社科院、华侨大学的相关领导与专家，分别做专题辅导报告。参加人员围绕课程内容自学，并参加分组讨论。

泉州市完成县级领导班子换届

截至是日，全市11个县（市、区）领导班子完成换届。新一届县级领导班子的年龄、学历、专业等方面结构大幅优化，整体功能明显增强，实现预期目标。

坚持党的领导，把牢政治关。泉州坚持党的全面领导贯穿始终，确保中央、省委精神执行精准到位。市县党委成立换届工作领导机构，对领导班子配备、代表委员推选、资格联审等重点任务从严把关。组成专班，对各县（市、区）班子配备现状、调配需求、优化方向等以及全市干部储备情况进行分析盘点，摸清底数、有的放矢。同时，列出清单，压实各地各单位党委（党组）干部培养主体责任，有针对性地优化干部队伍结构和整体素质。坚持新时代好干部标准，树立鲜明用人导向。泉州按照德才配位的要求，量化个体强弱，评出“好”干部195人，“好”班子24个，坚持优先使用“好”干部和“好”班子培养推荐的干部。突出基层导向，重点关注在三大攻坚战、疫情防控等急难险重任务中扛硬活、打硬仗且一贯表现好的干部，党政班子中选配具有乡镇（街道）党政正职经历的干部86人，占比46%，比上届提高2.7倍；着眼战略需要，针对各地“十四五”发展功能定位和2035年远景目标，打破部门界限、上下界限、条块界限，好中选优、优中选强，把各方面优秀的干部人才充实到县级班子。优化班子结构，增强整体功能。泉州围绕传承弘扬“晋江经验”、全方位推进高质量发展超越目标任务，从整体功能把握班子配备，精准配置干部资源。其中，紧扣区域发展特点配干部，突出以事择人、补齐功能短板，从市直综合部门、经济部门选派专业素养好、眼界思维宽的优秀干部，对标充实各县（市、区）领导班子。据统计，新一届县（市、区）党政班子成员研究生学历占34.7%，比上届提高近1倍。新班子贵在新气象。泉州常态化开展“刺桐红”行动，推行新老结对帮带，加速新一届班子磨合。

“走进泉州看宋元中国”全国文旅摄影大展启动

由市委宣传部、福建省摄影家协会、中国摄影报社主办，市文旅局、市文联、泉州文旅集团协办，泉州市摄影家协会承办的“走进泉州看宋元中国”全国文旅摄影大展启动仪式在市图书馆举行。此次全国文旅摄影大展征集反映泉州自然风光、人文风情和时代发展成就的摄影作品，特别征集泉州22个世界遗产点的相关图片与视频作品，旨在展示泉州市秀美的自然风光、厚重的历史文化、多彩的民俗风情，运用摄影这一直观的艺术形式宣传泉州，提升知名度和美誉度，通过影像传播旅游资源优势，促进旅游业和现代服务业的发展。活动征集时间为2021年11月至2022年9月30日，主办单位组织专家、学者进行评审，在2022年10月评选出入展摄影作品90幅组，入展多媒体视频作品10件，所有入展作品均按中国摄影家协会之规定累积入会申请积分，所有的入展作品在泉州举办专题摄影大展并结集出版。

12月26日

农历辛丑年十一月廿三
星期日
温度：8℃～11℃
多云

●泉州市管干部学习贯彻中共十九届六中全会精神专题研讨班结业。蔡战胜结合贯彻落实省委、市委经济工作会议部署要求，做年度经济工作主题报告。

●26—28日，泉州市在广东深圳开展粤港澳大湾区招商。

●截至是日，全市11个县（市、区）领导班子完成换届。

●由市委宣传部、福建省摄影家协会、中国摄影报社主办，市文旅局、市文联、泉州文旅集团协办，泉州市摄影家协会承办的“走进泉州看宋元中国”全国文旅摄影大展启动仪式在市图书馆举行。

12月27日

农历辛丑年十一月廿四
星期一
温度：8℃～10℃
多云转晴

●2021年RCEP青年侨商创新创业峰会在石狮举行。

●市委理论学习中心组学习（扩大）会召开，邀请省发改委党组成员、省粮食和物资储备局党组书记、局长孙建平做“扛稳粮安重任 端牢中国饭碗”专题辅导讲座。

●市人大常委会党组扩大会议召开，研究关于市十七届人大一次会议有关事项的请示、市人大常委会工作报告、市十七届人大一次会议疫情防控工作方案以及关于邀请海外侨胞列席市十七届人大一次会议等有关事项。

●泉州市粤港澳招商推介会暨招商签约仪式在广东深圳举行。

●由市文旅局主办的泉州市新年音乐会在泉州大剧院举行。

●由晋江市委、市政府主办的亚洲爱乐乐团2022年新年音乐会在晋江戏剧中心举行。

●中国水利工程优质（大禹）奖评选结果公布，福建省泉州市德化彭村水库工程入选。

2021年RCEP青年侨商创新创业峰会在石狮举行

2021年RCEP青年侨商创新创业峰会在石狮举行。省委常委、统战部部长王永礼，泉州市政协党组书记肖汉辉，泉州市委常委、宣传部部长、统战部部长陈辉宗出席相关活动。此次峰会是在区域全面经济伙伴关系协定（RCEP）即将生效之际，围绕更好服务福建籍青年侨商创新创业，以“区域经贸合作前景与机遇”为主题，首次举办的区域经贸合作论坛和对接活动。活动线上开设24个国家视频分会场，覆盖五大洲。峰会期间，福建首个面向华侨华人跨境电商平台“侨易邦”上线发布，省侨青跨境电商实训基地授牌，开展各地商协会产业集群馆代表入驻、“侨易邦”首批企业入驻、跨境电商实训合作、海外仓建设项目等线上线下签约，以及峰会主旨演讲、招商推介、经贸对接等活动。

市人大常委会党组扩大会议召开

市人大常委会党组扩大会议召开，研究关于市十七届人大一次会议有关事项的请示、市人大常委会工作报告、市十七届人大一次会议疫情防控工作方案以及关于邀请海外侨胞列席市十七届人大一次会议等有关事项。会议指出，各工作组要增强时间意识、效率意识和质量意识，做好各项筹备工作。要做好代表服务保障工作，确保各项服务工作细致周到、用心暖心。要保持高度敏感，加强疫情防控和会务服务的统筹谋划，落细落实防疫各项工作措施。

市人大常委会党组扩大会议现场（图/陈意鸣）

泉州市粤港澳招商推介会在深圳举行

泉州市粤港澳招商推介会暨招商签约仪式在广东深圳举行。泉州市领导蔡战胜、高向荣、刘林霜，各县（市、区）政府、泉州经济技术开发区管委会、泉州台商投资区管委会、市直有关部门主要负责人和海内外100多名客商参加。

市长蔡战胜指出，泉州是一座文化底蕴深厚的历史名城，也是一座制造之都、消费之都，民营经济发达，工业增加值、社会消费品零售总额、快递业务量等指标均位居全国前十。泉州正立足新发展阶段，贯彻新发展理念，服务和融入新发展格局，按照省、市党代会部署，加快建设“海丝”名城、智造强市、品质泉州。泉州将坚持“干部服务群众、政府服务企业、机关服务一线”理念，开展好产业链招商、工业园区标准化建设、营商环境持续提升、聚城畅通、惠民生补短板等“抓项目、促发展”系列专项行动，营造宜居宜业的投资环境，解决到泉州的企业家、人才的后顾之忧，让企业安心、舒心、放心发展。蔡战胜向各位企业家、各地客商朋友发出邀请，欢迎大家走进泉州、选择泉州、投资泉州，与泉州一道改革创新再起航，携手共谋发展，实现合作共赢。推介会上，市发改委围绕泉州市经济社会发展情况、产业招商方向及投资创业环境等方面做重点招商推介，深圳泉州籍客商代表及签约客商代表分别做分享交流。此次招商推介会征集签约项目80个，总投资1081.8亿元，现场集中签约15个项目，总投资333亿元，包括产业项目、新基建项目、民生项目等。推介会前，蔡战胜会见参加推介会的客商代表。

泉州市粤港澳招商推介会暨招商签约仪式（图/市发改委）

市委常委会学习习近平总书记贺信精神

市委常委会召开会议，学习习近平总书记致厦门经济特区建设40周年贺信精神，学习习近平总书记在中国文联第十一次全国代表大会、中国作协第十次代表大会开幕式上的重要讲话精神以及省委常委会会议精神；研究并通过《法治泉州建设规划（2021—2025年）》。

会议指出，要学习贯彻习近平总书记贺信精神，落实省委部署，深化改革扩大开放，实施营商环境优化提升行动，加快海上丝绸之路先行区挖潜破题，打造台胞台企登陆第一家园的“桥头堡”。要创新发展“晋江经验”，坚持强攻产业、坚守实业、激发创业，弘扬企业家精神，掀起新一轮民营经济发展热潮。要创建世界遗产典范城市，统筹处理好遗产城市保护和城市发展的关系，深化闽南文化生态保护区核心区建设，促进遗产活态传承融入生活。要学习贯彻习近平总书记在中国文联第十一次全国代表大会、中国作协第十次全国代表大会开幕式上的重要讲话精神，承担好举旗帜、聚民心、育新人、兴文化、展形象的使命任务，开创泉州文艺事业发展新局面。要系统谋划推进“十四五”时期文化产业和文化事业发展，释放世界文化遗产品牌效应，用心用力用情讲好泉州故事，提升泉州文化综合竞争力。要把党的领导落实到文艺发展的各领域各环节，坚持教育引导和综合治理并重，形成不断出精品、出人才的生动局面。要学习贯彻习近平法治思想，狠抓法治建设规划实施，在营造法治化营商环境、推进重点领域立法、法治政府建设、“八五”普法等方面下足功夫，为建设“海丝名城、智造强市、品质泉州”提供法治保障。

市委议军会议召开

市委议军会议召开，学习贯彻习近平强军思想，听取泉州市国防动员和后备力量建设情况汇报，研究加强民兵力量建设、双拥工作等相关事项，部署推进下一步工作。会议指出，要认识加强党管武装工作的重大意义，树牢总体国家安全观，推动泉州市新时代党管武装工作迈上新台阶。要将国动援战工作做实做细，推动国防动员体制改革落地，推进国防动员和后备力量建设高质量发展。要聚焦争创全国双拥模范城“十连冠”目标，发挥泉州特色优势，推动双拥工作建设，解决部队基础设施、人才培养和军人福利待遇、家属就业、子女入学等“后代、后路、后院”问题，为驻泉州官兵排忧解难，巩固拓展泉州军政军民团结的大好局面。要坚持党对军队的绝对领导，树牢党管武装意识，落实党管武装制度，履行好管政治方向、管思想建设、管组织建设、管服务保障、管作用发挥的政治责任。要结合党史学习教育，建好用好国防教育基地等主渠道主阵地，营造全民国防教育和爱国拥军氛围。

“世遗泉州 活态古城——等你来”主题活动启动

由市委宣传部、市文旅局主办的“世遗泉州 活态古城——等你来”主题活动在华侨大学启动。启动仪式包括“世遗”主题明信片和《锦绣刺桐城》卷轴赠送、“世遗”泉州主题宣讲、“世遗”泉州主题展及互动环节，现场还有“传邮寄语”体验活动，让大家把“泉州”这张“明信片”寄到全国乃至全世界。《锦绣刺桐城》用时半年，为“申遗”量身定做，画长23米，图汇900个人物，大小船只近140艘。主题明信片则是从卷轴中而来，展示22个世界遗产点的风貌。市委宣传部联合市文旅局、泉州邮政设计制作“世遗泉州 活态古城——等你来”主题有声明信片15万张和一批《锦绣刺桐城》卷轴，制作系列《云说世遗泉州》微宣讲视频，送给全市各高校、遗产点、爱国主义教育基地、中小学校等。带有“世界遗产”专用邮戳的一套22张有声明信片首次发布，参加活动的华侨大学境内外学生成为首批体验者。明信片上有“世遗”泉州及各个遗产点的简介，附有“泉州——宋元中国的世界海洋商贸中心”公众号二维码，正面是《锦绣刺桐城》中22个遗产点的图片。

12月28日

农历辛丑年十一月廿五
星期二
温度：11℃～17℃
多云转晴

●市委常委会召开会议，学习习近平总书记致厦门经济特区建设40周年贺信精神，学习习近平总书记在中国文联第十一次全国代表大会、中国作协第十次代表大会开幕式上的重要讲话精神以及省委常委会会议精神等。

●市委议军会议召开，学习贯彻习近平强军思想，听取泉州市国防动员和后备力量建设情况汇报，研究加强民兵力量建设、双拥工作等相关事项，部署推进下一步工作。

●由市委宣传部、市文旅局主办的“世遗泉州 活态古城——等你来”主题活动在华侨大学启动。

●由惠安县委、县政府主办的泉州市2022年“祖国万岁”新年音乐会在惠安县文化中心举行。

12月29日

农历辛丑年十一月廿六
星期三
温度：12℃～18℃
多云转晴

●中共泉州市委十三届二次全会召开，听取和审议市委常委会工作报告，审议通过《中共泉州市委关于深刻领会党的百年奋斗重大成就和历史经验，汇聚加快建设海丝名城智造强市品质泉州强大精神动力的决定》。

●市委常委会（扩大）会议召开，听取市委常委班子成员述责述廉报告。

●市十六届人大常委会第八十三次主任会议召开，讨论补选个别省十三届人大代表事项、市十七届人大一次会议的日程安排（草案）及各项建议名单等。

●市十六届人大常委会第四十六次会议召开，听取和审议市政府关于市十六届人民代表大会代表建议办理工作的报告和市人大常委会视察组的综合报告等。

中共泉州市委十三届二次全会召开

中共泉州市委十三届二次全会召开。全会由市委常委会主持，省委常委、市委书记刘建洋讲话。全会听取和审议市委常委会工作报告，审议通过《中共泉州市委关于深刻领会党的百年奋斗重大成就和历史经验，汇聚加快建设海丝名城智造强市品质泉州强大精神动力的决定》。刘建洋就决定（讨论稿）向全会做说明。

全会指出，中共十九届六中全会，是在中共成立一百周年的重要历史时刻，在“两个一百年”奋斗目标交汇的重大历史关头，召开的一次具有重大历史意义的会议。习近平总书记在全会上的重要讲话和全会通过的《中共中央关于党的百年奋斗重大成就和历史经验的决议》，指明前进方向、提供根本遵循。省第十一次党代会和省委十一届一次全会，吹响谱写全面建设社会主义现代化国家福建篇章的号角。全市各级党组织和党员干部要从中共百年奋斗重大成就和历史经验中汲取智慧和力量，办好泉州的事，在新的赶考路上交出优异的泉州答卷。福建是习近平新时代中国特色社会主义思想的重要孕育地和实践地。习近平总书记在福建工作期间，开创一系列重要理念和重大实践，特别是亲自总结推广的“晋江经验”，至今仍闪耀着真理光芒和实践力量。全市各级党组织和党员干部要高举旗帜、牢记嘱托，把对习近平总书记的爱戴之情转化为加快泉州发展的责任担当，沿着习近平总书记指引的方向前进，再创“晋江经验”新辉煌。

全会强调，全市要把学习贯彻中共十九届六中全会精神与贯彻落实省第十一次党代会精神、省委对泉州发展的定位要求结合起来，谋深谋细谋实具体目标、任务、项目，推动党中央决策部署和省委工作要求在泉州落地见效。要以“晋江经验”提出20周年为契机，开展解放思想大讨论，再学习、再调研、再落实，谋划推进新型工业化和新型城镇化双轮驱动，把独特优势转化为发展优势。要全力建设智造强市，实施制造业智能化改造和数字化转型，带头掀起新一轮民营企业创新创业创造热潮，加快“二一一”万亿产业链群延链补链强链，优化营商环境，用改革创新破解要素制约，打造一批产业综合体和创新综合体，建设全球先进制造基地。要打造21世纪“海丝名城”，坚持城乡统筹、新老并重，强化城市片区综合开发建设，做大做强中心城区、做实做优次中心组团、做精做美小城镇和新农村；坚持以文润城、扩大开放，抓住“泉州：宋元中国的世界海洋商贸中心”“申遗”成功带来的历史性机遇，打造世界遗产典范城市，打好“新侨牌”，谋划建设世界多元文化商贸中心城市。要用心打造品质泉州，共建美丽宜居幸福家园，紧扣不同群体差异化需求，加快补齐“一老一小”服务、教育、卫生健康、文体设施、平安与生态建设等短板，打造“15分钟便民生活圈”，让城市发展更有温度、民生福祉更有质感。

中国共产党泉州市第十三届委员会第二次全体会议（图/陈英杰）

市十六届人大常委会第八十三次主任会议召开

市十六届人大常委会第八十三次主任会议召开。会议讨论补选个别省十三届人大代表事项，市十七届人大一次会议的日程安排（草案）及各项建议名单，市人大常委会工作报告稿，关于市十六届人大六次会议代表建议办理工作的综合报告稿；听取市人大常委会代表资格审查委员会关于泉州市第十七届人大代表的代表资格的审查报告。

刘建洋到晋江开展工作调研

省委常委、市委书记刘建洋到晋江调研，与干部群众一起学习“晋江经验”，一同谈思路、出举措、谋发展。刘建洋强调，晋江要在县域经济高质量发展中勇争先、当示范。要在产业转型升级、加快构建现代化产业体系中迈出更大步伐，多用市场化、专业化的办法，存量上抓改造提升，增量上抓招商引资。要在产城融合、推进新型城镇化上有更大进步，以产业强为城市固根基，以城市兴为产业添后劲。要在改革创新、先行先试上有更大突破，在县域集成改革、基层治理创新等方面当好先头部队。要在夯实基层基础、全面加强党的建设上争当示范，在全面从严治党、经济高质量发展、社会全面进步等方面，把“晋江经验”的品牌越擦越亮。

刘建洋（左三）在青阳街道阳光社区了解党建引领基层治理情况（图/陈起拓）

全市警示教育大会召开

全市警示教育大会召开，学习贯彻习近平总书记关于全面从严治党重要论述，贯彻落实党中央决策部署，教育引导党员干部受警醒、知敬畏、守底线，落实管党治党政治责任。会议指出，要学习贯彻中共十九届六中全会精神，弘扬伟大建党精神，把严的主基调长期坚持下去，推进党风廉政建设和反腐败斗争，为建设21世纪“海丝名城”营造良好政治生态。要筑牢思想防线，绷紧纪法之弦，领悟中共百年奋斗重大成就和历史经验，拧紧理想信念的总开关，做对党忠诚的老实人，挺起敢于斗争的硬脊梁，经得住各种考验。要严守行为底线，常怀律己之心，树立正确的权力观、政绩观、事业观，做到公权不私用、有权不任性、用权不怠政，立好家规、树好家风、管好身边人。要坚守纪律红线，弘扬廉洁之风，树立“严管就是厚爱”的理念，加强政治监督，做深做实警示教育，梳理廉政风险点，扎紧制度“笼子”，加强源头治理、规范管理、风险防控，提高不敢腐、不能腐、不想腐的综合功效。

市政府第一百三十七次常务会议召开

市政府第一百三十七次常务会议召开，研究2021年度规范性文件清理工作情况，研究并通过《泉州市“十四五”卫生健康事业发展专项规划》《泉州市“十四五”科技创新发展专项规划》《泉州市农村生活污水提升治理五年行动方案（2021—2025年）》等。会议指出，要建立完善事中审查、事后备案长效机制，做到文件合法有效、简明扼要。要促进医疗卫生服务优质共享，加快引进建设国家级、省级区域医疗中心，聚焦重点人群健康服务，提升卫生健康保障水平，提高常态化疫情防控和应急处置能力。要深化三医联动改革，在健全分级诊疗制度、现代医院管理制度、全民医保制度、药品供给保障制度等方面取得突破。要突出科技赋能，围绕产业链布局创新链，促进科技成果转化落地。要发挥企业作用，以企业需求为导向研究制定相关政策，用好科技创新券、人才自主评价等措施，激发市场主体创新活力。要提高站位，制定实施好行动方案，促成农村生活污水治理快见效、见长效。要抓好统筹，摸清全市家底，统一规划、设计、建设、运维，形成可持续的规模运行效应。要凝聚合力，形成“市统筹指导，县负总责，专业公司建设运营，镇村配合，村民广泛参与”的齐抓共管工作机制。

12月30日

农历辛丑年十一月廿七
星期四
温度：10℃～16℃
多云

●省委常委、市委书记刘建洋到晋江调研，与干部群众一起学习“晋江经验”，一同谈思路、出举措、谋发展。

●泉州军分区党委第一书记任职大会召开。会上宣读省军区党委任职决定并颁发任职通知书。刘建洋任泉州军分区党委委员、常委、第一书记。

●全市警示教育大会召开，学习贯彻习近平总书记关于全面从严治党重要论述，贯彻落实党中央决策部署，教育引导党员干部受警醒、知敬畏、守底线，落实管党治党政治责任。

●市政府党组（扩大）会议召开，听取市政府党组成员2021年度述责述廉报告。

●市政府第一百三十七次常务会议召开，研究2021年度规范性文件清理工作情况，研究并通过《泉州市“十四五”卫生健康事业发展专项规划》《泉州市“十四五”科技创新发展专项规划》《泉州市农村生活污水提升治理五年行动方案（2021—2025年）》等。

●市第一医院、市中医院2辆移动核酸检测方舱启动运行。

●“浦城大米·走进泉州”暨山海协作助力区域品牌发展推介会举行。

●惠安县建筑产业高质量发展大会召开。

12月31日

农历辛丑年十一月廿八
星期五
温度：11℃～16℃
晴

●省委常委、市委书记刘建洋到鲤城开展工作调研。

●中国（泉州）知识产权保护中心在丰泽揭牌，“知创泉州”知识产权公共服务平台同时启动。

●泉州市七库连通工程通水现场会举行，宣布七库连通工程建成并通水。

●由市文旅局主办、泉州市艺术馆承办的泉州市2022新年合唱音乐会在泉州大剧院举行。

●由市商务局和鲤城区政府主办的“最闽南”美食嘉年华暨年货节在中心市区源和堂1916举行。

●经中国地方志指导小组组织专家评审，《泉州年鉴（2020）》获评全国特等年鉴。

●泉州微公交开通。

●吕思清与美杰新青年乐团新年音乐会在泉州大剧院举行。

刘建洋到鲤城开展工作调研

省委常委、市委书记刘建洋到鲤城开展工作调研，与当地干部一起谈思路、谋举措、话发展。刘建洋强调，鲤城要在建设世界遗产保护利用典范城市中有更大的担当，既传承好优秀历史文化，又焕发新的活力。要在做大做强中心城区中有更大的作为，明晰产业定位，市、区两级协同形成合力，加快形成集聚效应。要在构建现代产业体系中找准突破口，用市场化的理念策划项目、争取支持，用专业化的办法招商引资。要在党建引领基层治理中有更大的进步，探索“党建+”社区邻里中心建设，在城市管理、社区治理等方面走在全市前列。

刘建洋（右二）在金鱼巷了解古城改造情况（图/陈起拓）

中国（泉州）知识产权保护中心揭牌

中国（泉州）知识产权保护中心在丰泽揭牌，“知创泉州”知识产权公共服务平台同时启动。市长蔡战胜、副市长汪志红等参加活动。2020年4月，全省首家国家级知识产权保护中心——中国（泉州）知识产权保护中心获批建设，并于2021年8月通过国家知识产权局验收。该中心已备案申请主体253家、代理机构71家，接收专利预审案件43件，发明专利审查授权周期平均53.3天、实用新型专利平均6.6天，比普通专利申请程序缩短时间90%以上，显示快速审查、快速确权、快速维权的良好服务效应。“知创泉州”知识产权公共服务平台，主要向上对接国家和省上知创平台，采用“线上+线下”“平台+机构”相结合的方式，提供知识产权全链条服务。

七库连通工程全线通水

泉州市七库连通工程通水现场会举行，宣布七库连通工程建成并通水。市领导宿利南、林万明、朱启平参加现场会。泉州市于2011年做出建设七库连通工程的战略部署，经前期论证后于2013年12月开展《泉州市水网暨七库连通工程规划报告》编制，2014年6月完成审查。该工程建设包括水源工程、引调水工程和流域综合治理三大类，总投资93.02亿元，主要将彭村、龙门滩一级、山美、惠女、菱溪、陈田、泗洲7座大中型水库，通过龙门滩引调水工程、山美至惠女引调水工程、惠女至菱溪黄塘引调水工程、陈田至泗洲引调水工程等，把泉州市主要的供水调节水库连通起来，并通过菱溪至外走马埭供水工程、湄洲湾南岸供水工程、泗洲水库至泉港供水工程输送原水至水厂。工程建成后，受水区多年平均增加供水效益1.55亿立方米，不仅保障沿海片区生活生产用水和石化基地等大型工业企业用水需求，而且实现泉港区、惠安县、泉州台商投资区的双通道供水，提高供水水质。

泉州微公交开通

泉州微公交开通，首批2条线路在东海片区和城东片区运行，即微1路“海星小区首末站至大兴街（东海泰禾广场）”，微2路“海峡体育中心首末站至泉州五中城东校区”。2条微循环公交票价均为全程一票制1元/人，除常规的公交站牌外，还有自己的招呼站，招呼站没有命名，采取招手即停的服务模式，站内无人则车辆不停靠。微公交整车造型圆润、饱满、灵动，科技感和时尚感十足。因车身颜色为银灰色，被昵称为“小灰灰”。乘客区配备电动塞拉门、32英寸液晶一体机、大面积侧窗，而且座位边有8个USB接口，可以随时为手机等移动设备充电。

编　后　记

地方志是地情文献，是客观记录现实情况的载体，具有长久留鉴后世之功能。泉州史志部门多年来着力探索地情文献编纂新路，创新了以年鉴为主、日记为辅的地方综合年鉴编纂办法，两者的资料组织体系不同，功能各有所长，既分工合作又有机联系，联袂反映丰富多彩的地方经济社会发展全貌。

《泉州年鉴（2022）·泉州日记》以马克思列宁主义、毛泽东思想、邓小平理论、“三个代表”重要思想、科学发展观、习近平新时代中国特色社会主义思想为指导，坚持辩证唯物主义和历史唯物主义的立场、观点和方法，以图文编年纪事的形式，按时序客观真实地记载2021年泉州地面上每一天发生的大事、要事、新事、特事，反映地方经济社会发展实况和城乡人民生活状态。该书实录2021年泉州市深入学习贯彻习近平新时代中国特色社会主义思想，围绕统筹推进经济建设、政治建设、文化建设、社会建设、生态文明建设“五位一体”总体布局，坚持稳中求进工作总基调，坚持新发展理念，统筹推进疫情防控和经济社会发展工作，团结带领全市干部群众传承弘扬“晋江经验”，勇当全方位推动高质量发展超越主力军，保持经济持续健康发展和社会大局稳定的实践过程。

《泉州年鉴（2022）·泉州日记》作为《泉州年鉴（2022）》的分册，较好地提升了年鉴反映现实的质量，其编纂水平随同年鉴不断提升，功能及实用性也不断拓展。《泉州年鉴（2022）·泉州日记》注重地情信息实录工作的项目带动作用，开发信息渠道，整合传媒资源，及时对有效资讯进行筛选、核实，将其转化为史志资料，使海量信息源源不断地充实到史志资料库中，在建设文化强市，推动泉州文化大发展大繁荣的工作大局中，发挥了存史、资政、育人的积极作用。

值此书出版之际，特作此记。借此向提供文字、图片等资料信息，以及所有关心、支持、帮助《泉州年鉴（2022）·泉州日记》编纂工作的各有关单位和各界人士表示衷心的感谢！

编　　者

2022年6月